21世纪全国高等院校财经管理系列实用规划教材

中级财务会计(第2版)

主　编　吴海燕　文佑云

内 容 简 介

本书共 14 章，内容包括总论、货币资金、存货、金融资产、长期股权投资、固定资产、无形资产、投资性房地产、资产减值、负债、所有者权益，以及收入、费用和利润，财务报告和会计调整。本书注重理论教学和实际相结合的原则，力求深入浅出、通俗易懂、可读性强。在每章开始，提供了本章学习目标、技能要求和导入案例，便于学生掌握学习内容的要点；在各章结尾，提供了本章小结和本章习题，以便学生巩固所学相关知识，培养学生分析和解决实际问题的能力。

本书可作为普通高等院校会计学、财务管理等专业本科及专科中级财务会计课程的教材。

图书在版编目(CIP)数据

中级财务会计/吴海燕，文佑云主编. —2 版. —北京：北京大学出版社，2018.1
（21 世纪全国高等院校财经管理系列实用规划教材）
ISBN 978-7-301-29118-4

Ⅰ. ①中… Ⅱ. ①吴… ②文… Ⅲ. ①财务会计—高等学校—教材 Ⅳ. ①F234.4

中国版本图书馆 CIP 数据核字（2017）第 328613 号

书　　名	中级财务会计（第 2 版）
	ZHONGJI CAIWU KUAIJI
著作责任者	吴海燕　文佑云　主编
策划编辑	葛　方
责任编辑	罗丽丽　刘　丽
标准书号	ISBN 978-7-301-29118-4
出版发行	北京大学出版社
地　　址	北京市海淀区成府路 205 号　100871
网　　址	http://www.pup.cn　新浪微博：@北京大学出版社
电子信箱	pup_6@163.com
电　　话	邮购部 62752015　发行部 62750672　编辑部 62750667
印刷者	河北涿县鑫华书刊印刷厂
经销者	新华书店
	787 毫米×1092 毫米　16 开本　25.25 印张　591 千字
	2014 年 2 月第 1 版
	2018 年 1 月第 2 版　2018 年 1 月第 1 次印刷
定　　价	54.00 元

未经许可，不得以任何方式复制或抄袭本书之部分或全部内容。
版权所有，侵权必究
举报电话：010-62752024　电子信箱：fd@pup.pku.edu.cn
图书如有印装质量问题，请与出版部联系，电话：010-62756370

第 2 版前言

为了适应市场经济发展和不断完善的需要，为了适应会计教育改革、发展和创新的需要，为了满足扩大会计专业学生的知识范围、提高学生素质和能力的需要，编者根据最新会计准则、会计制度等会计规范，组织编写了《中级财务会计》一书。通过更新专业教材，以扩展中级财务会计的教学范围，优化教学内容，提高会计教学质量。

在编写过程中，编者力求做到：在内容上吸收我国同类教材的优点，结构严谨、理论精炼、内容全面；体现教材的科学性、前瞻性，能够反映当前会计学科发展的前沿水平，适应师生的教、学需要；在形式上注重可读性、可理解性，避免枯燥；运用典型实例、指导性的解题方法，来拓展学生的视野，提高他们的分析应用能力和独立解决企业会计中一些共性的核算问题的能力。为了便于学生及时、准确地检查对所学知识的理解和掌握程度，本书每章后配有本章小结，配以大量的习题，并提供教学课件和习题参考答案。

本书具有以下特点。

1. 实用性

本书"零距离"地接触企业财务会计的具体核算方法和核算技巧，重点突出、涉及面广。通过对本书的学习，不仅使学生懂得财务会计的基本理论，而且还让学生掌握财务会计核算的基本方法，缩短未来岗位适应的时间，具有很强的实用性、指导性和可操作性；同时配有习题参考答案和电子课件等，便于教师的教学和学生的自学。

2. 新颖性

本书内容上以最新的会计法律法规、相关法律法规和企业会计准则体系为指导，吸取、借鉴近年来我国会计改革的最新成果，并结合编者自身多年从事会计教学的经验编纂而成。

3. 针对性

本书主要针对会计、财务管理等经济管理类专业教学需要而编写，每章设置了学习目标、技能要求和导入案例等内容，结构严谨、条理清晰、语言通俗易懂，能够激发学生学习兴趣，提高最终学习效果。

本书由广东外语外贸大学南国商学院吴海燕、文佑云担任主编，并由吴海燕负责大纲的编写、各章节的结构和内容设计，以及对全书的初稿进行修改、总纂。具体编写分工如下：吴海燕编写第1~11章和第14章，文佑云编写第12和第13章。

编者在编写本书过程中，参阅了大量学者的书刊资料，对此表示深深的感谢！本书在出版过程中，得到了北京大学出版社的大力支持，在此表示衷心的感谢！

由于编者水平有限，书中难免有不妥之处，敬请广大同仁和读者提出宝贵意见。

编 者
2017 年 6 月

目 录

第1章 总论 1
1.1 财务会计概述 2
1.1.1 会计的定义与发展 2
1.1.2 财务会计的特征 2
1.1.3 财务会计的目标 3
1.2 会计的基本假设与会计基础 4
1.2.1 会计基本假设 4
1.2.2 会计基础 6
1.3 会计信息的质量特征 7
1.3.1 可靠性 7
1.3.2 相关性 7
1.3.3 可理解性 8
1.3.4 可比性 8
1.3.5 实质重于形式 8
1.3.6 重要性 9
1.3.7 谨慎性 9
1.3.8 及时性 9
1.4 会计要素及其确认与计量 10
1.4.1 会计要素 10
1.4.2 会计确认 13
1.4.3 会计计量 15
本章小结 16
本章习题 16

第2章 货币资金 18
2.1 货币资金概述 19
2.1.1 货币资金的概念 19
2.1.2 货币资金管理和控制的原则 19
2.1.3 货币资金内部控制的规定 20
2.2 库存现金 21
2.2.1 库存现金及其范围的界定 21
2.2.2 库存现金的管理 21
2.2.3 库存现金的序时核算 22
2.2.4 库存现金的总分类核算 23
2.2.5 库存现金的清查 27
2.3 银行存款 27
2.3.1 银行存款的管理 28
2.3.2 银行转账结算方式及其会计处理 28
2.3.3 银行存款的核算 32
2.4 其他货币资金 34
2.4.1 其他货币资金的内容 34
2.4.2 其他货币资金的核算 35
本章小结 38
本章习题 38

第3章 存货 40
3.1 存货概述 41
3.1.1 存货的概念与特征 41
3.1.2 存货的确认条件 42
3.1.3 存货的分类 43
3.2 存货的初始计量 44
3.2.1 外购的存货 44
3.2.2 自制存货 51
3.2.3 委托加工存货 52
3.2.4 投资者投入的存货 53
3.2.5 接受捐赠取得的存货 53
3.3 发出存货的计量 54
3.3.1 存货成本流转假设 54
3.3.2 发出存货的计价方法 54
3.3.3 发出存货的会计处理 58
3.4 计划成本法 63
3.4.1 计划成本概述 63
3.4.2 存货的取得及成本差异的形成 64
3.4.3 存货的发出及成本差异的分摊 66
3.4.4 计划成本法的优点 69
3.5 存货的期末计量 70

  3.5.1 成本与可变现净值孰低法的
    含义 70
  3.5.2 存货可变现净值的确定 70
  3.5.3 成本与可变现净值孰低法的
    会计处理 73
3.6 存货清查 77
  3.6.1 存货清查的意义与方法 77
  3.6.2 存货清查的账务处理 77
本章小结 78
本章习题 78

第4章 金融资产 81

4.1 金融资产概述 82
  4.1.1 金融资产的内容 82
  4.1.2 金融资产的分类 83
4.2 交易性金融资产 85
  4.2.1 交易性金融资产概述 85
  4.2.2 交易性金融资产的初始计量 86
  4.2.3 交易性金融资产持有收益的
    确认 87
  4.2.4 交易性金融资产的期末计量 87
  4.2.5 交易性金融资产的处置 88
4.3 持有至到期投资 89
  4.3.1 持有至到期投资概述 89
  4.3.2 持有至到期投资的初始计量 91
  4.3.3 持有至到期投资利息收入的
    确认 92
  4.3.4 持有至到期投资的处置 96
  4.3.5 持有至到期投资减值损失 96
  4.3.6 持有至到期投资重分类 97
4.4 贷款和应收款项 98
  4.4.1 贷款和应收款项的
    会计处理原则 98
  4.4.2 一般企业应收款项的
    会计处理 99
  4.4.3 应收款项减值的核算 107
4.5 可供出售金融资产 111
  4.5.1 可供出售金融资产概述 111
  4.5.2 可供出售金融资产的
    初始计量 112

  4.5.3 可供出售金融资产的
    后续计量 112
  4.5.4 可供出售金融资产减值损失的
    计量 114
  4.5.5 可供出售金融资产重分类 116
本章小结 117
本章习题 117

第5章 长期股权投资 119

5.1 长期股权投资概述 120
  5.1.1 长期股权投资的含义及
    特点 120
  5.1.2 长期股权投资的核算范围 120
5.2 长期股权投资的初始计量 123
  5.2.1 长期股权投资初始计量的
    原则 123
  5.2.2 企业合并形成的
    长期股权投资 123
  5.2.3 非企业合并方式取得的
    长期股权投资 125
5.3 长期股权投资的后续计量 126
  5.3.1 长期股权投资的成本法 126
  5.3.2 长期股权投资的权益法 128
  5.3.3 长期股权投资的减值 135
5.4 长期股权投资核算方法的转换及
  处置 135
  5.4.1 长期股权投资核算方法的
    转换 135
  5.4.2 长期股权投资的处置 139
本章小结 140
本章习题 140

第6章 固定资产 142

6.1 固定资产概述 143
  6.1.1 固定资产的含义及特征 143
  6.1.2 固定资产的确认条件 144
  6.1.3 固定资产的分类 144
6.2 固定资产的初始计量 145
  6.2.1 外购固定资产 145
  6.2.2 自行建造的固定资产 147

  6.2.3 投资者投入固定资产 150
  6.2.4 租入固定资产 150
  6.2.5 接受捐赠固定资产 153
  6.2.6 盘盈固定资产 154
 6.3 固定资产的后续计量 154
  6.3.1 固定资产折旧 155
  6.3.2 固定资产折旧的会计处理 159
  6.3.3 固定资产使用寿命、预计
     净残值和折旧方法的复核 160
  6.3.4 固定资产后续支出 161
 6.4 固定资产的处置 163
  6.4.1 固定资产终止确认的条件 163
  6.4.2 固定资产处置的会计处理 164
  6.4.3 持有待售的固定资产 167
  6.4.4 固定资产盘亏的会计处理 168
  6.4.5 固定资产减值的会计处理 169
 本章小结 169
 本章习题 169

第 7 章　无形资产 171
 7.1 无形资产概述 172
  7.1.1 无形资产的概念和特征 172
  7.1.2 无形资产的内容和分类 173
  7.1.3 无形资产的确认 175
 7.2 无形资产的初始计量 175
  7.2.1 外购的无形资产 175
  7.2.2 投资者投入的无形资产 177
  7.2.3 政府补助取得的无形资产 177
  7.2.3 其他类型的无形资产 178
 7.3 内部研究开发费用的确认与计量 178
  7.3.1 研究阶段和开发阶段的
     划分 179
  7.3.2 研究与开发支出的确认 179
  7.3.3 内部开发无形资产的计量 180
  7.3.4 内部研究开发费用的
     账务处理 181
 7.4 无形资产的后续计量 182
  7.4.1 无形资产使用寿命的
     确定内容 182

  7.4.2 使用寿命有限的无形
     资产摊销 183
  7.4.3 无形资产的减值 185
 7.5 无形资产的处置 186
  7.5.1 无形资产的出售 186
  7.5.2 无形资产的出租 186
  7.5.3 无形资产的报废 187
 本章小结 187
 本章习题 188

第 8 章　投资性房地产 190
 8.1 投资性房地产概述 191
  8.1.1 投资性房地产的定义与
     特征 191
  8.1.2 投资性房地产的范围 192
  8.1.3 投资性房地产的确认条件 194
  8.1.4 投资性房地产的
     后续计量模式 194
 8.2 投资性房地产的初始计量 194
  8.2.1 外购的投资性房地产 195
  8.2.2 自行建造的投资性房地产 195
 8.3 投资性房地产的后续计量 196
  8.3.1 采用成本模式计量的
     投资性房地产 196
  8.3.2 采用公允价值模式计量的
     投资性房地产 197
  8.3.3 投资性房地产后续计量模式的
     变更 198
 8.4 投资性房地产的后续支出 199
  8.4.1 投资性房地产的后续支出的
     处理原则 199
  8.4.2 资本化的后续支出 200
  8.4.3 费用化的后续支出 201
 8.5 投资性房地产的转换和处置 201
  8.5.1 房地产的转换 201
  8.5.2 投资性房地产的处置 205
 本章小结 207
 本章习题 207

第 9 章　资产减值 210
 9.1 资产减值概述 211

	9.1.1 资产减值的含义 211
	9.1.2 资产可能发生减值的迹象 211
9.2	资产可收回金额的计量和减值损失的确定 212
	9.2.1 资产可收回金额计量的基本要求 212
	9.2.2 资产的公允价值减去处置费用后净额的确定 213
	9.2.3 资产预计未来现金流量现值的确定 213
	9.2.4 资产减值损失的确定及其账务处理 218
9.3	资产组的认定及减值处理 218
	9.3.1 资产组的认定 218
	9.3.2 资产组可收回金额和账面价值的确定 220
	9.3.3 资产组减值测试 221
	9.3.4 总部资产减值测试 222
本章小结 225
本章习题 225

第10章 负债 228

10.1	负债概述 229
	10.1.1 负债的定义及确认条件 229
	10.1.2 负债的分类 230
10.2	流动负债 231
	10.2.1 短期借款 231
	10.2.2 应付票据 232
	10.2.3 应付账款和预收账款 233
	10.2.4 应付职工薪酬 236
	10.2.5 应交税费 242
	10.2.6 应付利息 251
	10.2.7 应付股利 251
	10.2.8 其他应付款 251
10.3	非流动负债 252
	10.3.1 长期借款 252
	10.3.2 应付债券 254
	10.3.3 长期应付款 256
	10.3.4 预计负债 256
10.4	借款费用 263

	10.4.1 借款费用的内容 263
	10.4.2 借款费用的确认 263
	10.4.3 借款费用资本化期间的确定 264
	10.4.4 借款费用资本化金额的确定 267
本章小结 269
本章习题 269

第11章 所有者权益 272

11.1	所有者权益概述 273
	11.1.1 企业组织形式简介 273
	11.1.2 所有者权益的概念 274
	11.1.3 所有者权益的特点 274
	11.1.4 所有者权益的分类 274
	11.1.5 所有者权益的确认 275
11.2	实收资本 275
	11.2.1 接受现金资产投资 275
	11.2.2 接受非现金资产投资 276
	11.2.3 实收资本(或股本)的增减变动 277
11.3	资本公积和其他综合收益 279
	11.3.1 资本公积的核算 279
	11.3.2 其他综合收益的核算 281
11.4	留存收益 283
	11.4.1 未分配利润 283
	11.4.2 盈余公积 284
本章小结 285
本章习题 285

第12章 收入、费用和利润 288

12.1	收入 289
	12.1.1 收入及其分类 289
	12.1.2 销售商品收入的确认条件与计量 291
	12.1.3 销售商品收入的账务处理 293
	12.1.4 销售材料等存货的处理 308
	12.1.5 提供劳务收入的确认与计量 308

- 12.2 费用 315
  - 12.2.1 费用的概念和特征 315
  - 12.2.2 费用的主要内容 315
  - 12.2.3 费用的核算 316
- 12.3 利润 318
  - 12.3.1 利润及其构成 318
  - 12.3.2 营业外收入和营业外支出 319
  - 12.3.3 所得税费用的核算 320
  - 12.3.4 利润的结转与分配 322
- 本章小结 325
- 本章习题 325

第13章 财务报告 328

- 13.1 财务报告概述 329
  - 13.1.1 财务报表概述 330
  - 13.1.2 财务报表编制的要求 331
- 13.2 资产负债表 331
  - 13.2.1 资产负债表的概念和作用 331
  - 13.2.2 资产负债表的格式 332
  - 13.2.3 资产负债表的编制方法 333
  - 13.2.4 资产负债表的编制实例 341
- 13.3 利润表 342
  - 13.3.1 利润表的概念和作用 342
  - 13.3.2 利润表的格式和编制 343
  - 13.3.3 利润表的编制实例 346
- 13.4 现金流量表 347
  - 13.4.1 现金流量表概述 347
  - 13.4.2 现金流量表的结构 348
  - 13.4.3 现金流量表的编制 350
  - 13.4.4 现金流量表各项目的内容及填列方法 351
  - 13.4.5 现金流量表附注各项目的确定 356
  - 13.4.6 现金流量表及附注的平衡关系 361
  - 13.4.7 现金流量表的编制实例 361
- 13.5 所有者权益变动表 363
  - 13.5.1 所有者权益变动表的作用 363
  - 13.5.2 所有者权益变动表的内容和结构 364
  - 13.5.3 所有者权益变动表的编制 364
- 13.6 附注 365
  - 13.6.1 附注的作用 365
  - 13.6.2 附注披露的基本要求 365
  - 13.6.3 附注的主要内容 366
- 本章小结 366
- 本章习题 366

第14章 会计调整 368

- 14.1 会计政策及其变更 369
  - 14.1.1 会计政策的概念 369
  - 14.1.2 会计政策变更及其条件 371
  - 14.1.3 会计政策变更的会计处理 372
- 14.2 会计估计及其变更 376
  - 14.2.1 会计估计变更的概念 376
  - 14.2.2 会计估计变更的会计处理 378
- 14.3 前期差错更正 379
  - 14.3.1 前期差错的概念 379
  - 14.3.2 前期差错更正的会计处理 379
- 14.4 资产负债表日后事项 381
  - 14.4.1 资产负债表日后事项概述 381
  - 14.4.2 资产负债表日后调整事项 384
  - 14.4.3 资产负债表日后非调整事项 389
- 本章小结 391
- 本章习题 391

参考文献 394

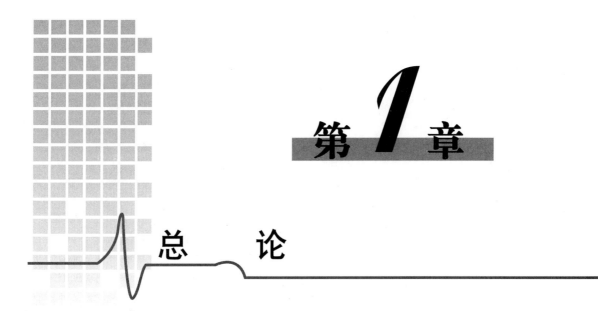

第 1 章 总 论

学习目标

通过本章的学习,了解财务会计的特征、财务会计信息的质量特征和财务会计的目标;熟悉掌握会计的基本假设;重点掌握财务会计报告要素。

技能要求

熟练运用六大会计要素分析经济事项;熟练运用会计科目;会计基本假设、会计核算基础和会计信息质量特征的运用。

■ 导入案例

红光实业是成都红光股份有限公司的简称,于1997年6月在上海证券交易所上市,经批准,红光公司于1997年5月15日以每股6.05元的价格向社会公众发行7 000万股,占发行后总股本的30.43%,实际筹得4.1亿元资金。

红光公司上市当年报披露亏损1.98亿元,每股收益为-0.86元。当年上市、当年亏损。为此,中国证券监督管理委员会(以下简称中国证监会)进行了调查,并公布了调查结果。

(1) 编造虚假利润,骗取上市资格。红光公司在股票发行上市申报材料中称1996年度盈利5 000万元。经查实,红光公司通过虚构产品销售、虚增产品库存和违规账务处理等手段,虚报利润15 700万元,1996年实际亏损10 700万元。

(2) 少报亏损,欺骗投资者。红光公司上市后,在1997年8月公布的中期报告中,将亏损6 500万元虚报为盈利1 674万元,虚构利润8 174万元;在1998年4月公布的1997年年度报告中,将实际亏损22 952万元(相当于募集资金的55.9%)披露为亏损19 800万元,少报亏损3 152万元。

(3) 隐瞒重大事项。红光公司在股票发行上市申报材料中,对其关键生产设备彩玻池炉废品率上升,不能维持正常生产的重大事实未作任何披露。显然如果红光公司在事先如实披露其亏损和生产设备不能正常运行的事实,它将无法取得上市资格;即便取得了上市资格,上市募股也很难取得成功。

红光公司利用会计信息欺骗社会公众受到了中国证监会的谴责,并因此引发了社会各界对企业会计信息质量的关注。

1.1 财务会计概述

1.1.1 会计的定义与发展

会计是以货币为主要计量单位,反映和监督一个单位经济活动的一项经济管理工作。现代企业会计主要反映企业的财务状况、经营成果和现金流量,并对企业经营活动和财务收支活动进行监督。

作为一门学科,会计有着源远流长的历史。而会计的发展史表明,会计是随着社会生产的需要而产生,随着社会生产的发展和经济管理要求的提高而发展和提高的。它的发展与社会经济环境、法律政治环境和科学信息技术的发展密切相关。企业组织形式的变化和经济管理要求的提高,对会计提出了更新更高的要求。计算机在会计领域的应用,也对会计的发展有着重要影响,促使会计理论方法体系日趋完善,会计应用领域不断扩展,会计程序和方法不断优化。会计的职能从对经济活动的结果进行事后反映、提供会计信息,发展到对经济活动的全过程进行核算和监督。通过参与企业的经营决策强化企业经营管理水平,提高企业竞争能力,充分说明会计在社会经济发展中的地位和作用,同时也促进会计学科的发展,出现了很多的会计分支,但企业会计主要分为财务会计和管理会计两大分支。

1.1.2 财务会计的特征

财务会计是运用簿记系统的专门方法,以通用的会计原则为指导,对企业资金运动进行反映和控制,旨在为投资者、所有者、债权人提供会计信息的对外报告会计。财务会计的最大特点是以货币作为主要计量单位，全面、系统、客观地反映已经发生的经济业务，并以财务报告的形式提供相关会计主体的信息。财务会计与管理会计相比有如下几方面的特征。

1. 财务会计以计量和传递信息为主要目标

财务会计不同于管理会计的特点之一是，财务会计的目标主要是向企业的投资者、债权人、政府部门，以及社会公众提供会计信息。从信息的性质看，财务会计主要反映企业整体情况，并着重历史信息。从信息的使用者看，财务会计主要是外部使用者，包括投资人、债权人、社会公众和政府部门等。从信息的用途看，财务会计主要是利用信息了解企业的财务状况和经营成果。而管理会计的目标则侧重于规划未来，对企业的重大经营活动进行预测和决策，以及加强事中控制。

2. 财务会计以财务报告为工作核心

财务会计作为一个会计信息系统，是以会计报表作为最终成果，会计信息最终是通过会计报表反映出来。因此，财务报告是会计工作的核心。现代财务会计所编制的会计报表是以公认会计原则为指导而编制的通用会计报表，并把会计报表的编制放在最突出的地位。而管理会计并不把编制会计报表当作它的主要目标，只是为企业的经营决策提供有选择的或特定的管理信息，其业绩报告也不对外公开发表。

3. 财务会计仍然以传统会计模式作为数据处理和信息加工的基本方法

为了提供通用的会计报表，财务会计还要运用较为成熟的传统会计模式作为处理和加工信息的方法。传统会计模式也是历史成本模式，有如下特点。

(1) 会计反映依据复式簿记系统。复式簿记系统以账户和复式记账为核心，以凭证和账簿组织为形式，包括序时记录、分类记录、试算平衡、调整分录和对账结账等一系列步骤。

(2) 收入与费用的确认，以权责发生制为基础。财务会计对收入和费用的确认采用实现原则，而不是等到企业收入或付出现金时才确认和记录。

(3) 会计计量遵循历史成本原则。历史成本原则的核心，是指资产、负债等要素应按交易或事项发生时所确认的交换价格为最初入账的计量标准。

4. 财务会计以公认会计原则为指导

公认会计原则，是指导财务会计工作的基本原理和准则，是组织会计活动、处理会计业务的规范。公认会计原则由基本会计准则和具体会计准则组成。作为补充，根据企业会计准则并结合行业特点，还制定了特殊行业会计制度。这都是我国财务会计必须遵循的规范，而管理会计则不必严格遵守公认的会计原则。

1.1.3 财务会计的目标

会计工作的目的，是指在一定历史条件下，人们通过会计实践活动所期望达到的结果。通常，会计目的，是指会计的具体目的或直接目的。在会计实践中，会计目的决定了会计工作的具体程序与方法。实现企业会计目的的主要形式是提供对决策有用的会计信息。由此,分析企业会计的具体目的或直接目的,主要是明确企业会计为谁提供和怎样提供信息的问题,即会计目的,主要是指提供会计信息的目的。

财务会计的目标是为相关的会计信息使用者提供与决策相关的真实、完整的信息。相关的会计信息使用者包括企业的投资者、债权人、政府及其职能机构、客户、企业内部管理者和员工等与企业有各种经济利益关系的集团和个人。不同的利益关系者有不同的利益要求,其所需要的会计信息侧重点也有所不同。根据财务会计的目标,财务会计的作用具体来说可以概括为以下几个方面。

1. 帮助投资者和债权人做出合理的决策

财务会计的最主要目标就是帮助投资者和债权人做出合理的投资和信贷决策。一般认为,最为关注企业会计信息的莫过于投资者和债权人。而这类使用者的决策对于资源的分配具有重大影响。此外,符合投资者和债权人需要的信息,一般对其他使用者也是有用的。因此,财务会计把服务于投资者和债权人作为其主要目标。投资者和债权人所需要的经济信息包括企业某一时点的财务状况、某一期间的经营绩效和财务状况的变动,但从决策有用性的观点看,不论是投资者还是债权人甚至企业职工,其经济利益都同企业未来的现金流动密切相关。

2. 考评企业管理当局管理资源的责任和绩效

企业的经济资源均为投资人及债权人所提供,委托企业经营者保管和经营,投资者和经营者之间存在着一种委托和代理关系。投资者和债权人要随时了解和掌握企业经营者管理和运用其资源的情况,以便考评经营者的经营绩效,适时改变投资方向或更换经营者。这就要求企业财务报告提供这方面的信息,说明企业的经营者怎样管理和使用资源,向所有者报告其经营情况,以便明确其经营责任。

3. 为国家提供宏观调控所需要的特殊信息

国家是国民经济的组织者与管理者,为了达到宏观调控这一目标,国家还要求从企业编报的会计报表中,获取进行宏观调控所需要的特殊信息。因此,国家不仅是通用报表的使用者,而且是特殊报表的使用者,尤其是在社会主义国家更是如此。

4. 为企业经营者提供经营管理所需要的各种信息

企业管理人员也需要利用企业的会计信息对企业的生产经营进行管理。通过对企业财务状况、收入与成本费用的分析,可以发现企业在生产经营上存在的问题,以便采取措施,改进经营。财务会计信息系统应怎样处理数据和加工会计信息,最后将提供什么样的财务报表,在很大程度上取决于会计目标。会计目标指引着财务会计信息系统的运行方向。

1.2 会计的基本假设与会计基础

1.2.1 会计基本假设

会计基本假设是企业会计确认、计量和报告的前提,是对会计核算所处时间、空间环境等所做的合理设定。会计基本假设包括会计主体、持续经营、会计分期和货币计量。

1. 会计主体

会计主体，是指会计工作为其服务的特定单位或组织。会计核算的对象是企业的生产经营活动，生产经营活动又是由各项具体的经济业务所构成的，而每项经济业务又都是与其他的相关经济业务联系在一起的。另外，由于社会经济关系的错综复杂，企业本身的经济业务也总是与其他企业或单位的经济活动相联系。即使是同一项经济业务，也会因为企业的不同而对交易双方具有不同的意义。

会计主体的作用在于界定会计核算的范围。在会计主体的假设下，企业应当对其本身发生的交易或事项进行会计确认、计量和报告；反映企业本身所从事的各项生产经营活动。明确界定会计主体是开展会计确认、计量和报告工作的重要前提。

首先，明确会计主体才能划定会计所要处理的各项交易或事项的范围。在会计工作中，只有影响企业本身经济利益的交易或事项才能加以确认、计量和报告。会计工作中通常所讲的资产、负债的确认，收入的实现，费用的发生等，都是针对特定的会计主体而言的。

其次，明确会计主体才能将会计主体的交易或者事项与会计主体所有者的交易或者事项，以及其他会计主体的交易或者事项区分开来。从企业来说，它要求会计核算区分自身的经济活动与其他企业的经济活动；区分企业的经济活动与企业投资者的经济活动。这样通过会计核算范围的界定，就能够为提供会计信息使用者所需要的会计信息明确空间范围。

会计主体与法律主体不是同一概念。一般来说，法律主体必然可以作为独立的会计主体，但是会计主体并不一定就是法律主体。会计主体可以是独立的法人，也可以是非法人(如独资企业和合伙企业)；可以是一个企业，也可以是企业内部的某一单位或企业内部为管理需要而设立的某一个特定的部分；可以是单一企业，也可以是由几个企业组成的企业集团。

2. 持续经营

持续经营是假设会计主体的生产经营活动将无限期地延续下去，在可以预见的将来，不会大规模削减业务，不会因为进行清算、解散、倒闭而不复存在。它界定了会计核算的时间范围。它使得会计人员可以以会计主体持续、正常的经营活动为前提，选择和确定会计程序、会计处理方法进行会计核算。

企业是否持续经营，对会计原则和会计方法的选择产生很大的差异。现行的会计处理方法大多是建立在持续经营的基础之上。如果没有持续经营这一核算前提，一些公认的会计处理方法将不能采用，企业就不能按照现在的会计原则与会计处理方法进行会计核算和对外提供会计信息。例如，只有假定企业在以正常规模持续经营的情况下，企业才可以按照既定用途使用资产，按既定的合约条件清偿债务。在该假定下，固定资产将会长期服务于企业的生产经营活动，可以根据历史成本进行记录并按期计提折旧，将成本分摊至各期间。如果持续经营的前提条件不成立，从理论上来说，机器设备等固定资产的价值只能采用可变现价值来予以计量；负债就不可能按照原来规定的条件偿还，而必须按照资产变现后的实际负担能力来清偿；会计处理原则和程序就必须按照清算条件下的情形来进行。

3. 会计分期

会计分期，是指将一个企业持续经营的生产经营活动划分为一个个连续的、长短相同的期间，以便分期结算账目和编制财务会计报告。从而及时向各方面提供有关企业财务状况、经营成果和现金流量的信息。

在假定企业为持续经营的条件下，要想计算会计主体的盈亏情况，反映其生产经营成果，从理论上来说只有等到企业所有的生产经营活动完全结束时，才能通过收入与其相关的成本费用的比较，进行准确的计算。但是这显然是行不通的。因为这意味着信息的使用者无法得到及时的会计信息，自然也就不是对决策有用的信息。所以必须将企业持续不断的生产经营活动不断地划分为一个个相等的会计期间，以分期反映企业的经营成果和财务状况。

会计期间划分的最重要意义就是使得及时向信息使用者提供信息成为可能。同时，有了会计期间，才产生了本期与非本期的区别，由此又产生了权责发生制与收付实现制两种确认基础、流动项目与非流动项目的区别等。而当企业采用了权责发生制以后，才需要按照权责要求在本期和以后各个会计期间进行收入和费用的分配，确定其应当归属的会计期间，才会在会计处理中出现预提、待摊等一些特殊的会计方法。

会计期间分为年度、半年度、季度和月度，这些期间均按公历起讫日期确定。半年度、季度和月度均称为会计中期。最常见的会计分期是一年，即会计年度。按年度编制的财务会计报告也称为年报。在我国，会计年度自每年的公历1月1日起至12月31日止。

4. 货币计量

货币计量，是指企业在会计核算过程中采用货币为计量单位，记录、反映企业的经营情况。

企业在日常的经营活动中，有大量的错综复杂的经济业务。在企业的整个生产经营活动中所涉及的业务又表现为一定的实物形态，如厂房、机器设备、现金、各种存货等。由于它们的实物形态不同，可采用的计量方式也多种多样。为了全面反映企业的生产经营活动，会计核算客观上需要一种统一的计量单位作为会计核算的计量尺度。因此，会计核算就必然选择货币作为会计核算上的计量单位，以货币形式来反映企业的生产经营活动的全过程。这就产生了货币计量这一会计核算前提。

我国《企业会计准则》中规定，我国的记账本位币为人民币。业务收支以人民币以外的货币为主的企业，可以按规定选定其中一种货币作为记账本位币。但是，编报的财务会计报告应当折算为人民币。在境外设立的中国企业向国内报送的财务会计报告，应当折算为人民币。

1.2.2 会计基础

企业会计的确认、计量和报告应当以权责发生制为基础。权责发生制基础要求，凡是当期已经实现收入和已经发生或应当负担的费用，不论其款项是否已经收付，都应作为当期的收入和费用，计入利润表；凡是不属于当期的收入和费用，即使款项已经在当期收付，也不应作为当期的收入和费用。

在实务中，企业交易或者事项的发生时间与相关货币收支时间有时并不完全一致。例如，款项已经收到，但销售并未实现；或者款项已经支付，但并不是为本期生产经营活动而发生的。收付实现制是与权责发生制相对应的一种会计基础，它是以收到或支付的现金及其时点作为确认收入和费用等的依据。为了更加真实、公允地反映特定会计期间的财务状况和经营成果，《企业会计准则——基本准则》明确规定，企业在会计确认、计量和报告中应当以权责发生制为基础。

1.3 会计信息的质量特征

会计信息的质量特征，是指财务会计报告所提供的信息应达到的基本标准和要求。根据会计信息质量要求所提供的会计信息是对投资者等使用者决策有用的信息，这些要求包括可靠性、相关性、可理解性、可比性、实质重于形式、重要性、谨慎性和及时性等。

1.3.1 可靠性

可靠性要求企业应当以实际发生的交易或者事项为依据进行确认、计量和报告，如实反映符合确认和计量要求的各项会计要素及其他相关信息，保证会计信息真实可靠、内容完整。

会计信息要为决策所用，必须以可靠为基础，如果财务报告所提供的会计信息是不可靠的，就会给投资者等使用者的决策产生误导甚至损失。为了贯彻可靠性要求，企业应当做到以下几点。

(1) 以实际发生的交易或者事项为依据进行确认、计量，将符合会计要素定义及其确认条件的资产、负债、所有者权益、收入、费用和利润等如实反映在财务报表中。不得根据虚构的、没有发生的或者尚未发生的交易或者事项进行确认、计量和报告。

(2) 在符合重要性和成本效益原则的前提下，保证会计信息的完整性。其中包括应当编报的报表及其附注内容等应当保持完整，不能随意遗漏或者减少应予披露的信息，与使用者决策相关的有用信息都应当充分披露。

1.3.2 相关性

相关性要求企业提供的会计信息应当与投资者等财务报告使用者的经济决策需要相关，有助于投资者等财务报告使用者对企业过去、现在或者未来的情况做出评价或者预测。

会计信息是否有用，是否具有价值，关键是看其与使用者的决策需要是否相关，是否有助于决策或者提高决策水平。相关的会计信息应当能够有助于使用者评价企业过去的决策，证实或者修正过去的有关预测，因而具有反馈价值。相关的会计信息还应当具有预测价值，有助于使用者根据财务报告所提供的会计信息，预测企业未来的财务状况、经营成果和现金流量。例如，区分收入和利得、费用和损失，区分流动资产和非流动资产、流动负债和非流动负债，以及适度引入公允价值等，都可以提高会计信息的预测价值，进而提升会计信息的相关性。

会计信息质量的相关性要求，需要企业在确认、计量和报告会计信息的过程中，充分考虑使用者的决策模式和信息需要。但是，相关性是以可靠性为基础的，两者之间并不矛盾，不应将两者对立起来。也就是说，会计信息在可靠性前提下，尽可能地做到相关性，以满足投资者等财务报告使用者的决策需要。

1.3.3 可理解性

可理解性要求企业提供的会计信息应当清晰明了，便于投资者等财务报告使用者理解和使用。

企业编制财务报告、提供会计信息的目的在于使用，而要使使用者有效使用会计信息，应当能让其了解会计信息的内涵，弄懂会计信息的内容，这就要求财务报告所提供的会计信息应当清晰明了，易于理解。只有这样，才能提高会计信息的有用性，实现财务报告的目标，满足向投资者等财务报告使用者提供决策有用信息的要求。

会计信息毕竟是一种专业性较强的信息产品，在强调会计信息的可理解性要求的同时，还应假定使用者具有一定的有关企业经营活动和会计方面的知识，并且愿意付出努力去研究这些信息。对于某些复杂的信息，如交易本身较为复杂或者会计处理较为复杂，但其对使用者的经济决策相关的，企业就应当在财务报告中予以充分披露。

1.3.4 可比性

可比性要求企业提供的会计信息应当相互可比。这主要包括两层含义。

1. 同一企业不同时期可比

为了便于投资者等财务报告使用者了解企业财务状况、经营成果和现金流量的变化趋势，应比较企业在不同时期的财务报告信息，全面、客观地评价过去、预测未来，从而做出决策。会计信息质量的可比性要求同一企业不同时期发生的相同或者相似的交易或者事项，应当采用一致的会计政策，不得随意变更。但是，满足会计信息可比性要求，并非表明企业不得变更会计政策，如果按照规定或者在会计政策变更后可以提供更可靠、更相关的会计信息，可以变更会计政策。有关会计政策变更的情况，应当在附注中予以说明。

2. 不同企业相同会计期间可比

为了便于投资者等财务报告使用者评价不同企业的财务状况、经营成果和现金流量及其变动情况，会计信息质量的可比性要求不同企业同一会计期间发生的相同或者相似的交易或者事项，应当采用规定的会计政策，确保会计信息口径一致、相互可比，以使不同企业按照一致的确认、计量和报告要求提供有关会计信息。

1.3.5 实质重于形式

《企业会计准则——基本准则》第十六条规定："企业应当按照交易或者事项的经济实质进行会计确认、计量和报告，不应仅以交易或者事项的法律形式为依据。"

企业发生的交易或者事项在多数情况下，其经济实质和法律形式是一致的。但在有些情况下，会出现不一致。例如，以融资租赁方式租入的资产，虽然从法律形式来讲企业并不拥有其所有权，但是由于租赁合同中规定的租赁期相当长，往往接近于该资产的使用寿命；租赁期结束时承租企业有优先购买该资产的选择权；在租赁期内承租企业有权支配资产并从中受益等。从其经济实质来看，企业能够控制融资租入资产所创造的未来经济利益，在会计确认、计量和报告上就应当将以融资租赁方式租入的资产视为企业的资产，列入企业的资产负债表。

1.3.6　重要性

重要性要求企业提供的会计信息应当反映与企业财务状况、经营成果和现金流量有关的所有重要交易或者事项。

在实务中，如果会计信息的省略或者错报会影响投资者等财务报告使用者据此做出决策的，该信息就具有重要性。重要性的应用需要依赖职业判断，企业应当根据其所处环境和实际情况，从项目的性质和金额大小两方面加以判断。

例如，我国上市公司要求对外提供季度财务报告，考虑到季度财务报告披露的时间较短，从成本效益原则的角度考虑，季度财务报告没有必要像年度财务报告那样披露详细的附注信息。因此，《企业会计准则第 32 号——中期财会报告》规定，公司季度财务报告附注应当以年初至本中期末为基础编制，披露自上年度资产负债表日之后发生的，有助于理解企业财务状况、经营成果和现金流量变化情况的重要交易或者事项。这种附注披露，就体现了会计信息质量的重要性要求。

1.3.7　谨慎性

谨慎性要求企业对交易或者事项进行会计确认、计量和报告应当保持应有的谨慎，不应高估资产或者收益，低估负债或者费用。

在市场经济环境下，企业的生产经营活动面临着许多风险和不确定性，如应收款项的可收回性、固定资产的使用寿命、无形资产的使用寿命、售出存货可能发生的退货或者返修等。会计信息质量的谨慎性要求，需要企业在面临不确定性因素的情况下做出职业判断时，应当保持应有的谨慎，充分估计到各种风险和损失，既不高估资产或者收益，也不低估负债或者费用。例如，要求企业对可能发生的资产减值损失计提资产减值准备，对售出商品可能发生的保修义务等确认预计负债等，就体现了会计信息质量的谨慎性要求。

谨慎性的应用也不允许企业设置秘密准备，如果企业故意低估资产或者收益，或者故意高估负债或者费用，将不符合会计信息的可靠性和相关性要求。这会损害会计信息质量，扭曲企业实际的财务状况和经营成果，从而对使用者的决策产生误导，这是会计准则所不允许的。

1.3.8　及时性

及时性要求企业对于已经发生的交易或者事项，应当及时进行确认、计量和报告，不得提前或者延后。

会计信息的价值在于帮助所有者或者其他方面做出经济决策，具有时效性。即使是可靠、相关的会计信息，如果不及时提供，就失去了时效性，对于使用者的效用就大大降低，甚至不再具有实际意义。在会计确认、计量和报告过程中贯彻及时性，一是要求及时收集会计信息，即在经济交易或者事项发生后，及时收集整理各种原始单据或者凭证；二是要求及时处理会计信息,即按照会计准则的规定,及时对经济交易或者事项进行确认或者计量,并编制出财务报告;三是要求及时传递会计信息,即按照国家规定的有关时限,及时地将编制的财务报告传递给财务报告使用者,便于其及时使用和决策。

在实务中,为了及时提供会计信息,可能需要在有关交易或者事项的信息全部获得之前即进行会计处理,从而满足会计信息的及时性要求,但可能会影响会计信息的可靠性;反之,如果企业等到与交易或者事项有关的全部信息获得之后再进行会计处理,这样的信息披露可能会由于时效性问题,对于投资者等财务报告使用者决策的有用性将大大降低。这就需要在及时性和可靠性之间做相应权衡,以最好地满足投资者等财务报告使用者的经济决策需要为判断标准。

1.4 会计要素及其确认与计量

1.4.1 会计要素

会计要素是对会计核算内容的基本分类,是会计对象的具体化。我国《企业会计准则》将会计要素分为资产、负债、所有者权益(股东权益)、收入、费用(成本)和利润六大会计要素。其中,资产、负债和所有者权益三项会计要素主要反映企业的财务状况;收入、费用和利润三项会计要素主要反映企业的经营成果。将会计核算内容分解为会计要素,主要能起到如下作用:①使会计确认和计量有具体的对象,并为分类核算提供基础;②为会计报表设计提供基本框架,因为按会计要素设计会计报表能够反映各会计要素的相互联系及数据的勾稽关系。需要注意的是,在不同的会计准则环境下,会计要素不会完全相同,它取决于该会计系统所处的环境及财务会计的目标。

1. 反映企业财务状况的会计要素

财务状况,是指企业一定时期的资产及权益情况,是资金运动相对静止状态时的表现。反映财务状况的会计要素包括资产、负债及所有者权益三项。

1) 资产

资产,是指企业过去的交易或者事项形成的、由企业拥有或者控制的、预期会给企业带来经济利益的资源。企业过去的交易或者事项包括购买、生产、建造行为或其他交易或者事项。预期在未来发生的交易或者事项不形成资产。由企业拥有或者控制,是指企业享有某项资源的所有权,或者虽然不享有某项资源的所有权,但该资源能被企业所控制。预期会给企业带来经济利益,是指直接或者间接导致现金和现金等价物流入企业的潜力。具体来讲,企业从事生产经营活动必须具备一定的物质资源,如货币资金、厂房场地、机器设备、原材料等,这些都是企业从事生产经营的物质基础,都属于企业的资产。此外,像专利权、商标权等不具有实物形态,但却有助于生产经营活动进行的无形资产,以及企业对其他单位的投资等,也都属于资产。

(1) 资产的特征。资产具有以下基本特征。

① 资产预期会给企业带来经济利益。所谓经济利益,是指直接或间接地流入企业的现

金或现金等价物。资产都应能够为企业带来经济利益,如企业通过收回应收账款、出售库存商品等直接获得经济利益,也可通过对外投资以获得股利或参与分配利润的方式间接获得经济利益。按照这一特征,那些已经没有经济价值、不能给企业带来经济利益的项目,就不能继续确认为企业的资产。

【例1-1】龙盛公司的某工序上有两台机器设备,其中W机器设备型号较老,自M机器设备投入使用后,一直未再使用;M机器设备是W机器设备的替代产品,目前承担该工序的全部生产任务。W、M机器设备是否都是企业的固定资产?

W机器设备不应确认为该公司的固定资产。该公司原有的W机器设备已长期闲置不用,不能给企业带来经济利益,因此不应作为资产反映在资产负债表中。

② 资产是为企业拥有的,或者即使不为企业拥有,也是企业所控制的。一项资源要作为企业资产予以确认,企业应该拥有此项资源的所有权,可以按照自己的意愿使用或处置资产。

【例1-2】龙盛公司的加工车间有两台设备。W设备系从乙企业融资租入获得,M设备系从丙企业以经营租入方式获得,目前两台设备均投入使用。W、M设备是否为甲企业的资产?

这里要注意经营租入与融资租入的区别。企业对经营租入的M设备既没有所有权也没有控制权,因此M设备不应确认为企业的资产。而企业对融资租入的W设备虽然没有所有权,但享有与所有权相关的风险和报酬的权利,即拥有实际控制权,因此应将W设备确认为企业的资产。

③ 资产是由过去的交易或事项形成的。也就是说,资产是过去已经发生的交易或事项所产生的结果,资产必须是现实的资产,而不能是预期的资产。未来交易或事项可能产生的结果不能作为资产确认。

【例1-3】龙盛公司计划在年底购买一批机器设备,7月份与销售方签订了购买合同,但实际购买行为发生在11月份,则企业不能在7月份将该批设备确认为资产。

(2) 资产的分类。资产按其流动性不同,分为流动资产和非流动资产。

流动资产,是指预计在一个正常营业周期中变现、出售或耗用,或者主要为交易目的而持有,或者预计在资产负债表日起一年内(含一年)变现的资产,以及自资产负债表日起一年内交换其他资产或清偿负债的能力不受限制的现金或现金等价物。流动资产主要包括货币资金、交易性金融资产、应收票据、应收账款、预付款项、应收利息、应收股利、其他应收款、存货等。

非流动资产,是指流动资产以外的资产。如果资产预计不能在一个正常营业周期中变现、出售或耗用,或者持有资产的主要目的不是为了交易,这些资产都应当归类为非流动资产,如可供出售金融资产、持有至到期投资、长期股权投资、投资性房地产、固定资产、无形资产、开发支出、递延所得税资产等。

2) 负债

负债,是指企业过去的交易或者事项形成的预期会导致经济利益流出企业的现时义务。现时义务,是指企业在现行条件下已承担的义务。未来发生的交易或者事项形成的义务,不属于现时义务,不应当确认为负债。

(1) 负债的特征。负债具有以下基本特征：

① 负债的清偿预期会导致经济利益流出企业。负债通常是在未来某一时日通过交付资产(包括现金和其他资产)或提供劳务来清偿。例如，企业赊购一批材料，材料已验收入库，但尚未付款，该笔业务所形成的应付账款应确认为企业的负债，需要在未来某一时日通过交付现金或银行存款来清偿。有时，企业可以通过承诺新的负债或转化为所有者权益来了结一项现有的负债，但最终一般都会导致企业经济利益的流出。

② 负债是由过去的交易或事项形成的现时义务。也就是说，导致负债的交易或事项必须已经发生。例如，购置货物或使用劳务会产生应付账款(已经预付或是在交货时支付的款项除外)，接受银行贷款则会产生偿还贷款的义务。只有源于已经发生的交易或事项，会计上才有可能确认为负债。对于企业正在筹划的未来交易或事项，如企业的业务计划等，并不构成企业的负债。

(2) 负债的分类。负债按其流动性不同，分为流动负债和非流动负债。

流动负债，是指预计在一个正常营业周期中清偿，或者主要为交易目的而持有，或者自资产负债表日起一年内(含一年)到期应予以清偿，或者企业无权自主地将清偿推迟至资产负债表日后一年以上的负债。流动负债主要包括短期借款、应付票据、应付账款、预收款项、应付职工薪酬、应交税费、应付利息、应付股利、其他应付款等。

非流动负债，是指需在下一年或下一个营业周期内动用流动资产，或承担新的流动负债加以清偿的负债，包括长期借款、应付债券、其他长期应付款等。

3) 所有者权益

所有者权益，是指企业资产扣除负债后由所有者享有的剩余权益，是投资人对企业净资产的所有权。所有者权益是企业的主要资金来源，它等于全部资产减全部负债后的净额。企业所有者拥有的权益，最初以投入企业资产的形式取得，形成投入资本。随着企业生产经营活动的开展，投入资本本身增值，增值部分形成盈余公积和未分配利润，这部分资金归所有者所有，与投入资本一起构成企业的所有者权益。具体包括投入资本、资本公积、盈余公积和未分配利润等部分。

利得，是指由企业非日常活动所形成的、会导致所有者权益增加的、与所有者投入资本无关的经济利益的流入。损失，是指由企业非日常活动所发生的、会导致所有者权益减少的、与向所有者分配利润无关的经济利益的流出。损失是企业除了费用或分配给所有者之外的一些边缘性或偶发性支出。一般来说，利得和损失与收入和费用不同，它们之间不存在配比关系。按照我国会计制度的规定，利得和损失分为直接计入所有者权益的利得和损失与直接计入当期损益的利得和损失。一般来说，已实现的利得和损失计入当期损益，未实现的利得和损失计入所有者权益中的资本公积。直接计入所有者权益的利得和损失，主要是指可供出售金融资产的公允价值变动部分。

2. 反映经营成果的会计要素

经营成果，是指企业在一定时期内生产经营活动的结果，具体来说，它是指企业生产经营过程中取得的收入与耗费相配比的差额。经营成果要素一般通过利润来反映，由收入、费用和利润3个要素构成。

1) 收入

收入，是指企业在销售商品、提供劳务及让渡资产使用权等日常活动中所形成的营业收入。对于某一会计主体来说，收入表现为一定期间现金的流入或其他资产的增加或负债的清偿。但不是所有的现金流入都是企业的收入，因为有些现金收入并不是由于企业销售商品、提供劳务及提供他人使用本企业的资产而引起的，如因股东投资、企业借债增加的现金流入就不是收入。收入有广义和狭义两种理解。广义收入把所有的经营和非经营活动的所得都看成收入，就是说企业净资产增加的部分都看作收入，包括营业收入、投资收入和营业外收入及资产收益等。狭义收入则仅仅把经常的、主体性的经营业务中取得的收入作为收入，即营业收入，它包括主营业务收入和其他业务收入。会计上通常所指的收入是狭义收入。

【例 1-4】龙盛公司出售和出租固定资产、无形资产的收入，以及出售不需要的材料的收入是否应确认为企业的收入？

出售固定资产、无形资产并非企业的日常活动，这种偶发性的收入不应确认为收入，而应作为营业外收入确认。而出租固定资产、无形资产在实质上属于让渡资产使用权，出售不需要的材料的收入也属于企业日常活动中的收入，因此应确认为企业的收入，具体确认为其他业务收入。

2) 费用

费用，是指企业在销售商品、提供劳务等日常活动中所发生的经济利益的流出。它是企业在获取收入过程中的必要支出。费用是相对收入而言的，没有收入就没有费用，因此，费用必须按照一定的期间与收入相配比。例如，一定期间的产品销售收入必须与当期的产品销售成本相配比。费用也有广义和狭义之分。广义费用认为费用包括各种费用和损失，而狭义的费用只包括为获取营业收入提供商品或劳务而发生的耗费。也就是说，凡是同提供商品或劳务相联系的耗费才作为费用，狭义费用不包括损失。狭义费用和损失有一点是共同的，即它们都会导致企业主权益即资本的减少。所不同的是，狭义费用仅仅指与商品或劳务的提供相联系的耗费，但损失只是一种对收益的纯扣除。会计上通常所指的费用是狭义费用，主要包括主营业务成本、其他业务成本、管理费用、销售费用和财务费用。

【例 1-5】龙盛公司处置固定资产发生的净损失，是否确认为企业的费用？

处置固定资产而发生的损失，虽然会导致所有者权益减少和经济利益的总流出，但不属于企业的日常活动，因此不应确认为企业的费用，而应确认为营业外支出。

3) 利润

利润是企业在一定期间生产经营活动的最终成果，也就是收入与费用配比相抵后的差额。收入大于费用的净额为利润，如收入小于费用，其净额则为亏损。利润要素主要包括营业利润、投资收益、营业外收支净额、资产减值损失和公允价值变动损益等。

【例 1-6】龙盛公司当期确认的投资收益或投资损失，以及处置固定资产、债务重组等发生的利得或损失，均属于直接计入当期利润的利得和损失。

以上六大会计要素相互影响、密切联系，全面综合地反映了企业的经济活动。

1.4.2 会计确认

会计确认，是指把一个事项作为资产、负债、收入和费用等加以记录并列入财务报表的过程。会计确认包括用文字和数字来描述一个项目,其数额包括在财务报表的合计数之内,还包括对项目嗣后发生变动或清除的确认。会计确认实际上是分两次进行的,第一次解决会计的记录问题,第二次解决财务报表的披露问题。前者称为初始确认,后者称为再确认。

1. 会计确认解决的问题

首先,对发生的经济业务,应辨认其是否为会计要素,应予在会计账簿中正式加以记录;其次,对应予进行会计记录的经济业务,要确定其属于哪一会计要素,如何在会计账簿中加以分类记录。编制报表时的确认,主要解决应为经济管理和报表使用者提供哪些会计核算指标问题,确认已记录和储存在会计账簿中的会计数据哪些应列示在报表的具体项目中。进行会计确认,必须以会计确认的标准为依据。会计确认的标准,是指会计核算的特定规范要求。

2. 会计确认的标准

会计确认的标准是从会计信息质量的特征推导而得的,同时有助于形成财务报告要素的定义,用以解决编制财务报告的各种问题。美国财务会计准则委员会(Financial Accounting Standards Board, FASB)于1984年在第5号财务会计概念公告《企业财务报表项目的确认和计量》中提出了会计确认的4个标准,即可定义性、可计量性、相关性和可靠性。

1) 可定义性

可定义性,是指被确认的项目应符合财务报表某个要素的定义。如确认的资产必须符合资产的定义,确认的债务必须符合负债的定义,确认的收入、费用也必须符合相关要素的定义。

2) 可计量性

可计量性,是指被确认的项目应具有相关的计量属性,足以充分可靠地予以计量。具体来说就是被确认的会计要素必须能够用货币进行计量,凡是不能可靠地用货币计量的要素都不能加以确认。

3) 相关性

相关性,是指被确认的会计要素应当对信息的使用者有用,会计信息确认必须与使用者的信息需求密切联系起来,不同的使用者的决策可能需要不同的会计信息。所以,应根据相关性进行会计确认,在确认时应尽量排除不相关的会计信息,而对相关的会计信息予以确认。

4) 可靠性

可靠性,是指被确认的会计信息是真实的、可验证的和不偏不倚的。不可靠性的会计信息在会计上是不能予以确认的。

3. 会计确认的基础

会计确认的基础主要是确认的时间基础,对资产、负债来说,是否即期确认;对收入、费用来说,是否在发生的当期确认。确认的时间基础,对收入和费用比资产和负债更为重要,因为,收入和费用的确认更为复杂。资产和负债通常都是单项交易,属于时点概念,只要交易成立,符合资产要素和负债要素的确认标准,就可以进行确认。收入和费用则不同，它们是反映企业经营业绩的期间概念。在一个期间内，会发生许多笔收入和费用，过程的起点和结束参差不齐，发生的收入和费用同其实现的期间经常出现跨期。因此，有两种确认的基础可供选择，一是收付实现制，二是权责发生制。现代财务会计的确认基础是权责发生制，即收取收入的权利发生时才确认收入、支付费用的义务发生时确认费用。收入以实现为原则，费用以配比为原则。

权责发生制并不仅仅是收入、费用的确认基础，同时也是资产和负债的确认基础。每当确认一项收入时，必然同时以相同的金额确认一项资产的增加或一项负债的减少；而确认费用时，又必然同时以相同的金额确认一项资产的减少或一项负债的增加。

1.4.3 会计计量

会计计量与会计确认是密不可分的，没有纯粹的会计确认，也没有纯粹的会计计量，必须将两者结合起来才有意义。所谓会计计量，是指将符合确认条件的会计要素登记入账，并列报于财务报表且确定其金额的过程。计量是一个模式，它由两个要素构成，即计量单位和计量属性。

1. 计量单位

任何计量都必须首先确定采用的计量单位，对会计计量来说，计量必须以货币为计量单位。作为计量单位的货币，通常是指某国、某地区的法定货币，如人民币、美元、日元等。在不存在恶性通货膨胀的情况下，一般都以名义货币作为会计的计量单位。名义货币计量的特点是，无论各个时期货币的实际购买力如何发生变动，会计计量都采用固定的货币单位，即不调整不同时期货币的购买力。

2. 计量属性

计量属性，是指被计量对象的特性或外在表现形式，即被计量对象予以数量化的特征。在某种意义上讲，一种计量模式区别于另一种计量模式的标准就是计量属性。会计的计量属性主要包括历史成本、重置成本、可变现净值、现值和公允价值等。

1) 历史成本

历史成本也称为实际成本，是指取得或制造某项财产物资时所实际支付的现金或现金等价物的金额。在历史成本计量下，资产按照购置时支付的现金或现金等价物的金额，或者按照购置资产时所付出的对价的公允价值计量。负债按照因承担现时义务而实际收到的款项或资产的金额，或者承担现时义务的合同金额，或者按照日常活动中为偿还负债预期需要支付的现金或者现金等价物的金额计量。

2) 重置成本

重置成本，是指按照当前的市场条件下，企业重新取得同样资产所需要支付的现金或现金等价物的金额。在重置成本计量下，资产按照现在购买相同或者相似资产所需支付的现金或者现金等价物的金额计量。负债按照现在偿付该项债务所需支付的现金或者现金等价物的金额计量。

3) 可变现净值

可变现净值，是指在日常活动中，以预计售价减去进一步加工成本和预计销售费用及相关税费后的净值。在可变现净值计量下，资产按照其正常对外销售所能收到现金或者现金等价物的金额，扣减该资产至完工时估计将要发生的成本、估计的销售费用，以及相关税费后的金额计量。

4) 现值

现值，是指对未来现金流量以恰当的折现率进行折现后的价值，是考虑货币时间价值的一种计量属性。在现值计量下，资产按照预计从其持续使用和最终处置中所产生的未来净现金流入量的折现金额计量。负债按照预计期限内需要偿还的未来净现金流出量的折现金额计量。

5) 公允价值

公允价值，是指公平交易中，熟悉情况的交易双方自愿进行资产交换或者债务清偿的金额。在公允价值计量下，资产和负债按照在公平交易中，熟悉市场情况的交易双方自愿进行资产交换或者债务清偿的金额计量。

企业在对会计要素进行计量时，一般应当采用历史成本。采用重置成本、可变现净值、现值、公允价值计量的，应当保证所确定的会计要素金额能够取得并可靠计量。

 本章小结

> 财务会计的目标是为相关的会计信息使用者提供与决策相关的真实、完整的信息。要开展会计工作必须具备的基本假设是会计主体、持续经营、会计分期和货币计量。财务会计通过设置会计科目，对资产、负债、所有者权益、收入、费用和利润六大会计要素进行会计确认、计量和记录。为了使财务报告中所提供的会计信息对使用者决策有用，就要求会计信息符合可靠性、相关性、可理解性、可比性、实质重于形式、重要性、谨慎性和及时性等会计信息质量要求。

本 章 习 题

1. 判断题

(1) 某一财产物资要成为企业的资产，其所有权必须是属于企业的。（　）

(2) 企业一定期间发生亏损，则其所有者权益必定减少。（　）

(3) 法律主体必定是会计主体，会计主体也必定是法律主体。（　）

(4) 会计分期是产生权责发生制和收付实现制等不同记账基础的前提。（　）

(5) 如果某项资产不能再为企业带来经济利益，即使是由企业拥有或者控制的，也不能作为企业的资产在资产负债表中列示。（　）

(6) 资产按流动性分为流动资产和固定资产。（　）

(7) 应收及预收款是资产，应付及预付款是负债。（　）

2. 计算题

民生商场一贯按权责发生制原则确认收入与费用。2017年6月发生以下经济业务。

(1) 6月2日，支付5月的电费6 000元。

(2) 6月3日，收回5月的应收账款9 000元。

(3) 6月10日，收到本月的营业收入款5 000元。

(4) 6月15日，支付本月应负担的办公费1 200元。

(5) 6月20日，支付下季度保险费2 400元。

(6) 6月22日，应收营业收入30 000元，款项尚未收到。

(7) 6月28日，预收客户货款8 000元。

要求：(1)试按权责发生制原则确认民生商场6月的收入和费用。

(2) 试按收付实现制原则确认民生商场6月的收入和费用。

(3) 通过计算说明两种方法对收入、费用和盈亏的影响。

3．案例分析题

某会计师事务所是由张新、李安合伙创建的，最近发生了下列经济业务，并由会计作了相应的处理。

(1) 6月10日，张新从事务所出纳处支了380元现金给自己的孩子购买玩具，会计将380元记为事务所的办公费支出，理由是：张新是事务所的合伙人，事务所的钱也有张新的一部分。

(2) 6月15日，会计将6月1～15日的收入、费用汇总后计算出半个月的利润，并编制了财务报表。

(3) 6月20日，事务所收到了某外资企业支付的业务咨询费2 000美元，会计没有将其折算为人民币反映，而直接记到美元账户中。

(4) 6月30日，计提固定资产折旧，采用年数总和法，而本月前计提折旧均采用直线法。

(5) 6月30日，事务所购买了一台电脑，价值12 000元，为了少计利润，少交税，将12 000元一次性全部计入当期管理费用。

(6) 6月30日，收到达成公司的预付审计费用3 000元，会计将其作为6月的收入处理。

(7) 6月30日，在事务所编制的对外报表中显示"应收账款"60 000元，但没有"坏账准备"项目。

(8) 6月30日，预付下季度报刊费300元，会计将其作为6月的管理费用处理。

案例要求：根据上述材料，分析该事务所的会计在处理这些经济事务时是否完全正确，若有错误，主要是违背了哪项会计假设或会计信息质量特征。

货币资金

学习目标

通过本章的学习，了解货币资金和各项管理控制制度；熟悉货币资金的结算制度和银行结算方式；掌握库存现金和银行存款的账务处理。

技能要求

熟练掌握库存现金和银行存款的管理办法；熟练掌握登记现金日记账和银行存款日记账；熟悉银行存款余额调节表的编制。

第 2 章 货币资金

导入案例

2004年10月19号，北京市中级人民法院开庭审理原国家自然科学基金委员会资金管理处会计卞中涉嫌贪污挪用公款一案，这也是新中国成立以来北京市涉案金额最高的一起职务侵占案件。

犯罪嫌疑人卞中，今年42岁，如果不是在庭审现场，人们很难想象作为国家自然科学基金委员会的一名普通会计，卞中竟能贪污挪用高达2.2亿元的巨额资金，而更让人不解的是，在1995—2003年长达8年的时间里，几十笔的巨额资金去向不明却一直没有被察觉。

卞中挪用公款的一个手段就是做假的银行对账单。刘英是承办此案的北京市海淀区检察院第一个接触卞中的办案人员，他告诉记者："作为入账凭证，每一笔资金的流向都体现在银行的对账单上，而在国家自然科学基金委员会资金管理处，卞中既管记账又管拨款，身份是会计却又掌握出纳的职能，这样就给他实施贪污挪用提供了职务上的便利。比如说，他挪出去3 000万元或者1 980万元这种时候，他把真的对账单拿下来自己留下，在假的对账单里这笔钱根本体现不出来"。

这种巨额的职务犯罪，直到2003年的春节前后，才由一次偶然的机会露出马脚。这事儿是怎么被发现的呢？2003年的2月正好是春节前夕，当时新来了一名会计，叫李中治，从老家探亲回来，卞中并不知道他回来了。小李那天去银行的过程中，顺便就把对账单拿了回来，这时偶然发现银行原始对账单暴露了一笔2 090万元的挪用，而这也成了整个案件的突破口。

卞中的犯罪行为已经受到法律的严惩。但是也促使会计工作人员思考这样两个问题：卞中的挪用、贪污公款的行为在长达8年的时间内为什么没有被察觉？国家自然科学基金委员会对货币资金的控制制度为什么没有发挥作用？

2.1 货币资金概述

2.1.1 货币资金的概念

货币资金是企业生产经营过程中以货币形态存在的资产，它是企业资产的重要组成部分，是企业资产中流动性最强的一项资产。任何企业要进行生产经营活动都必须拥有货币资金，持有货币资金是企业进行生产经营活动的基本条件。货币资金按存放地点和用途不同，分为库存现金、银行存款和其他货币资金。货币资金从本质上讲属于金融资产范畴，由于其会计处理的特殊性，本章单独加以阐述。

2.1.2 货币资金管理和控制的原则

货币资金是企业资产中流动性最强的一项资产，加强对其管理和控制，对于保障企业资产安全完整，提高货币资金周转速度和使用效益，具有重要的意义。加强对货币资金的控制，应当结合企业生产经营特点，制定相应的控制制度并监督实施。一般来讲，货币资金的管理和控制应当遵循如下原则。

1. 严格职责分工

严格职责分工，是将涉及货币资金不相容的职责分别由不同的人员担任，形成严密的内部牵制制度，以减少和降低货币资金管理上舞弊的可能性。

2. 实行交易分开

实行交易分开，是将现金支出业务和现金收入业务分开进行处理，防止将现金收入直接用于现金支出的坐支行为发生。

3. 实现内部稽核

实现内部稽核，是要设置内部稽核单位和人员，建立内部稽核制度，以加强对货币资金管理的监督，及时发现货币资金管理中存在的问题，以便及时改进对货币资金的管理控制。

4. 实施定期轮岗制度

实施定期轮岗制度，是对涉及货币资金管理和控制的业务人员实行定期轮换岗位。通过轮换岗位，减少货币资金管理和控制中产生舞弊的可能性，并及时发现有关人员的舞弊行为。

2.1.3 货币资金内部控制的规定

为了规范企业的内部会计控制，中华人民共和国财政部(以下简称财政部)于2001年6月22日发布了《内部会计控制规范——基本规范(试行)》和《内部会计控制规范——货币资金(试行)》。这两个规范作为《中华人民共和国会计法》(以下简称《会计法》)的配套规章，是解决当前一些单位内部管理松弛、控制弱化的重要举措。这两个规范的发布实施，对于深入贯彻《会计法》，强化单位内部会计监督，整顿和规范社会主义市场经济秩序，必将发挥重要的作用。

《内部会计控制规范——货币资金(试行)》共六章、二十七条，适用于国家机关、社会团体、公司、企业、事业单位和其他经济组织。该规范规定，单位负责人对本单位货币资金内部控制的建立健全和有效实施，以及货币资金的安全完整负责。该规范规定如下：

(1) 单位应当建立货币资金业务的岗位责任制，明确相关部门和岗位的职责权限，确保办理货币资金业务的不相容岗位相互分离、制约和监督出纳人员不得兼任稽核、会计档案保管和收入、支出、费用、债权债务账目的登记工作。单位不得由一人办理货币资金业务的全过程。

(2) 办理货币资金业务，应当配备合格的人员，并根据单位具体情况进行岗位轮换。办理货币资金业务的人员应当具备良好的职业道德，忠于职守、廉洁奉公，遵纪守法，客观公正，不断提高会计业务素质和职业道德水平。

(3) 单位应当对货币资金业务建立严格的授权批准制度，明确审批人对货币资金业务的授权批准方式、权限、程序、责任和相关控制措施，规定经办人办理货币资金业务的职责范围和工作要求。审批人应当根据货币资金授权批准制度的规定，在授权范围内进行审批，不得超越审批权限。经办人应当在职责范围内，按照审批人的批准意见办理货币资金业务。对于审批人超越授权范围审批的货币资金业务，经办人员有权拒绝办理，并及时向审批人的上级授权部门报告。

(4) 单位应当加强与货币资金相关票据的管理，明确各种票据的购买、保管、领用、背书转让、注销等环节的职责权限和程序，并专设登记簿进行记录，防止空白票据的遗失和被盗用。

(5) 单位应当加强银行预留印鉴的管理。财务专用章应由专人保管，个人签名盖章必须由本人或其授权人员保管。严禁一人保管支付款项所需的全部印章。按规定需要有关负责人签字或盖章的经济业务，必须严格履行签字或盖章手续。

(6) 单位应当建立货币资金业务的监督检查制度，明确监督检查机构或人员的职责权限，定期和不定期地进行检查。货币资金监督检查的内容主要包括以下几个方面。

① 货币资金业务相关岗位及人员的设置情况。重点检查资金支出业务不相容职务混岗的现象。

② 货币资金授权批准制度的执行情况。重点检查货币资金支出的授权批准手续是否健全，是否存在越权审批行为。

③ 支付款项印章的保管情况。重点检查是否存在办理付款业务所需的全部印章交由一人保管的现象。

④ 票据的保管情况。重点检查票据的购买、领用、保管手续是否健全，票据保管是否存在漏洞。

对监督检查过程中发现的货币资金内部控制中的薄弱环节，应当及时采取措施，加以纠正和完善。

2.2 库存现金

2.2.1 库存现金及其范围的界定

现金是流动性最强的一种货币性资产，可以随时用其购买所需的物资，支付有关的费用，偿还债务，也可以随时存入银行。现金的定义有广义和狭义之分。狭义的现金，是指企业的库存现金；广义的现金，是指除了库存现金外，还包括银行存款和其他符合现金定义的票证等。我国日常会计核算中所指的现金是狭义的现金，仅指库存现金，包括库存的人民币和外币现金。

2.2.2 库存现金的管理

企业除应遵守货币资金管理和控制的原则、货币资金内部控制的规定外，还要按照现金管理办法对库存现金进行管理。

1. 现金的使用范围

根据国家《现金管理暂行条例》的规定，企业应该在下列范围内使用现金结算：①职工工资、津贴；②个人劳务报酬；③根据国家规定颁发给个人的科学技术、文化技术、体育等各种奖金；④各种劳保、福利费用，以及国家规定对个人的其他支出；⑤收购单位向个人收购农副产品和其他物资的价款；⑥出差人员必须随身携带的差旅费；⑦结算起点以下零星支出(按规定结算起点为 1 000 元)；⑧中国人民银行确定需要支付现金的其他支出。

属于上述现金结算范围的支出，企业可以根据需要向银行提取现金支付；不属于上述现金结算范围的款项支付，一律通过银行进行转账结算。

2. 库存现金的限额

库存现金的限额，是指保证各单位日常零星支付，按规定允许留存现金的最高数额。库存现金的限额由开户银行和开户单位根据具体情况商定，凡在银行开户的单位，银行根据实际需要核定3~5天的日常零星开支数额作为该单位的库存现金限额。边远地区和交通不便地区的开户单位，其库存现金限额的核定天数可以适当放宽在5天以上，但最多不得超过15天的日常零星开支的需要量。

库存现金限额一经确定，要求企业必须严格遵守，不能任意超过，超过限额的现金应及时存入银行。库存现金低于限额的，可以签发现金支票从银行提取现金。

3. 现金收支的规定

企业应当按照中国人民银行规定的现金管理办法与财政部关于各单位货币资金管理和控制的规定，办理有关现金收支业务。办理现金收支业务时，应当遵守以下几项规定。

(1) 各单位实行收支两条线，不准"坐支"现金。所谓"坐支"现金，是指企业、事业单位和机关、团体、部队从本单位的现金收入中直接用于现金支出。各单位现金收入应于当日送存银行，如当日确有困难，由开户单位确定送存时间，如遇特殊情况需要坐支现金，应该在现金日记账上如实反映坐支情况，并同时报告开户银行，便于银行对坐支金额进行监督和管理。

(2) 企业送存现金和提取现金，必须注明送存现金的来源和支取的用途，且不得私设"小金库"。

(3) 现金管理"八不准"。按照《现金管理暂行条例》及其实施细则规定，企业、事业单位和机关团体部队现金管理应遵循"八不准"：①不准用不符合财务制度的凭证顶替库存现金，即不得"白条抵库"；②不准单位之间互相借用现金；③不准谎报用途套取现金；④不准利用银行账户代其他单位和个人存入或支取现金；⑤不准将单位收入的现金以个人名义存入银行；⑥不准保留账外公款；⑦不准发生变相货币；⑧不准以任何票券代替人民币在市场上流通。

银行对于违反上述规定的企业，将按照违规金额的一定比例予以处罚。

为了加强对现金的管理，企业应坚持每日进行现金的账实核对，经常检查库存现金的限额执行情况，每月定期进行现金的账账核对。

2.2.3 库存现金的序时核算

库存现金的序时核算，是指根据库存现金的收支业务逐日逐笔地记录现金的增减及结存情况。它的方法是设置与登记库存现金日记账。

库存现金日记账是核算和监督现金日常收付结存情况的序时账簿。通过它，可以全面、连续地了解和掌握企业每日现金的收支动态和库存余额，为日常分析、检查企业的现金收支活动提供资料。

库存现金日记账一般采用收入、付出及结存三栏式格式，见表2-1。

表 2-1 库存现金日记账——人民币　　　　　　　　　　单位：元

2017年		凭证种类及号数	摘要	对方科目	收入	付出	结存
月	日						
6	30		本月合计				600
7	1	现收 701	零星销售收入	主营业务收入	500		
	1	现付 702	差旅费	备用金		600	
	1	银付 701	提取现金	银行存款	2 000		
	1	现付 702	购买办公用品	管理费用		300	
			本日合计		2 500	900	2 200

库存现金日记账的"收入"栏和"付出"栏，是根据审核签字后的现金收付款凭证和从银行提取现金时填制的银行存款付款凭证，按照经济业务发生的时间顺序，由出纳人员逐日逐笔地进行登记的。为了简化库存现金日记账的登记手续，对于同一天发生的相同经济业务，也可以汇总一笔登记。每日终了时，出纳人员应做好以下各项工作。

(1) 在库存现金日记账上结出"本日收入"合计和"本日付出"合计，然后计算出本日余额，记入"结存"栏。本日余额的计算公式为：

本日余额＝昨日余额＋本日收入合计－本日付出合计

即

$$2\,200 = 600 + (500 + 2\,000) - (600 + 300)$$

(2) 以库存现金日记账上的本日余额与库存现金的实有余额相核对，二者应一致，若不一致，应及时查明原因，进行调整，做到账实相符。以库存现金日记账上的本日余额与库存现金的限额相比较，超过限额数，要及时送存银行，不足限额部分，应向银行提取，以保证日常开支的需要。在每月终了时，还应在库存现金日记账上结出月末余额，并同库存现金总账科目的月末余额核对相符。

(3) 库存现金日记账的格式也可以采用多栏式库存现金日记账。在此种格式下，每月月末，要结出与"库存现金"科目相对应各科目的发生额合计数，并据以登记有关总账科目。由于采用多栏式库存现金日记账时所涉及的栏目很多，所以对库存现金的收入和支出一般都分别设置日记账予以核算，即库存现金收入日记账和库存现金支出日记账。多栏式库存现金日记账能够如实反映收入现金的来源和支出现金的用途情况，简化凭证编制手续。现金收入日记账是按照现金收入对方科目设置专栏的。每日终了，为了计算库存现金的结存额、核对账款，需要把库存现金支出日记账的本日贷方合计数，过入收入日记账。

2.2.4　库存现金的总分类核算

1. 现金核算的凭证

企业发生现金的收付业务，必须取得或填制原始凭证，作为收付款的证明。例如，企业从银行提取现金，要签发现金支票，以支票存根作为提取现金的证明；将现金存入银行，要填写进账单，以银行加盖章后退回的进账单回单作为存入现金的证明；收到零星小额销售款，应以销售部门开出的发票副本作为收款证明；支付职工差旅费的借款，要取得相关领导批准的借款单，作为付款的证明等。所有这些作为收款证明的原始凭证，财会部门要进行认真的审核。审核时应注意每笔款项收支是否符合现金管理制度的规定,是否符合开支标准,是否有批准的计划,原始凭证中规定的项目是否填写齐全,数字是否准确,手续是否完备等。经过审核无误后的原始凭证,即可据以填制收款凭证或付款凭证,办理现金收支业务。出纳人员在收付现金以后,应在记账凭证或原始凭证上加盖"收讫"或"付讫"的戳记表示款项已经收付。经过审核签证后的收、付款凭证,即可据以登记账簿。

收款凭证和付款凭证是用于现金和银行存款收付业务核算的依据。为了避免填制凭证和记账的重复,在实际工作中,对于从银行提取现金,或将现金存入银行时,应按照收款业务涉及的贷方科目填制记账凭证。例如,从银行提取现金时只填制银行存款付款凭证,作为借记"库存现金"账户和贷记"银行存款"账户的依据,不再填制现金收款凭证;将现金存入银行时,只填制现金付款凭证,作为借记"银行存款"账户和贷记"库存现金"账户的依据,不再填制银行存款收款凭证。

2. 科目设置及账务处理

为了总结、反映和监督企业库存现金的收支结存情况,需要设置"库存现金"科目。该科目借方登记现金收入数,贷方登记现金的付出数,余额在借方,反映库存现金的实有数。库存现金总账科目的登记,可以根据现金收付款凭证和从银行提取现金填制的银行存款付款凭证逐笔登记,但是在现金收付款凭证按照对方科目进行分类,定期(10 天或半月)填制汇总收付款凭证,据以登记库存现金总账科目。

【例 2-1】龙盛公司 2017 年 8 月有关现金收支的业务及其会计处理如下。

(1) 8 日,开出现金支票,从银行提取现金 5 000 元。根据支票存根编制如下会计分录。

借:库存现金   5 000
　　贷:银行存款   5 000

(2) 16 日,业务员以运费发票报销市内商品运费 400 元。根据发票编制如下会计分录。

借:销售费用——运杂费   400
　　贷:库存现金   400

(3) 20 日,公司出售废旧报纸、杂志,收到现金 300 元。编制如下会计分录。

借:库存现金   300
　　贷:营业外收入   300

(4) 24 日,将上项销售收入送存银行。

借:银行存款   300
　　贷:库存现金   300

(5) 25 日,收到零星销售收入 702 元(其中应交增值税 102 元),收到职工张三应交款项 400 元。

借:库存现金   1 102
　　贷:主营业务收入   600
　　　　应交税费——应交增值税(销项税额)   102
　　　　其他应收款——张三   400

3. 备用金的核算

备用金,是指企业预付给职工和内部有关单位做差旅费、零星采购和零星开支,事后需要报销的款项。备用金业务在企业日常的现金收支业务中占有很大的比重,因此,对于备用金的预借和报销,既要有利于企业各项经济业务的正常进行,又要建立必要的手续制度,并认真执行。有关备用金的预借、使用和报销的手续制度基本内容如下:

(1) 职工预借备用金时,要填写一式三联的"借款单",说明借款的用途和金额,经过本部门和有关领导的批准后,方可领取。

(2) 职工预借备用金的数额应根据实际需要确定,数额较大的借款,应以信汇和电汇的方式解决,防止携带过多的现金,预借的备用金应严格按照规定的用途使用,不得购买私人物资。

(3) 职工使用备用金办事完毕,要在规定期限内到财会部门报销,剩余备用金要及时交回,不得拖欠,报销时,应由报销人填写"报账单"并附有关原始凭证,经有关领导审批。

企业的财会部门对于备用金的预借、使用和报销负有重要责任,要严格掌握,认真进行审核。执行国家有关财政制度,不得任意提高开支标准,对于违反国家规定的开支,应坚持原则,拒绝支付或不予报销。

备用金的总分类核算,应设置"其他应收款"科目。"其他应收款"是资产类科目,用来核算企业除应收票据、应收账款、预付账款以外的其他各种应收、暂付款项,包括各种赔款、罚款、存储保证金、备用金、应向职工收取的各种垫付款项等。在备用金数额较大或业务较多的企业中,可以将备用金业务从"其他应收款"科目中划分出来,单独设置"备用金"科目进行核算。

备用金的明细分类核算一般是按领取备用金的单位或个人设置三栏式明细账,根据预借和报销凭证进行登记。有的企业为了简化核算手续,用借款单的第3联代替明细账(借款单的第1联是存根,第2联是出纳据以付款),报销和交回现金时,予以注销。

备用金的管理办法一般是两种:一是随借随用、用后报销制度,适用于不经常使用备用金的单位和个人;二是定额备用金制度,适用于经常使用备用金的单位和个人。定额备用金制度的特点是对经常使用备用金的部门或车间,分别规定一个备用金定额。按定额拨付现金时,记入"其他应收款"或"备用金"科目的借方和"库存现金"的贷方。报销时,财会部门根据报销单据付给现金,补足用掉数额,使备用金仍保持原有的定额数。报销的金额直接记入"库存现金"科目的贷方和有关科目的借方,不需要通过"其他应收款"或"备用金"科目核算。

1) 随借随用、用后报销制度业务

【例2-2】龙盛公司行政管理部门职工李四,2017年6月10日因公出差预借备用金700元,实际支出400元,经审核予以报销,剩余现金300元交回财会部门。

(1) 预借时,应根据审核的借款单填制现金付款凭证,会计分录如下。

借:备用金——李四　　　　　　　　　　　　　　　　　　　　　　700
　　贷:库存现金　　　　　　　　　　　　　　　　　　　　　　　　700

(2) 报销时,应根据审核的报销单填制转账凭证,会计分录如下。

借:管理费用　　　　　　　　　　　　　　　　　　　　　　　　　400
　　贷:备用金——李四　　　　　　　　　　　　　　　　　　　　　400

(3) 剩余现金交回财会部门时，应填制现金收款凭证，会计分录如下。

借：库存现金　　　　　　　　　　　　　　　　　　　　　　　300
　　贷：备用金——李四　　　　　　　　　　　　　　　　　　　　300

【例 2-3】龙盛公司行政管理部门职工张三，2017 年 8 月 10 日，因公出差预借备用金 1 000 元，实际支出 1 200 元，经审核予以报销。

(1) 预借时，应根据审核的借款单填制现金付款凭证，会计分录如下。

借：备用金——张三　　　　　　　　　　　　　　　　　　　1 000
　　贷：库存现金　　　　　　　　　　　　　　　　　　　　　　1 000

(2) 报销时，应根据审核的报销单填制转账凭证，会计分录如下。

借：管理费用　　　　　　　　　　　　　　　　　　　　　　1 200
　　贷：备用金——张三　　　　　　　　　　　　　　　　　　　1 200

(3) 付出现金 200 元，填制现金付款凭证，会计分录如下。

借：备用金——张三　　　　　　　　　　　　　　　　　　　　200
　　贷：库存现金　　　　　　　　　　　　　　　　　　　　　　　200

2) 定额备用金制度业务

【例 2-4】龙盛公司会计部门对供应部门实行定额备用金制度。根据核定的定额，付给定额备用金 4 000 元。供应部门在一段时间内共发生备用金支出 3 200 元，持开支凭证到会计部门报销。会计部门审核以后付给现金，补足定额。

预借时

借：备用金——供应部门　　　　　　　　　　　　　　　　　4 000
　　贷：库存现金　　　　　　　　　　　　　　　　　　　　　　4 000

报销时

借：管理费用　　　　　　　　　　　　　　　　　　　　　　3 200
　　贷：库存现金　　　　　　　　　　　　　　　　　　　　　　3 200

【例 2-5】会计部门因管理需要决定取消定额备用金制度。供应部门持尚未报销的开支凭证 400 元和余款 1 500 元，到会计部门办理报销和交回备用金的手续。

借：管理费用　　　　　　　　　　　　　　　　　　　　　　　400
　　库存现金　　　　　　　　　　　　　　　　　　　　　　　1 500
　　贷：备用金——供应部门　　　　　　　　　　　　　　　　　1 900

随借随用、用后报销制度与定额备用金制度业务处理方法比较见表 2-2。

表 2-2　两种备用金管理制度业务处理方法比较

项目	预借	报销	注销备用金或其他应收款
随借随用、用后报销制度	借：备用金 　　贷：库存现金	借：管理费用 　　库存现金 　　贷：备用金 　　（或贷：库存现金）	报销时已注销
定额备用金制度	借：备用金 　　贷：库存现金	借：管理费用 　　贷：库存现金	取消定额备用金时注销 借：管理费用 　　库存现金 　　贷：备用金

2.2.5 库存现金的清查

为了保证现金的账实相符和安全完整,除了出纳本人应按日结算现金收支外,企业还需定期或不定期地进行现金清查。库存现金清查的方法是进行实地盘点,将实存数与现金日记账余额相核对。清查时,除查明现金是否有短缺或溢余外,还应检查企业遵守现金管理制度的情况,注意有无挪用、以借条或白条收据抵充现金的情况。清查结束,无论是否发现问题,都应将清查结果填列"库存现金清查报告表"(表2-3)。

表2-3 库存现金清查报告表

单位名称: 　　　　　　　　　　　　年　月　日　　　　　　　　　　　　单位:元

实在金额	账存金额	对比结果		备注
		盘盈	盘亏	

盘点人: 　　　　　　　　　监盘人: 　　　　　　　　　制表人:

对盘盈或盘亏的现金,原因尚未查明或原因已查明但尚未审批确认前,应通过"待处理财产损溢——待处理流动资产损溢"账户核算,待查明原因后,予以转销。

(1) 属于现金短缺的,按实际盘亏金额,借记"待处理财产损溢——待处理流动资产损溢"科目,贷记"库存现金"科目。查明原因,属于应由责任人或保险公司赔偿的部分,记入"其他应收款"科目;属于无法查明的其他原因,根据管理权限,经批准后记入"管理费用"科目。

(2) 属于现金溢余的,按实际盘盈的金额,借记"库存现金"科目,贷记"待处理财产损溢——待处理流动资产损溢"科目。属于应支付给有关人员或单位的,应记入"其他应付款"科目;属于无法查明原因的现金溢余,经批准后转作"营业外收入"科目。

【例2-6】龙盛公司于2017年3月31日的现金清查过程中,发现现金短缺120元,原因待查。

　　借:待处理财产损溢——待处理流动资产损溢　　　　　　　　　120
　　　　贷:库存现金　　　　　　　　　　　　　　　　　　　　　　120

【例2-7】上述现金短缺,经查明原因,系出纳员陈林工作失误造成的,应由其负责赔偿。

　　借:其他应收款——陈林　　　　　　　　　　　　　　　　　　120
　　　　贷:待处理财产损溢——待处理流动资产损溢　　　　　　　　120

2.3 银行存款

银行存款是企业存放在银行或其他金融机构的货币资金。按照国家有关规定,凡是独立核算的单位都必须在当地银行开设账户。企业在银行开设账户后,除按核定的限额保留库存现金外,超过限额的现金必须存入银行;除了在规定的范围内可以使用现金直接支付的款项外,在经营过程中所发生的一切货币收支业务,都必须通过银行存款账户进行核算。

2.3.1 银行存款的管理

1. 银行存款账户的管理

企业在银行开设的人民币存款账户分为基本存款账户、一般存款账户、临时存款账户和专用存款账户四种。

(1) 基本存款账户，是指企业办理日常转账结算和现金收付的账户，企业的工资、奖金等现金的支取只能通过基本存款账户办理。

(2) 一般存款账户，是指企业基本存款账户以外的用于银行借款转存，以及为与开立基本存款账户的企业不在同一地点的附属非独立核算单位开立的账户，企业可以通过该账户办理转账结算和现金缴存，但不能支取现金。

(3) 临时存款账户，是指企业因临时经营活动需要开立的账户，企业可以通过该账户办理转账结算和符合现金管理规定的现金收付。

(4) 专用存款账户，是指企业因特定用途需要开立的账户。

一个企业只能选择一家银行的一个营业机构开立一个基本存款账户，不得在多家银行机构开立基本存款账户；也不得在同一家银行的几个分支机构开立一般存款账户。

2. 银行的结算纪律

企业通过银行办理结算时，应当严格遵守银行结算制度和结算纪律。

(1) 合法使用银行账户，不得转借给其他单位或个人使用，不得利用银行账户进行非法活动。

(2) 不准签发没有资金保证的票据或远期支票，套取银行信用。

(3) 不准签发、取得和转让没有真实交易和债权债务的票据，套取银行和他人的资金。

(4) 不准无理拒绝付款，任意占用他人资金。

(5) 不准违反规定开立和使用账户。

2.3.2 银行转账结算方式及其会计处理

转账结算，是指企业之间的款项收付不是动用现金，而是由银行从付款企业的存款账户划转到收款企业的存款账户的货币清算行为。为了规范全国的银行结算工作，以及方便各企业间的交易业务，中国人民银行规定了可以使用的各种银行转账结算方式。主要方式包括支票、银行汇票、银行本票、商业汇票、汇兑、委托收款、托收承付、信用卡和信用证。

1. 支票结算方式

1) 概念

支票是出票人签发的、委托办理支票存款业务的银行在见票时无条件支付确定的金额给收款人或持票人的票据。支票由银行统一印制，分为现金支票、转账支票和普通支票三种。支票上印有"现金"字样的为现金支票；支票上印有"转账"字样的为转账支票，转账支票只能用于转账；未印有"现金"或"转账"字样的为普通支票，普通支票可以用于支取现金，也可以用于转账。在普通支票左上角划两条平行线的为划线支票，划线支票只能用于转账，不得支取现金。

2) 适用范围及规定

(1) 单位和个人在同一票据交换区域的各种款项的结算，均可使用支票。

(2) 支票一律记名，可根据需要在票据交换区域内背书转让。

(3) 支票的提示付款期限为自出票日起 10 日内，中国人民银行另有规定的除外。超过提示付款期限的，持票人开户银行不予受理，付款人不予付款。转账支票可根据需要在票据交换区域内背书转让。

(4) 禁止签发空头支票，不得签发与其预留银行印鉴不符的支票，银行予以退票，并按票面金额处以 5%但不低于 1 000 元的罚款，持票人有权要求出票人赔偿支票金额 2%赔偿金。

2. 银行汇票结算方式

1) 概念

银行汇票是出票银行签发、由其在见票时按照实际结算金额无条件支付给收款人或持票人的票据。银行汇票的出票银行为银行汇票付款人。

2) 适用范围及规定

(1) 单位和个人同城或异地各种款项结算，一般为异地。

(2) 金额起点没有限制，付款期限自出票日起 1 个月，逾期的汇票，兑付银行将不予办理。

(3) 银行汇票可以用于转账，填明"现金"字样的银行汇票也可以用于支取现金。申请人或者收款人为单位的，不得在"银行汇票申请书"上填明"现金"字样。

(4) 银行汇票可以背书转让，背书金额以不超过票面金额的实际结算金额为限。未填明实际结算金额和多余金额超过出票金额的银行汇票不得背书转让。

(5) 银行汇票有使用灵活、票随人到、兑现性强等特点，适用于先收款后发货或钱货两清的商品交易。

(6) 收款人受理申请人交付的银行汇票时，应在出票金额以内根据实际需要的款项办理结算，并将实际结算金额和多余金额准确、清晰地填入银行汇票和解讫通知的有关栏内。未填明实际结算金额和多余金额或实际结算金额超过出票金额的，银行不予受理。银行汇票的实际结算金额不得更改，更改实际结算金额的银行汇票无效，银行汇票的实际结算金额低于出票金额的，其多余金额由出票银行退交申请人。

3. 银行本票结算方式

1) 概念

银行本票是由银行签发的、承诺自己在见票时无条件支付确定的金额给收款人或者持票人的票据。

2) 适用范围及规定

(1) 适用于单位和个人在同一票据交换区域的各种款项的结算。

(2) 银行本票分为定额本票和不定额本票两种，定额银行本票面额为 1 000 元、5 000 元、10 000 元和 50 000 元。

(3) 银行本票可以用于转账，填明"现金"字样的银行本票，也可以用于支取现金，现金银行本票的申请人和收款人均为个人。

(4) 银行本票的提示付款期限自出票日起最长不得超过 2 个月。持票人超过提示付款期限的，代理付款人不予受理。

(5) 银行本票可以背书转让，填明"现金"字样的银行本票不能背书转让。

4. 商业汇票结算方式

1) 概念

商业汇票是出票人签发的、委托付款人在指定日期无条件支付确定的金额给收款人或者持票人的票据。商业汇票分为商业承兑汇票和银行承兑汇票。

商业承兑汇票是由银行以外的付款人承兑的票据。商业承兑汇票可以由付款人签发并承兑，也可以由收款人签发交由付款人承兑。

银行承兑汇票是应由在承兑银行开立存款账户的存款人签发，并由其开户银行承兑的票据。

2) 适用范围及规定

(1) 商业汇票一律记名，允许背书转让或向银行贴现。

(2) 在银行开立存款账户的法人及其他组织之间，必须具有真实的交易关系或债权债务关系，才能使用商业汇票。它适用于同城或异地结算。

(3) 付款期限由交易双方协商确定，最长不超过 6 个月，商业汇票的提示付款期限自汇票到期日起 10 日内。

5. 汇兑结算方式

1) 概念

汇兑，是指汇款人委托银行将其款项支付给收款人的结算方式，适用于单位和个人异地之间的各种款项结算。这种结算方式划拨款项简便、灵活。汇兑分为信汇和电汇两种。信汇，是指汇款人委托银行通过邮寄方式将款项划给收款人；电汇，是指汇款人委托银行通过电信手段将款项划转给收款人。两种方式可由汇款人根据需要选择使用。

2) 适用范围及规定

异地之间的单位和个人的各种款项的结算，均可使用汇兑结算方式。

6. 委托收款结算方式

1) 概念

委托收款，是指收款人委托银行向付款人收取款项的结算方式。委托收款结算款项的划回方式分邮寄和电报两种，由收款人选择使用。

2) 适用范围及规定

(1) 单位或个人都可凭已承兑商业汇票、债券、存单等债务人付款证明，办理收取同城、异地款项。

(2) 适用于收取电费、电话费等付款人众多、分散的公用事业费等有关款项。

(3) 付款期限为 3 天。

(4) 委托收款结算不受金额起点限制。

7. 托收承付结算方式

1) 概念

托收承付，是指根据购销合同由收款人发货后委托银行向异地购货单位收取货款，购货单位根据合同对单或对证验货后,向银行承诺付款的一种结算方式。结算款项划回可用邮寄或电报两种方式,收款人可根据需要选择使用。

2) 适用范围及规定

(1) 该方法适用于国有企业或供销合作社,以及经营较好并经开户银行审查同意的城乡集体所有制工业企业。

(2) 办理结算的款项必须是商品交易,以及因商品交易而产生的劳务供应款项。代销、寄销、赊销商品款项,不得办理托收承付结算。

(3) 收付双方使用托收承付结算必须签有符合《中华人民共和国经济合同法》的购销合同,并在合同中注明使用异地托收承付结算方式。

(4) 收款人办理托收,必须具有商品确已发运的证件(包括铁路、航运、公路等运输部门的运单、运单副本和邮局包裹回执)或其他符合托收承付结算的有关证明。

(5) 托收承付结算每笔的金额起点为 10 000 元,新华书店系统每笔的金额起点为 1 000 元。

8. 信用卡结算方式

1) 概念

信用卡,是指商业银行向个人和单位发行的凭以向特约单位购物、消费和向银行存取现金,且具有消费信用的特别载体卡片。信用卡按使用对象分为单位卡和个人卡,按信用等级分为金卡和普通卡。

2) 适用范围及规定

(1) 凡在中国境内金融机构开立基本存款账户的单位可申请领单位卡,单位卡可申领若干张,持卡人资格由申领单位法定代表人或其委托的代理人书面指定和注销。凡具有完全民事行为能力的公民可以申领个人卡,持卡人不得出租或转借信用卡。

(2) 单位账户的资金一律从基本存款账户转账存入,不得交存现金,不得将销货收入的款项存入其账户。

(3) 单位信用卡不得用于 10 万元以上的商品交易,劳务供应款项的结算,一律不得支取现金。

(4) 信用卡在规定的限额和期限内允许善意透支。金卡最高不得超过 10 000 元,普通卡最高不得超过 5 000 元,透支期限最长 60 天。透支时间在 15 天内,利息为每日万分之五计算;时间超过 15 天但不超过 30 天,利息为每日万分之十计算;透支时间在 30 天以上,利息为每日万分之十五计算。透支利息计算不分段,按最后期限或者最高透支额的最高利率档次计算。

9. 信用证结算方式

1) 概念

信用证是开证银行依照申请人的申请开出的、凭符合信用条款的单据支付的付款承诺。信用证结算方式是国际结算的一种主要方式。

2) 特点

(1) 信用证是一种独立文件,不受购销合同的约束。采用这种结算方式,开证银行付款时，只审核单据与信用证规定的单证是否相符，而不管销货方是否履行合同。

(2) 信用证方式是纯单据业务。信用证是凭单付款，不以货物为准，只要单据相符，开证行就应无条件付款。

(3) 开证银行负首要付款责任。信用证是一种银行信用，是银行的一种担保文件，开证银行对支付有首要付款的义务。

2.3.3 银行存款的核算

为了反映和监督企业银行存款的收入、付出和结存情况，企业应设置"银行存款"科目，进行总分类和明细核算。"银行存款"属于资产类科目，增加数登记在借方，减少数登记在贷方，其余额表示企业存放在银行的存款余额。

1. 银行存款的序时核算

银行存款的序时核算，是指根据银行存款的收支业务，逐日逐笔地记录银行存款的增减及结余情况。它的方法是设置与登记银行存款日记账。

银行存款日记账，是核算和监督银行存款日常收付结存情况的序时账簿。通过它，可以全面、连续地了解和掌握企业每日银行存款的收支动态和余额，为日常分析、检查企业的银行存款收支活动提供资料。

银行存款日记账一般采用收入、付出和结存三栏式格式，见表2-4。

表2-4 银行存款日记账　　　　　　　　　　　　　　　　　　　　单位：元

2017年		凭证种类及号数	摘要	对方科目	收入	付出	结存
月	日						
9	30		本月合计				80 000
10	1	银收1	将现金存入银行	库存现金			
	1	银付1	支付A公司货款	应付账款	20 000	10 000	
	1	银收2	收取B公司货款	应收账款	30 000		
	1	银付2	支付差旅费	备用金		900	
			本日合计		50 000	10 900	119 100

银行存款日记账应由财会部门出纳人员根据银行存款收付款凭证及现金存入银行时的现金付款凭证，按照经济业务发生的先后顺序，逐日逐笔登记。同时要逐日加计收入合计、付出合计和结存数，月末时还应结出本月收入、付出的合计数和月末结存数。

2. 银行存款的总分类核算

银行存款的总分类核算是为了总括地反映和监督企业在银行开立结算账户的收支结存情况。在核算时，应设置"银行存款"科目，根据其收款凭证和付款凭证登记。为了减少登记的工作量，在实际工作中，一般都是把各自的收付款凭证按照对方科目进行归类。定期(10天或半个月)填制汇总收付凭证，据以登记银行存款总账科目。企业收入银行存款时，借记"银行存款"科目，贷记"库存现金""应收账款"等科目；企业提取现金或支出存款时，借记"库存现金""应付账款"等科目，贷记"银行存款"科目。

【例2-8】龙盛公司2017年11月15日发生下列银行存款收支业务。
(1) 收到销货款30 000元和增值税5 100元存入银行。
借：银行存款　　　　　　　　　　　　　　　　　　　　　　　　35 100
　　贷：主营业务收入　　　　　　　　　　　　　　　　　　　　　30 000
　　　　应交税费——应交增值税(销项税额)　　　　　　　　　　　 5 100
(2) 签发转账支票一张，支付购买的办公用纸价款600元。
借：管理费用——办公费　　　　　　　　　　　　　　　　　　　　　 600
　　贷：银行存款　　　　　　　　　　　　　　　　　　　　　　　　 600
(3) 签发转账支票一张，支付材料款项5 850元，其中，材料价款5 000元，增值税850元。
借：原材料　　　　　　　　　　　　　　　　　　　　　　　　　　 5 000
　　应交税费——应交增值税(进项税额)　　　　　　　　　　　　　　 850
　　贷：银行存款　　　　　　　　　　　　　　　　　　　　　　　 5 850

3. 银行存款余额调节表

企业应定期将"银行存款日记账"的记录与银行送来的对账单核对，每月至少一次，通过核对，检查企业银行存款记录是否正确，以及期末余额的实际金额。银行存款日记账与银行送来的对账单在核对时可能会不一致。产生不一致的原因有两个：一是企业和银行某一方发生的记账错误；二是存在未达账项。未达账项，是指企业与银行之间，对同一项经济业务由于凭证传递上的时间差所形成的一方已登记入账，而另一方因未收到相关凭证，尚未登记入账的事项。企业和银行之间可能会发生以下4个方面的未达账项。

(1) 银行已经收款入账，而企业尚未收到银行的收款通知因而未收款入账的款项(银行已收而企业未收)，如委托银行收款等。

(2) 银行已经付款入账，而企业尚未收到银行的付款通知因而未付款入账的款项(银行已付而企业未付)，如借款利息的扣付、托收承付等。

(3) 企业已经收款入账，而银行尚未办理完转账手续因而未收款入账的款项(企业已收而银行未收)，如收到外单位的转账支票等。

(4) 企业已经付款入账，而银行尚未办理完转账手续因而未付款入账的款项(企业已付而银行未付)，如企业已开出支票而持票人尚未向银行提现或转账等。

出现第一种和第四种情况时，会使开户单位银行存款账面余额小于银行对账单的存款余额；出现第二种和第三种情况时，会使开户单位银行存款账面余额大于银行对账单的存款余额。

在核对过程中，对记账错误造成的双方记录不符的，应查明原因进行更正，并编制正确的会计分录；对未达账项造成的双方记录不符，应逐笔核对，将双方调整相符。具体操作一般是通过编制银行存款余额调节表，使之调整相符。

银行存款余额调节表的格式有两种：一种格式是纵向排列，即以某一方(企业或银行)银行存款余额为基础，加减调整项目，调整到另一方银行存款账面余额；另一种格式是横向排列，即分左右两方，同时以双方的账面余额为起点，加减各自的调整项目(未达账项)，计算出双方相等的正确的余额。在实务工作中，第二种格式使用得较多。银行存款余额调节表应分别按企业的存款户头逐一编制。

【例2-9】假定2017年8月31日，龙盛公司银行基本账户的存款账面余额为52 373元，银行给出的该账户的对账单余额为57 080元。经逐项核对，发现双方不符的原因如下：

(1) 龙盛公司收到佳佳公司货款7 000元的转账支票一张，委托银行办理托收，并根据银行送回的收款通知联入账，但银行因手续尚未办妥，还未入账。

(2) 龙盛公司8月20日向银行托收的A公司货款8 800元，银行已收款入账，但龙盛公司因未收到银行的收款通知而未入账。

(3) 龙盛公司8月28日开出50#支票580元，并已入账，但持票人未到银行取款，银行未入账。

(4) 银行从龙盛公司存款中扣除结算的利息费用3 000元，但是龙盛公司没有收到有关凭证而未入账。

(5) 龙盛公司本月支付水电费1 258元，误记为1 285元。

(6) 银行将B公司存入支票5 300元，误记为龙盛公司账号。

根据上述原因，龙盛公司8月31日编制银行存款余额调节表，见表2-5。

表2-5 银行存款余额调节表

2017年8月31日　　　　　　　　　　　　　　　　　　　　单位：元

项目	金额	项目	金额
企业银行存款余额	52 373	银行对账单余额	57 080
加：企业未入账的A公司货款	8 800	加：银行未入账的佳佳公司货款	7 000
多记水电费	27	减：银行尚未兑现的50#支票	580
减：银行已付款的利息费用	3 000	银行误记	5 300
调节后余额	58 200	调节后余额	58 200

编好调节表后，上述银行存款余额58 200元表示企业在2017年8月31日实际结存的余额。如果双方余额相等，表示银行账务基本正确；如果双方余额不符，表示银行账务还有差错，应进一步查找原因，加以纠正。

在编制调节表过程中，如果属于企业记账错误，应及时编制更正的会计分录，登记入账。上例中，多记的水电费27元的调整分录如下(采用红字冲销法)：

借：管理费用　　　　　　　　　　　　　　　　　　　　　　　　　　27

　　贷：银行存款　　　　　　　　　　　　　　　　　　　　　　　　27

需要说明的是"银行存款余额调节表"不是原始凭证，只是在对账时为了消除未达账项的影响而编制的，企业无须据此编制会计分录、调整账户记录。

2.4 其他货币资金

2.4.1 其他货币资金的内容

其他货币资金，是指除库存现金和银行存款以外的货币资金，即存放地点和用途均与现金和银行存款不同的货币资金。其内容包括外埠存款、银行汇票存款、银行本票存款、信用卡存款、信用证保证金存款、存出投资款等其他货币资金。

(1) 外埠存款,指企业到外地进行临时或零星采购时,汇往采购地银行开设采购专户的款项。
(2) 银行汇票存款,指企业为取得银行汇票,按照规定存入银行的款项。
(3) 银行本票存款,指企业为了取得银行本票,按规定存入银行的款项。
(4) 信用卡存款,指企业为了取得信用卡,按规定存入银行的款项。
(5) 信用证保证金存款,指企业为了取得信用证,按规定存入银行的款项。
(6) 存出投资款存款,指企业已存入证券公司但尚未购买股票、基金等投资对象的款项。

2.4.2 其他货币资金的核算

为了总括地反映企业其他货币资金的增减变动和结存情况,企业应设置"其他货币资金"科目,以进行其他货币资金的总分类核算。同时为了详细反映企业各项其他货币资金的增减变动及结存情况,还应在"其他货币资金"总账科目下按其他货币资金的组成内容不同分设明细科目,并且按外埠存款的开户银行、银行汇票或银行本票的收款单位等设置明细账。

1. 外埠存款的核算

为满足企业临时或零星采购的需要,将款项委托当地银行汇往采购地银行开立采购专户时,借记"其他货币资金"科目,贷记"银行存款"科目;会计部门在收到采购员交来的供应单位的材料账单、货物运单等报销凭证时,借记"材料采购""应交税费"等科目,贷记"其他货币资金"科目;采购员在离开采购地时,采购专户如有余额款项,应将剩余的外埠存款转回企业当地银行结算户,会计部门根据银行的收账通知,借记"银行存款"科目,贷记"其他货币资金"科目。

【例2-10】龙盛公司2017年9月5日,因零星采购需要,将款项100 000元汇入上海并开立采购专户,会计部门应根据银行转来的回单联填制记账凭证。

借:其他货币资金——外埠存款　　　　　　　　　　　　100 000
　　贷:银行存款　　　　　　　　　　　　　　　　　　100 000

【例2-11】2017年9月15日,会计部门收到采购员寄来的采购材料发票等凭证,货物价款93 600元,其中应交增值税13 600元,材料已验收入库。

借:原材料　　　　　　　　　　　　　　　　　　　　 80 000
　　应交税费——应交增值税(进项税额)　　　　　　　　13 600
　　贷:其他货币资金——外埠存款　　　　　　　　　　　93 600

【例2-12】2017年9月20日,外地采购业务结束,采购员将剩余采购资金6 400元,转回本地银行,会计部门根据银行转来的收款通知填制记账凭证。

借:银行存款　　　　　　　　　　　　　　　　　　　　6 400
　　贷:其他货币资金——外埠存款　　　　　　　　　　　6 400

2. 银行汇票的核算

企业要使用银行汇票办理结算时,应填写"银行汇票委托书",并将相应款项交存银行,取得银行汇票后,根据银行盖章退回的委托书存根联,借记"其他货币资金"科目,贷记

"银行存款"科目。企业使用银行汇票后,应根据发票账单及开户银行转来的银行汇票第4联等有关凭证,借记"材料采购""应交税费"等科目,贷记"其他货币资金"科目。银行汇票如有多余款项或因超过付款期等原因而退回款项时,借记"银行存款"科目,贷记"其他货币资金"科目。

【例2-13】2017年9月25日,龙盛公司向银行提交银行汇票委托书,并交存款项50 000元,银行受理后签发银行汇票和解讫通知,根据银行汇票委托书存根联记账。

借:其他货币资金——银行汇票　　　　　　　　　　　　50 000
　　贷:银行存款　　　　　　　　　　　　　　　　　　50 000

【例2-14】2017年9月5日,龙盛公司用银行签发的银行汇票支付采购材料贷款46 800元,其中应交增值税6 800元,材料已验收入库。企业记账的原始凭证是银行转来的银行汇票第4联及所附发票账单等凭证。

借:原材料　　　　　　　　　　　　　　　　　　　　40 000
　　应交税费——应交增值费(进项税额)　　　　　　　　6 800
　　贷:其他货币资金——银行汇票　　　　　　　　　　46 800

【例2-15】2017年9月11日,龙盛公司收到银行退回的多余款项收账通知。

借:银行存款　　　　　　　　　　　　　　　　　　　　3 200
　　贷:其他货币资金——银行汇票　　　　　　　　　　　3 200

3. 银行本票的核算

企业要使用银行本票办理结算时,应填写"银行本票申请书",并将相应款项交存银行,取得银行本票后,根据银行盖章退回的申请书存根联,借记"其他货币资金"科目,贷记"银行存款"科目。企业付出银行本票后,应根据发票账单等有关凭证,借记"材料采购""应交税费"等科目,贷记"其他货币资金"科目。企业因本票超过付款期等原因而要求退款时,应填制一式两联的进账单,连同本票一并交存银行,根据银行盖章退回的进账单第1联,借记"银行存款"科目,贷记"其他货币资金"科目。银行本票核算的账务处理程序与银行汇票相比基本相同,不同的是二者涉及的明细科目不一样。

4. 信用卡存款的核算

企业申请使用信用卡时,应按规定填制申请表,并连同支票和有关资料一并送交发卡银行,根据银行盖章退回的进账单第1联,借记"其他货币资金"科目,贷记"银行存款"科目。企业用信用卡购物或支付有关费用,借记有关科目,如"管理费用""材料采购"等,贷记"其他货币资金"科目。企业信用卡在使用过程中,需要向其账户续存资金的,借记"其他货币资金"科目,贷记"银行存款"科目。

【例2-16】2017年7月8日,龙盛公司因开展经济业务需要向银行申请办理信用卡,开出转账支票一张,金额200 000元,收到进账单第1联和信用卡。

借:其他货币资金——信用卡　　　　　　　　　　　　200 000
　　贷:银行存款　　　　　　　　　　　　　　　　　　200 000

【例2-17】2017年7月15日,龙盛公司用信用卡购买办公用品,支付18 000元。

借:管理费用　　　　　　　　　　　　　　　　　　　　　18 000
　　贷:其他货币资金——信用卡　　　　　　　　　　　　　　　　18 000

【例2-18】2017年7月20日,龙盛公司因信用卡账户资金不足,开出转账支票一张以续存资金,金额20 000元。

借:其他货币资金——信用卡　　　　　　　　　　　　　　20 000
　　贷:银行存款　　　　　　　　　　　　　　　　　　　　　　　20 000

5. 信用证保证金存款的核算

企业申请使用信用证进行结算时,应向银行交纳保证金,根据银行退回的进账单,借记"其他货币资金"科目,贷记"银行存款"科目。根据开证银行交来信用证来单通知书及有关单据列明的金额,借记"材料采购"或"原材料""库存商品""应交税费——应交增值税"等科目,贷记"其他货币资金"科目。

【例2-19】2017年8月8日,龙盛公司因从国外进口货物向银行申请使用国际信用证进行结算,并按规定开出转账支票向银行交纳保证金2 000 000元,收到盖章退回的进账单第1联。

借:其他货币资金——信用证保证金　　　　　　　　　　2 000 000
　　贷:银行存款　　　　　　　　　　　　　　　　　　　　　　2 000 000

【例2-20】2017年8月12日,龙盛公司收到银行转来的进口货物信用证通知书,根据海关出具的完税凭证,进口货物的成本1 800 000元,应交增值税306 000元,货物已验收入库。

借:原材料　　　　　　　　　　　　　　　　　　　　　1 800 000
　　应交税费——应交增值税(进项税额)　　　　　　　　　　306 000
　　贷:其他货币资金——信用证保证金　　　　　　　　　　　2 000 000
　　　　银行存款　　　　　　　　　　　　　　　　　　　　　　106 000

6. 存出投资款的核算

企业在向证券市场进行股票、债券投资时,应向证券公司申请资金账号并划出资金。会计部门应按实际划出的金额,借记"其他货币资金"科目,贷记"银行存款"科目;购买股票、债券时,应按实际支付的金额,借记"交易性金融资产""持有至到期投资"科目等,贷记"其他货币资金"科目。

【例2-21】2017年9月9日,龙盛公司拟利用闲置资金进行证券投资,向W公司申请资金账号,并开出转账支票划出资金6 000 000元存入该账号,以便购买股票、债券等。

借:其他货币资金——存出投资款　　　　　　　　　　　6 000 000
　　贷:银行存款　　　　　　　　　　　　　　　　　　　　　6 000 000

【例2-22】2017年9月15日,龙盛公司利用证券投资账户从二级市场购买兴业银行股票200 000股,每股市价20元,发生交易费用5 000元,作为交易性金融资产。

借:交易金融资产　　　　　　　　　　　　　　　　　　4 000 000
　　投资收益　　　　　　　　　　　　　　　　　　　　　　　5 000
　　贷:其他货币资金——存出投资款　　　　　　　　　　　　4 005 000

本章小结

货币资金包括库存现金、银行存款和其他货币资金，是企业流动性最强的一项资产，对企业的生产经营活动有着重要影响。企业的货币资金收付多采用银行转账结算方式，银行存款结算有多种方式，分别适用于不同的企业和环境。企业要切实落实库存现金的清查盘点制度，定期与银行对账核对存款账目，及时解决盘点、对账过程中发现的问题，并进行相应的会计处理。通过对本章的学习应严格掌握内容，充分认识到货币资金在企业内部管理的重要性。

本 章 习 题

1. 判断题

(1) 清点库存现金发现短缺时，如有"白条子"可以抵库。 （ ）

(2) 企业日常结算和现金收付业务，都应通过基本存款账户办理。 （ ）

(3) 填写银行结算的有关印鉴，应集中由出纳人员保管。 （ ）

(4) 企业银行存款实有金额，通常需要通过编制银行存款余额调节表的方法进行确定。
（ ）

(5) 企业银行存款日记账不能反映银行存款实有数，是因为存在未达账项。 （ ）

(6) 企业从银行转来的对账单上发现的未入账业务，可以对账单为依据进行记账。
（ ）

(7) 现金支票只能支取现金，不能转账；转账支票只能转账，不能支取现金。 （ ）

2. 计算与业务分析题

1) 佳佳公司2017年8月31日收到银行存款对账单的余额为20 350元，银行存款日记账余额为47 220元，通过核对，发现下列情况：

(1) 8月25日，公司开出购货支票一张，金额为12 000元，收款单位尚未兑现。

(2) 委托银行代收的劳务费5 400元，银行已存入佳佳公司账号，但企业尚未收到银行收款通知。

(3) 公司收到A公司支票8 200元，B公司支票12 500元，30日存入银行，银行尚未入账。

(4) 公司支付税金开出的支票为15 350元，在账上误记为15 530元。

(5) 银行将C公司的存款3 450元误记入本公司账上。

(6) 银行于4月30日支付公司到期的银行承兑汇票24 000元，公司尚未入账。

(7) 银行扣除公司本月的贷款利息3 200元，公司尚未收到通知。

要求：根据上述资料编制银行存款余额调节表，并作必要的会计分录。

2) 佳佳公司2017年9月发生下列经济业务：

(1) 出纳员李琳开出现金支票一张，向银行提取现金1 300元。

(2) 职工吴英出差，预借差旅费1 950元，以现金支付。

(3) 职工吴英出差回来报销差旅费，实报销2 145元，差额外负担195元即用现金支付。

(4) 公司在现金清查中发现现金短款 260 元，原因待查。

(5) 上述短款原因已查明，是出纳员李琳工作失职造成，李琳当即交回现金 260 元作为赔偿。

要求：编制相关经济业务的会计分录。

3) 某企业 3 月的业务如下：

(1) 3 月 12 日，企业开出现金支票一张，从银行提取现金 3 600 元，企业用现金支付水电费 400 元。张明去北京采购材料，不方便携带现款，故委托当地银行汇款 5 850 元到北京开立采购专户，并从财务预借差旅费 2 000 元，财务以现金支付。

(2) 3 月 18 日，张明返回企业，交回采购有关的供应单位发票账单，共支付材料款项 5 850 元，其中，材料价款 5 000 元，增值税 850 元。张明报销差旅费 2 200 元，财务以现金补付余款。

(3) 3 月 21 日，企业收到上海公司上月所欠货款 47 000 元的银行转账支票一张。企业将支票和填制的进账单送交开户银行。

(4) 3 月 25 日，张明持银行汇票一张前往深圳采购材料，汇票价款 8 000 元，购买材料时，实际支付材料价款 6 000 元，增值税 1 020 元。

(5) 3 月 26 日，张明返回企业时，银行已将多余款项退回企业开户银行。

(6) 3 月 30 日，企业对现金进行清查，发现现金短缺 600 元，原因正在调查。

(7) 3 月 30 日，发现短缺的现金是由于出纳员小华的工作失职造成的，应由其负责赔款，金额为 300 元，另外 300 元没办法查清楚，经批准转作管理费用。

要求：编制相关经济业务的会计分录。

第3章 存货

学习目标

通过本章的学习,了解存货确认的条件和存货的分类;应用存货的计价方法,并讨论各种方法的优缺点及适用范围;掌握存货取得和发出的核算方法。

技能要求

熟练运用存货在实际成本计价法和计划成本法下的核算;掌握周转材料的一次摊销法和五五摊销法;熟悉存货清查的方法和账务处理;掌握存货减值的账务处理。

第 3 章 存 货

导入案例

不诚实的企业经常利用虚构不存在的存货、存货盘点操纵，以及错误的存货资本化来虚增存货的价值进行存货造假。法尔莫公司的存货舞弊案能够让我们深刻地认识到这个问题。

从孩提时代开始，米奇·莫纳斯就喜欢运动，尤其是篮球。但是因天资及身高所限，他没有机会到职业球队打球。

莫纳斯把他无穷的精力从球场上转移到他的董事长办公室里。他首先设法获得了位于(美)俄亥俄州阳土敦市的一家药店，在随后的十年中他又收购了另外299家药店，从而组建了全国连锁的法尔莫公司。自获得第一家药店开始，莫纳斯就梦想着把他的小店发展成一个庞大的药品"帝国"。其所实施的策略就是他所谓的"强力购买"，即通过提供大比例折扣来销售商品。莫纳斯首先做的就是把实际上并不盈利且未经审计的药店报表拿来，自己为其加上并不存在的存货和利润。然后凭着自己空谈的天分及一套被夸大了的报表，在一年之内骗得了足够的投资用以收购了8家药店，奠定了他的小型药品帝国的基础。这个"帝国"后来发展到了拥有300家连锁店的规模。一时间，莫纳斯成为金融领域的风云人物，他的公司则在阳土敦市赢得了令人崇拜的地位。

当时法尔莫公司的财务总监认为因公司以低于成本出售商品而招致了严重的损失，但是莫纳斯认为通过"强力购买"，公司完全可以发展得足够大以使其能顺利地坚持它的销售方式。最终在莫纳斯的强大压力下，这位财务总监卷入了这起舞弊案件。在随后的数年之中，莫纳斯和他的几位下属保持了两套账簿，一套用以应付注册会计师的审计，一套反映糟糕的现实。他们先将所有的损失归入一个所谓的"水桶账户"，然后再将该账产的金额通过虚增存货的方式重新分配到公司的数百家成员药店中。他们仿造购货发票、制造增加存货并减少销售成本的虚假记账凭证、确认购货却不同时确认负债、多计或加倍计算存货的数量。财务部门之所以可以隐瞒存货短缺，是因为注册会计师只对300家药店中的4家进行存货监盘，而且他们会提前数月通知法尔莫公司他们将检查哪些药店。管理人员随之将那4家药店堆满实物存货，而把那些虚增的部分分配到其余的296家药店。注册会计师一直未能发现这起舞弊，他们为此付出了昂贵的代价。这项审计失败使会计师事务所在民事诉讼中损失了3亿美元。那位财务总监被判33个月的监禁，莫纳斯本人则被判入狱5年。

这个案例说明，在工商企业中，存货计量的正确与否直接影响企业的利润，乃至影响企业的生存与发展。

3.1 存 货 概 述

3.1.1 存货的概念与特征

1. 存货的概念

存货，是指企业在日常活动中持有以备出售的产成品或商品，处在生产过程中的在产品，在生产过程或提供劳务过程中耗用的材料、物料等。企业的存货一般包括库存的各类原材料、商品、在产品、半成品、产成品、包装物、低值易耗品等。为了保证企业的日常生产经营过程能连续不断地进行，企业必须不断地购入、耗用或销售存货。如果不是为日常生产经营活动而持有的，如工业企业自行建造工程而储备的工程用料，就不属于工业企业的存货。因此，存货具有明显的流动性，具有较强的变现能力，也是企业流动资产的重要组成部分。

2. 存货的特征

(1) 存货是一种具有物质实体的有形资产。存货包括了原材料、在产品、产成品及商品、周转材料等各类具有物质实体的材料物资，因而有别于金融资产、无形资产等没有实物形态的资产。

(2) 存货属于流动资产，具有较大的流动性。存货通常都将在一年或超过一年的一个营业周期内被销售或耗用，并不断地被重置，因而属于一项流动资产，具有较强的变现能力和较大的流动性，明显不同于固定资产、在建工程等具有物质实体的非流动资产。

(3) 存货以在正常生产经营过程中被销售或耗用为目的而取得。企业持有存货的目的在于准备在正常经营过程中予以出售，如商品、产成品及准备直接出售的半成品等；或者仍处在生产过程中，待制成产成品后再予以出售，如在产品、半成品等；或者将在生产过程中或提供劳务过程中被耗用，如材料和物料、周转材料等。企业在判断一个资产项目是否属于存货时，必须考虑持有该资产的目的，即在生产经营过程中的用途或所起的作用。例如，企业为生产产品或提供劳务而购入的材料，属于存货；但为建造固定资产而购入的材料，就不属于存货。再如，对于生产和销售机器设备的企业来说，机器设备属于存货；而对于使用机器设备进行产品生产的企业来说，机器设备则属于固定资产。此外，企业为国家储备的特种物资、专项物资等，并不参加企业的经营周转，也不属于存货。

(4) 存货属于非货币性资产，存在价值减损的可能性。存货通常能够在正常生产经营过程中被销售或耗用，并最终转换为货币资金。但由于存货的价值易受到市场价格及其他因素变动的影响，其能够转换的货币资金数额不是固定的，具有较大的不确定性。当存货长期不能销售或耗用时，就有可能变为积压物资或者需要降价销售，给企业带来损失。

3.1.2 存货的确认条件

对于存货的确认，《企业会计准则第1号——存货》规定必须同时满足："与该存货有关的经济利益很可能流入企业，该存货的成本能够可靠地计量"两个条件时，才能加以确认。

1. 与该存货有关的经济利益很可能流入企业

企业在确认存货时，需要判断与该项存货相关的经济利益是否很可能流入企业。在实务中，主要通过判断与该项存货所有权相关的风险和报酬是否转移到了企业来确定。其中，与存货所有权相关的风险，是指由于经营情况发生变化造成的相关收益的变动，以及由于存货滞销、毁损等原因造成的损失；与存货所有权相关的报酬，是指在初步该项存货或其经过进一步加工取得的其他存货时获得的收入，以及处置该项存货实现的利润等。

通常情况下，取得存货的所有权是与存货相关的经济利益很可能流入本企业的一个重要标志。例如，根据销售合同已经售出(取得现金或收取现金的权利)的存货，其所有权已经转移，与其相关的经济利益已不能再流入本企业，此时，即使该项存货尚未运离本企业，也不能再确认为本企业的存货。又如，委托代销商品，由于其所有权并未转移至受托方，因而委托代销的商品仍应当确认为委托企业存货的一部分。总之，企业在判断与存货相关的经济利益能否流入企业时，主要结合该项存货所有权的归属情况进行分析确定。

2. 该存货的成本能够可靠地计量

作为企业资产的组成部分,要确认存货,企业必须能够对其成本进行可靠的计量。存货的成本能够可靠地计量必须以取得确凿、可靠的证据为依据,并且具有可验证性。如果存货成本不能可靠地计量,则不能确认为一项存货。例如,企业承诺的订货合同,由于并未实际发生,不能可靠确定其成本,因此就不能确认为购买企业的存货。又如,企业预计发生的制造费用,由于并未实际发生,不能可靠地确定其成本,因此不能计入产品成本。

3.1.3 存货的分类

为了加强对存货的管理,提供有用的会计信息,企业应根据不同的标准对存货进行科学的分类。

1. 存货按企业的性质、经营范围及其用途分类

存货按企业的性质、经营范围及其用途,一般可分为制造业存货、商品流通企业存货和其他行业存货。

1) 制造业存货

制造业存货主要包括原材料、委托加工物资、周转材料、在产品、自制半成品及产成品。

(1) 原材料,指企业通过采购或其他方式取得的用于制造产品并构成产品实体的物品,以及取得的供生产耗用但不构成产品实体的辅助材料、修理用备件、燃料等。

(2) 委托加工物资,指企业因技术和经济原因而委托外单位代为加工的各种材料。

(3) 周转材料,指企业能够多次使用、逐渐转移其价值仍然保持原有形态;但不符合固定资产定义的材料。如为了包装本企业商品而储备的各种包装物、玻璃器皿、管理用具等。

(4) 在产品,指正在生产各阶段进行加工或装配的尚未制造完工的产品。

(5) 自制半成品,指已经经过一定的生产过程,并已经验收合格、交付半成品仓库保管,但仍需进一步加工的中间产品。

(6) 产成品,指完成全部生产过程,经检验合格可供销售的产品。

2) 商品流通企业存货

商品流通企业存货主要包括商品、材料物资、低值易耗品、包装物等。其中,商品存货是商品流通企业存货的主要部分,它是指企业为销售而购入的物品。商品在销售之前,其原有的实物形态不变。

3) 其他行业存货

其他行业存货,一般是指服务业,既不生产产品也不经销商品,一般仅存少量物料用品、办公用品、家具用品等,供业务活动时使用。这些物品也作为存货处理。

2. 存货按其存放地点分类

(1) 库存存货,指已运达企业并验收入库,保管的各种材料和商品,以及验收入库的自制半成品和产成品。

(2) 在途存货，指货款已经支付但尚未验收入库，正在运输途中的各种存货，如购买的各种在途物资。

(3) 委托加工存货，指企业已经委托外单位加工，但尚未加工完成的各种存货。

(4) 委托代销存货，指企业已经委托外单位代销，但按合同规定尚未办理代销货款结算的存货。

3. 存货按取得方式分类

存货按取得方式，可以分为外购存货、自制存货、委托加工存货、投资者投入的存货、接受捐赠取得的存货、通过债务重组取得的存货、非货币性资产交换取得的存货及盘盈的存货等。

3.2 存货的初始计量

存货的初始计量，是指企业取得存货时对存货入账价值的确定。存货应当按照成本进行初始计量。存货成本包括采购成本、加工成本和其他成本。

不同存货的成本构成内容不同。原材料、商品、低值易耗品等通过购买而取得的存货的初始成本由采购成本构成；产成品、在产品、半成品、委托加工物资等通过进一步加工而取得的存货的初始成本由采购成本、加工成本，以及使存货达到目前场所和状态所发生的其他成本构成。

3.2.1 外购的存货

1. 外购存货的成本

外购存货的成本，即存货的采购成本。存货的采购成本，包括购买价款、相关税费、运输费、装卸费、保险费，以及其他可归属于存货采购成本的费用。

(1) 购买价款，是指企业购入材料或商品的发票账单上列明的价款，但不包括按规定可以抵扣的增值税进项税额。

(2) 相关税费，是指企业购买、自制或委托加工存货所发生的消费税、资源税，和不能从增值税销项税额中抵扣的进项税额等。

(3) 其他可归属于存货采购成本的费用，即采购成本中除上述各项以外的可归属于存货采购成本的费用，如在存货采购过程中发生的仓储费、包装费，运输途中的合理损耗，入库前的挑选整理费用等。这些费用能分清负担对象的，应直接计入存货的采购成本；不能分清负担对象的，应选择合理的分配方法，分配计入有关存货的采购成本。分配方法通常包括按所购存货的重量或采购价格的比例进行分配。

但是，对于采购过程中发生的物资毁损、短缺等，除合理的损耗应作为存货的其他可归属于存货采购成本的费用计入采购成本外，应区别不同情况进行会计处理：①应从供货单位、外部运输机构等收回的物资短缺或其他赔款，冲减物资的采购成本；②因遭受意外灾害发生的损失和尚待查明原因的途中损耗，不得增加物资的采购成本，应暂作为待处理财产损溢进行核算，在查明原因后再作处理。

商品流通企业在采购商品过程中发生的运输费、装卸费、保险费，以及其他可归属于存货采购成本的费用等，应当计入存货的采购成本，也可以先进行归集，期末再根据所购商品的存销情况进行分摊。对于已售商品的进货费用，计入当期主营业务成本；对于未售商品的进货费用，计入期末存货成本。企业采购商品的进货费用金额较小的，可以在发生时直接计入当期销售费用。

应当注意的是，市内零星货物运杂费、采购人员的差旅费、采购机构的经费及供应部门经费等，一般不应当包括在存货的采购成本中。

2. 外购存货的会计处理

企业外购的存货，由于距离采购地点远近不同、货款结算方式不同等原因，可能造成存货验收入库和货款结算并不总是同步完成；同时，外购存货还可能采用预付货款方式、赊购方式等。因此，企业外购的存货应根据具体情况，分别进行会计处理。

1) 存货验收入库和货款结算同时完成

在存货验收入库和货款结算同时完成的情况下，企业应于支付货款或开出、承兑商业汇票，并且存货验收入库后，按发票账单等结算凭证确定的存货成本，借记"原材料""库存商品""周转材料"等存货科目；按增值税专用发票上注明的增值税进项税额，借记"应交税费——应交增值税(进项税额)"科目；按实际支付的款项或应付票据面值，贷记"银行存款""应付票据"等科目。

2) 货款已结算但存货尚在运输途中

在已经支付货款或开出、承兑商业汇票，但存货尚在运输途中或虽已运达但尚未验收入库的情况下，企业应于支付货款或开出、承兑商业汇票时，按发票账单等结算凭证确定的存货成本，借记"在途物资"科目，按增值税专用发票上注明的增值税进项税额，借记"应交税费——应交增值税(进项税额)"科目，按实际支付的款项或应付票据面值，贷记"银行存款""应付票据"等科目；待存货运达企业并验收入库后，再根据有关验货凭证，借记"原材料""库存商品""周转材料"等存货科目，贷记"在途物资"科目。

3) 存货已验收入库但货款尚未结算

在存货已运达企业并验收入库，但发票账单等结算凭证尚未到达、货款尚未计算的情况下，企业在收到存货时可先不进行会计处理。如果在本月内结算凭证能够到达企业，则应在支付货款或开除、承兑商业汇票后，按发票账单等结算凭证确定存货成本并入账。如果在月末时结算凭证仍未到达企业，应按存货的暂估价值入账，借记"原材料""库存商品""周转材料"等存货科目，按增值税专用发票上注明的增值税进项税额，借记"应交税费——应交增值税(进项税额)"科目，贷记"应付账款——暂估应付账款"科目，下月初，再编制相同的红字记账凭证予以冲回；待结算凭证到达，企业付款或开出、承兑商业汇票后，按发票账单等结算凭证确定的存货成本，借记"原材料""库存商品""周转材料"等存货科目，按增值税专用发票上注明的增值税进项税额，借记"应交税费——应交增值税(进项税额)"科目，按实际支付的款项或应付票据面值，贷记"银行存款""应付票据"等科目。

4) 采用预付货款方式购入存货

在采用预付货款方式购入存货的情况下，企业应在预付货款时，按照实际预付的金额，借记"预付账款"科目，贷记"银行存款"科目；购入的存货验收入库时，**按发票账单等**

结算凭证确定的存货成本，借记"原材料""库存商品""周转材料"等存货科目，按增值税专用发票上注明的增值税进项税额，借记"应交税费——应交增值税(进项税额)"科目，按存货成本与增值税进项税额之和，贷记"预付账款"科目。预付的货款不足，需要补付货款时，按照补付的金额，借记"预付账款"科目，贷记"银行存款"科目；供货方退回多付的货款时，借记"银行存款"科目，贷记"预付账款"科目。

【例3-1】龙盛公司为一般纳税人，2017年9月发生的材料采购业务及账务处理如下：

(1) 2017年9月3日，从本地购入A材料一批，价款50 000元，增值税专用发票上注明的增值税进项税额8 500元，材料已验收入库，发票等结算凭证同时收到，货款已通过银行支付。

借：原材料——A材料　　　　　　　　　　　　　　　　　　　　　50 000
　　应交税费——应交增值税(进项税额)　　　　　　　　　　　　　　8 500
　　贷：银行存款　　　　　　　　　　　　　　　　　　　　　　　　58 500

(2) 2017年9月5日，从上海采购B材料一批，价款30 000元，增值税专用发票上注明的增值税进项税额5 100元，发票等结算凭证同时收到，货款已通过银行支付，但材料尚未到达。

借：在途物资——B材料　　　　　　　　　　　　　　　　　　　　　30 000
　　应交税费——应交增值税(进项税额)　　　　　　　　　　　　　　5 100
　　贷：银行存款　　　　　　　　　　　　　　　　　　　　　　　　35 100

(3) 2017年9月9日，从北京采购B材料一批，价款40 000元，供应单位代垫运杂费1 500元，增值税专用发票上注明的增值税进项税额6 800元，发票账单等结算凭证已到，签发承兑一张3个月后到期的商业汇票，结算材料价款和运杂费，材料尚未验收入库。

借：在途物资——A材料　　　　　　　　　　　　　　　　　　　　　41 500
　　应交税费——应交增值税(进项税额)　　　　　　　　　　　　　　6 800
　　贷：应付票据　　　　　　　　　　　　　　　　　　　　　　　　48 300

(4) 2017年9月11日，从上海采购B材料到达并验收入库。

借：原材料——B材料　　　　　　　　　　　　　　　　　　　　　　30 000
　　贷：在途物资——B材料　　　　　　　　　　　　　　　　　　　30 000

(5) 2017年9月16日，根据合同规定，向本地G公司预付货款40 000元用于采购A材料。

借：预付账款——G公司　　　　　　　　　　　　　　　　　　　　　40 000
　　贷：银行存款　　　　　　　　　　　　　　　　　　　　　　　　40 000

(6) 2017年9月20日，预付货款采购的A材料到达并验收入库，收到发票账单等结算凭证，共计应支付货款80 000，增值税进项税额13 600元，当即通过银行补付款53 600元。

① 根据发票等结算凭证。

借：在途物资——A材料　　　　　　　　　　　　　　　　　　　　　80 000
　　应交税费——应交增值税(进项税额)　　　　　　　　　　　　　　13 600
　　贷：预付账款——G公司　　　　　　　　　　　　　　　　　　　93 600
借：原材料——A材料　　　　　　　　　　　　　　　　　　　　　　80 000
　　贷：在途物资——A材料　　　　　　　　　　　　　　　　　　　80 000

② 补付货款。

借：预付账款——G公司　　　　　　　　　　　　　　　　　　　　　53 600
　　贷：银行存款　　　　　　　　　　　　　　　　　　　　　　　　　　　53 600

(7) 2017年9月27日，龙盛公司根据合同从W公司采购的A材料已到达并验收入库，但是发票账单等凭证尚未到达，货款尚未支付，暂不进行会计处理。

(8) 对于从W公司采购的材料，如果月末结算凭证仍未到达企业，月末按暂估价入账(假定暂估价为20 000元)。

借：原材料——A材料　　　　　　　　　　　　　　　　　　　　　　20 000
　　贷：应付账款——暂估应付账款　　　　　　　　　　　　　　　　　　　20 000

下月初用红字冲回。

借：原材料——A材料　　　　　　　　　　　　　　　　　　　　　　20 000
　　贷：应付账款——暂估应付账款　　　　　　　　　　　　　　　　　　　20 000

5) 采用赊购方式购入存货

(1) 一般情况，在采用赊购方式购入存货的情况下，企业应于存货验收入库后，按发票账单等结算凭证确定的存货成本，借记"原材料""库存商品""周转材料"等存货科目，按增值税专用发票上注明的增值税进项税额，借记"应交税费——应交增值税(进项税额)"科目，按应付未付的货款，贷记"应付账款"科目；待支付款项或开出、承兑商业汇票，再根据实际支付的货款金额或应付票据面值，借记"应付账款"科目，贷记"银行存款""应付票据"等科目。

(2) 如果赊购附有现金折扣条件，则其会计处理有总价法和净价法两种方法。在总价法下，应付账款按实际交易金额入账，如果购货方在现金折扣期限内付款，则取得的现金折扣冲减当期财务费用；在净价法下，应付账款按实际交易金额扣除现金折扣后的净额入账，如果购货方在现金折扣期限内付款，则丧失的现金折扣计入当期财务费用。在我国的会计实务中，由于现金折扣的使用并不普遍，因此，企业会计准则要求采用总价法进行会计处理。

【例3-2】2017年8月1日，龙盛公司从B公司赊购一批原材料，增值税专用发票上注明的原材料价款50 000元，增值税税额为8 500元。根据购货合同的约定，龙盛公司应于8月31日之前支付货款，并附有现金折扣条件：如果龙盛公司能在10日内付款，可按原材料价款(不含增值税)的2%享受现金折扣；如果龙盛公司在10~20日内付款，可按原材料价款(不含增值税)的1%享受现金折扣；如果超过20日付款，则须按交易金额全付。龙盛公司采用总价法的会计处理如下。

(1) 8月1日，赊购原材料。

借：原材料　　　　　　　　　　　　　　　　　　　　　　　　　　　50 000
　　应交税费——应交增值税(进项税额)　　　　　　　　　　　　　　　　8 500
　　贷：应付账款——B公司　　　　　　　　　　　　　　　　　　　　　58 500

(2) 支付购货款。

① 假定龙盛公司于8月9日支付货款。

现金折扣＝50 000×2%＝1 000(元)

实际支付金额＝58 500－1 000＝57 500(元)

借：应付账款——B公司　　　　　　　　　　　　　　　　　58 500
　　贷：银行存款　　　　　　　　　　　　　　　　　　　　57 500
　　　　财务费用　　　　　　　　　　　　　　　　　　　　 1 000

② 假定龙盛公司于8月18日支付货款。

现金折扣=50 000×1%=500(元)

实际支付金额=58 500-500=58 000(元)

借：应付账款——B公司　　　　　　　　　　　　　　　　　58 500
　　贷：银行存款　　　　　　　　　　　　　　　　　　　　58 000
　　　　财务费用　　　　　　　　　　　　　　　　　　　　　 500

③ 假定龙盛公司于8月28日支付货款。

借：应付账款——B公司　　　　　　　　　　　　　　　　　58 500
　　贷：银行存款　　　　　　　　　　　　　　　　　　　　58 500

企业赊购存货的价款通常是按正常信用条件支付的，但也会发生超过正常信用条件支付货款的业务。例如，企业采用分期付款方式购买存货，若购货合同规定的付款期限比较长，如超过了3年，则该延期支付的价款超过了正常的信用条件。在这种情况下，该项分期付款购货实质上具有融资性质，企业不能直接按合同或协议价款确定购货成本，而应按合同或协议价款的现值确定购货成本，并将合同或协议价款与其现值之间的差额作为融资费用，在合同或协议约定的分期付款期限内采用实际利率法进行摊销，计入各期财务费用。计算合同或协议价款的现值时，应选择能够反映当前市场货币时间价值和延期付款债务特定风险的利率作为折现率，该折现率实质上是供货企业的必要报酬率，也是购货企业摊销融资费用的实际利率。企业在购入存货时，应按合同或协议价款的现值，借记"原材料""周转材料""库存商品"等存货科目，按合同或协议价款与其现值的差额，借记"未确认融资费用"科目，按合同或协议价款，贷记"长期应付款"科目；分期支付合同或协议价款时，按本期支付的金额，借记"长期应付款"科目，贷记"银行存款"等科目；分期摊销融资费用时，按本期摊销的金额，借记"财务费用"科目，贷记"未确认融资费用"科目。

【例3-3】2012年1月1日，龙盛公司采用分期付款方式从W公司购入一批原材料，合同价款400万元，增值税进项税额68万元。根据合同约定，全部价款(包括增值税税额)于每年年末等额支付，分5年付清。该项赊购具有融资性质，龙盛公司按照合同价款的现值确定存货入账成本，根据实际情况，选择6%作为折现率。假定有关的增值税均作为实际支付当期的进项税额予以抵扣。

(1) 计算合同价款的现值和融资费用。

每年应付合同价款=4 000 000÷5=800 000(元)

每年应付增值税进项税额=680 000÷5=136 000(元)

查年金现值系数表可知，5年、6%的年现金现值系数为4.212 363 79。合同价款的现值计算如下：

合同价款的现值=800 000×4.212 363 79=3 369 891(元)

融资费用=4 000 000-3 369 891=630 109(元)

(2) 编制融资费用分摊表。

龙盛公司采用实际利率法编制的融资费用分摊表，见表 3-1。

表 3-1　融资费用分摊表

(实际利率法)　　　　　　　　　　　　　　　　　　　　单位：元

日期 ①	分期应付款 ②	应分摊融资费用 ③=期初⑤×6%	应付本金减少额 ④=②-③	应付本金余额 期末⑤=期初⑤-④
2012 年 1 月 1 日				3 369 891
2012 年 12 月 31 日	800 000	202 193	597 807	2 772 084
2013 年 12 月 31 日	800 000	166 325	633 675	2 138 409
2014 年 12 月 31 日	800 000	128 305	671 695	1 466 714
2015 年 12 月 31 日	800 000	88 003	711 997	754 717
2016 年 12 月 31 日	800 000	45 283	754 717	0
合计	4 000 000	630 109	3 369 891	—

(3) 编制有关的会计分录。

① 2012 年 1 月 1 日，购进原材料。

借：原材料　　　　　　　　　　　　　　　　　　　　　3 369 891
　　未确认融资费用　　　　　　　　　　　　　　　　　　630 109
　　　贷：长期应付款——W 公司　　　　　　　　　　　　　4 000 000

② 2012 年 12 月 31 日，支付合同款并分摊融资费用。

借：长期应付款——W 公司　　　　　　　　　　　　　　800 000
　　应交税费——应交增值税(进项税额)　　　　　　　　136 000
　　　贷：银行存款　　　　　　　　　　　　　　　　　　936 000
借：财务费用　　　　　　　　　　　　　　　　　　　　202 193
　　　贷：未确认融资费用　　　　　　　　　　　　　　　202 193

③ 2013 年 12 月 31 日，支付合同款并分摊融资费用。

借：长期应付款——W 公司　　　　　　　　　　　　　　800 000
　　应交税费——应交增值税(进项税额)　　　　　　　　136 000
　　　贷：银行存款　　　　　　　　　　　　　　　　　　936 000
借：财务费用　　　　　　　　　　　　　　　　　　　　166 325
　　　贷：未确认融资费用　　　　　　　　　　　　　　　166 325

④ 2014 年 12 月 31 日，支付合同款并分摊融资费用。

借：长期应付款——W 公司　　　　　　　　　　　　　　800 000
　　应交税费——应交增值税(进项税额)　　　　　　　　136 000
　　　贷：银行存款　　　　　　　　　　　　　　　　　　936 000
借：财务费用　　　　　　　　　　　　　　　　　　　　128 305
　　　贷：未确认融资费用　　　　　　　　　　　　　　　128 305

⑤ 2015 年 12 月 31 日，支付合同款并分摊融资费用。

借：长期应付款——W 公司　　　　　　　　　　　　　　800 000
　　应交税费——应交增值税(进项税额)　　　　　　　　136 000
　　　贷：银行存款　　　　　　　　　　　　　　　　　　　　　936 000
借：财务费用　　　　　　　　　　　　　　　　　　　　　 88 003
　　　贷：未确认融资费用　　　　　　　　　　　　　　　　　　88 003

⑥ 2016 年 12 月 31 日，支付合同款并分摊融资费用。

借：长期应付款——W 公司　　　　　　　　　　　　　　800 000
　　应交税费——应交增值税(进项税额)　　　　　　　　136 000
　　　贷：银行存款　　　　　　　　　　　　　　　　　　　　　936 000
借：财务费用　　　　　　　　　　　　　　　　　　　　　 45 283
　　　贷：未确认融资费用　　　　　　　　　　　　　　　　　　45 283

6) 外购存货发生短缺的会计处理

企业在存货采购过程中，如果发生了存货短缺、毁损等情况，应及时查明原因，区别情况进行会计处理。

(1) 属于运输途中的合理损耗，应计入有关存货的采购成本。

(2) 属于供货单位或运输单位的责任造成的存货短缺，应由责任人补足存货或赔偿货款，不计入存货的采购成本。

(3) 属于自然灾害或意外事故等非常原因造成的存货毁损，先转入"待处理财产损溢"科目核算；待报批准处理后，将扣除保险公司和过失人赔款后的净损失，计入营业外支出。

尚待查明原因的存货短缺，先转入"待处理财产损溢"科目核算；待查明原因后再按上述要求进行会计处理。上列短缺存货涉及增值税的，还应进行相应处理。

【例 3-4】2017 年 9 月 20 日，龙盛公司从 W 公司购入了甲材料 1 000 千克，增值税专用发票中注明：单价 20 元，增值税税额为 3 400 元，全部款项以支票付讫，甲材料暂未收到。9 月 23 日，上述甲材料运达该公司并验收入库，实际验收 880 千克，短缺 120 千克，原因待查。12 月 24 日，经查明，发现短缺的 120 千克中有 20 千克属于运输途中的合理损耗；余下的 100 千克属于 W 公司少发货，向其索赔，经协商，W 公司在下一次发货时补足短缺的 100 千克。龙盛公司的会计处理如下。

(1) 2017 年 9 月 20 日，支付货款，材料暂未收到。

借：在途物资　　　　　　　　　　　　　　　　　　　　 20 000
　　应交税费——应交增值税(进项税额)　　　　　　　　　3 400
　　　贷：银行存款　　　　　　　　　　　　　　　　　　　　　 23 400

(2) 9 月 23 日，材料验收发现短缺，原因待查，其余材料入库。

借：原材料　　　　　　　　　　　　　　　　　　　　　 17 600
　　待处理财产损溢　　　　　　　　　　　　　　　　　　 2 400
　　　贷：在途物资　　　　　　　　　　　　　　　　　　　　　 20 000

(3) 9 月 24 日，短缺原因查明。

借：原材料　　　　　　　　　　　　　　　　　　　　　　　 400
　　应付账款——W 公司　　　　　　　　　　　　　　　　 2 000
　　　贷：待处理财产损溢　　　　　　　　　　　　　　　　　　 2 400

3.2.2 自制存货

1. 自制存货的成本

企业自制存货的成本主要由采购成本和加工成本构成,某些存货还包括其他成本。其中,采购成本是由自制存货所使用或消耗的原材料采购成本转移而来的。因此,自制存货成本计量的重点是确定存货的加工成本。

加工成本,是指存货制造过程中发生的直接人工和制造费用。其中,直接人工,是指企业在生产产品过程中,向直接从事产品生产的工人支付的职工薪酬;制造费用,是指企业为生产产品而发生的各项间接费用,包括企业生产部门(如生产车间)管理人员的职工薪酬、折旧费、办公费、水电费、机物料消耗、劳动保护费、季节性和修理期间的停工损失等。加工成本应当按照合理的方法在各种产品之间进行分配。

其他成本,是指除采购成本、加工成本以外的,使存货达到目前场所和状态所发生的其他支出。例如,为特定客户设计产品而发生的、可直接确定的设计费用,可直接归属于符合资本化条件的存货、应当予以资本化的借款费用等。其中,符合资本化条件的存货,是指需要经过相当长时间的生产活动才能达到预定可销售状态的存货。企业发生的一般产品设计费用,以及不符合资本化条件的借款费用,应当计入当期损益。

企业在确定存货成本时必须注意,发生的下列支出应当于发生时直接计入当期损益,不应当计入存货成本。

(1) 非正常消耗的直接材料、直接人工和制造费用。例如,企业超定额的废品损失,以及因自然灾害而发生的直接材料、直接人工和制造费用损失。由于这些损失的发生无助于使该存货达到目前的场所和状态,因此,不能计入存货成本,而应将扣除残料和保险赔款后的净损失,计入营业外支出。

(2) 仓储费用。这里所说的仓储费用,是指存货在采购入库之后发生的仓储费用,包括存货在加工和销售环节发生的一般仓储费用。但是,在生产过程中为使存货达到下一个生产阶段所必需的仓储费用,应当计入存货成本。例如,酿造企业为使产品达到规定的质量标准,通常需要经过必要的储存过程,其实质是产品生产过程的继续,是使产品达到规定的质量标准所必不可少的一个生产环节,相关仓储费用属于生产费用,应当计入存货成本,而不应计入当期损益。存货在采购过程中发生的仓储费用,也应当计入存货成本。

(3) 不能归属于使存货达到目前场所和状态的其他支出。

2. 自制存货的会计处理

企业自制并已验收入库的存货,按确定的实际成本,借记"周转材料""库存商品"等存货科目,贷记"生产成本"科目。

【例 3-5】2017 年 9 月 5 日龙盛公司的生产车间加工完成一批产品,经验收合格入库,已知该批产品的实际生产成本为 70 000 元。

借:库存商品　　　　　　　　　　　　　　　　　　　70 000
　　贷:生产成本　　　　　　　　　　　　　　　　　　70 000

3.2.3 委托加工存货

1. 委托加工存货的成本

委托加工存货的成本,一般包括加工过程中实际耗用的原材料或半成品成本、加工费、运输费、装卸费等,以及按规定应计入成本的税金。

2. 委托加工存货的会计处理

(1) 企业拨付待加工的材料物资、委托其他单位加工存货时,按发出材料物资的实际成本,借记"委托加工物资"科目,贷记"原材料""库存商品"等科目。

(2) 支付加工费和往返运杂费时,借记"委托加工物资"科目,贷记"银行存款"科目。

(3) 支付应由受托方代收代交的增值税时,借记"应交税费——应交增值税(进项税额)"科目,贷记"银行存款"科目。

(4) 需要交纳消费税的委托存货,由受托加工方代收代交的消费税应分别以下列情况处理。

① 委托加工存货收回后直接用于销售的,由受托加工方代收代交的消费税应计入委托加工存货成本,借记"委托加工物资"科目,贷记"银行存款""应付账款"等科目,待销售委托加工存货时,不需要再缴纳消费税。

② 委托加工存货收回后用于连续生产应税消费品,由受托方代收代交的消费税按规定准予抵扣的,借记"应交税费——应交消费税"科目,贷记"银行存款""应付账款"等科目,待连续生产的应税消费品生产完成并销售时,从生产完成的应税消费品应纳消费税额中抵扣。

(5) 委托加工的存货加工完成验收入库并收回剩余物资时,按计算的委托加工存货实际成本和剩余物资实际成本,借记"原材料""周转材料""库存商品"等科目,贷记"委托加工物资"科目。

【例3-6】龙盛公司委托乙企业加工材料一批(属于应税消费品)。原材料成本为20 000元,支付的加工费为7 000元,支付由受托加工方代收代缴的消费税3 000元,增值税1 190元。材料加工完成并已验收入库,加工费用等已经支付。双方适用的增值税税率为17%。龙盛公司按实际成本核算原材料,有关账务处理如下:

(1) 发出委托加工材料:

借:委托加工物资——乙企业　　　　　　　　　　　　　　　20 000
　　贷:原材料　　　　　　　　　　　　　　　　　　　　　　20 000

(2) 支付加工费和税金:

① 龙盛公司收回加工后的材料如果用于连续生产应税消费品的。

借:委托加工物资——乙企业　　　　　　　　　　　　　　　7 000
　　应交税费——应交增值税(进项税额)　　　　　　　　　　1 190
　　　　　　——应交消费税　　　　　　　　　　　　　　　3 000
　　贷:银行存款　　　　　　　　　　　　　　　　　　　　11 190

② 龙盛公司收回加工后的材料如果直接用于销售的应税消费品的。
借：委托加工物资——乙企业　　　　　　　　　　　　　　10 000
　　应交税费——应交增值税(进项税额)　　　　　　　　　1 190
　　贷：银行存款　　　　　　　　　　　　　　　　　　　　　　11 190
(3) 加工完成，收回委托加工材料
① 龙盛公司收回加工后的材料如果用于连续生产应税消费品的。
借：原材料　　　　　　　　　　　　　　　　　　　　　　　27 000
　　贷：委托加工物资——乙企业　　　　　　　　　　　　　　　　27 000
② 龙盛公司收回加工后的产品如果直接用于销售的。
借：库存商品　　　　　　　　　　　　　　　　　　　　　　30 000
　　贷：委托加工物资——乙企业　　　　　　　　　　　　　　　　30 000

3.2.4　投资者投入的存货

投资者投入存货的成本，应当按照投资合同或协议约定的价值确定，但合同或协议价值不公允的除外。按照存货的合同或协议约定的价值借记"原材料""周转材料""库存商品"等科目，按增值税专用发票上注明的增值税进项税额，借记"应交税费——应交增值税(进项税额)"科目，按投资者在注册资本中所占的份额，贷记"实收资本"或"股本"科目，按其差额，贷记"资本公积"科目。

【例3-7】龙盛公司接受甲股东以原材料出资入股，甲股东提供的增值税专用发票上注明原材料价款为100 000元，税额17 000元，经投资各方协商确认该原材料投资占企业注册资本的9%(已知企业的注册资本为1 000 000元)。

借：原材料　　　　　　　　　　　　　　　　　　　　　　　100 000
　　应交税费——应交增值税(进项税额)　　　　　　　　　17 000
　　贷：实收资本　　　　　　　　　　　　　　　　　　　　　　90 000
　　　　资本公积——资本溢价　　　　　　　　　　　　　　　　27 000

3.2.5　接受捐赠取得的存货

企业接受捐赠取得的存货，应当分别以下列情况确定入账成本。

(1) 捐赠方提供了有关凭据(如发票、报关单、有关协议)的，按凭据上标明的金额加上应支付的相关税费作为入账成本。

(2) 捐赠方没有提供有关凭据的，按如下顺序确定入账成本。

① 同类或类似存货存在活跃市场的，按同类或类似存货的市场价格估计的金额，加上应支付的相关税费，作为入账成本。

② 同类或类似存货不存在活跃市场的，按该接受捐赠存货预计未来现金流量的现值，作为入账成本。

企业收到捐赠的存货时，按照确定的存货入账成本，借记"原材料""周转材料""库存商品"等科目，按专用发票上注明的增值税额，借记"应交税费——应交增值税(进项税额)"科目，按实际支付或应支付的相关税费，贷记"银行存款"，按税法规定接受捐赠材料的价值，贷记"营业外收入——捐赠利得"科目。

【例 3-8】 龙盛公司接受捐赠原材料一批，取得增值税发票上注明价款为 100 000 元，增值税进项税额为 17 000 元。另龙盛公司以银行存款支付运杂费 1 000 元。

借：原材料　　　　　　　　　　　　　　　　　　　　　　101 000
　　应交税费——应交增值税(进项税额)　　　　　　　　　 17 000
　　贷：银行存款　　　　　　　　　　　　　　　　　　　　 1 000
　　　　营业外收入——捐赠利得　　　　　　　　　　　　 117 000

3.3 发出存货的计量

3.3.1 存货成本流转假设

企业取得存货的目的，是满足生产和销售的需要。随着存货的取得，存货源源不断地流入企业，而随着存货的销售或耗用，存货则从一个生产经营环节流向另一个生产经营环节，并最终流出企业。存货的这种不断流动，就形成了生产经营过程中的存货流转。

存货流转包括实物流转和成本流转两个方面。从理论上说，存货的成本流转应当与实物流转相一致，即取得存货时确定的各项存货入账成本应当随着该存货的销售或耗用而同步结转。但在实务中，由于存货品种繁多，流进流出数量很大，而且同一存货因不同时间、不同地点、不同方式取得而单位成本各异，很难保证存货的成本流转与实务流转完全一致。因此，会计上可行的处理方法是按照一个假定的成本流转方式来确定发出存货的成本，而不强求存货的成本流转与实物流转相一致，这就是存货成本流转假设。

采用不同的存货成本流转假设，在期末结存存货与本期发出存货之间分配存货成本，就产生了不同的发出存货的计价方法，如个别计价法、先进先出法、月末一次加权平均法、移动加权平均法等。由于不同的存货计价方法得出的计价结果各不相同，因此，存货计价方法的选择，将对企业的财务状况和经营成果产生一定的影响，主要体现在以下 3 个方面。

(1) 存货计价方法对损益计算有直接影响。如果期末存货计价过低，就会低估当期收益，反之，则会高估当期收益；而如果期初存货计价过低，就会高估当期收益，反之，则会低估当期收益。

(2) 存货计价方法对资产负债表有关项目数额的计算有直接影响，包括流动资产总额、所有者权益等项目。

(3) 存货计价方法对应交所得税数额的计算有一定的影响。

3.3.2 发出存货的计价方法

我国《企业会计准则》规定，企业在确定发出存货的实际成本时，可以采用先进先出法、月末一次加权平均法、移动加权平均法或者个别计价法。企业应当根据实际情况，综合考虑存货的性质、实物流转方式和管理的要求，选择适当的存货计价方法，合理确定发出存货的实际成本。对于性质和用途相似的存货，应当采用相同的存货计价方法。存货计价方法一旦选定，前后各期应当保持一致，并在会计报表附注中予以披露。

1. 先进先出法

先进先出法，是以先入库的存货应先发出这一存货实物流转假设为前提，对先发出的存货按先入库的存货单位成本计价,后发出的存货按后入库的存货单位成本计价,据以确定本期发出存货和期末结存存货成本的一种方法。

【例3-9】龙盛公司2017年5月W存货的购进、发出和结存资料,采用先进先出法计算的发出存货实际成本和结存存货实际成本,见表3-2。

表3-2 W(存货)明细账

类别:×× 计量单位:千克
编号:×× 最高存量:××
名称及规格:W 最低存量:××

2017年		凭证字号	摘要	收入			发出			结存		
月	日			数量	单价/元	金额/元	数量	单价/元	金额/元	数量	单价/元	金额/元
5	1	略	期初余额							1 000	10	10 000
	7	03	购入	500	11	5 500				1 000 500	10 11	15 500
	9	06	领用				800	10	8 000	200 500	10 11	7 500
	14	10	购入	700	9	6 300				200 500 700	10 11 9	13 800
	20	16	领用				200 500 100	10 11 9	8 400	600	9	5 400
	25	19	购入	500	9.5	4 750				600 500	9 9.5	10 150
	28	38	领用				300	9	2 700	300 500	9 9.5	7 450
	31		本月合计	1 700		16 550	1 900		19 100	800	9.31	7 450

采用先进先出法,能够随时结转成本,期末存货成本比较接近现行的市场价值,企业不能随意挑选存货成本以调整当期利润。但是,在存货收发业务频繁和单价经常变动的情况下,先进先出法计价的工作量较大。另外,当物价上涨时,会高估企业当期利润;反之,会低估企业当期利润。

一般来说,经营活动受存货形态影响较大的存货、容易腐烂变质的存货可采用先进先出法。

2. 月末一次加权平均法

月末一次加权平均法,是指以月初结存存货数量和本月各批收入存货数量作为权数,计算本月存货的加权平均单位成本,据以确定本期发出存货成本和期末结存存货成本的一种方法。加权平均单位成本的计算公式为:

$$加权平均单位成本=\frac{月初结存存货成本+本月购进存货成本}{月初结存存货数量+本月购进存货数量}$$

本月发出存货的成本＝本期发出存货数量×加权平均单位成本

期末结存存货成本＝期末结存存货数量×加权平均单位成本

由于加权平均单位成本往往不能除尽，为了保证期末结存商品的数量、单位成本与总成本的一致性，应先按加权平均单位成本计算期末结存商品成本，然后倒减出本月发出商品成本，将计算尾差计入发出商品成本。即：

月末结存存货成本＝本月结存存货成本×加权平均单位成本

本月发出存货成本＝(月初结存存货成本＋本月收入存货成本)－月末结存存货成本

【例3-10】龙盛公司2017年5月W存货的购进、发出和结存资料，采用月末一次加权平均法计算的发出存货实际成本和结存存货实际成本，见表3-3。

表3-3 W(存货)明细账

类别：×× 　　　　　　　　　　　　　　　　　　　　　　　　　　　计量单位：千克

编号：×× 　　　　　　　　　　　　　　　　　　　　　　　　　　　最高存量：××

名称及规格：W 　　　　　　　　　　　　　　　　　　　　　　　　　最低存量：××

2017年		凭证字号	摘要	收入			发出			结存		
月	日			数量	单价/元	金额/元	数量	单价/元	金额/元	数量	单价/元	金额/元
5	1	略	期初余额							1 000	10	10 000
	7	03	购入	500	11	5 500				1 500		
	9	06	领用				800			700		
	14	10	购入	700	9	6 300				1 400		
	20	16	领用				800			600		
	25	19	购入	500	9.5	4 750				1 100		
	28	38	领用				300			800		
	31	70	结转成本				1 900	9.83	18 686	800	9.83	7 864
	31		本月合计	1 700		16 550	1 900	9.83	18 686	800	9.83	7 864

有关计算过程如下。

$$\text{加权平均单位成本}=\frac{10\,000+(5\,500+6\,300+4\,750)}{1\,000+(500+700+500)}\approx 9.83(元)$$

月末结存存货成本＝800×9.83＝7 864(元)

本月发出存货成本＝10 000＋(5 500＋6 300＋4 750)－7 864＝18 686(元)

加权平均法手续简便，计算工作量小，而且在市场价格上涨或下跌时所计算出来的单位成本是一个平均数，对存货成本的分摊较为折中。但是，这种方法平时从账面上无法提供发出存货和结存存货的单位成本及金额，不利于加强对存货的管理，也影响到会计核算工作的及时性。

3．移动加权平均法

移动加权平均法，是指平时每入库一批存货，就以原有存货数量和本批入库存货数量为权数，计算一个加权平均单位成本，据以对其后发出存货进行计价的一种方法。移动加权平均单位成本的计算公式为：

$$移动加权平均单位成本=\frac{原有存货成本+本批入库存货成本}{原有存货数量+本批入库存货数量}$$

发出存货成本＝本次发出存货数量×移动加权平均单位成本

期末结存存货成本＝期末结存存货数量×移动加权平均单位成本

【例3-11】龙盛公司2017年5月W存货的购进、发出和结存资料，采用移动加权平均法计算的发出存货实际成本和结存存货实际成本，见表3-4。

表3-4 W(存货)明细账

类别：×× 　　　　　　　　　　　　　　　　　　　　　　　　　　计量单位：千克
编号：×× 　　　　　　　　　　　　　　　　　　　　　　　　　　最高存量：××
名称及规格：W 　　　　　　　　　　　　　　　　　　　　　　　　最低存量：××

2017年		凭证字号	摘要	收入			发出			结存		
月	日			数量	单价/元	金额/元	数量	单价/元	金额/元	数量	单价/元	金额/元
5	1	略	期初余额							1 000	10	10 000
	7	03	购入	500	11	5 500				1 500	10.33	15 500
	9	06	领用				800		8 269	700	10.33	7 231
	14	10	购入	700	9	6 300				1 400	9.665	13 531
	20	16	领用				800		7 732	600	9.665	5 799
	25	19	购入	500	9.5	4 750				1 100	9.59	10 549
	28	38	领用				300		2 877	800	9.59	7 672
	31	70	结转成本				1 900		18 878	800	9.59	7 672
	31		本月合计	1 700		16 550	1 900	9.83	18 878	800	9.59	7 672

具体计算过程如下。

第一批收货后的单位成本＝$\frac{10\ 000+5\ 500}{1\ 000+500}$≈10.33(元)

第一批发货成本＝15 500－700×10.33＝8 269(元)

第二批收货后的单位成本＝$\frac{7\ 231+6\ 300}{700+700}$＝9.665(元)

第二批发货成本＝13 531－600×9.665＝7 732(元)

第三批收货后的单位成本＝$\frac{5\ 799+4\ 750}{600+500}$＝9.59(元)

第三批发货成本＝10 549－800×9.59＝2 877(元)

移动平均法可以把计算工作分散到月份内进行，每收入一批存货计算一次单位成本，克服了先进先出法查阅资料的麻烦，也避免了加权平均法把工作集中到月末的缺点，有利于企业管理部门及时了解存货的收发及结存情况。其缺点是每收入一批存货计算一次单位成本，平时计算工作量很大，对收发频繁的企业不适用。

4. 个别计价法

个别计价法，也称个别认定法或具体辨认法，是指本期发出存货和期末结存存货的成本，完全按照该存货所属购进批次或生产批次入账时的实际成本进行确定的一种方法。其公式为：

发出存货的实际成本＝∑(各批次存货发出数量×该批次存货实际进货单价)

【例3-12】龙盛公司本月生产过程中领用A材料1 000千克，经确认其中有500千克属于第一批入库，单位成本为30元/千克，300千克属于第二批入库，单位成本为35元/千克，200千克属于第三批入库，单位成本为40元/千克。则本月发出的A材料的成本计算如下：

发出A材料实际成本＝500×30＋300×35＋200×40＝33 500(元)

个别计价法能比较合理、准确地计算出发出存货的成本和期末存货的成本，但采用这种方法的前提是需要对发出和结存存货的批次进行具体认定，以辨别其所属的收入批次。所以实务操作工作量繁重。企业对于不能替代使用的存货、为特定项目专门购入或制造的存货及提供的劳务，通常采用个别计价法确定发出存货的成本。

在实际工作中，越来越多的企业采用计算机信息系统进行会计处理，个别计价法可以广泛应用于发出存货的计价，并且该方法确定的存货成本最为准确。

3.3.3 发出存货的会计处理

1. 发出原材料的核算

(1) 企业生产经营领用材料，按实际成本，借记"生产成本""制造费用""销售费用""管理费用"等科目，贷记"原材料"科目；企业发出委托外单位加工的材料，借记"委托加工物资"科目，贷记"原材料"科目。

(2) 在建工程领用生产经营储备的原材料，属于改变原材料用途。按税法规定，建造用于福利等非生产经营用固定资产，领用原材料，进项税额不允许抵扣，应将记入"应交税费——应交增值税(进项税额)"科目的增值税转出。账务处理时，将领用的原材料成本和转出的进项税额，借记"在建工程"科目；按照转出的进项税额，贷记"应交税费——应交增值税(进项税额转出)"科目，按领出原材料成本，贷记"原材料"等科目。

但用于建造生产经营用固定资产(动产)，如建造生产流水线，原计入的准予抵扣的进项税额不需转出。账务处理时，将领用的原材料成本，借记"在建工程"科目；同时贷记"原材料"等科目。

(3) 对于出售的材料结转成本，企业应当借记"其他业务成本"科目，贷记"原材料"科目。

由于企业日常发出材料业务频繁，为了简化日常核算工作，平时购进材料入库，在材料明细分类账中登记数量、单价和金额，而发出材料时，除委托加工物资要确定成本外，其他用途发出原材料一般只登记数量，结存栏次也登记数量，月末根据领用部门和用途，汇总编制"发料凭证汇总表"，据以编制记账凭证，一次计算登记发出材料的实际成本。

【例3-13】龙盛公司2017年9月的"发料凭证汇总表"中列明，各部门领用A材料情况如下：

生产车间共计领用15 000元；车间管理部门共计领用2 500元，产品销售部门共计领用4 000元，企业管理部门共计领用3 000元，基建工程共计领用5 000元，增值税850元，销售成本2 500元。根据上述汇总情况，编制会计分录如下：

借：生产成本	15 000
制造费用	2 500
销售费用	4 000
管理费用	3 000
在建工程	5 850
其他业务成本	2 500
贷：原材料——A 材料	32 000
应交税费——应交增值税(进项税额转出)	850

【例 3-14】龙盛公司出售一批原材料，售价 3 000 元，增值税 510 元，收到的价税款存入银行。原材料实际成本 2 500 元。

借：银行存款	3 510
贷：其他业务收入	3 000
应交税费——应交增值税(销项税额)	510
借：其他业务成本	2 500
贷：原材料	2 500

2. 发出周转材料的核算

企业生产经营过程中，离不开周转材料。周转材料，是指企业能够多次使用，逐渐转移其价值但仍然保持其原有形态不确认为固定资产的材料。周转材料包括包装物、低值易耗品，以及企业(建造承包商)的钢模板、木模板、脚手架等。

1) 包装物的核算

包装物，是指企业为了包装本企业商品而储备的各种包装容器，如桶、箱、瓶、坛、袋等用于储存和保管产品的材料。企业的包装物种类繁多，为了便于管理的核算，应对包装物进行分类。

包装物按用途可分为生产过程中用物包装产品作为产品组成部分的包装物；随同商品出售而不单独计价的包装物；随同商品出售而单独计价的包装物；出租或出借给购买单位使用的包装物四类。

下列各项不属于包装物的核算范围：

(1) 如纸、绳、铁丝、铁皮等，应作为"原材料"进行管理和核算。

(2) 用于储存和保管产品、材料而不对外销售的包装物，应按其价值大小和使用年限长短，分别作为"固定资产"或"周转材料"进行管理和核算。

(3) 计划上单独列作企业商品产品的自制包装物品，则作为"库存商品"进行管理和核算。

为了反映和监督企业和各种包装物的增减变化及其价值损耗、结存等情况，企业应设置"周转材料——包装物"科目，或单独设置"包装物"科目核算，借方登记购入、委托加工、盘盈等原因而增加的包装物的成本，贷方登记企业领用、摊销、对外销售和盘亏等原因减少的包装物的成本，期末借方余额反映库存未用包装物的成本(但五五摊销法除外)。如果包装物数量不大的企业，可以不设置"周转材料——包装物"科目，将其并入"原材料"科目内核算。

企业发出的包装物,按发出包装物的不同用途分别进行核算。

① 生产部门领用包装物。企业生产部门领用的包装物,构成产品实体组成部分的,应将其实际成本计入产品生产成本,借记"生产成本"科目,贷记"周转材料——包装物"科目。

【例3-15】龙盛公司发出包装物采用一次摊销法进行核算,该企业生产M产品领用包装物一批,实际成本4 000元(不考虑消费税)。龙盛公司会计处理如下。

借:生产成本——M产品   4 000
    贷:周转材料——包装物   4 000

② 随同产品出售而不单独计价的包装物。在领用时,按其实际成本计入销售费用,借记"销售费用"科目,贷记"周转材料——包装物"科目。

【例3-16】承【例3-15】所示,龙盛公司销售产品时,领用不单独计价的包装物,其实际成本为3 000元。龙盛公司会计处理如下。

借:销售费用   3 000
    贷:周转材料——包装物   3 000

③ 随同产品出售而单独计价的包装物。一方面反映其销售收入,作为其他业务收入处理,且按收入计算应交增值税,借记"银行存款"科目,贷记"其他业务收入"科目,贷记"应交税费——应交增值税(销项税额)"科目;另一方面应结转其销售成本,计入其他业务成本,借记"其他业务成本"科目,贷记"周转材料——包装物"科目。

【例3-17】承【例3-15】所示,龙盛公司销售产品时,领用单独计价的包装物,其实际成本为2 000元。龙盛公司会计处理如下。

借:其他业务成本   2 000
    贷:周转材料——包装物   2 000

④ 出租、出借的包装物。它的特点是可以长期周转使用,其价值逐渐减少,因此要采用适当的方法摊销其成本。由于出租是销货企业向购货单位提供的一种有偿服务,一般收取租金,作为其他业务收入,所以摊销的包装物价值记入"其他业务成本"科目;而出借是销货企业向购货单位提供的一种无偿服务,是为了商品销售,一般不收取费用,所以摊销的包装物价值记入"销售费用"科目。不论是出租还是出借包装物,将收取的押金记入"其他应付款"科目。逾期未归还包装物的,按规定没收押金,作为"其他业务收入"科目处理。

会计准则规定,出租、出借包装物价值损耗的摊销方法,可视其价值大小采用一次摊销法和五五摊销法。

一次摊销法,是在领用包装物时就将其全部价值一次计入成本、费用的方法。适用于价值量较小的包装物。第一次领用新包装物时,出租的借记"其他业务成本"科目,出借的借记"销售费用"科目,贷记"周转材料——包装物"科目。

五五摊销法,是指企业第一次领用包装物时,摊销其成本的50%,借记"销售费用"等科目,贷记"周转材料——包装物"科目,在报废时再摊销另外50%的成本。如果有残值,应当收回,抵减已计入成本费用。五五摊销法适用于出租和出借包装物频繁、数量多、金额大的企业。采用五五摊销法,一般应设置"在库包装物""在用包装物""包装物摊销"3个明细分类科目。

第 3 章 存 货

【例 3-18】 龙盛公司出借未用包装箱 400 个借给 A 公司,单位成本 10 元,共 4 000 元,借用期为一个月,收取押金 4 000 元。包装物价值采用五五摊销法核算。借用期满,退回全部押金。龙盛公司会计处理如下。

(1) 当公司出借包装箱时,会计分录如下。

借:周转材料——包装物(在用包装物)   4 000
    贷:周转材料——包装物(在库包装物)   4 000

(2) 收取押金时,同时摊销包装物 50%的成本时,会计分录如下。

借:银行存款   4 000
    贷:其他应付款——存入保证金   4 000
借:销售费用——包装费   2 000
    贷:周转材料——包装物(包装物摊销)   2 000

(3) 当出租期满,收回 380 个包装箱,会计分录如下。

借:周转材料——包装物(在库包装物)   3 800
    贷:周转材料——包装物(在用包装物)   3 800

(4) 包装箱报废 20 个(成本 200 元)、补提摊销额 100 元(200×50%)时,会计分录如下。

借:销售费用——包装费   100
    贷:周转材料——包装物(包装物摊销)   100

(5) 将报废包装箱已提的摊销额予以冲销,会计分录如下。

借:周转材料——包装物(包装物摊销)   200
    贷:周转材料——包装物(在用包装物)   200

(6) 没收押金 200 元,会计分录如下。

借:其他应付款——存入保证金   200
    贷:其他业务收入   170.94
      应交税费——应交增值税(销项税额)   29.06

(7) 剩余押金退回 A 公司时,会计分录如下。

借:其他应付款——存入保证金   3 800
    贷:银行存款   3 800

2) 低值易耗品的核算

低值易耗品,是指不作为固定资产核算的各种用具物品,如工具、管理用具、玻璃器皿,以及在经营过程中使用的包装容器等。

低值易耗品与固定资产既相似,又有区别,它们都属于劳动资料;主要区别在于低值易耗品的单位价值较低,使用期限较短,容易发生损耗,所以它属于流动资产,而固定资产属于非流动资产。低值易耗品可以按照实际成本计价,也可以按照计划成本计价。

低值易耗品按其用途不同可以分为一般工具(车间生产中常用的工具,如刀具、量具、装配工具等)、专用工具(为了生产某一产品而专用的工具,如专用模具、工具等)、管理用具(管理上使用的各种办公用具、家具等)、劳动保护用具(为了安全生产发给职工作为劳动保护用的工作服、工作鞋和各种防护用品等)、其他(不属于上述各类的低值易耗品)五类。

为了反映和监督低值易耗品的增减变化及其结存等情况,企业应设置"周转材料——低值易耗品"科目,或单独设置"低值易耗品"科目核算。借方登记购入、委托加工完成验收入库和盘盈等原因而增加的低值易耗品的成本，贷方登记企业领用、摊销、盘亏等原因减少的低值易耗品的成本，期末借方余额反映库存未用低值易耗品的成本和在用低值易耗品的摊余价值。

低值易耗品的发出成本核算采用摊销方法，即一次转销法、五五摊销法和分次摊销法。在一次转销法下，低值易耗品按种类设置明细分类科目；在五五摊销法下，应设置"在库低值易耗品""在用低值易耗品""低值易耗品摊销" 3 个明细分类科目。分次摊销法的核算原理与五五摊销法相同，只是低值易耗品的价值是分期计算摊销的，而不是在领用和报废时各摊销一半。

低值易耗品主要用于企业内部生产和管理。因此，对其耗用成本，根据用途不同分别计入"制造费用""管理费用"等科目。采用一次转销法时，将低值易耗品的成本，借记"制造费用""管理费用"等科目，贷记"周转材料——低值易耗品"科目；若采用五五摊销法，领用低值易耗品时，摊销低值易耗品成本的50%，借记"制造费用""管理费用"等科目，贷记"周转材料——低值易耗品"科目；低值易耗品报废时，再摊销另外 50%的成本。若有残值，应当收回，抵减相关的成本、费用。

【例3-19】龙盛公司生产车间领用低值易耗品工具一批，实际成本 1 000 元，采用一次转销法。其会计分录如下。

借：制造费用　　　　　　　　　　　　　　　　　　　　　　1 000
　　贷：周转材料——低值易耗品　　　　　　　　　　　　　　　1 000

【例3-20】龙盛公司生产车间领用低值易耗品工具一批，实际成本 1 400 元，管理部门领用桌子 1 000 元，采用五五摊销法。龙盛公司会计处理如下。

① 领用低值易耗品时，会计分录如下。

借：周转材料——低值易耗品(在用低值易耗品)　　　　　　　2 400
　　贷：周转材料——低值易耗品(在库低值易耗品)　　　　　　2 400

② 同时摊销 50%时，会计分录如下。

借：制造费用　　　　　　　　　　　　　　　　　　　　　　700
　　管理费用　　　　　　　　　　　　　　　　　　　　　　500
　　贷：周转材料——低值易耗品(低值易耗品摊销)　　　　　　1 200

③ 半年后，车间领用的低值易耗品工具 1 400 元报废，摊销另外 50%成本时，会计分录如下。

借：制造费用　　　　　　　　　　　　　　　　　　　　　　700
　　贷：周转材料——低值易耗品(低值易耗品摊销)　　　　　　700

④ 残料变价收到现金 50 元，会计分录如下。

借：库存现金　　　　　　　　　　　　　　　　　　　　　　50
　　贷：制造费用　　　　　　　　　　　　　　　　　　　　　50

⑤ 同时冲销已报废的低值易耗品的"在用"数和"摊销"数，会计分录如下。

借：周转材料——低值易耗品(低值易耗品摊销)　　　　　　　1 400
　　贷：周转材料——低值易耗品(在用低值易耗品)　　　　　　1 400

3. 发出库存商品

库存商品通常用于对外销售，但也可能用于本企业的固定资产建造工程、职工福利、对外投资、捐赠赞助等方面。企业用于不同方面的库存商品，会计处理有所不同。对用于销售以外的其他方面的库存商品，应视同销售，计算增值税销项税额。

(1) 对外销售时，应按从购货方已收或应收合同或协议价款的公允价值确认销售收入，同时按库存商品的账面价值结转销售成本。借记"银行存款""应收账款""应收票据"科目，贷记"主营业务收入""应交税费——应交增值税(销项税额)"科目，同时结转销售成本，借记"主营业务成本"科目，贷记"库存商品"科目。

(2) 在建工程领用的库存商品，应视同销售，按库存商品的计税价格计算增值税销项税额，连同领用的库存商品账面价值一并计入有关工程项目成本。领用库存商品时，按其账面价值加上增值税销项税额，贷记"应交税费——应交增值税(销项税额)"科目。

【例 3-21】龙盛公司销售一批 A 产品，售价 30 000 元，增值税销项税额 5 100 元，价款尚未收到。该批 A 产品的账面价值为 24 000 元。龙盛公司的会计处理如下。

借：应收账款 35 100
　　贷：主营业务收入 30 000
　　　　应交税费——应交增值税(销项税额) 5 100
借：主营业务成本 24 000
　　贷：库存商品 24 000

【例 3-22】龙盛公司自制一项固定资产，领用一批库存商品，该批库存商品的账面价值为 10 000 元，正常售价为 12 000 元，增值税税率为 17%。龙盛公司的会计处理如下。

借：在建工程 12 040
　　贷：库存商品 10 000
　　　　应交税费——应交增值税(销项税额) 2 040

3.4 计划成本法

存货采用实际成本进行日常核算，要求存货的收入和发出凭证、明细分类账、总分类账全部按实际成本计价，这对于存货品种、规格、数量繁多，收发频繁的企业来说，工作量大，核算成本较高，也会影响会计信息的及时性。为了简化存货的核算，企业可以采用计划成本法对存货的收入、发出及结存进行日常核算。

3.4.1 计划成本概述

1. 概念

计划成本法，是指存货的日常收入、发出和结存均按预先制定的计划成本计价，并设置"材料成本差异"科目登记实际成本与计划成本之间的差异。月末再通过对存货成本差异的分摊，将发出存货的计划成本和结存存货的计划成本调整为实际成本进行反映的一种核算方法。

2. 适用范围

计划成本法一般适用于存货品种繁多、收发频繁的企业。具体来说，大中型企业对原材料、低值易耗品的核算常用此法。自制半成品、产成品采用该方法核算时，还会涉及"产品成本差异"科目。

3. 基本核算程序

(1) 制定存货的计划成本目录，规定存货的分类。各类存货的名称、规格、编号、计量单位和单位计划成本在年度内一般不作调整。

(2) 设置"材料成本差异"科目，登记存货实际成本与计划成本之间的差异，并分别设置"原材料""周转材料"等，按照类别或品种进行明细核算。取得存货并形成差异时，实际成本高于计划成本的超支差异，在该科目的借方登记，实际成本低于计划成本的节约差异，在该科目的贷方登记；发出存货并分摊差异时，超支差异从该科目的贷方用蓝字转出，节约差异从该科目的贷方用红字转出。企业也可以根据具体情况，在"原材料""周转材料"等科目下设置"成本差异"明细科目进行核算。

(3) "材料采购"科目，对购入存货的实际成本与计划成本进行计价对比。该科目的借方登记购入存货的实际成本，贷方登记购入存货的计划成本，并将计算的实际成本与计划成本的差额，转入"材料成本差异"科目分类登记。

(4) 存货的日常收入与发出均按计划成本计价，月末通过存货成本差异的分摊，将本月发出存货的计划成本和月末结存存货的计划成本调整为实际成本反映。

3.4.2 存货的取得及成本差异的形成

1. 外购的存货

企业外购的存货，需要专门设置"材料采购"科目进行计价对比，以确定外购存货实际成本与计划成本的差异。购进存货时，按确定的实际采购成本，借记"材料采购"科目；按增值税专用发票上注明的增值税进项税额，借记"应交税费——应交增值税(进项税额)"科目，按实际支付的款项或应付的金额，贷记"银行存款""应付票据""应付账款"等科目。已购进的存货验收入库时，按其计划成本，借记"原材料""周转材料"等存货科目，贷记"材料采购"科目。已购进并验收入库的存货，按实际成本大于计划成本的超支差额，借记"材料成本差异"科目，贷记"材料采购"科目；按实际成本小于计划成本的节约差额，借记"材料采购"科目，贷记"材料成本差异"科目。月末，对已验收入库但尚未收到发票账单的存货，按计划成本暂估入账，借记"原材料"等存货科目，贷记"应付账款——暂估应付账款"科目，下月初再用红字作相同的会计分录予以冲回；下月收到发票账单并结算时，按正常的程序进行会计处理。

【例 3-23】龙盛公司为一般纳税人，2017 年 9 月发生的材料采购业务及账务处理如下。

(1) 2017 年 9 月 3 日，从本地购入 A 材料一批，价款 50 000 元，增值税专用发票上注明的增值税进项税额 8 500 元，材料已验收入库，发票等结算凭证同时收到，货款已通过银行支付。该批原材料的计划成本为 52 500 元。应编制会计分录如下。

① 采购时。

借：材料采购——A 材料　　　　　　　　　　　　　　　　　　　50 000
　　应交税费——应交增值税(进项税额)　　　　　　　　　　　　 8 500
　　贷：银行存款　　　　　　　　　　　　　　　　　　　　　　58 500

② 材料验收入库，会计分录为。

借：原材料——A 材料　　　　　　　　　　　　　　　　　　　　52 500
　　贷：材料采购——A 材料　　　　　　　　　　　　　　　　　50 000
　　　　材料成本差异　　　　　　　　　　　　　　　　　　　　 2 500

(2) 2017 年 9 月 5 日，从上海采购 B 材料一批，价款 30 000 元，增值税专用发票上注明的增值税进项税额 5 100 元，发票等结算凭证同时收到，货款已通过银行支付，但材料尚未到达。

借：材料采购——B 材料　　　　　　　　　　　　　　　　　　　30 000
　　应交税费——应交增值税(进项税额)　　　　　　　　　　　　 5 100
　　贷：银行存款　　　　　　　　　　　　　　　　　　　　　　35 100

(3) 2017 年 9 月 8 日，购入一批 B 材料，材料已经运达企业并验收入库，但发票等结算凭证尚未收到，货款尚未支付。暂不作会计处理。

(4) 2017 年 9 月 10 日，收到 9 月 5 日购进的原材料并验收入库。该批原材料的计划成本为 28 000 元。

借：原材料——B 材料　　　　　　　　　　　　　　　　　　　　28 000
　　材料成本差异　　　　　　　　　　　　　　　　　　　　　　 2 000
　　贷：材料采购——B 材料　　　　　　　　　　　　　　　　　30 000

(5) 2017 年 9 月 15 日，收到 9 月 8 日已入库 B 材料的发票账单等结算凭证，增值税专用发票上注明的材料价款为 40 000 元，增值税进项税额 6 800 元，开出一张 3 个月后到期的商业汇票抵付，该批材料的计划成本为 37 000 元。

借：材料采购——B 材料　　　　　　　　　　　　　　　　　　　40 000
　　应交税费——应交增值税(进项税额)　　　　　　　　　　　　 6 800
　　贷：应付票据　　　　　　　　　　　　　　　　　　　　　　46 800

借：原材料——B 材料　　　　　　　　　　　　　　　　　　　　37 000
　　材料成本差异　　　　　　　　　　　　　　　　　　　　　　 3 000
　　贷：材料采购——B 材料　　　　　　　　　　　　　　　　　40 000

(6) 2017 年 9 月 27 日，根据合同从 W 公司采购的 A 材料已到达并验收入库，但是发票账单等凭证尚未到达，货款尚未支付，暂不进行会计处理。

(7) 2017 年 9 月 30 日，对于从 W 公司采购的材料，结算凭证仍未到达企业，企业按该材料的计划成本 20 000 元估价入账。

借：原材料——A 材料　　　　　　　　　　　　　　　　　　　　20 000
　　贷：应付账款——暂估应付账款　　　　　　　　　　　　　　20 000

(8) 2017 年 10 月 1 日，用红字冲回。

借：原材料——A 材料　　　　　　　　　　　　　　　　　　　　20 000
　　贷：应付账款——暂估应付账款　　　　　　　　　　　　　　20 000

(9) 2017年10月5日，收到2017年9月27日已入库A材料的发票等结算凭证，增值税专用发票上注明的材料价款为18 000元，增值税进项税额3 060元，货款通过银行转账支付。

借：材料采购——A材料　　　　　　　　　　　　　　　　18 000
　　应交税费——应交增值税(进项税额)　　　　　　　　　 3 060
　　贷：银行存款　　　　　　　　　　　　　　　　　　　21 060
借：原材料——A材料　　　　　　　　　　　　　　　　　 20 000
　　贷：材料采购——A材料　　　　　　　　　　　　　　　18 000
　　　　材料成本差异　　　　　　　　　　　　　　　　　　2 000

在会计实务中，为了简化收入存货和结转存货成本差异的核算手续，企业平时收到存货时，也可以先不记录存货的增加，也不结转形成的存货成本差异。月末，再将本月已付款或已开出、承兑商业汇票并已验收入库的存货，按实际成本和计划成本分别汇总，一次登记本月存货的增加，并计算和结转本月存货成本差异。

2. 其他方式取得的存货

企业通过外购以外的其他方式取得存货，不需要通过"材料采购"科目确定存货成本差异，而应直接按取得存货的计划成本，借记"原材料"等科目。按确定的实际成本，贷记"生产成本""委托加工物资"等相关科目，按实际成本与计划成本之间的差额，借记或贷记"材料成本差异"科目。

3.4.3 存货的发出及成本差异的分摊

1. 发出存货的一般会计处理

采用计划成本法对存货进行日常核算，发出存货时先按计划成本计价。月末，再将期初结存存货的成本差异和本月取得存货形成的成本差异，在本月发出存货和期末结存存货之间进行分摊，将本月发出存货和期末结存存货的计划成本调整为实际成本。调整的基本公式为：

$$实际成本 = 计划成本 \pm 成本差异$$

为了便于存货成本差异的分摊，企业应当计算材料成本差异率，作为分摊存货成本差异的依据。材料成本差异率包括本期材料成本差异率和期初材料成本差异率两种，其计算公式为：

$$本期材料成本差异率 = \frac{月初结存材料的成本差异 + 本月验收入库材料的成本差异}{月初结存材料的计划成本 + 本月验收入库材料的计划成本} \times 100\%$$

$$期初材料成本差异率 = \frac{月初结存材料的成本差异}{月初结存材料的计划成本} \times 100\%$$

企业应当分别原材料、包装物、低值易耗品等，按照类别或品种对存货成本差异进行明细核算，并计算相应的材料成本差异率，不能使用一个综合差异率。在计算发出存货应负担的成本差异时，除委托外部加工发出存货可按期初成本差异率计算外，一般应使用当期的实际差异率计算。如果期初的成本差异率与本期成本差异率相差不大，也可按上期的成本差异率计算。

需要说明的是,本月验收入库的计划成本中不包括暂估入账材料的计划成本。该计算方法一经确定,不得随意变更。如果确需变更,则应在会计报表附注中予以说明。

本月发出存货应负担的成本差异,以及实际成本和月末结存存货应负担的成本差异及实际成本,可按如下公式计算。

   本月发出存货应负担的差异＝发出存货的计划成本×材料成本差异率
   本月发出存货的实际成本＝发出存货的计划成本±发出存货应负担的差异
   月末结存存货应负担的成本差异＝结存存货的计划成本×材料成本差异率
   月末结存存货的实际成本＝结存存货的计划成本±结存存货应负担的差异

发出存货应负担的成本差异,必须按月分摊,不得在季末或年末一次分摊。企业在分摊发出存货应负担的成本差异时,按计算的各成本费用项目应负担的差异金额,借记"生产成本""制造费用""管理费用"等有关成本费用科目,贷记"材料成本差异"科目。实际成本大于计划成本的超支差异,用蓝字登记;实际成本小于计划成本的节约差异,用红字登记。

本月发出存货应负担的成本差异从"材料成本差异"科目转出之后,该科目的余额为月末结存存货应负担的成本差异。在编制资产负债表时,月末结存存货应负担的成本差异应作为存货的调整项目,将结存存货的计划成本调整为实际成本列示。

【例3-24】龙盛公司材料存货采用计划成本法进行日常核算,2017年9月"原材料"科目期初余额为52 000元,"材料成本差异"科目期初贷方余额为1 000元,9月材料采购业务并已验收入库的原材料计划成本为578 000元(包括9月30日暂估入价的原材料计划成本80 000元),实际成本为510 000元,材料成本差异超支12 000元,9月领用原材料的计划成本为504 000元。其中,基本生产领用350 000元,辅助生产领用110 000元,车间一般耗用16 000元,管理部门领用8 000元,对外销售20 000元。

(1) 按计划成本发出原材料。

借:生产成本——基本生产成本　　　　　　　　　　　　　350 000
　　　　　　——辅助生产成本　　　　　　　　　　　　　110 000
　　制造费用　　　　　　　　　　　　　　　　　　　　　 16 000
　　管理费用　　　　　　　　　　　　　　　　　　　　　 8 000
　　其他业务成本　　　　　　　　　　　　　　　　　　　 20 000
　贷:原材料　　　　　　　　　　　　　　　　　　　　　504 000

(2) 计算本月材料成本差异率。

$$本月材料成本差异率=\frac{-1\,000+12\,000}{52\,000+498\,000}\times100\%=2\%$$

(3) 分摊材料成本差异。

生产成本(基本生产成本)＝350 000×2％＝7 000(元)
生产成本(辅助生产成本)＝110 000×2％＝2 200(元)
制造费用＝16 000×2％＝320(元)
管理费用＝8 000×2％＝160(元)

其他业务成本＝20 000×2%＝400(元)

借：生产成本——基本生产成本　　　　　　　　　　　　7 000
　　　　　　——辅助生产成本　　　　　　　　　　　　2 200
　　　制造费用　　　　　　　　　　　　　　　　　　　　320
　　　管理费用　　　　　　　　　　　　　　　　　　　　160
　　　其他业务成本　　　　　　　　　　　　　　　　　　400
　　贷：材料成本差异　　　　　　　　　　　　　　　　10 080

(4) 月末，计算结存原材料实际成本，据以编制资产负债表。

"原材料"科目期末余额＝52 000＋578 000－504 000＝126 000(元)

"材料成本差异"科目期末余额＝(－1 000＋12 000)－10 080＝920(元)

结存原材料实际成本＝126 000＋920＝126 920(元)

月末编制资产负债表时，存货项目中的原材料存货，应当按上列结存原材料实际成本126 920元列示。

2. 周转材料采用五五摊销法的会计处理

周转材料采用五五摊销法进行摊销，领用时先按计划成本的50%摊销，月末，再根据本月材料成本差异率，将摊销的计划成本调整为实际成本。报废时，同样按计划成本的50%摊销，月末，再根据报废当月材料成本差异率，将摊销的计划成本调整为实际成本。

【例3-25】龙盛公司行政管理部门2017年4月6日领用一批低值易耗品，计划成本为25 000元，采用五五摊销法摊销；领用当月，材料成本差异率(周转材料)为超支的4%。该批低值易耗品于当年12月20日报废，残料估价3 000元作为原材料入库；报废当月，材料成本差异率(周转材料)为节约的2%。

(1) 4月6日，领用低值易耗品并摊销其计划成本的50%。

借：周转材料——在用　　　　　　　　　　　　　　25 000
　　贷：周转材料——在库　　　　　　　　　　　　25 000
借：管理费用　　　　　　　　　　　　　　　　　　12 500
　　贷：周转材料——摊销　　　　　　　　　　　　12 500

(2) 4月30日分摊材料成本差异。

低值易耗品摊销应负担的成本差异＝12 500×4%＝500(元)

借：管理费用　　　　　　　　　　　　　　　　　　　500
　　贷：材料成本差异——周转材料　　　　　　　　　500

(3) 12月20日，低值易耗品报废，摊销其余50%的计划成本，并转销全部已提摊销额。

借：管理费用　　　　　　　　　　　　　　　　　　12 500
　　贷：周转材料——摊销　　　　　　　　　　　　12 500
借：周转材料——摊销　　　　　　　　　　　　　　25 000
　　贷：周转材料——在用　　　　　　　　　　　　25 000

(4) 报废低值易耗品的残料作价入库。

借：原材料　　　　　　　　　　　　　　　　　　　3 000
　　贷：管理费用　　　　　　　　　　　　　　　　3 000

(5) 12月31日，分摊材料成本差异。

低值易耗品摊销应负担的成本差异＝12 500×(－2%)＝－250(元)

借：管理费用　　　　　　　　　　　　　　　　　　　　　　250

　　贷：材料成本差异——周转材料　　　　　　　　　　　　　　250

3. 委托加工存货的会计处理

企业委托外部加工的存货，在发出材料物资时，可以按月初材料成本差异率将发出材料物资的计划成本调整为实际成本，并通过"委托加工物资"科目核算委托加工存货的实际成本。收回委托加工的存货时，按收回存货的计划成本入账，实际成本与计划成本的差额直接记入"材料成本差异"科目。

【例3-26】龙盛公司委托W公司加工一批包装物。发出原材料计划成本为60 000元，月初材料成本差异率(原材料)为超支的2%；支付加工费40 000元，支付由受托加工方代收代缴的增值税6 800元；该批包装物的计划成本为102 000元。

(1) 发出原材料，委托W公司加工包装物。

发出原材料应负担的成本差异＝60 000×2%＝1 200(元)

发出原材料的实际成本＝60 000＋1 200＝61 200(元)

借：委托加工物资　　　　　　　　　　　　　　　　　　61 200

　　贷：原材料　　　　　　　　　　　　　　　　　　　　60 000

　　　　材料成本差异——原材料　　　　　　　　　　　　 1 200

(2) 支付加工费和增值税。

借：委托加工物资　　　　　　　　　　　　　　　　　　40 000

　　贷：银行存款　　　　　　　　　　　　　　　　　　　40 000

借：应交税费——应交增值税(进项税额)　　　　　　　　 6 800

　　贷：银行存款　　　　　　　　　　　　　　　　　　　 6 800

(3) 收回委托加工的包装物，验收入库。

包装物实际成本＝61 200＋40 000＝101 200(元)

借：周转材料　　　　　　　　　　　　　　　　　　　 102 000

　　贷：委托加工物资　　　　　　　　　　　　　　　　 101 200

　　　　材料成本差异——周转材料　　　　　　　　　　　　 800

3.4.4　计划成本法的优点

(1) 可以简化存货的日常核算手续。在计划成本法下，同一种存货只有一个单位计划成本，因此，存货明细账平时可以只登记收、发、存数量，而不必登记收、发、存金额。需要了解某项存货收、发、存金额时，以该存货的单位计划成本乘以相应的数量即可求得，避免了烦琐的发出存货计价，简化了存货的日常核算手续。

(2) 有利于考核采购部门的工作业绩。计划成本法的显著特点是可以通过实际成本与计划成本的比较，得出实际成本脱离计划成本的差异。并通过对差异的分析，寻求实际成本脱离计划成本的原因，据以考核采购部门的工作业绩，促使采购部门不断降低采购成本。

鉴于上述优点，计划成本法在我国的制造企业中应用得比较广泛。

3.5 存货的期末计量

为了在资产负债表中更合理地反映期末存货的价值，企业应当选择适当的计价方法对期末存货进行后续计量。我国《企业会计准则》规定，资产负债表日，存货应当按照成本与可变现净值孰低计量。

3.5.1 成本与可变现净值孰低法的含义

成本与可变现净值孰低法，是指按照存货的成本与可变现净值两者之中的较低者对期末存货进行计量的一种方法。采用这种方法，当期末存货的成本低于可变现净值时，存货仍按成本计量；当期末存货的可变现净值低于成本时，存货则按可变现净值计量。

(1) 所谓成本，是指期末存货的实际成本，即采用先进先出法、加权平均法等存货计价方法，对发出存货(或期末存货)进行计价所确定的期末存货账面成本。

(2) 所谓可变现净值，是指在日常活动中，存货的估计售价减去至完工时估计将要发生的成本、估计的销售费用，以及相关税额后的金额。

(3) 采用成本与可变现净值孰低法对期末存货进行计量，当某项存货的可变现净值跌至成本以下时，表明该项存货为企业带来的未来经济利益将低于账面成本，企业应按可变现净值低于成本的差额确认存货跌价损失，并将其从存货价值中扣除，否则，就会虚计当期利润和存货价值；而当可变现净值高于成本时，企业则不能按可变现净值高于成本的金额确认这种尚未实现的存货增值收益，否则，也会虚计当期利润和存货价值。因此，成本与可变现净值孰低法体现了谨慎性会计原则的要求。

3.5.2 存货可变现净值的确定

根据存货的账面记录，可以很容易地获得存货的成本资料。因此，运用成本与可变现净值孰低法对期末存货进行计量的关键，是合理确定存货的可变现净值。

1. 确定存货可变现净值应考虑的主要因素

(1) 确定存货的可变现净值应以确凿的证据为基础。

确定存货的可变现净值的确凿证据，是指对确定存货的可变现净值有直接影响的客观证明。如产成品或商品的市场销售价格，与产成品或商品相同或类似商品的市场销售价格，销售方提供的有关资料和生产成本资料等。

(2) 确定存货的可变现净值应考虑持有存货的目的。

① 产成品、商品和用于销售的材料等直接用于出售的商品存货，在正常生产经营过程中，应当以该存货的估计售价减去估计的销售费用和相关税费后的金额，确定可变现净值。

② 需要经过加工的材料存货，在正常生产过程中，应当以所生产的产成品的估计售价减去至完工时估计将要发生的成本、估计的销售费用和相关税费后的金额，确定可变现净值。

(3) 确定存货的可变现净值还应考虑资产负债表日后事项的影响。

确定存货的可变现净值，不仅要考虑资产负债表日与该存货相关的价格与成本变动，而且还应考虑未来的相关事项。例如,某年年末,企业持有的B商品市场售价是60 000元。但根据可靠资料,B商品的关税将从下一年起大幅降低,受此影响,B商品的市场售价将会下跌,预计到下一年第一季度末,B商品市场售价很可能会跌至40 000元。企业在编制本年度的资产负债表时,有必要考虑这一未来的价格下跌因素B商品可变现净值的影响。

2. 存货估计售价的确定

(1) 产成品、商品等(不包括用于出售的材料)直接用于出售的商品存货,没有销售合同约定的,其可变现净值应当为正常生产经营过程中,产成品或商品的一般销售价格(即市场销售价格)减去估计的销售费用和相关税费等后的金额。

【例3-27】2016年12月31日,龙盛公司W型号机器的账面价值(成本)为300万元,数量为10台,单位成本为30万元/台。2016年12月31日,W型号机器的市场销售价格为35万元/台。甲公司没有签订有关W型号机器的销售合同,预计销售费用为10万元。

本例中,由于龙盛公司没有就W型号机器签订销售合同,因此,W型号机器的可变现净值应以市场销售价格350万元(35×10)作为计量基础。W型号机器的可变现净值计算如下:

$$W型号机器可变现净值 = 35 \times 10 - 10 = 340(万元)$$

(2) 用于出售的材料等,应当以市场价格减去估计的销售费用和相关税费等后的金额作为可变现净值。这里的市场价格,是指材料的市场销售价格。

【例3-28】2016年12月31日,龙盛公司根据市场需求的变化,决定停止生产B型号机器。为此,公司决定将生产B型号设备的专用材料对外出售。假定该公司2016年12月31日专用材料账面价值(成本)为800万元,数量10吨。根据市场资料,该材料的市场价格为80万元/吨,同时为销售这些材料,可能发生各种费税10万元。

由于该种材料已不能按照生产B型号设备的价格作为计价基础,因此该批材料的可变现净值应该以市场价格作为计价基础。B型号设备的可变现净值计算如下:

$$B型号设备可变现净值 = 80 \times 10 - 10 = 790(万元)$$

(3) 需要经过加工的材料存货,如原材料、在产品、委托加工物资等,由于持有该材料的目的是用于生产产品,而不是出售,该材料存货的价值将体现在用其生产的产品上。因此,在确定需要经过加工的材料存货的可变现净值时,需要以其生产的产成品的可变现净值与该产品成本进行比较,如果该产品的可变现净值高于其成本,则该材料应当按照其成本计量。

【例3-29】2016年12月31日,龙盛公司库存的甲材料的账面价值(成本)为400万元,市场购买价格总额为360万元,假设不发生其他购买费用,用甲材料生产的产成品——W型机器的可变现净值600万元,但W型机器的成本为480万元。试确定2016年12月31日甲材料的价值。

该例中,甲材料的账面价值高于其市场价值(400>360),但是由于用其生产的产成品W型机器的可变现净值高于其成本(600>480),即用该材料生产的最终产品在2016年12月31日这一时点并没有发生价值减值。因而,在这种情况下,甲材料即使账面价值高于市场价格,也不应计提存货跌价准备,仍按其账面价值400万元列示在龙盛公司的2016年12月31日的资产负债表存货项目之中。

如果材料价格的下降表明产成品的可变现净值低于生产成本,则该材料应当按可变现净值计量。其可变现净值为在正常生产经营过程中,以该材料所生产的产成品的估计售价减去至完工时估计将要发生的成本、估计的销售费用及相关税费后的金额确定。

【例3-30】2016年12月31日,龙盛公司库存的乙材料的账面价值(成本)为80万元,市场购买价格总额为75万元,假设不发生其他购买费用,由于乙材料的市场销售价格下降,用乙材料生产的W型机器的市场销售价格总额由180万元下降为150万元,但其生产成本仍为145万元,将乙材料加工成W型机器尚需投入80万元,估计销售费用及税金为10万元。试确定2016年12月31日乙材料的价值。

分析:根据上述资料,可按以下步骤确定乙材料的价值。

第一步,计算用该原材料所生产的产成品的可变现净值。

W型机器的可变现净值=W型机器估计售价-估计销售费用及税金
=150-10=140(万元)

第二步,将用该原材料所生产的产成品的可变现净值与其成本进行比较。

W型机器的可变现净值140万元小于其成本145万元,即乙材料价格的下降和W型机器销售价格的下降表明W型机器的可变现净值低于其成本,因此乙材料应当按可变现净值计量。

第三步,计算该原材料的可变现净值,并确定其期末价值。

乙材料的可变现净值=W型机器的估计售价-将乙材料加工成W型机器尚需投入的成本-估计销售费用及税金=150-80-10=60(万元)

乙材料的可变现净值60万元小于其成本80万元,因此,乙材料的期末价值应为其可变现净值60万元,即乙材料应按60万元列示在2016年12月31日资产负债表的存货项目之中。

(4) 为执行销售合同或者劳务合同而持有的存货,通常应当以产成品或商品的合同价格作为其可变现净值的计量基础;如果企业持有存货的数量多于销售合同订购数量,超出部分的存货可变现净值应当以产成品或商品的一般销售价格作为计量基础。没有销售合同或者劳务合同约定的存货,其可变现净值应当以产成品或商品一般销售价格或原材料的市场价格作为计量基础。

【例3-31】2016年10月1日,龙盛公司与甲公司签订了一份不可撤销的销售合同,双方约定,2017年2月15日,龙盛公司按150万元/台的价格向甲公司提供W型设备20台。2016年12月31日,龙盛公司库存W型设备20台,单位成本为120万元/台,销售W型设备估计会发生销售费用及相关税费1万元/台。2016年12月31日,W型设备的市场销售价格为140万元/台。

由于龙盛公司与甲公司签订的销售合同已对龙盛公司库存W型设备的销售价格做出了约定,并且其库存数量等于销售合同约定的数量,因此,W型设备的可变现净值应以销售合同约定的价格3 000万元(150×20)作为计量基础。W型设备的可变现净值计算如下:

W型设备可变现净值=150×20-1×20=2 980(万元)

【例3-32】承【例3-31】的资料,现假定龙盛公司W型设备的数量为30台,其他条件不变。

根据龙盛公司与甲公司签订的销售合同,龙盛公司库存的W型设备中,有20台已由合同约定了销售价格,其余 10 台并没有合同约定。因此,对于有销售合同约定的 20 台 W 型设备,其可变现净值应以销售合同约定的价格 3 000 万元(150×20)作为计量基础,而对于无销售合同约定的 10 台 W 型设备,其可变现净值应以市场销售价格 1 400 万元(140×10)作为计量基础。W 型设备的可变现净值计算如下:

W 型设备可变现净值＝(150×20－1×20)＋(140×10－1×10)＝4 370(万元)

【例 3-33】承【例 3-31】的资料,现假定龙盛公司没有签订有关 W 型设备的销售合同,其他条件不变。

由于龙盛公司没有就 W 型设备签订任何销售合同,因此,W 型设备的可变现净值应以市场价格 2 800 万元(140×20)作为计量基础。W 型设备的可变现净值计算如下:

W 型设备可变现净值＝140×20－1×20＝2 780(万元)

为了在资产负债表中更合理地反映期末存货的价值,我国《企业会计准则》规定,企业应对存货在期末按成本与可变现净值孰低法计价,对可变现净值低于存货成本的差额,计提存货跌价准备,计入当期损益。

3.5.3 成本与可变现净值孰低法的会计处理

企业应当定期对存货进行全面检查,如果由于存货毁损、全部或部分陈旧过时或销售价格低于成本等原因,使存货可变现净值低于其成本,应按可变现净值低于成本的部分,计提存货跌价准备。

1. 存货减值的判断依据

企业在对存货进行定期检查时,如果存在下列情况之一,应当考虑计提存货跌价准备。
(1) 该存货的市场价格持续下跌,并且在可预见的未来无回升的希望。
(2) 企业使用该项原材料生产的产品的成本高于产品的销售价格。
(3) 企业因产品更新换代,原有库存原材料已不适应新产品的需要,而该原材料的市场价格又低于其账面成本。
(4) 因企业所提供的商品或劳务过时或消费者偏好改变而使市场的需求发生变化,导致市场价格逐渐下跌。
(5) 其他足以证明该项存货实质上已经发生减值的情形。

2. 计提存货跌价准备的基础

1) 以单项存货为基础计提存货跌价准备

企业通常应当以单项存货为基础计提存货跌价准备,这就要求企业应当根据管理要求和存货的特点,合理确定存货项目的划分标准。例如,将某一型号和规格的材料作为一个存货项目,将某一品牌和规格的商品作为一个存货项目等。

在按照单项存货计提存货跌价准备的情况下,企业应当将每一存货项目的成本与其可变现净值分别进行比较,按每一存货项目可变现净值与成本的较低者计量存货。对于可变现净值低于成本的存货项目,应按其差额计提存货跌价准备。

2) 以存货类别为基础计提存货跌价准备

如果某一类存货的数量繁多并且单价较低,企业可以按照存货类别计提存货跌价准备。

即分别比较每个存货类别的成本总额与可变现净值总额,按每个存货类别可变现净值与成本的较低者确定存货期末价值,对可变现净值低于成本的存货类别计提存货跌价准备。

【例 3-34】龙盛公司库存商品数量繁多并且单价较低,因而按商品类别计提存货跌价准备。2016 年 12 月 31 日,该公司对经营的商品进行了减值测试,在此之前没有计提过存货跌价准备。该公司库存商品期末计量的有关资料见表 3-5。

表 3-5 存货跌价准备计量表(按存货类别)

2016 年 12 月 31 日　　　　　　　　　　　　　　　　　单位:元

商品类别	数量/件	账面成本		可变现净值	库存商品期末价值	应计提的存货跌价准备
		单价	金额			
甲类商品:						
A 商品	3 000	9	27 000	28 000		
B 商品	2 000	10	20 000	18 000		
合计	—	—	47 000	46 000	46 000	1 000
乙类商品:						
C 商品	400	25	10 000	9 500		
D 商品	600	20	12 000	12 500		
E 商品	1 000	10	10 000	11 000		
合计	—	—	32 000	33 000	32 000	0
丙类商品:						
F 商品	1 500	20	30 000	28 000		
G 商品	1 800	10	18 000	17 000		
合计	—	—	48 000	45 000	45 000	3 000
总计	—	—	127 000	—	123 000	4 000

3) 以合并存货为基础计提存货跌价准备

在某些特殊情况下,也可以将存货予以合并,作为计提存货跌价准备的基础。例如,与在同一地区生产和销售的产品系列相关、具有相同或类似最终用途或目的,且难以与其他项目分开来计量的存货,因其所处的经济环境、法律环境、市场环境等相同,具有类似的风险和报酬,可以按该产品系列合并计提存货跌价准备。

需要注意的是,如果同一项存货中一部分有合同约定的价格,其他部分没有合同约定的价格,则应当按有合同约定价格的存货和没有合同约定价格的存货分别确定可变现净值。并将各自的可变现净值与相对应的成本进行比较,分别确定应计提或转回的存货跌价准备金额,由此计提的存货跌价准备不得互相抵销。

3. 存货跌价准备的计提和转回

1) 计提方法

企业通常应当按照单个存货项目计提存货跌价准备(单项比较法),即应当将每一存货项目的成本与可变现净值分别进行比较,按每一存货项目可变现净值低于成本的差额作为计提各存货项目跌价准备的依据。但在某些特殊情况下,也可以合并计提存货跌价准备(综合比较法)。此外,对于数量繁多、单价较低的存货,也可以按存货类别计提存货跌价准备(分类比较法)。

2) 计提金额的确定

资产负债表日,企业计提存货跌价准备时,首先应确定本期存货的减值金额,即本期存货可变现净值低于成本的差额。然后将本期存货的减值金额与"存货跌价准备"科目原有的余额进行比较(同坏账准备),按下列公式计算确定本期应计提的存货跌价准备金额。

某期应计提的存货跌价准备＝当期可变现净值低于成本的差额－
"存货跌价准备"科目原有余额

根据上述公式,如果计提存货跌价准备前,"存货跌价准备"科目无余额,则应按本期可变现净值低于成本的差额计提存货跌价准备;借记"资产减值损失"科目,贷记"存货跌价准备"科目。如果本期存货可变现净值低于成本的差额大于"存货跌价准备"科目原有的贷方余额,则应按二者之差补提存货跌价准备;借记"资产减值损失"科目,贷记"存货跌价准备"科目。如果本期存货可变现净值低于成本的差额与"存货跌价准备"科目原有的贷方余额相等,则不需要计提存货跌价准备。如果本期存货可变现净值低于成本的差额小于"存货跌价准备"科目原有的贷方余额,表明以前引起存货减值的影响因素已经部分消失,存货的价值又得以部分恢复,则企业应当相应地恢复存货的账面价值,即按二者之差冲减已计提的存货跌价准备,借记"存货跌价准备"科目,贷记"资产减值损失"科目。如果本期存货可变现净值高于成本,表明以前引起存货减值的影响因素已经完全消失,存货的价值全部得以恢复,企业应将存货的账面价值恢复至账面成本,即应将已计提的存货跌价准备全部转回,借记"存货跌价准备"科目,贷记"资产减值损失"科目。

【例3-35】龙盛公司存货期末采用成本与可变现净值孰低法计量。M商品有关资料如下。

(1) 2013年12月31日,M商品成本为200 000元,可变现净值为190 000元,"存货跌价准备——甲存货"账户无余额。

可变现净值低于成本的差额＝200 000－190 000＝10 000(元)

借:资产减值损失　　　　　　　　　　　　　　　　　　　　　　10 000
　　贷:存货跌价准备——M商品　　　　　　　　　　　　　　　　　　10 000

(2) 2014年12月31日,M商品成本为200 000元,可变现净值为188 000元。

可变现净值低于成本的差额＝200 000－188 000＝12 000(元)

本年应计提存货跌价准备＝12 000－10 000＝2 000(元)

借:资产减值损失　　　　　　　　　　　　　　　　　　　　　　2 000
　　贷:存货跌价准备——M商品　　　　　　　　　　　　　　　　　　2 000

(3) 2015年12月31日,M商品成本为200 000元,可变现净值为199 000元。

可变现净值低于成本的差额＝200 000－199 000＝1 000(元)

本年应计提存货跌价准备＝1 000－(10 000＋2 000)＝－11 000(元)

借:存货跌价准备——M商品　　　　　　　　　　　　　　　　　　11 000
　　贷:资产减值损失　　　　　　　　　　　　　　　　　　　　　　11 000

(4) 2016 年 12 月 31 日，M 商品成本为 200 000 元，可变现净值为 210 000 元。

由于可变现净值高于账面成本，因此，应将存货的账面价值恢复至账面成本，即将已计提的存货跌价准备全部转回。

  借：存货跌价准备——M 商品   1 000
    贷：资产减值损失   1 000

4. 存货跌价准备的结转

已经计提了跌价准备的存货，在生产经营领用、销售或其他原因转出时，应当根据不同情况，对已计提的存货跌价准备进行适当会计处理。

(1) 生产经营领用的存货，领用时一般可不结转相应的存货跌价准备，待期末计提存货跌价准备时一并调整。如需要同时结转已计提的存货跌价准备，应借记"存货跌价准备"科目，贷记"生产成本"等科目。

【例 3-36】龙盛公司 2017 年 5 月生产领用一批 A 材料。领用的 A 材料账面余额为 40 000 元，相应的存货跌价准备为 2 000 元。

  借：生产成本   40 000
    贷：原材料——A 材料   40 000

如果需要同时结转 A 材料已计提的跌价准备，则还应编制下列会计分录如下：

  借：存货跌价准备——A 材料   2 000
    贷：生产成本   2 000

(2) 销售的存货，在结转销售成本的同时，应结转相应的存货跌价准备。借记"存货跌价准备"，贷记"主营业务成本""其他业务成本"等科目。

【例 3-37】龙盛公司将 A 商品按 50 000 元的价格售出，增值税 8 500 元，收到的价税款存入银行。A 商品账面成本 60 000 元，已计提存货跌价准备 12 000 元。

  借：银行存款   58 500
    贷：主营业务收入   50 000
      应交税费——应交增值税(销项税额)   8 500

同时结转成本。

  借：主营业务成本   48 000
    存货跌价准备——A 商品   12 000
    贷：库存商品——A 商品   60 000

(3) 可变现净值为零的存货，应当将其账面余额全部转销，同时转销相应的存货跌价准备。当存货存在以下情况之一时，表明存货的可变现净值为零：①已霉烂变质的存货；②已过期且无转让价值的存货；③生产中已不再需要，并且已无使用价值和转让价值的存货；④其他足以证明已无使用价值和转让价值的存货。

【例 3-38】龙盛公司库存的 B 商品已过保质期，不可再销售，B 商品账面成本 8 000 元，已计提存货跌价准备 5 000 元。

  借：管理费用   3 000
    存货跌价准备   5 000
    贷：库存商品——B 商品   8 000

对于因债务重组、非货币性交易转出的存货，应同时结转已计提的存货跌价准备，按债务重组的非货币性交易的原则进行账务处理。

3.6 存 货 清 查

3.6.1 存货清查的意义与方法

存货是企业资产的重要组成部分，且处于不断销售或耗用及重置之中，具有较强的流动性。为了加强对存货的控制，维护存货的安全完整，企业应当定期或不定期对存货的实物进行盘点和抽查，并与账面记录进行核对，确保存货账实相符。企业至少应当在编制年度财务会计报告之前，对存货进行一次全面的清查盘点。

存货的清查采用实地盘点、账实核对的方法。在每次进行清查盘点前，应将已经收发的存货数量全部登记入账，并准备盘点清册，抄列各种存货的编号、名称、规格和存放地点。盘点时，应在盘点清册上逐一登记各种存货的账面结存数量和实存数量，并进行核对。对于账实不符的存货，应查明原因，分清责任，并根据清查结果编制"存货盘存报告单"，作为存货清查的原始凭证。

在进行存货清查盘点时，如果发现存货盘盈或盘亏，应于期末前查明原因。并根据企业的管理权限，报经股东大会或董事会，或经理(厂长)会议或类似机构批准后，在期末结账前处理完毕。

3.6.2 存货清查的账务处理

1. 存货盘盈

存货盘盈，是指存货的实存数量超过账面结存数量的差额。存货发生盘盈，应按照同类或类似存货的市场价格作为实际成本及时登记入账，借记"原材料""周转材料""库存商品"等科目，贷记"待处理财产损溢——待处理流动资产损溢"科目；待查明原因，报经批准处理后，冲减当期管理费用。

【例 3-39】龙盛公司在存货清查中发现盘盈一批 M 材料，市场价格为 8 000 元。

(1) 发现盘盈时，会计分录如下。

借：原材料——M 材料　　　　　　　　　　　　　　　　　8 000
　　贷：待处理财产损溢——待处理流动资产损溢　　　　　　　　8 000

(2) 报经批准处理。

借：待处理财产损溢——待处理流动资产损溢　　　　　　　　8 000
　　贷：管理费用　　　　　　　　　　　　　　　　　　　　　8 000

2. 存货盘亏

存货盘亏，是指存货的实存数量少于账面结存数量的差额。存货发生盘亏，应将其账面成本及时转销，借记"待处理财产损溢——待处理流动资产损溢"科目，贷记"原材料""周转材料""库存商品"等科目，盘亏存货涉及增值税的，还应进行相应处理。待查明原因，报经批准处理后，根据造成盘亏的原因，分别以下列情况进行会计处理。

(1) 属于定额内自然损耗的短缺，计入管理费用。

(2) 属于收发计量差错和管理不善等原因造成的短缺或毁损,将扣除可收回的过失人和保险公司赔款,以及残料价值后的净损失,计入管理费用。

(3) 属于自然灾害或意外事故造成的毁损,将扣除可收回的保险公司和过失人赔款,以及残料价值后的净损失,计入营业外支出。

【例 3-40】龙盛公司在存货清查中发现盘亏一批 A 材料,市场价格为 6 000 元。

(1) 发现盘亏时,会计分录如下:

借:待处理财产损溢——待处理流动资产损溢　　　　　　　　　　6 000
　　贷:原材料——A 材料　　　　　　　　　　　　　　　　　　　6 000

(2) 查明原因,报经批准处理。

① 假定属于收发计量差错。

借:管理费用　　　　　　　　　　　　　　　　　　　　　　　　6 000
　　贷:待处理财产损溢——待处理流动资产损溢　　　　　　　　　6 000

② 假定属于非常原因造成的毁损,收到保险公司赔款 5 000 元。

借:银行存款　　　　　　　　　　　　　　　　　　　　　　　　5 000
　　营业外支出　　　　　　　　　　　　　　　　　　　　　　　2 020
　　贷:待处理财产损溢——待处理流动资产损溢　　　　　　　　　6 000
　　　　应交税费——应交增值税(进项税额转出)　　　　　　　　　1 020

应当注意的是,对于盘盈或盘亏的存货,如在期末结账前尚未经批准,应在对外提供财务会计报告时,应按规定进行处理,并在会计报表附注中做出说明。如果其后批准处理的金额与已处理的金额不一致,应按其差额调整会计报表相关项目的期初数,即不得将待处理的存货盘盈、盘亏作为挂账的资产项目列示于会计报表中。

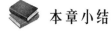

本章小结

存货是企业在生产经营过程中的重要资产。判断一项资产是否属于企业的存货,必须结合"与该存货相关的经济利益很可能流入企业、该存货的成本能够可靠地计量"两个条件予以确认。

存货的计价方法分为两大类:一是实际成本计价法,二是计划成本计价法。实际成本计价法下,发出存货和期末结存存货的计价主要有个别计价法、先进先出法、月末一次加权平均法及移动加权平均法。在计划成本计价法下,存货的收发按事先制定的计划成本计算,期末应计算成本差异率,将发出存货的计划成本调整为实际成本。存货的计价方法的选择会直接影响资产负债表和利润表的正确性。

对于周转材料的发出,可以采用一次摊销法和五五摊销法进行核算。

会计期末,应根据成本与可变现净值孰低的原则,列示于资产负债表中存货项目。当可变现净值低于成本时,需计提存货跌价准备。计提存货跌价准备的方法有单项比较法、综合比较法和分类比较法三种方法。

本 章 习 题

1. 判断题

(1) 企业为生产产品而购入的材料,属于存货,为建造固定资产而购入的材料,不属于存货。　　　　　　　　　　　　　　　　　　　　　　　　　　　　　　　　(　)

(2) 存货的初始计量应以取得存货的实际成本为基础，实际成本具体指存货的采购成本。   (   )

(3) 如果应付账款附有现金折扣条件，在总价法下，购货方对给予取予的现金折扣应视为超期付款支付的利息，计入当期财务费用。   (   )

(4) 企业在存货采购过程中，如果发生了存货短缺、毁损等情况，报经批准处理后，应计入有关存货的采购成本。   (   )

(5) 在建工程领用的原材料，相应的增值税进项税额不得抵扣，应随同原料成本一并作为有关工程项目支出。   (   )

(6) 需要交纳消费税的委托加工存货，由受托方加工代收代交的消费税，均应计入委托加工存货成本。   (   )

(7) 企业没收的出借周转材料押金，应作为营业外收入入账。   (   )

(8) 存货的日常核算可以采用计划成本法，但在编制会计报表时，应当按实际成本反映存货的价值。   (   )

(9) 我国《企业会计准则》要求，存货的期末计价应采用成本与可变现净值孰低法。其中，"成本"是指存货的重置成本。   (   )

(10) 企业某期计提的存货跌价准备金额，为该期期末存货的可变现净值低于成本的差额。   (   )

2．计算与业务分析题

1) 2017年7月，龙盛公司购入一批原材料，买价2 000元，增值税340元。

要求：分别编制下列不同情况下，龙盛公司购入原材料的会计分录。

(1) 原材料已验收入库，款项也已支付。

(2) 款项已支付，但材料还在运输途中：

① 7月18日，支付款项；

② 7月25日，材料到达企业验收入库。

(3) 材料已验收入库，但发票未到企业：

① 7月28日，材料已验收入库，但发票未到；

② 7月31日，发票还未到，对该批材料暂估1 800元；

③ 8月1日，用红字冲回上月末估价入账分录；

④ 8月8日，发票账单到达企业，支付货款。

2) 龙盛公司2017年5月初，结存原材料的计划成本50 000元,材料成本差异节约3 000元。6月，购进的材料的实际成本247 000元，计划成本230 000元，本月领用原材料的计划成本200 000元，其中：生产领用150 000元，车间一般消耗30 000元，管理部门耗用20 000元。

要求：做出该公司发出原材料的有关会计分录。

(1) 按计划成本领用原材料。

(2) 计算本月材料成本差异率。

(3) 分摊材料成本差异。

(4) 计算月末结存原材料的实际成本。

3) 龙盛公司为一般纳税企业，2017年4月5日委托乙公司加工材料一批，发出材料成本为5 000元。加工后，甲公司应付的加工费为936元(含增值税)，乙公司代扣代缴的消费税为660元。4月25日甲公司收回该批材料并入库，准备直接对外销售，同时以银行存款支付加工费及各种税金。

要求：请为龙盛公司发生的该项业务进行会计处理。

3. 案例分析

龙盛公司生产各种型号的发电机，为扩大销售，争取市场份额，某月有10台新型小型发电机放在展览馆展览，还有30台新型小型发电机寄放在其他企业委托其代销，每台成本12 000元；该月为订货者来料加工制造完成5台代制特殊小型发电机，购货方已付款但尚未提货，还在该公司仓库，材料与加工成本80 000元；该月为扩建第三车间工程购进各种钢筋等材料300 000元。

在龙盛公司会计师岗位实习的小李将上述四项均确认为公司存货，这样，该月末公司资产负债表中存货项目的金额为2 150 000元。

思考：

(1) 龙盛公司生产的发电机，是龙盛公司的存货吗？W公司为解决临时停电需要购进2台FZ发电机设备，龙盛公司生产的新型小型发电机是W公司的存货吗？为什么？

(2) 你认为小李的做法对吗？请指出小李会计处理错误的地方。该月末龙盛公司资产负债表中存货项目的金额应该是多少？

(3) 存货的确认对会计信息的正确反映有哪些影响？

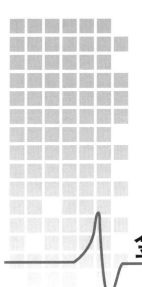

第4章 金融资产

学习目标

通过本章的学习,熟悉交易性金融资产、持有至到期投资和可供出售金融资产的含义;掌握交易性金融资产、持有至到期投资和可供出售金融资产的核算及一般企业应收款项的主要会计处理。

技能要求

重点掌握交易性金融资产确认、计量以及公允价值变动损益的会计处理;重点掌握持有至到期投资的确认、计量、收益确定以及减值、投资收回的会计处理;重点掌握一般企业应收账款和应收票据的主要会计处理;掌握可供出售金融资产的确认、计量以及公允价值变动差额和减值的会计处理。

导入案例

2009年春节前,多家证券公司在银行间市场公布了未经审计的2008年年报数据。由于2006年以来就在不断谋求上市,东方证券2008年的业绩也就成了市场关注的焦点。但不幸的是,经过近三年的努力,在上市"临门一脚"的时候,东方证券却爆出2008年巨亏9亿元的消息,其在短期内通过IPO方式登陆A股之梦只能渐行渐远了。其中,2008年公允价值变动损益和投资净收益合计亏损高达21.47亿元,是东方证券2007年业绩巨亏的最重要原因。

据Wind(万得)资讯统计,在上市公司2008年三季报中,东方证券一共出现在15家上市公司前十大流通股东中。《每日经济新闻》记者通过梳理东方证券在2007年每个季度末的持股变化后发现,在大盘下跌过程中,东方证券对于自己所持股票都是越跌越买,最后不可避免地陷入了"深套"泥潭。

东方证券的激进不仅仅体现在股票操作上,还体现在会计政策选择上。如果东方证券将大部分股票投资记入"可供出售金融资产"科目,而不是"交易性金融资产",那么东方证券原本可以避免2008年出现的如此巨大的亏损。

根据我国《企业会计准则》,企业管理层在取得金融资产时,可以结合自身业务特点和风险管理要求,既可以将其记入"交易性金融资产"科目,也可以记入"可供出售金融资产"科目。在每个会计期末时,按照公允价值对所持有的金融资产进行账面余额调整。交易性金融资产的公允价值变动直接体现为当期损益,可供出售金融资产的公允价值变动,则在处置前放入资产负债表的所有者权益中,待到处置时,账面浮盈浮亏才在利润表中体现,因此一些稳健的券商就习惯在"牛市"中,提高股票投资计入可供出售金融资产的比例。如果当期没有处置那些股票,账面浮盈就会储存在所有者权益中,待到处置时再慢慢释放利润。

从东方证券2007年财务报表附注中可以看出,公司将绝大多数股票、基金投资计入交易性金融资产;而可供出售金融资产中,股票投资只占很小一部分,绝大部分是国债、企业债等固定投资收益品种。

东方证券交易性金融资产过多,在股市波动剧烈时期,当期公允价值变动直接计入利润,非常容易造成业绩的大起大落。2007年,东方证券公允价值变动损益高达19.88亿元,再加上30.66亿元投资收益,自营业务给东方证券贡献了高达50.54亿元的税前收益。这和2008年两个科目合计亏损21.47亿元形成了极大的落差。

那么,什么是公允价值变动损益?它是怎样产生的?交易性金融资产与可供出售金融资产应如何划分,又如何影响东方证券的业绩呢?

4.1 金融资产概述

4.1.1 金融资产的内容

金融是现代经济的核心,金融市场的健康及可持续发展离不开金融工具的广泛运用和不断创新。近年来,我国金融工具的交易有了较快的发展。《企业会计准则第22号——金融工具确认和计量》规范了包括金融企业在内的各类企业金融工具交易的会计处理,将有助于如实反映企业金融工具交易,便于投资者更好地了解企业财务状况和经营成果。

金融工具,是指形成一个企业的金融资产,并形成其他单位的金融负债或权益工具的合同。金融资产,通常是指企业的库存现金、银行存款、应收账款、应收票据、贷款、其他应收款项、股权投资、债权投资和衍生金融工具形成的资产等;金融负债,通常是指企业的应付账款、应付票据、应付债券和衍生金融工具形成的负债等;权益工具,是指能证明拥有某个企业在扣除所有负债后的资产中的剩余权益的合同,从发行方看,通常指企业发行的普通股、认股权等。金融工具一般具有货币性、流通性、风险性及收益性等特征,其中,最显著的特征是能够在市场交易中为其持有者提供即期或远期的现金流量。

4.1.2 金融资产的分类

金融资产的分类与其计量密切相关,企业应当按照会计准则规定,结合自制业务和风险管理特点,在初始确认金融资产时,将其划分为以公允价值计量且其变动计入当期损益的金融资产、持有至到期投资、贷款和应收账款、可供出售金融资产四类。

1. 以公允价值计量且其变动计入当期损益的金融资产

以公允价值计量且其变动计入当期损益的金融资产,可以进一步划分为交易性金融资产和直接指定为以公允价值计量且其变动计入当期损益的金融资产。

1) 交易性金融资产

交易性金融资产,主要是指企业为了近期内出售的金融资产,即满足下列条件之一的,应当划分为交易性金融资产。

(1) 取得该金融资产的目的主要是为了近期内出售。例如,企业以赚取差价为目的从二级市场购入的股票、债券、基金等,就属于交易性金融资产。

(2) 属于进行集中管理的可辨认金融工具组合的一部分,且有客观证据表明企业近期采用短期获利方式对该组合进行管理。

(3) 属于衍生工具,衍生工具不作为有效套期工具的,也应当划分为交易性金融资产或交易性金融负债。衍生工具包括远期合同、期货合同、互换和期权,以及具有远期合同、期货合同、互换和期权中一种或一种以上特征的工具。

2) 直接指定为以公允价值计量且变动计入当期损益的金融资产

企业不能随意将某项金融资产直接指定为以公允价值计量且其变动计入当期损益的金融资产。只有满足下列条件之一时,企业才能将某项金融资产直接指定为以公允价值计量且其变动计入当期损益的金融资产。

(1) 该指定可以消除或明显减少由于该金融资产的计量基础不同,而导致的相关利得或损失在确认和计量方面不一致的情况。

设立这项条件,目的在于通过直接指定为以公允价值计量,并将其变动计入当期损益,以消除会计上可能存在的不配比现象。例如,按照金融工具确认和计量准则规定,有些金融资产可以被指定或划分为可供出售金融资产,从而其公允价值变动计入所有者权益,但与之直接相关的金融负债却划分为以摊余成本进行后续计量的金融负债,从而导致"会计不配比"。但是,如果将以上金融资产和金融负债均直接指定为以公允价值计量且其变动计入当期损益的金融资产或金融负债,那么就能够消除这种会计不配比现象。

(2) 企业的风险管理或投资策略的正式书面文件已载明,该金融资产组合等,以公允价值为基础进行管理、评价并向关键管理人员报告。

此项条件着重企业日常管理和评价业绩的方式,而不是关注金融工具组合中各组成部分的性质。例如，风险投资机构、证券投资基金或类似会计主体，其经营活动的主要目的在于从投资工具的公允价值变动中获取回报，它们在风险管理或投资策略的正式书面文件中对此也有清楚的说明。

在活跃市场中没有报价、公允价值不能可靠计量的权益工具投资，不得指定为以公允价值计量且其变动计入当期损益的金融资产。

以上所指活跃市场，是指同时具有下列特征的市场：①市场内交易的对象具有同质性；②可随时找到自愿交易的买方和卖方；③市场价格信息是公开的。

2. 持有至到期投资

持有至到期投资，是指到期日能固定、回收金额固定或可确定，且企业有明确意图和能力持有至到期的非衍生金融资产。通常情况下企业持有的、在活跃市场上有公开报价的国债、企业债券、金融债券等，可以划分为持有至到期投资。企业购入的股权投资，因没有固定的到期日，不符合持有至到期投资的条件，不能划分为持有至到期投资。持有至到期投资通常具有长期性质，但期限较短(1年以内)的债券投资，符合持有至到期投资条件的也可以将其划为持有至到期投资。

3. 贷款和应收账款

贷款和应收账款，是指在活跃市场中没有报价、回收金额固定或可确定的非衍生金融资产。贷款和应收账款，主要是指金融企业发放的贷款和其他债权，但不限于金融企业发放的贷款和其他债权。非金融企业持有的现金和银行存款、销售商品或提供劳务形成的应收款项、持有的其他企业的债权(不包括在活跃市场上有报价的债务工具)等，只要符合贷款和应收款项的定义，可以划分为这一类。划分为贷款和应收账款的金融资产与划分为持有至到期投资的金融资产相比，二者的主要差别在于贷款和应收账款不是在活跃市场上有报价的金融资产，并且不像持有至到期投资那样在出售或重分类方面受到较多限制。

4. 可供出售金融资产

可供出售金融资产，是指初始确认时即被指定为可供出售的非衍生金融资产，以及除上述各类资产以外的金融资产。例如，企业购入的在活跃市场上有报价的股票、债券和基金等，没有划分为以公允价值计量且其变动计入当期损益的金融资产或持有至到期投资等金融资产的，可归类为可供出售金融资产。相对于交易性金融资产和持有至到期投资而言，可供出售金融资产的持有意图不明确。

金融资产的分类应是管理层意图的如实表达，某项金融资产具体应划分为哪一类，主要取决于企业管理层的风险管理、投资决策等因素。例如，对于在活跃市场上有报价的金融资产，既可以划分为以公允价值计量且其变动计入当期损益的金融资产，也可划分为可供出售金融资产，如果该金融资产属于有固定到期日、回收金额固定或可确定的金融资产，则还可以划分为持有至到期投资。具体划分为哪一类，取决于管理层对该金融资产的持有意图。金融资产分类与金融资产的确认和计量密切相关，不同类别的金融资产，其初始计量和后续计量采用的基础也不完全相同。因此，金融资产的分类一旦确定，不得随意改变。

4.2 交易性金融资产

4.2.1 交易性金融资产概述

交易性金融资产，主要是指企业为了近期内出售而持有的金融资产，如企业以赚取差价为目的从二级市场购入的股票、债券、基金等。为了核算交易性金融资产的取得、收取现金股利或利息、处置等业务，应当设置"交易性金融资产""公允价值变动损益""投资收益""应收股利""应收利息"等科目。

(1)"交易性金融资产"科目属于资产类账户，核算企业为交易目的所持有的债券投资、股票投资、基金投资等交易性金融资产的公允价值，以及企业持有的直接指定为以公允价值计量且其变动计入当期损益的金融资产。

借方登记交易性金融资产的取得成本，资产负债表日交易性金融资产的公允价值高于其账面余额的差额；贷方登记出售交易性金融资产结转的成本，资产负债表日交易性金融资产的公允价值低于其账面余额的差额；期末借方余额，反映企业持有的交易性金融资产公允价值。本科目可以按交易性金融资产的类别和品种，分别设"成本""公允价值变动"等明细科目进行核算。

(2)"公允价值变动损益"科目属于损益类账户，核算企业持有交易性金融资产的公允价值变动计入当期损益。

借方登记资产负债表日，企业持有交易性金融资产的公允价值低于其账面余额的差额；贷方登记资产负债表日，企业持有交易性金融资产的公允价值高于其账面余额的差额。余额在借方或在贷方；资产负债表日，应将本科目余额结转到"本年利润"科目，结转后无余额。

(3)"投资收益"科目属于损益类账户，核算企业各项投资持有期间取得的投资收益，以及处置各项投资实现的投资收益或产生的投资损失。

贷方登记企业持有各项投资期间，取得的投资收益和企业转让各项投资实现的投资收益等，借方登记企业转让各项投资产生的投资损失等。余额在借方或在贷方。本科目可以按投资项目进行明细核算。资产负债表日，应将本科目余额结转到"本年利润"科目，结转后无余额。

(4)"应收股利"科目属于资产类账户，核算企业持有交易性金融资产、持有至到期投资、可供出售金融资产等应收取的现金股利和应收取的被投资单位分配的利润。

借方登记企业应收未收的现金股利，贷方登记企业已收现金股利或利润。期末借方余额，反映企业尚未收回的现金股利或利润；本科目可以按被投资单位进行明细核算。

(5)"应收利息"科目属于资产类账户，核算企业持有交易性金融资产、持有至到期投资、可供出售金融资产、发放贷款等应收取的利息。

企业购入一次性还本付息的持有至到期投资持有期间取得的利息，在"持有至到期投资"科目中核算。本科目借方登记企业应收未收的利息，贷方登记企业已收利息。期末借方余额，反映企业尚未收回的利息；本科目可以按借款人或被投资单位进行明细核算。

4.2.2 交易性金融资产的初始计量

企业取得交易性金融资产时,应当按照该金融资产取得时的公允价值作为其初始确认金额,记入"交易性金融资产——成本"科目。取得交易性金融资产所支付价款中,包含了已宣告但尚未发放的现金股利或已到付息期但尚未领取的债券利息的,应当单独确认为应收项目,记入"应收股利"或"应收利息"科目。

取得交易性金融资产所发生的相关交易费用应当在发生时计入投资收益。交易费用,是指可直接归属于购买、发行或处置金融工具新增的外部费用,包括支付给代理机构、咨询公司、券商等的手续费和佣金及其他必要支出,不包括债券的溢价、折价、融资费用等其他与交易不直接相关费用。企业为发行金融工具所发生的差旅费等,不属于交易费用。

企业取得交易性金融资产时,按其公允价值,借记"交易性金融资产——成本"科目;按发生交易费用,借记"投资收益"科目;按已宣告但尚未发放的现金股利或已到付息期但尚未领取的债券利息,借记"应收股利"或"应收利息"科目,贷记"银行存款"等科目。

【例4-1】龙盛公司2017年3月5日购入W公司流通股股票20 000股,每股价格10元(其中含有已宣告未发放的现金股利每股0.5元),共发生交易费用4 000元,款项和交易费用均以银行存款支付。龙盛公司于2017年3月22日收到W公司已宣告未发放的现金股利每股0.5元,共计10 000元,收到银行收账通知。龙盛公司购买W公司股票以赚取差价为目的,作为交易性金融资产核算。

(1) 2017年3月5日购入股票时,应做的会计分录如下。

初始投资成本 = 20 000 × (10 − 0.5) = 190 000(元)

借:交易性金融资产——W公司股票(成本)	190 000
投资收益	4 000
应收股利	10 000
贷:银行存款	204 000

(2) 2017年22日收到W公司已宣告未发放的现金股利每股0.5元,应做的会计分录如下。

借:银行存款	10 000
贷:应收股利	10 000

【例4-2】2017年7月1日,龙盛公司支付价款43 400元从二级市场购入W公司于2012年7月1日发行的面值40 000元、期限5年、票面利率6%、每年6月30日付息、到期还本的债券作为交易性金融资产,并支付交易费用150元。债券购买价格中包含已到付息期但尚未支付的利息2 400元。

(1) 2017年7月1日,购入W公司债券。

借:交易性金融资产——W公司债券(成本)	41 000
应收利息	2 400
投资收益	150
贷:银行存款	43 550

(2) 收到 W 公司支付的债券利息。
　　借：银行存款　　　　　　　　　　　　　　　　　　　　　　　　2 400
　　　　贷：应收利息　　　　　　　　　　　　　　　　　　　　　　　　2 400

4.2.3　交易性金融资产持有收益的确认

企业持有交易性金融资产期间对于被投资单位宣告发放的现金股利，或企业在资产负债表日按分期付息、一次还本债券投资的票面利率计算的利息收入，应当确认为应收项目，记入"应收股利"或"应收利息"科目，并计入投资收益。

持有交易性金融资产期间，被投资单位宣告发放现金股利时，投资企业按应享有的份额，借记"应收股利"科目，贷记"投资收益"科目；资产负债表日，投资企业按分期付息、一次还本债券投资的面值和票面利率计提利息时，借记"应收利息"科目，贷记"投资收益"科目。收到上列现金股利或债券利息时，借记"银行存款"科目，贷记"应收股利"或"应收利息"科目。

【例 4-3】2016 年 1 月 1 日，龙盛公司购入 B 公司发行的公司债券，该笔债券于 2015 年 7 月 1 日发行，面值为 5 000 万元，票面利率为 4%，债券利息按年支付。龙盛公司将其划分为交易性金融资产，支付价款为 5 200 万元(其中包含已宣告发放的债券利息 100 万元)，另支付交易费用 60 万元。2016 年 2 月 5 日，龙盛公司收到该笔债券利息 100 万元。2017 年 2 月 10 日，龙盛公司收到债券利息 200 万元。龙盛公司应作如下会计处理。

(1) 2016 年 1 月 1 日，购入 B 公司的公司债券时。
　　借：交易性金融资产——B 公司债券(成本)　　　　　　　　　　　51 000 000
　　　　应收利息　　　　　　　　　　　　　　　　　　　　　　　　1 000 000
　　　　投资收益　　　　　　　　　　　　　　　　　　　　　　　　　600 000
　　　　贷：银行存款　　　　　　　　　　　　　　　　　　　　　　　52 600 000

(2) 2016 年 2 月 5 日，收到购买价款中包含的已宣告发放的债券利息时：
　　借：银行存款　　　　　　　　　　　　　　　　　　　　　　　　1 000 000
　　　　贷：应收利息　　　　　　　　　　　　　　　　　　　　　　　1 000 000

(3) 2016 年 12 月 31 日，确认 B 公司的公司债券利息收入时：
　　借：应收利息　　　　　　　　　　　　　　　　　　　　　　　　2 000 000
　　　　贷：投资收益　　　　　　　　　　　　　　　　　　　　　　　2 000 000

(4) 2017 年 2 月 10 日，收到持有 B 公司的公司债券利息时：
　　借：银行存款　　　　　　　　　　　　　　　　　　　　　　　　2 000 000
　　　　贷：应收利息　　　　　　　　　　　　　　　　　　　　　　　2 000 000

4.2.4　交易性金融资产的期末计量

资产负债表日，交易性金融资产应当按照公允价值计量，公允价值与账面余额之间的差额计入当期损益。交易性金融资产的公允价值高于其账面余额时，应按二者之间的差额，调增交易性金融资产的账面余额，同时确认公允价值上升的收益，借记"交易性金融资产——公允价值变动"科目，贷记"公允价值变动损益"科目；交易性金融资产的公允价值低于其账面余额时，应按二者之间的差额，调减交易性金融资产的账面余额，同时确认公允价值下跌的损失，借记"公允价值变动损益"科目，贷记"交易性金融资产——公允价值变动"科目。

【例4-4】承【例4-1】，龙盛公司于2017年6月30日资产负债表日，持有W公司股票价格涨到每股10元。

分析：交易性金融资产账面价值190 000元，6月30日资产负债表日公允价值为20 000×10＝200 000(元)，其差额10 000元应调增"交易性金融资产"账面价值。会计分录如下：

借：交易性金融资产——W公司股票(公允价值变动)　　　　　　10 000
　　贷：公允价值变动损益　　　　　　　　　　　　　　　　　　10 000

调整后的交易性金融资产账面价值等于资产负债表日公允价值。

假定龙盛公司于2017年6月30日资产负债表日，持有W公司股票价格下跌到每股8.5元。

分析：交易性金融资产账面价值190 000元，6月30日资产负债表日公允价值为20 000×8.5＝170 000(元)，其差额20 000元应调减"交易性金融资产"账面价值。会计分录如下：

借：公允价值变动损益　　　　　　　　　　　　　　　　　　　20 000
　　贷：交易性金融资产——W公司股票(公允价值变动)　　　　　20 000

4.2.5　交易性金融资产的处置

出售交易性金融资产时，应当将该金融资产出售时的公允价值与其初始入账金额之间的差额确认为投资收益，同时调整公允价值变动损益。

企业应按实际收到的金额，借记"银行存款"等科目，按该金融资产的初始入账金额，贷记"交易性金融资产——成本"科目，按该项交易性金融资产的累计公允价值变动金额，借记或贷记"交易性金融资产——公允价值变动"科目，按已计入应收项目但尚未收回的现金股利或债券利息，贷记"应收股利"或"应收利息"科目，按上列差额，贷记或借记"投资收益"科目。同时，将原计入该金融资产的公允价值变动转出，借记或贷记"公允价值变动损益"科目，贷记或借记"投资收益"科目。

【例4-5】2016年1月1日龙盛公司从二级市场支付价款2 550 000元(含已到付息期尚未发放的利息50 000元)购入M公司发行的债券，另发生交易费用5 000元。该债券面值2 500 000元，剩余期限为两年，票面利率为4%，每半年付息一次，付息日为每年的1月3日和7月3日。龙盛公司将其划分为交易性金融资产。龙盛公司的资料如下：

(1) 2016年1月3日，收到该债券2015年下半年利息。
(2) 2016年6月30日，该债券的公允价值为2 875 000元(不含利息)。
(3) 2016年7月3日，收到该债券2016年上半年利息。
(4) 2016年12月31日，该债券的公允价值为2 750 000元(不含利息)。
(5) 2017年1月3日，收到该债券2016年下半年利息。
(6) 2017年1月22日，龙盛公司将该债券出售，取得价款2 950 000元。

假定不考虑其他因素，则龙盛公司应编制会计分录如下：

(1) 2016年1月1日购入债券。

借：交易性金融资产——M公司债券(成本)　　　　　　　　　2 500 000
　　投资收益　　　　　　　　　　　　　　　　　　　　　　　　5 000
　　应收利息　　　　　　　　　　　　　　　　　　　　　　　　50 000
　　贷：银行存款　　　　　　　　　　　　　　　　　　　　　2 555 000

(2) 2016年1月3日，收到该债券2015年下半年利息。

借：银行存款 50 000
　　贷：应收利息 50 000

(3) 2016年6月30日，确认债券公允价值变动和投资收益。2016年6月30日该债券账面价值为2 500 000元，公允价值为2 875 000元，账面价值小于公允价值，其差额375 000元应调增交易性金融资产账面价值。

借：交易性金融资产——M公司债券(公允价值变动) 375 000
　　贷：公允价值变动损益 375 000

同时，确认2016年上半年应收利息＝2 500 000×4%÷2＝50 000(元)

借：应收利息 50 000
　　贷：投资收益 50 000

(4) 2016年7月3日，收到该债券2016年上半年利息。

借：银行存款 50 000
　　贷：应收利息 50 000

(5) 2016年12月31日，确认债券公允价值变动和投资收益。2016年12月31日，该债券账面价值为2 875 000元，公允价值为2 750 000元，账面价值大于公允价值，其差额125 000元应调减交易性金融资产账面价值。

借：公允价值变动损益 125 000
　　贷：交易性金融资产——M公司债券(公允价值变动) 125 000

同时，确认2016年下半年应收利息＝2 500 000×4%÷2＝50 000(元)

借：应收利息 50 000
　　贷：投资收益 50 000

(6) 2017年1月3日，收到该债券2016年下半年利息。

借：银行存款 50 000
　　贷：应收利息 50 000

(7) 2017年1月22日将该债券出售。

借：银行存款 2 950 000
　　公允价值变动损益 250 000
　　贷：交易性金融资产——M公司债券(成本) 2 500 000
　　　　　　　　　　　　　——M公司债券(公允价值变动) 250 000
　　　　投资收益 450 000

4.3　持有至到期投资

4.3.1　持有至到期投资概述

持有至到期投资，是指到期日能固定、回收金额固定或可确定，且企业有明确意图和能力持有至到期的非衍生金融资产。企业不能将下列非衍生金融资产划分为持有至到期投资：在初始确认时即被指定为公允价值计量且其变动计入当期损益的非衍生金融资产；在初始确认时即被指定为可供出售的非衍生金融资产；符合贷款和应收款项定义的非衍生金融资产。

确认持有至到期投资时应当注意以下相关内容。

1. 到期日固定、回收金额固定或可确定

到期日固定、回收金额固定或可确定，是指相关合同明确了投资者在确定的期间内获得或应收取现金流量(如投资利息和本金等)的金额和时间。

因此，从投资者的角度看，如果不考虑其他条件，在将某项投资划分为持有至到期投资时，可以不考虑可能存在的发行方重大支付风险。其次，由于要求到期日固定，从而权益工具投资不能划分为持有至到期投资。例如，购入的股权投资因其没有固定的到期日，不符合持有至到期投资的条件，不能划分为持有至到期投资。再者，如果符合其他条件，不能由于某债务工具投资是浮动利率投资而不将其划分为持有至到期投资。实际利率应当在取得持有至到期投资时确定，在该持有至到期投资预期存续期间或适用的更短期间内保持不变。

2. 有明确意图持有至到期

有明确意图持有至到期，是指投资者在取得投资时意图就是明确的，除非遇到一些企业所不能控制的事项。存在下列情况之一的，表明企业没有明确意图将金融资产投资持有至到期。

(1) 持有该金融资产的期限不确定。

(2) 发生市场利率变化、流动性需要变化、替代投资机会及其投资收益率变化、融资来源和条件变化、外汇风险变化等情况时，将出售金融资产。但是无法控制、预期不会重复发生且难以合理预计的独立事项引起的金融资产出售除外。

(3) 该金融资产的发行方可以按照明显低于其摊余成本的金额清偿。

(4) 其他表明企业没有明确意图将该金融资产持有至到期的情况。

对于发行方可以赎回的债务工具，如发行方行使赎回权，投资者仍可收回其几乎所有初始净投资(含支付的溢价和交易费用)，那么投资者可以将该类投资划分为持有至到期投资。但是，对于投资者有权要求发行方赎回的债务投资工具，投资者不能将其划分为持有至到期投资。

3. 有能力持有至到期

有能力持有至到期，是指企业有足够的财力资源并不受外部因素影响将投资持有至到期。存在下列情况之一的，表明企业没有能力将具有固定期限的金融资产投资持有至到期。

(1) 没有可利用的财务资源持续在为该金融资产投资提供资金支持，以使该金融资产不能持有至到期。

(2) 受法律、行政法规的限制，使企业难以将金融资产投资持有至到期。

(3) 其他表明企业没有能力将具有固定期限的金融资产投资持有至到期的情况。

企业应当于每个资产负债表日对持有至到期投资的意图和能力进行评价。发生变化的，应当将其重分类为可供出售金融资产进行处理。

4. 到期前处置或重分类对所持有剩余非金融资产的影响

企业将持有至到期投资在到期前处置或重分类，通常表明其违背了将投资持有至到期的最初意图。如果处置或重分类为其他类金融资产的金额，相对于该类投资(即企业全部持有至到期投资)在出售或重分类之前的总额较大，则企业在处理或重分类后，应立即将其剩余的持有至到期投资(即全持有至到期投资扣除已处置或重分类的部分)重分类为可供出售金融资产。例如，某企业在2012年将尚未到期的某项持有至到期投资出售了60%，则应当将该项持有至到期投资的剩余部分(即剩余的40%)重分类为可供出售金融资产，而且在2012年会计年度及2013年和2014年两个完整的会计年度内，不得再将该金融资产划分为持有至到期投资。

但是，需要说明的是，遇到以下情况可以例外。

(1) 出售日或重分类日距离该项投资到期日或赎回日较近(如到期前3个月内)，且市场利率对该项投资的公允价值没有显著影响。

(2) 根据合同约定的偿还方式，企业已收回几乎所有本金。

(3) 出售或重分类是由于企业无法控制、预期不会重复发生且难以合理预计的独立事件所引起。此种情况主要包括：一是因投资单位信用状况严重恶化，将持有至到期投资予以出售；二是因相关税收法规取消了持有至到期投资的利息税前可抵扣政策或显著减少了税前可抵扣金额，将持有至到期投资予以出售；三是因发生重大企业合并或重大处置，为保持现行利率风险头寸或维持现行信用风险政策，将持有至到期投资予以出售；四是因法律、行政法规对允许投资的范围或特定投资品种的投资限额做出重大调整，将持有至到期投资予以出售；五是因监管部门要求大幅度提高资产流动性，或大幅度提高持有至到期投资在计算成本资金充足率时的风险权重，将持有至到期投资予以出售。

4.3.2 持有至到期投资的初始计量

企业应当设置"持有至到期投资"科目，核算持有至到期投资的摊余成本，并按照持有至到期投资的类别和品种，分别"成本""利息调整""应计利息"进行明细核算。其中，"成本"明细科目反映持有至到期投资的面值；"利息调整"明细科目反映持有至到期投资的初始入账金额与面值的差额，以及按照实际利率法分期摊销后该差额的摊余金额；"应计利息"明细科目反映企业计提的到期一次还本付息持有至到期投资应计未付的利息。

持有至到期投资初始投资时，应当按取得时实际支付价款和支付相关交易费用之和作为初始计量。支付的价款中包含的已到付息期但尚未领取的债券利息，应单独确认为应收项目，不构成持有至到期投资初始成本。

企业取得持有至到期投资，按该债券的面值，借记"持有至到期投资——成本"科目，按支付的价款中包含的已到付息期但尚未领取的债券利息，借记"应收利息"科目，按实际支付金额，贷记"银行存款"等科目，按其差额，借记或贷记"持有至到期投资——利息调整"科目。收到支付的价款中包含的已到付息期但尚未领取的利息，借记"银行存款"科目，贷记"应收利息"科目。

【例4-6】2017年1月1日龙盛公司购入W公司2016年7月1日发行的5年期公司债券，票面利率为4%，债券面值为2 000元，准备持有至到期。龙盛公司按每张2 100元的价格购入 100 份债券，另支付交易费用 2 200 元，款项和交易费用均以银行存款支付。该债券每半年付息一次，付息日为每年的 1 月 5 日和 7 月 5 日，则龙盛公司 2017 年 1 月 1 日购入债券时，应做的会计分录如下。

初始投资成本＝2 100×100－2 000×100×4%÷2＋2 200＝208 200(元)

借：持有至到期投资——W 公司债券(成本)　　　　　　　　　　200 000
　　　　　　　　　——W 公司债券(利息调整)　　　　　　　　　8 200
　　应收利息　　　　　　　　　　　　　　　　　　　　　　　　4 000
　　贷：银行存款　　　　　　　　　　　　　　　　　　　　　　212 200

【例 4-7】2017 年 1 月 1 日龙盛公司购入 W 公司 2016 年 1 月 1 日发行的 5 年期公司债券，票面利率为 5%，债券面值为 1 600 000 元，准备持有至到期。每年 12 月 31 日付息、到期还本的债券作为持有至到期投资，实际支付的购买价款(包括交易费用)为 1 637 000 元，该价款中包含已到付息期但尚未支付的利息 80 000 元。

(1) 购入债券时。

初始投资成本＝1 637 000－80 000＝1 557 000(元)

借：持有至到期投资——W 公司债券(成本)　　　　　　　　　1 600 000
　　应收利息　　　　　　　　　　　　　　　　　　　　　　　80 000
　　贷：银行存款　　　　　　　　　　　　　　　　　　　　　1 637 000
　　　　持有至到期投资——W 公司债券(利息调整)　　　　　　43 000

(2) 收到债券利息时。

借：银行存款　　　　　　　　　　　　　　　　　　　　　　　80 000
　　贷：应收利息　　　　　　　　　　　　　　　　　　　　　80 000

4.3.3 持有至到期投资利息收入的确认

1. 实际利率法与摊余成本

持有至到期投资在持有期间应当采用实际利率法，按照摊余成本进行后续计量。

1) 实际利率法

实际利率法，是指按照金融资产或金融负债(含一组金融资产或金融负债)的实际利率，计算其摊余成本及各期利息收入或利息费用的方法。

实际利率法，是指将金融资产或金融负债预期存续期间或适用的更短期间内的未来现金流量，折现为该金融资产或金融负债当前账面价值所使用的利率。例如，企业购入债券作为持有至到期投资，实际利率就是将该债券未来收回的利息和本金，折算为现值恰好等于该债券初始入账金额的折现率。实际利率应当在取得金融资产时确定，在该金融资产预期存续期间或适用的更短期间内保持不变。

2) 摊余成本

摊余成本，是指该金融资产或金融负债初始确认金额经下列调整后的结果。

(1) 扣除偿还的本金。

(2) 加上或减去采用实际利率法将该初始确认金额与到期日金额之间的差额，进行摊销形成的累计摊销额。

(3) 扣除已发生的减值准备损失。

按照摊余成本和实际利率计算确认利息收入并确定期末摊余成本的方法,称为实际利率法,即以持有至到期投资的期初摊余成本乘以实际利率作为当期利息收入,以当期利息收入与按面值和票面利率计算确定的当期应收利息的差额作为当期利息调整摊销额,以期初摊余成本加上或减去当期利息调整摊销额作为期末摊余成本的一种方法。在实际利率法下,利息收入、应收利息、利息调整摊销额之间的关系,可用公式表示为:

利息收入＝持有至到期投资摊余成本×实际利率

应收利息＝面值(到期日金额)×票面利率(名义利率)

利息调整摊销额＝利息收入－应收利息

如果持有至到期投资的初始入账金额大于面值,上式计算结果为负数,表明应从期初摊余成本中减去该利息调整摊销额作为期末摊余成本；如果持有至到期投资的初始入账金额小于面值,上式计算结果为正数,表明应从期初摊余成本的基础上加上该利息调整摊销额作为期末摊余成本。在持有至到期投资既不存在已偿还的本金也没有发生减值损失的情况下,其摊余成本可用公式表示为:

摊余成本＝初始入账金额±利息调整累计摊销额

或

摊余成本＝面值±利息调整摊余金额

2. 分期付息债券利息收入的确认

资产负债表日,持有至到期投资如为分期付息、到期还本债券投资的,应按票面利率计算确定的应收未收利息,借记"应收利息"科目,按照持有至到期投资摊余成本和实际利率计算确定的利息收入,贷记"投资收益"科目,按其差额,借记或贷记"持有至到期投资——利息调整"科目。收到上列应计未收的利息时,借记"银行存款"科目,贷记"应收利息"科目。

企业一般应当采用实际利率计算确认利息收入,但如果实际利率与票面利率差别较小,也可按票面利率计算确认利息收入。即付息日或资产负债表日,按照持有至到期投资面值和票面利率计算确定的应收利息,借记"应收利息"科目,按照持有至到期投资的摊余成本和票面利率计算确定的利息收入,贷记"投资收益"科目,按其差额,借记或贷记"持有至到期投资——利息调整"科目。

【例4-8】2013年1月1日,龙盛公司支付价款1 000 000元(含交易费用)从上海证券交易市场购入了W公司同日发行5年期公司债券12 500份,债券票面价值总额为1 250 000元,票面利率为4.72%,于年末支付本年度债券利息(即每年利息为59 000元),本金在债券到期时一次性偿还。龙盛公司的意图也有能力将该债券持有至到期,划分为持有至到期投资。

假定不考虑所得税、减值损失等因素。计算债券的实际利率(r)如下:

$59\,000\times(1+r)^{-1}+59\,000\times(1+r)^{-2}+59\,000\times(1+r)^{-3}+59\,000\times(1+r)^{-4}+(59\,000+1\,250\,000)\times(1+r)^{-5}=1\,000\,000$

计算$r\approx10\%$(采用四舍五入方式取数)。

利息收入与摊余成本的有关计算,见表4-1。

表4-1 利息收入与摊余成本计算表　　　　　　　　　　单位:元

年份	应收利息	利息收入	利息调整摊销	摊余成本
2013年1月1日				1 000 000
2013年12月31日	59 000	100 000	41 000	1 041 000
2014年12月31日	59 000	104 100	45 100	1 086 100
2015年12月31日	59 000	108 610	49 610	1 135 710
2016年12月31日	59 000	113 571	54 571	1 190 281
2017年12月31日	59 000	118 719*	59 719	1 250 000
合计	295 000	545 000	250 000	1 250 000

注:*尾数调整=1 250 000+59 000−1 190 281=118 719(元)。

根据表4-1中的数据,龙盛公司有关会计分录如下。

(1) 2013年1月1日,购入W公司债券。

借:持有至到期投资——W公司债券(成本)　　　　　　　　1 250 000
　　贷:银行存款　　　　　　　　　　　　　　　　　　　　1 000 000
　　　　持有至到期投资——W公司债券(利息调整)　　　　　　250 000

(2) 2013年12月31日,确认W公司债券实际利息收入。

借:应收利息　　　　　　　　　　　　　　　　　　　　　　59 000
　　持有至到期投资——W公司债券(利息调整)　　　　　　　41 000
　　贷:投资收益　　　　　　　　　　　　　　　　　　　　100 000

收到债券利息时

借:银行存款　　　　　　　　　　　　　　　　　　　　　　59 000
　　贷:应收利息　　　　　　　　　　　　　　　　　　　　59 000

(3) 2014年12月31日,确认W公司债券实际利息收入。

借:应收利息　　　　　　　　　　　　　　　　　　　　　　59 000
　　持有至到期投资——W公司债券(利息调整)　　　　　　　45 100
　　贷:投资收益　　　　　　　　　　　　　　　　　　　　104 100

收到债券利息时

借:银行存款　　　　　　　　　　　　　　　　　　　　　　59 000
　　贷:应收利息　　　　　　　　　　　　　　　　　　　　59 000

(4) 2015年12月31日,确认W公司债券实际利息收入。

借:应收利息　　　　　　　　　　　　　　　　　　　　　　59 000
　　持有至到期投资——W公司债券(利息调整)　　　　　　　49 610
　　贷:投资收益　　　　　　　　　　　　　　　　　　　　108 610

收到债券利息时

借:银行存款　　　　　　　　　　　　　　　　　　　　　　59 000
　　贷:应收利息　　　　　　　　　　　　　　　　　　　　59 000

(5) 2016 年 12 月 31 日,确认 W 公司债券实际利息收入。

借：应收利息 59 000
    持有至到期投资——W 公司债券(利息调整) 54 571
    贷：投资收益 113 571

收到债券利息时

借：银行存款 59 000
    贷：应收利息 59 000

(6) 2017 年 12 月 31 日,确认 W 公司债券实际利息收入。

借：应收利息 59 000
    持有至到期投资——W 公司债券(利息调整) 59 719
    贷：投资收益 118 719

收到债券利息和本金时

借：银行存款 1 309 000
    贷：持有至到期投资——W 公司债券(成本) 1 250 000
        应收利息 59 000

3. 到期一次还本付息债券利息收入的确认

持有至到期投资为到期一次还本付息债券投资的,应于资产负债表日按票面利率计算确定的应收未收利息,借记"持有至到期投资——应计利息"科目,按持有至到期投资摊余成本和实际利率计算确定的利息收入,贷记"投资收益"科目,按其差额,借记或贷记"持有至到期投资——利息调整"科目。

【例 4-9】承【例 4-8】,假定龙盛公司购买 W 公司债券是到期一次还本付息,且付息不是以复利计算。此时,龙盛公司所购买 W 公司债券实际利率 r 如下:

$(59\,000+59\,000+59\,000+59\,000+59\,000+1\,250\,000)\times(1+r)^{-5}=1\,000\,000$

计算 $r\approx 9.05\%$(采用四舍五入方式取数)。

据此,调整表 4-1 中相关数据后见表 4-2。

表 4-2　利息收入与摊余成本计算表　　　　　　　　　　　　　单位：元

年份	应计利息	利息收入	利息调整摊销	摊余成本
2013 年 1 月 1 日				1 000 000
2013 年 12 月 31 日	59 000	90 500	31 500	1 090 500
2014 年 12 月 31 日	59 000	98 690.25	39 690.25	1 189 190.25
2015 年 12 月 31 日	59 000	107 621.72	48 621.72	1 296 811.97
2016 年 12 月 31 日	59 000	117 361.48	58 361.48	1 414 173.45
2017 年 12 月 31 日	59 000	130 826.55*	71 826.55	1 250 000
合计	295 000	545 000	250 000	1 250 000

注：*尾数调整＝1 250 000＋295 000－1 414 173.45＝130 826.55(元)。

根据表 4-2 中的数据，龙盛公司有关会计分录如下。

(1) 2013 年 1 月 1 日，购入 W 公司债券。

借：持有至到期投资——W 公司债券(成本)   1 250 000
  贷：银行存款   1 000 000
    持有至到期投资——W 公司债券(利息调整)   250 000

(2) 2013 年 12 月 31 日，确认 W 公司债券实际利息收入。

借：持有至到期投资——W 公司债券(应计利息)   59 000
    ——W 公司债券(利息调整)   31 500
  贷：投资收益   90 500

(3) 2014 年 12 月 31 日，确认 W 公司债券实际利息收入。

借：持有至到期投资——W 公司债券(应计利息)   59 000
    ——W 公司债券(利息调整)   39 690.25
  贷：投资收益   98 690.25

(4) 2015 年 12 月 31 日，确认 W 公司债券实际利息收入。

借：持有至到期投资——W 公司债券(应计利息)   59 000
    ——W 公司债券(利息调整)   48 621.72
  贷：投资收益   107 621.72

(5) 2016 年 12 月 31 日，确认 W 公司债券实际利息收入。

借：持有至到期投资——W 公司债券(应计利息)   59 000
    ——W 公司债券(利息调整)   58 361.48
  贷：投资收益   117 361.48

(6) 2017 年 12 月 31 日，确认 W 公司债券实际利息收入。

借：持有至到期投资——W 公司债券(应计利息)   59 000
    ——W 公司债券(利息调整)   71 826.55
  贷：投资收益   130 826.55

收到债券利息和本金时。

借：银行存款   1 545 000
  贷：持有至到期投资——W 公司债券(成本)   1 250 000
    ——W 公司债券(应计利息)   295 000

4.3.4 持有至到期投资的处置

出售持有至到期投资，应按实际收到的金额，借记"银行存款"等科目，按已计提减值准备借记"持有至到期投资减值准备"，按其账面余额，贷记"持有至到期投资——成本、利息调整、应计利息"科目，按其差额、贷记或借记"投资收益"科目。

4.3.5 持有至到期投资减值损失

1. 持有至到期投资减值测试

企业应当在资产负债表日对"持有至到期投资"账面价值进行检查，有客观证据表明该金融资产发生减值，应当计提减值准备。

表明"持有至到期投资"发生减值的客观证据，包括下列各项。

(1) 发行方或债务人发生严重财务困难。
(2) 债务人违反了合同条款，如偿付利息或本金发生违约或逾期等。
(3) 债券投资人出于经济或法律等方面因素的考虑，对发生债务困难的债务人做出让步。
(4) 债务人很可能倒闭或进行其他债务重组。
(5) 因发行方发生重大财务困难，该金融资产无法在活跃市场继续交易。
(6) 无法辨认一组金融资产中某项资产的现金流量是否已经减少，但根据公开的数据对其进行总体评价后发现，该组金融资产自初始计量以来的预计未来现金流量确已减少且可计量。例如，该组金融资产的债务人支付能力逐步恶化或债务人所在国家或地区失业率提高，担保物在其所在地区的价格明显下降，所处行业不景气等。
(7) 其他表明持有至到期投资发生减值的客观证据。

2. 持有至到期投资减值会计处理

(1) 持有至到期投资以摊余成本进行后续计量，其发生减值时，应当将该金融资产的账面价值与预计未来现金流量现值之间的差额，确认为减值损失，计入当期损益。

摊余成本计量的金融资产减值损失＝金融资产的期末账面价值－预计未来现金流量现值按实际利率折现确定，并考虑相关担保物的价值。原实际利率是初始确认该金融资产时计算确定的实际利率。

(2) 持有至到期投资以摊余成本计量确认减值损失后，如有客观证据表明该金融资产价值已恢复，且客观上与确认该损失后发生的事项有关(如债务人的信用评级已提高等)，应在确认的减值损失范围内按照已恢复的金额予以转回，计入当期损益。

(3) 持有至到期投资确认减值损失后，利息收入应当按照减值损失时对未来现金流量进行折现采用的折现率作为利率计算确认。

(4) 确认持有至到期投资减值的，按应减记金额，借记"资产减值损失"科目，贷记"持有至到期投资减值准备"科目。

【例 4-10】2016 年 12 月 31 日，龙盛公司持有的 W 公司发行债券为持有至到期投资，账面价值为 900 000 元，经测算，预计未来现金流量的现值为 860 000 元。该债券已计提减值准备 25 000 元。

该债券补提的减值准备＝900 000－860 000－25 000＝15 000(元)

借：资产减值损失　　　　　　　　　　　　　　　　　　　　　　　15 000
　　贷：持有至到期投资减值准备　　　　　　　　　　　　　　　　　　15 000

【例 4-11】承【例 4-10】，2016 年 12 月 31 日龙盛公司持有的 W 公司债券，有客观证据表明 W 公司财务状况改善，偿债能力恢复，估计到期能够收回本金和利息。2016 年 12 月 31 日，应确认 W 公司债券投资减值损失的转回。

借：持有至到期投资减值准备　　　　　　　　　　　　　　　　　　40 000
　　贷：资产减值损失　　　　　　　　　　　　　　　　　　　　　　40 000

4.3.6　持有至到期投资重分类

企业因持有至到期投资部分出售或重分类的金额较大，且不属于企业会计准则所允许的例外情况,使该投资的剩余部分不再适合划分为持有至到期投资的,企业应当将该投资的剩余部分重分类为可供出售金融资产,并以公允价值进行后续计量。重分类日,该投资剩余部分的账面价值与其公允价值之间的差额计入所有者权益,在该可供出售金融资产发生减值或终止确认时转出,计入当期损益。

持有至到期投资重分类为可供出售金融资产的,应在重分类日,按持有至到期投资的公允价值,借记"可供出售金融资产——成本"科目,按其账面余额,贷记"持有至到期投资——成本、利息调整、应计利息"科目。按借贷方差额,贷记或借记"其他综合收益"科目。已计提减值准备的,还应同时结转减值准备,借记"持有至到期投资减值准备"科目,贷记"其他综合收益"科目。

【例 4-12】2017 年 3 月,由于贷款基准利率的变动和其他市场因素的影响,龙盛公司持有的,原划分为持有至到期投资的某公司债券价格持续下跌。为此,龙盛公司于 4 月 1 日对外出售持有至到期债券投资 10%,收取价款 1 200 000 元(即所出售债券的公允价值)。

假定 4 月 1 日该债券出售前的账面余额(成本)为 10 000 000 元,不考虑债券出售等其他因素的影响,则龙盛公司相关的账务处理如下。

借:银行存款　　　　　　　　　　　　　　　　　　　　　　1 200 000
　　贷:持有至到期投资——成本　　　　　　　　　　　　　　1 000 000
　　　　投资收益　　　　　　　　　　　　　　　　　　　　　　200 000
借:可供出售金融资产　　　　　　　　　　　　　　　　　　10 800 000
　　贷:持有至到期投资——成本　　　　　　　　　　　　　　9 000 000
　　　　其他综合收益　　　　　　　　　　　　　　　　　　　1 800 000

假定 4 月 23 日,龙盛公司将公司债券全部出售,收取价款 11 800 000 元,则龙盛公司相关账务处理如下。

借:银行存款　　　　　　　　　　　　　　　　　　　　　　11 800 000
　　贷:可供出售金融资产　　　　　　　　　　　　　　　　10 800 000
　　　　投资收益　　　　　　　　　　　　　　　　　　　　 1 000 000
借:其他综合收益　　　　　　　　　　　　　　　　　　　　 1 800 000
　　贷:投资收益　　　　　　　　　　　　　　　　　　　　 1 800 000

4.4 贷款和应收款项

4.4.1 贷款和应收款项的会计处理原则

贷款和应收款项的会计处理大致与持有至到期投资相同。

(1) 金融企业按当前市场条件发放的贷款,应按发放贷款的本金和相关交易费用之和作为初始确认金额。一般企业对外销售商品或提供劳务形成的应收债权,通常应按从购货方应收的合同或协议价款作为初始确认金额。

(2) 贷款持有期间所确认的利息收入,应当根据实际利率计算。实际利率应在取得贷款时确定,在该贷款预期存续期间或适用的更短期间内保持不变。实际利率与合同利率差别较小的,也可以按照合同利率计算利息收入。

(3) 企业收回或处置贷款和应收款项时，应将取得的价款与该贷款和应收款项账面价值之间的差额计入当期损益。

贷款是商业银行的一项主要业务，应设置"贷款"科目对按规定发放的各种贷款(如质押贷款、抵押贷款、保证贷款、信用贷款，以及具有货款性质的银行贷款、贸易融资、协议透支、信用卡透支、转贷款)进行核算。一般企业的应收款项，通常应设置"应收账款""应收票据""长期应收款""其他应收款"等科目核算。

4.4.2 一般企业应收款项的会计处理

1. 应收账款

1) 应收账款的概念

应收账款，是指企业销售商品、产品或提供劳务等而形成的应向购货方收取的款项，包括价款、增值税和代垫的运杂费等。

会计上所指的应收账款有其特定的范围。第一，应收账款是指因销售活动形成的债权，不包括应收职工欠款等其他应收款；第二，应收账款是指流动资产性质的债权，不包括长期的债权，如购买的长期债券等；第三，应收账款是指本企业应收客户的款项，不包括本企业付出的各类存出保证金，如投标保证金和租入包装物保证金等。

2) 应收账款的确认

由于应收账款产生赊销业务，因此在赊销成立时既要确认销售收入，又要确认应收账款。按照权责发生制核算基础，在同时满足以下 4 个条件的情况下才能确认收入：①企业已将商品所有权上的主要风险和报酬转移给购货方；②企业既没有保留通常与所有权相联系的继续管理权，也没有对已售出的商品实施控制；③与交易相关的经济利益能够流入企业；④相关的收入和成本能够可靠地计量。同时满足以上条件意味着赊销成立，企业确认应收账款的条件也就具备了。

3) 应收账款的计价

(1) 应收账款的计价，是指对应收账款入账金额的确定。应收账款通常按实际发生的交易价格作为入账金额，包括销售商品的货款、代购货单位垫付的运杂费及增值税的销项税等。

【例 4-13】龙盛公司赊销商品一批，货款总额为 100 000 元，适用的增值税税率为 17%，代垫运杂费 1 000 元(假设不作为计税基数)。龙盛公司应作会计分录如下：

借：应收账款　　　　　　　　　　　　　　　　　　　　　118 000
　　贷：主营业务收入　　　　　　　　　　　　　　　　　100 000
　　　　应交税费——应交增值税(销项税额)　　　　　　　17 000
　　　　银行存款　　　　　　　　　　　　　　　　　　　 1 000

收到货款时
借：银行存款　　　　　　　　　　　　　　　　　　　　　118 000
　　贷：应收账款　　　　　　　　　　　　　　　　　　　118 000

(2) 应收账款如果在商业活动中存在商业折扣、现金折扣等销售折扣条件下，其计价应考虑相关因素。

① 商业折扣，是指企业为促进销售在商品标价上给予的扣除。例如，企业为鼓励买主

购买更多的商品而规定购买 10 件以上者给 10%的折扣,或买主每买 10 件送 1 件;企业为尽快出售一些残次、陈旧、冷背的商品进行降价销售等。商业折扣一般交易发生时即已确定,它仅仅是确定销售价格的一种手段,不需在买卖双方任何一方的账上反映,因此,在存在商业折扣的情况下,企业应收账款入账金额应按扣除商业折扣以后的实际价确定。

【例 4-14】 龙盛公司赊销商品一批,货款总额为 20 000 元,给买方的商业折扣为 10%,适用的增值税税率为 17%,代垫运杂费 500 元(假设不作为计税基数)。龙盛公司应作会计分录如下:

借:应收账款　　　　　　　　　　　　　　　　　　　　　21 560
　　贷:主营业务收入　　　　　　　　　　　　　　　　　　18 000
　　　　应交税费——应交增值税(销项税额)　　　　　　　 3 060
　　　　银行存款　　　　　　　　　　　　　　　　　　　　　 500

收到货款时
借:银行存款　　　　　　　　　　　　　　　　　　　　　21 560
　　贷:应收账款　　　　　　　　　　　　　　　　　　　　21 560

② 现金折扣,是指债权人为鼓励债务人在规定的期限内早日付款,而向债务人提供的债务折扣。现金折扣通常发生在以赊销方式销售商品或提供劳务的交易中。企业为了鼓励客户提前偿还货款,通常与债务人达成协议,债务人在不同期限内付款可享受不同比例的折扣。现金折扣一般用符号"折扣/付款期限"表示。例如,购货方在 10 天内付款可按售价给予 2%的折扣,用符号"2/10"表示;在 20 天内付款可按售价给予 1%的折扣,用符号"1/20"表示;在 30 天内付款,则不给折扣,用符号"n/30"表示。

在存在现金折扣的情况下,应收账款入账价值的确定有两种方法。

总价法,是指将未减去现金折扣前的金额作为应收账款的入账价值,把给予客户的现金折扣视为融资的理财费用,会计上作为财务费用处理。

净价法,是指将扣减最大现金折扣后的金额作为应收账款的入账价值,在实际收到应收账款款项时,对超过折扣期限丧失的现金折扣而多收的款项,应作为理财收入,冲减当期的财务费用。

根据我国企业会计制度规定,企业应收账款的入账价值,应按总价法确定。

【例 4-15】 龙盛公司于 2017 年 10 月 15 日赊销货物一批,货款 3 000 元,销货折扣,现金折扣条件为"2/10, n/30"。假定不考虑增值税。总价法与净价法的账务处理见表 4-3。

表 4-3　总价法与净价法账务处理比较

序号	交易和事项	总价法	净价法
1	2017 年 10 月 15 日销货发生时	借:应收账款　　3 000 　贷:主营业务收入　3 000	借:应收账款　　2 940 　贷:主营业务收入　2 940
2	如果客户在折扣期 10 天内付款	借:银行存款　　2 940 　　财务费用　　　 60 　贷:应收账款　　3 000	借:银行存款　　2 940 　贷:应收账款　　2 940
3	如果客户超过折扣期限付款	借:银行存款　　3 000 　贷:应收账款　　3 000	借:银行存款　　3 000 　贷:财务费用　　　 60 　　　应收账款　　2 940

2. 应收票据

1) 应收票据的概念及其分类

应收票据，是指企业持有的还没有到期、尚未兑现的商业票据，会计上作为"应收票据"的仅指企业采用商业汇票结算方式，进行产品、商品销售和提供劳务等交易中收到的商业汇票。商业汇票，是债务人承诺在某一特定时日无条件偿付一定金额款项的票据，具有可流通的特征。

商业汇票按其承兑人不同分为商业承兑汇票和银行承兑汇票。商业承兑汇票的出票人可以是该商业汇票的承兑人，也可以是收款人出票，交由付款人承兑的票据。银行承兑汇票，是在承兑银行开立存款账户的存款人签发，由开户银行承兑付款的票据。

商业汇票按其是否带息分为不带息商业汇票和带息商业汇票。不带息商业汇票，指商业汇票到期时，承兑人只按票据面值向收款人或被背书人支付款项的票据，即票据到期值＝票据面值。带息商业汇票，指商业汇票到期时，承兑人必须按票面金额加上应计利息向承兑人或被背书人支付款项的票据，即票据到期值＝票据面值＋票据利息。

商业汇票的付款期限，最长不得超过 6 个月，利息金额相对不大。因此，企业销售商品、提供劳务等收到的商业汇票，无论是否带息，均按票面价值入账，即企业收到应收票据时，应按票据的面值入账。期末，对带息应收票据应按票据的票面价值和确定的利率计提利息，增加应收票据的账面价值，并同时计入当期损益。

2) 应收票据的核算

企业应设置"应收票据"科目，核算企业销售产品、商品或提供劳务而收到的商业汇票，以及商业汇票的兑现、转让等情况。该科目属于资产类，其核算内容见表 4-4。

表 4-4 应收票据核算内容

登：收到的商业汇票	登：到期收回或贴现的商业汇票
余额：尚未到期的商业汇票	

(1) 不带息应收票据的核算。

不带息票据的到期价值等于应收票据的面值。企业应当设立"应收票据"科目核算应收票据的票面金额，收到应收票据时，借记"应收票据"科目，贷记"主营业务收入""应交税费"等科目，企业收到应收票据以抵偿应收账款时，借记本科目，贷记"应收账款"科目。应收票据到期收回的票面金额，借记"银行存款"科目，贷记"应收票据"科目。商业承兑汇票到期，承兑人违约拒付或无力偿还票款，收款企业应将到期票据的票面金额转入"应收账款"科目。

【例 4-16】2017 年 5 月 15 日，龙盛公司因赊销产品而收到 A 公司签发的面额为 23 400 元、货款 20 000 元、增值税 3 400 元、期限为 3 个月到期的无息商业汇票一张，产品已发出。

(1) 2017 年 5 月 15 日，收到商业汇票时。

借：应收票据 23 400
　　贷：主营业务收入 20 000
　　　　应交税费——应交增值税(销项税额) 3 400

(2) 2017 年 8 月 15 日,票据到期收回票款时。

借:银行存款　　　　　　　　　　　　　　　　　　　　　　　　　23 400
　　贷:应收票据　　　　　　　　　　　　　　　　　　　　　　　　23 400

(3) 2017 年 8 月 15 日票据到期,如果承兑人无力支付票款时。

借:应收账款　　　　　　　　　　　　　　　　　　　　　　　　　23 400
　　贷:应收票据　　　　　　　　　　　　　　　　　　　　　　　　23 400

(2) 带息应收票据的核算。

① 票据利息的计算。

企业对于到期和跨期的带息应收票据,按照权责发生制原则的要求,应于中期期末和年度终了,按规定计提票据利息。计提的利息增加应收票据的账面价值,并同时冲减"财务费用"。

$$应收票据利息＝应收票据面值×票面利率×期限$$

上述公式中的"票面利率"一般指年利率;"期限",是指从票据签发日至到期日的时间间隔。

② 票据期限的表示方法。

票据期限的表示方法有两种:可按月表示,也可按日表示。

如果票据期限以日表示,则计算利息时必须采用精确的日数,即按实际天数计算到期日,通常出票日和到期日只算其中一天,即"算头不算尾"或"算尾不算头"。例如,3 月 16 日签发期限为 40 天的商业汇票,其到期日为 4 月 25 日。同时,将年利率换算为日利率(年利率÷360)。

如果票据期限按月计算,应以到期月份与出票日同一天为到期日。例如,6 月 15 日签发期限为 4 个月的票据,其到期日应为 10 月 15 日。如果出票日在月末,则不论月份大小,到期日均为到期月份的最后一天。例如,3 月 31 日签发期限为 6 个月期限的商业汇票,其到期日为 9 月 30 日。同时,将年利率换算为月利率(年利率÷12)。

③ 带息应收票据的会计处理。

中期末和跨期年终末,计提利息时借记"应收票据"科目,贷记"财务费用"科目。

带息应收票据到期时,应按收到的票款和利息借记"银行存款"科目,按票据价值贷记"应收票据"科目,按两者的差额贷记"财务费用"科目。

【例 4-17】龙盛公司于 2016 年 11 月 1 日向乙公司销售一批产品,增值税专用发票上注明产品销售价格为 10 000 元,增值税税额为 1 700 元。同日,龙盛公司收到乙公司开出的一张 6 个月到期、年利率为 10%、票面金额为 11 700 元的商业承兑汇票。龙盛公司应编制会计分录如下。

(1) 2016 年 11 月 1 日收到票据时。

借:应收票据　　　　　　　　　　　　　　　　　　　　　　　　　11 700
　　贷:主营业务收入　　　　　　　　　　　　　　　　　　　　　　10 000
　　　　应交税费——应交增值税(销项税额)　　　　　　　　　　　　1 700

(2) 2016 年 12 月 31 日计提票据利息时。

票据利息＝11 700×10%×(2÷12)＝195(元)

借:应收票据　　　　　　　　　　　　　　　　　　　　　　　　　195
　　贷:财务费用　　　　　　　　　　　　　　　　　　　　　　　　195

(3) 2017年5月1日,票据到期,龙盛公司收回货款时。

票据利息＝11 700×10%×(4÷12)＝390(元)

到期值＝11 700＋195＋390＝12 285(元)

借：银行存款　　　　　　　　　　　　　　　　　　　　　　　　12 285
　　贷：应收票据　　　　　　　　　　　　　　　　　　　　　　　　11 895
　　　　财务费用　　　　　　　　　　　　　　　　　　　　　　　　　　390

【例4-18】龙盛公司于2017年8月1日向乙公司销售一批产品,增值税专用发票上注明产品销售价格为200 000元,增值税税额为34 000元。同日,龙盛公司收到乙公司开出的一张60天到期、年利率为10%的商业汇票。龙盛公司的会计分录如下。

(1) 2017年8月1日收到票据时。

借：应收票据　　　　　　　　　　　　　　　　　　　　　　　　234 000
　　贷：主营业务收入　　　　　　　　　　　　　　　　　　　　　　200 000
　　　　应交税费——应交增值税(销项税额)　　　　　　　　　　　　34 000

(2) 2017年9月30日,票据到期,龙盛公司收回货款时。

票据利息＝234 000×10%×(60÷360)＝3 900(元)

到期值＝234 000＋3 900＝237 900(元)

借：银行存款　　　　　　　　　　　　　　　　　　　　　　　　237 900
　　贷：应收票据　　　　　　　　　　　　　　　　　　　　　　　　234 000
　　　　财务费用　　　　　　　　　　　　　　　　　　　　　　　　3 900

如果带息应收票据到期不能收回,企业应按票据的账面余额转入"应收账款"科目核算,期末不再计提利息,其所包含的利息在有关备查簿中进行登记,待实际收到时再冲减收到当期的财务费用。

【例4-19】承【例4-17】所示,如果带息票据到期时,乙公司无力支付票款,则龙盛公司收到银行退回的商业承兑汇票、委托收款凭证、未付票款通知书或拒付理由书凭证时,龙盛公司的账务处理如下。

借：应收账款　　　　　　　　　　　　　　　　　　　　　　　　12 285
　　贷：应收票据　　　　　　　　　　　　　　　　　　　　　　　　11 895
　　　　财务费用　　　　　　　　　　　　　　　　　　　　　　　　　390

3) 应收票据的贴现

(1) 票据贴现的概念。

企业持有的应收票据在到期前,如果出现资金短缺,可以持未到期的商业汇票向其开户银行申请贴现,以便获得所需要的资金。贴现,就是指汇票持有人将未到期的票据在背书后送交银行,银行受理后从票据到期值中扣除按银行贴现率计算确定的贴现息,然后将余款付给持票人,作为银行对企业的短期贷款。

票据贴现,实质上是企业融通资金的一种形式,银行要按照一定的利率从票据价值中扣除自借款日起至票据到期日止的贴现利息。背书的应收票据是此项借款的担保品,当票据到期,付款人无力支付票款时,银行有权向贴现企业索要票款。

(2) 贴现的计算。

① 计算票据的到期值,其公式为：

不带息票据的到期值＝票据面值

带息票据的到期值＝票据面值×(1＋票面利率×票据期限)

上述公式中的票面利率，一般是指年利率。票据期限按日表示，在换算为年时间时，全年按 360 天计算，即各月不分大小均按 30 天计算。

② 计算贴现利息，其公式为：

贴现利息＝票据到期值×贴现率×贴现期

上述公式中的贴现率，一般是指年利率。贴现期，是指从贴现日至到期日的时间间隔天数。贴现期可用月或天表示，如果以天数表示，则按实际日历天数计算，并且首尾只算 1 天。

③ 计算贴现实收金额，其公式为：

贴现净额＝票据到期值－票据利息

注意：区分票据期限与贴现期限的起止日期。

(3) 票据贴现的会计处理。

企业持未到期的应收票据向银行贴现，应根据银行盖章退回的贴现凭据第 4 联收账通知单。

① 不带追索权的票据贴现。

不带追索权的票据贴现(如银行承兑汇票贴现)，贴现企业不仅将应收票据未来的现金流量转移给银行，而且将应收票据上的风险也全部转移给银行，当债务人到期未能付款时，贴现企业不承担连带偿付责任。因此，贴现企业应终止确认该贴现应收票据，即注销其账面价值。以不带息票据为例，企业持有未到期的商业汇票向银行申请贴现时，应按实收的贴现净额，借记"银行存款"科目，按贴现息借记"财务费用"科目，按应收票据的面值，贷记"应收票据"科目。

【例 4-20】龙盛公司于 2017 年 10 月 13 日将 10 月 1 日从 A 公司收到的面值为 100 000 元、60 天到期的银行承兑汇票向银行申请贴现，月贴现率为 0.9%。龙盛公司的会计处理如下。

贴现期(天数)＝19(10 月)＋29(11 月)＝48(天)
贴现息＝100 000×(0.9%÷30)×48＝1 440(元)
贴现净额＝100 000－1 440＝98 560(元)

借：银行存款   98 560
　　财务费用   1 440
　　贷：应收票据   100 000

② 带追索权的票据贴现。

带追索权的票据贴现(如商业承兑汇票贴现)，贴现企业仅将应收票据未来收取现金的权利转移给银行，并未将应收票据上的风险(如承担无法收回款项的损失)转移给银行。例如，贴现银行未收到票款，在法律上负有连带偿付责任，当债务人到期未能付款时，贴现银行可以向贴现企业进行追索。此类票据贴现属于以应收债权为质押向银行取得短期贷款，贴现企业应如实反映负债的增加，而不能注销应收票据的账面价值。以不带息票据为例，企业持有未到期的商业汇票向银行申请贴现时，应按实收的贴现净额，借记"银行存款"科目，按贴现息借记"财务费用"科目，按应收票据的面值，贷记"短期借款"科目。

【例 4-21】 承【例 4-20】所示,把银行承兑汇票改为商业承兑汇票,其他条件不变,则 2017 年 10 月 13 日龙盛公司应做的会计分录如下。

借:银行存款   98 560
　　财务费用   1 440
　　贷:短期借款   100 000

如果是带息票据,企业向银行申请贴现时,应按实收的贴现净额,借记"银行存款"科目,按应收票据账面价值(包括面值和已计提利息),贷记"应收票据"科目(不带追索权);或者按应收票据到期值,贷记"短期借款"科目(带追索权),以贴现净额与账面价值的差额,借记或贷记"财务费用"科目。

【例 4-22】 2017 年 8 月 1 日,龙盛公司将持有的一张面值为 40 000 元的银行承兑汇票向银行申请贴现,票面利率为 5%,出票日为 2017 年 7 月 1 日,期限为 3 个月,贴现率为 12%。龙盛公司的会计处理如下。

票据到期值 = 40 000 + 40 000 × 5% × (3 ÷ 12) = 40 500(元)
贴现利息 = 40 500 × 12% × (2 ÷ 12) = 810(元)
贴现净额 = 40 500 - 810 = 39 690(元)

借:银行存款   39 690
　　财务费用   310
　　贷:应收票据   40 000

如果已贴现的商业承兑汇票到期,承兑人的银行账户资金不足以支付,申请贴现的企业收到银行退回的票据和支款通知时,按所示本息,借记"应收账款"科目,贷记"银行存款"科目。如果申请贴现企业的银行存款账户余额不足,不足款项银行作逾期贷款处理,借记"应收账款"科目,贷记"短期借款"科目。

【例 4-23】 承【例 4-20】中所贴现的票据到期,A 公司无力还款,接到贴现银行通知,银行已将款项从龙盛公司账户划转。龙盛公司的会计处理如下。

借:应收账款   100 000
　　贷:银行存款   100 000

【例 4-24】 如上述龙盛公司也无力支付,银行则将此款作为逾期处理。龙盛公司的会计处理如下。

借:应收账款   100 000
　　贷:短期借款   100 000

3. 预付账款

1) 预付账款的内容

预付账款,是指企业为取得生产经营所需要的原材料、物品或接受劳务等,而按照购货合同规定预付给供应单位的货款,企业进行在建工程预付的工程价款也属于预付账款的核算范围。预付账款是商业信用的一种形式,它所代表的是企业在将来从供应单位取得材料、物品等的债权,从这个意义上讲,它与应收账款具有类似的性质。但预付账款与应收账款毕竟产生于两种完全不同的交易行为,前者产生于企业的购货业务,后者产生于企业的销货业务,而且二者将来收回债权的形式也不相同,因此,企业应分别核算这两种债权,在资产负债表上作为两个流动资产项目反映。

为了反映预付账款的支付和结算情况,企业应设置"预付账款"科目进行核算。该科目是资产类科目,借方登记企业向供应方预付的货款,贷方登记企业收到所购货物时结转的预付款项。期末余额一般在借方,反映企业已经预付但尚未结算的款项;如果出现贷方余额,反映企业所购货物价款大于预付款项的差额,属于负债性质。该科目应按供货单位或个人的名称设置明细账。

2) 预付账款的核算

企业因购货而预付的款项,借记"预付账款"科目,贷记"银行存款"科目。收到所购物资,按应计入购入物资成本的金额,借记"材料采购""原材料""库存商品"等科目,按专用发票上注明的增值税,借记"应交税费——应交增值税(进项税额)"科目。按应支付的金额,贷记"预付账款"科目。补付的款项,借记"预付账款"科目,贷记"银行存款"科目;退回多付的款项作相反的会计分录。

企业进行在建工程预付的工程价款,借记"预付账款"科目,贷记"银行存款"科目。按工程进度结算工程价款,借记"在建工程"科目,贷记"预付账款""银行存款"等科目。

应该指出的是,对于预付账款业务不多的企业,为了简化核算,可以不单独设置"预付账款"科目,而将发生的预付账款业务通过"应付账款"科目进行核算。

【例4-25】2017年5月10日,龙盛公司为购买材料向A公司预付90 000元,5月20日收到材料并验收入库。增值税专用发票上注明材料价格为80 000元,增值税13 600元,共计93 600元。5月21日,龙盛公司将差额款项汇出。龙盛公司编制会计分录如下。

(1) 2017年5月10日预付货款时。

借:预付账款　　　　　　　　　　　　　　　　　　　　　　90 000
　　贷:银行存款　　　　　　　　　　　　　　　　　　　　90 000

(2) 2017年5月20日收到采购原材料时。

借:原材料　　　　　　　　　　　　　　　　　　　　　　　80 000
　　应交税费——应交增值税(进项税额)　　　　　　　　　13 600
　　贷:预付账款　　　　　　　　　　　　　　　　　　　　93 600

(3) 2017年5月21日补付货款时。

借:预付账款　　　　　　　　　　　　　　　　　　　　　　3 600
　　贷:银行存款　　　　　　　　　　　　　　　　　　　　3 600

4. 其他应收款

1) 其他应收款的内容

其他应收款,是指除应收票据、应收账款和预付账款以外的其他各种应收、暂付款项。其内容主要包括:①应收的各种赔款、罚款,如因职工失职造成一定损失而应向该职工收取的赔款,或因企业财产等遭受意外损失而应向有关保险公司收取的赔款等;②应收出租包装物租金;③应向职工收取的各种垫付款项,如为职工垫付的水电费、应由职工负担的医药费、房租费等;④存出保证金,如租入包装物支付的押金;⑤其他各种应收、暂付款项。

2) 其他应收款的核算

为了反映和监督其他应收款的发生和结算情况，企业应设置"其他应收款"科目，借方登记各种其他应收款项的发生；贷方登记其他应收款的收回；期末余额在借方，表示企业尚未收回的其他应收款。该科目应按其他应收款的项目分类，并按不同的债务人设置进行明细账核算。

企业发生其他应收款时，按应收金额借记"其他应收款"科目，贷记"银行存款"等有关科目；收回各种款项时，借记"银行存款"等有关科目，贷记"其他应收款"科目。

【例 4-26】龙盛公司 2017 年 5 月所购商品晚到 5 天，按合同规定，应向运输单位收取罚款 1 000 元，编制会计分录如下。

借：其他应收款　　　　　　　　　　　　　　　　　　　　　　1 000
　　贷：营业外收入　　　　　　　　　　　　　　　　　　　　　1 000

收到上述款项时，编制会计分录如下。

借：银行存款　　　　　　　　　　　　　　　　　　　　　　　1 000
　　贷：其他应收款　　　　　　　　　　　　　　　　　　　　　1 000

5. 长期应收款

长期应收款，是指收款期限较长(通常超过 1 年)的应收款项，包括投资方除长期股权投资以外向投资方提供的由被投资方长期使用的资金、融资租赁产生的应收款项，以及采用递延方式具有融资性质的销售商品和提供劳务等经营活动产生的应收款项。与上述的应收账款、应收票据、预付账款、其他应收款不同的是，由于长期应收款期限超过 1 年，因此它不属于流动资产，而属于非流动资产。

为了核算长期应收款项，企业一般应单独设置"长期应收款"科目。借方反映长期应收款的发生，贷方反映长期应收款的收回、减值，以及其他原因引起的长期应收款减少数，余额反映企业尚未收回的长期应收款。

【例 4-27】龙盛公司作为 B 公司的控股股东，为解决 B 公司长期资金周转的需要，于 2017 年向 B 公司提供长期资金 1 000 万元。龙盛公司提供该笔资金时的会计分录如下。

借：长期应收款——B 公司　　　　　　　　　　　　　　　　10 000 000
　　贷：银行存款　　　　　　　　　　　　　　　　　　　　　10 000 000

融资租赁产生的长期应收款，以及具有融资性质的销售商品和提供劳务等经营活动产生的长期应收款，所涉及的收入、未实现融资收益确认等具体问题将在后续的有关章节中介绍。

4.4.3 应收款项减值的核算

企业进行减值核算的应收款项，主要包括应收账款、其他应收款、应收票据、预付账款和长期应收款。

1. 应收款项减值损失的确定

由于赊销这种商业信用模式的存在，使企业在生产经营过程中承担着坏账的风险。

坏账，是指企业无法收回或收回的可能性极小的应收款项。由于发生坏账而产生的损失，称为坏账损失。

企业应当定期或者至少于每年年度终了，对应收款项进行减值测试，分析各项应收款项的可收回性，预计可能发生的减值损失。对于有确凿证据表明确实无法收回或收回的可能性不大的应收款项，如债务单位已撤销、破产、资不抵债、现金流量严重不足等，应根据企业的管理权限，报经批准后作为坏账，转销应收款项。除符合以上条件的可以确认为坏账外，对下列各种情况不能全额计提坏账准备：①当年发生的应收款项；②计划对应收款项进行重组；③与关联方发生的应收款项；④其他已逾期、但无确凿证据表明不能收回的应收款项。

企业对应收款项进行减值测试，应根据本单位的实际情况分为单项金额重大和非重大的应收款项，分别进行减值测试，计算确定减值损失，计提坏账准备。对于单项金额重大的应收款项，应当单独进行减值测试，有客观证据表明其发生了减值的，应当根据其未来现金流量现值低于其账面价值的差额，确认减值损失，计提坏账准备。对于单项金额非重大的应收款项，以及单独测试后未发生减值的单项金额重大的应收款项，应当采用组合方式进行减值测试，分析判断是否发生减值。通常情况下，可以将这些应收款项按类似信用风险特征划分为若干组合，再按这些应收款项组合在资产负债表日余额的一定比例，计算确定减值损失，计提坏账准备。

2. 应收款项减值损失的核算

对应收款项减值损失的核算有两种方法，即直接转销法与备抵法。

1) 直接转销法

直接转销法，是指在实际发生坏账时确认坏账损失，计入资产减值损失，同时注销该笔应收账款。借记"资产减值损失"科目，贷记"应收账款"科目。如果已冲销的应收账款以后又收回，应作两笔会计分录，即先借记"应收账款"科目，贷记"资产减值损失"科目；然后再借记"银行存款"科目，贷记"应收账款"科目。

【例4-28】B公司欠龙盛公司货款5 000元，已超过3年，屡催无效，断定无法收回，经批准作坏账处理。

借：资产减值损失　　　　　　　　　　　　　　　　　　　　　5 000
　　贷：应收账款——B公司　　　　　　　　　　　　　　　　　　5 000

【例4-29】如果上例中已冲销的龙盛公司应收账款5 000元如数全部收回。

借：应收账款——B公司　　　　　　　　　　　　　　　　　　5 000
　　贷：资产减值损失　　　　　　　　　　　　　　　　　　　　5 000

同时

借：银行存款　　　　　　　　　　　　　　　　　　　　　　　5 000
　　贷：应收账款——B公司　　　　　　　　　　　　　　　　　　5 000

直接转销法的优点是账务处理简单。但这种方法也存在缺点，忽视了坏账损失与赊销业务的联系，在转销坏账损失的前期对于坏账的情况不作任何处理。显然不符合权责发生制及收入与费用相配比的会计原则，而且核销手续繁杂，致使企业大量的陈账、呆账、长年挂账得不到处理，虚增了利润，也夸大了前期资产负债表上应收账款的可实现价值。我国《企业会计准则》不允许使用此方法。

2) 备抵法

备抵法是按期估计坏账损失,形成坏账准备,当某一应收账款全部或者部分被确认为坏账时,应根据其金额冲减坏账准备,同时转销相应的应收账款。估计坏账损失时,借记"资产减值损失"科目,贷记"坏账准备"科目;坏账损失实际发生时(即符合前述的3个条件之一),借记"坏账准备"科目,贷记"应收账款"科目。

采用备抵法处理坏账,需要设置"坏账准备"科目。该科目是资产类"应收账款"科目的备抵调整科目,其核算内容见表4-5。

表4-5 坏账准备核算内容

登:已确认并转销的坏账损失	登:提取的坏账准备或收回发生的坏账损失
	余额:已提取尚未转销的坏账准备

与直接转销相比,备抵法有以下优点。

(1) 预计不能收回的应收款项作为坏账损失及时计入费用,避免企业的虚盈实亏。

(2) 在报表上列示应收账款净额,使报表阅读者能了解企业真实的财务状况。

(3) 使应收账款实际占用资金接近实际,消除虚列的应收账款,有利于加快企业资金周转,提高经济效益。

用备抵法估计坏账,常用的方法有应收账款余额百分比法、账龄分析法和销货百分比法三种。

(1) 应收账款余额百分比法,是根据会计期末应收账款的余额乘以估计坏账率即为当期应估计的坏账损失,据此提取坏账准备。坏账准备的计提(坏账损失的估计)分首次计提和以后年度计提两种情况。首次计提时,坏账准备提取数=应收账款年末余额×计提比例。以后年度计提坏账准备时,可进一步分以下四种情况来掌握。

① 应收账款年末余额×计提比例>"坏账准备"年末余额(指坏账准备计提前的余额,下同),按差额补提坏账准备。

② 应收账款年末余额×计提比例<"坏账准备"年末余额,按差额冲减坏账准备。

③ 应收账款年末余额×计提比例="坏账准备"年末余额,不补提亦不冲减坏账准备,即不作会计处理。

④ 年末计提前"坏账准备"出现借方余额,应按其借方余额与"应收账款年末余额×计提比例"之和计提坏账准备。

我国企业财务制度规定,预计坏账的方法采用应收账款余额百分比法。各行业提取坏账的百分比分别为农业、施工企业、房地产业均为1%,对外经济合作企业为2%,其他行业为3%~5%。

【例4-30】龙盛公司2013年年末应收账款余额为30 000元;2014年发生坏账损失1 000元,2014年年末应收账款余额为25 000元;2015年发生坏账损失1 500元,2015年年末应收账款余额为35 000元;2016年和2017年未发生坏账损失,应收账款年末余额分别为32 000元和40 000元。该公司提取坏账准备的比例为5%。

龙盛公司会计分录如下。

(1) 2013年年末提取坏账准备前,假定"坏账准备"账户无余额,则

应提坏账准备=30 000×5%=1 500(元)

借：资产减值损失　　　　　　　　　　　　　　　　1 500
　　贷：坏账准备　　　　　　　　　　　　　　　　　　　　1 500

(2) 2014 年冲销坏账。

借：坏账准备　　　　　　　　　　　　　　　　　　1 000
　　贷：应收账款　　　　　　　　　　　　　　　　　　　　1 000

(3) 2014 年年末按应收账款余额计提坏账准备。

坏账准备余额＝25 000×5%＝1 250(元)

应提坏账准备＝1 250－500＝750(元)

借：资产减值损失　　　　　　　　　　　　　　　　　750
　　贷：坏账准备　　　　　　　　　　　　　　　　　　　　　750

(4) 2015 年冲销坏账。

借：坏账准备　　　　　　　　　　　　　　　　　　1 500
　　贷：应收账款　　　　　　　　　　　　　　　　　　　　1 500

(5) 2015 年年末按应收账款余额计提坏账准备。

坏账准备余额＝35 000×5%＝1 750(元)

应提坏账准备＝1 750＋250＝2 000(元)

借：资产减值损失　　　　　　　　　　　　　　　　2 000
　　贷：坏账准备　　　　　　　　　　　　　　　　　　　　2 000

(6) 2016 年年末按应收账款余额计提坏账准备。

坏账准备余额＝32 000×5%＝1 600(元)

应提坏账准备＝1 600－1 750＝－150(元)

借：坏账准备　　　　　　　　　　　　　　　　　　　150
　　贷：资产减值损失　　　　　　　　　　　　　　　　　　　150

(7) 2017 年年末按应收账款余额计提坏账准备。

坏账准备余额＝40 000×5%＝2 000(元)

应提坏账准备＝2 000－1 600＝400(元)

借：资产减值损失　　　　　　　　　　　　　　　　　400
　　贷：坏账准备　　　　　　　　　　　　　　　　　　　　　400

(2) 账龄分析法，是指根据应收账款的时间长短来估计坏账损失的方法。虽然应收款项能否收回及收回多少，不一定完全取决于时间的长短，但一般来说，账款拖欠的时间越长，发生坏账的可能性就越大。采用账龄分析法时，将不同账龄的应收账款进行分组，并根据前期坏账实际发生的有关资料，确定各账龄组的估计坏账损失百分比，再将各账龄组的应收账款金额乘以对应的估计坏账损失百分比数，计算出各组的估计坏账损失额之和，即为当期的坏账损失预计金额。

这种方法的优点是运用简便，并能估计出应收账款不能变现的数额。缺点是不完全符合配比原则，因而要影响到各期的净收益数额的正确性。

【例 4-31】龙盛公司 2016 年年末应收账款余额为 160 000 元。该企业对应收账款所作的账龄分析资料，以及根据历史经验和有关预测资料对坏账损失的估算结果见表 4-6。

表 4-6 账龄分析法坏账损失估算表

应收账款账龄	应收账款余额/元	估计损失/(%)	估计损失金额/元
未到期	60 000	0.5	300
过期 1 个月	40 000	1	400
过期 2 个月	30 000	2	600
过期 3 个月	20 000	3	600
过期 3 个月以上	10 000	5	500
合计	160 000	—	2 400

根据表 4-6 计算结果,企业年末"坏账准备"账户的账面金额应为 2 400 元,企业应根据"坏账准备"账户年末调整前余额,计算本期应入账的金额,编制调整分录,予以入账。

(1) 假定年末调整前,"坏账准备"账户有贷方余额 100 元,则

应提坏账准备=2 400-100=2 300(元)

借:资产减值损失　　　　　　　　　　　　　　　　　　　　　　　　2 300
　　贷:坏账准备　　　　　　　　　　　　　　　　　　　　　　　　　　　2 300

(2) 假定年末调整前,"坏账准备"账户有借方余额 200 元,则

应提坏账准备=2 400+200=2 600(元)

借:资产减值损失　　　　　　　　　　　　　　　　　　　　　　　　2 600
　　贷:坏账准备　　　　　　　　　　　　　　　　　　　　　　　　　　　2 600

(3) 销货百分比法,是根据赊销金额的一定百分比估计坏账损失的方法。

【例 4-32】龙盛公司 2016 年全年赊销金额为 100 000 元,根据以往资料和经验,估计坏账损失率为 1%,年末估计坏账损失=100 000×1%=1 000(元)

借:资产减值损失　　　　　　　　　　　　　　　　　　　　　　　　1 000
　　贷:坏账准备　　　　　　　　　　　　　　　　　　　　　　　　　　　1 000

在采用销货百分比法的情况下,估计坏账损失的百分比可能由于企业生产经营情况的不断变化而不相适应。因此,需经常检查百分比是否能足以反映企业坏账损失的实际情况,如果发现过高或过低的情况,应及时调整百分比。

4.5 可供出售金融资产

4.5.1 可供出售金融资产概述

可供出售金融资产,是指公允价值能够可靠计量的非衍生金融资产,企业在初始确认时即被指定为可供出售金融资产,以及除下列各类资产以外的金融资产:①贷款和应收款项;②持有至到期投资;③以公允价值计量且其变动计入当期损益的金融资产。

如企业购入的在活跃市场上有报价的股票、债券和基金等,没有划分为以公允价值计量且其变动计入当期损益的金融资产或持有至到期投资等金融资产的可归为此类。

通常情况下,划分为此类金融资产应当在活跃市场上有报价,因此企业从二级市场上

购买的、有报价的债券投资、股票投资、基金投资等,可以划分为可供出售金融资产;如果该金融资产属于有固定的到期日、回收金额固定或可确定的金融资产,则该金融资产还可以划分为持有至到期投资。某项金融资产具体应划分为哪一类,主要取决于企业管理层的风险管理、投资决策等因素。

4.5.2 可供出售金融资产的初始计量

企业应当设置"可供出售金融资产"科目,核算持有的可供出售金融资产的公允价值,并按照可供出售金融资产类别和品种,分别"成本""利息调整""应计利息""公允价值变动"等明细科目进行核算。其中,"成本"明细科目反映可供出售权益工具投资的初始入账金额,或可供出售债务工具投资的面值;"利息调整"明细科目反映可供出售债务工具投资的初始入账金额与其面值的差额,以及按照实际利率法分期摊销后该差额的摊余金额;"应计利息"明细科目反映企业计提的到期一次还本付息、可供出售债务工具投资应计未付的利息;"公允价值变动"明细科目反映可供出售金融资产公允价值变动金额。

可供出售金融资产,应当按取得该金融资产的公允价值和相关交易费用之和作为初始确认金额。支付的价款中包含的已到付息期但尚未领取的债券利息或已宣告但尚未发行的现金股利,应单独确认为应收项目。

(1) 企业取得可供出售金融资产为股票权益投资的,按其公允价值与交易费用之和,借记"可供出售金融资产——成本"科目;按实际支付价款中包含已宣告但尚未发行的现金股利,借记"应收股利"科目;按实际支付金额,贷记"银行存款"等科目。

(2) 企业取得可供出售金融资产为债券投资的,按债券的面值,借记"可供出售金融资产——成本"科目;按实际支付价款中包含已到付息期但尚未领取的利息,借记"应收利息"科目;按实际支付金额,贷记"银行存款"等科目;按差额借记或贷记"可供出售金融资产——利息调整"科目。

(3) 收到支付的价款中包含的已宣告但尚未发放的现金股利或已到付息期但尚未领取的利息,借记"银行存款"科目,贷记"应收股利"或"应收利息"科目。

【例4-33】龙盛公司2014年3月购入W公司股票50 000股,每股市价10.5元,其中已宣告但尚未发行的现金股利每股0.5元,同时发生的交易费用为4 000元,公司管理层持有将其划分为可供出售金融资产,2017年4月10日收到现金股利。则龙盛公司应做的会计分录如下。

(1) 2014年3月购入W公司股票。

借:可供出售金融资产——W公司股票(成本)   504 000
      应收股利   25 000
    贷:银行存款   529 000

(2) 2014年4月10日收到现金股利。

借:银行存款   25 000
    贷:应收股利   25 000

4.5.3 可供出售金融资产的后续计量

可供出售金融资产应当以公允价值进行后续计量,与交易性金融资产的会计处理不同时，公允价值变动形成的利得或损失，除减值损失和外币货币性金融资产形成的汇兑差额外，应当直接计入所有者权益(其他综合收益)。在该金融资产终止确认时转出，计入当期损益(投资收益)。

(1) 资产负债表日，可供出售金融资产为分期付息、一次还本债券投资的，应按票面利率计算确定应收未收利息，借记"应收利息"科目；按可供出售金融资产摊余成本和实际利率确定的利息收入，贷记"投资收益"科目；按其差额，借记或贷记"可供出售金融资产——利息调整"科目。

可供出售金融资产为一次还本付息债券投资的，应于资产负债表日按票面利率计算确定应收未收利息，借记"可供出售金融资产——应计利息"科目；按可供出售金融资产摊余成本和实际利率确定的利息收入，贷记"投资收益"科目；按其差额，借记或贷记"可供出售金融资产——利息调整"科目。

(2) 资产负债表日，可供出售金融资产的公允价值高于其账面价值的差额，借记"可供出售金融资产——公允价值变动"科目，贷记"其他综合收益"科目；公允价值低于其账面价值的差额作相反的会计分录。

(3) 出售可供出售金融资产，应按实际收到的金额，借记"银行存款"科目；按其账面余额，贷记"可供出售金融资产"科目；按应从所有者权益中转出的公允价值的累计变动金额，借记或贷记"其他综合收益"；按其差额，借记或贷记"投资收益"。

【例4-34】承【例4-33】所示，2014年12月31日，W公司股票每股市价为9元。2015年3月10日W公司宣告，分配现金股利0.4元/股。2015年4月10日收到现金股利。2015年12月31日，W公司股票每股市价为7元。2016年12月31日，W公司股票市价恢复，每股市价8.5元，2017年1月15日，龙盛公司将W公司的股票全部售出，取得价款合计为550 000元。则龙盛公司编制与该出售可供出售金融资产相关的会计处理如下。

(1) 2014年12月31日，公允价值变动＝50 000×9－504 000＝－54 000(元)。

借：其他综合收益　　　　　　　　　　　　　　　　　　　　　　　　　54 000
　　贷：可供出售金融资产——公允价值变动　　　　　　　　　　　　　　54 000

(2) 2015年3月10日，确认投资收益。

借：应收股利　　　　　　　　　　　　　　　　　　　　　　　　　　　20 000
　　贷：投资收益　　　　　　　　　　　　　　　　　　　　　　　　　20 000

(3) 2015年4月10日，收到现金股利。

借：银行存款　　　　　　　　　　　　　　　　　　　　　　　　　　　30 000
　　贷：应收股利　　　　　　　　　　　　　　　　　　　　　　　　　30 000

(4) 2015年12月31日，公允价值变动＝50 000×7－450 000＝－100 000(元)。

借：其他综合收益　　　　　　　　　　　　　　　　　　　　　　　　　100 000
　　贷：可供出售金融资产——公允价值变动　　　　　　　　　　　　　100 000

(5) 2016年12月31日，公允价值变动＝50 000×8.5－350 000＝75 000(元)。

借：可供出售金融资产——公允价值变动　　　　　　　　　　　　　　　75 000
　　贷：其他综合收益　　　　　　　　　　　　　　　　　　　　　　　75 000

(6) 2017 年 1 月 15 日，处置可供出售金融资产。

借：银行存款　　　　　　　　　　　　　　　　　　　550 000
　　可供出售金融资产——公允价值变动　　　　　　　　79 000
　贷：可供出售金融资产——成本　　　　　　　　　　　504 000
　　　其他综合收益　　　　　　　　　　　　　　　　　79 000
　　　投资收益　　　　　　　　　　　　　　　　　　　46 000

【例 4-35】2016 年 1 月 1 日龙盛公司支付价款 10 282 440 元购入 W 公司发行 3 年期债券，该债券的票面总金额为 10 000 000 元，票面年利率为 4%，实际利率为 3%，利息每年末支付，本金到期支付。龙盛公司将该债券划分为可供出售金融资产。2016 年 12 月 31 日，该债券的市场价格为 10 000 940 元。假定不考虑交易费用和其他因素的影响，龙盛公司 2016 年会计处理如下。

(1) 2016 年 1 月 1 日，购入债券。

借：可供出售金融资产——成本　　　　　　　　　　　10 000 000
　　　　　　　　　　——利息调整　　　　　　　　　　282 440
　贷：银行存款　　　　　　　　　　　　　　　　　　　10 282 440

(2) 2016 年 12 月 31 日，收到债券利息、确认公允价值变动。

实际利息收入＝10 282 440×3%＝308 473.2(元)
年末摊余成本＝10 282 440＋308 473.2－10 000 000×4%＝10 190 913.2(元)
年末公允价值变动＝10 000 940－10 190 913.2＝－189 973.2(元)

借：应收利息　　　　　　　　　　　　　　　　　　　　400 000
　贷：可供出售金融资产——利息调整　　　　　　　　　91 526.8
　　　投资收益　　　　　　　　　　　　　　　　　　　308 473.2
借：银行存款　　　　　　　　　　　　　　　　　　　　400 000
　贷：应收利息　　　　　　　　　　　　　　　　　　　400 000
借：其他综合收益　　　　　　　　　　　　　　　　　　189 973.2
　贷：可供出售金融资产——公允价值变动　　　　　　　189 973.2

以后各年以此类推，注意每年年末计算债券的摊余成本不包括公允价值变动金额。

4.5.4 可供出售金融资产减值损失的计量

(1) 可供出售金融资产发生减值时，即使该金额资产没有终止确认，原直接计入其他综合收益中的因公允价值下降形成的累计损失，应当予以转出，计入当期损益。该转出的累计损失，等于可供出售金融资产的初始取得成本扣除已收回本金和已摊余金额、当前公允价值和原已计入损益的减值损失后的余额。

在活跃市场中没有报价且其公允价值不能可靠计量的权益工具投资，发生减值时，应当将该权益工具投资的账面价值，与按照类似金融资产当时市场收益率对未来现金流量折现确定的现值之间的差额，确认为减值损失，计入当期损益。与该权益工具挂钩并须通过交付该权益工具结算的衍生金融资产发生减值的，也应当采用类似方法确认减值损失。

(2) 对于已确认减值损失的可供出售债务工具，在随后的会计期间公允价值已上升且客观上与确认原减值损失确认后发生的事项有关的，原确认的减值损失应当予以转回，计入当期损益。

(3) 可供出售权益工具投资发生的减值损失,不得通过损益转回。另外,在活跃市场中没有报价且其公允价值不能可靠计量的权益工具投资,或与该权益工具挂钩并须通过交付该权益工具结算的衍生金融资产发生的减值损失,不得转回。

具体来说,确定可供出售金融资产发生减值的,按应减记的金额,借记"资产减值损失"科目,按应从所有者权益中转出原计入其他综合收益的累计损失金额,贷记"其他综合收益"科目,按其差额,贷记"可供出售金融资产——减值准备"科目。

对于已确认减值损失的可供出售金融资产,在随后会计期间内公允价值上升且客观上与确认原减值损失事项有关的,应在原确认的减值损失范围内按已恢复的金额,借记"可供出售金融资产——减值准备"等科目,贷记"资产减值损失"科目;但可供出售金融资产为股票等权益工具投资的(不含在活跃市场上没有报价且其公允价值不能可靠计量的权益工具投资)的,借记"可供出售金融资产——减值准备"等科目,贷记"其他综合收益"科目。

【例4-36】2015年5月20日,龙盛公司从深圳证券交易所购入乙公司股票1 000 000股,占乙公司有表决权股份的5%,支付价款合计5 080 000元,其中,证券交易税等交易费用8 000元,已宣告发放现金股利72 000。龙盛公司没有在乙公司董事会中派出代表,龙盛公司将其划分为可供出售金融资产。

2015年6月20日,龙盛公司收到乙公司发放的2014年现金股利72 000元。

2015年6月30日,乙公司股票收盘价跌为每股4.20元,龙盛公司预计乙公司股票价格下跌是暂时的。

2015年12月31日,乙公司股票收盘价继续下跌为每股3.90元。

2016年4月20日,乙公司宣告发放2015年现金股利2 000 000元。

2016年5月10日,龙盛公司收到乙公司发放的2015年现金股利。

2016年6月30日,乙公司财务状况好转,业绩较上年有较大提升,乙公司股票收盘价上涨为每股4.50元。

2016年12月31日,乙公司股票收盘价继续上涨为每股5.50元。

2017年1月10日,龙盛公司以每股6.50元的价格将股票全部转让。

假定不考虑其他因素,龙盛公司的账务处理如下。

(1) 2015年5月20日,购入乙公司股票1 000 000股。

借:可供出售金融资产——成本　　　　　　　　　　　　　　　5 008 000
　　应收股利——乙公司　　　　　　　　　　　　　　　　　　　　72 000
　　贷:银行存款　　　　　　　　　　　　　　　　　　　　　　5 080 000

乙公司股票的单位成本=(5 080 000-72 000)÷1 000 000=5.008(元/股)

(2) 2015年6月20日,收到乙公司发放的2014年现金股利72 000元。

借:银行存款　　　　　　　　　　　　　　　　　　　　　　　　72 000
　　贷:应收股利——乙公司　　　　　　　　　　　　　　　　　　　72 000

(3) 2015年6月30日,确认乙公司股票公允价值变动。

借:其他综合收益　　　　　　　　　　　　　　　　　　　　　　808 000
　　贷:可供出售金融资产——公允价值变动　　　　　　　　　　　808 000

公允价值变动=(5.008-4.20)×1 000 000=-808 000(元)

(4) 2015年12月31日,确认乙公司股票减值损失。

借:资产减值损失   1 108 000
    贷:其他综合收益   808 000
        可供出售金融资产——减值准备   300 000

减值准备=(3.90−4.20)×1 000 000=−300 000(元)

乙公司股票减值损失=300 000+808 000=1 108 000(元)

(5) 2016年4月20日,确认乙公司宣告发放2015年现金股利中应享有的份额。

借:应收股利——乙公司   100 000
    贷:投资收益   100 000

应享有乙公司发放2015年现金股利的份额=2 000 000×5%=100 000(元)

(6) 2016年5月10日,收到乙公司发放的2015年现金股利。

借:银行存款   100 000
    贷:应收股利——乙公司   100 000

(7) 2016年6月30日,乙公司财务状况好转,确认乙公司股票公允价值变动。

借:可供出售金融资产——公允价值变动   300 000
        ——减值准备   300 000
    贷:其他综合收益   600 000

公允价值变动=(4.50−3.90)×1 000 000−300 000=300 000(元)

(8) 2016年12月31日,确认乙公司股票公允价值变动。

借:可供出售金融资产——公允价值变动   1 000 000
    贷:其他综合收益   1 000 000

公允价值变动=(5.50−4.50)×1 000 000=1 000 000(元)

(9) 2017年1月10日,出售乙公司股票1 000 000股。

借:银行存款   6 500 000
    贷:可供出售金融资产——成本   5 008 000
        ——公允价值变动   492 000
        投资收益   1 000 000

乙公司股票公允价值变动=−808 00+300 000+1 000 000=492 000(元)

同时:

借:其他综合收益   1 600 000
    贷:投资收益   1 600 000

应从所有者权益中转出的公允价值累计变动额=−808 000+808 000+600 000+1 000 000=1 600 000(元)

4.5.5 可供出售金融资产重分类

可供出售金融资产因持有意图或能力发生改变,或公允价值不再能够可靠计量,企业可以将可供出售金融资产重新分类为持有至到期投资。改变成本或摊余成本计量,持有至到期投资成本或摊余成本可重分类为可供出售金融资产的公允价值或账面价值。与该金融资产有关、原直接计入所有者权益的利得或损失,应当按照下列规定处理。

(1) 该金融资产有固定到期日的，应当在该金融资产的剩余期限内，采用实际利率法摊销，计入当期损益。该金融资产的摊销成本与到期日金额之间的差额，也应当在该金融资产的剩余期限内，采用实际利率法摊销，计入当期损益。该金融资产在随后的会计期间发生减值的，原直接计入所有者权益的相关利得或损失，应当转出计入当期损益。

(2) 该金融资产没有固定到期日的，仍应保留在所有者权益中，在该金融资产被处置时转出，计入当期损益。该金融资产在随后的会计期间发生减值的，原直接计入所有者权益的相关利得或损失，应当转出计入当期损益。

本章小结

在企业的生产经营过程中，购买股票或债券，会形成企业的交易性金融资产、持有至到期投资和可供出售金融资产，与其他单位进行经济交往，往往会发生应收款项，这些都属于企业的金融资产。本章根据《企业会计准则第22号——金融工具的确认和计量》和《企业会计准则：应用指南》的相关规定，介绍了企业不作为货币资金和长期股权投资核算的金融资产的确认和计量，包括以公允价值计量且其变动计入当期损益的交易性金融资产、持有至到期投资、一般企业的应收款项和可供出售金融资产的确认和计量及其会计处理。

本 章 习 题

1. 判断题

(1) 企业取得的交易性金融资产为债券投资的，应当按照面值，借记"交易性金融资产——成本"科目。（ ）

(2) 企业为取得持有至到期投资发生的交易费用，应计入其初始确认金额。（ ）

(3) 可供出售金融资产期末按公允价值计量，因此期末不能计提减值准备。（ ）

(4) 资产负债表日，交易性金融资产应按公允价值计量，且公允价值的变动计入当期投资损益。（ ）

(5) 企业购入的债券可以划分为持有至到期投资，但购入的股票不能划分为持有至到期投资。（ ）

(6) 可供出售金融资产的投资对象可以是股票，也可以是债券。（ ）

(7) 企业应向职工收取的代垫水电费，应记入"应收账款"科目。（ ）

(8) 不带息票据的到期价值等于应收票据的面值。（ ）

(9) 存在商业折扣的情况下，企业应收账款入账金额应按不扣除商业折扣以后的实际价确定。（ ）

(10) "坏账准备"科目期末余额在贷方，在资产负债表上列示时，应列示于流动负债项目中。（ ）

2. 计算与业务分析题

1) 2016年5月10日，甲公司以620万元(含已宣告但尚未领取的现金股利20万元)购入乙公司股票200万股作为交易性金融资产，另支付手续费6万元，5月30日，甲公司收到现金股利20万元。2016年6月30日该股票每股市价为3.2元，2016年8月10日，乙公司宣告分派现金股利，每股0.2元，8月20日，甲公司收到分派的现金股利。至12月31日，甲公司仍持有该交易性金融资产，期末每股市价为3.6元，2017年1月3日以630万元出售该交易性金融资产。假定甲公司每年6月30日和12月31日对外提供财务报告。

要求：(1) 编制上述经济业务的会计分录。

(2) 计算该交易性金融资产的累计损益。

2) A公司于2014年1月2日从证券市场上购入B公司于2013年1月1日发行的债券，该债券4年期、票面年利率为4%，每年1月5日支付上年度的利息，到期日为2017年1月1日，到期日一次归还本金和最后一次利息。A公司购入债券的面值为1 000万元，实际支付价款为992.77万元，另支付相关费用20万元。A公司购入后将其划分为持有至到期投资，购入债券的实际利率为5%。假定按年计提利息，利息不是以复利计算。

要求：编制A公司从2014年1月1日～2017年1月1日上述有关业务的会计分录。

3) A公司2016年1月1日以银行存款1 035 000元购入N公司发行的3年期分期付息、一次还本债券作为可供出售金融资产，该债券票面金额1 000 000元，票面利率6%，实际利率4%。每年12月31日为付息日。2016年12月31日，该债券市场价格为1 000 500元，假定无交易费用和其他因素。

要求：根据以上业务内容编制相关会计分录。

3. 案例分析题

东方公司2016年对下述事项和业务的会计处理如下。

(1) 2016年年末应收账款的余额为1 000万元，公司对坏账准备的核算采用余额百分比法，提取坏账准备的比例为0.3%，在计提坏账准备前，"坏账准备"科目有借方余额2万元，本年收到已冲销的上年西方公司应收账款10万元。为此东方公司2016年提取的坏账准备为3万元，将收回的西方公司的应收账款直接冲减当期的资产减值损失。

(2) 为公司职工王某垫付的应交个人人身保险费300元，记入"应收账款"科目。

(3) 在编制的会计报表中注明的"应付账款"科目余额为2 000万元，其中包括预付给南方公司的原材料预付款10万元，该企业发生的预付账款仅此一项。

(4) 2016年年末收到北方公司交来的一张面值为500万元的商业承兑汇票，获知北方公司的现金流量不足，资金周转困难，为此东方公司对该票据计提了20万元的坏账准备。

要求：(1)东方公司对上述业务的会计处理中，哪些是正确的，哪些是错误的？(用序号表明即可)

(2) 对不正确的会计处理说明理由，并给出正确的会计处理方法。

第 5 章

长期股权投资

学习目标

通过本章的学习,了解长期股权投资的不同取得方式,理解长期股权投资核算的成本法和权益法适用的范围及方法,了解长期股权投资成本法核算和权益法核算的转换;掌握长期股权投资的重分类;重点掌握长期股权投资成本法和权益法的会计处理,重点掌握长期股权投资处置的会计处理。

技能要求

掌握同一控制下的企业合并形成的长期股权投资初始投资成本的确定方法;掌握以非企业合并方式取得的长期股权投资初始投资成本的确定方法;掌握长期股权投资成本法和权益法的核算;掌握长期股权投资处置的核算。

导入案例

电信重组是 2008 年最引人注目的一项并购项目,在电信行业重组还只是一个传言的时候,各路分析人士就已经提出了 N 套方案,不过最后公布的是此前业内普遍认同的"3+1"的模式。

2008 年 10 月 15 日,中国联通和中国网通合并,"中国联合网络通信有限公司"正式成立,这是中国有史以来最大的资产交易项目和企业并购项目。也是新一轮电信业重组具有标志性意义的一刻,标志着中国电信重组改革在资本市场层面的工作全部结束,电信行业迈入三足鼎立时代。

新联通董事长兼首席执行官常小兵表示,下一步将全面整合无线及固网业务,整合两家公司现有资源,大力推进全业务经营,加快移动通信网络及未来 3G 网络建设步伐,推进固定和移动网络宽带化。

以移动业务为主的中国联通、以固网和宽带互联网业务为主的中国网通各具优势。合并后,双方的优势有望得以充分发挥,进而增强新联通的综合实力。其次,双方合并后将实行全业务经营,实现协同效应。新公司将通过移动业务与固网宽带业务的结合,促进相互发展。双方还能在销售、运营、投资、管理成本等方面实现协同效应。而工业和信息化部、发改委、国资委等部门也希望能借此机会打破不平衡的竞争格局,扶植电信和联通做强做大。

现代企业除传统的加工、销售模式外,越来越多的企业采用投资、并购、重组等方式拓宽生产经营渠道、提高获利能力。那么,像上述投资收购活动在会计上是如何反映与核算的,通过本章的学习,你将了解更多有关企业长期股权投资会计处理的知识。

5.1 长期股权投资概述

5.1.1 长期股权投资的含义及特点

1. 长期股权投资的含义

长期股权投资,是指投资方对被投资方实施控制、重大影响的权益性投资,以及对其合营企业的权益性投资。

2. 长期股权投资的特点

(1) 长期股权投资的对象是被投资方的权益工具,主要是指投资方通过购买被投资方发行的普通股来进行投资。

(2) 长期股权投资是一种战略性投资,表现为投资方能够对被投资方实施控制、共同控制或重大影响,并能够通过这种影响力来获取经济利益。

(3) 从投资期限来看,长期股权投资期限较长,构成企业的一项非流动资产。

5.1.2 长期股权投资的核算范围

1. 长期股权投资核算范围的界定

根据长期股权投资的定义,其核算范围主要包括以下三种形式。

(1) 对子公司的权益性投资。当投资方能够对被投资方实施控制时,被投资方称为投资方的子公司。

(2) 对合营企业的权益性投资。当投资方能够和他人一起对被投资方实施共同控制时，被投资方称为投资方的合营企业。

(3) 对联营企业的权益性投资。当投资方能够对被投资方施加重大影响时，被投资方称为投资方的联营企业。

2. 控制的定义及特点

1) 控制的定义

《企业会计准则第33号——合并财务报表(2014)》第七条对控制的定义为：控制，是指投资方拥有对被投资方的权利，通过参与与被投资方的相关活动而享有可变回报，并且有能力运用对被投资方的权利影响其回报金额。

2) 控制的特点

(1) 投资方拥有对被投资方的权利，该权利使得投资方能够有能力主导被投资方的相关活动。比如，投资方有权决定被投资方的经营政策，或有权任命被投资方的关键管理人员，都说明投资方拥有对被投资方的权利。

(2) 投资方能够通过参与被投资方的相关活动而享有可变回报。这里的相关活动，是指对被投资方的经营成果产生重大影响的活动，包括被投资方销售商品、购买物资、对外投资、发行股票或债券、购买或处置固定资产、研究与开发等活动。可变回报，是指投资方通过投资从被投资方取得的回报可能会随着被投资方业绩的变动而变动。比如，甲公司对乙公司进行权益性投资，并且有权利主导乙公司的产品生产工艺、功能、产量等决策，从而提高乙公司的业绩并获得更多的股利。

(3) 投资方有权利来影响从被投资方获得的可变回报的金额。这是指投资方能够通过对被投资方的权利根据其主观意愿来影响从被投资方获得的股利等可变回报的具体金额。

3) 控制关系的判断

投资方拥有对被投资方的权利通常是通过持有被投资方表决权资本来获得的。控制关系的产生主要存在于以下几种情形。

(1) 投资方持有被投资方半数以上的表决权资本，通常表明投资方拥有控制被投资方的权利。比如，W公司发行在外的普通股数量为500 000股，A公司持有W公司300 000股普通股，则A公司对W公司的持股比例为60%(300 000/500 000)，因而A公司拥有控制W公司的权利。

(2) 投资方持有被投资方半数或半数以下表决权资本的，但综合考虑相关事实和条件仍然可以判断投资方拥有控制被投资方的权利。比如，W公司发行在外的普通股数量为800 000股，A公司直接持有W公司300 000股普通股，A公司还通过持股和协议共拥有W公司500 000(300 000＋200 000)股普通股的表决权，占W公司表决权资本的62.5%(500 000/800 000)，能够实施对W公司的控制。再比如，甲公司持有C公司40%的表决权，但C公司董事会的7名成员中，甲公司有权任命4名成员。这表明，甲公司可以通过控制C公司的董事会，从而主导C公司的各项活动，因而，甲公司同样可以控制C公司。

因此，控制关系的判定不仅仅要考虑投资方对被投资方的持股比例，还要考虑被投资方的合同安排、投资方与被投资方董事会或关键管理人员的关系、投资方是否持有被投资方可转换债券等潜在表决权资本等因素，根据实质重于形式的原则进行判断。

拥有控制权利的投资方称为被投资方的母公司，被投资方称为投资方的子公司。母公司在个别报表中通过长期股权投资来核算对子公司的投资。此外，母公司还要以母子公司构成的集团为主体编制合并财务报表。关于合并财务报表的编制方法不在本书的讨论范围。

3. 共同控制的定义及特点

1) 共同控制的定义

《企业会计准则第 40 号——合营安排(2014)》第五条对共同控制的定义为：共同控制，是指按照相关约定对某项安排所共有的控制，并且该安排的相关活动必须经过分享控制权的参与方一致同意后才能决策。

2) 共同控制的特点

(1) 共同控制的各方面都不能单独对被投资方实施控制，只有各方意见一致时才能对被投资方实施共同的控制。

(2) 如果存在两个或两个以上的投资方组合能够共同控制被投资方的，不构成共同控制。也就是说，共同控制的投资方的组合是唯一的。

(3) 共同控制的对象是一个单独的主体时，被投资方称为投资方的合营企业，此时投资方对投资单位的权益性投资通过长期股权投资核算。

比如，甲公司和乙公司是 A 公司的两个股东，各持有 A 公司 50%的普通股，则甲公司和乙公司都无法对 A 公司单独实施控制，但二者意见一致时可以共同控制 A 公司。因而 A 公司是甲公司和乙公司的合营企业，甲公司和乙公司应当通过长期股权投资核算对 A 公司的投资。

4. 重大影响的定义及判定

1) 重大影响的定义

《企业会计准则第 2 号——长期股权投资(2014)》第二条对重大影响的定义为：重大影响，是指投资方对被投资方的财务和经营政策有参与决策的权力，但并不能够控制或者与其他一起共同控制这些政策的制定。

2) 重大影响的判定

通常情况下，当投资方持有被投资方 20%或以上但低于 50%的表决权资本时，即能够对被投资方实施重大影响。在某些情况下，即使投资方持有被投资方 20%以下的表决权资本，仍然可以通过以下情形来判断重大影响关系的存在。

(1) 投资方能够在被投资方的董事会中占据一席之位。这说明投资方享有实质性的参与权，达到对被投资方的重大影响。

(2) 投资方能够参与被投资方的重大决策过程。在这种情况下，投资方可以在被投资方重大政策的制定时提出建议和意见，从而实施对被投资方的重大影响。

(3) 投资方与被投资方之间存在重大交易。由于投资方与被投资方之间存在的重大交易能够对被投资方的日常经营具有重要性，从而能够在一定程度上影响被投资方的重大决策。

(4) 投资方向被投资方派出关键管理人员。在这种情况下，投资方通过派出关键管理人员，从而能够负责和影响被投资方的财务、投资、生产、经营等活动。

(5) 投资方向被投资方提供关键技术。因为被投资方的生产经营及未来发展有赖于投资方提供的关键技术,因而受到投资方的重要影响。

同样,在判断重大影响关系时,还应当考虑投资方持有的被投资方当期可转换公司债券、当期可执行认股权证等潜在表决权因素,综合考虑各项因素进行职业判断。

5.2 长期股权投资的初始计量

5.2.1 长期股权投资初始计量的原则

(1) 企业在取得长期股权投资时,应按初始投资成本入账。长期股权投资可以通过企业合并形成,也可以通过企业合并以外的其他方式取得,在不同的取得方式下,初始投资成本的确定方法有所不同。企业应当分别企业合并和非企业合并两种情况确定长期股权投资的初始投资成本。

(2) 企业在取得长期股权投资时,如果实际支付的价款或其他对价中包含已宣告但尚未发放的现金股利或利润,则该现金股利或利润在性质上属于暂付应收款项,应作为应收项目单独入账,不构成长期股权投资的初始投资成本。

5.2.2 企业合并形成的长期股权投资

企业合并,是指将两个或者两个以上单独的企业合并形成一个报告主体的交易或事项。本质上看,企业合并通常包括吸收合并、新设合并和控股合并三种形式。其中吸收合并和新设合并均不形成投资关系,只有控股合并形成投资关系。因此,企业合并形成的长期股权投资,是指控股合并所形成的投资方(即合并后的母公司)对被投资方(即合并后的子公司)的股权投资。企业合并形成的长期股权投资,应当区分同一控制下的企业合并和非同一控制下的企业合并分别确定初始投资成本。

1. 同一控制下的企业合并形成的长期股权投资

同一控制下企业合并,是指参与合并的企业在合并前后均受同一方或相同的多方最终控制且该控制并非暂时性的。比如,A 公司分别持有 B 公司和 C 公司 60%和 70%的普通股,从而对 B 公司和 C 公司均具有控制权。B 公司购买 A 公司持有 C 公司 70%的普通股,取得对 C 公司的控制权。在该企业合并中,参与合并的 B 公司和 C 公司在合并前后均受 A 公司的最终控制,因而该合并属于同一控制下的企业合并。

在同一控制下企业合并,由于合并前后均受同一方或相同的多方最终控制,因而该合并是在最终控制方的主导下完成的,因此可以将这种企业合并看作是两个参与合并企业权益的重新整合。在这种情况下,投资方为取得被投资方股权而支付的对价与市场无关,本质上不属于购买行为,不需要考虑支付对价的公允价值,仅需要按照被投资方所有者权益的账面价值为基础进行计量。具体来说,同一控制下企业合并取得的长期股权投资初始计量成本的确定方法如下。

(1) 投资方以支付现金、转让非现金资产或承担债务方式作为合并对价的,应当在合并日按照取得被投资方所有者权益账面价值的份额作为长期股权投资的初始投资成本。初始投资成本大于支付的合并对价账面价值的差额,应当计入资本公积(资本溢价或股本溢价);初始投资成本小于支付的合并对价账面价值的差额,应当冲减资本公积(仅限于资本溢价或股本溢价),资本公积的余额不足冲减的,应依次冲减盈余公积、未分配利润。

合并方为进行企业合并而发行债券或承担其他债务支付的手续费、佣金等,应当计入所发行债券及其他债务的初始确认金额;为企业进行合并方而发生的直接相关费用,如审计费用、评估费用、法律服务费用等,应当于发生时计入当期管理费用。

【例5-1】龙盛公司和B公司同为甲集团的子公司,2017年7月1日,龙盛公司以银行存款作为合并对价取得B公司所有者权益的80%的份额,另为合并支付直接费用6万元,同日B公司所有者权益的账面价值为500万元,龙盛公司"资本公积——股本溢价"科目余额为45万元。龙盛公司会计处理如下。

若龙盛公司以银行存款支付380万元作为合并对价取得B公司所有者权益的80%的份额。

长期股权投资和初始投资成本=500×80%=400(万元)

借:长期股权投资——B公司　　　　　　　　　　　　4 000 000
　　贷:银行存款　　　　　　　　　　　　　　　　　3 800 000
　　　　资本公积——股本溢价　　　　　　　　　　　　200 000

合并方为合并支付直接费用6万元。

借:管理费用　　　　　　　　　　　　　　　　　　　60 000
　　贷:银行存款　　　　　　　　　　　　　　　　　　60 000

若龙盛公司以银行存款支付425万元作为合并对价取得B公司所有者权益的80%的份额。

长期股权投资和初始投资成本=500×80%=400(万元)

借:长期股权投资——B公司　　　　　　　　　　　　4 000 000
　　资本公积——股本溢价　　　　　　　　　　　　　250 000
　　贷:银行存款　　　　　　　　　　　　　　　　　4 250 000

合并方为合并支付直接费用6万元。

借:管理费用　　　　　　　　　　　　　　　　　　　60 000
　　贷:银行存款　　　　　　　　　　　　　　　　　　60 000

(2) 合并方以发行权益性证券作为合并对价的,应当在合并日按照取得被合并方所有者权益账面价值的份额作为长期股权投资的初始投资成本。按照发行股份的面值总额作为股本。初始投资成本大于发行的权益性证券面值总额的差额,应当计入资本公积(股本溢价);初始投资成本小于发行的权益性证券面值总额的差额,应当冲减资本公积(仅限于股本溢价)资本公积的余额不足冲减的,应依次冲减盈余公积、未分配利润。

合并方为进行企业合并而发行的权益性证券支付的手续费、佣金等费用,应当抵减权益性证券的溢价发行收入,溢价发行收入不足冲减的,冲减留存收益。

【例5-2】龙盛公司和B公司同为甲集团的子公司,2017年9月1日,龙盛公司发行410万元普通股(每股面值1元)作为对价取得B公司60%的股权,同日B公司账面净资产总额为700万元。龙盛公司为发行股票支付证券公司佣金8万元。龙盛公司会计处理如下。

初始投资成本=700×60%=420(万元)

```
借：长期股权投资——B公司            4 200 000
    贷：股本                              4 100 000
        资本公积——股本溢价                 100 000
```

龙盛公司为发行股票支付证券公司佣金

```
借：资本公积——股本溢价                  80 000
    贷：银行存款                            80 000
```

2. 非同一控制下的企业合并形成的长期股权投资

非同一控制下的企业合并，是指参与合并各方在合并前后不受同一方或相同的多方最终控制的合并交易。其中，在购买日取得对其他参与合并企业控制权的一方为购买方，参与合并的其他企业为被购买方。非同一控制下的企业合并，购买方应将企业合并视为一项购买交易，合理确定合并成本，作为长期股权投资的初始投资成本。

1) 购买方以支付现金等方式作为合并对价

购买方以支付现金、转让非现金资产或承担债务方式作为合并对价的，合并成本为购买方在购买日为取得对被购买的控制权而付出的资产、发生或承担的负债的公允价值。

购买方作为合并对价付出的资产，应当按照以公允价值处置该资产进行会计处理。其中，付出资产为固定资产、无形资产的，付出资产的公允价值与其账面价值的差额，计入营业外收入或营业外支出；付出资产为金融资产的，付出资产的公允价值与其账面价值的差额，计入投资收益；付出资产为存货的，按其公允价值确认收入，同时按其账面价值结转成本，涉及增值税的，还应进行相应的处理。此外，企业以可供出售金融资产作为合并对价的，该可供出售金融资产在持有期间因公允价值变动而形成的其他综合收益(即计入资本公积的累计公允价值变动)应同时转出，计入当期投资收益。

购买方为进行企业合并而发行债券支付的手续费、佣金等费用，应当计入所发行债券及其他债务的初始确认金额，不构成初始投资成本；购买方为进行企业合并而发生的各项直接相关费用，如审计费用、评估费用、法律服务费用等，应当于发生时计入当期管理费用。

2) 购买方以发行权益性证券作为合并对价

购买方以发行权益性证券作为合并对价的，合并成本为购买方在购买日为取得对被购买方的控制权而发行的权益性证券的公允价值。

购买方为发行权益性证券而支付的手续费、佣金等费用，应当抵减权益性证券的溢价发行收入，溢价发行收入不足冲减的，冲减留存收益，不构成初始投资成本。

5.2.3 非企业合并方式取得的长期股权投资

除企业合并形成的长期股权投资以外，其他方式取得的长期股权投资，包括对合营企业的股权投资和对联营企业的股权投资，应当以取得投资所支付现金、转移非现金资产或发行权益性证券的公允价值为基础，确定其初始计量成本，具体方法如下。

1. 以支付现金取得的长期股权投资

企业以支付现金取得的长期股权投资，应当按照实际支付的购买价款作为初始投资成本，购买价款包括买价和购买过程中支付的与取得长期股权投资直接相关的费用、税金及其他必要支出，但所支付的价款中包含的被投资方已宣告但尚未发放的现金股利应作为应收项目核算，不构成取得长期股权投资的成本。

【例5-3】2017年5月1日，龙盛公司从证券市场上购入乙公司发行在外的500万股股票作为长期股权投资，每股10.5元(含已宣告但尚未发放的现金股利0.5元)，实际支付价款5 250万元，另支付相关税费15万元，龙盛公司享有乙公司股权40%比例，龙盛公司的会计处理采用权益法核算(不考虑其他相关税费)。

初始投资成本＝5 250+15－500×0.5＝5 015(万元)

借：长期股权投资——乙公司(成本)   50 150 000
   应收股利   2 500 000
 贷：银行存款   52 650 000

2. 以发行权益性证券取得的长期股权投资

企业以发行权益性证券取得的长期股权投资，应当按照发行权益性证券的公允价值作为初始投资成本。为发行权益性证券而支付给证券承销机构的手续费、佣金等相关税费及其他直接相关支出，不构成长期股权投资的初始成本，应自权益性证券的溢价发行收入中扣除；权益性证券的溢价发行收入不足冲减的，应依次冲减盈余公积和未分配利润。

【例5-4】2017年8月1日，龙盛公司发行股票500 000股作为对价向A公司投资，发行股票每股面值为1元，每股发行价格为3元，向证券承销机构支付发行手续费及佣金等直接相关费用20 000元，均以银行存款支付，龙盛公司享有A公司股权40%比例。能够对A公司的生产经营决策施加重大影响，龙盛公司将其划分为长期股权投资。

初始投资成本＝500 000×3 ＝1 500 000(元)

借：长期股权投资——A公司(成本)   1 500 000
 贷：股本   500 000
    资本公积——股本溢价   1 000 000
借：资本公积——股本溢价   20 000
 贷：银行存款   20 000

5.3 长期股权投资的后续计量

企业取得的长期股权投资在持有期间，要根据对被投资方是否能够实施控制，分别采用成本法和权益法进行核算。

5.3.1 长期股权投资的成本法

成本法，是指长期股权投资的账面价值按初始投资成本计量，除追加或收回投资外，一般不对长期股权投资的账面价值进行调整的一种会计处理方法。投资方对被投资方能够实施控制的长期股权投资，即对子公司长期股权投资，应当采用成本法核算。成本法的基本核算程序如下：

(1) 设置"长期股权投资"科目，反映长期股权投资的初始投资成本。在收回投资前，无论被投资方经营情况如何，净资产是否增减，投资方一般不对股权投资的账面价值进行调整。

(2) 如果发生追加投资或收回投资等情况，应按追加或收回投资的成本增加或减少长期股权投资的账面价值。

(3) 除取得投资时实际支付的价款或对价中包含的已宣告但尚未发放的现金股利或利润外，投资方应当按照被投资方宣告发放的现金股利或利润中属于本企业享有的部分，应确认为当期投资收益；被投资方宣告分派股票股利，投资方应于除权日作备忘记录；被投资方未分派股利，投资方不作任何会计处理。

【例5-5】2011年3月18日，龙盛公司以520 000元的价格(包括已宣告但尚未发放的现金股利20 000元)取得W公司普通股股票200 000股，占W公司普通股股份的60%，能够对W公司实施控制，龙盛公司将其划分为长期股权投资并采用成本法核算。2011年4月5日，龙盛公司收到支付的投资价款中包含已宣告但尚未发放的现金股利；2012年3月15日，W公司宣告2011年度股利分配方案，每股分派现金股利0.2元，并于2012年4月15日派发；2013年4月15日，W公司宣告2012年度股利分配方案，每股分派股票股利0.3股，除权日为2013年5月10日；2013年度W公司发生亏损，以留存收益弥补亏损后，于2014年4月20日宣告2013年度股利分配方案，每股分派现金股利0.1元，并于2014年5月15日派发；2014年度W公司继续亏损，该年未进行股利分配；2015年度W公司扭亏为盈，该年未进行股利分配；2016年度W公司继续盈利，于2017年3月10日宣告2016年度股利分配方案，每股分派现金股利0.25元，并于2017年4月15日派发。

(1) 2011年3月18日，龙盛公司取得W公司普通股股票。

借：长期股权投资——W公司	500 000
应收股利	20 000
贷：银行存款	520 000

(2) 2011年4月5日，收到W公司派发的现金股利。

借：银行存款	20 000
贷：应收股利	20 000

(3) 2012年3月15日，W公司宣告2011年度股利分配方案。

现金股利＝200 000×0.2＝40 000(元)

借：应收股利	40 000
贷：投资收益	40 000

(4) 2012年4月15日，收到W公司派发的现金股利。

借：银行存款	40 000
贷：应收股利	40 000

(5) 2013年4月15日，W公司派送的股票股利除权。

龙盛公司不作正式会计记录，但应于除权日在备查簿中登记增加的股份：

股票股利＝200 000×0.3＝60 000(股)，持有W公司股票总数＝200 000＋60 000＝260 000(股)

(6) 2014年4月20日，W公司宣告2013年度股利分配方案。

现金股利＝260 000×0.1＝26 000(元)

借：应收股利	26 000	
贷：投资收益		26 000

(7) 2014 年 5 月 15 日，收到 W 公司派发的现金股利。

借：银行存款	26 000	
贷：应收股利		26 000

(8) 2014 年 W 公司继续亏损，该年未进行股利分配，龙盛公司不必作任何会计处理。

(9) 2015 年度 W 公司扭亏为盈，该年未进行股利分配，龙盛公司不必作任何会计处理。

(10) 2017 年 3 月 10 日，W 公司宣告 2016 年度股利分配方案。

现金股利＝260 000×0.25＝65 000(元)

借：应收股利	65 000	
贷：投资收益		65 000

(11) 2017 年 4 月 15 日，收到 W 公司派发的现金股利。

借：银行存款	65 000	
贷：应收股利		65 000

在成本法下，投资方在确认自被投资方应分得的现金股利或利润后，应当关注有关长期股权投资的账面价值是否大于享有被投资方净资产(包括相关商誉)账面价值的份额等情况。出现类似情况时，企业应当按照《企业会计准则第 8 号——资产减值》的规定对长期股权投资进行减值测试，可收回金额低于长期股权投资账面价值的，应当计提减值准备。

5.3.2　长期股权投资的权益法

权益法，是指在取得长期股权投时以投资成本计量，在投资持有期间根据投资方享有被投资方所有者权益份额的变动，对投资的账面价值进行相应调整的一种会计处理方法。投资方对被投资方具有共同控制或重大影响的长期股权投资，即对合营企业或联营企业的长期股权投，应当采用权益法核算。

1. 会计科目的设置

采用权益法核算，在"长期股权投资"科目下应当设置"投资成本""损益调整""其他综合收益""其他权益变动"明细科目，分别反映长期股权投资的初始投资成本、被投资方发生净损益、其他综合收益或其他权益变动而对长期股权投资账面价值进行调整的金额。其中：

(1) 投资成本，反映长期股权投资的初始投资成本，以及在长期股权投资的初始投资成本小于取得时应享有被投资方可辨认净资产公允价值份额的情况下，按其差额调整初始投资成本后形成的账面价值。

(2) 损益调整，反映投资方应享有或应分担的被投资方实现的净损益份额，以及被投资方分派的现金股利或利润中投资方应获得的份额。

(3) 其他综合收益，反映被投资方其他综合收益发生变动时，投资方应享有或承担的份额。

(4) 其他权益变动，反映被投资方除净损益、其他综合收益和利润分配以外所有者权益的其他变动中，投资方应享有或承担的份额。

第5章 长期股权投资

2. 取得长期股权投资的会计处理

企业在取得长期股权投资时,按照确定的初始投资成本入账。初始投资成本与应享有被投资方可辨认净资产公允价值份额之间的差额,应区别情况处理:

(1) 如果长期股权投资的初始投资成本大于取得投资时应享有被投资方可辨认净资产公允价值份额的差额,二者之间的差额在本质上是通过投资作价体现的与所取得的股权份额相对应的商誉以及被投资方不符合确认条件的资产价值,两者之间的差额不要求对长期股权投资的成本进行调整。

(2) 如果长期股权投资的初始投资成本小于取得投资时应享有被投资方可辨认净资产公允价值份额的差额,二者之间的差额体现的是投资作价过程中转让方的让步,该差额导致的经济利益流入应作为一项收益,计入取得投资当期的营业外收入,同时调整长期股权投资的账面价值。

投资方应享有被投资方可辨认净资产公允价值的份额,可用下列公式计算:

应享有被投资方可辨认净资产公允价值的份额 ＝ 投资时被投资方可辨认净资产公允价值总额 × 投资方持股比例

【例5-6】2017年1月1日,龙盛公司购入W公司股票600万股,实际支付购买价款1 200万元(包括交易税费)。该股份占W公司普通股股份的30%,龙盛公司在取得股份后,派人参与了W公司的生产经营决策,因能够对W公司施加重大影响,龙盛公司采用权益法核算。

(1) 假定投资时,W公司可辨认净资产公允价值为3 800万元。

应享有W公司可辨认净资产公允价值份额＝3 800×30%＝1 140(万元)

由于长期股权投资的初始投资成本大于投资时应享有W公司可辨认净资产公允价值的份额,因此,不调整长期股权投资的初始投资成本。龙盛公司应作如下会计处理。

借:长期股权投资——W公司(投资成本)   12 000 000
    贷:银行存款   12 000 000

(2) 假定投资时,W公司可辨认净资产公允价值为4 200万元。

应享有W公司可辨认净资产公允价值份额＝4 200×30%＝1 260(万元)

由于长期股权投资的初始投资成本小于投资时应享有W公司可辨认净资产公允价值的份额,因此,应按二者之间的差额调整长期股权投资的初始投资成本,同时计入当期营业外收入。龙盛公司应作如下会计处理。

初始投资成本调整额＝1 260－1 200＝60(万元)

借:长期股权投资——W公司(投资成本)   12 000 000
    贷:银行存款   12 000 000
借:长期股权投资——W公司(投资成本)   600 000
    贷:营业外收入   600 000

3. 投资损益的确认

投资方取得长期股权投资后,应当按照在被投资方实现的净利润或发生的净亏损中,投资方应享有或应分担的份额确认投资损益,同时相应调整长期股权投资的账面价值。投资方应当在被投资方账面净损益的基础上,考虑以下因素对被投资方净损益的影响并进行适当调整后,作为确认投资损益的依据。

(1) 被投资方采用的会计政策及会计期间与投资方不一致的,应当按照投资方的会计政策及会计期间对被投资方的财务报表进行调整,以调整后的净利润为基础计算确认投资损益。

权益法是将投资方与被投资方作为一个整体来看待的,作为一个整体,投资方与被投资方的损益应当在一致的会计政策基础上确定。当被投资方采用的会计政策与投资方不同时,投资方应当遵循重要性原则,按照本企业的会计政策对被投资方的净损益进行调整。

(2) 以取得投资时被投资方各项可辨认资产等公允价值为基础,对投资方的净损益进行调整后,作为确认投资损益的依据。

投资方在取得投资时,是以被投资方有关资产、负债的公允价值为基础确定投资成本的,股权投资收益所代表的应当是被投资方的资产、负债的公允价值计量的情况下在未来期间通过经营产生的净损益中归属于投资方的部分,而被投资方个别利润表中的净损益是以其持有的资产、负债的账面价值为基础持续计算的。如果取得投资时被投资方有关的资产、负债的公允价值与其账面价值不同,投资方应当以取得投资时被投资方各项可辨认资产等公允价值为基础,对被投资方的账面净损益进行调整,并按调整后的净损益和持股比例计算确认投资损益。例如,以取得投资时被投资方固定资产、无形资产的公允价值为基础计提的折旧额、摊销额,以及以取得投资时的公允价值为基础计算确定的资产减值准备金额,与被投资方以账面价值为基础计提的折旧额、摊销额,以及以账面价值为基础计算确定的资产减值准备金额之间存在差额的,应按其差额对被投资方的账面净损益进行调整。

投资方在对被投资方实现的净损益进行调整时,应考虑重要性原则,不具重要性的项目可不予调整。符合下列条件之一的,投资方应以被投资方的账面净损益为基础,经调整未实现内部交易损益后,计算确认投资损益,同时应在财务报表附注中说明下列情况不能调整的事实及其原因:

① 投资方无法合理确定取得投资时被投资方各项可辨认资产的公允价值;

② 投资时被投资方可辨认资产的公允价值与账面价值相比,两者之间的差额不具重要性。

③ 其他原因导致无法取得被投资方的有关资料,不能按照准则中规定的原则对被投资方的净损益进行调整。

【例5-7】2017年1月1日,龙盛公司购入W公司股票600万股,实际支付购买价款1 200万元(包括交易税费)。该股份占W公司普通股股份的30%,龙盛公司在取得股份后,派人参与了W公司的生产经营决策,因能够对W公司施加重大影响,龙盛公司采用权益法核算。取得投资当日,W公司可辨认资产等公允价值为9 000万元,假定除表5-1所列项目外,W公司其他资产、负债的公允价值与账面价值相同。

2017年度,W公司实现净利润500万元,龙盛公司取得投资时的存货已有80%对外出售,固定资产、无形资产均按直线法计提折旧或摊销,预计净残值均为零。龙盛公司与W公司的会计年度采用的会计政策相同,双方未发生任何内部交易。

根据以上资料,龙盛公司在确认其应享有的投资收益时,应首先在W公司实现净利润的基础上,考虑取得投资时W公司有关资产的公允价值与账面价值差额的影响,对W公司的净利润作如下调整(假定不考虑所得税影响)。

表5-1 资产公允价值与账面价值差额表

2017年1月1日　　　　　　　　　　　　　　　　　　　　　　　　单位：万元

项目	入账成本	预计使用年限	已使用年限	已提折旧或摊销	账面价值	公允价值	剩余使用年限
存货	450				450	500	
固定资产	1 000	20	5	250	750	900	15
无形资产	800	10	2	160	640	600	8
合计	2 250			410	1 840	2 000	

存货差额应调增营业成本(调减利润)＝(500－450)×80%＝40(万元)
固定资产差额应调增折旧费(调减利润)＝900÷15－1 000÷20＝10(万元)
无形资产差额应调减摊销费(调增利润)＝800÷10－600÷8＝5(万元)
调整后的净利润＝500－40－10＋5＝455(万元)
根据调整后的净利润，龙盛公司确认投资收益的会计处理如下。
应享有收益份额＝455×30%＝136.5(万元)
借：长期股权投资——W公司(损益调整)　　　　　　　　　　　1 365 000
　　贷：投资收益　　　　　　　　　　　　　　　　　　　　　　1 365 000

(3) 投资方与联营企业及合营企业之间发生的未实现内部交易损益按照持股比例计算归属于投资方的部分应当予以抵销，在此基础上确认投资损益。投资方与被投资方发生的未实现内部交易损失，属于所转让资产发生的减值损失，应当全额确认，不应予以抵销。

4. 取得现金股利或利润的会计处理

长期股权投资采用权益法核算，当被投资方宣告分派现金股利或利润时，投资方按应获得的现金股利或利润确认应收股利，同时，抵减长期股权投资的账面价值，借记"应收股利"科目，贷记"长期股权投资"科目；被投资方分派股票股利时，投资方不进行账务处理，但应于除权日在备查簿中登记增加的股份。

【例5-8】2015年7月1日，龙盛公司购入W公司股票600万股，该股份占W公司普通股股份的30%，龙盛公司在取得股份后，派人参与了W公司的生产经营决策，因能够对W公司施加重大影响，龙盛公司采用权益法核算。假定投资当时，W公司各项可辨认资产、负债的公允价值与其账面价值相同，龙盛公司与W公司的会计年度及采用的会计政策相同，双方未发生任何内部交易，龙盛公司与W公司账面净损益和持股比例计算确认投资收益。W公司2015年至2017年每年的净收益和利润分配情况以及龙盛公司相应的会计处理如下(每年收到现金股利的会计处理略)。

(1) 2015年度，W公司报告净收益750万元；2016年3月15日，W公司宣告2015年度利润分配方案，每股分派现金股利0.10元。

① 确认投资收益。
应确认投资收益＝750×30%×6/12＝112.5(万元)
借：长期股权投资——W公司(损益调整)　　　　　　　　　　　1 125 000
　　贷：投资收益　　　　　　　　　　　　　　　　　　　　　　1 125 000

② 确认应收股利。

应收现金股利＝0.1×600＝60(万元)

借：应收股利　　　　　　　　　　　　　　　　　　　　　600 000
　　贷：长期股权投资——W公司(损益调整)　　　　　　　　　　　600 000

(2) 2016 年度，W 公司报告净收益 600 万元；2017 年 4 月 20 日，W 公司宣告 2016 年度利润分配方案，每股派送股票股利 0.20 股。除权日为 2017 年 5 月 15 日。

① 确认投资收益。

应确认投资收益＝600×30%＝180(万元)

借：长期股权投资——W公司(损益调整)　　　　　　　　1 800 000
　　贷：投资收益　　　　　　　　　　　　　　　　　　　　　　1 800 000

② 除权日，在备查簿中登记增加的股份。

股票股利＝0.2×600＝120(万股)，持有股票总数＝600＋120＝720(万股)

(3) 2017 年度，W 公司报告净亏损 500 万元，未进行利润分配。

确认投资损失＝500×30%＝150(万元)

借：投资收益　　　　　　　　　　　　　　　　　　　　1 500 000
　　贷：长期股权投资——W公司(损益调整)　　　　　　　　　　1 500 000

5. 超额亏损的会计处理

在被投资方发生亏损、投资方按持股比例确认应分担的亏损份额时，应当以长期股权投资的账面价值以及其他实质上构成对被投资方净投资的长期权益减记至零为限，投资方负有承担额外损失义务的除外。这里所讲"其他实质上构成长期权益项目"主要是指长期性的应收项目等，应收被投资方的长期债权从目前来看没有明确的清偿计划并且在可预见的未来期间也不可能进行清偿的，从实质上来看，即构成长期权益。

投资方在确认应分担被投资方发生的亏损时，具体应按照以下顺序处理。

首先，冲减长期股权投资的账面价值。

其次，在长期股权投资的账面价值冲减为零的情况下，对于未确认的投资损失，考虑除长期股权投资以外，账面上是否有其他实质上构成对被投资方净投资的长期权益项目，如有，则以其他长期权益的账面价值为限，继续确认投资损失，冲减长期应收项目等的账面价值，借记"投资收益"科目，贷记"长期应收款"科目。

最后，经过上述处理，按照投资合同或协议约定，投资方仍需要承担额外损失弥补义务的，应按预计将承担的义务金额确认预计负债，计入当期投资损失，借记"投资收益"科目，贷记"预计负债"科目。

除上述情况仍未确认的应分担被投资方的损失，应在账外备查登记，不再予以确认。

在确认了有关的投资损失以后，被投资方以后期间实现盈利的，再按应享有的收益份额，按以上相反顺序分别减记账外备查登记的金额，已确认的预计负债，恢复其他长期权益及长期股权投资的账面价值，同时确认投资收益。

【例 5-9】龙盛公司持有 W 公司 40%的股份，能够对 W 公司施加重大影响，龙盛公司对该项股权投资采用权益法核算。除了对 W 公司的长期股权投资外，龙盛公司还有一笔金额为 150 万元的应收 W 公司长期债权，该项债权没有明确的清收计划，且在可预见的未来期间不准备收回。假定投资当时，W 公司各项可辨认资产、负债的公允价值与其账面价值相同，龙盛公司与 W 公司的会计年度及采用的会计政策相同，双方未发生任何内部交易，龙盛公司按照 W 公司的账面净损益和持股比例计算确认投资损益。由于 W 公司持续亏损，龙盛公司在确认了 2011 年度的投资损失以后，该项股权投资的账面价值已减至 250 万元，其中，"长期股权投资——成本"科目借方余额 1 200 万元，"长期股权投资——损益调整"科目贷方余额 950 万元。龙盛公司未对该项股权投资计提减值准备。2012 年度 W 公司继续亏损，当年亏损为 750 万元；2013 年度 W 公司仍然亏损，当年亏损额为 400 万元；2014 年度 W 公司经过资产重组，经营情况好转，当年取得净收益 100 万元；2015 年度 W 公司经营情况进一步好转，当年取得净收益 300 万元；2016 年度 W 公司取得净收益 600 万元；2017 年度 W 公司取得净收益 800 万元。

(1) 确认应分担的 2012 年度亏损份额。

应分担的亏损份额＝750×40%＝300(万元)

由于应分担的亏损份额大于该项长期股权投资的账面价值，因此，龙盛公司应以该项长期股权投资的账面价值减记至零为限确认投资损失，剩余应分担的亏损份额 50 万元，应继续冲减实质上构成对 W 公司净投资的长期应收款，并确认投资损失。龙盛公司确认当年投资损失的会计处理如下。

借：投资收益　　　　　　　　　　　　　　　　　　　　　　　2 500 000
　　贷：长期股权投资——W 公司(损益调整)　　　　　　　　　　　2 500 000
借：投资收益　　　　　　　　　　　　　　　　　　　　　　　　500 000
　　贷：长期应收款——W 公司　　　　　　　　　　　　　　　　　500 000

(2) 确认应分担的 2013 年度亏损份额。

应分担的亏损份额＝400×40%＝160(万元)

由于应分担的亏损份额大于尚未冲减的长期应收款账面余额，因此，龙盛公司不能再按应分担的亏损份额确认当年的投资损失，而只能以长期应收款账面余额 100 万元为限确认当年的投资损失，其余 60 万元未确认的亏损分担额应在备查登记簿中作备忘记录，留待以后年度 W 公司取得收益后抵销。龙盛公司确认当年投资损失的会计处理如。

借：投资收益　　　　　　　　　　　　　　　　　　　　　　　1 000 00
　　贷：长期应收款——W 公司　　　　　　　　　　　　　　　　1 000 000

(3) 确认应享有 2014 年度收益份额。

应享有的收益份额＝100×40%＝40(万元)

由于龙盛公司以前年度在备查簿中记录的未确认亏损分担额为 60 万元，而当年应享有的收益份额不足以抵销该亏损分担额，因此，不能按当年应享有的收益份额恢复长期应收款及长期股权投资的账面价值。龙盛公司当年不作正式的会计处理，但应在备查登记簿中记录已抵销的亏损分担额 40 万元以及尚未抵销的亏损分担额 20 万元。

(4) 确认应享有 2015 年度收益份额。

应享有的收益份额＝300×40%＝120(万元)

由于当年应享有的收益份额超过了以前年度在备查簿中记录的尚未抵销的亏损分担额，因此，应在备查登记簿中记录对以前年度尚未抵销的亏损分担额 20 万元的抵销，并按超过部分首先恢复长期应收款的账面价值。

应恢复长期应收款账面价值＝120－20＝100(万元)

借：长期应收款——W公司　　　　　　　　　　　　　1 000 000
　　贷：投资收益　　　　　　　　　　　　　　　　　　　　1 000 000

(5) 确认应享有2016年度收益份额。

应享有的收益份额＝600×40%＝240(万元)

由于当年应享有的收益份额超过了尚未恢复的长期应收款的账面价值，因此，在完全恢复了长期应收款的账面价值后，应按超过部分继续恢复长期应收款的账面价值。

应恢复长期股权投资账面价值＝240－50＝190(万元)

借：长期应收款——W公司　　　　　　　　　　　　　　500 000
　　贷：投资收益　　　　　　　　　　　　　　　　　　　　500 000
借：长期股权投资——W公司(损益调整)　　　　　　　1 900 000
　　贷：投资收益　　　　　　　　　　　　　　　　　　　　1 900 000

(6) 确认应享有2017年度收益份额。

应享有的收益份额＝800×40%＝320(万元)

借：长期股权投资——W公司(损益调整)　　　　　　　3 200 000
　　贷：投资收益　　　　　　　　　　　　　　　　　　　　3 200 000

6. 其他综合收益的处理

在权益法核算下，被投资方确认的其他综合收益及其变动，也会影响被投资方所有者权益总额，进而影响投资方应享有被投资方所有者权益的份额。因此，当被投资方其他综合收益发生变动时，投资方应当按照归属于本企业的部分，相应调整长期股权投资的账面价值，同时增加或减少其他综合收益。

【例5-10】龙盛公司持有W公司40%的股份，能够对W公司施加重大影响，龙盛公司对该项股权投资采用权益法核算。W公司持有的一项成本为3 000万元的可供出售金融资产，公允价值升至4 000万元，W公司按公允价值超过成本差额1 000万元调增该项可供出售金融资产的账面价值，并计入其他综合收益，导致其所有者权益发生变动。

应享有其他综合收益份额＝1 000×40%＝400(万元)

借：长期股权投资——W公司(其他综合收益)　　　　　4 000 000
　　贷：其他综合收益　　　　　　　　　　　　　　　　　　4 000 000

7. 被投资方所有者权益其他变动的处理

采用权益法核算时，投资方对于被投资方除净损益、其他综合收益以及利润分配以外所有者权益的其他变动，应按照持股比例与被投资方所有者权益的其他变动计算的归属于本企业的部分，相应调整长期股权投资的账面价值，同时增加或减少资本公积(其他资本公积)。被投资方除净损益、其他综合收益以及利润分配以外所有者权益的其他变动，主要包括：被投资方接受其他股东的资本性投入、被投资方发行可分离交易的可转换公司债券中包含的权益成分、以权益结算的股份支付等。

【例5-11】龙盛公司持有B公司30%的股份，能够对B公司施加重大影响。B公司为上市公司，当期B公司的母公司给予B公司捐赠1 000万元，该捐赠实质上属于资本性投入，B公司将其计入资本公积(股本溢价)。不考虑其他因素，龙盛公司按权益法作如下会计处理。

龙盛公司在确认应享有被投资方所有者权益的其他变动 = 1 000×30% = 300(万元)

借：长期股权投资——B公司(其他权益变动)　　　　　3 000 000
　　贷：资本公积——其他资本公积　　　　　　　　　　　　3 000 000

5.3.3　长期股权投资的减值

长期股权投资在按照规定进行核算确定其账面价值的基础上，如果存在减值迹象的，应当按照相关准则的规定计提减值准备。其中，对子公司、联营企业及合营企业的投资，应当按照《企业会计准则第8号——资产减值》的规定确定其可收回金额及应予以计提的减值准备。借记"资产减值损失"科目，贷记"长期股权投资减值准备"科目。

5.4　长期股权投资核算方法的转换及处置

5.4.1　长期股权投资核算方法的转换

长期股权投资在持有期间，因各方面情况的变化，可能导致其核算需要由一种方法转换为另外一种方法。

1. 成本法转换为权益法

因处置投资等原因导致对被投资方由能够实施控制转为具有重大影响或者与其他投资方一起实施共同控制的，首先应按处置投资的比例结转应终止确认的长期股权投资成本。然后，比较剩余长期股权投资的成本与按照剩余持股比例计算原投资时应享有被投资方可辨认净资产公允价值的份额，前者大于后者的，不调整长期股权投资的账面价值；前者小于后者的，在调整长期股权投资成本的同时，调整留存收益。

对于原取得投资时至处置投资时(转为权益法核算)之间被投资方实现净损益中投资方应享有的份额，应调整长期股权投资的账面价值，同时，对于原取得投资时至处置投资当期期初被投资方实现的净损益(扣除已宣告发放的现金股利和利润)中应享有的份额，调整留存收益，对于处置投资当期期初至处置投资之日被投资方实现的净损益中享有的份额，调整当期损益；对于被投资方其他综合收益变动中应享有的份额，在调整长期股权投资账面价值的同时，应当计入其他综合收益；除净损益、其他综合收益和利润分配外的其他原因导致被投资方其他所有者权益变动中应享有的份额，在调整长期股权投资账面价值的同时，应当计入资本公积(其他资本公积)。

【例5-12】龙盛公司原持有A公司60%的股权，其账面成本为8 400万元。对A公司具有控制，采用成本法核算。2017年4月1日，龙盛公司将其持有的A公司20%的股份转让给其他企业。收到转让价款3 000万元，当日被投资方可辨认净资产公允价值总额为22 000万元。由于龙盛公司对A公司的持股比例已降为40%，不再对A公司具有控制但仍能够施加重大影响，因此，将剩余股权投资改按权益法核算。自龙盛公司取得A公司60%的股份后至转让A公司20%的股份前，A公司实现净利润6 000万元(其中，2017年1月1

日至2017年3月31日实现净利润500万元);龙盛公司取得A公司60%的股份时,A公司可辨认净资产公允价值为13 000万元,各项可辨认资产、负债的公允价值与其账面价值相同;取得A公司60%的股份后,A公司一直未进行利润分配。也未发生其他计入资本公积的交易或事项。龙盛公司按照净利润的10%提取法定盈余公积。不考虑相关税费等其他因素影响。龙盛公司有关账务处理如下。

(1) 确认长期股权投资处置损益。

转让股份的账面价值=8 400×1/3 = 2 800(万元)

借:银行存款　　　　　　　　　　　　　　　　　　30 000 000
　　贷:长期股权投资——A公司　　　　　　　　　　　28 000 000
　　　　投资收益　　　　　　　　　　　　　　　　　 2 000 000

(2) 调整长期股权投资账面价值。

剩余长期股权投资的成本为5 600万元(8 400−2 800),按照剩余持股比例计算的取得原投资时应享有A公司可辨认净资产公允价值的份额为5 200万元(13 000×40%),二者之间的差额400万元为商誉,该部分商誉的价值不需要对长期股权投资的成本进行调整。处置投资以后按照持股比例计算享有被投资方自购买日至处置投资当期期初之间实现的净损益为2 200万元[(6 000−500)×40%],应调整增加长期股权投资的账面价值,同时调整留存收益;处置期初至处置日之间A公司实现的净利润中,龙盛公司按剩余持股比例计算的应享有份额200万元(500×40%),应调整增加长期股权投资的账面价值,同时计入当期投资收益。

借:长期股权投资——A公司(损益调整)　　　　　　24 000 000
　　贷:盈余公积——法定盈余公积　　　　　　　　　 2 200 000
　　　　利润分配——未分配利润　　　　　　　　　　19 800 000
　　　　投资收益　　　　　　　　　　　　　　　　　 2 000 000

2. 公允价值计量或权益法核算转成本法核算

投资方原持有的对被投资方不具有控制、共同控制或重大影响的按照金融工具确认和计量准则进行会计处理的权益性投资,或者原持有对联营企业、合营企业的长期股权投资,因追加投资等原因,能够对被投资方实施控制的,应按企业合并形成的长期股权投资有关内容进行会计处理。

3. 公允价值计量转权益法核算

原持有的对被投资方的股权投资(不具有控制、共同控制或重大影响的),按照金融工具确认和计量准则进行会计处理的,因追加投资等原因导致持股比例上升,能够对被投资方施加共同控制或重大影响的,在转按权益法核算时,投资方应当按照金融工具确认和计量准则确定的原股权投资的公允价值加上为取得新增投资而应支付对价的公允价值,作为改按权益法核算的初始投资成本。原持有的股权投资分类为可供出售金融资产的,其公允价值与账面价值之间的差额,以及原计入其他综合收益的累计公允价值变动应当转入改按权益法核算的当期损益。然后,比较上述计算所得的初始投资成本,与按照追加投资后全新的持股比例计算确定的应享有被投资方在追加投资日可辨认净资产公允价值的份额之间的差额,前者大于后者的,不调整长期股权投资的账面价值;前者小于后者的,差额应调整长期股权投资的账面价值,并计入当期营业外收入。

【例 5-13】2015 年 2 月,龙盛公司以 9 000 000 元现金自非关联方处取得乙公司 10%的股权。龙盛公司根据金融工具确认和计量准则将其作为可供出售金融资产。2017 年 1 月 2 日,龙盛公司又以 18 000 000 元的现金自另一非关联方处取得乙公司 15%的股权,相关手续于当日完成。当日,乙公司可辨认净资产公允价值总额为 120 000 000 元,龙盛公司对乙公司的可供出售金融资产的公允价值 15 000 000 元,计入其他综合收益的累计公允价值变动为 6 000 000 元。取得该部分股权后,龙盛公司能够对乙公司施加重大影响,对该项股权投资转为采用权益法核算。不考虑相关税费等其他因素影响。

分析:

龙盛公司原持有10%股权的公允价值为 15 000 000 元,为取得新增投资而支付对价的公允价值为 18 000 000 元,因此龙盛公司对乙公司 25%股权的初始投资成本为 33 000 000 元。

龙盛公司对乙公司新持股比例为 25%,应享有乙公司可辨认净资产公允价值的份额为 30 000 000 元(120 000 000×25%)。由于初始投资成本(33 000 000 元)大于应享有乙公司可辨认净资产公允价值的份额(30 000 000 元),因此,龙盛公司无须调整长期股权投资的成本。

2017 年 1 月 2 日,龙盛公司应进行如下账务处理。

借:长期股权投资——乙公司(投资成本)　　　　　　　　　33 000 000
　　其他综合收益　　　　　　　　　　　　　　　　　　　　6 000 000
　　贷:可供出售金融资产　　　　　　　　　　　　　　　　　15 000 000
　　　　银行存款　　　　　　　　　　　　　　　　　　　　　18 000 000
　　　　投资收益　　　　　　　　　　　　　　　　　　　　　 6 000 000

4. 权益法核算转公允价值计量

原持有的对被投资方具有共同控制或重大影响的长期股权投资,因部分处置等原因导致持股比例下降,不能再对被投资方实施共同控制或重大影响的,应改按金融工具确认和计量准则对剩余股权投资进行会计处理,其在丧失共同控制或重大影响之日的公允价值与账面价值之间的差额计入当期损益。原采用权益法核算的相关其他综合收益应当在终止采用权益法核算时,采用与被投资方直接处置相关资产或负债相同的基础进行会计处理,因被投资方除净损益、其他综合收益和利润分配以外的其他所有者权益变动而确认的所有者权益,应当在终止采用权益法核算时全部转入当期损益。

【例 5-14】龙盛公司持有乙公司 30%的有表决权股份,能够对乙公司施加重大影响,对该股权投资采用权益法核算。2017 年 10 月,龙盛公司将该项投资中的 60%出售给非关联方,取得价款 32 000 000 元,相关手续于当日完成。龙盛公司无法再对乙公司施加重大影响,将剩余股权投资转为可供出售金融资产。出售时,该项长期股权投资的账面价值为 48 000 000 元,其中投资成本 39 000 000 元,损益调整为 4 500 000 元,其他综合收益为 3 000 000 元(为被投资方的可供出售金融资产的累计公允价值变动),除净损益、其他综合收益和利润分配以外的其他所有者权益变动为 1 500 000 元;剩余股权的公允价值为 21 000 000 元。不考虑相关税费等其他因素影响。

龙盛公司的账务处理如下。

(1) 确认有关股权投资的处置损益。

借：银行存款　　　　　　　　　　　　　　　　　　　　　　　32 000 000
　　贷：长期股权投资——乙公司(投资成本)　(39 000 000×60%)　　23 400 000
　　　　　　　　　　——乙公司(损益调整)　(4 500 000×60%)　　　2 700 000
　　　　　　　　　　——乙公司(其他综合收益)(3 000 000×60%)　　1 800 000
　　　　　　　　　　——乙公司(其他权益变动)(1 500 000×60%)　　　900 000
　　　　投资收益　　　　　　　　　　　　　　　　　　　　　　　3 200 000

(2) 由于终止采用权益法核算，将原确认的相关其他综合收益全部转入当期损益。

借：其他综合收益　　　　　　　　　　　　　　　　　　　　　3 000 000
　　贷：投资收益　　　　　　　　　　　　　　　　　　　　　3 000 000

(3) 由于终止采用权益法核算，将原计入资本公积的其他所有者权益变动全部转入当期损益。

借：资本公积——其他资本公积　　　　　　　　　　　　　　　1 500 000
　　贷：投资收益　　　　　　　　　　　　　　　　　　　　　1 500 000

(4) 剩余股权投资转为可供出售金融资产，当日公允价值为 21 000 000 元，账面价值为 19 200 000 元，两者差异应计入当期投资收益。

借：可供出售金融资产　　　　　　　　　　　　　　　　　　21 000 000
　　贷：长期股权投资——乙公司(投资成本)　　　　　　　　15 600 000
　　　　　　　　　　——乙公司(损益调整)　　　　　　　　　1 800 000
　　　　　　　　　　——乙公司(其他综合收益)　　　　　　　1 200 000
　　　　　　　　　　——乙公司(其他权益变动)　　　　　　　　600 000
　　　　投资收益　　　　　　　　　　　　　　　　　　　　　1 800 000

5. 成本法核算转公允价值计量

原持有的对被投资方具有控制的长期股权投资，因部分处置等原因导致持股比例下降，不再对被投资方实施控制、共同控制或重大影响的，应改按金融工具确认和计量准则进行会计处理，在丧失控制之日的公允价值与账面价值之间的差额计入当期投资收益。

【例 5-15】龙盛公司持有乙公司 60% 的有表决权股份，能够对乙公司实施控制，对该股权投资采用成本法核算。2017 年 8 月，龙盛公司将该项投资中的 80% 出售给非关联方，取得价款 90 000 000 元，相关手续当日完成。龙盛公司无法再对乙公司实施控制，也不能施加共同控制或重大影响，将剩余股权投资转为可供出售金融资产。出售时，该项长期股权投资的账面价值为 90 000 000 元，剩余股权投资的公允价值为 22 000 000 元。不考虑相关税费等其他因素影响。

龙盛公司的账务处理如下。

(1) 确认有关股权投资的处置损益。

借：银行存款　　　　　　　　　　　　　　　　　　　　　　90 000 000
　　贷：长期股权投资——乙公司　　　　　　　　　　　　　72 000 000
　　　　投资收益　　　　　　　　　　　　　　　　　　　　18 000 000

(2) 剩余股权投资转为可供出售金融资产,当天公允价值为 22 000 000 元,账面价值为 18 000 000 元,两者差异应计入当期投资收益。

借:可供出售金融资产 22 000 000
　　贷:长期股权投资——乙公司 18 000 000
　　　　投资收益 4 000 000

5.4.2 长期股权投资的处置

企业处置长期股权投资时,应相应结转与所售股权相对应的长期股权投资的账面价值,出售所得价款与处置长期股权投资账面价值之间的差额,应确认为处置损益。

采用权益法核算的长期股权投资,原计入其他综合收益(不能结转损益的除外)或资本公积(其他资本公积)中的金额,在处置时也应进行结转,将与所出售股权相对应的部分在处置时自其他综合收益或资本公积转入当期损益。

【例5-16】2014年5月10日,龙盛公司以7 850万元的价款取得M公司普通股股票2 000万股,占M公司普通股股份60%,能够对M公司实施控制,龙盛公司将其划分为长期股权投资并采用成本法核算。2016年12月31日,龙盛公司为该项股权投资计提了减值准备1 950万元;2017年9月25日,龙盛公司将持有的M公司股票全部转让,实际收到转让价款6 000万元。

转让损益=6 000-(7 850-1 950)=100(万元)

借:银行存款 60 000 000
　　长期股权投资减值准备 19 500 000
　　贷:长期股权投资——M公司 78 500 000
　　　　投资收益 1 000 000

【例5-17】龙盛公司持有B公司40%的有表决权股权,2016年12月25日,龙盛公司决定出售B公司全部股权,收到出售价款2 600万元。出售时,该项长期股权投资的账面余额为2 580万元,其中,成本1 800万元,损益调整(借方)480万元,可转入损益的其他综合收益(借方)100万元,其他权益变动(借方)200万元。龙盛公司的会计处理如下。

(1) 龙盛公司确认处置损益的会计处理。

借:银行存款 26 000 000
　　贷:长期股权投资——B公司(成本) 18 000 000
　　　　　　　　　　——B公司(损益调整) 4 800 000
　　　　　　　　　　——B公司(其他综合收益) 1 000 000
　　　　　　　　　　——B公司(其他权益变动) 2 000 000
　　　　投资收益 200 000

(2) 除应将实际取得价款与出售长期股权投资的账面价值进行结转,确认出售损益以外,还应将原计入其他综合收益或资本公积的部分按比例转入当期损益。

借:资本公积——其他资本公积 2 000 000
　　其他综合收益 1 000 000
　　贷:投资收益 3 000 000

本章小结

长期股权投资应按成本进行初始计量，该成本应当分企业合并和非企业合并两种情况确定。其中，企业合并形成的长期股权投资的初始计量，还应该进一步区分同一控制下的企业合并和非同一控制下的企业合并形成的长期股权投资两种情况处理。

成本法核算适用于投资方对被投资方实施控制的长期股权投资，即对子公司的长期股权投资；权益法适用于投资方对被投资方具有共同控制或重大影响的长期股权投资，即对合营企业或联营企业的长期股权投资。

长期股权投资在持有期间，因各方面情况的变化，可能导致其核算需要由一种方法转换为另外一种方法，主要包括成本法转换为权益法、公允价值计量或权益法核算转成本法核算、公允价值计量转权益法核算、权益法核算转公允价值计量、成本法核算转公允价值计量。

长期股权投资有减值迹象，经测试应计提减值准备，确认减值损失。长期股权投资减值准备一经确认，在以后会计期间内不得转回。

企业处置长期股权投资时，应相应结转与所售股权相对应的长期股权投资的账面价值，出售所得价款与处置长期股权投资账面价值之间的差额，应确认为处置损益。采用权益法核算的长期股权投资，原计入其他综合收益(不能结转损益的除外)或资本公积(其他资本公积)中的金额，在处置时也应进行结转，将与所出售股权相对应的部分在处置时自其他综合收益或资本公积转入当期损益。

本 章 习 题

1. 判断题

(1) 企业取得长期股权投资，实际支付的价款或对价中包含的已宣告但尚未发放的现金股利或利润，作为投资收益处理，不构成长期股权投资的成本。（ ）

(2) 成本法下，企业在长期股权投资持有期间取得的现金股利，若属于投资前被投资方实现的净利润，应冲减长期股权投资成本。（ ）

(3) 长期股权投资采用权益法核算，被投资方发生其他权益变动时，投资方应按持股比例相应调整长期股权投资账面价值，同时计入投资收益。（ ）

(4) 采用权益法核算的长期股权投资，处置投资时应将原计入资本公积项目的相关金额转出，计入处置投资当期投资损益。（ ）

(5) 长期股权投资采用权益法核算，如果初始投资成本大于投资时应享有的被投资方可辨认净资产公允价值的份额，应按其差额调整减少已确认的初始投资成本。（ ）

(6) 长期股权投资的核算方法由权益法改为成本法时，应以股权投资的公允价值作为成本法下的初始投资成本。（ ）

(7) 企业处置长期股权投资时，应同时结转已计提的长期股权投资减值准备。（ ）

(8) 长期股权投资采用成本法核算，应按被投资方实现的净利润中投资方应当分享的份额确认投资收益。（ ）

(9) 持有至到期投资、可供出售金融资产和长期股权投资都可以计提减值准备，但只有长期股权投资计提的减值准备不允许转回。（　　）

(10) 在权益法下，当被投资方发生盈亏时，投资方一般不做账务处理；当被投资方宣告分配现金股利时，投资方均应将分得的现金股利确认为投资收益。（　　）

2. 计算与业务分析题

1) 2017 年 1 月 8 日，A 公司购入 B 公司每股面值 1 元的普通股 80 000 股，实际支付购买价款(包括税金和手续费)2 000 000 元。取得 B 公司 60%的股权，A 公司将其划分为长期股权投资并采用成本法核算。2017 年 3 月 6 日，B 公司宣告 2016 年度股利分配方案，每股分派现金股利 0.20 元。

要求：编制 A 公司有关该项长期股权投资的下列会计分录。

(1) 2017 年 1 月 8 日，购入股票。

(2) 2017 年 3 月 6 日，B 公司宣告分派现金股利。

2) 东方公司与 B 公司 2015 年至 2017 年与投资有关资料如下：

(1) 2015 年 1 月 5 日，东方公司支付现金 500 万元取得 B 公司 80%的股权，发生相关税费 2 万元，东方公司将其划分为长期股权投资并采用成本法核算。假定该项投资无公允价值。

(2) 2015 年 4 月 8 日，B 公司宣告分配 2014 年实现的净利润，分配现金股利 10 万元。

(3) 东方公司于 2015 年 4 月 25 日收到现金股利。

(4) 2015 年 B 公司发生亏损 50 万元。

(5) 2016 年 B 公司发生巨额亏损，2016 年年末东方公司对 B 公司的投资按当时市场收益率对未来现金流量折现确定的现值为 300 万元。

(6) 2017 年 1 月 20 日，东方公司将持有的 B 公司的全部股权转让给乙企业，收到股权转让款 320 万元。

要求：编制东方公司上述与投资有关业务的会计分录。

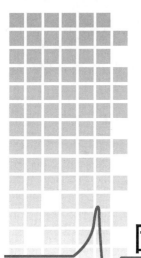

第6章

固定资产

学习目标

通过本章的学习，掌握固定资产的概念和分类、固定资产的确认条件、初始计量方法、固定资产折旧的核算方法、固定资产后续支出，以及固定资产处置的账务处理。

技能要求

掌握外购固定资产和自建固定资产的账务处理；掌握直线法和加速折旧法两种不同的固定资产折旧计提方法；明确区分资本化和费用化固定资产后续支出的处理原则；掌握固定资产出售、报废、毁损的账务处理；掌握固定资产清查的方法和账务处理，以及固定资产计提减值准备的账务处理。

第6章 固定资产

导入案例

0.78亿元、4.36亿元,这是厦门建发集团有限公司(以下简称厦门建发)、中国南方航空股份有限公司(以下简称南方航空)对厦门航空有限公司(厦门建发与南方航空的合资企业以下简称厦门航空)2002年净利润分别的描述。那么厦门航空的真实会计数据到底如何呢?很多投资者致电有关报社,以及厦门建发询问此事。记者采访了厦门建发相关人士,据了解,对厦门航空净利润的争议很可能是对飞机折旧年限的看法存在差异。

南方航空与厦门建发(2003年5月,厦门建发已将其持有厦门航空股权转让给大股东)分别持有厦门航空60%和40%的股权。在采访中记者得知,厦门航空自身经审计的会计报表中,飞机的折旧年限是10年。而按照10年的折旧期,厦门航空2002年净利润为0.78亿元。而厦门建发在编制自身会计报表时即认同了厦门航空的这一折旧年限。

该人士同时表示,国家有关部门对于民航飞机折旧年限问题,自2002年起有所调整,其中规定,小飞机从8~15年延长到10~15年,大飞机从10~15年延长到10~20年。这也就是说,对于飞机折旧年限存在一定的弹性空间。考虑到飞机折旧年限对于航空公司利润核算的重大影响,如果对航空公司飞机的折旧年限作出一定调整,其年度利润的差别会相当大。

据记者了解,飞机折旧在航空公司每年的运营成本中所占的比例较大,是诸多成本费用中最高的支出之一。相当一批航空公司的飞机折旧成本超过了航油支出。从目前情况分析,南方航空在合并厦门航空经审计的会计报表时,有可能不认同厦门航空的飞机折旧年限。

这个案例对我们的启发是,同样的固定资产,其折旧年限和折旧政策的差异会对企业的利润确定产生极为不同的影响。

6.1 固定资产概述

6.1.1 固定资产的含义及特征

《企业会计准则第4号——固定资产》规定,固定资产,是指同时具备下列特征的有形资产:为生产产品、提供劳务、出租或经营管理而持有的,使用寿命超过一个会计年度。从固定资产的定义看,固定资产具有以下3个特征。

(1) 为生产商品、提供劳务、出租或经营管理而持有。企业持有固定资产的目的是为了生产商品、提供劳务、出租或经营管理,而不是直接为了出售。其中,出租,是指以经营租赁方式出租的机器设备等。以经营租赁方式出租的建筑物属于企业的投资性房地产,不属于固定资产。

(2) 固定资产的使用寿命超过一个会计年度。使用寿命超过一个会计年度,意味着固定资产属于长期资产。固定资产的使用寿命,是指企业使用固定资产的预计期间,或者该固定资产所能生产产品或提供劳务的数量。通常情况下,固定资产的使用寿命,是指使用固定资产的预计期间,如自用房屋建筑物的使用寿命,表现为企业对该建筑物的预计使用年限。对于某些机器设备或运输设备等固定资产,其使用寿命表现为以该固定资产所能生产产品或提供劳务的数量,如汽车或飞机等,按其预计行驶或飞行里程估计使用寿命。

(3) 固定资产是有形资产。固定资产具有实物特征,这一特征将固定资产与无形资产区别开来。有些无形资产可能同时符合固定资产的其他特征，如无形资产为生产商品、提供劳务而持有，使用寿命超过一个会计年度，但是，由于其没有实物形态，所以不属于固定资产。

6.1.2 固定资产的确认条件

固定资产在符合定义的前提下，应当同时满足以下两个条件，才能加以确认。

(1) 与该固定资产有关的经济利益很可能流入企业。企业在确认固定资产时，需要判断与该项固定资产有关的经济利益是否很可能流入企业。在实务中，主要是通过判断与该固定资产所有权相关的风险和报酬是否转移到了企业来确定。通常情况下，取得固定资产的所有权是判断与固定资产所有权相关的风险和报酬是否转移到企业的一个重要标志。凡是所有权已属于企业，无论企业是否收到或拥有该固定资产，均可作为企业的固定资产；反之，如果没有取得所有权，即使存放在企业，也不能作为企业的固定资产。但是，所有权是否转移不是判断的唯一标准。在有些情况下，某项固定资产的所有权虽然不属于企业，但是，企业能够控制与该项固定资产有关的经济利益流入企业，在这种情况下，企业应将该项固定资产予以确认。例如，融资租入的固定资产，企业（承租人）虽然不拥有固定资产的所有权，但与固定资产所有权相关的风险和报酬实质上已转移到了企业，因此，符合固定资产确认的第一个条件。

(2) 该固定资产的成本能够可靠地计量。成本能够可靠地计量是资产确认的一项基本条件。要确认固定资产，企业取得该固定资产所发生的支出必须能够可靠地计量。企业在确定固定资产成本时，有时需要根据所获得的最新资料，对固定资产的成本进行合理的估计。如果企业能够合理地估计出固定资产的成本，则视同固定资产的成本能够可靠地计量。

6.1.3 固定资产的分类

企业固定资产种类很多，根据不同的分类标准，可以分成不同的类别。企业应当选择适当的分类标准，将固定资产进行分类，以满足经营管理的需要。

1. 固定资产按经济用途分类

按照经济用途可以将固定资产分为经营用固定资产和非经营用固定资产两大类。

(1) 经营用固定资产，是指直接参加或直接服务于生产经营过程的各种固定资产，如用于企业生产经营的房屋、建筑物、机器设备、运输设备、工具器具等。

(2) 非经营用固定资产，是指不直接服务于生产经营过程的各种固定资产，如用于职工住宅、公共福利设施、文化娱乐、卫生保健等方面的房屋、建筑物、设施和器具等。

2. 固定资产按使用情况分类

按照使用情况可以将固定资产分为使用中固定资产、未使用固定资产、出租固定资产和不需用固定资产四大类。

(1) 使用中固定资产，是指企业正在使用的经营性固定资产和非经营性固定资产。企业的房屋及建筑物无论是否在实际使用，都应视为使用中固定资产。由于季节性生产经营或进行大修理等原因而暂时停止使用，以及存放在生产车间或经营场所备用、轮换使用的固定资产，都属于企业使用中的固定资产。

(2) 未使用固定资产，是指已购建完成但尚未交付使用的新增固定资产，以及进行改建、扩建等暂时脱离生产经营过程的固定资产。

(3) 出租固定资产，是指企业根据租赁合同的规定，以经营租赁方式出租给其他企业临时使用的固定资产。

(4) 不需用固定资产，是指本企业多余或不适用、待处置的固定资产。

除上述基本分类外，固定资产还可按其他标准进行分类，如按固定资产的所有权分类，可分为自有固定资产和租入固定资产；按固定资产的性能分类，可分为房屋和建筑物、动力设备、传导设备、工作机器及设备、工具、仪器及生产经营用具、运输设备、管理用具等；按固定资产的来源渠道分类，可分为外购的固定资产、自行建造的固定资产、投资者投入的固定资产、融资租入的固定资产、改建扩建新增的固定资产、接受抵债取得的固定资产、非货币性资产交换换入的固定资产、接受捐赠的固定资产及盘盈的固定资产等。

在会计实务中，企业为了更好地满足固定资产管理和核算的需要，往往将几种分类标准结合起来，采用综合的标准对固定资产进行分类。例如，综合考虑固定资产的经济用途、使用情况及所有权等，可将固定资产分为经营用固定资产、非经营用固定资产、经营出租固定资产、未使用固定资产、不需用固定资产、融资租入固定资产等。企业应当根据固定资产的定义，结合本企业的具体情况，制定适合本企业的固定资产目录、分类方法、每类或每项固定资产的折旧年限及折旧方法，为进行固定资产的实物管理和价值核算提供依据。

6.2　固定资产的初始计量

固定资产的初始计量，是指确定固定资产的取得成本。固定资产应当按照成本进行初始计量。成本包括企业为购建某项固定资产达到预定可使用状态前所发生的一切合理的、必要的支出。在实务中，企业取得固定资产的方式是多种多样的，包括外购、自行建造、投资者投入，以及非货币性资产交换、债务重组、企业合并和融资租赁等，取得的方式不同，其成本的具体构成内容及确定方法也不尽相同。

6.2.1　外购固定资产

企业外购的固定资产，其成本包括实际支付的买价、进口关税和其他税费，以及使固定资产达到预定可使用状态前所发生的可归属于该项资产的费用，如场地整理费、运输费、装卸费、安装费和专业人员服务费等。我国从 2009 年 1 月 1 日起对增值税的管理实行了生产型向消费型的转变，在征收增值税时，允许企业将外购固定资产所含的增值税进项税额一次性全部扣除，所以企业外购固定资产增值税专用发票所列应交增值税税额不能计入固定资产价值，而是作为进项税额单独核算。进项税额可以抵扣的固定资产，是指使用期限超过 12 个月的机器、机械、运输工具，以及其他与生产经营有关的设备、工具、器具等。房屋、建筑物等不动产不属于增值税纳税范围，包括附着在建筑物或构筑物上属于其组成部分的附属设备和配套设施，如给排水、采暖、卫生、通风、照明、通信、煤气、消防、中央空调、电梯、电气、智能化楼宇设备和配套设施。上述固定资产中如是自用的应征消费税的摩托车、汽车、游艇，其进项税额不能从销项税额中扣除，而是应计入所购资产成本中。企业外购的固定资产在投入使用前,有的需要安装,有的则不需要安装。

1. 购入不需要安装的固定资产

购入不需要安装的固定资产,企业可以立即投入使用,因此,会计处理比较简单,只需按确认的入账价值直接增加企业的固定资产。

【例6-1】龙盛公司购入一台不需要安装的设备,发票上注明设备价款40 000元,应交增值税6 800元,支付的场地整理费、运输费、装卸费等合计1 500元。上述款项企业已用银行存款支付。其账务处理如下。

借:固定资产 41 500
    应交税费——应交增值税(进项税额) 6 800
  贷:银行存款 48 300

在实际工作中,企业可能以一笔款项购入多项没有单独标价的固定资产。此时,应当按照各项固定资产的公允价值比例对总成本进行分配,分别确定各项固定资产的成本。如果以一笔款项购入的多项资产中除固定资产之外还包括其他资产,也应按类似的方法予以处理。

【例6-2】龙盛公司一揽子购买A、B、C三项设备,支付设备价款400万元,应交增值税68万元。三项资产的公允价值分别为100万元、200万元和200万元。上述设备不需要安装。会计处理方法如下。

(1) 计算各设备分配固定资产价值的比例。
A设备:$100 \div (100+200+200) \times 100\% = 20\%$
B设备:$200 \div (100+200+200) \times 100\% = 40\%$
C设备:$200 \div (100+200+200) \times 100\% = 40\%$

(2) 计算各设备购买成本。
A设备:$4\,000\,000 \times 20\% = 800\,000(元)$
B设备:$4\,000\,000 \times 40\% = 1\,600\,000(元)$
C设备:$4\,000\,000 \times 40\% = 1\,600\,000(元)$

借:固定资产——A设备 800 000
          ——B设备 1 600 000
          ——C设备 1 600 000
    应交税费——应交增值税(进项税额) 680 000
  贷:银行存款 4 680 000

2. 购入需要安装的固定资产

企业购入需要安装的固定资产,由于从固定资产运抵企业到交付使用,尚需经过安装和调试过程,并会发生安装调试成本。因此,应先通过"在建工程"科目核算购置固定资产所支付的价款、运输费和安装成本等,待固定资产安装完毕并达到预定可使用状态后,再将"在建工程"科目归集的固定资产成本一次转入"固定资产"科目。

【例6-3】龙盛公司购入一台需要安装的专用设备,发票上注明设备价款30 000元,应交增值税5 100元,支付运输费、装卸费等合计1 000元,支付安装成本500元。以上款项均通过银行支付。其账务处理如下。

第 6 章　固 定 资 产

(1) 设备运抵企业，等待安装。
借：工程物资　　　　　　　　　　　　　　　　　　　　　　31 000
　　应交税费——应交增值税(进项税额)　　　　　　　　　　 5 100
　　贷：银行存款　　　　　　　　　　　　　　　　　　　　36 100

(2) 设备投入安装，并支付安装成本。
借：在建工程　　　　　　　　　　　　　　　　　　　　　　31 500
　　贷：工程物资　　　　　　　　　　　　　　　　　　　　31 000
　　　　银行存款　　　　　　　　　　　　　　　　　　　　　 500

(3) 设备安装完毕，达到预定可使用状态。
借：固定资产　　　　　　　　　　　　　　　　　　　　　　31 500
　　贷：在建工程　　　　　　　　　　　　　　　　　　　　31 500

6.2.2　自行建造的固定资产

自行建造的固定资产，其成本由建造该项资产达到预定可使用状态前所发生的必要支出构成，包括工程用物资成本、人工成本、交纳的相关税费、应予资本化的借款费用，以及应分摊的间接费用等。企业为建造固定资产通过出让方式取得土地使用权，而支付的土地出让金不计入在建工程成本，应确认为无形资产(土地使用权)。企业自行建造固定资产包括自营工程和出包工程两种方式。

1. 自营工程

自营工程，是指企业利用自身的生产能力进行的固定资产建造工程。较为常见的是，企业通过这种方式自制一些专用设备。

自营工程自行组织工程物资采购，自行组织施工人员从事工程施工完成固定资产建造，其成本应当按照实际发生的材料、人工、机械施工费等计量。企业购入为工程准备的物资，应按购入物资的实际成本先计入"工程物资"科目或"在建工程——工程物资"科目；自营工程领用工程物资、应负担的职工工资、耗用本企业经营的商品、为工程提供劳务及其他支出，按实际发生额归集到"在建工程"科目；待工程达到预定可使用状态时，按实际发生的全部支出由"在建工程"科目结转到"固定资产"科目。

在确定自营工程成本时还需要注意以下几个方面的问题。

(1) 购入工程物资如果用于自营设备，所支付的增值税税额，不应计入工程成本，应作为进项税额单独列示，从销项税额中抵扣；如果用于厂房、建筑物等建筑工程，支付的增值税税额，则应计入工程成本。

(2) 工程领用生产经营用原材料，购入原材料已计入"应交税费——应交增值税(进项税额)"中的增值税，处理分两种情况：一是建造工程属于生产经营用固定资产(不包括不动产)，直接将原材料成本结转到在建工程成本之中；二是建造工程不属于生产经营用固定资产或属于生产经营用不动产，购入原材料已计入"应交税费——应交增值税(进项税额)"中的增值税进项税额应转出，连同原材料成本一并计入在建工程成本中。

(3) 工程领用自制半成品和产成品，应视同销售，按售价计算销项税额，连同自制半成品和产成品的生产成本一并计入工程成本。

(4) 在建工程进行负荷联合试车发生的费用，计入工程成本(待摊支出)；试车期间形成的产品或副产品对外销售或转为库存商品时，应借记"银行存款""库存商品"等科目，贷记"在建工程"科目(待摊支出)。

(5) 建设期间发生的工程物资盘亏、报废及毁损净损失，计入工程成本，借记"在建工程"科目，贷记"工程物资"科目；盘盈的工程物资或处置净收益作相反的会计处理。

(6) 工程完工后发生的盘盈、盘亏、报废、毁损，计入当期营业外收支。

(7) 在建工程完工，对于已领出的剩余物资应办理退库手续，借记"工程物资"科目，贷记"在建工程"科目。

(8) 在建工程达到预定可使用状态时，对发生的待摊支出应分配计算，计入各工程成本中。

【例6-4】龙盛公司自行制造一台生产用设备，在建造过程中主要发生下列支出。

2017年3月8日用银行存款购入工程物资58 500元，其中价款50 000元，应交增值税8 500元，工程物资验收入库。2017年3月25日工程开始，当日实际领用工程物资50 000元；领用库存材料一批，实际成本4 000元；领用库存产成品若干件，实际成本6 000元，计税价格7 000元，计算应交的增值税销项税额1 190元；辅助生产部门为工程提供水、电等劳务支出共计3 000元，工程应负担直接人工费9 000元。2017年5月15日工程完工，并达到预定可使用状态。其账务处理如下。

(1) 2017年3月8日购入工程物资、验收入库。

借：工程物资   50 000
  应交税费——应交增值税(进项税额)   8 500
 贷：银行存款   58 500

(2) 2017年3月25日，领用工程物资，投入自营工程。

借：在建工程   50 000
 贷：工程物资   50 000

(3) 2017年3月25日，领用库存材料。

借：在建工程   4 000
 贷：原材料   4 000

(4) 2017年3月25日，领用库存产成品。

借：在建工程   7 190
 贷：库存商品   6 000
  应交税费——应交增值税(销项税额)   1 190

(5) 结转应由工程负担的水电费。

借：在建工程   3 000
 贷：生产成本   3 000

(6) 结转应由工程负担的直接人工费。

借：在建工程   9 000
 贷：应付职工薪酬   9 000

(7) 2017年5月15日，工程完工并达到预定可使用状态时，计算并结转工程成本。

设备制造成本＝50 000＋4 000＋7 190＋3 000＋9 000＝73 190(元)

借：固定资产　　　　　　　　　　　　　　　　　　　　　　　　73 190
　　贷：在建工程　　　　　　　　　　　　　　　　　　　　　　　　73 190

2. 出包工程

出包工程，是指企业委托建筑公司等其他单位进行的固定资产建造工程。企业的新建、改建、扩建等建设项目，通常均采用出包方式。

企业以出包方式建造固定资产，其成本由建造该项固定资产达到预定可使用状态前所发生的必要支出构成，包括发生的建筑工程支出、安装工程支出，以及需分摊计入的待摊支出。待摊支出，是指在建设期间发生的、不能直接计入某项固定资产价值，而应由所建造固定资产共同负担的相关费用，包括为建造工程发生的管理费、可行性研究费、临时设施费、公证费、监理费、应负担的税金、符合资本化条件的借款费用、建设期间发生的工程物资盘亏、报废及毁损净损失，以及负荷联合试车费等。

以出包方式建造固定资产的具体支出，由建造承包商核算，"在建工程"科目实际成为企业与建造承包商的结算科目。企业将与建造承包商结算的工程价款作为工程成本，通过"在建工程"科目进行核算。

企业采用出包方式建造固定资产发生的，需分摊计入固定资产价值的待摊支出，应按下列公式进行分摊。

$$待摊支出分配率=\frac{累计发生的待摊支出}{建筑工程支出＋建筑安装支出＋在安装设备支出}\times 100\%$$

$$某项工程应分配的待摊支出＝该项工程支出\times 待摊支出分配率$$

【例6-5】龙盛公司以出包方式建造一栋厂房，双方签订的合同规定建造厂房的价款2 000万元。生产所需设备由龙盛公司负责购买，由承包方负责安装。龙盛公司购进生产用设备，价款300万元，应交增值税51万元，全部款项通过银行支付，设备已运达，等待安装，向承包方支付安装费20万元，按照与承包单位签订合同的规定，公司需事前支付工程款1 500万元，剩余工程款于工程完工结算时补付。有关业务账务处理如下。

(1) 按合同规定时间预付工程款1 500万元。

借：预付账款　　　　　　　　　　　　　　　　　　　　　　　15 000 000
　　贷：银行存款　　　　　　　　　　　　　　　　　　　　　　　15 000 000

(2) 建筑工程完工，办理工程价款结算，补付剩余工程款500万元。

借：在建工程——建筑工程　　　　　　　　　　　　　　　　　　20 000 000
　　贷：预付账款　　　　　　　　　　　　　　　　　　　　　　　15 000 000
　　　　银行存款　　　　　　　　　　　　　　　　　　　　　　　 5 000 000

(3) 龙盛公司购进生产用设备，价款300万元，应交增值税51万元，全部款项通过银行支付，设备已运达，等待安装。

借：工程物资　　　　　　　　　　　　　　　　　　　　　　　　 3 000 000
　　应交税费——应交增值税(进项税额)　　　　　　　　　　　　　　510 000
　　贷：银行存款　　　　　　　　　　　　　　　　　　　　　　　 3 510 000

(4) 龙盛公司将生产设备交付承包方进行安装，支付安装费20万元。

借：在建工程——在安装设备　　　　　　　　　　　　　　　　　 3 000 000
　　　　　　　——安装工程　　　　　　　　　　　　　　　　　　　 200 000
　　贷：工程物资　　　　　　　　　　　　　　　　　　　　　　　 3 000 000
　　　　银行存款　　　　　　　　　　　　　　　　　　　　　　　　 200 000

(5) 龙盛公司为建造工程发生的管理费、可行性研究费、临时设施费、监理费等支出，共计 46.4 万元，均通过银行支付。

借：在建工程——待摊支出　　　　　　　　　　　　　464 000
　　贷：银行存款　　　　　　　　　　　　　　　　　　　464 000

(6) 待摊支出在各工程项目间的分配。

待摊支出分配率＝464 000÷(20 000 000＋3 000 000＋200 000)×100%＝2%
建筑工程应分摊待摊支出＝20 000 000×2%＝400 000(元)
在安装设备应分摊待摊支出＝3 000 000×2%＝60 000(元)
安装工程应分摊待摊支出＝200 000×2%＝4 000(元)

借：在建工程——建筑工程　　　　　　　　　　　　　400 000
　　　　　　——在安装设备　　　　　　　　　　　　　60 000
　　　　　　——安装工程　　　　　　　　　　　　　　4 000
　　贷：在建工程——待摊支出　　　　　　　　　　　　　464 000

(7) 上述各工程项目完成验收，固定资产达到预定可使用状态，计算并结转工程成本。

厂房成本＝20 000 000＋400 000＝20 400 000(元)
设备成本＝3 000 000＋200 000＋60 000＋4 000＝3 264 000(元)

借：固定资产——厂房　　　　　　　　　　　　　　　20 400 000
　　　　　　——设备　　　　　　　　　　　　　　　　3 264 000
　　贷：在建工程——建筑工程　　　　　　　　　　　　20 400 000
　　　　　　　　——在安装设备　　　　　　　　　　　　3 060 000
　　　　　　　　——安装工程　　　　　　　　　　　　　204 000

6.2.3 投资者投入固定资产

投资者投入固定资产的成本，应当按照投资合同或协议约定的价值和相关的税费，作为固定资产的入账价值入账，但合同或协议约定价值不公允的除外。转入固定资产时，借记"固定资产"科目，贷记"实收资本"或"股本"科目。

【例 6-6】龙盛公司的注册资本为 1 500 万元，收到投资者张三投入的机器设备一台，该机器设备在其投资时经评估确认的价值为 480 万元，按照投资协议，投资者张三在注册资本中所占的份额为 30%，则该公司应进行如下会计处理。

借：固定资产　　　　　　　　　　　　　　　　　　　4 800 000
　　贷：实收资本(或股本)　　　　　　　　　　　　　　4 500 000
　　　　资本公积——资本溢价或股本溢价　　　　　　　　300 000

6.2.4 租入固定资产

1. 经营性租入固定资产

经营性租入固定资产，是指就租入单位而言的采用经营性租赁的方式租入的固定资产。对于不想取得固定资产的所有权而只重视使用权，或者暂时没有足够的资金取得固定资产的所有权的企业而言，采用租赁的方式以换得固定资产的使用权不失为一项正确的经济行为。因为租赁可以使企业在不付或者先付很少资金的情况下，就可以得到所需的资产或设备，这对于资金短缺和正处于发展阶段的企业来说更加合适。租赁是出租人在承租人给以一定的报酬的条件下，授予承租人在约定的期限内占有和使用租赁财产(不动产或动产)权利的一种协议。按照租赁资产的风险和报酬是否从出租人转移给承租人，可以将租赁分为经营性租赁和融资性租赁两大类。

租赁资产的风险，是指由于生产能力的闲置、活工艺技术的陈旧可能造成的损失，以及由于经济情况的变动可能造成收入的变动。租赁资产的报酬，是指在资产的有效使用年限内直接使用租赁资产而可能获得的利益，以及因资产升值或变卖余值可能实现的收入。如果出租人实际上将与租赁资产所有权有关的风险和报酬转移给承租人，那么这种租赁则为融资性租赁；反之，则为经营性租赁。经营性租赁租入的固定资产是为了满足企业生产经营中临时的需要，只为取得固定资产的使用权，而不谋求固定资产的所有权。因为企业对这些固定资产的需用时间很短，因此没有必要为此而购买，如企业为整修厂区而租入施工机械，为吊装设备而租入起重机械等。经营性租赁具有以下特点。

(1) 出租的固定资产由出租人根据市场需求来选购，然后再寻找承租人；承租人则根据自己的需要，向拥有自己所需固定资产的出租人租入现成的固定资产。

(2) 固定资产的租赁期较短，一般长则几个月，短则几天甚至几小时。

(3) 租赁的固定资产在租赁期间由出租人负责维修、保养、保险、纳税及提取折旧，承租人必须保证租入固定资产的安全完整，并不得任意对租入固定资产进行改造，持有固定资产的一切风险实际上由出租人承担。

(4) 租赁费用相对较低，一般仅包括租赁期间的折旧费、利息及手续费等。

(5) 承租人可根据实际需要，在租赁期满时将租入固定资产退还出租人或继续租用，也可以在租赁期满前中途解约。

企业采用经营性租赁方式租入固定资产，由于没有所有权，因此不能作为固定资产的增加记入正式会计账簿，但为了便于对实物的管理，应在备查簿中进行登记。对于支付的租赁费，应根据固定租入固定资产的用途，分别计入制造费用、管理费用、销售费用、在建工程等。经出租人同意，对租入固定资产进行改良所发生的支出，如果数额很大，摊销期在1年以上，应作为长期待摊费用并分期摊销。

【例6-7】龙盛公司行政管理部门因管理需要而临时租入一台办公设备，租赁合同规定，租赁期1个月，租金3 000元，租赁开始时一次付清。租赁期满，及时归还设备。

(1) 租入时，将所租办公设备在备查登记簿中登记。

(2) 支付租金3 000元。

借：管理费用 3 000
　　贷：银行存款 3 000

(3) 租赁期满归还办公设备时，将其在备查登记簿中注销。

2．融资性租入固定资产

融资性租入固定资产，是指租入单位而言的采用融资性租赁的方式租入的固定资产。融资性租赁是为了满足企业生产经营的长期需要而租入资产的一种形式，当企业急需某种固定资产(一般为设备)，直接购买需支付大额资金，而企业资金又不是很充足，这时可采用融资租赁方式先租入固定资产，以便尽快投入使用，然后再以分期支付租赁费的方式支付固定资产价款及其他有关费用，最终获得固定资产大部分经济使用年限内的使用权。采用这种租赁方式，既可以满足企业生产经营对固定资产的需要，又解决了购买固定资产所面临的资金问题，以融物的形式达到了融资的目的。因此，可能的话，企业还是乐于接受这种资产租赁方式的。融资性租赁具有以下特点。

(1) 由承租人向出租人提出所需的固定资产，然后由出租人融通资金，购入承租人所需的固定资产，并租给承租人使用。承租人对租赁资产的型号、规格等方面都有特殊的要求，如果不作较大的重新改制，其他企业通常难以使用。某项租赁资产具有这种特点时，则该租赁应当认定为融资租赁。

(2) 固定资产的租赁期较长，一般占租赁使用寿命的大部分。这里的"大部分"，实务上是指租赁期占租赁开始日租赁资产使用寿命的75%以上的比例。应注意，这里的"比例"，是指租赁期占租赁资产使用寿命的比例，而不是租赁期占该租赁资产全部可使用年限的比例。如果租赁资产是旧的，在租赁前已使用年限超过资产自全新起算可使用年限的75%以上时，这个条件就不能作为判断租赁类型的依据。

(3) 被租赁的固定资产由承租人负责维修、保养、纳税及提取折旧，持有固定资产的一切风险实际上由承租人承担。

(4) 承租人按合同规定，分期向出租人支付租金。租金一般包括租赁固定资产的买价、利息、出租人的合理利润等内容。

(5) 租赁合同一旦签订，不可中途解约。租赁期届满，承租人应根据租赁合同规定，或是继续租赁，或是将固定资产退换租赁公司，或将固定资产所有权转移给承租人，或是以很低名义价格留购。这里的名义价格一般远远低于租赁期届满时租赁资产的公允价值，实务上的比例为低于5%。如果在租赁协议中已经约定，或者根据其他条件在租赁开始日就可以合理地判断租赁期届满时出租人会将资产所有权转移给承租人，或者在租赁开始日可以合理地判断承租人将会以名义价格行使留购权，则应当认定该项租赁为融资租赁。

因为融资租入的固定资产就其实质而言，租赁资产上的风险和报酬已经由出租人转移给承租人，所以在会计处理上就不能像经营性租入固定资产那样，不进行固定资产价值的核算，否则的话，就会影响企业资产与负债的真实性，扭曲企业的财务状况，使企业达到表外融资的目的。我国会计准则规定，融资租入的固定资产，在融资租赁期内，应作为企业自有固定资产进行管理和核算。融资租入固定资产的入账价值，按租赁开始日租赁资产的公允价值与最低租赁付款额的现值两者中较低者来确定，而最低租赁付款额作为长期应付款入账核算，二者的差额作为未确认融资费用。按我国会计准则的规定，未确认融资费用入账，应在租赁期内按合理的方法分期摊销，计入各期财务费用。在分摊未确认的融资费用时，承租人应采用一定的方法加以计算，这些方法包括实际利率法、直线法、年数总和法等。我国会计准则规定，承租人在分摊未确认融资费用时，应当采用实际利率法。在实际利率法下，各年应分摊的未确认融资费用，按照各年未偿还租赁负债额的现值(长期应付款减去未确认融资费用余额)乘以实际利率进行计算。

【例 6-8】假定龙盛公司 2014 年 1 月 1 日从 A 公司购入机器设备作为固定资产使用，该机器设备已收到。购货合同规定，机器设备的总价款为 900 万元，分 3 年等额支付。2014

第6章 固定资产

年12月31日、2015年12月31日、2016年12月31日分别支付300万元。(假定龙盛公司3年期银行借款的年利率为6%,年金现值系数(P/A,6%,3)=2.673。龙盛公司的会计处理如下。

(1) 2014年1月1日,龙盛公司计算总价款的现值。

3 000 000×(P/A,6%,3)=3 000 000×2.673=8 019 000(元)

确定总价款与现值的差额=9 000 000−8 019 000=981 000(元)

借:固定资产	8 019 000
未确认融资费用	981 000
贷:长期应付款	9 000 000

(2) 确定信用期间未确认融资费用的分摊额见表6-1。

表6-1 未确认融资费用分摊表   单位:元

日期	分期付款额	确认的融资费用	应付本金减少额	应付本金余额
	(1)	(2)=期初(4)×6%	(3)=(1)−(2)	期末(4)=期初(4)−(3)
2014年1月1日				8 019 000
2014年12月31日	3 000 000	481 140	2 518 860	5 500 140
2015年12月31日	3 000 000	330 008.40	2 669 991.60	2 830 148.40
2016年12月31日	3 000 000	169 851.60*	2 830 148.40	0
合计	9 000 000	981 000	8 019 000	

注:*尾数调整:3 000 000−2 830 148.4=169 851.60(元)。

(3) 2014年12月31日支付第1期价款时,分摊未确认融资费用。

借:长期应付款	3 000 000
贷:银行存款	3 000 000
借:财务费用	481 140
贷:未确认融资费用	481 140

(4) 2015年12月31日支付第2期价款时,分摊未确认融资费用。

借:长期应付款	3 000 000
贷:银行存款	3 000 000
借:财务费用	330 008.40
贷:未确认融资费用	330 008.40

(5) 2016年12月31日支付第3期价款时,分摊未确认融资费用。

借:长期应付款	3 000 000
贷:银行存款	3 000 000
借:财务费用	169 851.60
贷:未确认融资费用	169 851.60

6.2.5 接受捐赠固定资产

接受捐赠的固定资产,应根据具体情况合理确定其入账价值。一般分为以下两种情况。

(1) 捐赠方提供了有关凭据的,按凭据上标明的金额加上应支付的相关税费,作为入账价值。

(2) 捐赠方没有提供有关凭据的,按如下顺序确定其入账价值。

① 同类或类似固定资产存在活跃市场的,按该接受捐赠固定资产的市场价格估计的金额,加上应支付的相关税费,作为入账价值。

② 同类或类似固定资产不存在活跃市场的,按该接受捐赠固定资产预计未来现金流量的现值,加上应支付的相关税费,作为入账价值。

企业接受的固定资产在按照上述会计规定确定入账价值以后,按接受捐赠金额,计入营业外收入。

【例 6-9】龙盛公司接受一台全新专用设备的捐赠,捐赠者提供的有关价值凭证上标明的价格为 100 000 元,应交增值税 17 000 元,办理产权过户手续时支付相关税费 2 000 元。

借:固定资产　　　　　　　　　　　　　　　　　　　　　　102 000
　　应交税费——应交增值税(进项税额)　　　　　　　　　　17 000
　　贷:营业外收入——捐赠利得　　　　　　　　　　　　　117 000
　　　　银行存款　　　　　　　　　　　　　　　　　　　　　2 000

6.2.6 盘盈固定资产

每项业务发生时,会计部门都应及时将增加的固定资产记录在相关的账簿内。但有时企业固定资产的增加却不容易被及时掌握,所以企业需要不定期地对固定资产进行清查。通过清查,确定企业的固定资产是否与账簿记录一致。如果通过清查发现有的固定资产在企业账簿上并没有作记录,那么这种情况就是"实大于账"了,这在会计上被称为固定资产的盘盈。

盘盈固定资产入账价值的确定方法是,如果同类或类似固定资产存在活跃市场的,应按同类或类似固定资产的市场价格,减去按该项固定资产新旧程度估计价值损耗后的余额,作为入账确定;如果同类或类似固定资产不存在活跃市场的,应按盘盈固定资产的预计未来现金流量的现值计价入账。盘盈的固定资产待报经批准处理后,应作为企业以前年度的差错,记入"以前年度损益调整"科目。

【例 6-10】龙盛公司在固定资产清查中,发现一台设备没有在账簿中记录。该设备当前市场价格 5 000 元,根据其新旧程度估计价值损耗 3 000 元。会计分录如下。

借:固定资产　　　　　　　　　　　　　　　　　　　　　　2 000
　　贷:以前年度损益调整　　　　　　　　　　　　　　　　2 000

6.3　固定资产的后续计量

固定资产后续计量,是指固定资产在其后期存续过程中变化的价值金额,以及最终价值额的确定。固定资产后续计量主要包括固定资产折旧的计提、减值损失的确定及后续支出的计量。其中,固定资产的减值应当按照《企业会计准则第 8 号——资产减值》处理。

6.3.1 固定资产折旧

固定资产的折旧,是指在固定资产的使用寿命内,按确定的方法对应计折旧额进行的系统分摊。应计折旧额,是指应计提折旧的固定资产的原价扣除其预计净残值后的余额;如已对固定资产计提减值准备,还应扣除已计提的固定资产减值准备累计金额。

企业应当根据固定资产的性质和使用情况,合理确定固定资产的使用寿命和预计净残值。固定资产的使用寿命、预计净残值一经确定,不得随意变更。

1. 影响固定资产折旧计算的因素

影响固定资产折旧计算的因素主要有 3 个,即原始价值、预计净残值和预计使用年限。在这 3 个因素中除了原始价值之外,其他两个因素如果有确凿的证据表明固定资产受到其所处的经济环境、技术环境及其他环境的较大影响,企业至少应当于每年年度终了对净残值和使用年限进行重新复核。因为这种外部环境的变化,可能会使得固定资产使用强度比正常情况大大加强,或者会产生新的产品以代替该固定资产,从而使固定资产使用寿命大大缩短、预计净残值减少。所以如果在复核时,发现复核后的预计数与原先估计数存在差异,都要相应地对影响固定资产计算的因素进行调整。固定资产折旧计算的因素与折旧的关系分述如下。

1) 原始价值

原始价值,是指固定资产的实际取得成本,就折旧计算而言,也称为折旧基数。以原始价值作为计算折旧的基数,可以使折旧的计算建立在客观的基础上,不容易受会计人员主观因素的影响。在固定资产使用寿命一定的情况下,固定资产的原始价值越高,则单位时间内或单位工作量的折旧额就越多;固定资产的原始价值越低,则单位时间内或单位工作量的折旧额就越少。因此,从投入产出的角度来讲,在保证生产效率和产品质量的前提下,企业应减少固定资产原始价值的支出,以提高企业的效益。固定资产原始价值减去折旧后的余额叫固定资产净值,也称折余价值。它是计算固定资产盘盈、盘亏、出售、报废、毁损等溢余或损失的依据,将其与原始价值或重置完全价值相比较,还可以大致了解固定资产的新旧程度。例如,企业的一项固定资产原始价值 20 000 元,已提折旧 6 000 元,可以说该项固定资产为七成新。企业根据这个计价标准可以合理制定固定资产的更新计划,适时进行固定资产的更新等。

2) 预计净残值

预计净残值,是指假定固定资产预计使用寿命已满并处于使用寿命终了时的预期状态,企业目前从该项资产处置中获得的扣除预计处理费用后的金额。固定资产的净残值是企业在固定资产使用期满后对固定资产的一个回收额,在计算固定资产折旧时应从固定资产的折旧计算基数中扣除。固定资产的净残值越高,则单位时间内或单位工作量的折旧额就越少;反之,则越多。但是由于固定资产净残值是一个在一开始计算固定资产折旧时就要考虑的因素,而它的实际金额是在实际发生时才能确定的,因此需要事前对此加以估计。实务上一般通过固定资产在报废清理时,预计残值收入扣除预计清理费用后的净额来确定。其中,预计残值收入,是指固定资产报废清理时预计可收回的器材、零件、材料等残料价值收入;预计清理费用,是指固定资产报废清理时预计发生的拆卸、整理、搬运等费用。

同时，为了避免计算过程受到人为因素的影响，我国《企业所得税法》规定了固定资产净残值比例标准，即固定资产净残值比例应在其原价的5%以内，具体比例由企业自行确定。如果企业的情况特殊，需要调整残值比例，应报经主管税务机关备案。固定资产原始价值减去预计净残值后的数额为固定资产应计提折旧总额。

3) 预计使用年限

预计使用年限，是指固定资产预计经济使用年限，也称折旧年限，它通常短于固定资产的物质使用年限。固定资产的使用年限取决于固定资产的使用寿命。企业在确定固定资产使用寿命时，应当考虑下列因素。

(1) 该项资产预计生产能力或实物产量。

(2) 该项资产预计有形损耗。指固定资产在使用过程中，由于正常使用和自然力的作用而引起的使用价值和价值的损失，如设备使用中发生磨损、房屋建筑物受到自然侵蚀等。

(3) 该项资产预计无形损耗。指由于科学技术的进步和劳动生产率的提高而带来的固定资产价值上的损失，如因新技术的出现而使现有的资产技术水平相对陈旧，市场需求变化使其所生产的产品过时等。

(4) 法律或者类似规定对固定资产使用的限制。某些固定资产的使用寿命可能受法律或类似规定的约束。如对于融资租赁的固定资产，根据《企业会计准则第21号——租赁》的规定，能够合理确定租赁期届满时能够取得租赁资产所有权的，应当在租赁资产使用寿命内计提折旧；如果无法合理确定租赁期届满时能够取得租赁资产所有权的，应当在租赁资产使用寿命两者中较短的期间内计提折旧。

2. 固定资产折旧范围

我国现行会计准则规定，企业应对所有固定资产计提折旧，但已提足折旧继续使用的固定资产和单独计价入账的土地除外。在确定计提折旧的范围时还应注意以下几点。

(1) 固定资产应当按月计提折旧，并根据用途计入相关资产的成本或者当期损益。固定资产自达到预定可使用状态时开始计提折旧，终止确认时或划分为持有待售非流动资产时停止计提折旧。为了简化核算，当月增加的固定资产，当月不提折旧，从下月起计提折旧；当月减少的固定资产，当月照提折旧，从下月起不提折旧。

(2) 固定资产提足折旧后，不论能否继续使用，均不再提取折旧；提前报废的固定资产，也不再补提折旧。所谓提足折旧，是指已经提足该项固定资产的应计折旧额。

(3) 已达到预定可使用状态尚未办理竣工决算的固定资产，应当按照估计价值确定其成本并计提折旧；待办理竣工决算后，再按实际成本调整原来的暂估价值，但不需要调整原已计提的折旧额。

3. 固定资产折旧方法

企业应当根据与固定资产有关的经济利益的预期实现方式合理选择折旧方法。可选用的折旧方法包括年限平均法、工作量法、加速折旧法(包括双倍余额递减法和年数总和法)等。企业选用不同的固定资产折旧方法，将影响固定资产使用寿命期间内不同时期的折旧费用，因此，固定资产的折旧方法一经确定，不得随意变更。

1) 年限平均法

年限平均法又称直线法，是指将固定资产的应计折旧额均衡地分摊到固定资产预计使

用寿命内的一种方法。采用这种方法计算的每期折旧额均相等。计算公式为:

$$年折旧额=\frac{原始价值-预计净残值}{预计使用年限}$$

在实务中固定资产折旧是根据折旧率计算的。折旧率,是指折旧额占原始价值的比重。用公式表示为:

$$年折旧率=\frac{年折旧额}{原始价值}\times100\%=\frac{1-预计净残值率}{预计使用年限}\times100\%$$

$$月折旧率=年折旧率\div12$$

其中

$$预计净残值率=\frac{预计净残值}{原始价值}\times100\%$$

$$年折旧额=原始价值\times年折旧率$$

$$月折旧额=年折旧额\div12$$

【例6-11】龙盛公司一台机器设备原始价值为46 000元,预计净残值率为4%,预计使用5年,采用年限平均法计提折旧。

年折旧率=(1-4%)÷5=19.2%　　　月折旧率=19.2%÷12=1.6%

年折旧额=46 000×19.2%=8 832(元)　　月折旧额=8 832÷12=736(元)

年限平均法的优点:计算过程简便易行,容易理解,是会计实务中应用最广泛的一种方法。

年限平均法的缺点:①只注重固定资产的使用时间,而忽视使用状况,使固定资产无论物质磨损程度如何,都计提同样的折旧费用,这显然不合理;②固定资产各年的使用成本负担不均衡。一般来说,随着资产的变旧,所需要的修理、保养等费用将会逐年增加,而年限平均法确定的各年折旧费用是相同的,这就产生了固定资产使用早期负担费用偏低,而后期负担费用偏高的现象,从而违背了收入与费用相配比的原则。

2) 工作量法

工作量法,是指以固定资产预计可完成的工作总量为分摊标准,根据各年实际完成的工作量计算折旧的一种方法。采用这种折旧方法,各年折旧额的大小随着工作量的变动而变动,因而也称为变动费用法。采用工作量法计算折旧的原理和年限平均法相同,只是将分配折旧额的标准由使用年限改成了工作量,因此,工作量法实际上是年限平均法的一种演变,因而工作量法也被归类为直线法。其计算公式为:

单位工作量折旧额=(固定资产原值-预计净残值)÷预计总工作量
　　　　　　　　=固定资产原值×(1-预计净残值率)÷预计总工作量

月折旧额=某项固定资产当月工作量×单位工作量折旧额

【例6-12】龙盛公司的一台机器设备原价为40万元,预计生产产品产量为200万个,预计净残值率为4%,本月生产产品5万个。假设龙盛公司没有对该机器设备计提减值准备,则该台机器设备的本月折旧额计算如下。

单位工作量折旧额=400 000×(1-4%)÷2 000 000=0.192(元)

本月折旧额=50 000×0.192=9 600(元)

采用工作量法计提折旧,简单实用,而且应提的折旧额与资产的使用成正比例关系,体现了收入与费用相配比的会计原则。但这种方法未考虑无形损耗的因素,更何况资产在预计使用寿命内究竟能完成多少工作量也是很难测定的。因此适用于使用情况很不均衡,使用的季节性较为明显的大型机器设备、大型施工机械,以及运输单位或其他企业专业车队的客、货运汽车等固定资产折旧的计算。

3) 加速折旧法

加速折旧法,也称为快速折旧法或递减折旧法。其特点是在固定资产有效使用年限的前期多提折旧,后期则少提折旧,从而相对加快折旧的速度,以使固定资产成本在有效使用年限中加快得到补偿。

加速折旧方法在理论上有其合理性:①固定资产的净收入在使用期是递减的,固定资产在前期效能高,创造的收入也大,同时,固定资产的大部分投资者在投资初期会加大对固定资产的利用程度;②固定资产的维修费用逐年增加;③未来净收入难以准确估计,早期收入比晚期收入风险小;④加速折旧法考虑了无形损耗对固定资产的影响。

采用加速折旧方法的优点:①最初几年工作效能高,收入大,相应的折旧费用大,符合成本与收入的配比原则,同时,早期多提折旧也符合谨慎性原则;②通过提高折旧水平可及早收回投资,即可减少无形损耗、通货膨胀带来的投资风险;③可以用递减的折旧费抵补递增的维修费,使企业利润在正常生产年份保持稳定;④可以加快固定资产设备的更新,促进企业技术进步,刺激生产和经济增长,从而增加国家财政收入;⑤折旧具有"税收挡板"的作用,由于递延了税款,企业可以获得一笔无息贷款。这是政府鼓励投资,刺激生产,推动经济增长的一种政策性举措。

加速折旧法具有其科学性和合理性,根据其特点适用于技术进步快,在国民经济中具有重要地位的企业,如电子生产企业、船舶工业企业、飞机制造企业、汽车制造企业及化工医药等。

(1) 双倍余额递减法。

双倍余额递减法,是指在不考虑固定资产预计净残值的情况下,根据每期期初固定资产原价减去累计折旧后的金额(即固定资产净值)和双倍的直线法折旧率,计算固定资产折旧的一种方法。计算公式为:

$$年折旧率 = \frac{2}{预计使用寿命(年)} \times 100\%$$

$$月折旧率 = 年折旧率 \div 12$$

$$月折旧额 = 固定资产账面净值 \times 月折旧率$$

由于每年年初固定资产净值没有扣除预计净残值,因此在双倍余额递减法下,必须注意不能使固定资产的净值低于其预计净残值以下。应当在其折旧年限到期前两年内,将固定资产净值扣除预计净残值后的余额平均摊销。

【例6-13】龙盛公司生产设备一台,经批准采用双倍余额递减法计提折旧。该设备购置成本为200 000元,预计使用寿命为5年,预计净残值为6 200元。

$$年折旧率 = \frac{2}{5} \times 100\% = 40\%$$

龙盛公司折旧计算见表6-2。

表 6-2 双倍余额递减法各年折旧计算表　　　　　　　　　　　单位：元

使用年次	折旧率/(%)	年折旧额	累计折旧额	账面净值
购置时				200 000
1	40	80 000	80 000	120 000
2	40	48 000	128 000	72 000
3	40	28 800	156 800	43 200
4	—	18 500	175 300	24 700
5	—	18 500	193 800	6 200

(2) 年数总和法。

年数总合法，又称年限合计法，是将固定资产的原价减去预计净残值的余额，乘以一个固定资产尚可使用寿命为分子、以预计使用寿命的年数总和为分母的逐年递减的分数计算每年的折旧额。计算公式为

$$年折旧率 = \frac{尚可使用寿命}{预计使用寿命的年数总和} \times 100\%$$

$$月折旧率 = 年折旧率 \div 12$$

$$月折旧额 = (固定资产原价 - 预计净残值) \times 月折旧率$$

【例 6-14】按【例 6-13】的资料，采用年数总和法计算各年折旧。各年折旧额见表 6-3。

表 6-3 年数总和法各年折旧计算表　　　　　　　　　　　单位：元

使用年次	折旧率/(%)	年折旧额	累计折旧额	账面净值
购置时				200 000
1	5/15	64 600	64 600	135 400
2	4/15	51 680	116 280	83 720
3	3/15	38 760	155 040	44 960
4	2/15	25 840	180 880	19 120
5	1/15	12 920	193 800	6 200
合计		193 800		

6.3.2 固定资产折旧的会计处理

固定资产应当按月计提折旧，计提的折旧应通过"累计折旧"科目核算，并根据用途计入相关资产的成本或者当期损益。

(1) 企业基本生产车间所使用的固定资产，其计提的折旧应计入制造费用。
(2) 管理部门所使用的固定资产，其计提的折旧应计入管理费用。
(3) 销售部门所使用的固定资产，其计提的折旧应计入销售费用。
(4) 自行建造固定资产过程中使用的固定资产，其计提的折旧应计入在建工程成本。
(5) 经营租出的固定资产，其计提的折旧应计入其他业务成本。
(6) 未使用的固定资产，其计提的折旧应计入管理费用。

实务中,企业每月计提固定资产折旧是通过编制"固定资产折旧计算汇总表"进行的。该表是在上月计提折旧的基础上,对上月固定资产的增减情况进行调整后,计算得出本月应计提的固定资产折旧额。计算公式为:

$$\text{本月应提固定资产折旧额} = \text{上月计提固定资产折旧额} + \text{上月增加的固定资产应提折旧额} - \text{上月减少的固定资产应提折旧额}$$

【例6-15】龙盛公司2017年6月、7月有关固定资产的情况如下:
(1) 6月计提的折旧额及固定资产的情况如下。
一车间折旧额25 000元,减少设备一台,原价100 000元,月折旧额600元。
二车间折旧额30 000元,增加设备一台,原价80 000元,月折旧额400元。
管理部门折旧额12 000元。
(2) 7月固定资产增减变动情况如下。
一车间增加设备一台,原价60 000元,月折旧额300元。
二车间减少设备一台,原价50 000元,月折旧额100元。
固定资产折旧计算见表6-4。

表6-4 固定资产折旧计算表

2017年7月   单位:元

使用部门	上月折旧额	上月增加固定资产		上月减少固定资产		本月折旧额
		原价	月折旧额	原价	月折旧额	
一车间	25 000			100 000	600	24 400
二车间	30 000	80 000	400			30 400
管理部门	12 000					12 000
合计	67 000					66 800

借:制造费用——一车间   24 400
          ——二车间   30 400
    管理费用   12 000
  贷:累计折旧   66 800

6.3.3 固定资产使用寿命、预计净残值和折旧方法的复核

《企业会计准则第4号——固定资产》规定,企业至少应当于每年年度终了,对固定资产的使用寿命、预计净残值和折旧方法进行复核。

在固定资产使用过程中,其所处的经济环境、技术环境及其他环境,有可能对固定资产使用寿命和预计净残值产生较大影响。例如,固定资产使用强度比正常情况大大加强,致使固定资产使用寿命大大缩短;替代该项固定资产的新产品的出现致使其实际使用寿命缩短,预计净残值减少等。此时,如果不对固定资产使用寿命和预计净残值进行调整,必然不能准确反映其实际情况,也不能真实反映其为企业提供经济利益的期间及每期实际的资产消耗。因此,企业至少应当于每年年度终了,对固定资产使用寿命和预

计净残值进行复核。如有确凿证据表明固定资产使用寿命预计数与原先估计数有差异的,应当调整固定资产使用寿命;固定资产预计净残值预计数与原先估计数有差异的,应当调整预计净残值。

在固定资产使用过程中,与其有关的经济利益预期实现方式也可能发生重大变化,在这种情况下,企业也应相应改变固定资产折旧方法。例如,某采掘企业各期产量相对稳定,原来采用年限平均法计提固定资产折旧。年度复核中发现,由于该企业使用了先进技术,产量大幅增加,可采储量逐年减少,该项固定资产给企业带来经济利益的预期实现方式已发生重大改变,需要将年限平均法改为产量法。

固定资产使用寿命、预计净残值和折旧方法的改变,按照会计估计变更的有关规定进行处理。

6.3.4 固定资产后续支出

固定资产的后续支出,是指固定资产在使用过程中发生的更新改造支出、修理费用等。企业的固定资产在投入使用后,为了适应新技术发展的需要,或者为维护或提高固定资产的使用效能,往往需要对现有固定资产进行维护、改建、扩建或者改良。后续支出的处理原则是满足固定资产确认条件的,应当计入固定资产成本,如有被替换的部分,应同时将被替换部分的账面价值从该固定资产原账面价值中扣除;与固定资产有关的修理费用等后续支出,不符合固定资产确认条件的,应当在发生时计入当期损益。

1. 资本化的后续支出

(1) 企业一般应将该固定资产的原价、已计提的累计折旧和减值准备转销,将固定资产的账面价值转入在建工程,并停止计提折旧。发生的后续支出,通过"在建工程"科目核算。在固定资产发生的后续支出完工并达到预定可使用状态时,再从在建工程转为固定资产,并按重新确定的使用寿命、预计净残值和折旧方法计提折旧。

【例6-16】2014年12月,龙盛公司(一般纳税人)自行建成了一条生产线,该生产线建造成本为25万元;采用年限平均法计提折旧;预计净残值率为5%;预计使用年限为5年。2017年1月1日,由于经营需要龙盛公司决定对该生产线进行改扩建,经过3个月的改扩建,于2017年6月30日完成了对该生产线的改扩建工程,在改扩建期间该企业共发生支出5万元,全部以银行存款支付。该设备经过改扩建达到预定可使用状态后,大大提高了生产能力,并使其使用年限延长了2年。假定改扩建后的生产线的预计净残值率为改扩建后固定资产账面价值的5%;折旧方法仍为年限平均法。为简化核算过程,假设整个过程不考虑其他有关税费。则龙盛公司的会计处理如下。

(1) 2015年1月1日—2016年12月31日两年间,这两年计提该固定资产的年折旧额 $=250\,000\times(1-5\%)\div 5=47\,500(元)$。

借:制造费用　　　　　　　　　　　　　　　　　　　　　　　47 500
　　贷:累计折旧　　　　　　　　　　　　　　　　　　　　　　47 500

(2) 2017年1月1日,该生产线的账面价值为155 000元(250 000-47 500×2),固定资产转入在建工程。

借：在建工程　　　　　　　　　　　　　　　　　　　　　　　155 000
　　累计折旧　　　　　　　　　　　　　　　　　　　　　　　 95 000
　　　贷：固定资产　　　　　　　　　　　　　　　　　　　　　　250 000

(3) 2017 年 1 月 1 日—6 月 30 日，发生固定资产后续支出。
借：在建工程　　　　　　　　　　　　　　　　　　　　　　　 50 000
　　　贷：银行存款　　　　　　　　　　　　　　　　　　　　　 50 000

(4) 2017 年 6 月 30 日，改扩建工程达到预计可使用状态。
借：固定资产　　　　　　　　　　　　　　　　　　　　　　　205 000
　　　贷：在建工程　　　　　　　　　　　　　　　　　　　　　205 000

(5) 2017 年 6 月 30 日，转为固定资产后，按重新确定的使用寿命、预计净残值和折旧方法计提折旧。

应计折旧额＝205 000×(1－5%)＝194 750(元)
月折旧总额＝194 750÷(4×12＋6)≈3 606.48(元)
年折旧总额＝3 606.48×12＝43 277.76(元)
2017 年应计提的折旧额＝3 606.48×6＝21 638.88(元)

借：制造费用　　　　　　　　　　　　　　　　　　　　　　 21 638.88
　　　贷：累计折旧　　　　　　　　　　　　　　　　　　　　 21 638.88

(2) 企业发生的一些固定资产后续支出，可能涉及替换原固定资产的某组成部分，当发生的后续支出符合固定资产确认条件时，应将其计入固定资产成本，同时将被替换部分的账面价值扣除。这样可以避免将替换部分的成本和被替换部分的成本同时计入固定资产成本，导致固定资产成本重复计算。企业对固定资产进行定期检查发生的大修理费用，符合资本化条件的，可以计入固定资产成本，不符合资本化条件的，应当费用化，计入当期损益。固定资产在定期大修理间隔期间，照提折旧。

【例 6-17】甲航空公司 2008 年 12 月购入一架飞机，总计花费 4 000 万元(含发动机)，发动机当时的购价 250 万元。公司未将发动机作为一项单独的固定资产进行核算。2017 年年初，公司开辟新航线，航程增加。为延长飞机的空中飞行时间，公司决定更换一部性能更为先进的发动机。新发动机购价 350 万元，另需支付安装费用为 2.6 万元。假定飞机的年折旧率为 3%，不考虑相关税费的影响，该公司的会计处理如下。

(1) 2017 年年初飞机的累计折旧金额＝40 000 000×3%×8＝9 600 000(元)，固定资产转入在建工程。

借：在建工程　　　　　　　　　　　　　　　　　　　　　　 30 400 000
　　累计折旧　　　　　　　　　　　　　　　　　　　　　　　9 600 000
　　　贷：固定资产　　　　　　　　　　　　　　　　　　　　 40 000 000

(2) 安装新发动机。
借：在建工程　　　　　　　　　　　　　　　　　　　　　　　3 526 000
　　　贷：工程物资　　　　　　　　　　　　　　　　　　　　　3 500 000
　　　　　银行存款　　　　　　　　　　　　　　　　　　　　　　26 000

(3) 2017 年年初老发动机的账面价值为 2 500 000－2 500 000×3%×8＝1 900 000(元)，终止确认老发动机的账面价值(假定报废处理时无残值)。

借：营业外支出 1 900 000
　　贷：在建工程 1 900 000

(4) 发动机安装完毕，投入使用。

固定资产的入账价值＝30 400 000＋3 526 000－1 900 000＝32 026 000(元)

借：固定资产 32 026 000
　　贷：在建工程 32 026 000

2. 费用化的后续支出

与固定资产有关的修理费用等后续支出，不符合固定资产确认条件的，应当根据不同情况分别在发生时计入当期费用或销售费用。

一般情况下，固定资产投入使用之后，由于固定资产磨损、各组成部分耐用程度不同，可能导致固定资产的局部损坏，为了维护固定资产的正常运转和使用，充分发挥其使用效能，企业会对固定资产进行必要的维护。固定资产的日常修理费用在发生时直接计入当期损益。企业生产车间和行政管理部门等发生的固定资产修理费用等后续支出，计入"管理费用"；企业专设销售机构的，其发生的与专设销售机构相关的固定资产修理费用等后续支出，计入"销售费用"。固定资产更新改造支出不满足固定资产确认条件的，也应在发生时直接计入当期损益。

【例 6-18】2017 年 8 月 5 日，龙盛公司对现有的一台生产用机器设备进行日常维护，维护过程中领用本企业原材料一批，价值为 47 000 元，应支付维护人员的工资为 14 000 元，不考虑其他相关税费。本例中，对机器设备的维护，仅仅是为了维护固定资产的正常使用而发生的，不产生未来的经济利益，因此应在其发生时确认为费用。龙盛公司的会计处理如下。

借：管理费用 61 000
　　贷：原材料 47 000
　　　　应付职工薪酬 14 000

6.4 固定资产的处置

6.4.1 固定资产终止确认的条件

固定资产满足下列条件之一的，应当予以终止确认。

1. 该固定资产处于处置状态

固定资产处置包括固定资产的出售、转让、报废或毁损、对外投资、非货币性资产交换、债务重组等。处于处置状态的固定资产不再用于生产商品、提供劳务、出租或经营管理，因此不再符合固定资产的定义，应予以终止确认。

2. 该固定资产预期通过使用或处置不能产生经济利益

固定资产的确认条件之一是"与该固定资产有关的经济利益很可能流入企业"。如果一项固定资产预期通过使用或处置不能产生经济利益，就不再符合固定资产的定义的确认条件，应予以终止确认。

6.4.2 固定资产处置的会计处理

企业出售、转让、报废固定资产或发生固定资产毁损，应当将处置收入扣除账面价值和相关税费后的金额计入当期损益。固定资产的账面价值，是固定资产成本扣减累计折旧和累计减值准备后的金额。固定资产处置一般通过"固定资产清理"科目进行核算。

企业因出售、报废或毁损、对外投资、非货币性资产交换、债务重组等处置固定资产，其会计处理一般经过以下几个步骤。

第一，固定资产转入清理。固定资产转入清理时，按固定资产账面价值，借记"固定资产清理"科目，按已计提的累计折旧，借记"累计折旧"科目，按已计提的减值准备，借记"固定资产减值准备"科目，按固定资产账面余额，贷记"固定资产"科目。

第二，发生的清理费用。固定资产清理过程中发生的有关费用，以及应支付的相关税费，借记"固定资产清理"科目，贷记"银行存款""应交税费"等科目。

第三，出售收入和残料等的处理。企业收回出售固定资产的价款、残料价值和变价收入等，应冲减清理支出。按实际收到的出售价款及残料变价收入等，借记"银行存款""原材料"等科目，贷记"固定资产清理""应交税费——应交增值税"等科目。

第四，保险赔偿的处理。企业计算或收到的应由保险公司或过失人赔偿的损失，应冲减清理支出，借记"其他应收款""银行存款"等科目，贷记"固定资产清理"科目。

第五，出售已使用的固定资产，按适用税率计算增值税，随出售价款收回增值税时，借记"银行存款"科目，贷记"应交税费——应交增值税(销项税额)"科目。销售动产增值税税率为17%，销售不动产增值税税率为11%。

第六，清理净损益的处理。固定资产清理完成后的净损失，属于生产经营期间正常的处理损失，借记"营业外支出——处置非流动资产损失"科目，贷记"固定资产清理"科目；属于生产经营期间由于自然灾害等非正常原因造成的，借记"营业外支出——非常损失"科目，贷记"固定资产清理"科目。固定资产清理完成后的净收益，借记"固定资产清理"科目，贷记"营业外收入"科目。

1. 固定资产出售

企业对多余闲置或不再需用的固定资产，可出售给其他需要该项固定资产的企业，以收回资金，避免资源的浪费。出售固定资产的损益，是指出售固定资产取得的收入与固定资产账面价值、发生的清理费用之间的差额。

【例 6-19】2017 年 10 月，龙盛公司因经营管理的需要，于 2016 年 2 月将一台购入的设备出售，出售的价款为 300 000 元，适用的增值税税率为 17%，应交增值税为 51 000 元，开具增值税专用发票。出售设备原始价值为 350 000 元，累计提折旧为 60 000 元，发生清理费用 1 000 元。其账务处理过程如下。

(1) 注销固定资产原价及累计折旧。

借：固定资产清理　　　　　　　　　　　　　　　　　　290 000
　　累计折旧　　　　　　　　　　　　　　　　　　　　 60 000
　贷：固定资产　　　　　　　　　　　　　　　　　　　　　　 350 000

(2) 支付清理费用 1 000 元。
借：固定资产清理　　　　　　　　　　　　　　　　　　　1 000
　　贷：银行存款　　　　　　　　　　　　　　　　　　　　　　1 000
(3) 收到出售设备全部款项。
借：银行存款　　　　　　　　　　　　　　　　　　　　351 000
　　贷：固定资产清理　　　　　　　　　　　　　　　　　　300 000
　　　　应交税费——应交增值税(销项税额)　　　　　　　　 51 000
(4) 结转固定资产清理净损益。
净收益＝300 000－290 000－1 000＝9 000(元)
借：固定资产清理　　　　　　　　　　　　　　　　　　　9 000
　　贷：营业外收入——处置非流动资产利得　　　　　　　　 9 000

【例 6-20】龙盛公司出售一座仓库，其原始价值为 700 000 元，已提折旧 170 000 元，并已计提固定资产减值准备 130 000 元，支付清理费用 10 000 元，出售收入 420 000 元，适用的增值税税率为 11%。则龙盛公司有关会计处理如下。

(1) 固定资产转入清理。
借：固定资产清理　　　　　　　　　　　　　　　　　　400 000
　　累计折旧　　　　　　　　　　　　　　　　　　　　170 000
　　固定资产减值准备　　　　　　　　　　　　　　　　130 000
　　贷：固定资产　　　　　　　　　　　　　　　　　　　　700 000
(2) 支付清理费用 10 000 元。
借：固定资产清理　　　　　　　　　　　　　　　　　　 10 000
　　贷：银行存款　　　　　　　　　　　　　　　　　　　　 10 000
(3) 收到出售价款。
借：银行存款　　　　　　　　　　　　　　　　　　　　466 200
　　贷：固定资产清理　　　　　　　　　　　　　　　　　　420 000
　　　　应交税费——应交增值税(销项税额)　　　　　　　　 46 200
(4) 结转固定资产清理净收益。
借：固定资产清理　　　　　　　　　　　　　　　　　　 10 000
　　贷：营业外收入　　　　　　　　　　　　　　　　　　　 10 000

2. 固定资产报废

固定资产报废有到期报废、提前报废和超龄使用后报废三种情况。无论是何种情况的报废，其损益的计算方法是一样的，都是指报废时固定资产的残料变价收入与固定资产账面价值、发生的清理费用之间的差额。

【例 6-21】龙盛公司一台设备进入报废程序。设备原价 100 000 元，累计折旧 98 000 元。报废时支付清理费用 500 元，残料作价 1 500 元，可验收入库作为材料使用。其账务处理如下。

(1) 设备报废，注销原价及累计折旧。
借：固定资产清理　　　　　　　　　　　　　　　　　　　2 000
　　累计折旧　　　　　　　　　　　　　　　　　　　　 98 000
　　贷：固定资产　　　　　　　　　　　　　　　　　　　　100 000

(2) 支付报废设施清理费用 500 元。

借：固定资产清理 500
　　贷：银行存款 500

(3) 残料入库。

借：原材料 1 500
　　贷：固定资产清理 1 500

(4) 结转报废净损失。

报废净损失＝2 000＋500－1 500＝1 000(元)

借：营业外支出——处置非流动资产损失 1 000
　　贷：固定资产清理 1 000

3. 固定资产毁损

固定资产毁损，有的是由于生产经营期间自然灾害不可抗力因素造成的，也有的是由于生产经营期间责任事故等人为因素造成的。不论是什么原因，固定资产发生毁损对企业都会造成一定的损失。因此，企业应加强对固定资产的管理，防止此类事情的发生，减少企业的意外损失。固定资产毁损的净损失，是指毁损固定资产的账面价值，加上发生的清理费用，扣除残料变价收入及保险赔款、责任人赔款后的净额。对于由于自然灾害等非常原因造成的毁损损失，作为非常损失计入营业外支出。

【例 6-22】龙盛公司一座厂房因火灾烧毁。厂房原价为 600 000 元，累计折旧 240 000 元。大火扑灭后对现场进行了清理，发生清理费用 42 000 元，收到保险公司赔款 200 000 元，残料变卖收入 38 000 元。其账务处理如下。

(1) 注销烧毁厂房原价及累计折旧。

借：固定资产清理 360 000
　　累计折旧 240 000
　　贷：固定资产 600 000

(2) 支付现场清理费用。

借：固定资产清理 42 000
　　贷：银行存款 42 000

(3) 残料变卖收入存入银行。

借：银行存款 38 000
　　贷：固定资产清理 38 000

(4) 收到保险公司赔款 200 000 元。

借：银行存款 200 000
　　贷：固定资产清理 200 000

(5) 计算并结转毁损净损失。

毁损净损失＝360 000＋42 000－38 000－200 000＝164 000(元)

借：营业外支出——非常损失 164 000
　　贷：固定资产清理 164 000

4. 固定资产对外投资的会计处理

固定资产对外投资时，应按固定资产的账面价值，借记"长期股权投资"科目；按已提的折旧，借记"累计折旧"科目；按已计提的减值准备，借记"固定资产减值准备"科目；按固定资产原价，贷记"固定资产"科目；按应支付的相关税费，贷记"应交税费""银行存款"等科目。

5. 固定资产对外捐赠的会计处理

固定资产对外捐赠时，也是先将固定资产转入清理，按固定资产的账面价值，借记"固定资产清理"科目，按已提的折旧，借记"累计折旧"科目，按已计提的减值准备，借记"固定资产减值准备"科目，按固定资产原价，贷记"固定资产"科目。按应支付的相关税费，借记"固定资产清理"科目，贷记"应交税费""银行存款"等科目；并将"固定资产清理"账户的余额转入营业外支出，借记"营业外支出——捐赠支出"科目，贷记"固定资产清理"科目。

6.4.3 持有待售的固定资产

1. 非流动资产划分为持有待售的条件

同时满足下列条件的非流动资产应当划分为持有待售。
(1) 企业已经就处置该非流动资产作出决议。
(2) 企业已经与受让方签订了不可撤销的转让协议。
(3) 该项转让将在一年内完成。持有待售的非流动资产包括单项资产和处置组，处置组是指一项交易中作为整体通过出售或其他方式一并处置的一组资产组、一个资产组或某个资产组的一部分。

2. 账面价值的调整

企业对于持有待售的固定资产，应该调整该项固定资产的预计净残值，使该项固定资产的预计净残值能够反映其公允价值减去处置费用后的金额，但不得超过符合持有待售条件时该项固定资产的原账面价值，原账面价值高于调整后预计净残值的差额，应作为资产减值损失计入当期损益。持有待售的固定资产不计提折旧，按照账面价值与公允价值减去处置费用后的净额孰低进行计量。

【例 6-23】龙盛公司为一般纳税人，适用的增值税税率为 17%。2016 年 12 月 31 日，甲公司与乙公司签订了不可撤销合同，将一台 2016 年年初购买的生产设备以 500 万元的价格出售，预计处置费用为 10 万元，该固定资产原值为 700 万元，已提折旧为 100 万元，未计提减值准备。2017 年 2 月 20 日办理完毕所有权转移手续。实际支付清理费用 10 万元，全部设备价款已收到。甲公司对持有待售的生产设备会计处理如下。

(1) 2016 年 12 月 31 日调整账面价值。

2016 年 12 月 31 日该项固定资产的账面价值＝700－100＝600(万元)

公允价值减去处置费用后的净额＝500－10＝490(万元)

由于该固定资产为持有待售资产，原账面价值高于调整后预计净残值的差额，应作为

资产减值损失计入当期损益，即 600－490＝110(万元)

借：资产减值损失　　　　　　　　　　　　　　　　　　　1 100 000
　　贷：固定资产减值准备　　　　　　　　　　　　　　　　　　1 100 000

(2) 2017 年 2 月 20 日所有权转移的账务处理。

借：固定资产清理　　　　　　　　　　　　　　　　　　　4 900 000
　　累计折旧　　　　　　　　　　　　　　　　　　　　　1 000 000
　　固定资产减值准备　　　　　　　　　　　　　　　　　1 100 000
　　贷：固定资产　　　　　　　　　　　　　　　　　　　　　7 000 000
借：固定资产清理　　　　　　　　　　　　　　　　　　　　100 000
　　贷：银行存款　　　　　　　　　　　　　　　　　　　　　　100 000
借：银行存款　　　　　　　　　　　　　　　　　　　　　5 850 000
　　贷：固定资产清理　　　　　　　　　　　　　　　　　　　5 000 000
　　　　应交税费——应交增值税(销项税额)　　　　　　　　　　850 000

6.4.4　固定资产盘亏的会计处理

固定资产是一种单位价值较高、使用期限较长的有形资产，因此，对于管理规范的企业而言，盘盈、盘亏的固定资产较为少见。企业应当健全制度，加强管理，定期或者至少于每年年末对固定资产进行清查盘点，以保证固定资产核算的真实性和完整性。如果清查中发现固定资产损溢的，应及时查明原因，在期末结账前处理完毕。

固定资产盘亏造成的损失，应当计入当期损益。企业在财产清查中盘亏的固定资产，按盘亏固定资产的账面价值，借记"待处理财产损溢——待处理固定资产损溢"科目，按已计提的累计折旧，借记"累计折旧"科目，按已计提的减值准备，借记"固定资产减值准备"科目，按固定资产原价，贷记"固定资产"科目。按管理权限报经批准后处理时，按可收回的保险赔偿或过失人赔偿，借记"其他应收款"科目，按应计入营业外支出的金额，借记"营业外支出——盘亏损失"科目，贷记"待处理财产损溢"科目。

【例 6-24】龙盛公司 2017 年 4 月对固定资产进行清查时，发现丢失一台设备，该设备原价 100 000 元，已计提折旧 20 000 元，并已计提减值准备 10 000 元。经查，设备丢失的原因在于保管员张三看守不当。经批准，由保管员赔偿 6 000 元。有关会计处理如下(不考虑增值税)。

(1) 发现设备丢失时。

借：待处理财产损溢——待处理固定资产损溢　　　　　　　　　70 000
　　累计折旧　　　　　　　　　　　　　　　　　　　　　　20 000
　　固定资产减值准备　　　　　　　　　　　　　　　　　　10 000
　　贷：固定资产　　　　　　　　　　　　　　　　　　　　　　100 000

(2) 报经批准后。

借：其他应收款——张三　　　　　　　　　　　　　　　　　　6 000
　　营业外支出——盘亏损失　　　　　　　　　　　　　　　　64 000
　　贷：待处理财产损溢——待处理固定资产损溢　　　　　　　　70 000

6.4.5 固定资产减值的会计处理

固定资产初始入账价值是历史成本,由于固定资产使用年限较长,市场条件和经营环境的变化、科学技术的进步及企业经营管理不善等原因,都可能导致固定资产创造未来经济利益的能力大大下降。因此,固定资产的真实价值有可能低于账面价值,在期末必须对固定资产减值损失进行确认。

固定资产在资产负债表日存在可能发生减值的迹象时,其可收回金额低于账面价值时,企业应当将固定资产的账面价值减记至可收回金额,减记的金额确认为资产减值损失,同时计提相应的资产减值准备。其会计分录为借记"资产减值损失"科目,贷记"固定资产减值准备"科目。固定资产的可收回金额应根据其公允价值减去处置费用后的净额,与资产预计未来现金流量的现值两者之间较高者确定。固定资产减值损失一经确认,在以后会计期间不得转回。

【例 6-25】龙盛公司对固定资产进行清查时,发现一台机器设备存在可能发生减值的迹象,经测试,该设备的可收回金额为 20 000 元,账面价值为 26 000 元。有关会计处理如下。

借:资产减值损失 6 000
    贷:固定资产减值准备 6 000

本章小结

固定资产是企业在生产经营过程中必备的劳动资料,本章根据《企业会计准则第 4 号——固定资产》和《企业会计准则:应用指南》的相关规定,介绍了固定资产的确认和计量,固定资产的取得、固定资产折旧、固定资产的后续支出、固定资产处置,以及固定资产减值的会计处理原则、方法及其相关的会计处理。

本 章 习 题

1. 判断题

(1) 按双倍余额递减法计提的折旧额在任何时期都大于按年数总和法计提的折旧额。
( )
(2) 企业在计提固定资产折旧时,对于当月增加的固定资产当月照提折旧,当月减少的固定资产当月不提折旧。( )
(3) 接受捐赠的固定资产,所发生的各项费用,不应计入固定资产的价值。( )
(4) 固定资产提足折旧后,不管是否继续使用,均不再提取折旧;提前报废的固定资产,不再补提折旧。( )
(5) 固定资产发生的经常性修理作为收益性支出,在支出时作为当期费用入账。
( )
(6) 固定资产出售或报废的净损益都应计入营业外收入或营业外支出。( )
(7) 固定资产都是不动产。( )
(8) 辅助生产部门为工程提供的水电费应计入工程的成本。( )

(9) 企业一次购入多项没有标价的固定资产,各项固定资产的原价,应按各项固定资产和重置完全价值确定。   (   )

(10) 企业盘亏固定资产应通过"固定资产清理"科目核算。   (   )

2. 计算与业务分析题

1) 甲公司为一家制造企业。2017 年 1 月 1 日向乙公司购进三辆不同型号的小车 A、B、C,共支付货款 7 800 000 元,增值税额 1 326 000 元,包装费 42 000 元,全部以银行存款支付。假定 A、B、C 均满足固定资产的定义和确认条件,公允价值分别为 2 926 000 元、3 594 800 元、1 839 200 元。不考虑其他相关税费。

要求:(1) 确定固定资产 A、B、C 的入账价值。

(2) 做出购入固定资产的会计分录。

2) 2016 年 12 月 20 日,甲公司购入一台不需要安装的机器设备,价款 138 000 元,增值税 23 460 元,另支付运杂费 2 000 元,款项均以银行存款支付。该设备即日起投入基本生产车间使用,预计可使用 5 年,预计净残值为 5 000 元,假定不考虑固定资产减值因素。

要求:(1)编制甲公司购入设备时的会计分录。

(2) 分别用年限平均法、双倍余额递减法和年数总和法计算每年的折旧额。

(3) 如果该设备具有明显的季节性,企业决定采用总工作量法,假设该设备总运转工时为 270 000 小时,2017 年运转了 56 000 小时,用工作量法计算 2017 年的折旧额。

3) 甲公司为增值税一般纳税人。2012 年 1 月,甲公司因生产需要,决定用自营方式建造一间材料仓库。相关资料如下:

(1) 2012 年 1 月 5 日,购入工程用专项物资 20 万元,增值税额为 3.4 万元,该批专项物资已验收入库。款项用银行存款付讫。

(2) 领用上述专项物资,用于建造仓库。

(3) 领用本单位生产的水泥一批用于工程建设,该批水泥成本为 2 万元,税务部门核定的计税价格为 3 万元,增值税率为 17%。

(4) 领用本单位外购原材料一批用于工程建设,原材料实际成本为 1 万元,增值税 1 700 元。

(5) 2012 年 1 月至 3 月,应付工程人员工资 4 万元,用银行存款支付其他费用 2.92 万元。

(6) 2012 年 3 月 31 日,该仓库达到预定可使用状态,估计可使用 20 年,估计净残值为 2 万元,采用直线法计提折旧。

(7) 2016 年 12 月 31 日,该仓库突遭火灾焚毁,残料估计价值 5 万元,验收入库,用银行存款支付清理费用 2 万元。经保险公司核定的应赔偿损失 7 万元,尚未收到赔款。甲公司确认了该仓库的毁损损失。

要求:

(1) 计算该仓库的入账价值。

(2) 计算 2012 年度该仓库应计提的折旧额。

(3) 编制甲公司 2012 年度与上述业务相关的会计分录。

(4) 编制甲公司 2016 年 12 月 31 日清理该仓库的会计分录。

("应交税费"科目要求写出明细科目和专栏名称,答案中的金额单位用万元表示)

无形资产

学习目标

通过本章的学习,熟悉无形资产的概念、特点及其核算的内容;掌握无形资产的确认条件及其初始计量、内部研发费用的确认和计量、无形资产的后续计量及其报废和处置的会计处理。

技能要求

掌握不同方式取得的无形资产入账价值;掌握无形资产研究阶段和开发阶段支出的会计处理;掌握无形资产的摊销方法,以及无形资产处置和报废的会计处理。

导入案例

2009 年 6 月 6 日，青岛啤酒集团有限公司(以下简称青啤)与山东商业集团总公司在济南签署趵突泉啤酒项目战略合作协议，青啤以 2.5 亿元资金取得趵突泉啤酒的品牌和销售网络等无形资产，鲁商集团则保留济南啤酒股份有限公司的有形资产，并战略性退出啤酒生产行业。至此，青啤与趵突泉啤酒在济南市场上长达 12 年的"恩怨"以合作共赢的结局落幕。

2008 年夏开始，鲁商集团与青啤就趵突泉啤酒"嫁与"青啤事宜开始接触，经过长达一年谈判，双方选择了一种新的合作模式，即青啤出资收购济南趵突泉啤酒销售有限公司 100% 股权和"趵突泉"系列商标权及部分销售人员和销售网络等，鲁商集团则停止啤酒生产，退出啤酒行业，专注于集团其他优势产业。此举标志着山东啤酒行业整合迈出了关键一步，也成为青岛啤酒统一鲁啤的里程碑，而通过主要并购无形资产的方式则开创了国内啤酒行业整合扩张的新模式。

山东作为全国啤酒产量最大的省份，2008 年完成啤酒产量 480 万千升，占全国啤酒总产量的 11%。对于这样重要的啤酒市场，各大啤酒巨头围绕山东市场展开了近身肉搏，纷纷"落子"山东。据了解，2001 年燕京啤酒收购山东无名啤酒和三孔啤酒；2009 年 3 月，华润雪花收购邹平琥珀啤酒，并在烟台建设 30 万吨的生产基地。此次收购案将使青啤在济南市场上的占有率超过 80%，在山东市场带来超过 50% 以上的份额，进一步巩固了其在山东核心基地市场的优势，也改变了山东啤酒市场的竞争格局。建成"第二个青岛市场"，成为青啤新的利润池。

"未来我们将尊重消费者的不同喜好，继续生产趵突泉啤酒，为消费者提供更加优质的产品和多样化的选择。"青啤的相关负责人表示。通过此次战略合作，具有多年历史的趵突泉啤酒将获得更大的发展空间和平台。青啤在济南年产 30 万千升具有国际水平的生产基地将承担生产趵突泉啤酒的工作，口味改进和新鲜度提升会带给消费者全新的体验。双方也会尽职尽责履行社会责任，在自身发展的同时推动整个行业价值和社会价值的实现。

青啤的这次并购与以往不同，虽然购买的是无形资产，但品牌是有价值的，事实上青啤购买的是趵突泉 12 万吨的市场。由此可见，青啤的投资方向已经从有形资产到无形资产，用无形资产来整合有形资产。通过本章的学习，你将会了解青啤为何愿意为无形资产付出高价，以及更多有关无形资产的知识。

7.1 无形资产概述

7.1.1 无形资产的概念和特征

1. 无形资产的概念

无形资产，是指企业拥有或者控制的没有实物形态的可辨认非货币性资产。通常包括专利权、非专利技术、商标权、著作权、特许权、土地使用权等。

2. 无形资产的特征

与其他资产相比，无形资产具有以下的特征。

(1) 由企业拥有或者控制并能为其带来未来经济利益的资源。

无形资产作为一项资产，具有一般资产的本质特征，即由企业拥有或者控制并能为其带来未来经济利益。通常情况下，企业拥有或者控制的无形资产应当拥有其所有权，并且能够为企业带来未来经济利益。但在某些情况下并不需要企业拥有其所有权,如果企业有权获得某项无形资产产生的未来经济利益,并能约束其他方获得这些经济利益,则表明企业控制了该无形资产。例如,对于会产生经济利益的技术知识,若其受版权、贸易协议约束(如果允许)等法定权利的保护,那么说明该企业控制了相关利益。

客户关系、人力资源等,由于企业无法控制其带来的未来经济利益,不符合无形资产的定义,不应将其确认为无形资产。

(2) 无形资产不具有实物形态。

无形资产通常表现为某种权利、某项技术或是某种获取超额利润的综合能力,它们不具有实物形态,如土地使用权、非专利技术等。企业的有形资产如固定资产虽然也能为企业带来经济利益,但其为企业带来经济利益的方式与无形资产不同。固定资产是通过实物价值的磨损和转移来为企业带来未来经济利益,而无形资产很大程度上是通过自身所具有的技术等优势为企业带来未来经济利益。

某些无形资产的存在有赖于实物载体。例如,计算机软件需要存储在介质中,但这并不改变无形资产本身不具有实物形态的特性。在确定一项包含无形和有形要素的资产是属于固定资产,还是属于无形资产时,需要通过判断来加以确定,通常以哪个要素更重要作为判断的依据。例如,计算机控制的机械工具没有特定计算机软件就不能运行时,则说明该软件是构成相关硬件不可缺少的组成部分,该软件应作为固定资产处理;如果计算机软件不是相关硬件不可缺少的组成部分,则该软件应作为无形资产处理。

(3) 无形资产具有可辨认性。

要作为无形资产进行核算,该资产必须是能够区别于其他资产可单独辨认的,如企业特有的专利权、非专利技术、商标权、土地使用权、特许权等。满足下列条件之一的,应当认定为其具有可辨认性。

① 能够从企业中分离或者划分出来,并能单独或者与相关合同、资产或负债一起,用于出售、转移、授予许可、租赁或交换。

② 源自合同性权利或其他法定权利,无论这些权利是否可以从企业或其他权利和义务中转移或者分离。如一方通过与另一方签订特许权合同而获得的特许使用权,通过法律程序申请获得的商标权、专利权等。

商誉通常是与企业整体价值联系在一起的,其存在无法与企业自身相分离,不具有可辨认性,不属于本章所指的无形资产。

(4) 无形资产属于非货币性资产。

非货币性资产,是指企业持有的货币资金和将以固定或可确定的金额收取的资产以外的其他资产。无形资产在持有过程中为企业带来未来经济利益的情况不确定,不属于以固定或可确定的金额收取的资产,属于非货币性资产。

7.1.2 无形资产的内容和分类

1. 无形资产的内容

无形资产包括专利权、非专利技术、商标权、著作权、特许权、土地使用权等。

1) 专利权

专利权,是指国家专利主管机关依法授予发明创造专利申请人,对其发明创造在法定期限内所享有的专有权利,包括发明专利权、实用新型专利权和外观设计专利权。其中,发明专利权的期限为20年,实用新型及外观设计专利权的期限为10年,均自申请日起计算。发明者在取得专利权后,在有效期限内将享有专利的独占权。

2) 非专利技术

非专利技术,也称专有技术,是指不为外界所知、在生产经营活动中已采用了的、不享有法律保护的、可以带来经济效益的各种技术和诀窍。非专利技术一般包括工业专有技术、商业贸易专有技术、管理专有技术等。非专利技术不是专利法的保护对象,其独占性的维持及获取超额收益时间的长短取决于企业自我保密的方式。非专利技术具有经济性、机密性和动态性等特点。

3) 商标权

商标是用来辨认特定商品和劳务的标记。商标权,是指专门在某类指定的商品或产品上使用特定的名称中图案的权利。经商标局核准注册的商标为注册商标。商标注册人享有商标专用权,受法律保护。根据我国《商标法》规定,注册商标的有效期限为10年,自核准注册之日起计算。注册商标有效期满,需要继续使用的,应当在期满前6个月内申请续展注册,每次续展注册的有效期为10年,在此期间未能提出申请的,可以给予6个月的宽展期。宽展期满仍未提出申请的,注销其注册商标。

4) 著作权

著作权,又称版权,是指作者对其创作的文学、科学和艺术作品依法享有的某些特殊权利。著作权包括署名权、发表权、修改权和保护作品完整权,还包括复制权、发行权、出租权、展览权、表演权、放映权、广播权、信息网络传播权、摄制权、改编权、翻译权、汇编权,以及应当由著作权人享有的其他权利。

5) 特许权

特许权,又称特许经营权、专营权,是指企业在某一地区经营或销售某种特定商品的权利,或是一家企业接受另一家企业使用其商标、商号、技术秘密等的权利。通常有两种形式,一种是由政府机构授权,准许企业使用或在一定地区享有经营某种业务的特权,如水、电、邮电通信等专营权,烟草专卖权等;另一种指企业间依照签订的合同,有限期或无限期使用另一家企业的某些权利,如连锁店分店使用总店的名称等。

6) 土地使用权

土地使用权,是指国家准许某企业在一定期间内对国有土地享有开发、利用、经营的权利。根据我国《土地管理法》的规定,我国土地实行公有制,任何单位和个人不得侵占、买卖或者以其他形式非法转让。企业取得土地使用权的方式大致有:行政划拨取得、外购取得及投资者投资取得。

2. 无形资产的分类

无形资产对企业来讲具有重要的意义,特别是在知识经济的条件下,无形资产的作用就更加突出,因此企业必须加强对无形资产的管理与核算。从不同的角度、采取科学的方法对无形资产进行合理的分类,是做好无形资产管理和核算的一项重要基础工作。根据无形资产的特点,一般可以对无形资产作如下的分类。

(1) 无形资产按取得来源不同分类,可分为外购的无形资产、自行开发的无形资产、投资者投入的无形资产、企业合并取得的无形资产、债务重组取得的无形资产、以非货币性资产交换取得的无形资产，以及政府补助取得的无形资产等。这种分类的目的主要是使无形资产的初始计量更加准确和合理。因为不同来源取得的无形资产，其初始成本的确定方法及所包括的经济内容是不同的。

(2) 无形资产按其使用寿命是否有期限，可分为有期限无形资产和无期限无形资产。无形资产的使用寿命是否有期限，应在企业取得无形资产时就加以分析和判断，其中需要考虑的因素是很多的。这种分类的目的主要是为了正确地将无形资产的应摊销金额，在无形资产的使用寿命内系统而合理地进行摊销。因为按照会计准则的规定，使用寿命有限的无形资产才存在价值的摊销问题，而使用寿命不能确定的无形资产，其价值是不能进行摊销的。

7.1.3　无形资产的确认

由于无形资产没有实物形态，只是一种虚拟资产，因而其确认要比有形资产困难得多。作为无形的资产项目，只有同时满足以下 3 个条件，才能将其确认为无形资产：①符合无形资产的定义；②与该无形资产相关的预计未来经济利益很可能流入企业；③无形资产的成本能够可靠地计量。

第一个条件，是指无形资产既需要满足资产一般属性的要求，即由企业拥有或控制，同时也要满足无形资产没有实物形态和可辨认性的特殊要求。第二个条件，是指企业能够控制无形资产所产生的经济利益。例如，企业拥有无形资产的法定所有权，或企业与他人签订了协议，使得企业的相关权利受到法律的保护，这样可以保证无形资产的预计未来经济利益能够流入企业。在判断无形资产产生的经济利益是否可能流入企业时，企业管理部门应对无形资产在预计使用年限内存在的各种因素做出稳健的估计。这一点符合国际惯例，与国际会计准则的规定是一样的。第三个条件，实际上是针对无形资产的入账价值而言的。无形资产的入账价值需要根据其取得的成本确定，如果成本无法可靠地计量的话，那么无形资产的计价入账也就无从谈起。这一点也同样符合国际惯例。企业购入的无形资产，通过非货币性资产交换取得的无形资产、投资者投入的无形资产、通过债务重组取得的无形资产，以及自行开发并依法申请取得的无形资产，如果满足上述 3 个条件的要求，都应确认作为企业的无形资产。企业内部产生的品牌、报刊名等，因其发生的成本无法可靠计量而不确认为企业的无形资产。

7.2　无形资产的初始计量

无形资产通常是按实际成本进行初始计量，即以取得无形资产并使之达到预定用途而发生的全部支出，作为无形资产的成本。对于不同来源取得的无形资产，其成本构成不尽相同。

7.2.1　外购的无形资产

外购的无形资产，其成本包括购买价款、相关税费，以及直接归属于使该项资产达到预定用途所发生的其他支出。其中，直接归属于使该项资产达到预定用途所发生的其他支出，包括使无形资产达到预定用途所发生的专业服务费用、测试无形资产是否能够正常发挥作用的费用等。但不包括为引入新产品进行宣传发生的广告费、管理费用及其他间接费用，也不包括在无形资产已经达到预定用途以后发生的费用。

【例 7-1】龙盛公司购入专利权一项 300 000 元，另支付手续费 6 400 元。价款及手续费以银行存款支付。根据有关资料，龙盛公司会计处理如下。

  借：无形资产——专利权   306 400
    贷：银行存款   306 400

采用分期付款方式购买无形资产，购买无形资产的价款超过正常信用条件延期支付，实际上具有融资性质的，无形资产的成本为购买价款的现值。借记"无形资产"科目，按支付的金额，贷记"长期应付款"科目，按其差额，借记"未确认融资费用"科目。未确认融资费用反映了企业实际支付的无形资产价款与确认其成本之间的差额，该差额除按照借款费用准则规定予以资本化以外，应当在信用期内确认为利息费用。

【例 7-2】龙盛公司 2017 年 1 月 8 日从 B 公司购买一项商标权，由于龙盛公司资金周转比较紧张，经与 B 公司协商采用分期付款方式支付款项。合同规定，该项商标权总计 6 000 000 元，每年末付款 2 000 000 元，3 年付清。假定银行同期贷款利率为 10%。为了简化核算，假定不考虑其他有关税费，其有关计算如下。

无形资产现值 $=2\,000\,000\times(1+10\%)^{-1}+2\,000\,000\times(1+10\%)^{-2}+2\,000\,000\times(1+10\%)^{-3}=4\,973\,800(元)$

未确认融资费用 $=6\,000\,000-4\,973\,800=1\,026\,200(元)$

第 1 年应确认的融资费用 $=4\,973\,800\times10\%=497\,380(元)$

第 2 年应确认的融资费用 $=(4\,973\,800-2\,000\,000+497\,380)\times10\%=347\,118(元)$

第 3 年应确认的融资费用 $=1\,026\,200-497\,380-347\,118=181\,702(元)$

龙盛公司账务处理如下。

  借：无形资产——商标权   4 973 800
    未确认融资费用   1 026 200
    贷：长期应付款   6 000 000

(1) 第 1 年年底付款时。

  借：长期应付款   2 000 000
    贷：银行存款   2 000 000
  借：财务费用   497 380
    贷：未确认融资费用   497 380

(2) 第 2 年年底付款时。

  借：长期应付款   2 000 000
    贷：银行存款   2 000 000
  借：财务费用   347 118
    贷：未确认融资费用   347 118

(3) 第 3 年年底付款时。

  借：长期应付款   2 000 000
    贷：银行存款   2 000 000

借：财务费用　　　　　　　　　　　　　　　　　　　　　181 702
　　　贷：未确认融资费用　　　　　　　　　　　　　　　　　　181 702

企业通过外购方式取得的土地使用权通常应确认为无形资产。土地使用权用于自行开发建造厂房等地上建筑物时，土地使用权的账面价值不与地上建筑物合并计算其成本，而仍作为无形资产进行核算，土地使用权与地上建筑物分别进行摊销和提取折旧，但下列情况除外。

(1) 房地产开发企业取得的土地使用权用于建造对外出售的房屋建筑物，相关的土地使用权应当计入所建造的房屋建筑物成本。

(2) 企业外购的房屋建筑物，实际支付的价款中包括土地及建筑物的价值，则应当对支付的价款按照合理的方法(如公允价值)在土地和地上建筑物之间进行分配；如果确定无法在地上建筑物与土地使用权之间进行合理分配的，应当全部作为固定资产核算。

企业改变土地使用权的用途，将其用于出租或增值目的时，应将无形资产转为投资性房地产。

7.2.2　投资者投入的无形资产

投资者投入的无形资产的成本，应当按照投资合同或协议约定的价值确定，在投资合同或协议约定价值不公允的情况下，应按无形资产的公允价值入账。无形资产的入账价值与折合资本额之间的差额，作为资本溢价，计入资本公积。

【例 7-3】龙盛公司因业务发展的需要接受 B 公司以一项专利权向企业进行的投资。根据投资双方签订的投资合同，此项专利权的价值为 300 000 元，折合为公司的股票 160 000 股，每股面值 1 元。

借：无形资产——专利权　　　　　　　　　　　　　　　　300 000
　　　贷：股本(160 000×1)　　　　　　　　　　　　　　　　160 000
　　　　　资本公积——股本溢价　　　　　　　　　　　　　　140 000

7.2.3　政府补助取得的无形资产

政府补助是企业取得无形资产的方式之一，如企业通过行政划拨取得的土地使用权等。政府补助，是指企业从政府无偿取得货币性资产或非货币性资产，但不包括政府作为所有者投入的资本。政府向企业提供补助，具有无偿性的特点。政府并不因此而享有企业的所有权，企业未来也不需要以提供服务、转让资产等方式偿还。企业通过政府补助方式取得的无形资产应当按照公允价值计量。具体要分别几种情况进行处理，如果企业取得的无形资产附带有关文件、协议、发票、报关单等凭证，在这些凭证注明的价值与公允价值相差不大时，应当以有关凭据中注明的价值作为公允价值；没有注明价值或注明价值与公允价值差异较大，但有活跃交易市场的，应当根据有确凿证据表明的同类或类似市场交易价格作为公允价值；如没有注明价值，且没有活跃交易市场、不能可靠取得公允价值的，应当按照名义金额计量，名义金额即为 1 人民币元。

企业收到政府补助的无形资产时，一方面增加企业的无形资产，记入"无形资产"科目的借方，另一方面要作为递延收益，记入"递延收益"科目的贷方。"递延收益"科目主要核算企业确认的应在以后期间计入当期损益的政府补助。企业由于政府补助形成的无形资产而确认的递延收益,应在无形资产的使用寿命内分配计入各期损益中。

【例 7-4】 龙盛公司收到政府行政划拨的土地使用权。根据有关凭证,此项无形资产的公允价值为 1 000 万元。

借:无形资产　　　　　　　　　　　　　　　　　　　　　10 000 000
　　贷:递延收益　　　　　　　　　　　　　　　　　　　　　　10 000 000

7.2.3 其他类型的无形资产

1. 非货币性资产交换取得的无形资产

企业通过非货币性资产交换取得的无形资产,其初始成本按照《企业会计准则第 7 号——非货币性资产交换》确定。

2. 债务重组取得的无形资产

债务重组取得的无形资产,其初始成本应当按照《企业会计准则第 12 号——债务重组》确定。

7.3　内部研究开发费用的确认与计量

一个成熟和有竞争力的企业,每年都应该在研究和开发上投入一定数量的资金,通过研究和开发活动取得专利权和非专利技术等无形资产,以保持和取得技术上的领先地位。会计对于企业内部研究开发费用的确认与计量的方法存在一定的争议。

从理论上讲,自创专利的成本包括研究与开发费用,以及成功以后依法申请专利过程中所发生的费用。争论的焦点是研究与开发的费用是否应资本化、计入无形资产的价值。一般有 3 种处理方法:一是全部费用化。这种处理方法的理由是企业在从事某项专利技术的研究与开发时,不一定保证成功,出于谨慎性考虑,应将研究与开发过程中的费用计入发生当期损益。这种处理方法比较简单,也便于会计从业人员实际操作。但是它不能反映企业的真实价值,因为对于成功的研究项目来说,后期的费用相对而言是很少的,较大数额的研究与开发费用不包括在内,会歪曲企业资产的实际价值。二是全部资本化。这种处理方法的基本依据是,企业的研究与开发活动应看作一个整体,因此研究与开发费用应从企业总体的所有研究开发活动来决定其处理的方法。如果企业总体的研究开发计划的未来收益的可能性很高,则全部费用都应资本化而不论单个项目未来收益的确定性如何。这种处理方法不符合无形资产确定的要求,因为无形资产的确认是以单个项目是否带来未来经济利益为前提的,而不是从整体上来考虑的,因此是矛盾的。三是有选择的资本化。这种处理方法是首先指定将研究与开发支出资本化的条件,符合条件的资本化,反之则应费用化。这些条件在采用此种方法的国家中,规定是不尽相同的。国际会计准则规定有 6 个方面:①完成该无形资产,使其能使用或销售,在技术上可行;②有意完成该无形资产并使用或销售它;③有能力使用或销售该无形资产;④该无形资产如何产生很有可能的未来经济利益,其中,企业应证明存在着无形资产的产出市场或无形资产本身的市场;如果该无形资产将在内部使用,那么应证明无形资产的有用性;⑤有足够的技术、财务资源和其他资源支持,以完成该无形资产的开发,并使用或销售该无形资产;⑥对归属于该无形资产开发阶段的支出,能够有效可靠地计量。下面就我国对企业内部研究开发费用的确认与计量问题加以说明。

7.3.1 研究阶段和开发阶段的划分

对于企业自行进行的研究开发项目,应当区分为研究阶段与开发阶段分别进行核算。关于研究与开发阶段的具体划分,企业应当根据研究与开发的实际情况加以判断。

1. 研究阶段

研究,是指为获取新的技术和知识等进行的有计划的调查,具体是指意于获取知识而进行的活动;研究成果或其他知识的应用研究、评价和最终选择;材料、设备、产品、工序、系统或服务替代品的研究;新的或经改进的材料、设备、产品、工序、系统或服务替代品的配制、设计、评价和最终选择。研究阶段具有计划性和探索性的特点。计划性,是指研究阶段建立在有计划的调查基础上,即研发项目已经董事会或者相关管理层的批准,并着手收集相关资料、进行市场调查等;探索性,是指研究阶段基本上是探索性的,为进一步的开发活动进行资料及相关方面的准备,这一阶段不会形成阶段性成果。

2. 开发阶段

开发,是指在进行商业性生产或使用前,将研究成果或其他知识应用于某项计划或设计,以生产出新的或具有实质性改进的材料、装置、产品等。例如,生产前或使用前的原型和模型的设计、建造和测试;新技术的工具、夹具、模具和冲模的设计;不具有商业性生产经济规模的试生产设施的设计、建造和运营;新的或改造的材料、设备、产品、工序、系统或服务所选定的替代品的设计、建造和测试等。开发阶段具有针对性和形成成果的可能性较大的特点。

7.3.2 研究与开发支出的确认

1. 研究阶段支出

考虑到研究阶段的探索性及其成果的不确定性,企业无法证明其能够带来未来经济利益的无形资产的存在。因此,对于企业内部研究开发项目,研究阶段的有关支出应当在发生时全部费用化,计入当期损益(管理费用)。

2. 开发阶段支出

考虑到进入开发阶段项目往往形成成果的可能性较大,因此,如果企业能够证明开发支出符合无形资产的定义及相关确认条件,则可将其确认为无形资产。具体来讲,对于企业内部研究开发项目,开发阶段的支出同时满足下列条件的才能资本化,确认为无形资产,否则应当计入当期损益(管理费用)。

(1) 完成该无形资产以使其能够使用或出售在技术上具有可行性。企业在判断无形资产的开发在技术上是否具有可行性时,应当以目前阶段的成果为基础,并提供相关证据和材料,证明企业进行开发所必需的技术条件等已经具备,不存在技术上的障碍或其他不确定性。例如，企业已经完成了全部计划、设计和测试活动，这些活动是使资产能够达到设计规划书中的功能、特征和技术所必需的活动，或经过专家鉴定等。

(2) 具有完成该无形资产并使用或出售的意图。企业研发项目成果以后，是对外出售，还是使自己使用并从使用中获得经济利益，应当由企业管理层的意图而定。企业管理层应当能够说明其开发无形资产的目的，并具有完成该项无形资产开发并使其能够使用或出售的可能性。

(3) 无形资产产生经济利益的方式，包括能够证明运用该无形资产生产的产品存在市场或无形资产自身存在市场，无形资产将在内部使用的，应当证明其有用性。如果有关的无形资产在形成后主要用于生产新产品，企业应当对运用该无形资产生产的产品的市场情况进行可靠预计，应当能够证明所生产的产品存在市场，并能够带来经济利益的流入；如果有关的无形资产开发以后主要用于对外出售，则企业应当能够证明市场上存在对该类无形资产的需求，其开发以后存在外在的市场可以出售并能够带来经济利益的流入；如果无形资产开发以后，不是用于生产产品，也不是用于对外出售，而是在企业内部使用，则企业应能够证明其对企业的有用性。

(4) 有足够的技术、财务资源和其他资源支持，以完成该无形资产的开发，并有能力使用或出售该无形资产。这一条件主要包括：①为完成该项无形资产的开发具有技术上的可靠性。开发无形资产并使其形成成果在技术上的可靠性，是继续开发活动的关键。因此，必须有确凿证据证明企业继续开发该项无形资产有足够的技术支持和技术能力。②财务资源和其他资源支持，是能够完成该项无形资产开发的经济基础，因此，企业必须能够证明可以取得无形资产开发所必需的财务和其他资源，以及获得这些资源的相关计划。③能够证明企业可以取得无形资产开发所必需的技术、财务和其他资源，以及获得这些资源的相关计划等。如企业自有资金不足以提供支持的，应当能够证明存在外部其他方面的资金支持，如银行等金融机构声明愿意为该无形资产的开发提供所需资金等。④有能力使用或出售该项无形资产以取得收益。

(5) 归属于该无形资产开发阶段的支出能够可靠地计量。企业对开发活动所发生的支出应当单独核算，如直接发生的研发人员工资、材料费，以及相关设备折旧费等。同时在企业从事多项研究开发活动的情况下，所发生的支出同时用于支持多项研究开发活动的，应按照合理的标准在各项开发活动之间进行分配；无法合理分配的，应予以费用化计入当期损益，不计入开发活动的成本。

7.3.3　内部开发无形资产的计量

内部开发活动形成的无形资产的成本，由可直接归属于该资产的创造、生产并使该资产能够以管理层预定的方式运作的所有必要支出组成。可直接归属成本包括开发该无形资产时耗费的材料、劳务成本、注册费，在开发该无形资产过程中使用的其他专利权和特许权的摊销，按照借款费用的处理原则可以资本化的利息费用等。在开发无形资产过程中发生的，除上述可直接归属于无形资产开发活动之外的其他销售费用、管理费用等间接费用，无形资产达到预定用途前发生的可辨认的无效和初始运作损失，为运行该无形资产发生的培训支出等不构成无形资产的开发成本。

值得强调的是,内部开发无形资产的成本仅包括在满足资本化条件的时点,至无形资产达到预定用途前发生的支出总和。对于同一项无形资产在开发过程中,达到资本化条件之前已经费用化计入当期损益的支出不再进行调整。

7.3.4 内部研究开发费用的账务处理

为了正确计算企业的利润,以及合理地对无形资产进行确认,需要设置"研发支出"科目,以反映企业内部在研发过程中发生的支出。"研发支出"科目应当按照研究开发项目,分别"费用化支出"与"资本化支出"进行明细核算。企业的研发支出包括直接发生的和分配计入的两部分。直接发生的研发支出,包括研发人员工资、材料费,以及相关设备折旧费等;分配计入的研发支出,是指企业同时从事多项研究开发活动时,所发生的支出按照合理的标准在各项研究开发活动之间进行分配计入的部分。研发支出无法明确分配的,应当计入当期损益,不计入开发活动的成本。

企业自行开发无形资产发生的研发支出,对于不满足资本化条件的,应当借记"研发支出——费用化支出"科目,满足资本化条件的,借记"研发支出——资本化支出"科目,贷记"原材料""银行存款""应付职工薪酬"等科目;研究开发项目达到预定用途形成无形资产时,应按"研发支出——资本化支出"科目的余额,借记"无形资产"科目,贷记"研发支出——资本化支出"科目。期末,企业应将本科目归集的费用化支出金额转入"管理费用"科目,借记"管理费用"科目,贷记"研发支出——费用化支出"科目。本科目期末借方余额,反映企业正在进行中的研究开发项目中满足资本化条件的支出。

【例 7-5】龙盛公司因生产产品的需要,组织研究人员进行一项技术发明。在研发过程中发生材料费 120 000 元,应付研发人员薪酬 80 000 元,支付设备租金 6 000 元。根据我国会计准则的规定,上述各项支出应予以资本化的部分是 116 000 元,应予以费用化的部分是 90 000 元。另外,该项技术又成功申请了国家专利,在申请专利过程中发生注册费 20 000 元、聘请律师费 5 000 元。

费用化支出＝90 000(元)　　资本化支出＝116 000＋20 000＋5 000＝141 000(元)

(1) 研发支出发生时。

借:研发支出——费用化支出	90 000
——资本化支出	141 000
贷:原材料	120 000
应付职工薪酬	80 000
银行存款	31 000

(2) 研发项目达到预定用途时。

借:无形资产	141 000
贷:研发支出——资本化支出	141 000

(3) 期末结转费用化支出时。

借:管理费用	90 000
贷:研发支出——费用化支出	90 000

7.4 无形资产的后续计量

7.4.1 无形资产使用寿命的确定内容

无形资产的后续计量以其使用寿命为基础。企业应当于取得无形资产时，分析判断其使用寿命。无形资产的使用寿命有限的，应当估计该使用寿命的年限或者构成使用寿命的产量等类似计量单位数量；无法预见无形资产为企业带来经济利益期限的，应当视为使用寿命不确定的无形资产。

1. 估计无形资产使用寿命应考虑的因素

无形资产的使用寿命包括法定寿命和经济寿命两个方面：有些无形资产的使用寿命受法律、规章或合同的限制，称为法定寿命；经济寿命，是指无形资产可以为企业带来经济利益的年限。

在估计无形资产的使用寿命时，应当综合考虑各方面相关因素的影响，其中通常应当考虑的因素：①运用该资产生产的产品通常的寿命周期、可获得的类似资产使用寿命的信息；②技术、工艺等方面的现实情况及对未来发展的估计；③以该资产生产的产品或提供的服务的市场需求情况；④现在或潜在的竞争者预期将采取的行动；⑤为维持该资产产生未来经济利益的能力预期的维护支出，以及企业预计支付有关支出的能力；⑥对该资产的控制期限，以及对该资产使用的法律或类似限制，如特许使用期间、租赁期等。⑦与企业持有的其他资产使用寿命的关联性等。

2. 无形资产使用寿命的确定

(1) 源自合同性权利或其他法定权利取得的无形资产，其使用寿命不应超过合同性权利或其他法定权利的期限。但如果企业使用资产预期的期限短于合同性权利或其他法定权利规定的期限的，则应当按照企业预期使用的期限确定其使用寿命。例如，企业取得一项专利技术，法律保护期间为 20 年，企业预计运用该专利生产的产品在未来 15 年内会为企业带来经济利益。就该项专利技术，第三方企业承诺在 5 年内以其取得之日公允价值的 60%购买该专利权，从企业管理层目前的持有计划来看，准备在 5 年内将其出售给第三方。为此，该项专利权的实际使用寿命为 5 年。

如果合同性权利或其他法定权利能够在到期时因续约等延续，则仅当有证据表明企业续约不需要付出重大成本时，续约期才能够包括在使用寿命的估计中。下列情况下，一般说明企业无须付出重大成本即可延续合同性权利或其他法定权利：①有证据表明合同性权利或法定权利将被重新延续，如果在延续之前需要第三方同意，则还需有第三方将会同意的证据；②有证据表明为获得重新延续所必需的所有条件将被满足，以及企业为延续持有无形资产所付出的成本，与预期从重新延续中流入企业的未来经济利益相比不具有重要性。如果企业为延续无形资产持有期间而付出的成本，与预期从重新延续中流入企业的未来经济利益相比具有重要性，则从本质上看是企业获得的一项新的无形资产。

(2) 没有明确的合同或法律规定无形资产的使用寿命的，企业应当综合各方面情况，如聘请相关专家进行论证或与同行业的情况进行比较，以及企业的历史经验等，来确定无形资产为企业带来未来经济利益的期限。如果经过这些努力,仍确实无法合理确定无形资产为企业带来经济利益期限,再将其作为使用寿命不确定的无形资产。例如,企业通过公开拍卖取得一项出租车运营许可,按照所在地规定,以现有出租运营许可为限,不再授予新的运营许可,而且在旧的出租车报废以后,其运营许可可用于新的出租车。企业估计在有限的未来,其将持续经营出租车行业。对于该运营许可,其为企业带来未来经济利益的期限从目前情况看无法可靠估计,应视为使用寿命不确定的无形资产。

3. 无形资产使用寿命的复核

企业至少应当于每年年度终了,对使用寿命有限的无形资产的使用寿命进行复核。如果有证据表明无形资产的使用寿命与以前估计不同的,应当改变其摊销期限,并按照会计估计变更进行处理。例如,企业使用的某项专利权,原预计使用寿命为10年,使用至第4年年末,该企业计划再使用1年即不再使用,为此,在第4年年末,企业应当变更该项无形资产的使用寿命,并作为会计估计变更进行处理。又如,某项无形资产计提了减值准备,这可能表明企业原估计的摊销期限需要做出变更。

企业应当在每个会计期间对使用寿命不确定的无形资产的使用寿命进行复核。如果有证据表明该无形资产的使用寿命是有限的,应当按照《企业会计准则第28号——会计政策、会计估计变更和差错更正》进行处理,并按照使用寿命有限的无形资产的处理原则进行会计处理。

7.4.2 使用寿命有限的无形资产摊销

使用寿命有限的无形资产,应以成本减去累计摊销额和累计减值损失后的余额进行后续计量。使用寿命有限的无形资产,应在其预计的使用寿命内采用系统合理的方法,对应摊销金额进行摊销。

1. 应摊销金额

无形资产的应摊销金额,是指其成本扣除预计残值后的金额。已计提减值准备的无形资产,还应扣除已计提的无形资产减值准备累计金额。

2. 摊销期和摊销方法

无形资产的摊销期自其可供使用时(即其达到预定用途)开始至终止确认时止。在无形资产的使用寿命内系统地分摊其应摊销金额,存在多种方法。这些方法包括直线法、产量法等。对某项无形资产摊销所使用的方法,应依据从资产中获取的预期未来经济利益的预计消耗方式来选择,并一致地运用于不同会计期间。例如,受技术陈旧因素影响较大的专利权和专有技术等无形资产,可采用类似固定资产加速折旧的方法进行摊销;有特定产量限制的特许经营权或专利权,应采用产量法进行摊销。

持有待售的无形资产不进行摊销,按照账面价值与公允价值减去处置费用后的净额孰低进行计量。

无形资产摊销一般按月进行。当月增加的无形资产,当月开始摊销;当月减少的无形资产,当月不再摊销。

1) 残值的确定

无形资产的残值一般为零,除非有第三方承诺在无形资产使用寿命结束时愿意以一定的价格购买该项无形资产。或者存在活跃的市场,通过市场可以得到无形资产使用寿命结束时的残值信息,并且从目前情况看,在无形资产使用寿命结束时,该市场还可能存在的情况下,可以预计无形资产的残值。

无形资产的残值意味着在其经济寿命结束之前,企业预计将会处置该无形资产,并且从该处置中获得利益。估计无形资产的残值应以资产处置时的可收回金额为基础,此时的可收回金额,是指在预计出售日,出售一项使用寿命已满且处于类似使用状况下,同类无形资产预计的处置价格(扣除相关税费)。残值确定以后,在持有无形资产的期间内,至少应于每年年末进行复核,预计其残值与原估计金额不同的,应按照会计估计变更进行处理。如果无形资产的残值重新估计以后高于其账面价值的,则无形资产不再摊销,直至残值降至低于账面价值时再恢复摊销。

2) 使用寿命有限的无形资产摊销的会计处理

使用寿命有限的无形资产应当在其预计的使用寿命内,采用合理的摊销方法进行摊销。现行会计准则借鉴了国际会计准则的做法,规定无形资产的摊销金额一般应确认为当期损益,计入管理费用。如果某项无形资产包含的经济利益是通过所生产的产品或其他资产实现的,无形资产的摊销金额可以计入产品或其他资产的成本中。按月摊销无形资产时,借记"管理费用""制造费用""其他业务成本"等科目,贷记"累计摊销"科目。

【例7-6】龙盛公司 2017年1月1日购入两项无形资产情况如下:专利权入账价值400 000元。用于产品生产、摊销期8年。土地使用权入账价值600 000元,摊销期20年,采用直线法摊销。2017年这两项无形资产摊销额计算过程如下。

专利权年摊销额=400 000÷8=50 000(元)

土地使用权年摊销额=600 000÷20=30 000(元)

借:制造费用——专利权 50 000
　　管理费用——土地使用权 30 000
　贷:累计摊销 80 000

企业应当至少于每年年度终了,对使用寿命有限的无形资产的使用寿命及未来经济利益消耗方式进行复核。无形资产的预计使用寿命及未来经济利益消耗方式与以前估计不同,应该改变摊销期限和摊销方法。

3. 使用寿命不确定的无形资产减值测试

根据可获得的情况判断,有确凿证据表明无法合理估计其使用寿命的无形资产,才能作为使用寿命不确定的无形资产。企业不得随意判断使用寿命不确定的无形资产。按照《企业会计准则第6号——无形资产》规定,对于使用寿命不确定的无形资产,在持有期间内不需要摊销,如果期末重新复核后仍为不确定的,应当在每个会计期间进行减值测试,严格按照《企业会计准则第8号——资产减值》的规定,需要计提减值准备的,相应计提有关的减值准备。账务处理为借记"资产减值损失"科目,贷记"无形资产减值准备"科目。

7.4.3 无形资产的减值

由于无形资产所带来的收益具有很大的不确定性，资产负债表日企业应对无形资产的账面价值进行检查。如果出现减值迹象，应对无形资产的可收回金额进行估计，如果无形资产预计可收回金额低于其账面价值，应当计提减值准备。

无形资产的可收回金额，是指下列两者的较高者：无形资产的公允价值减去处置费用后的金额；无形资产的预计未来现金流量的现值。

企业已确认的无形资产减值，应按无形资产的账面价值与可收回金额的差额，借记"资产减值损失"，贷记"无形资产减值准备"科目。无形资产减值损失一经确认，在以后会计期间不得转回。

【例7-7】龙盛公司2015年1月1日购入一项用于产品生产的专利权，实际支付价款400万元，预计使用年限为10年。2016年12月31日，该项专利权发生减值，其公允价值减去处置费用后的净值为288万元，预计未来现金流量的现值为280万元。根据以上资料，龙盛公司会计处理如下。

(1) 2016年12月31日在计提减值准备前的账面价值＝400－(400÷10)×2＝320(万元)。
(2) 无形资产应计提减值准备＝320－288＝32(万元)。

借：资产减值损失　　　　　　　　　　　　　　　　　　　　320 000
　　贷：无形资产减值准备　　　　　　　　　　　　　　　　　　320 000

(3) 计算剩余使用年限内专利权的年摊销额＝288÷8＝36(万元)。

借：制造费用　　　　　　　　　　　　　　　　　　　　　　360 000
　　贷：累计摊销　　　　　　　　　　　　　　　　　　　　　　360 000

对使用寿命不确定的无形资产，应当在每个会计期间进行减值测试。如经减值测试表明已发生减值，则需要计提相应的减值准备。

【例7-8】龙盛公司2016年1月1日购入一项市场领先的畅销产品的商标成本为8 000万元，该商标按照法律规定还有8年的使用寿命，但是在保护期届满时，龙盛公司可每10年以较低的手续费申请延期，同时，龙盛公司有充分的证据表明其有能力申请延期。此外，有关的调查表明，根据产品生产周期、市场竞争等方面情况综合判断，该商标将在不确定的期间内为企业带来现金流量。根据上述情况，该商标可视为使用寿命不确定的无形资产，在持有期间不需要进行摊销。2017年年底，龙盛公司对该商标按照资产减值的原则进行减值测试，以测试表明该商标已发生减值。2017年年底，该商标的公允价值为7 000万元。则龙盛公司的会计处理如下。

(1) 2016年1月1日购入商标时。

借：无形资产——商标权　　　　　　　　　　　　　　　　80 000 000
　　贷：银行存款　　　　　　　　　　　　　　　　　　　　　80 000 000

(2) 2017年发生减值时。

借：资产减值损失(80 000 000－70 000 000)　　　　　　　10 000 000
　　贷：无形资产减值准备　　　　　　　　　　　　　　　　　10 000 000

7.5 无形资产的处置

无形资产的处置,是指由于无形资产出售、对外出租、对外捐赠,或者是无法为企业带来未来经济利益(报废)时,对无形资产的转销并终止确认。

7.5.1 无形资产的出售

企业出售无形资产,表明企业放弃无形资产的所有权。《企业会计准则第6号——无形资产》规定,企业出售无形资产时,应将所取得的价款与该无形资产账面价值的差额,作为资产处置利得或损失(营业外收入或营业外支出)。同时,按现行税法的规定,转让无形资产(土地使用权除外)的增值税税率为6%,转让土地使用权的增值税税率为11%。

出售无形资产时,应按实际收到的金额,借记"银行存款"等科目;按已摊销的累计摊销额,借记"累计摊销"科目;原已计提减值准备的,借记"无形资产减值准备"科目;按应支付的相关税费,贷记"应交税费"等科目;按其账面余额,贷记"无形资产"科目,按其差额,贷记"营业外收入——处置非流动资产利得"科目或借记"营业外支出——处置非流动资产损失"科目。

【例7-9】龙盛公司为增值税一般纳税人,出售一项商标权,所得的不含税价款为1 200 000元,根据《关于全面推开营业税改征增值税试点的通知》(财税〔2016〕36号),应缴纳的增值税为72 000元(适用增值税税率为6%,不考虑其他税费)。该商标权成本为3 000 000元,出售时已摊销金额为1 800 000元,已计提的减值准备为300 000元。龙盛公司的会计处理如下。

借:银行存款　　　　　　　　　　　　　　　　　　　　　　1 272 000
　　累计摊销　　　　　　　　　　　　　　　　　　　　　　1 800 000
　　无形资产减值准备　　　　　　　　　　　　　　　　　　　 300 000
　　贷:无形资产　　　　　　　　　　　　　　　　　　　　　3 000 000
　　　　应交税费——应交增值税(销项税额)　　　　　　　　　　 72 000
　　　　营业外收入——处置非流动资产利得　　　　　　　　　　 300 000

7.5.2 无形资产的出租

无形资产出租,是指企业将所拥有的无形资产的使用权让渡给他人,并收取租金与企业日常活动相关的其他经营活动业务,如出租商标使用权等。出租无形资产应收取的租金,一般可以按照固定金额或者销售额的一定百分比等方法计算。在满足收入确认条件的情况下,应确认相关的收入及成本。无形资产出租业务作为经营活动业务的一部分,其取得的租金收入作为营业收入,计入其他业务收入,确认时,借记"银行存款"等科目,贷记"其他业务收入"科目;摊销出租无形资产的成本和发生与转让有关的各种费用支出时,借记"其他业务成本""税金及附加"等科目,贷记"累计摊销""应交税费"等科目。

【例7-10】2017年5月8日,龙盛公司将产品商标权出租给A公司使用,租期4年,每年收取不含税租金150 000元,根据《关于全面推开营业税改征增值税试点的通知》(财税〔2016〕36 号),龙盛公司为增值税一般纳税人,应缴纳的增值税为 9 000 元(适用增值税税率为 6%)。在出租期间内龙盛公司不再使用该商标权。出租商标权初始入账价值为 1 800 000 元,预计使用年限为 15 年,采用直线法摊销。假定按年摊销商标权,且不考虑增值税以外的其他相关税费。

龙盛公司的会计处理如下。

(1) 每年取得租金、确认收入。

借:银行存款 159 000
　　贷:其他业务收入 150 000
　　　　应交税费——应交增值税(销项税额) 9 000

(2) 出租期内每年对该商标权进行摊销。

借:其他业务成本 120 000
　　贷:累计摊销 120 000

7.5.3 无形资产的报废

无形资产未来能否给企业带来经济利益,由于受到很多不可预知因素的影响,而变得具有很大的不确定性。如果在无形资产使用的某一个期间,由于各种因素的影响,使得无形资产预期不能为企业带来未来的经济利益,则不再符合无形资产的定义,应将该无形资产转入报废并予以注销。报废无形资产的账面价值作为非流动资产处置损失,应予以转销,计入营业外支出。转销时,应按已计提的累计摊销,借记"累计摊销"科目;按其账面余额,贷记"无形资产"科目;按其差额,借记"营业外支出"科目。已计提减值准备的,还应同时结转减值准备。

【例 7-11】由于生产技术的快速发展,龙盛公司对有关因素进行综合判断,A 专利权未来给企业带来经济利益已经变得非常困难,因此公司按规定将其作报废处理。A 专利权作报废处理时账面余额 520 000 元,已摊销 460 000 元,已累计计提的减值准备为 20 000 元。

报废损失 = 520 000 - 460 000 - 20 000 = 40 000(元)

借:累计摊销 460 000
　　无形资产减值准备 20 000
　　营业外支出——处置非流动资产损失 40 000
　　贷:无形资产 520 000

本章小结

无形资产,是指企业拥有或者控制的没有实物形态的可辨认非货币性资产,通常包括专利权、非专利技术、商标权、著作权、特许权、土地使用权等。无形资产的分类,按取得来源不同可分为外购的无形资产、自行开发的无形资产、投资者投入的无形资产、企业合并取得的无形资产、债务重组取得的无形资产、以非货币性资产交换取得的无形资产,以及政府补助取得的无形资产等;按其使用寿命是否有期限可分为有期限无形资产和无期限无形资产。无形资产来源不同,其初始计量也不同。

在后续计量中,使用寿命确定的无形资产应自取得当月起在摊销期限内分期摊销,摊销方法一般为直线法。使用寿命不确定的无形资产不需要摊销,当发生减值时应计提减值准备,无形资产计提减值准备后不得转回。

企业出售无形资产时，应将所取得的价款与该无形资产账面价值的差额作为资产处置利得或损失(营业外收入或营业外支出)。企业将所拥有的无形资产的使用权让渡给他人，其取得的租金收入作为营业收入，计入其他业务收入。

本 章 习 题

1. 判断题

(1) 研究开发支出中的研究阶段的支出应资本化，计入无形资产成本。　　　　　　(　)

(2) 在我国研究与开发费用应在成功申请专利以后，将其转入无形资产的价值。
(　)

(3) 无形资产有的有期限，有的没有期限。　　　　　　　　　　　　　　　　(　)

(4) 无形资产摊销期限一经确定，不得随意改变。　　　　　　　　　　　　　(　)

(5) 无形资产只能转让使用权，而不能转让所有权。　　　　　　　　　　　　(　)

(6) 无形资产，是指企业为生产商品、提供劳务、出租给他人，或为管理目的而持有的、没有实物形态的非货币性长期资产。　　　　　　　　　　　　　　　　　　(　)

(7) 某企业以50万元外购一项专利权，同时还发生相关费用6万元外购无形资产的成本，包括购买价款、进口关税和其他税费，以及直接归属于使该项资产达到预定用途所发生的其他支出。那么，该外购专利权的入账价值为56万元。　　　　　　　　　(　)

(8) 对自行开发并按法律程序申请取得的无形资产，按在研究与开发过程中发生的材料费用，直接参与开发人员的工资及福利费，开发过程中发生的租金、借款费用，以及注册费、聘请律师费等费用作为无形资产的实际成本。　　　　　　　　　　　　(　)

(9) 已计入各期费用的研究费用，在该项无形资产获得成功并依法申请专利时，再将原已计入费用的研究费用予以资本化。　　　　　　　　　　　　　　　　　　(　)

(10) 无形资产的后续支出应判断是否可以资本化，符合资本化条件的应予以资本化，计入无形资产成本。不符合资本化条件的，应直接计入当期费用。　　　　　　　(　)

2. 计算与业务分析题

1) 某公司正在研究和开发一项新工艺，2016年1～10月发生的各项研究、调查、试验等费用100万元，2016年10～12月发生材料人工等各项支出60万元，在2016年9月末，该公司已经可以证实该项新工艺必然开发成功，并满足无形资产确认标准。2017年1～6月又发生材料费用、直接参与开发人员的工资、场地设备等租金和注册费等支出240万元。2017年6月末该项新工艺完成，达到了预定可使用状态。

要求：根据以上资料，编制相关会计分录。(答案以万元为单位)

2) A公司有关无形资产业务如下：

(1) 2014年1月，A公司以银行存款2 400万元购入一项土地使用权(不考虑相关税费)。该土地使用年限为60年。

(2) 2014年6月，A公司研发部门准备研究开发一项专利技术，在研究阶段，企业为了研究成果的应用研究、评价，以银行存款支付了相关费用600万元。

(3) 2014 年 8 月，上述专利技术研究成功，转入开发阶段。企业将研究成果应用于该项专利技术的设计，直接发生的研发人员工资、材料费，以及相关设备折旧费分别为 800 万元、1 300 万元和 200 万元，同时以银行存款支付了其他相关费用 100 万元。以上开发支出均满足无形资产的确认条件。

(4) 2014 年 10 月，上述专利技术的研究开发项目达到预定用途，形成无形资产。A 公司预计该专利技术的预计使用年限为 10 年。A 公司无法可靠确定与该专利技术有关的经济利益的预期实现方式。

(5) 2015 年 4 月，A 公司利用上述外购的土地使用权，自行开发建造厂房。厂房于 2015 年 9 月达到预定可使用状态，累计所发生的必要支出 5 550 万元(不包含土地使用权)。该厂房预计使用寿命为 10 年，预计净残值为 50 万元。假定 A 公司对其采用年数总和法计提折旧。

(6) 2017 年 5 月，A 公司研发的专利技术预期不能为企业带来经济利益，经批准将其予以转销。

要求：编制 A 公司 2014 年 1 月购入该项土地使用权的会计分录。

① 编制土地使用权 2014 年摊销的会计分录，并计算 A 公司 2014 年 12 月 31 日的该项土地使用权的账面价值。

② 编制 A 公司 2014 年研制开发专利技术的有关会计分录。

③ 计算 A 公司研制开发的专利技术至 2016 年年末累计摊销的金额。(假定没有计提减值准备)

④ 分析土地使用权是否应转入该厂房的建造成本；计算 A 公司自行开发建造的厂房 2016 年计提的折旧额。

⑤ 编制 A 公司该项专利技术 2017 年 5 月予以转销的会计分录。

(以上答案中的金额单位用万元表示)

第 8 章 投资性房地产

学习目标

通过本章的学习,理解投资性房地产的概念和分类,投资性房地产的确认条件;掌握投资性房地产的初始计量、后续计量及房地产处置的原则。

技能要求

掌握投资性房地产初始成本的计量与核算;熟练掌握成本模式和公允价值模式计量的会计处理;掌握投资性房地产处置的核算。

第 8 章 投资性房地产

导入案例

龙盛公司从事土地开发与建设业务,与土地使用权及地上建筑物相关的交易或事项如下:

(1) 2010 年 1 月 10 日,龙盛公司取得股东作为出资投入的一宗土地使用权及地上建筑物。取得时,土地使用权的公允价值为 5 600 万元,地上建筑物的公允价值为 3 000 万元,上述土地使用及地上建筑物供管理部门办公使用,预计使用 50 年。

(2) 2012 年 1 月 20 日,以出让方式取得一宗土地使用权,实际成本为 900 万元,预计使用 50 年。2012 年 2 月 2 日,龙盛公司在上述土地上开始建造商业设施,建成后作为自营住宿、餐馆的场地。2013 年 9 月 20 日,商业设施达到预定可使用状态,共发生建造成本 6 000 万元。该商业设施预计使用 20 年。因建造的商业设施部分具有公益性质,龙盛公司于 2013 年 5 月 10 日收到国家拨付的补助资金 30 万元。

(3) 2012 年 7 月 1 日,龙盛公司以出让方式取得一宗土地使用权,实际成本为 1 400 万元,预计使用 70 年。2013 年 5 月 15 日,龙盛公司在该块土地上开始建设一住宅小区,建成后对外出售。至 2013 年 12 月 31 日,住宅小区尚未完工,共发生开发成本 12 000 万元(不包括土地使用权成本)。

(4) 2013 年 2 月 5 日,以转让方式取得一宗土地使用权,实际成本 1 200 万元,预计使用 50 年,取得当月,龙盛公司在该块土地上开工建造办公楼。至 2013 年 12 月 31 日,办公楼尚未达到可使用状态,实际发生工程成本 3 000 万元。

2013 年 12 月 31 日,龙盛公司董事会决定办公楼建成后对外出租。该日,上述土地使用权的公允价值为 1 300 万元,在建办公楼的公允价值为 3 200 万元。

龙盛公司对作为无形资产的土地使用权采用直线法摊销,对作为固定资产的地上建筑物采用年限平均法计提折旧,土地使用权及地上建筑物的预计净残值均为零,对投资性房地产采用成本模式进行后续计量。

要求:根据上述资料,不考虑其他因素,龙盛公司如何作相应的账务处理呢?

8.1 投资性房地产概述

房地产,通常是土地和房屋及其权属的总称。在我国,土地归国家或集体所有,企业只能取得土地使用权。因此,房地产中的土地,是指土地使用权。房屋,是指土地上的房屋等建筑物及构筑物。在市场经济条件下,房地产市场日益活跃,企业持有的房地产除了用作自身管理、生产经营活动场所和对外销售之外,出现了将房地产用于赚取租金或增值收益的活动,甚至是个别企业的主营业务。用于出租或增值的房地产就是投资性房地产。投资性房地产在用途、状态、目的等方面与企业自用的厂房、办公楼等作为生产经营场所的房地产,和房地产开发企业用于销售的房地产是不同的。《企业会计准则第 3 号——投资性房地产》(以下简称投资性房地产准则)规范了投资性房地产的确认、计量和相关信息的披露。

8.1.1 投资性房地产的定义与特征

投资性房地产,是指为赚取租金或资本增值,或两者兼有而持有的房地产。投资性房地产应当能够单独计量和出售。投资性房地产具有以下特征。

(1) 投资性房地产是一种经营活动。

投资性房地产的主要形式是出租建筑物、出租土地使用权,这实质上属于一种让渡资产使用权行为。房地产租金,就是让渡资产使用权取得的使用费收入,是企业为完成其经营目标所从事的经营性活动,以及与之相关的其他活动形成的经济利益总流入。投资性房地产的另一种形式是持有并准备增值后转让的土地使用权,尽管其增值收益通常与市场供求、经济发展等因素相关,但目的是为了增值后转让以赚取增值收益,也是企业为完成其经营目标所从事的经营性活动,以及与之相关的其他活动形成的经济利益总流入。

(2) 投资性房地产在用途、状态、目的等方面,区别于作为生产经营场所的房地产和用于销售的房地产。

这就需要将投资性房地产单独作为一项资产核算和反映,与自用的厂房、办公楼等房地产和作为存货(已建完工商品房)的房地产加以区别,从而更加清晰地反映企业所持有房地产的构成情况和盈利能力。

8.1.2 投资性房地产的范围

投资性房地产,主要包括已出租的土地使用权、持有并准备增值后转让的土地使用权和已出租的建筑物。

1. 属于投资性房地产的项目

1) 已出租的土地使用权

已出租的土地使用权,是指企业通过出让或转让方式取得并以经营租赁方式出租的土地使用权。企业计划用于出租但尚未出租的土地使用权,不属于此类。对于以经营租赁方式租入土地使用权再转租给其他单位的,不能确认为投资性房地产。

【例 8-1】2017 年 5 月 10 日,龙盛公司与乙公司签订了一项经营租赁合同,约定自 2017 年 6 月 1 日起,龙盛公司以年租金 8 000 000 元租赁使用乙公司拥有的一块 400 000 平方米的场地,租赁期为 8 年。2017 年 7 月 1 日,龙盛公司又将这块场地转租给丙公司,以赚取租金差价,租赁期为 5 年。以上交易假设不违反国家有关规定。

本例中,对于龙盛公司而言,这项土地使用权不能予以确认,也不属于其投资性房地产。对于乙公司而言,自租赁期开始日(2017 年 6 月 1 日)起,这项土地使用权属于投资性房地产。

2) 持有并准备增值后转让的土地使用权

持有并准备增值后转让的土地使用权,是指企业通过出让或转让方式取得并准备增值后转让的土地使用权。但是,按照国家有关规定认定的闲置土地,不属于持有并准备增值的土地使用权。

3) 已出租的建筑物

已出租的建筑物,是指企业拥有产权并以经营租赁方式出租的房屋等建筑物,包括自行建造或开发活动完成后用于出租的建筑物。例如,甲公司将其拥有的某栋厂房整体出租给乙公司,租赁期 2 年。对于甲公司而言,自租赁期开始日起,该栋厂房属于投资性房地产。企业在判断和确认已出租的建筑物时,应当把握以下要点。

(1) 用于出租的建筑物,是指企业拥有产权的建筑物。企业以经营租赁方式租入再转租的建筑物,不属于投资性房地产。

【例 8-2】 A 企业与 B 企业签订了一项经营租赁合同，B 企业将其持有产权的一栋办公楼出租给 A 企业，为期 5 年。A 企业一开始将该办公楼改装后用于自行经营餐馆。3 年后，由于连续亏损，A 企业将餐馆转租给 C 公司，以赚取租金差价。这种情况下，对于 A 企业而言，该栋楼不属于其投资性房地产；对于 B 企业而言，则属于其投资性房地产。

(2) 已出租的建筑物是企业已经与其他方签订了租赁协议，约定以经营租赁方式出租的建筑物。一般应自租赁协议规定的租赁期开始日起，经营租出的建筑物才属于已出租的建筑物。通常情况下，对企业持有以备经营出租的空置建筑物，如董事会或类似机构作出书面决议，明确表明将其用于经营租出且持有意图短期内不再发生变化的，即使尚未签订租赁协议，也应视为投资性房地产。这里的空置建筑物，是指企业新购入、自行建造或开发完成但尚未使用的建筑物，以及不再用于日常生产经营活动且经整理后达到可经营出租状态的建筑物。

(3) 企业将建筑物出租，按租赁协议向承租人提供的相关辅助服务在整个协议中不重大的，应当将该建筑物确认为投资性房地产。企业将其办公楼出租，同时向承租人提供维护、保安等日常辅助服务，企业应当将其确认为投资性房地产。

【例 8-3】 龙盛公司在白沙村购买了一栋写字楼，共 8 层。其中 1 层经营出租给某家大型超市，2 层和 3 层经营出租给乙公司，4~8 层经营出租给丙公司。龙盛公司同时为该写字楼提供安保、维修等日常辅助服务。本例中，龙盛公司将写字楼出租，同时提供的辅助服务不重大。对于龙盛公司而言，这栋写字楼属于龙盛公司的投资性房地产。

2. 不属于投资性房地产的项目

下列房地产不属于投资性房地产。

(1) 自用房地产，是指为生产商品、提供劳务或者经营管理而持有的房地产，如企业生产经营用的厂房和办公楼属于固定资产，企业生产经营用的土地使用权属于无形资产。自用房地产的特征在于服务于企业自身的生产经营，其价值会随着房地产的使用而逐渐转移到企业的产品或服务中去，通过销售商品或提供服务为企业带来经济利益，在产生现金流量的过程中与企业持有的其他资产密切相关。例如，企业出租给本企业职工居住的宿舍，虽然也收取租金，但间接为企业自身的生产经营服务，因此具有自用房地产的性质。又如，企业拥有并自行经营的旅馆饭店。旅馆饭店的经营者在向顾客提供住宿服务的同时，还提供餐饮、娱乐等其他服务，其经营目的主要是通过向客户提供服务取得服务收入，因此，企业自行经营的旅馆饭店是企业的经营场所，应当属于自用房地产。

(2) 作为存货的房地产，通常指房地产开发企业在正常经营过程中销售的或为销售而正在开发的商品房和土地。这部分房地产属于房地产开发企业的存货，其生产、销售构成企业的主营业务活动，产生的现金流量也与企业的其他资产密切相关。因此，具有存货性质的房地产不属于投资性房地产。

从事房地产经营开发的企业依法取得的、用于开发后出售的土地使用权，属于房地产开发企业的存货，即使房地产开发企业决定待增值后再转让其开发的土地，也不得将其确认为投资性房地产。

实务中，存在某项房地产部分自用或作为存货出售、部分用于赚取租金或资本增值的情形。如某项投资性房地产不同用途的部分能够单独计量和出售的,应当分别确认为固定资产(或无形资产、存货)和投资性房地产。例如,龙盛公司开发商建造了一栋商住两用楼盘,一层出租给一家大型超市,已签订经营租赁合同;其余楼层均为普通住宅,正在公开销售中。这种情况下,如果一层商铺能够单独计量和出售,应当确认为龙盛公司的投资性房地产,其余楼层为龙盛公司的存货,即开发产品。

8.1.3 投资性房地产的确认条件

投资性房地产只有在符合定义的条件下,同时满足下列条件的,才能予以确认:①与该投资性房地产有关的经济利益很可能流入企业;②该投资性房地产的成本能够可靠地计量。

对于已出租的土地使用权和已出租的建筑物,确认为投资性房地产的时点一般为租赁期开始日,即土地使用权和建筑物已进入出租状态,开始赚取租金的日期。但其中的企业持有以备经营出租、可视为投资性房地产的空置建筑物或在建建筑物,确认为投资性房地产的时点是企业董事会或类似机构就该事项做出正式书面决议的日期。对于持有并准备增值后转让的土地使用权,确认为投资性房地产的时点是企业将自用土地使用权停止自用,准备增值后转让的日期。

8.1.4 投资性房地产的后续计量模式

投资性房地产的后续计量模式有成本模式和公允价值模式两种。企业通常应该采用成本模式对投资性房地产进行后续计量,有确凿证据表明公允价值能够持续可靠地取得的,也可以采用公允价值模式对投资性房地产进行后续计量。同一个企业只能采用一种后续计量模式,不得对一部分投资性房地产采用成本模式计量,对另一部分投资性房地产采用公允价值模式计量。

企业选择公允价值模式,就应当对其所有投资性房地产采用公允价值模式计量。在极少数情况下,采用公允价值模式对投资性房地产进行后续计量的企业,有证据表明某项投资性房地产在首次取得时(或某项房地产在完成建造或开发活动后或改变用途后首次成为投资性房地产时),其公允价值不能持续可靠地取得,应当对该投资性房地产采用成本模式计量直至其被处置,并且假设无残值。但是,采用成本模式对投资性房地产进行后续计量的企业,即使有证据表明某项投资性房地产在首次取得时(或某项房地产在完成建造或开发活动后或改变用途后首次成为投资性房地产时),其公允价值能够持续可靠地取得,仍应当对该投资性房地产采用成本模式计量。

8.2 投资性房地产的初始计量

投资性房地产无论采用哪一种后续计量模式,取得时均应当按照成本进行初始计量。投资性房地产的成本,一般应当包括取得投资性房地产时和直至使该项投资性房地产达到预定可使用状态前所实际发生的各项必要的、合理的支出,如购买价款、土地开发费、建筑安装成本、应予以资本化的借款费用等。投资性房地产的取得渠道不同,成本的具体构成内容就会有所不同。

8.2.1 外购的投资性房地产

企业外购的房地产,只有在购入房地产的同时开始对外出租或用于资本增值,才能称为外购的投资性房地产。外购投资性房地产的实际成本,包括购买价款、相关税费和可直接归属于该资产的其他支出。

企业购入房地产,自用一段时间之后再改为出租或用于资本增值的,应当先将外购的房地产确认为固定资产或无形资产,自租赁期开始日或用于资本增值之日开始,才能从固定资产或无形资产转换为投资性房地产。

采用成本模式计量的企业,外购投资性房地产时,应按照取得时的实际成本,借记"投资性房地产"科目,贷记"银行存款"科目。采用公允价值模式计量的企业,应当在"投资性房地产"科目下设置"成本"和"公允价值变动"两个明细科目,分别核算投资性房地产的取得成本和持有期间的累计公允价值变动金额。外购投资性房地产时,按照取得时的实际成本,借记"投资性房地产——成本"科目,贷记"银行存款"科目。

【例8-4】2017年9月,龙盛公司计划购入写字楼用于对外出租。9月9日,龙盛公司与B公司签订了经营租赁合同,约定自己写字楼购买日起,将该写字楼出租给B公司使用,租赁期为3年。9月30日,龙盛公司购入写字楼,实际支付购买价款和相关税费共计1 500万元。根据租赁合同,租赁期开始日为2017年10月1日。

(1) 假定龙盛公司采用成本模式进行计量。

借:投资性房地产——写字楼 15 000 000
  贷:银行存款 15 000 000

(2) 假定龙盛公司采用公允价值模式进行计量。

借:投资性房地产——写字楼(成本) 15 000 000
  贷:银行存款 15 000 000

8.2.2 自行建造的投资性房地产

企业自行建造的房地产,只有在自行建造活动完成(达到预定可使用状态)的同时开始对外出租或用于资本增值,才能将自行建造的房地产确认为投资性房地产。自行建造投资性房地产的成本,由建造该项房地产达到预定可使用状态前发生的必要支出构成。

企业自行建造房地产达到预定可使用状态后一段时间才对外出租或用于资本增值的,应当先将自行建造的房地产确认为固定资产、无形资产或存货,自租赁期开始日或用于资本增值之日开始,从固定资产、无形资产或存货转换为投资性房地产。

自行建造投资性房地产,其成本由建造该项资产达到预定可使用状态前发生的必要支出构成,包括土地开发费、建筑成本、安装成本、应予以资本化的借款费用、支付的其他费用和分摊的间接费用等。建造过程中发生的非正常性损失,直接计入当期营业外支出,不计入建造成本。

采用成本模式计量的企业,自行建造的投资性房地产达到预定可使用状态时,应按照取得时的实际成本,借记"投资性房地产"科目,贷记"在建工程"或"开发产品"科目。采用公允价值模式计量的企业,自行建造的投资性房地产达到预定可使用状态时,应按照取得时的实际成本，借记"投资性房地产——成本"科目，贷记"在建工程"或"开发产品"科目。

【例8-5】2017年1月，龙盛公司以900万元的成本从其他单位购入一项土地使用权，用于自行建造两栋厂房。2017年11月30日，两栋厂房同时完工，实际造价均为2 000万元，能够单独出售。同日，龙盛公司董事会做出书面决议，将其中一栋厂房用于经营出租，并与A公司签订了经营租赁合同，将该栋厂房出租给A公司使用，租赁期3年，租赁期开始日为2017年12月1日。另外一栋厂房作为生产车间，用于本企业的产品生产。

(1) 假定龙盛公司采用成本模式进行计量。

借：固定资产——厂房　　　　　　　　　　　　　　　20 000 000
　　投资性房地产——厂房　　　　　　　　　　　　　20 000 000
　　　贷：在建工程　　　　　　　　　　　　　　　　40 000 000
借：投资性房地产——土地使用权　　　　　　　　　　 4 500 000
　　　贷：无形资产——土地使用权　　　　　　　　　 4 500 000

(2) 假定龙盛公司采用公允价值模式进行计量。

借：固定资产——厂房　　　　　　　　　　　　　　　20 000 000
　　投资性房地产——厂房(成本)　　　　　　　　　　20 000 000
　　　贷：在建工程　　　　　　　　　　　　　　　　40 000 000
借：投资性房地产——土地使用权(成本)　　　　　　　 4 500 000
　　　贷：无形资产——土地使用权　　　　　　　　　 4 500 000

8.3　投资性房地产的后续计量

投资性房地产的后续计量有成本和公允价值两种模式，通常应当采用成本模式计量，满足特定条件时也可以采用公允价值模式计量。但是，同一企业只能采用一种模式对所有投资性房地产进行后续计量，不得同时采用两种计量模式。

8.3.1　采用成本模式计量的投资性房地产

企业通常应当采用成本模式对投资性房地产进行后续计量。采用成本模式进行后续计量的投资性房地产，应当遵循以下会计处理规定。

(1) 应当按照固定资产或无形资产的有关规定，按期(月)计提折旧或摊销，借记"其他业务成本"等科目，贷记"投资性房地产累计折旧(摊销)"科目。

(2) 取得的租金收入，确认为其他业务收入，借记"银行存款"等科目，贷记"其他业务收入"等科目。

(3) 投资性房地产存在减值迹象的，应当按照资产减值的有关规定进行处理。经减值测试后确定发生减值的，应当计提减值准备，借记"资产减值损失"科目，贷记"投资性房地产减值准备"科目。已经计提减值准备的投资性房地产，其减值损失在以后的会计期间不得转回。

【例8-6】2015年6月30日，龙盛公司购入一栋办公楼，实际支付购买价款和相关税费共计1 800万元。按直线法计提折旧，使用寿命为20年，预计净残值为零。2015年7月

1日将该栋办公楼开始出租给B企业使用,租赁合同约定,办公楼租赁期6年,B企业每月末支付龙盛公司租金8万元。龙盛公司对投资性房地产采用成本模式进行后续计量。2017年10月31日,办公楼出现减值迹象,经减值测试,确定其可收回金额为1 400万元。

(1) 2015年7月31日,计提折旧。

月折旧额=1800÷20÷12=7.5(万元)

借:其他业务成本	75 000
贷:投资性房地产累计折旧	75 000

(2) 2015年7月31日,收到租金。

借:银行存款	80 000
贷:其他业务收入	80 000

(3) 2017年10月31日,计提减值准备。

投资性房地产账面价值=1 800-7.5×28=1 590(万元)

投资性房地产减值金额=1 590-1 400=190(万元)

借:资产减值损失	1 900 000
贷:投资性房地产减值准备	1 900 000

8.3.2 采用公允价值模式计量的投资性房地产

只有存在确凿证据表明投资性房地产的公允价值能够持续可靠取得的情况下,企业才可以采用公允价值模式对投资性房地产进行后续计量。企业一旦选择采用公允价值计量模式,就应当对其所有投资性房地产均采用公允价值模式进行后续计量。

1. 采用公允价值模式的前提条件

采用公允价值模式进行后续计量的投资性房地产,应当同时满足下列条件。

(1) 投资性房地产所在地有活跃的房地产交易市场。所在地,通常指投资性房地产所在的城市。对于大中型城市,应当为投资性房地产所在的地区。

(2) 企业能够从活跃的房地产交易市场上,取得同类或类似房地产的市场价格及其他相关信息,从而对投资性房地产的公允价值做出合理的估计。同类或类似的房地产,对建筑物而言,是指所处地理位置和地理环境相同、性质相同、结构类型相同或相近、新旧程度相同或相近、可使用状况相同或相近的建筑物;对土地使用权而言,是指同一位置区域、所处地理环境相同或相近、可使用状况相同或相近的土地。

投资性房地产的公允价值,是指在公平交易中,熟悉情况的当事人之间自愿进行房地产交换的价格。确定投资性房地产的公允价值时,应当参照活跃市场上同类或类似房地产的现行市场价格(市场公开报价);无法取得同类或类似房地产现行市场价格的,应当参照活跃市场上同类或类似房地产的最近交易价格,并考虑交易情况、交易日期、所在区域等因素,从而对投资性房地产的公允价值做出合理的估计;也可以基于预计未来获得的租金收益和相关现金流量予以计量。

2. 采用公允价值模式计量的会计处理

(1) 不对投资性房地产计提折旧或摊销,企业应当以资产负债表日投资性房地产的公允价值为基础调整其账面价值。公允价值与原账面价值之间的差额确认为公允价值变动损益，计入当期损益。

资产负债表日，投资性房地产的公允价值高于原账面价值的差额，借记"投资性房地产——公允价值变动"科目，贷记"公允价值变动损益"科目；公允价值低于原账面价值的差额，借记"公允价值变动损益"科目，贷记"投资性房地产——公允价值变动"科目。

(2) 投资性房地产取得的租金收入，确认为其他业务收入，借记"银行存款"等科目，贷记"其他业务收入"等科目。

【例8-7】龙盛公司2015年9月30日购入一幢办公楼，实际支付购买价款和相关税费共计3 000万元。龙盛公司将此楼房用于出租，于2015年10月1日与丁公司签订了租赁协议，租期为10年，年租金为120万元，租金于每年年末结清。按照当地的房地产交易市场的价格体系，该房产2015年年末的公允价值为3 200万元，2016年年末的公允价值为3 120万元。对此龙盛公司应作如下会计处理。

(1) 该投资性房地产的入账成本＝3 000(万元)。

(2) 取得该办公楼时。

借：投资性房地产——办公楼(成本)　　　　　　　　　　　30 000 000
　　贷：银行存款　　　　　　　　　　　　　　　　　　　　　　30 000 000

(3) 2015年年末取得租金时。

借：银行存款(1 200 000÷12×3)　　　　　　　　　　　　　　300 000
　　贷：其他业务收入　　　　　　　　　　　　　　　　　　　　　300 000

(4) 2015年年末当房产的公允价值达到3 200万元时，此时的账面价值为3 000万元，由此造成的增值200万元应作为当年的投资收益，具体处理如下。

借：投资性房地产——办公楼(公允价值变动)　　　　　　　2 000 000
　　贷：公允价值变动损益　　　　　　　　　　　　　　　　　　2 000 000

(5) 2016年年末取得租金时。

借：银行存款　　　　　　　　　　　　　　　　　　　　　　1 200 000
　　贷：其他业务收入　　　　　　　　　　　　　　　　　　　　1 200 000

(6) 2016年年末当房产的公允价值达到3 120万元时，此时的账面价值为3 200万元，由此造成的贬值80万元应作为当年的投资损失，具体处理如下。

借：公允价值变动损益　　　　　　　　　　　　　　　　　　800 000
　　贷：投资性房地产——办公楼(公允价值变动)　　　　　　　800 000

8.3.3 投资性房地产后续计量模式的变更

为保证会计信息的可比性，企业对投资性房地产的计量模式一经确定，不得随意变更。只有在房地产市场比较成熟、有确凿证据表明投资性房地产的公允价值能够持续可靠取得、可以满足采用公允价值模式条件的情况下，企业才能将投资性房地产的计量从成本模式转为公允价值模式。已采用公允价值模式计量的投资性房地产，不得从公允价值模式转为成本模式。

成本模式转为公允价值模式，应当作为会计政策变更处理，将计量模式变更时投资性房地产的公允价值与账面价值的差额，调整期初留存收益。按照计量模式变更日投资性房地产的公允价值,借记"投资性房地产——成本"科目,按照已计提的折旧或摊销,借记"投资性房地产累计折旧(摊销)"科目,原已计提减值准备的,借记"投资性房地产减值准备"科目,按照原账面余额,贷记"投资性房地产"科目,按照公允价值与其账面价值之间的差额,贷记或借记"利润分配——未分配利润""盈余公积"等科目。

【例8-8】龙盛公司的投资性房地产原采用成本模式进行后续计量。由于龙盛公司所在地的房地产市场现已比较成熟,房地产的公允价值能够持续可靠地取得,可以满足采用公允价值模式的条件,龙盛公司决定从2017年1月1日起,对投资性房地产采用公允价值模式进行后续计量。龙盛公司作为投资性房地产核算的资产有两项,一项是成本为2 800万元、累计已提折旧为350万元的办公楼;另一项是成本为900万元、累计已摊销金额为225万元的土地使用权。2017年1月1日,办公楼的公允价值为2 600万元,土地使用权的公允价值为800万元。龙盛公司按净利润的10%提取盈余公积。

(1) 办公楼转为公允价值模式计量。

借:投资性房地产——办公楼(成本)　　　　　　　　　26 000 000
　　投资性房地产累计折旧　　　　　　　　　　　　　　3 500 000
　　贷:投资性房地产——办公楼　　　　　　　　　　　28 000 000
　　　　盈余公积　　　　　　　　　　　　　　　　　　　150 000
　　　　利润分配——未分配利润　　　　　　　　　　　1 350 000

(2) 土地使用权转为公允价值模式计量。

借:投资性房地产——土地使用权(成本)　　　　　　　　8 000 000
　　投资性房地产累计摊销　　　　　　　　　　　　　　2 250 000
　　贷:投资性房地产——土地使用权　　　　　　　　　9 000 000
　　　　盈余公积　　　　　　　　　　　　　　　　　　　125 000
　　　　利润分配——未分配利润　　　　　　　　　　　1 125 000

8.4 投资性房地产的后续支出

8.4.1 投资性房地产的后续支出的处理原则

投资性房地产的后续支出,是指已确认为投资性房地产的项目在持有期间发生的与投资性房地产使用效能直接相关的各种支出,如改建扩建支出、装修装潢支出、日常维修支出等。

投资性房地产发生的后续支出,如果延长了投资性房地产的使用寿命或明显改良了投资性房地产的使用效能,从而导致流入企业的经济利益超过了原先的估计,能够满足投资性房地产确认条件的,应当计入投资性房地产的成本。例如,企业为了使投资性房地产更加坚固耐用而对其进行改建、扩建所发生的支出,或为了提高投资性房地产使用效能而对其进行装修装潢所发生的支出,一般可以满足投资性房地产的确定条件,应当将其资本化,计入投资性房地产的成本。

投资性房地产发生的后续支出,如果只是维护或恢复投资性房地产原有的使用效能,不可能导致流入企业的经济利益超过原先的估计,应当在发生时计入当期损益。例如,企业为了保持投资性房地产的正常使用效能而对其进行日常维护和修理所发生的支出,不能满足投资性房地产的确认条件,应当将其费用化,计入支付当期损益。

8.4.2 资本化的后续支出

与投资性房地产有关的后续支出,满足投资性房地产确认条件的,应当计入投资性房地产成本。例如,企业为了提高投资性房地产的使用效能,往往需要对投资性房地产进行改建、扩建而使其更加坚固耐用,或者通过装修而改善其室内装潢,改扩建或装修支出满足确认条件的,应当将其资本化。

(1) 采用成本模式进行后续计量的,投资性房地产进入改扩建或装修阶段后,应当将其账面价值转入改扩建工程。借记"投资性房地产——在建""投资性房地产累计折旧"等科目,贷记"投资性房地产"科目;发生资本化的改良或装修支出,借记"投资性房地产——在建"科目,贷记"银行存款""应付账款"等科目;改扩建或装修完成后,借记"投资性房地产"科目,贷记"投资性房地产——在建"科目。

(2) 采用公允价值模式进行后续计量的,投资性房地产进入改扩建或装修阶段,借记"投资性房地产——在建"科目,贷记"投资性房地产——成本""投资性房地产——公允价值变动"等科目;发生资本化的改良或装修支出,借记"投资性房地产——在建"科目,贷记"银行存款""应付账款"等科目;改扩建或装修完成后,借记"投资性房地产——成本"科目,贷记"投资性房地产——在建"科目。

(3) 企业对某项投资性房地产进行改扩建等再开发且将来仍作为投资性房地产的,再开发期间应继续将其作为投资性房地产,再开发期间不计提折旧或摊销。

【例 8-9】2017 年 3 月,龙盛公司与 B 企业的一项厂房经营租赁合同即将到期,该厂房按照成本模式进行后续计量,原价为 2 000 万元,已计提折旧 600 万元。为了提高厂房的租金收入,龙盛公司决定在租赁期满后对厂房进行改扩建,并与丙企业签订了经营租赁合同,约定自改扩建完工时将厂房出租给丙企业。3 月 15 日,与 B 企业签订的租赁合同到期,厂房进入改扩建工程。10 月 10 日,厂房改扩建工程完工,共发生支出 150 万元,通过银行存款支付,即日按照租赁合同出租给丙企业。

(1) 2017 年 3 月 15 日,投资性房地产转入改扩建工程。

借:投资性房地产——厂房(在建)   14 000 000
    投资性房地产累计折旧   6 000 000
  贷:投资性房地产——厂房   20 000 000

(2) 2017 年 3 月 15 日—2017 年 10 月 10 日,发生改建支出。

借:投资性房地产——厂房(在建)   1 500 000
  贷:银行存款   1 500 000

(3) 2017 年 10 月 10 日,改扩建工程完工。

借:投资性房地产——厂房   15 500 000
  贷:投资性房地产——厂房(在建)   15 500 000

【例 8-10】承【例 8-9】,现假定该厂房按照公允价值模式进行后续计量,3 月 15 日,厂房账面余额为 1 200 万元,其中成本 1 000 万元,累计公允价值变动 200 万元。

(1) 2017 年 3 月 15 日，投资性房地产转入改扩建工程。

借：投资性房地产——厂房(在建)   12 000 000
  贷：投资性房地产——厂房(成本)   10 000 000
        ——厂房(公允价值变动)   2 000 000

(2) 2017 年 3 月 15 日—2017 年 10 月 10 日，发生改建支出。

借：投资性房地产——厂房(在建)   1 500 000
  贷：银行存款   1 500 000

(3) 2017 年 10 月 10 日，改扩建工程完工。

借：投资性房地产——厂房(成本)   13 500 000
  贷：投资性房地产——厂房(在建)   13 500 000

8.4.3 费用化的后续支出

与投资性房地产有关的后续支出，不满足投资性房地产确认条件的，如企业对投资性房地产进行日常维护所发生的支出，应当在发生时计入当期损益。借记"其他业务成本"等科目，贷记"银行存款"等科目。

【例 8-11】龙盛公司 2017 年 10 月对其投资性房地产进行日常维修，以银行存款支付维修费 3 万元。

借：其他业务成本   30 000
  贷：银行存款   30 000

8.5 投资性房地产的转换和处置

8.5.1 房地产的转换

1. 房地产的转换形式及转换日

房地产的转换，是指房地产用途的变更。企业有确凿证据表明房地产用途发生改变，满足下列条件之一的，应当将投资性房地产转换为其他资产或将其他资产转换为投资性房地产。

(1) 投资性房地产开始自用，相应地由投资性房地产转换为自用房地产。在此种情况下，转换日为房地产达到自用状态，企业开始将房地产用于生产商品、提供劳务或者经营管理的日期。

(2) 房地产企业将用于经营出租的房地产重新开发用于对外销售，从投资性房地产转为存货。在此种情况下，转换日为租赁期满、企业董事会或类似机构做出书面决议明确表示将其重新开发用于对外销售的日期。

(3) 作为存货的房地产改为出租，通常指房地产开发企业将其持有的开发产品以经营租赁的方式出租，存货相应地转换为投资性房地产。在此种情况下，转换日为房地产的租赁期开始日。租赁期开始日，是指承租人有权行使其使用租赁资产权利的日期。

(4) 自用建筑物停止自用，改为出租。即企业将原来用于生产商品、提供劳务或者经营管理的房地产改用于出租,固定资产相应地转换为投资性房地产。在此种情况下,转换日为租赁期开始日。

(5) 自用土地使用权停止自用,改为赚取租金或资本增值。即企业将原来用于生产商品、提供劳务或者经营管理的土地使用权,改用于赚取租金或资本增值,该土地使用权相应地转换为投资性房地产。在此种情况下,转换日为自用土地使用权停止自用后,确定用于赚取租金或资本增值的日期。

以上所指确凿证据包括两个方面:一是企业董事会或类似机构应当就改变房地产用途形成正式的书面决议;二是房地产因用途改变而发生实际状态上的改变,如从自用状态改为出租状态。

2. 房地产转移的会计处理

1) 成本模式下的转换

(1) 投资性房地产转换为自用房地产。企业将采用成本模式计量的投资性房地产转换为自用房地产时,应当按该项投资性房地产在转换日的账面余额、累计折旧或摊销、减值等,分别转入"固定资产""累计折旧""固定资产减值准备"等科目,按其账面余额,借记"固定资产",或"无形资产"科目,贷记"投资性房地产"科目。按已计提的折旧或摊销,借记"投资性房地产累计折旧(摊销)"科目,贷记"累计折旧"或"累计摊销"科目,原已计提减值准备的,借记"投资性房地产减值准备"科目,贷记"固定资产减值准备"或"无形资产减值准备"科目。

【例8-12】2017年11月1日,龙盛公司将出租在外的厂房收回,开始用于本企业生产商品。该项房地产账面价值为3 765万元,其中,原价5 000万元,累计已提折旧1 235万元。该项房地产在转换前采用成本计量模式。龙盛公司的账务处理如下:

借:固定资产　　　　　　　　　　　　　　　　　　　　　　50 000 000
　　投资性房地产累计折旧　　　　　　　　　　　　　　　　12 350 000
　贷:投资性房地产——厂房　　　　　　　　　　　　　　　50 000 000
　　　累计折旧　　　　　　　　　　　　　　　　　　　　　12 350 000

(2) 投资性房地产转换为存货。企业将采用成本模式计量的投资性房地产转换为存货时,应当按照该项房地产在转换日的账面价值,借记"开发产品"科目,按照已计提的折旧或摊销,借记"投资性房地产累计折旧(摊销)"科目。原已计提减值准备的,借记"投资性房地产减值准备"科目,按其账面余额,贷记"投资性房地产"科目。

【例8-13】某房地产开发公司将其开发的一栋写字楼,以经营租赁方式出租给其他单位使用。2017年4月1日,因租赁期满,该房地产开发公司将出租的写字楼收回,并作出书面决议,将写字楼重新开发用于对外销售。写字楼在转换前采用成本模式计量,账面原价为2 900万元,已计提的折旧为210万元,已计提的减值准备金额为100万元。

借:开发产品　　　　　　　　　　　　　　　　　　　　　　25 900 000
　　投资性房地产累计折旧　　　　　　　　　　　　　　　　 2 100 000
　　投资性房地产减值准备　　　　　　　　　　　　　　　　 1 000 000
　贷:投资性房地产——写字楼　　　　　　　　　　　　　　29 000 000

(3) 自用房地产转换为投资性房地产。企业将自用土地使用权或建筑物转换为采用成本模式计量的投资性房地产时，应当按该项建筑物或土地使用权在转换日的原价、累计折旧、减值准备等，分别转入"投资性房地产""投资性房地产累计折旧(摊销)""投资性房地产减值准备"科目，按其账面余额，借记"投资性房地产"科目，贷记"累计折旧"，或"累计摊销"科目，贷记"投资性房地产累计折旧(摊销)"科目。原已计提减值准备的，借记"固定资产减值准备"或"无形资产减值准备"科目，贷记"投资性房地产减值准备"科目。

【例8-14】龙盛公司拥有一栋本公司总部办公使用的办公楼，公司董事会就将该栋办公楼用于出租形成了书面决议。2017年4月10日，龙盛公司与乙公司签订了经营租赁协议，将这栋办公楼整体出租给乙公司使用，租赁期开始日为2017年5月1日，租期为5年。2017年5月1日，这栋办公楼的账面余额400 000 000元，已计提折旧4 000 000元。假设龙盛公司所在城市不存在活跃的房地产交易市场。龙盛公司2017年5月1日的账务处理如下。

借：投资性房地产——办公楼　　　　　　　　　　　　　400 000 000
　　累计折旧　　　　　　　　　　　　　　　　　　　　4 000 000
　　贷：固定资产——办公楼　　　　　　　　　　　　　400 000 000
　　　　投资性房地产累计折旧　　　　　　　　　　　　4 000 000

(4) 作为存货的房地产转换为投资性房地产。企业将作为存货的房地产转换为采用成本模式计量的投资性房地产时，应当按该项存货在转换日的账面价值，借记"投资性房地产"科目。原已计提跌价准备的，借记"存货跌价准备"科目，按其账面余额，贷记"开发产品"等科目。

【例8-15】甲公司是从事房地产开发的企业，2017年4月10日，甲公司董事会就将其开发的一栋写字楼不再出售改用做出租形成了书面决议。甲公司遂与乙公司签订了租赁协议，将此写字楼整体出租给乙公司使用，租赁期开始日为2017年5月1日，租赁期为5年，2017年5月1日，该写字楼的账面余额800 000 000元，未计提存货跌价准备，转换后采用成本模式进行后续计量。甲公司2017年5月1日的账务处理如下。

借：投资性房地产——写字楼　　　　　　　　　　　　　800 000 000
　　贷：开发产品　　　　　　　　　　　　　　　　　　800 000 000

2) 公允价值模式下的转换

(1) 投资性房地产转换为自用房地产。企业将采用公允价值模式计量的投资性房地产转为自用房地产时，应当以其转换当日的公允价值作为自用房地产的账面价值，公允价值与原账面价值的差额计入当期损益。转换日，按该项投资性房地产的公允价值，借记"固定资产"或"无形资产"科目，按该项投资性房地产的成本，贷记"投资性房地产——成本"科目；按该项投资性房地产的累计公允价值变动，贷记或借记"投资性房地产——公允价值变动"科目；按其差额，贷记或借记"公允价值变动损益"科目。

【例8-16】2017年11月1日，租赁期满，龙盛公司将出租的写字楼收回，公司董事会就将该写字楼作为办公楼用于本公司的行政管理形成了书面决议。2017年11月1日，该写字楼正式开始自用，相应由投资性房地产转换为自用房地产，当日的公允价值为75 000 000元。该项房地产在转换前采用公允价值模式计量，原账面价值为71 200 000元，其中，成本为 68 000 000 元，公允价值变动为增值 3 200 000 元。龙盛公司的账务处理如下。

借：固定资产——写字楼　　　　　　　　　　　　　　75 000 000
　　贷：投资性房地产——写字楼(成本)　　　　　　　　68 000 000
　　　　　　　　　　——写字楼(公允价值变动)　　　　 3 200 000
　　　　公允价值变动损益　　　　　　　　　　　　　　 3 800 000

(2) 投资性房地产转换为存货。企业将采用公允价值模式计量的投资性房地产转为存货时，应当以其转换当日的公允价值作为存货的账面价值，公允价值与原账面价值的差额计入当期损益。转换日，按该项投资性房地产的公允价值，借记"开发产品"等科目，按该项投资性房地产的成本，贷记"投资性房地产——成本"科目；按该项投资性房地产的累计公允价值变动，贷记或借记"投资性房地产——公允价值变动"科目；按其差额，贷记或借记"公允价值变动损益"科目。

【例 8-17】某房地产开发公司将其开发的一栋写字楼，以经营租赁方式出租给其他单位使用。2017 年 4 月 1 日，因租赁期满，该房地产开发公司将出租的写字楼收回，并作出书面决议，将写字楼重新开发用于对外销售。写字楼在转换前采用公允价值模式计量，原账面价值为 3 100 万元，其中，成本为 2 900 万元，公允价值变动(截至 2017 年 12 月 31 日)为 200 万元；2017 年 4 月 1 日，写字楼的公允价值为 3 150 万元，其他条件不变。则该房地产开发公司将投资性房地产转换为存货的会计处理如下。

借：开发产品　　　　　　　　　　　　　　　　　　　31 500 000
　　贷：投资性房地产——写字楼(成本)　　　　　　　　29 000 000
　　　　　　　　　　——写字楼(公允价值变动)　　　　 2 000 000
　　　　公允价值变动损益　　　　　　　　　　　　　　　 500 000

(3) 自用房地产转换为投资性房地产。企业将自用土地使用权或建筑物转换为采用公允价值模式计量的投资性房地产时，应当按该项建筑物或土地使用权在转换日的公允价值，借记"投资性房地产——成本"科目；按已计提的累计摊销或累计折旧，借记"累计摊销"或"累计折旧"科目；按已计提减值准备的，借记"无形资产减值准备""固定资产减值准备"科目，按其账面余额，贷记"固定资产"或"无形资产"科目。同时，转换日的公允价值小于账面价值，按其差额，借记"公允价值变动损益"科目；转换日的公允价值大于账面价值，按其差额，贷记"其他综合收益"科目。待该项投资性房地产处置时，因转换计入资本公积的部分应转入当期损益。

【例 8-18】2016 年 8 月，龙盛公司打算搬迁至新建办公楼，由于原办公楼处于商业繁华地段，龙盛公司准备将其出租，以赚取租金收入，已经公司董事会批准形成书面决议。2016 年 12 月底，龙盛公司完成了搬迁工作，原办公楼停止自用。2017 年 1 月 1 日，龙盛公司与乙公司签订了租赁协议，将其原办公楼租赁给乙公司使用，约定租赁期开始日为 2017 年 1 月 1 日，租赁期为 3 年。

在该例中，龙盛公司应当于租赁期开始日(2017 年 1 月 1 日)，将自用房地产转换为投资性房地产。该办公楼所在地房地产交易活跃，公司能够从市场上取得同类或类似房地产的市场价格及其他相关信息，假设龙盛公司对出租的该办公楼采用公允价值模式计量。

假设 2017 年 1 月 1 日，该办公楼的公允价值为 38 000 000 元，其原价为 55 000 000 元，已提折旧 15 000 000 元。龙盛公司 2017 年 1 月 1 日的账务处理如下。

```
借：投资性房地产——办公楼(成本)                    38 000 000
    公允价值变动损益                                2 000 000
    累计折旧                                       15 000 000
  贷：固定资产——办公楼                             55 000 000
```

(4) 作为存货的房地产转换为投资性房地产。企业将作为存货的房地产转换为采用公允价值模式计量的投资性房地产时，应当按该项存货在转换日的公允价值，借记"投资性房地产——成本"科目，原已计提跌价准备的，借记"存货跌价准备"科目，按其账面余额，贷记"开发产品"等科目。同时，转换日的公允价值小于账面价值，按其差额，借记"公允价值变动损益"科目；转换日的公允价值大于账面价值，按其差额，贷记"其他综合收益"科目。待该项投资性房地产处置时，因转换计入资本公积的部分应转入当期损益。

【例 8-19】2017 年 4 月 15 日，甲房地产开发公司董事会形成书面决议，将其开发的一栋写字楼用于出租。甲公司遂与乙公司签订了租赁协议，租赁期开始日为 2017 年 5 月 1 日，租赁期为 5 年。2017 年 5 月 1 日，该写字楼的账面余额为 420 000 000 元，公允价值为 480 000 000 元。甲公司的账务处理如下。

2017 年 5 月 1 日出租一栋写字楼

```
借：投资性房地产——写字楼(成本)                   480 000 000
  贷：开发产品                                    420 000 000
      其他综合收益                                 60 000 000
```

8.5.2 投资性房地产的处置

投资性房地产的处置，主要指投资性房地产的出售、报废和毁损，也包括对外投资、非货币性资产交换、债务重组等原因转出投资性房地产的情形。当投资性房地产被处置，或者永久退出使用且预计不能从其处置中取得经济利益时，应当终止确认该项投资性房地产。

投资性房地产在处置时会发生处置损益。出售、报废或毁损的投资性房地产的处置损益，是指取得的处置收入扣除投资性房地产账面价值和相关税费后的金额。其中，处置收入包括出售价款、残料变价、保险及过失人赔款等项收入；账面价值，是指投资性房地产的成本扣减累计已提折旧(摊销)和已计提的减值准备后的金额(采用成本模式计量的投资性房地产)，或者是指投资性房地产的成本加上或减去累计公允价值变动后的金额(采用公允价值模式计量的投资性房地产)；相关税费，主要包括处置投资性房地产时发生的整理、拆卸、搬运等项清理费用，以及出售建筑物或转让土地使用权而应当交纳的增值税。投资性房地产的处置损益，应当计入处置当前损益。

1. 成本模式计量的投资性房地产的处置

企业处置采用成本模式计量的投资性房地产，应将取得的处置收入作为其他业务收入，将所处置的投资性房地产账面价值计入其他业务成本。处置时，应当按实际收到的金额，借记"银行存款"等科目，贷记"其他业务收入"科目；按该项投资性房地产的账面价值，借记"其他业务成本"科目；按照累计已提折旧或累计已摊销金额，借记"投资性房地产累计折旧(摊销)"科目；按照已计提的减值准备金额，借记"投资性房地产减值准备"科目，按其账面余额，贷记"投资性房地产"科目。

【例 8-20】 龙盛公司将其一栋办公楼用于对外出租，采用成本模式计量。租赁期届满后，龙盛公司将写字楼出售给 B 公司，合同价款为 10 000 万元，B 公司已用银行存款付清。出售时，该栋办公楼的成本为 9 000 万元，累计已提折旧 1 500 万元。假定不考虑相关税费。龙盛公司的账务处理如下。

借：银行存款　　　　　　　　　　　　　　　　　　　　　100 000 000
　　贷：其他业务收入　　　　　　　　　　　　　　　　　　100 000 000
借：其他业务成本　　　　　　　　　　　　　　　　　　　　75 000 000
　　投资性房地产累计折旧　　　　　　　　　　　　　　　　15 000 000
　　贷：投资性房地产——办公楼　　　　　　　　　　　　　90 000 000

2. 公允价值模式计量的投资性房地产的处置

企业处置采用公允价值模式计量的投资性房地产，应将取得的收入作为其他业务收入，将所处置的投资性房地产账面价值计入其他业务成本。同时，还应将该投资性房地产累计公允价值变动损益转出，计入处置当期其他业务成本；若存在原转换日计入资本公积的金额，也需一并转出，计入处置当期其他业务成本。处置时，应当按实际收到的金额，借记"银行存款"等科目，贷记"其他业务收入"科目；按该项投资性房地产的账面余额，借记"其他业务成本"科目，按其成本，贷记"投资性房地产——成本"科目，按累计公允价值变动，贷记或借记"投资性房地产——公允价值变动"科目。同时，结转投资性房地产累计公允价值变动，借记或贷记"公允价值变动损益"科目，贷记或借记"其他业务成本"科目。若存在原转换日计入资本公积的金额，还应借记"其他综合收益"科目，贷记"其他业务成本"科目。

【例 8-21】 2015 年 7 月 20 日，龙盛公司与 A 公司签订经营租赁协议，将其原为自用的一栋写字楼出租给 A 公司使用，租期 2 年，租赁期开始日为 2015 年 8 月 1 日。写字楼的实际建造成本为 23 000 万元，截至 2015 年 7 月 31 日，累计已提折旧 2 875 万元，龙盛公司对投资性房地产采用公允价值模式计量。2015 年 8 月 1 日，写字楼的公允价值为 21 000 万元；2015 年 12 月 31 日，写字楼的公允价值为 20 500 万元；2016 年 12 月 31 日，写字楼的公允价值为 22 000 万元。2017 年 7 月 31 日，租赁期满，龙盛公司收回写字楼，并以 22 500 万元售出，价款已收存银行。假定不考虑税费。

(1) 2015 年 8 月 1 日，自用房地产转换为投资性房地产。

借：投资性房地产——写字楼(成本)　　　　　　　　　　210 000 000
　　累计折旧　　　　　　　　　　　　　　　　　　　　　28 750 000
　　贷：固定资产——写字楼　　　　　　　　　　　　　　230 000 000
　　　　其他综合收益　　　　　　　　　　　　　　　　　　8 750 000

(2) 2015 年 12 月 31 日，确认公允价值变动。

借：公允价值变动损益　　　　　　　　　　　　　　　　　5 000 000
　　贷：投资性房地产——写字楼(公允价值变动)　　　　　5 000 000

第8章 投资性房地产

(3) 2016年12月31日，确认公允价值变动。

借：投资性房地产——写字楼(公允价值变动)   15 000 000
　　贷：公允价值变动损益   15 000 000

(4) 2017年7月31日，出售投资性房地产。

借：银行存款   225 000 000
　　贷：其他业务收入   225 000 000
借：其他业务成本   220 000 000
　　贷：投资性房地产——写字楼(成本)   210 000 000
　　　　　　　　　　——写字楼(公允价值变动)   10 000 000
借：公允价值变动损益   10 000 000
　　贷：其他业务成本   10 000 000
借：其他综合收益   8 750 000
　　贷：其他业务成本   8 750 000

本章小结

投资性房地产是企业为了赚取租金或资本增值，或两者兼有而持有的房地产。投资性房地产主要包括已出租的土地使用权、持有并准备增值后转让的土地使用权和已出租的建筑物。自用房地产与作为存货的房地产，则不属于投资性房地产。

投资性房地产的后续计量模式有成本模式和公允价值模式两种。企业通常应该采用成本模式对投资性房地产进行后续计量，有确凿证据表明公允价值能够持续可靠地取得的，也可以采用公允价值模式对投资性房地产进行后续计量。同一个企业只能采用一种后续计量模式。投资性房地产无论采用哪一种后续计量模式，取得时均应当按照成本进行初始计量。

在对投资性房地产进行后续计量时，采用成本模式下，对投资性房地产应当按照固定资产或无形资产的有关规定，按期(月)计提折旧或摊销，存在减值迹象的，还应当按照资产减值准则的有关规定进行处理。若采用公允价值模式的，平时不对投资性房地产计提折旧，也不进行摊销，应当以资产负债表日投资性房地产的公允价值为基础调整其账面价值，公允价值与原账面价值之间的差额确认为公允价值变动损益，计入当期损益。

当投资性房地产被处置，或者永久退出使用且预计不能从其处置中取得经济利益时，应当终止确认该项投资性房地产。

本 章 习 题

1. 判断题

(1) 企业通过经营租赁方式租入的建筑物再出租的，也是属于投资性房地产的范围。

                        ( )

(2) 企业对投资性房地产，无论采用何种计量模式，均应计提折旧或进行摊销。

                        ( )

(3) 与投资性房地产有关的后续支出，应当在发生时计入投资性房地产成本。（　）

(4) 采用公允价值模式计量的，不对投资性房地产计提折旧或进行摊销，应当以资产负债表日投资性房地产的公允价值为基础调整其账面价值，公允价值与原账面价值之间的差额计入当期损益。（　）

(5) 已采用公允价值模式计量的投资性房地产，不得从公允价值模式转为成本模式。（　）

(6) 处置采用成本模式计量的投资性房地产时，与处置固定资产和无形资产的核算方法相同，其处置损益均计入营业外收入或营业外支出。（　）

(7) 自用房地产或存货转换为采用公允价值模式计量的投资性房地产时，投资性房地产应当按照转换当日的公允价值计量，公允价值与原账面价值的差额计入当期损益（其他业务收入）。（　）

(8) 企业对某项投资性房地产进行改扩建等再开发且将来仍作为投资性房地产核算的，再开发期间应继续将其作为投资性房地产，再开发期间不计提折旧或摊销。（　）

(9) 采用成本模式计量的投资性房地产，已经计提的减值准备，在以后期间价值回升时转回。（　）

(10) 企业的一幢 4 层建筑物，第 1、2 层出租给本企业职工居住，并按市场价格收取租金，第 3、4 层作为办公区使用，并且该建筑物的各层均能够单独计量和出售，这种情况下，企业应将第 1、2 层确认为投资性房地产。（　）

2．计算与业务分析题

1) 2017 年 3 月，A 企业与 B 企业的一项厂房经营租赁合同即将到期，该厂房按照成本模式进行后续计量，原价为 2 000 万元，已计提折旧 600 万元。为了提高厂房的租金收入，A 企业决定在租赁期满后对厂房进行改扩建，并与丙企业签订了经营租赁合同，约定自改扩建完工时将厂房出租给丙企业。3 月 15 日，租赁合同到期，厂房进入改扩建工程。11 月 10 日，厂房改扩建工程完工，共发生支出 150 万元，通过银行存款支付，即日按照租赁合同出租给丙企业。

要求：(1) 根据以上资料，编制 A 企业 2017 年 3 月 15 日—11 月 10 日的相关会计分录。

(2) 假定该厂房按照公允价值模式进行后续计量，3 月 15 日，厂房账面余额为 1 200 万元，其中成本 1 000 万元，累计公允价值变动 200 万元。编制 A 企业 2017 年 3 月 15 日—11 月 10 日的相关会计分录。

2) 甲公司 2015 年 1 月 1 日将 2013 年 12 月 31 日开始使用的一幢办公楼用于对外出租。该办公楼的买价为 3 000 万元，相关税费为 20 万元，预计使用寿命为 40 年，预计净残值为 20 万元，甲公司采用直线法提取折旧。该办公楼的年租金为 400 万元，于年末一次结清，租赁开始日为 2015 年 1 月 1 日。2015 年年末该办公楼的可收回价值为 2 560 万元，预计净残值为 14 万元。2016 年 12 月 31 日以 2 800 万元的价格对外转让该房产，假设公允价值不能可靠估计，且不考虑相关税费。

要求：对该办公楼转换为投资性房地产，以及处置投资性房地产的账务进行处理。

3) 长江公司于 2014 年 1 月 1 日将一幢商品房对外出租并采用公允价值模式计量，租期为 3 年，每年 12 月 31 日收取租金 200 万元。出租时，该幢商品房的成本为 5 000 万元，公允价值为6 000万元；2014年12月31日，该幢商品房的公允价值为6 300万元；2015年12月31日，该幢商品房的公允价值为6 600万元；2016年12月31日，该幢商品房的公允价值为6 700万元；2017年1月10日将该项商品房对外出售，收到6 800万元存入银行。

要求：编制长江公司上述经济业务的会计分录。(假定按年确认公允价值变动损益和确认租金收入)

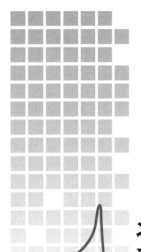

第 9 章 资产减值

学习目标

通过本章的学习，理解资产减值的适用范围、资产减值的迹象、可收回价值的确认、资产组的界定；掌握资产组减值损失的确认、总部资产的分摊及减值的会计处理。

技能要求

掌握资产可收回金额的计量、各类资产减值损失的确认和计量以及资产减值损失确认后对该资产后续计量的影响；重点掌握资产组减值损失的确认、总部资产的分摊及减值的会计处理。

第9章 资产减值

导入案例

由于我国上市公司面临着诸多的监管,而这些监管又往往以较为单一的财务指标作为评价依据,因此上市公司管理层为了迎合管制,必然会利用各种手段来进行盈余管理。近几年,某些上市公司趋于自身利益的驱动,大玩"减值冲回"游戏,利用资产减值准备的计提和冲回"熨平"企业业绩,从而达到保牌、摘帽、增发、配股目的的现象更是层出不穷。例如,海信科龙电器股份有限公司(以下简称ST科龙)2000年净利润为负6.78亿元;2001年的净利润为负15.56亿元,其中计提了资产减值准备6.35亿元;在面临3年连续亏损必须退市的压力下,2002年ST科龙的净利润为1.01亿元,其中资产减值准备转回了3.5亿元。

据统计,固定资产减值准备、无形资产减值和长期股权投资减值准备三项合计数,占公司2005年中报税前利润的比例达到20%以上的公司共有34家,比例达到100%以上的主要包括华新水泥股份有限公司(以下简称G华新)、爱国股份、陕西省国际信托股份有限公司、华北制药集团有限责任公司等7家上市公司,其中G华新高达570.97%,爱国股份高达554.64%。通过调查表明,许多公司2005年前半年度资产减值准备的计提差异悬殊,进一步分析其会计报告,可以发现企业在计提资产减值准备上随意性很大。以G华新为例。该公司近五年来计提减值准备余额变化幅度平缓,没有出现较大的波动,然而2004年却出现了突变,相比2003年减值准备余额竟翻了将近四番。之所以出现这样的情况,虽然不能排除资产确实减值的可能性,但更有可能是公司以此作为利润调节的手段。G华新(专门从事水泥的生产和销售)所从事的行业因投资需求的拉动呈现出近年来的景气高点,但它却仍在当年高额计提减值准备,则很有可能在此后行业景气下滑的年份里大幅度转回以往年份计提的减值准备,以资产减值准备为手段进行利润平滑化处理。

资产减值的提取和转回为什么能够影响企业利润?

9.1 资产减值概述

9.1.1 资产减值的含义

资产减值,是指资产的可收回金额低于其账面价值。本章所指资产包括单项资产和资产组。企业应当在资产负债表日判断资产是否存在可能发生减值的迹象,并进行相应的会计确认和计量。

9.1.2 资产可能发生减值的迹象

企业应当在资产负债表日判断资产是否存在可能发生减值的迹象。如果资产存在发生减值的迹象,应当进行减值测试,估计资产的可收回金额。可收回金额低于账面价值的,应当按照可收回金额低于账面价值的差额,计提减值准备,确认减值损失。资产存在减值迹象是资产需要进行减值测试的必要前提,但是,因企业合并所形成的商誉和使用寿命不确定的无形资产,无论是否存在减值迹象,至少应当每年进行减值测试。对于尚未达到可使用状态的无形资产,因其价值通常具有较大的不确定性,也至少应当每年进行减值测试。

资产可能发生减值的迹象,主要可从外部信息来源和内部信息来源两方面加以判断。从企业外部信息来源看,以下情况均属于资产可能发生减值的迹象,企业需要据此估计资产的可收回金额，确定是否需要确认减值损失。

(1) 资产的市价当期大幅度下跌，其跌幅明显高于因时间的推移或者正常使用而预计的下跌。

(2) 企业经营所处的经济、技术或者法律等环境，以及资产所处的市场在当期或者将在近期发生重大变化，从而对企业产生不利影响。

(3) 市场利率或者其他市场投资报酬率在当期已经提高，从而影响企业计算资产预计未来现金流量现值的折现率，导致资产可收回金额大幅度降低。

从企业内部信息来源看，以下情况均属于资产可能发生减值的迹象，企业需要据此估计资产的可收回金额，确定是否需要确认减值损失。

(1) 有证据表明资产已经陈旧过时或者其实体已经损坏。

(2) 资产已经或者将被闲置、终止使用或者计划提前处置。

(3) 企业内部报告的证据表明资产的经济绩效已经低于或者将低于预期，如资产所创造的净现金流量或者实现的营业利润(或者亏损)，远远低于(或者高于)预计金额等。

此外，采用成本法核算的长期股权投资，除取得投资时实际支付的价款或对价中包含的已宣告但尚未发放的现金股利或利润外，投资企业按照享有被投资单位宣告发放的现金股利或利润确认投资收益后，应当考虑长期股权投资是否发生了减值。在判断该类长期股权投资是否存在减值迹象时，应当关注长期股权投资的账面价值是否大于享有被投资单位净资产(包括相关商誉)账面价值的份额等类似情况。

9.2 资产可收回金额的计量和减值损失的确定

9.2.1 资产可收回金额计量的基本要求

资产存在可能发生减值迹象的，企业应当进行减值测试，估计可收回金额。资产的可收回金额，应当根据资产的公允价值减去处置费用后的净额，与资产预计未来现金流量的现值两者之间较高者确定。因此，估计资产的可收回金额，通常需要同时估计该资产的公允价值减去处置费用后的净额和资产预计未来现金流量的现值。但是在下列情况下，可以有例外或者作特殊考虑。

(1) 如果资产的公允价值减去处置费用后的净额与资产预计未来现金流量的现值，只要有一项超过了资产的账面价值，就表明资产没有发生减值，不需要再估计另一项金额。

(2) 如果没有确凿证据或者理由表明，资产预计未来现金流量现值显著高于其公允价值减去处置费用后的净额，可以将资产的公允价值减去处置费用后的净额视为资产的可收回金额。例如，企业持有待售的非流动资产，该资产在持有期间(处置之前)产生的现金流量可能很少，其最终取得的未来现金流量往往就是资产的处置净流入。在这种情况下，以资产的公允价值减去处置费用后的净额作为其可收回金额是恰当的，因为该类资产的未来现金流量现值通常不会显著高于其公允价值减去处置费用后的净额。

(3) 以前报告期间的计算结果表明，资产可收回金额显著高于其账面价值，之后又没有发生消除这一差异的交易或者事项的，资产负债表日可以不重新估计该资产的可收回金额。

(4) 以前报告期间的计算与分析表明，资产可收回金额相对于某种减值迹象反应不敏感，在本报告期间又发生了该减值迹象的，可以不因该减值迹象的出现而重新估计该资产的可收回金额。例如，当期市场利率或市场投资报酬率上升，对计算资产未来现金流量现值采用的折现率影响不大的，可以不重新估计资产的可收回金额。

9.2.2 资产的公允价值减去处置费用后净额的确定

资产的公允价值减去处置费用后的净额，通常反映的是资产如果被出售或者处置时可以收回的净现金流入。其中，资产的公允价值，是指在公平交易中熟悉情况的交易双方自愿进行资产交换的金额；处置费用，是指可以直接归属于资产处置的增量成本，包括与资产处置有关的法律费用、相关税费、搬运费，以及为使资产达到可销售状态所发生的直接费用等，但是财务费用和所得税费用等不包括在内。

企业在估计资产的公允价值减去处置费用后的净额时，应当按照下列顺序进行。

首先，应当根据公平交易中资产的销售协议价格，减去可直接归属于该资产处置费用的金额确定。这是估计资产的公允价值减去处置费用后净额的最佳方法，企业应当优先采用这一方法。但是在实务中，企业的资产往往都是内部持续使用的，取得资产的销售协议价格并不容易，在这种情况下，需要采用以下方法估计资产的公允价值减去处置费用后的净额。

其次，在资产不存在销售协议但存在活跃市场的情况下，应当根据该资产的市场价格减去处置费用后的净额确定。资产的市场价格通常应当按照资产的买方出价确定。如果难以获得资产在资产负债表日买方出价的，企业可以将资产最近的交易价格作为其公允价值减去处置费用后的净额的估计基础，其前提是在此期间，有关经济环境、市场环境等没有发生重大变化。

最后，在既不存在资产销售协议又不存在资产活跃市场的情况下，企业应当以可获取的最佳信息为基础，根据在资产负债表日假定处置该资产，熟悉情况的交易双方自愿进行公平交易愿意提供的交易价格减去资产处置费用后的净额，估计资产的公允价值减去处置费用后的净额。在实务中，该净额可以参考同行业类似资产的最近交易价格或者结果进行估计。

企业按照上述要求仍然无法可靠估计资产的公允价值减去处置费用后的净额的，应当以该资产预计未来现金流量的现值作为其可收回金额。

9.2.3 资产预计未来现金流量现值的确定

资产预计未来现金流量的现值，应当按照资产在持续使用过程中和最终处置时所产生的预计未来现金流量，选择恰当的折现率对其进行折现后的金额加以确定。预计资产未来现金流量的现值，需要综合考虑资产的预计未来现金流量、资产的使用寿命和折现率 3 个因素。其中，资产使用寿命的预计与固定资产、无形资产准则等规定的使用寿命预计方法相同。

1. 资产未来现金流量的预计

1) 预计资产未来现金流量的基础

预计资产未来现金流量时，企业管理层应当在合理的有依据的基础上，对资产剩余使用寿命内整个经济状况进行最佳估计,并将资产预计未来现金流量的估计,建立在经企业管理层批准的最近财务预算或者预测数据的基础上。出于数据的可靠性和便于操作等方面的考虑,建立在财务预算或者预测基础上的预计未来现金流量最多涵盖 5 年,企业管理层如能证明更长的期间是合理的,可以涵盖更长的期间。

对于最近财务预算或者预测期之后的现金流量,企业应当以该预算或者预测期之后年份稳定的或者递减的增长率为基础进行估计。企业管理层如能证明递增的增长率是合理的,可以递增的增长率为基础进行估计,所使用的增长率除了企业能够证明更高的增长率是合理的外,不应当超过企业经营的产品、市场、所处的行业或者所在国家或者地区的长期平均增长率,或者该资产所处市场的长期平均增长率。在恰当、合理的情况下,该增长率可以是零或者负数。

在经济环境经常变化的情况下,资产的实际现金流量与预计数往往会有出入,而且预计资产未来现金流量时的假设也有可能发生变化。因此,企业管理层在每次预计资产未来现金流量时,应当分析以前期间现金流量预计数与现金流量实际数的差异情况,以评判预计当期现金流量所依据假设的合理性。通常情况下,企业管理层应当确保当期预计现金流量所依据的假设与前期实际结果相一致。

2) 预计资产未来现金流量应当包括的内容

(1) 资产持续使用过程中预计产生的现金流入。

(2) 为实现资产持续使用过程中产生的现金流入所必需的预计现金流出(包括为使资产达到预定可使用状态所发生的现金流出)。该现金流出,应当是可直接归属于或者可通过合理和一致的基础分配到资产中的现金流出,后者通常是指那些与资产直接相关的间接费用。

对于在建工程、开发过程中的无形资产等,企业在预计其未来现金流量时,应当包括预期为使该类资产达到预定可使用(或可销售)状态而发生的全部现金流出数。

(3) 资产使用寿命结束时,处置资产所收到或者支付的净现金流量。该现金流量应当是在公平交易中,熟悉情况的交易双方自愿进行交易时,企业预期可从资产的处置中获取或者支付的、减去预计处置费用后的金额。

3) 预计资产未来现金流量应当考虑的因素

(1) 以资产的当前状况为基础预计资产未来现金流量。企业资产在使用过程中,有时会因为改良、重组等原因发生变化。在预计资产未来现金流量时,企业应当以资产的当前状况为基础,不应当包括与将来可能会发生的、尚未做出承诺的重组事项或者与资产改良有关的预计未来现金流量。但是,企业未来发生的现金流出,如果是为了维持资产正常运转或者资产正常产出水平,而必要的支出或者属于资产维护支出,应当在预计资产未来现金流量时将其考虑在内。

企业已经承诺重组的,在确定资产的未来现金流量现值时,预计的未来现金流入和流出数,应当反映重组所能节约的费用和由重组所带来的其他利益,以及因重组所导致的估计未来现金流出数。其中,重组所能节约的费用和由重组所带来的其他利益,通常应当根据企业管理层批准的最近财务预算或者预测数据进行估计;因重组所导致的估计未来现金流量数,应当根据或有事项准则确认的因重组所发生的预计负债金额进行估计。

(2) 预计资产未来现金流量,不应当包括筹资活动和与所得税收付有关的现金流量。

预计资产未来现金流量不应当包括筹资活动产生的现金流入或流出，主要是因为筹资活动与经营活动性质不同，筹资活动产生的现金流量不应当纳入资产的预计未来现金流量，与此同时，筹集资金的货币时间价值已经通过折现因素考虑在内。预计资产未来现金流量现值采用的折现率建立在所得税前的基础上，预计资产未来现金流量也应当以所得税前为基础，从而可以有效地避免计算预计资产未来现金流量现值过程中，可能出现的重复计算等问题。

(3) 对通货膨胀因素的考虑应当和折现率相一致。企业预计资产未来现金流量和折现率时，应当在一致的基础上考虑因一般通货膨胀而导致物价上涨等因素的影响。如果折现率考虑了这一影响因素，预计资产未来现金流量也应当考虑这一影响因素；如果折现率没有考虑这一影响因素，预计资产未来现金流量也不应当考虑这一影响因素。总之，在考虑通货膨胀影响因素问题上，预计资产未来现金流量和确定折现率，应当保持一致。

(4) 对内部转移价格应当予以调整。在部分企业或企业集团，出于整体发展战略的考虑，某些资产生产的产品或者其他产出可能供企业或者企业集团内部其他企业使用或者对外销售，所确定的交易价格或者结算价格建立在内部转移价格的基础上，而内部转移价格很可能与市场交易价格不同。在这种情况下，为了如实估计资产的可收回金额，企业不应当以内部转移价格为基础预计资产未来现金流量，而应当采用在公平交易中企业管理层能够达成的最佳未来价格估计数进行估计。

4) 预计资产未来现金流量的方法

预计资产未来现金流量，通常应当根据资产未来期间最有可能产生的现金流量进行预测，即使用单一的未来每期预计现金流量和单一的折现率计算资产未来现金流量现值。

【例9-1】龙盛公司拥有剩余使用年限为3年的机器设备。龙盛公司预计在正常情况下未来3年中，机器设备每年可为公司产生的净现金流量分别为第1年4 000 000元，第2年2 000 000元，第3年400 000元。该现金流量通常即为最有可能产生的现金流量，龙盛公司应以该现金流量的预计数为基础计算机器设备的现值。

在实务中，如果影响资产未来现金流量的因素较多，不确定性较大，使用单一的现金流量可能并不能如实反映资产创造现金流量的实际情况。此时，如果采用期望现金流量法则更为合理，企业应当采用期望现金流量法预计资产未来现金流量，即资产未来现金流量应当根据每期现金流量期望值进行预计，每期现金流量期望值按照各种可能情况下的现金流量乘以相应的发生概率加总计算。

【例9-2】沿用【例9-1】，如果机器设备生产的产品受市场行情波动影响较大，在产品市场行情好、一般和差三种可能情况下，产生的现金流量有较大差异。机器设备预计未来3年每年产生的现金流量情况见表9-1。

表9-1 机器设备预计未来3年每年产生的现金流量情况   单位：元

年限	市场行情好 (30%可能性)	市场行情一般 (60%可能性)	市场行情差 (10%可能性)
第1年	6 000 000	4 000 000	2 000 000
第2年	3 200 000	2 000 000	800 000
第3年	800 000	400 000	0

在本例中，龙盛公司采用期望现金流量法预计资产未来现金流量更为合理，即资产未来现金流量应当根据每期现金流量期望值进行预计，每期现金流量期望值按照各种可能情况下的现金流量乘以相应的发生概率加总计算。因此，根据表 9-1 提供的信息，龙盛公司计算机器设备每年预计未来现金流量如下。

第 1 年预计现金流量(期望现金流量)＝6 000 000×30%＋4 000 000×60%＋2 000 000×10%＝4 400 000(元)

第 2 年预计现金流量(期望现金流量)＝3 200 000×30%＋2 000 000×60%＋800 000×10%＝2 240 000(元)

第 3 年预计现金流量(期望现金流量)＝800 000×30%＋400 000×60%＋0×10%＝480 000(元)

预计资产未来现金流量时，如果资产未来现金流量的发生时间不确定，企业应当根据资产在每一种情况下的现值乘以相应的发生概率加总计算。

2. 折现率的预计

为了资产减值测试的目的，计算资产未来现金流量现值时所使用的折现率，应当是反映当前市场货币时间价值和资产特定风险的税前利率。该折现率是企业在购置或者投资资产时所要求的必要报酬率。预计资产未来现金流量时，如果企业已经对资产特定风险的影响作了调整，估计折现率时不需要考虑这些特定风险；如果用于估计折现率的基础是所得税后的，应当将其调整为所得税前的折现率，以便与资产未来现金流量的估计基础相一致。

企业确定折现率时，通常应当以该资产的市场利率为依据。如果该资产的市场利率无法从市场获得，可以使用替代利率估计折现率。在估计替代利率时，企业应当充分考虑资产剩余使用寿命期间的货币时间价值和其他相关因素，如资产未来现金流量金额及其时间的预计离散程度、资产内在不确定性的定价等。如果预计资产未来现金流量已经对这些因素做了有关调整，应当予以剔除。企业在估计替代利率时，可以根据企业的加权平均资金成本、增量借款利率或者其他相关市场借款利率做适当调整后确定。调整时，应当考虑与资产预计现金流量有关的特定风险，以及其他有关货币风险和价格风险等。

企业在估计资产未来现金流量现值时，通常应当使用单一的折现率。但是，如果资产未来现金流量的现值对未来不同期间的风险差异或者利率的期限结构反应敏感，企业应当在未来不同期间采用不同的折现率。

3. 资产未来现金流量现值的确定

在预计资产的未来现金流量和折现率的基础上，企业将该资产的预计未来现金流量按照预计折现率在预计期限内予以折现后，即可确定该资产未来现金流量的现值(记作 PV)。计算公式为：

$$PV = \sum \frac{NCF_t}{(1+R)^t}$$

式中，NCF_t 表示第 t 年预计资产未来现金流量；R 表示折现率。

【例 9-3】龙盛公司于 2011 年年末对一艘远洋运输船舶进行减值测试。该船舶账面价值为 30 000 万元，累计折旧 14 000 万元，2011 年年末账面价值为 16 000 万元，预计尚可使用年限为8年。假定该船舶的公允价值减去处置费用后的净额难以确定,该公司通过计算其未来现金流量的现值确定可收回金额。

公司在考虑了该船舶资产有关的货币时间价值和特定风险因素后,确定10%为该资产的最低必要报酬率,并将其作为计算未来现金流量现值时使用的折现率。

公司根据有关部门提供的该船舶历史营运记录、船舶性能状况和未来每年运量发展趋势,预计未来每年营运收入和相关人工费用、燃料费用、安全费用、港口码头费用,以及日常维护费用等支出。

在此基础上估计该船舶在2012—2019年每年预计未来现金流量分别为2 500万元、2 460万元、2 380万元、2 360万元、2 390万元、2 470万元、2 500万元和2 510万元。根据上述预计未来现金流量和折现率,该公司计算船舶预计未来现金流量的现值为13 038万元,计算结果见表9-2。

表9-2 计算结果 单位:元

年份	预计未来现金流量/元	*复利现值系数	折现金额/元
2012	2 500	0.909 1	2 273
2013	2 460	0.826 4	2 033
2014	2 380	0.751 3	1 788
2015	2 360	0.683 0	1 612
2016	2 390	0.620 9	1 484
2017	2 470	0.564 5	1 394
2018	2 500	0.513 2	1 283
2019	2 510	0.466 5	1 171
合计	19 570	—	13 038

注:*复利现值系数,可根据公式计算或者直接查复利现值系数表取得。

由于船舶的账面价值为16 000万元,可收回金额为13 038万元,其账面价值高于可收回金额2 962万元(16 000－13 038)。公司2011年年末应将账面价值高于可收回金额的差额确认为当期资产减值损失,并计提相应的减值准备。

4. **外币未来现金流量及其现值的确定**

预计资产的未来现金流量如果涉及外币,企业应当按照下列顺序确定资产未来现金流量的现值。

首先,应当以该资产所产生的未来现金流量的结算货币为基础预计其未来现金流量,并按照该货币适用的折现率计算资产预计未来现金流量的现值。

其次,将该外币现值按照计算资产未来现金流量现值当日的即期汇率进行折算,从而折算成按照记账本位币表示的资产未来现金流量的现值。

最后,在该现值的基础上,将其与资产公允价值减去处置费用后的净额相比较,确定其可收回金额。再根据可收回金额与资产账面价值相比较,确定是否需要确认减值损失,以及确认多少减值损失。

9.2.4 资产减值损失的确定及其账务处理

1. 资产减值损失的确定

企业在对资产进行减值测试并计算确定资产的可收回金额后,如果资产的可收回金额低于账面价值,应当将资产的账面价值减记至可收回金额,减记的金额确认为资产减值损失,计入当期损益,同时计提相应的资产减值准备。资产的账面价值,是指资产成本扣减累计折旧(或累计摊销)和累计减值准备后的金额。

资产减值损失确认后,减值资产的折旧或者摊销费用应当在未来期间做相应调整,以使该资产在剩余使用寿命内,系统地分摊调整后的资产账面价值(扣除预计净残值)。例如,固定资产计提了减值准备后,固定资产账面价值为抵减了计提的固定资产减值准备后的金额,因此,在以后会计期间对该固定资产计提折旧时,应当以固定资产的账面价值(扣除预计净残值)为基础计提每期的折旧额。

资产减值准则规定,资产减值损失一经确认,在以后会计期间不得转回。资产报废、出售、对外投资、以非货币性资产交换方式换出、通过债务重组抵偿债务等符合资产终止确认条件的,企业应当将相关资产减值准备予以转销。

2. 资产减值损失的账务处理

企业应当设置"资产减值损失"科目,核算企业计提各项资产减值准备所形成的损失。对于固定资产、无形资产、商誉、长期股权投资等资产发生减值的,企业应当按照所确认的可收回金额低于账面价值的差额,借记"资产减值损失"科目,贷记"固定资产减值准备""无形资产减值准备""商誉减值准备""长期股权投资减值准备"等科目。

【例 9-4】沿用【例 9-3】,根据龙盛公司船舶减值测试结果,在 2011 年年末,船舶的账面价值为 16 000 万元,可收回金额为 13 038 万元,可收回金额低于账面价值 2 962 万元。龙盛公司应当在 2011 年年末计提固定资产减值准备,确认相应的资产减值损失。账务处理如下:

借:资产减值损失——固定资产——船舶　　　　　　　　　　29 620 000
　　贷:固定资产减值准备　　　　　　　　　　　　　　　　29 620 000

9.3 资产组的认定及减值处理

9.3.1 资产组的认定

如果有迹象表明一项资产可能发生减值,企业应当以单项资产为基础估计其可收回金额。在企业难以对单项资产的可收回金额进行估计的情况下,应当以该资产所属的资产组为基础确定资产组的可收回金额,并据此判断是否需要计提资产减值准备,以及应当计提多少资产减值准备。因此,资产组的认定十分重要。

1. 资产组的概念

资产组,是指企业可以认定的最小资产组合,其产生的现金流入应当基本上独立于其

第9章 资产减值

他资产或资产组产生的现金流入。资产组应当由与创造现金流入相关的资产构成。

2. 认定资产组应当考虑的因素

(1) 资产组的认定,应当以资产组产生的主要现金流入是否独立于其他资产或者资产组的现金流入为依据。因此,资产组能否独立产生现金流入是认定资产组的最关键因素。例如,企业的某一生产线、营业网点、业务部门等,如果能够独立于其他部门或者单位等形成收入、产生现金流入,或者其形成的收入和现金流入绝大部分独立于其他部门或者单位,并且属于可认定的最小资产组合的,通常应将该生产线、营业网点、业务部门等认定为一个资产组。

例如,龙盛公司拥有一个煤矿,与煤矿的生产和运输相配套,建设有一条专用铁路线。该铁路线除非报废出售,其在持续使用过程中,难以脱离于煤矿生产和运输相关的资产而产生单独的现金流入。因此,龙盛公司难以对专用铁路线的可收回金额进行单独估计,专用铁路线和煤矿其他相关资产必须结合在一起,成为一个资产组,以估计该资产组的可收回金额。

企业在认定资产组时,如果几项资产的组合生产的产品(或者其他产出)存在活跃市场,即使部分或者所有这些产品(或者其他产出)均供内部使用,也表明这几项资产的组合能够独立产生现金流入。在符合其他相关条件的情况下,应当将这些资产的组合认定为资产组。

例如,龙盛公司拥有W、M、N三家工厂,以生产某单一产品。W、M、N三家工厂分别位于3个不同的国家,3个国家又位于3个不同的洲。工厂W生产一种组件,由工厂M或者N进行组装,最终产品由M或者N销往世界各地,工厂M的产品可以在本地销售,也可以在工厂N所在洲销售(如果将产品从工厂M运到工厂N所在洲更方便的话)。工厂M和N的生产能力合在一起尚有剩余,没有被完全利用。工厂M和N生产能力的利用程度依赖于龙盛公司对于所销售产品在两地之间的分配。以下分别认定与工厂W、M、N有关的资产组。

如果工厂W生产的产品(即组件)存在活跃市场,则工厂W很可能可以认定为一个单独的资产组。原因是它生产的产品尽管主要用于工厂M或者N组装销售,但是由于该产品存在活跃市场,可以产生独立的现金流量,因此,通常应当认定为一个单独的资产组。在确定其未来现金流量现值时,龙盛公司应当调整其财务预算或预测,按照在公平交易中对工厂W所生产产品未来价格的最佳估计数,而不是内部转移价格,估计工厂W的预计未来现金流量。

对于工厂M和N而言,即使组装的产品存在活跃市场,工厂M和N的现金流入依赖于产品在两地之间的分配。工厂M和N的未来现金流入不可能单独地确定,但是,工厂M和N组合在一起是可以认定的、可产生基本上独立于其他资产或者资产组的现金流入的资产组合。因此,工厂M和N应当认定为一个资产组。在确定该资产组未来现金流量现值时,龙盛公司也应当调整其财务预算或预测,按照在公平交易中从工厂W所购买产品未来价格的最佳估计数,而不是内部转移价格,估计工厂M和N的预计未来现金流量。

(2) 资产组的认定,应当考虑企业管理层管理生产经营活动的方式(例如按照生产线、业务种类,还是按照地区或者区域等)和对资产的持续使用或者处置的决策方式等。例如,企业各生产线都是独立生产、管理和监控的,则各生产线很可能应当认定为单独的资产组;

如果某些机器设备是相互关联、互相依存,且其使用和处置是一体化决策的,则这些机器设备很可能应当认定为一个资产组。

例如,龙盛公司由 A 车间和 B 车间两个生产车间组成,A 车间专门生产家具部件且该部件没有活跃市场,生产后由 B 车间负责组装并对外销售。甲家具制造有限公司对 A 车间和 B 车间资产的使用和处置等决策是一体化的。在这种情况下,A 车间和 B 车间通常应当认定为一个资产组。

3. 资产组认定后不得随意变更

资产组一经确定,在各个会计期间应当保持一致,不得随意变更,即资产组各项资产的构成通常不能随意变更。但是,企业如果由于重组、变更资产用途等原因,导致资产组的构成确需变更的,企业可以进行变更,但企业管理层应当证明该变更是合理的,并应当在附注中做出说明。

9.3.2 资产组可收回金额和账面价值的确定

资产组的可收回金额,应当按照该资产组的公允价值减去处置费用后的净额,与其预计未来现金流量的现值两者之间较高者确定。

资产组账面价值的确定基础,应当与其可收回金额的确定方式相一致。资产组的账面价值,包括可直接归属于资产组与可以合理和一致地分摊至资产组的资产账面价值,通常不应当包括已确认负债的账面价值,但如不考虑该负债金额就无法确认资产组可收回金额的除外。这是因为估计资产组可收回金额时,既不包括与该资产组的资产无关的现金流量,也不包括与已在财务报表中确认的负债有关的现金流量。

资产组在处置时如要求购买者承担一项负债(如环境恢复负债等),该负债金额已经确认并计入相关资产账面价值,而且企业只能取得包括上述资产和负债在内的单一公允价值减去处置费用后的净额的,为了比较资产组的账面价值和可收回金额,在确定资产组的账面价值及其预计未来现金流量的现值时,应当将已确认的负债金额从中扣除。

【例 9-5】龙盛公司在大连经营一座有色金属矿山,根据有关规定,公司在矿山完成开采后应当将该地区恢复原貌。弃置费用主要是山体表层复原费用(如恢复植被等),因为山体表层必须在矿山开发前挖走。因此,龙盛公司在山体表层被挖走后,确认了一项金额为 1 500 万元的预计负债,并计入矿山成本。

2017 年 12 月 31 日,随着开采的进展,龙盛公司发现矿山中的有色金属储量远低于预期,有色金属矿山有可能发生了减值,因此,对该矿山进行了减值测试。考虑到矿山的现金流量状况,整座矿山被认定为一个资产组。该资产组在 2017 年年末的账面价值为 3 000 万元(包括确认的恢复山体原貌的预计负债)。

龙盛公司如果在 2017 年 12 月 31 日对外出售矿山(资产组),买方愿意出价 2 460 万元(包括恢复山体原貌成本,即已经扣减这一成本因素),预计处置费用为 60 万元,因此该矿山的公允价值减去处置费用后的净额为 2 400 万元。龙盛公司估计矿山的未来现金流量现值为 3 600 万元,不包括弃置费用。

为比较资产组的账面价值和可收回金额,龙盛公司在确定资产组的账面价值及其预计未来现金流量现值时,应当将已确认的预计负债金额从中扣除。

在本例中，资产组的公允价值减去处置费用后的净额为 2 400 万元，该金额已经考虑了弃置费用。该资产组预计未来现金流量现值在考虑了弃置费用后为 2 100 万元(3 600－1 500)。因此，该资产组的可收回金额为 2 400 万元。资产组的账面价值在扣除了已确认的恢复原貌预计负债后的金额为 1 500 万元(3 000－1 500)。资产组的可收回金额大于其账面价值，没有发生减值，龙盛公司不应当确认资产减值损失。

9.3.3 资产组减值测试

资产组减值测试的原理和单项资产相同，即企业需要估计资产组(包括资产组组合)的可收回金额并计算资产组的账面价值，并将两者进行比较，如果资产组的可收回金额低于其账面价值，应当按照差额确认相应的减值损失。减值损失金额应当按照下列顺序进行分摊：①抵减分摊至资产组中商誉的账面价值；②根据资产组中除商誉之外的其他各项资产的账面价值所占比重，按比例抵减其他各项资产的账面价值。

以上资产账面价值的抵减，应当作为各单项资产(包括商誉)的减值损失处理，计入当期损益。抵减后的各资产的账面价值不得低于以下三者之中最高者：该资产的公允价值减去处置费用后的净额(如可确定的)、该资产预计未来现金流量的现值(如可确定的)和零。因此而导致的未能分摊的兼职损失金额，应当按照相关资产组中其他各项资产的账面价值所占比重继续进行分摊。

【例 9-6】龙盛公司拥有一条生产线生产某精密仪器，该生产线由 W、M、N 三部机器构成，成本分别为 800 000 元、1 200 000 元和 2 000 000 元。使用年限均为 10 年，预计净残值为零，采用年限平均法计提折旧。2016 年，该生产线生产的精密仪器有替代产品上市，导致公司精密仪器的销售锐减 40%，该生产线可能发生了减值，因此，龙盛公司在 2016 年 12 月 31 日对该生产线进行减值测试。假定至 2016 年 12 月 31 日，龙盛公司整条生产线已经使用 5 年，预计尚可使用 5 年，以前年度未计提固定资产减值准备，因此，W、M、N 三部机器在 2016 年 12 月 31 日的账面价值分别为 400 000 元、600 000 元和 1 000 000 元。

龙盛公司在综合分析后认为，W、M、N 三部机器均无法单独产生现金流量，但整条生产线构成完整的产销单元，属于一个资产组。龙盛公司估计 W 机器的公允价值减去处置费用后的净额为 300 000 元，M 和 N 机器都无法合理估计其公允价值减去处置费用后的净额，以及未来现金流量的现值。

龙盛公司估计整条生产线未来 5 年的现金流量及其恰当的折现率后，得到该生产线预计未来现金流量现值为 1 200 000 元。由于无法合理估计整条生产线的公允价值减去处置费用后的净额，龙盛公司以该生产线预计未来现金流量现值为其可收回金额。

在 2016 年 12 月 31 日，该生产线的账面价值为 2 000 000 元，可收回金额为 1 200 000 元，生产线的账面价值高于其可收回金额，该生产线发生了减值，应当确认减值损失 800 000 元，并将该减值损失分摊到构成生产线的 W、M、N 三部机器中。由于 W 机器的公允价值减去处置费用后的净额为 300 000 元，因此，W 机器分摊减值损失后的账面价值不应低于 300 000 元，具体分摊过程见表 9-3。

表 9-3　三部机器的具体分摊情况　　　　　　　　　　　　　　　　　　单位：元

项目	机器 W	机器 M	机器 N	整条生产线(资产组)
账面价值	400 000	600 000	1 000 000	2 000 000
可收回金额				1 200 000
减值损失				800 000
减值损失分摊比例	20%	30%	50%	
分摊减值损失	100 000*	240 000	400 000	740 000
分摊后账面价值	300 000	360 000	600 000	
尚未分摊的减值损失				60 000
二次分摊比例		37.5%	62.5%	
二次分摊减值损失		22 500	37 500	60 000
二次分摊后应确认减值损失总额		262 500	437 500	
二次分摊后账面价值		337 500	562 500	

注：*按照分摊比例，机器 W 应当分摊减值损失 160 000 元(800 000×20%)，但由于机器 W 的公允价值减去处置费用后的净额为 300 000 元，因此机器 W 最多只能确认减值损失 100 000 元(400 000－300 000)，未能分摊的减值损失 60 000 元(160 000－100 000)，应当在机器 M 和机器 N 之间进行再分摊。

根据上述计算和分摊结果，构成生产线的机器 W、机器 M 和机器 N 应当分别确认减值损失 100 000 元、262 500 元和 437 500 元，账务处理如下。

借：资产减值损失——机器 W　　　　　　　　　　　　　　　100 000
　　　　　　　　——机器 M　　　　　　　　　　　　　　　262 500
　　　　　　　　——机器 N　　　　　　　　　　　　　　　437 500
　贷：固定资产减值准备——机器 W　　　　　　　　　　　　100 000
　　　　　　　　　　——机器 M　　　　　　　　　　　　262 500
　　　　　　　　　　——机器 N　　　　　　　　　　　　437 500

9.3.4　总部资产减值测试

企业总部资产，包括企业集团或其事业部的办公楼、电子数据处理设备、研发中心等资产。总部资产的显著特征是难以脱离其他资产或者资产组产生独立的现金流入，其账面价值也难以完全归属于某一资产组。因此，总部资产通常难以单独进行减值测试，需要结合其他相关资产组或者资产组组合进行。资产组组合，是指由若干个资产组组成的最小资产组组合，包括资产组或者资产组组合，以及按合理方法分摊的总部资产部分。

在资产负债表日，如果有迹象表明某项总部资产可能发生减值，企业额应当计算确定该总部资产所归属的资产组或者资产组组合的可收回金额，然后将其与相应的账面价值进行比较，据此判断是否需要确认资产减值损失。

企业在对某一资产组进行减值测试时，应当先认定所有与该资产组相关的总部资产，再根据相关总部资产能否按照合理和一致的基础分摊至该资产组，分别下列情况进行处理。

(1) 对于相关总部资产能够按照合理和一致的基础分摊至该资产组的部分，应当将该部分总部资产的账面价值分摊至该资产组，再据以比较该资产组的账面价值(包括已分摊的总部资产的账面价值部分)和可收回金额，并按照前述有关资产组减值损失处理顺序和方法处理。

(2) 对于相关总部资产难以按照合理和一致的基础分摊至该资产组的，应当按照下列步骤进行处理。

首先，在不考虑相关总部资产的情况下，估计和比较资产组的账面价值和可收回金额，并按照前述有关资产组减值损失处理顺序和方法处理。

其次，认定由若干个资产组组成的最小资产组组合，该资产组组合应当包括所测试的资产组与可以按照合理和一致的基础将该总部资产的账面价值分摊其上的部分。

最后，比较所认定的资产组组合的账面价值(包括已分摊的总部资产的账面价值部分)和可收回金额，并按照前述有关资产组减值损失处理顺序和方法处理。

【例9-7】龙盛公司属于高科技企业，拥有W、M、N三条生产线，分别认定为3个资产组。在2016年年末，W、M、N三个资产组的账面价值分别为4 000 000元、6 000 000元和8 000 000元；预计剩余使用寿命分别为10年、20年和20年，采用直线法计提折旧；不存在商誉。由于龙盛公司的竞争对手通过技术创新开发出了技术含量更高的新产品，且广受市场欢迎，从而对龙盛公司生产的产品产生了重大不利影响，用于生产该产品的W、M、N生产线可能发生减值，为此，龙盛公司于2016年年末对W、M、N生产线进行减值测试。

首先，龙盛公司在对资产组进行减值测试时，应当认定与其相关的总部资产。龙盛公司的生产经营管理活动由公司总部负责，总部资产包括一栋办公大楼和一个研发中心，研发中心的账面价值为6 000 000元，办公大楼的账面价值为2 000 000元。研发中心的账面价值可以在合理和一致的基础上分摊至各资产组，但是办公大楼的账面价值难以在合理和一致的基础上分摊至各相关资产组。

其次，龙盛公司根据各资产组的账面价值和剩余使用寿命加权平均计算的账面价值分摊比例，分摊研发中心的账面价值，具体见表9-4。

表9-4 资产组W、M、N的分摊情况   单位：元

项目	资产组W	资产组M	资产组N	合计
各资产组账面价值	4 000 000	6 000 000	8 000 000	18 000 000
各资产组剩余使用寿命	10	20	20	
按使用寿命计算的权重	1	2	2	
加权计算后的账面价值	4 000 000	12 000 000	16 000 000	32 000 000
研发中心分摊比例(各资产组加权计算后的账面价值÷各资产组加权计算后的账面价值合计)	12.5%	37.5%	50%	100%
研发中心账面价值分摊到各资产组的金额	750 000	2 250 000	3 000 000	6 000 000
包括分摊的研发中心账面价值部分的各资产组账面价值	4 750 000	8 250 000	11 000 000	24 000 000

最后，龙盛公司应当确定各资产组的可收回金额，并将其与账面价值(包括已分摊的研发中心的账面价值部分)进行比较，确定相应的资产减值损失。考虑到办公大楼的账面价值难以按照合理和一致的基础分摊至相关资产组，因此，龙盛公司确定由W、M、N三个资产组组成最小资产组组合(即为龙盛公司整个企业)，通过计算该资产组组合的可收回金额，并将其账面价值(包括已分摊的办公大楼和研发中心的账面价值部分)进行比较，以确定相应的资产减值损失。假定各资产组组合的公允价值减去处置费用后的净额难以确定，龙盛公司根据它们的预计未来现金流量现值计算其可收回金额，计算现值所用的折现率为15%，计算过程见表9-5。

表9-5　资产组组合与龙盛公司的有关计算　　　　　　　　　　　　　　　　单位：元

年限	资产组 W		资产组 M		资产组 N		包括办公大楼在内的最小组组合(龙盛公司)	
	未来现金流量	现值	未来现金流量	现值	未来现金流量	现值	未来现金流量	现值
1	720 000	626 112	360 000	313 056	400 000	347 840	1 560 000	1 356 576
2	1 240 000	937 564	640 000	483 904	800 000	604 880	2 880 000	2 177 568
3	1 480 000	973 100	960 000	631 200	1 360 000	894 200	4 200 000	2 761 500
4	1 680 000	960 624	1 160 000	663 288	1 760 000	1 006 368	5 120 000	2 927 616
5	1 840 000	914 848	1 280 000	636 416	2 040 000	1 010 208	5 720 000	2 843 984
6	2 080 000	899 184	1 320 000	570 636	2 240 000	968 352	6 200 000	2 680 260
7	2 200 000	826 980	1 360 000	511 224	2 400 000	902 160	6 480 000	2 435 832
8	2 200 000	719 180	1 400 000	457 660	2 520 000	823 788	6 640 000	2 170 616
9	2 120 000	602 716	1 400 000	398 020	2 600 000	739 180	6 680 000	1 899 124
10	1 920 000	474 624	1 400 000	346 080	2 640 000	652 608	6 760 000	1 671 072
11			1 440 000	309 456	2 640 000	567 336	5 280 000	1 134 672
12			1 400 000	261 660	2 640 000	493 416	5 240 000	979 356
13			1 400 000	227 500	2 640 000	429 000	5 240 000	851 500
14			1 320 000	186 516	2 600 000	367 380	5 120 000	723 456
15			1 200 000	147 480	2 480 000	304 792	4 880 000	599 752
16			1 040 000	111 176	2 400 000	256 560	4 600 000	491 740
17			880 000	81 752	2 280 000	211 812	4 320 000	401 328
18			720 000	58 176	2 040 000	164 832	3 880 000	313 504
19			560 000	39 368	1 720 000	120 916	3 400 000	239 020
20			400 000	24 440	1 400 000	85 540	2 840 000	173 524
现值合计	7 934 932		6 459 008		10 951 168		28 820 000	

根据表9-5可见，资产组W、M、N的可收回金额分别为7 934 932元、6 459 008元和10 951 168元，相应的账面价值(包括分摊的研发中心账面价值)分别为4 750 000元、8 250 000元和11 000 000元，资产组M和N的可收回金额均低于其账面价值，应当分别

确认 1 790 992 元和 48 832 元减值损失,并将该减值损失在研发中心和资产组之间进行分摊。根据分摊结果,因资产组 M 发生减值损失 1 790 992 元而导致研发中心减值 488 452 元(1 790 992×2 250 000÷8 250 000),导致资产组 M 所包括的资产发生减值 1 302 540 元(1 790 992×6 000 000÷8 250 000);因资产组 N 发生减值损失 48 832 元而导致研发中心减值 13 318 元(48 832×3 000 000÷11 000 000),导致资产组 N 所包括的资产发生减值 35 514 元(48 832×8 000 000÷11 000 000)。

经过上述减值测试后,资产组 W、M、N 和研发中心的账面价值分别为 4 000 000 元、4 697 460 元、7 964 486 元和 5 498 230 元,办公大楼的账面价值仍为 2 000 000 元,由此包括办公大楼在内的最小资产组组合(即龙盛公司)的账面价值总额为 24 160 176 元(4 000 000＋4 697 460＋7 964 486＋5 498 230＋2 000 000),但其可收回金额为 28 832 000 元,高于其账面价值,因此,龙盛公司不必再进一步确认减值损失(包括办公大楼的减值损失)。

根据上述计算和分摊结果,龙盛公司的生产线 M、生产线 N、研发中心应当分别确认减值损失 1 302 540 元、35 514 元和 501 770 元,账务处理如下。

借:资产减值损失——生产线 M　　　　　　　　　　　　　　1 302 540
　　　　　　　　——生产线 N　　　　　　　　　　　　　　　35 514
　　　　　　　　——研发中心　　　　　　　　　　　　　　　501 770
　　贷:固定资产减值损失——生产线 M　　　　　　　　　　　1 302 540
　　　　　　　　　　　——生产线 N　　　　　　　　　　　　35 514
　　　　　　　　　　　——研发中心　　　　　　　　　　　　501 770

本章小结

资产减值,是指资产的可收回金额低于其账面价值。对于固定资产、无形资产、商誉、长期股权投资等资产发生减值的,企业应当按照所确认的可收回金额低于账面价值的差额,借记"资产减值损失"科目,贷记"固定资产减值准备""无形资产减值准备""商誉减值准备""长期股权投资减值准备"等科目。资产减值准则规定,资产减值损失一经确认,在以后会计期间不得转回。

本 章 习 题

1. 判断题

(1) 资产减值,是指资产的可收回金额低于其账面余额。　　　　　　　　　　　(　)

(2) 资产减值准则中的资产,除了特别规定外,只包括单项资产,不包括资产组。
　　　　　　　　　　　　　　　　　　　　　　　　　　　　　　　　　　　(　)

(3) 资产的公允价值减去处置费用后的净额,应当根据公平交易中销售协议价格减去可直接归属于该资产处置费用的金额确定。　　　　　　　　　　　　　　　(　)

(4) 如果资产为企业带来的经济利益低于其账面价值,企业不能再以原账面价值予以确认,否则,会导致企业资产虚增和利润虚增。　　　　　　　　　　　　　(　)

(5) 对于使用寿命不确定的无形资产,企业应当至少于每年年末进行减值测试,估计其可收回金额。　　　　　　　　　　　　　　　　　　　　　　　　　　　(　)

(6) 资产组的认定，应当以资产组产生的主要现金流入是否独立于其他资产或者资产组的现金流入为依据。（　）

(7) 资产的公允价值减去处置费用后的净额与资产预计未来现金流量的现值，均大于资产的账面价值时，才表明资产没有发生减值，不需要计提减值准备。（　）

(8) 在资产负债表日，不论是否有减值迹象，企业都应当对总部资产进行减值测试。（　）

(9) 如果资产为企业带来的经济利益低于其账面价值，企业应立即终止确认该资产。（　）

(10) 资产发生减值时，企业应确认资产减值损失，并把资产的账面价值减记至可变现净值。（　）

2. 计算与业务分析题

1) 某企业于 2014 年 9 月 5 日对一生产线进行改扩建，改扩建前该固定资产的原价为 2 000 万元，已提折旧 400 万元，已提减值准备 200 万元。在改扩建过程中领用工程物资 300 万元，领用生产用原材料 100 万元，原材料的进项税额为 17 万元。发生改扩建人员工资 150 万元，用银行存款支付其他费用 33 万元。该固定资产于 2014 年 12 月 20 日达到预定可使用状态。该企业对改扩建后的固定资产采用年限平均法计提折旧，预计尚可使用年限为 10 年，预计净残值为 100 万元。2015 年 12 月 31 日该固定资产的公允价值减去处置后的净额为 1 602 万元，预计未来现金流量现值为 1 693 万元。2016 年 12 月 31 日该固定资产的公允价值减去处置后的净额为 1 580 万元，预计未来现金流量现值为 1 600 万元。假定固定资产计提减值准备不影响固定资产的预计使用年限和预计净残值。

要求：(1) 编制上述与固定资产扩建有关业务的会计分录；计算改扩建后固定资产的入账价值。

(2) 计算改扩建后 2015 年固定资产计提的折旧额并编制折旧的会计分录。

(3) 计算该固定资产 2015 年 12 月 31 日应计提的减值准备并编制相关会计分录。

(4) 计算该固定资产 2016 年计提的折旧额并编制折旧的会计分录。

(5) 计算该固定资产 2016 年 12 月 31 日应计提的减值准备并编制相关会计分录。

(6) 计算该固定资产 2017 年计提的折旧额并编制折旧的会计分录。

(以上答案中金额单位用万元表示)

2) 大海公司有一甲生产线，生产光学器材，由 A、B、C 三部机器构成，初始成本分别为 100 万元、160 万元和 240 万元。使用年限为 10 年，已使用 5 年，预计净残值为零，以年限平均法计提折旧。三部机器均无法单独产生现金流量，但整条生产线构成完整的产销单位，属于一个资产组。2017 年该生产线所生产光学产品有替代产品上市，到年底导致公司光学产品销路锐减 40%，因此，公司于年末对该条生产线进行减值测试，经估计生产线未来 5 年现金流量及其折现率，得到其现值为 150 万元。而公司无法合理估计其公允价值减去处置后的净额，则以预计未来现金流量的现值作为其可收回金额。2017 年年末 B 机器的公允价值减去处置费用后的净额为 60 万元，A、C 机器都无法合理估计其公允价值减去处置费用后的净额，以及未来现金流量的现值。整条生产线已使用 5 年，预计尚可再使用 5 年。

要求：(1) 确定 2017 年 12 月 31 日资产组账面价值。
(2) 计算资产减值损失，将计算结果填入表 9-6。

表 9-6　资产减值损失计算表　　　　　　　　　　　　　单位：元

项目	机器 A	机器 B	机器 C	整条生产线 (资产组)
账面价值				
可收回金额				
减值损失				
减值损失分摊比例				
分摊减值损失				
分摊后账面价值				
尚未分摊的减值损失				
二次分摊比例				
二次分摊减值损失				
二次分摊后应确认减值损失总额				
二次分摊后账面价值				

(3) 编制计提减值损失的分录。

第10章 负债

学习目标

通过本章的学习,理解流动负债的概念、种类和计价,非流动负债的特点及内容;熟悉职工薪酬的内涵;重点掌握应付票据、应付账款、应付职工薪酬和应交税费的账务处理;掌握借款费用予以资本化的范围及借款费用;掌握应付债券和债务重组的核算。

技能要求

熟悉短期借款利息的账务处理;熟悉借款费用资本化金额的具体计算方法;掌握带息和不带息应付票据的会计处理,以及应付职工薪酬的账务处理;掌握公司债券发行价格的计算,以及平价、溢价、折价发行债券的账务处理;重点掌握增值税、消费税的计算方法及账务处理。

第10章 负 债

导入案例

博彩业已经成为美国一个很大的产业。今天,在美国很多大中城市都有娱乐场。很多受欢迎的娱乐场都是由大公司来经营和管理的,这些公司的股票有的已经在纽约证券交易所上市。其中,最成功的娱乐公司是哈拉斯娱乐股份公司。哈拉斯娱乐股份公司于1937年由建筑师哈拉创办,目前已经成为全球的博彩业巨头,拥有40家娱乐城。

"想客户之所想,做客户之所需"是哈拉斯公司一直以来的经营理念。随着博彩业的发展,竞争也越来越激烈,像哈拉斯公司这样的公司不得不大笔投资去创造独一无二的博彩环境。以哈拉斯公司在密西西比州投资兴建的娱乐场为例,该娱乐场在孟菲斯市南部30英里,面积35 000平方英尺,有1 180台老虎机和22台桌上游戏。哈拉斯公司为该项目还专门建造了一个宾馆,该宾馆有182个房间、18个套房、3个餐厅、1个快餐厅、1个250座位的展示厅、一个13 464平方英尺的会议厅、1个高尔夫球场和1个停车场,可容纳2 708辆汽车。由于公司坚持持续扩张的发展战略,不断地进行大规模投资,哈拉斯公司除了利用大部分经营利润外,还必须对外筹集更多的资金。为此,哈拉斯公司决定向社会投资者公开发行长期债券来筹集资金。

哈拉斯公司发行债券的业务应当如何进行会计处理,以及该负债如何在公司的报表中进行列报。

10.1 负 债 概 述

10.1.1 负债的定义及确认条件

1. 负债的定义

《企业会计准则——基本准则》中负债的定义:负债,是指企业过去的交易或者事项形成的、预期会导致经济利益流出企业的现时义务。根据负债的定义,负债主要具备以下3个特征。

1) 负债是企业承担的现时义务

现时义务是负债的基本特征。义务,是指企业要以一定方式履行的责任,而现时义务,是指企业在现时条件下已经承担的义务。企业未来发生的交易或者事项形成的义务,不属于现时义务,不构成负债。这里的义务,既包括法定义务,也包括推定义务。其中,法定义务,是指由具有约束力的合同或者法律法规产生的义务。企业对承担的法定义务必须依法执行,如企业购买商品形成的应付账款、取得银行贷款形成的借款本金和利息、按照税法规定应缴纳的税金、应支付给职工的工资等,均属于法定义务。推定义务,是指根据企业多年来形成的惯例、公开做出的承诺或者公开宣布的政策,而导致企业承担的责任,有关方都对企业履行该义务以解脱责任形成合理预期,如公司董事会对外宣告要支付的现金股利等。

2) 负债预期会导致经济利益流出企业

企业在履行现时义务时,会导致经济利益流出企业。履行经济义务清偿负债的方式,包括现金、实物资产或提供劳务等形式。如果企业在履行义务时,不会导致经济利益的流出,如企业选择发行普通股来履行义务,就不属于一项负债。

3) 负债是由过去交易或者事项形成的

和资产相同,负债应当由过去的交易或者事项所形成。换句话说,只有过去发生的交易或者事项才能形成负债，企业将在未来发生的承诺、经营亏损或签订合同等交易或者事项，均不构成负债。

2. 金融负债

金融负债，是指企业承担的一种合同义务，履行该义务会导致企业转移现金或者其他金融资产，或者导致企业有义务在潜在不利的情况下与其他单位交换金融工具。大多数负债都属于金融负债，即债务人需要使用现金或者其他金融资产来履行相关的现时义务。也有个别负债不属于金融负债，如预收账款、产品质量保证形成的预计负债等，这些负债形成的现时义务不是通过现金或其他金融资产来清偿，而是通过提供产品或者服务来履行义务。

3. 负债的确认条件

企业要将一项现时义务确认为负债，除了要符合负债的定义之外，还应当同时满足以下两个条件。

1) 与该义务有关的经济利益很可能流出企业

由于经济业务存在不确定性，导致企业在履行经济业务时流出的经济利益有时需要估计，特别是由于推定义务而产生的负债。例如，企业因销售产品而承担的产品质量保证义务所发生的支出金额，就存在很大的不确定性。如果有证据表明，与现时义务有关的经济利益很可能流出企业，就应当确认负债。反之，企业对于预期流出经济利益可能性很小或不复存在的现时义务，不确认为一项负债。

2) 未来流出经济利益的金额能够可靠地估计

企业要确认负债，必须能够可靠地计量负债的金额，即能够可靠地计量未来经济利益流出的金额。企业因法定义务而预期发生的经济利益流出金额，通常可以根据法律或合同的规定予以确定。例如，企业应交税费的金额可以根据相关税法的规定计算确认。而企业因推定义务产生的未来经济利益的流出金额，则往往需要根据合理的估计才能确定履行相关义务所需要支出的金额。如果未来期间较长，还需要考虑货币时间价值的影响。

10.1.2 负债的分类

在资产负债表中，负债需要根据流动性进行分类列报，可以划分为流动负债和非流动负债。

1. 流动负债

流动负债的判断标准与流动资产的判断标准基本相同。满足下列条件之一的负债，应当归类为流动负债。

(1) 预计在一个正常营业周期内清偿的负债，如企业购买原材料形成的应付账款。

(2) 主要为交易目的而持有的负债，如银行为近期回购而发生的短期票据。

(3) 自资产负债表日起一年内(含一年)到期应予以清偿的负债，如企业发行的将买商品或接受劳务时开出并承兑的商业汇票。

流动负债，主要是在正常经营周期中发生的期限在一年以内(含一年)的负债，主要包括短期借款、交易性金融负债、应付票据、应付账款、预收账款、应付职工薪酬、应交税费、应付利息、应付股利及其他应付款等。

2. 非流动负债

非流动负债,是指流动负债以外的负债。非流动负债主要是企业为筹集长期投资项目所需资金而发生的,如企业为购买大型设备而向银行借入的中长期贷款等。非流动负债主要包括长期借款、应付债券、长期应付款及预计负债等。

10.2 流动负债

10.2.1 短期借款

短期借款,是指企业向银行或其他金融机构等借入的期限在一年以下(含一年)的各种借款,通常是为了满足正常生产经营的需要。无论借入款项的来源如何,企业均需要向债权人按期偿还借款的本金及利息。在会计核算上,企业要及时如实地反映短期借款的借入、利息的发生和本金及利息的偿还情况。

企业应通过"短期借款"科目,核算短期借款的取得及偿还情况。该科目贷方登记取得借款的本金数额,借方登记偿还借款的本金数额,余额在贷方,表示尚未偿还的短期借款。本科目可按借款种类、贷款人和币种进行明细核算。

1. 发生短期借款

企业从银行或其他金融机构取得短期借款时,借记"银行存款"科目,贷记"短期借款"科目。

在实际工作中,银行一般于每季度末收取短期借款利息,为此,企业的短期借款利息一般采用月末预提的方式进行核算。短期借款利息属于筹资费用,应记入"财务费用"科目。企业应当在资产负债表日按照计算确定的短期借款利息费用,借记"财务费用"科目,贷记"应付利息"科目;实际支付利息时,根据已预提的利息,借记"应付利息"科目,根据应计利息,借记"财务费用"科目,根据应付利息总额,贷记"银行存款"科目。

2. 偿还短期借款

企业短期借款到期偿还本金时,借记"短期借款"科目,贷记"银行存款"科目。

【例 10-1】龙盛公司于 2017 年 4 月 1 日向银行借入一笔生产经营用短期借款,共计 60 000 元,期限为 6 个月,年利率为 8%。根据与银行签署的借款协议,该项借款的本金到期后一次归还;利息分月预提,按季支付龙盛公司的有关会计处理如下。

(1) 4 月 1 日借入短期借款。

借:银行存款　　　　　　　　　　　　　　　　　　　　　60 000
　　贷:短期借款　　　　　　　　　　　　　　　　　　　　　　60 000

(2) 4 月末,计提 4 月应计利息。

借:财务费用　　　　　　　　　　　　　　　　　　　　　　400
　　贷:应付利息　　　　　　　　　　　　　　　　　　　　　　400

本月应计提的利息金额＝60 000×8%÷12＝400(元)。本例中，短期借款利息400元属于企业的筹资费用，应记入"财务费用"科目。

5月末计提5月利息费用的处理与4月相同。

(3) 6月末支付第一季度银行借款利息时。

借：财务费用　　　　　　　　　　　　　　　　　　　　　　　400
　　应付利息　　　　　　　　　　　　　　　　　　　　　　　　800
　　贷：银行存款　　　　　　　　　　　　　　　　　　　　　1 200

第三季度的会计处理同上。

(4) 2017年10月1日偿还银行借款本金时。

借：短期借款　　　　　　　　　　　　　　　　　　　　　　60 000
　　贷：银行存款　　　　　　　　　　　　　　　　　　　　60 000

如果上述借款期限是5个月，则到期日为9月1日，8月末之前的会计处理与上述相同。9月1日偿还银行借款本金，同时支付7月和8月以提未付利息。

借：短期借款　　　　　　　　　　　　　　　　　　　　　　60 000
　　应付利息　　　　　　　　　　　　　　　　　　　　　　　　800
　　贷：银行存款　　　　　　　　　　　　　　　　　　　　60 800

10.2.2　应付票据

应付票据，是指企业购买材料、商品和接受劳务供应等而开出、承兑的商业汇票，包括商业承兑汇票和银行承兑汇票。企业应当设置"应付票据备查簿"，详细登记商业汇票的种类、号数和出票日期、到期日、票面余额、交易合同号和收款人姓名或单位名称，以及付款日期和金额等资料。应付票据到期结清时，应当在备查簿内予以注销。

企业应通过"应付票据"科目，核算应付票据的发生、偿付等情况。该科目贷方登记开出、承兑汇票的面值及带息票据的预提利息，借方登记支付票据的金额，余额在贷方，表示企业尚未到期的商业汇票的票面金额。

发生应付票据通常而言，商业汇票的付款期限不超过6个月，因此在会计上应作为流动负债管理和核算。同时，由于应付票据的偿付时间较短，在会计实务中，一般均按照开出、承兑的应付票据的面值入账。

1. 发生应付票据

企业因购买材料、商品和接受劳务供应等而开出、承兑的商业汇票，应当按其票面金额作为应付票据的入账金额。借记"材料采购""库存商品""应付账款""应交税费——应交增值税(进项税额)"等科目，贷记"应付票据"科目。

企业支付的银行承兑汇票手续费应当计入当期财务费用，借记"财务费用"科目，贷记"银行存款"科目。

【例10-2】龙盛公司为增值税一般纳税人。该公司于2017年4月10日开出一张面值为117 000元、期限5个月的不带息商业汇票，用以采购一批材料。增值税专用发票上注明的材料价款为100 000元，增值税税额为17 000元。该批材料已经验收入库。该公司的有关会计分录如下。

借：原材料　　　　　　　　　　　　　　　　　　　　　　　　　　100 000
　　应交税费——应交增值税(进项税额)　　　　　　　　　　　　　17 000
　　贷：应付票据　　　　　　　　　　　　　　　　　　　　　　　117 000

企业因购买材料、商品和接受劳务供应等而开出、承兑商业汇票时，所支付的银行承兑汇票手续费应当计入财务费用。

【例 10-3】承【例 10-2】，假设上例中的商业汇票为银行承兑汇票，龙盛公司已交纳承兑手续费 58.5 元。该企业的有关会计分录如下。

借：财务费用　　　　　　　　　　　　　　　　　　　　　　　　58.5
　　贷：银行存款　　　　　　　　　　　　　　　　　　　　　　　58.5

2. 偿还应付票据

应付票据到期支付票款时，应按账面余额予以结转，借记"应付票据"科目，贷记"银行存款"科目。

【例 10-4】承【例 10-2】，2017 年 9 月 10 日，龙盛公司于 4 月 10 日开出的商业汇票到期。龙盛公司通知其开户银行以银行存款支付票款。该公司的有关会计分录如下。

借：应付票据　　　　　　　　　　　　　　　　　　　　　　　　117 000
　　贷：银行存款　　　　　　　　　　　　　　　　　　　　　　　117 000

3. 转销应付票据

应付银行承兑汇票到期，如企业无力支付票款，应将应付票据的账面余额转作短期借款。借记"应付票据"科目，贷记"短期借款"科目。

【例 10-5】承【例 10-2】，假设上述商业汇票为银行承兑汇票，该汇票到期时龙盛公司无力支付票款。该公司的有关会计分录如下。

借：应付票据　　　　　　　　　　　　　　　　　　　　　　　　117 000
　　贷：短期借款　　　　　　　　　　　　　　　　　　　　　　　117 000

10.2.3　应付账款和预收账款

1. 应付账款

应付账款，是指企业因购买材料、商品或接受劳务供应等经营活动应支付的款项。

应付账款，一般应在与所购买物资所有权相关的主要风险和报酬已经转移，或者所购买的劳务已经接受时确认。在实务工作中，为了使所购入物资的金额、品种、数量和质量等与合同规定的条款相符，避免因验收时发现所购物资存在数量或质量问题，而对入账的物资或应付账款金额进行改动，在物资和发票账单同时到达的情况下，一般在所购物资验收入库后，再根据发票账单登记入账，确认应付账款。在所购物资已经验收入库，但是发票账单未能同时到达的情况下，企业应付物资供应单位的债务已经成立，在会计期末，为了反映企业的负债情况，需要将所购物资和相关的应付账款暂估入账，待下月初作相反分录予以冲回。

企业应通过"应付账款"科目，核算应付账款的发生、偿还、转销等情况。该科目贷方登记企业购买材料、商品和接受劳务等而发生的应付账款，借方登记偿还的应付账款，或开出商业汇票抵付应付账款的款项，或已冲销的无法支付的应付账款。余额一般在贷方，表示企业尚未支付的应付账款余额。本科目一般应按照债权人设置明细科目进行明细核算。

1) 发生应付账款

企业购入材料、商品等或接受劳务所产生的应付账款，应按应付金额入账。购入材料、商品等验收入库，但货款尚未支付，根据有关凭证(发票账单、随货同行发票上记载的实际价款或暂估价值)，借记"材料采购""在途物资"等科目，按可抵扣的增值税额，借记"应交税费——应交增值税(进项税额)"科目，按应付的价款，贷记"应付账款"科目。企业接受供应单位提供劳务而发生的应付未付款项，根据供应单位的发票账单，借记"生产成本""管理费用"等科目，贷记"应付账款"科目。

应付账款附有现金折扣的，应按照扣除现金折扣前的应付款总额入账。因在折扣期限内付款而获得的现金折扣，应在偿付应付账款时冲减财务费用。

【例10-6】龙盛公司为增值税一般纳税人。2017年7月1日，龙盛公司从W公司购入一批材料，货款200 000元，增值税34 000元，对方代垫运杂费2 000元。材料已运到并验收入库(该企业材料按实际成本计价核算)，款项尚未支付。龙盛公司的有关会计分录如下。

借：原材料　　　　　　　　　　　　　　　　　　　　　　　　202 000
　　应交税费——应交增值税(进项税额)　　　　　　　　　　　34 000
　　贷：应付账款——W公司　　　　　　　　　　　　　　　　　236 000

【例10-7】龙盛公司于2017年8月2日，从W公司购入一批家电产品并已验收入库。增值税专用发票上列明，该批家电的价款为300万元，增值税为51万元。按照购货协议的规定，龙盛公司如在15天内付清货款，将获得1%的现金折扣(假定计算现金折扣时需考虑增值税)。龙盛公司的有关会计分录如下。

借：库存商品　　　　　　　　　　　　　　　　　　　　　　　3 000 000
　　应交税费——应交增值税(进项税额)　　　　　　　　　　　510 000
　　贷：应付账款——W公司　　　　　　　　　　　　　　　　　3 510 000

【例10-8】根据供电部门通知，龙盛公司本月应支付电费90 000元。其中生产车间电费60 000元，公司行政管理部门电费30 000元，款项尚未支付。龙盛公司的有关会计分录如下。

借：制造费用　　　　　　　　　　　　　　　　　　　　　　　60 000
　　管理费用　　　　　　　　　　　　　　　　　　　　　　　30 000
　　贷：应付账款——××电力公司　　　　　　　　　　　　　　90 000

2) 偿还应付账款

企业偿还应付账款或开出商业汇票抵付应付账款时，借记"应付账款"科目，贷记"银行存款""应付票据"等科目。

【例10-9】承【例10-6】，7月31日，龙盛公司用银行存款支付上述应付账款。该公司的有关会计分录如下。

借：应付账款——W公司　　　　　　　　　　　　　　　　　　236 000
　　贷：银行存款　　　　　　　　　　　　　　　　　　　　　236 000

【例10-10】承【例10-7】，龙盛公司于2017年8月12日，按照扣除现金折扣后的金额，用银行存款付清了所欠W公司货款。龙盛公司的有关会计分录如下。

第10章 负　债

借：应付账款——W公司	3 510 000
贷：银行存款	3 474 900
财务费用	35 100

本例中，龙盛公司在8月12日(即购货后的第11天)付清所欠W公司的货款，按照购货协议可以获得现金折扣。龙盛公司获得的现金折扣＝3 510 000×1％＝35 100(元)，实际支付的货款＝3 510 000－3 510 000×1％＝3 474 900(元)。

3) 转销应付账款

企业转销确实无法支付的应付账款(如因债权人撤销等原因而产生无法支付的应付账款)，应按其账面余额计入营业外收入，借记"应付账款"科目，贷记"营业外收入"科目。

【例10-11】2017年10月31日，龙盛公司确定一笔应付账款6 000元为无法支付的款项，应予转销。该公司的有关会计分录如下。

借：应付账款	6 000
贷：营业外收入——其他	6 000

2. 预收账款

预收账款，是指企业按照合同规定向购货单位预收的款项。与应付账款不同，预收账款所形成的负债不是以货币偿付，而是以货物偿付。有些购销合同规定，销货企业可向购货企业预先收取一部分货款，待向对方发货后再收取其余货款。企业在发货前收取的货款，表明了企业承担了会在未来导致经济利益流出企业的应履行的义务，就成为企业的一项负债。

企业应通过"预收账款"科目，核算预收账款的取得、偿付等情况。该科目贷方登记发生的预收账款的数额和购货单位补付账款的数额，借方登记企业向购货方发货后冲销的预收账款数额和退回购货方多付账款的数额，余额一般在贷方，反映企业向购货单位预收款项但尚未向购货方发货的数额，如为借方余额，反映企业尚未转销的款项。企业应当按照购货单位设置明细科目进行明细核算。

企业向购货单位预收款项时，借记"银行存款"科目，贷记"预收账款"科目；销售实现时，按实现的收入和应交的增值税销项税额，借记"预收账款"科目，按照实现的营业收入，贷记"主营业务收入"科目，按照增值税专用发票上注明的增值税额，贷记"应交税费——应交增值税(销项税额)"等科目；企业收到购货单位补付的款项，借记"银行存款"科目，贷记"预收账款"科目；向购货单位退回其多付的款项时，借记"预收账款"科目，贷记"银行存款"科目。

【例10-12】龙盛公司为增值税一般纳税人。2017年8月3日，龙盛公司与W公司签订供货合同，向其出售一批设备，货款金额共计200 000元，应交纳增值税34 000元。根据购货合同规定，W公司在购货合同签订一周内，应当向龙盛公司预付货款120 000元，剩余货款在交货后付清。2017年8月8日，龙盛公司收到W公司交来的预付款120 000元，并存入银行，8月18日龙盛公司将货物发到W公司并开出增值税发票，W公司验收合格后付清了剩余货款。龙盛公司的有关会计处理如下。

(1) 8月8日收到W公司交来的预付款120 000元。

借：银行存款	120 000
贷：预收账款——W公司	120 000

(2) 8月18日龙盛公司发货后收到W公司剩余货款。

借：预收账款——W公司　　　　　　　　　　　　　　　　234 000
　　贷：主营业务收入　　　　　　　　　　　　　　　　　　　200 000
　　　　应交税费——应交增值税(销项税额)　　　　　　　　　34 000
借：银行存款　　　　　　　　　　　　　　　　　　　　　　114 000
　　贷：预收账款——W公司　　　　　　　　　　　　　　　　114 000

W公司补付的货款=234 000－120 000=114 000(元)。本例中，假若龙盛公司只能向W公司供货80 000元，则龙盛公司应退回预收账款26 400元，有关会计分录如下。

借：预收账款——W公司　　　　　　　　　　　　　　　　120 000
　　贷：主营业务收入　　　　　　　　　　　　　　　　　　　80 000
　　　　应交税费——应交增值税(销项税额)　　　　　　　　　13 600
　　　　银行存款　　　　　　　　　　　　　　　　　　　　　26 400

此外，在预收账款核算中值得注意的是，企业预收账款情况不多的，也可不设"预收账款"科目，将预收的款项直接计入"应收账款"科目的贷方。

【例10-13】以【例10-12】的资料为例，假设龙盛公司不设置"预收账款"科目，通过"应收账款"科目核算有关业务。龙盛公司的有关会计处理如下。

(1) 8月8日收到W公司交来预付款120 000元。

借：银行存款　　　　　　　　　　　　　　　　　　　　　　120 000
　　贷：应收账款——W公司　　　　　　　　　　　　　　　　120 000

(2) 8月18日龙盛公司发货后收到W公司剩余货款。

借：应收账款——W公司　　　　　　　　　　　　　　　　234 000
　　贷：主营业务收入　　　　　　　　　　　　　　　　　　　200 000
　　　　应交税费——应交增值税(销项税额)　　　　　　　　　34 000
借：银行存款　　　　　　　　　　　　　　　　　　　　　　114 000
　　贷：应收账款——W公司　　　　　　　　　　　　　　　　114 000

10.2.4　应付职工薪酬

1. 职工薪酬的内容

职工薪酬，是指企业为获得职工提供的服务或解除劳动关系而给予的各种形式的报酬或补偿。职工薪酬包括短期薪酬、离职后福利、辞退福利和其他长期职工福利。企业提供给职工配偶、子女、受赡养人、已故员工遗属及其他受益人等的福利，也属于职工薪酬。

这里所称的职工，主要包括三类人员：一是与企业订立劳动合同的所有人员，含全职、兼职和临时职工；二是未与企业订立劳动合同，但由企业正式任命的企业治理层和管理层人员，如董事会成员、监事会成员等；三是在企业的计划和控制下，虽未与企业订立劳动合同或未由其正式任命，但向企业所提供服务与职工所提供服务类似的人员，也属于职工的范畴，包括通过企业与劳务中介公司签订用工合同而向企业提供服务的人员。

职工薪酬主要包括以下内容。

1) 短期薪酬

短期薪酬，是指企业在职工提供相关服务的年度报告期间结束后12个月内需要全部予以支付的职工薪酬,因解除与职工的劳动关系给予的补偿除外。短期薪酬具体包括如下内容。

(1) 职工工资、奖金、津贴和补贴,是指按照构成工资总额的计时工资、计件工资、支付给职工的超额劳动报酬和增收节支的劳动报酬、为补偿职工特殊或额外的劳动消耗和因其他特殊原因支付给职工的津贴,以及为保证职工工资水平不受物价影响支付给职工的物价补贴等。其中,企业按照短期奖金计划向职工发放的奖金属于短期薪酬,按照长期奖金计划向职工发放的奖金属于其他长期职工福利。

(2) 职工福利费,是指企业向职工提供的生活困难补助、丧葬补助费、抚恤费、职工异地安家费、防暑降温费等职工福利支出。

(3) 医疗保险费、工伤保险费和生育保险费等社会保险费,是指企业按照国家规定的基准和比例计算,向社会保险经办机构缴纳的医疗保险费、工伤保险费和生育保险费。

(4) 住房公积金,是指企业按照国家规定的基准和比例计算,向住房公积金管理机构缴存的住房公积金。

(5) 工会经费和职工教育经费,是指企业为了改善职工文化生活、为职工学习先进技术和提高文化水平和业务素质,用于开展工会活动和职工教育及职业技能培训等相关支出。

(6) 短期带薪缺勤,是指职工虽然缺勤但企业仍向其支付报酬的安排,包括年休假、病假、婚假、产假、丧假、探亲假等。长期带薪缺勤属于其他长期职工福利。

(7) 短期利润分享计划,是指因职工提供服务而与职工达成的基于利润或其他经营成果提供薪酬的协议。长期利润分享计划属于其他长期职工福利。

(8) 非货币性福利,是指企业以自己的产品或外购商品发放给职工作为福利,企业提供给职工无偿使用自己拥有的资产或租赁资产供职工无偿使用等。

(9) 其他短期薪酬,是指除上述薪酬以外的其他为获得职工提供的服务而给予的短期薪酬。

2) 离职后福利

离职后福利,是指企业为获得职工提供的服务而在职工退休或与企业解除劳动关系后,提供的各种形式的报酬和福利,属于短期薪酬和辞退福利的除外。

离职后福利计划,是指企业与职工就离职后福利达成的协议,或者企业为向职工提供离职后福利制定的规章或办法等。离职后福利计划按其特征可以分为设定提存计划和设定受益计划。其中,设定提存计划,是指向独立的基金缴存固定费用后,企业不再承担进一步支付义务的离职后福利计划。设定受益计划,是指除设定提存计划以外的离职后福利计划。

3) 辞退福利

辞退福利,是指企业在职工劳动合同到期之前解除与职工的劳动合同关系,或者为鼓励职工自愿接受裁减而给予职工的补偿。

4) 其他长期职工福利

其他长期职工福利,是指除短期薪酬、离职后福利、辞退福利之外所有的职工薪酬,包括长期带薪缺勤、长期残疾福利、长期利润分享计划等。

2. 应付职工薪酬的科目设置

企业应当设置"应付职工薪酬"科目,核算应付职工薪酬的计提、结算、使用等情况。该科目的贷方登记已分配计入有关成本费用项目的职工薪酬的数额,借方登记实际发放职工薪酬的数额,包括扣还的款项等;该科目期末贷方余额,反映企业应付未付的职工薪酬。

"应付职工薪酬"科目应当按照"工资、奖金、津贴和补贴""职工福利费""非货币性福利""社会保险费""住房公积金""工会经费和职工教育经费""带薪缺勤""利润分享计划""设定提存计划""设定受益计划义务""辞退福利"等职工薪酬项目设置明细账进行明细核算。

3. 短期薪酬的核算

企业应当在职工为其提供服务的会计期间,将实际发生的短期薪酬确认为负债,并计入当期损益,其他会计准则要求或允许计入资产成本的除外。

1) 货币性职工薪酬

(1) 工资、奖金、津贴和补贴。对于职工工资、奖金、津贴和补贴等货币性职工薪酬,企业应当在职工为其提供服务的会计期间,将实际发生的职工工资、奖金、津贴和补贴等,根据职工提供服务的受益对象,将应确认的职工薪酬,借记"生产成本""制造费用""劳务成本"等科目,贷记"应付职工薪酬——工资、奖金、津贴和补贴"科目。

【例 10-14】龙盛公司 2017 年 7 月根据"工资费用分配汇总表"结算本月应付工资总额 1 000 000 元,工资费用分配汇总表中列示生产工人工资为 700 000 元,车间管理人员工资为 100 000 元,公司行政管理人员工资为 180 000 元,销售人员工资为 20 000 元。龙盛公司的有关会计分录如下。

借:生产成本——基本生产成本　　　　　　　　　　　　　　700 000
　　制造费用　　　　　　　　　　　　　　　　　　　　　　100 000
　　管理费用　　　　　　　　　　　　　　　　　　　　　　180 000
　　销售费用　　　　　　　　　　　　　　　　　　　　　　 20 000
　　贷:应付职工薪酬——工资、奖金、津贴和补贴　　　　1 000 000

实务中,企业一般在每月发放工资前,根据"工资费用分配汇总表"中的"实发金额"栏的合计数,通过开户银行支付给职工或从开户银行提取现金,然后再向职工发放。

企业按照有关规定向职工支付工资、奖金、津贴和补贴等,借记"应付职工薪酬——工资、奖金、津贴和补贴"科目,贷记"银行存款""库存现金"等科目;企业从应付职工薪酬中扣还的各种款项(代垫的家属药费、个人所得税等),借记"应付职工薪酬"科目,贷记"银行存款""库存现金""其他应收款""应交税费——应交个人所得税"等科目。

【例 10-15】龙盛公司根据"工资结算汇总表"结算本月应付职工工资总额 1 000 000 元,代扣职工房租 45 000 元,公司代垫职工家属医药费 5 000 元,实发工资 950 000 元。龙盛公司的有关会计处理如下。

(1) 向银行提取现金。
借:库存现金　　　　　　　　　　　　　　　　　　　　　　950 000
　　贷:银行存款　　　　　　　　　　　　　　　　　　　　950 000

(2) 发放工资,支付现金。
借:应付职工薪酬——工资、奖金、津贴和补贴　　　　　　950 000
　　贷:库存现金　　　　　　　　　　　　　　　　　　　　950 000

注:如果通过银行发放工资,该公司应编制如下会计分录。

```
借：应付职工薪酬——工资、奖金、津贴和补贴          950 000
    贷：银行存款                                  950 000
```

(3) 代扣款项。
```
借：应付职工薪酬——工资、奖金、津贴和补贴           50 000
    贷：其他应收款——职工房租                       45 000
              ——代垫医药费                        5 000
```

(2) 职工福利费。对于职工福利费，企业应当在实际发生时根据实际发生额计入当期损益或相关资产成本，借记"生产成本""制造费用""管理费用""销售费用"等科目，贷记"应付职工薪酬——职工福利费"科目。

【例10-16】龙盛公司下设一所职工食堂，每月根据在岗职工数量及岗位分布情况、相关历史经验数据等计算需要补贴食堂的金额，从而确定公司每期因补贴职工食堂需要承担的福利费金额。2017年10月，公司在岗职工共计200人，其中管理部门20人，生产车间180人，公司的历史经验数据表明，对于每个职工公司每月需补贴食堂100元。龙盛公司的有关会计分录如下。

```
借：生产成本                                     18 000
    管理费用                                      2 000
    贷：应付职工薪酬——职工福利费                  20 000
```

【例10-17】承【例10-16】，2017年11月，龙盛公司支付20 000元补贴给食堂。龙盛公司应编制如下会计分录。

```
借：应付职工薪酬——职工福利费                    20 000
    贷：银行存款                                 20 000
```

(3) 国家规定计提标准的职工薪酬。对于国家规定了计提基础和计提比例的医疗保险费、工伤保险费、生育保险费等社会保险费和住房公积金，以及按规定提取的工会经费和职工教育经费，企业应当在职工为提供服务的会计期间，根据规定的计提基础和计提比例计算确定相应的职工薪酬金额，并确认相关负债，按照受益对象计入当期损益或相关资产成本，借记"生产成本""制造费用""管理费用"等科目，贷记"应付职工薪酬"科目。

【例10-18】承【例10-14】，2017年7月，龙盛公司根据相关规定，分别按照职工工资总额的2%和1.5%的计提标准，确认应付工会经费和职工教育经费。

龙盛公司应编制如下会计分录。

```
借：生产成本——基本生产成本                       24 500
    制造费用                                      3 500
    管理费用                                      6 300
    销售费用                                        700
    贷：应付职工薪酬——工会经费和职工教育经费(工会经费)      20 000
              ——工会经费和职工教育经费(职工教育经费)       15 000
```

本例中，应计入"生产成本"科目的金额=700 000×(2%+1.5%)=24 500(元)；应计入"制造费用"科目的金额=100 000×(2%+1.5%)=3 500(元)；应计入"管理费用"科目的金额=180 000×(2%+1.5%)=6 300(元)；应计入"销售费用"科目的金额=20 000×(2%+1.5%)=700(元)。

本例中，应确认的应付职工薪酬=1 000 000×(2%+1.5%)= 35 000(元)，其中工会经费为20 000元，职工教育经费为15 000元。

【例10-19】根据国家规定的计提标准计算，龙盛公司2017年10月应向社会保险经办机构缴纳职工基本医疗保险费共计 110 000 元，其中，应计入基本生产车间生产成本的金额为 77 000 元，应计入制造费用的金额为 11 000 元，应计入管理费用的金额为 19 800 元，应计入销售费用的金额为 2 200 元。龙盛公司的有关会计处理如下。

  借：生产成本——基本生产成本　　　　　　　　　　　　　77 000
    制造费用　　　　　　　　　　　　　　　　　　　　　11 000
    管理费用　　　　　　　　　　　　　　　　　　　　　19 800
    销售费用　　　　　　　　　　　　　　　　　　　　　 2 200
   贷：应付职工薪酬——社会保险费(基本医疗保险)　　　　110 000

(4) 短期带薪缺勤。对于职工带薪缺勤，企业应当根据其性质及职工享有的权利，分为累积带薪缺勤和非累积带薪缺勤两类。企业应当对累积带薪缺勤和非累积带薪缺勤分别进行会计处理。如果带薪缺勤属于长期带薪缺勤的，企业应当作为其他长期职工福利处理。

① 累积带薪缺勤，是指带薪权利可以结转下期的带薪缺勤，本期尚未用完的带薪缺勤权利可以在未来期间使用。企业应当在职工提供了服务从而增加了其未来享有的带薪缺勤权利时，确认与积累带薪缺勤相关的职工薪酬，并以累积未行使权利而增加的预期支付金额计量。确认累积带薪缺勤时，借记"管理费用"等科目，贷记"应付职工薪酬——累积带薪缺勤"科目。

【例10-20】龙盛公司共有2 000名职工，从2017年1月1日起，该公司实行累积带薪缺勤制度。该制度规定，每个职工每年可享受5个工作日带薪年休假，未使用的年休假只能向后结转一个公历年度，超过1年未使用的权利作废，在职工离开公司时也无权获得现金支付；职工休年假时，首先使用当年可享受的权利，再从上年结转的带薪年休假中扣除。

2017年12月31日，龙盛公司预计2018年有1 900名职工将享受不超过5天的带薪年休假，剩余100名职工每人将平均享受6天半年休假，假定这100名职工全部为总部各部门经理，该公司平均每名职工每个工作日工资为300元。不考虑其他相关因素。2017年12月31日，龙盛公司应编制如下会计分录。

  借：管理费用　　　　　　　　　　　　　　　　　　　　　　45 000
   贷：应付职工薪酬——累积带薪缺勤　　　　　　　　　　45 000

龙盛公司在2017年12月31日应当预计由于职工累积未使用的带薪年休假权利而导致的预期支付的金额，即相当于150天(100×1.5)的年休假工资金额45 000元(150×300)。

② 非累积带薪缺勤，是指带薪权利不能结转下期的带薪缺勤，本期尚未用完的带薪缺勤权利将予以取消，并且职工离开企业时也无权获得现金支付。我国企业职工休婚嫁、产假、丧假、探亲假、病假期间的工资通常属于非累积带薪缺勤。由于职工提供服务本身不能增加其能够享受的福利金额，企业在职工未缺勤时不应当计提相关费用和负债。为此，企业应当在职工实际发生缺勤的会计期间确认与非累积带薪缺勤相关的职工薪酬。

企业确认职工享有的与非累积带薪缺勤权利相关的薪酬，视同职工出勤确认的当期损益或相关资产成本。通常情况下,与非累积带薪缺勤相关的职工薪酬已经包括在企业每期向职工发放的工资等薪酬中,因此,不必额外作相应的账务处理。

2)非货币性职工薪酬

(1)企业以其自产产品作为非货币性福利发放给职工的,应当根据受益对象,按照该产品的公允价值,计入相关资产成本或当期损益,同时确认应付职工薪酬,借记"管理费用""生产成本""制造费用"等科目,贷记"应付职工薪酬——非货币性福利"科目。实际发放自产产品给职工时,应确认主营业务收入,借记"应付职工薪酬——非货币性福利"科目,贷记"主营业务收入"科目,同时结转相关成本,涉及增值税销项税额的,还应进行相应的处理。

【例10-21】龙盛公司为小家电生产企业,共有职工200名,其中180名为直接参加生产的职工,20名为总部管理人员。2017年12月,该公司以其生产的每台成本为1800元的电暖器作为春节福利发放给公司每名职工。该型号的电暖器市场售价为每台2000元,该公司适用的增值税税率为17%。

(1)龙盛公司决定发放非货币性福利时,应作如下账务处理。

借:生产成本　　　　　　　　　　　　　　　　　　　　421 200
　　管理费用　　　　　　　　　　　　　　　　　　　　 46 800
　　贷:应付职工薪酬——非货币性福利　　　　　　　　468 000

(2)实际发放电暖器时,应作如下账务处理。

借:应付职工薪酬——非货币性福利　　　　　　　　　468 000
　　贷:主营业务收入　　　　　　　　　　　　　　　　400 000
　　　　应交税费——应交增值税(销项税额)　　　　　 68 000
借:主营业务成本　　　　　　　　　　　　　　　　　 360 000
　　贷:库存商品——电暖器　　　　　　　　　　　　　360 000

(2)将企业拥有的房屋等资产无偿提供给职工使用的,应当根据受益对象,将该住房每期应计提的折旧计入相关资产成本或当期损益,同时确认应付职工薪酬,借记"管理费用""生产成本""制造费用"等科目,贷记"应付职工薪酬——非货币性福利"科目,并且同时借记"应付职工薪酬——非货币性福利"科目,贷记"累计折旧"科目。租赁住房等资产供职工无偿使用的,应当根据受益对象,将每期应付的租金计入相关资产成本或当期损益,并确认应付职工薪酬,借记"管理费用""生产成本""制造费用"等科目,贷记"应付职工薪酬——非货币性福利"科目。企业支付租赁住房等资产供职工无偿使用所发生的租金,借记"应付职工薪酬——非货币性福利"科目,贷记"银行存款"等科目。难以认定受益对象的非货币性福利,直接计入当期损益和应付职工薪酬。

【例10-22】龙盛公司为总部各部门经理级别以上职工提供汽车免费使用,该公司总部共有部门经理以上职工15名,每人提供一辆桑塔纳汽车免费使用,假定每辆桑塔纳汽车每月计提折旧2 000元。龙盛公司的有关会计处理如下。

借:管理费用　　　　　　　　　　　　　　　　　　　　30 000
　　贷:应付职工薪酬——非货币性福利　　　　　　　　30 000
借:应付职工薪酬——非货币性福利　　　　　　　　　 30 000
　　贷:累计折旧　　　　　　　　　　　　　　　　　　30 000

【例10-23】龙盛公司为副总裁以上高级管理人员每人租赁一套住房。该公司共有副总裁以上高级管理人员5名，公司为其每人租赁一套面积为200平方米带有家具和电器的公寓，月租金为每套9 000元。龙盛公司的有关会计处理如下。

确认为职工租赁住房的非货币性福利。

借：管理费用　　　　　　　　　　　　　　　　　　　　　　45 000
　　贷：应付职工薪酬——非货币性福利　　　　　　　　　　45 000

每月支付高级管理人员住房租金时。

借：应付职工薪酬——非货币性福利　　　　　　　　　　　　45 000
　　贷：银行存款　　　　　　　　　　　　　　　　　　　　45 000

4. 设定提存计划的核算

对于设定提存计划，企业应当根据在资产负债表日为换取职工在会计期间提供的服务而应向单独主体缴存的提存金，确认为应付职工薪酬负债，并计入当期损益或相关资产成本，借记"生产成本""制造费用""管理费用""销售费用"等科目，借记"应付职工薪酬——设定提存计划"科目。

【例10-24】承【例10-14】龙盛公司根据所在地政府规定，按照职工工资总额的12%计提基本养老保险费，缴存当地社会保障经办机构。2017年7月份，龙盛公司缴存的基本养老保险费，应计入生产成本的金额为84 000元，，应计入制造费用的金额为12 000元，应计入管理费用的金额为21 600元，应计入销售费用的金额为2 400元。

龙盛公司的有关会计处理如下。

借：生产成本——基本生产成本　　　　　　　　　　　　　　84 000
　　制造费用　　　　　　　　　　　　　　　　　　　　　　12 000
　　管理费用　　　　　　　　　　　　　　　　　　　　　　21 600
　　销售费用　　　　　　　　　　　　　　　　　　　　　　2 400
　　贷：应付职工薪酬——设定提存计划(基本养老保险费)　　120 000

10.2.5 应交税费

企业根据税法规定应交纳的各种税费包括增值税、消费税、城市维护建设税、资源税、所得税、土地增值税、房产税、车船使用税、土地使用税、教育费附加、矿产资源补偿费、印花税及耕地占用税等。

企业应通过"应交税费"科目，总括反映各种税费的交纳情况，并按照应交税费项目进行明细核算。该科目贷方登记应交纳的各种税费等，借方登记实际交纳的税费；期末余额一般在贷方，反映企业尚未交纳的税费，期末余额如在借方，反映企业多交或尚未抵扣的税费。企业缴纳的印花税、耕地占用税等不需要预计应交数的税金，不通过"应交税费"科目核算。

1. 应交增值税

1) 增值税概述

增值税，是指对我国境内销售货物、进口货物，或提供加工、修理修配劳务的增值额征收的一种流转税。增值税的纳税人是在我国境内销售货物、进口货物，或提供加工、修理修配劳务的单位和个人。按照纳税人的经营规模及会计核算的健全程度，增值税纳税人分为一般纳税人和小规模纳税人。一般纳税人应纳增值税额，根据当期销项税额减去当期进项额计算确定；小规模纳税人应纳增值税额，按照销售额和规定的征收率计算确定。

2) 一般纳税人的核算

(1) 应纳增值税的计算。

$$应纳增值税＝本期销项税额－本期进项税额$$

$$本期销项税额＝本期销售额×增值税税率$$

本期销售额为不含增值税的销售额，在增值税发票上销售额和增值税以价和税分别反映。如果销售额为含税销售额，在计算本期销项税额时，必须将含税销售额还原成不含税的销售额。

$$不含税销售额＝含税销售额÷(1＋增值税税率)$$

增值税实行比例税率。一般纳税人增值税的税率分为三档：基本税率、低税率和零税率。

① 基本税率为17%，适用于纳税人销售或者进口货物，提供加工、修理修配劳务，提供有形资产租赁服务。

② 低税率：11%，6%。

A：11%。

i. 生活必需品类——粮食、食用植物油（包括橄榄油）、鲜奶、食用盐、自来水、暖气、冷气、热水、煤气、石油液化气、天然气、沼气和居民用煤炭制品等。

ii. 文化用品类：图书、报纸、杂志、音像制品和电子出版物。

iii. 农业生产资料类：初级农产品、饲料、化肥（有机肥免税）、农机（不含农机零部件）、农药、农膜。

iv. 提供交通运输、邮政、基础电信、建筑、不动产租赁服务，销售不动产，转让土地使用权。

B：6%。

提供金融服务、生活服务、增值电信服务、现代服务（有形动产租赁、不动产租赁服务除外）、销售无形资产（转让土地使用权除外）。

③ 零税率，即税率为零，适用于出口规定范围内的货物和发生的跨境应税行为。

(2) 科目设置。

在"应交税费"科目下设置"应交增值税"明细账户进行核算，"应交增值税"明细科目的借方发生额，反映企业购进货物或接受应税劳务支付的进项税额，实行已缴纳的增值税等；贷方发生额，反映销售货物或提供应税劳务应缴纳的增值税、出口货物退税等；期末借方余额，反映企业尚未抵扣的增值税，贷方余额反映企业未交的增值税。

"应交税费——应交增值税"科目分别设置"进项税额""已交税金""转出未交增值税""销项税额""出口退税""进项税额转出""转出多交增值税"等专栏。

(3) 会计处理。

① 采购物资和接受应税劳务。企业从国内采购物资或接受应税劳务等，根据增值税专用发票上记载的应计入采购成本或应计入加工、修理修配等物资成本的金额，借记"材料采购""在途物资""原材料""库存商品"或"生产成本""制造费用""委托加工物资""管理

费用"等科目；根据增值税专用发票上注明的可抵扣的增值税税额，借记"应交税费——应交增值税(进项税额)"科目，按照应付或实际支付的总额，贷记"应付账款""应付票据""银行存款"等科目。购入货物发生的退货，作相反的会计分录。

【例10-25】龙盛公司购入原材料一批，增值税专用发票上注明货款50 000元，增值税税额8 500元，货物尚未到达，货款和进项税款已用银行存款支付。该公司采用计划成本对原材料进行核算。龙盛公司的有关会计分录如下。

　　借：材料采购　　　　　　　　　　　　　　　　　　　　　　　50 000
　　　　应交税费——应交增值税(进项税额)　　　　　　　　　　　　8 500
　　　贷：银行存款　　　　　　　　　　　　　　　　　　　　　　　58 500

按照《增值税暂行条例》，企业购入免征增值税货物，一般不能够抵扣增值税销项税额。但是对于购入的免税农产品，可以按照买价和规定的扣除率计算进项税额，并准予从企业的销项税额中抵扣。企业购入免税农产品，按照买价和规定的扣除率计算进项税额，借记"应交税费——应交增值税(进项税额)"科目；按照买价扣除按规定计算的进项税额后的差额，借记"材料采购""原材料""库存商品"等科目；按照应付或实际支付的价款，贷记"应付账款""银行存款"等科目。

【例10-26】龙盛公司购入免税农产品一批，作为材料用于产品的生产，价款200 000元，规定的扣除率为11%，农产品已验收入库，该货款已用银行存款支付。龙盛公司的有关会计分录如下。

　　借：原材料　　　　　　　　　　　　　　　　　　　　　　　　178 000
　　　　应交税费——应交增值税(进项税额)　　　　　　　　　　　　22 000
　　　贷：银行存款　　　　　　　　　　　　　　　　　　　　　　　200 000

【例10-27】龙盛公司生产车间委托外单位修理机器设备，对方开来的专用发票上注明修理费用5 000元，增值税税额850元，款项已用银行存款支付。龙盛公司的有关会计分录如下。

　　借：制造费用　　　　　　　　　　　　　　　　　　　　　　　　5 000
　　　　应交税费——应交增值税(进项税额)　　　　　　　　　　　　850
　　　贷：银行存款　　　　　　　　　　　　　　　　　　　　　　　5 850

② 进项税额转出。企业购进的货物发生非常损失，以及将购进货物改变用途(如用于非应税项目、集体福利或个人消费等)，其进项税额应通过"应交税费——应交增值税(进项税额转出)"科目转入有关科目，借记"待处理财产损溢""在建工程""应付职工薪酬"等科目，贷记"应交税费——应交增值税(进项税额转出)"科目；属于转作待处理财产损失的进项税额，应与遭受非常损失的购进货物、在产品或库存商品的成本一并处理。

购进货物改变用途，通常是指购进的货物在没有经过任何加工的情况下，对内改变用途的行为，如在建工程领用原材料、企业下属医务室等福利部门领用原材料等。

【例10-28】龙盛公司库存材料因意外火灾毁损一批，有关增值税专用发票确认的成本为30 000元，增值税税额5 100元。龙盛公司的有关会计分录如下。

　　借：待处理财产损溢——待处理流动资产损溢　　　　　　　　　　35 100
　　　贷：原材料　　　　　　　　　　　　　　　　　　　　　　　　30 000
　　　　　应交税费——应交增值税(进项税额转出)　　　　　　　　　5 100

【例10-29】龙盛公司建造厂房领用生产用原材料40 000元，原材料购入时支付的增值税为6 800元。龙盛公司的有关会计分录如下。

借：在建工程　　　　　　　　　　　　　　　　　　　　　　　　46 800
　　贷：原材料　　　　　　　　　　　　　　　　　　　　　　　　40 000
　　　　应交税费——应交增值税(进项税额转出)　　　　　　　　　 6 800

③ 销售物资或者提供应税劳务。企业销售货物或者提供应税劳务，按照营业收入和应收取的增值税税额，借记"应收账款""应收票据""银行存款"等科目；按照专用发票上注明的增值税税额，贷记"应交税费——应交增值税(销项税额)"科目；按照实现的营业收入，贷记"主营业务收入""其他业务收入"等科目。发生的销售退回，作相反的会计分录。

【例10-30】龙盛公司销售产品一批，价款600 000元，按规定应收取增值税税额102 000元，提货单和增值税专用发票已交给买方，款项尚未收到。龙盛公司的有关会计分录如下。

借：应收账款　　　　　　　　　　　　　　　　　　　　　　　　702 000
　　贷：主营业务收入　　　　　　　　　　　　　　　　　　　　　600 000
　　　　应交税费——应交增值税(销项税额)　　　　　　　　　　　102 000

【例10-31】龙盛公司为外单位代加工电脑桌500个，每个收取加工费10元，适用的增值税税率为17%，加工完成，款项已收到并存入银行。龙盛公司的有关会计分录如下。

借：银行存款　　　　　　　　　　　　　　　　　　　　　　　　　5 850
　　贷：主营业务收入　　　　　　　　　　　　　　　　　　　　　　5 000
　　　　应交税费——应交增值税(销项税额)　　　　　　　　　　　　 850

此外，企业将自产、委托加工或购买的货物分配给股东，应当参照企业销售物资或者提供应税劳务进行会计处理。

④ 视同销售行为。企业的有些交易和事项从会计角度看不属于销售行为，不能确认销售收入，但是按照税法规定，应视同对外销售处理，计算应交增值税。视同销售需要交纳增值税的事项如企业将自产或委托加工的货物用于非应税项目、集体福利或个人消费，将自产、委托加工或购买的货物作为投资、分配给股东或投资者、无偿赠送他人等。在这些情况下，企业应当借记"在建工程""长期股权投资""营业外支出"等科目，贷记"应交税费——应交增值税(销项税额)"科目等。

【例10-32】龙盛公司将自己生产的产品用于自行建造职工俱乐部。该批产品的成本为400 000元，计税价格为600 000元，增值税税率为17%。龙盛公司的有关会计分录如下。

借：在建工程　　　　　　　　　　　　　　　　　　　　　　　　502 000
　　贷：库存商品　　　　　　　　　　　　　　　　　　　　　　　400 000
　　　　应交税费——应交增值税(销项税额)　　　　　　　　　　　102 000

⑤ 出口退税。企业出口产品按规定退税的，按应收的出口退税额，借记"其他应收款"科目，贷记"应交税费——应交增值税(出口退税)"科目。

⑥ 交纳增值税。企业交纳的增值税，借记"应交税费——应交增值税(已交税金)"科目，贷记"银行存款"科目。"应交税费——应交增值税"科目的贷方余额，表示企业应交纳的增值税。

【例10-33】龙盛公司以银行存款交纳本月增值税200 000元。该公司的有关会计分录如下。

借：应交税费——应交增值税(已交税金)   200 000
    贷：银行存款   200 000

3) 小规模纳税人的核算

小规模纳税人，是指应纳增值税销售额在规定的标准以下，并且会计核算不健全的纳税人。小规模纳税人增值税的主要特点如下。

(1) 小规模纳税人购进货物或接受劳务时，按照所应支付的全部价款计入存货入账价值，不论是否取得增值税专用发票，其支付的增值税额均不确认为进项税额。

(2) 小规模纳税人销售货物或者提供应税劳务时，只能开具普通发票，不能开具增值税专用发票。

(3) 小规模纳税人应纳增值税额采用简易办法计算，按照不含税销售额和规定的增值税征收率计算确定。应纳增值税的计算公式为：

销售额＝含税销售额÷(1＋征收率)

应纳增值税税额＝销售额×征收率

因此，小规模纳税企业只需在"应交税费"科目下设置"应交增值税"明细科目，不需要在"应交增值税"明细科目中设置专栏。"应交税费——应交增值税"科目贷方登记应交纳的增值税，借方登记已交纳的增值税；期末贷方余额为尚未交纳的增值税，借方余额为多交纳的增值税。

小规模纳税企业购进货物和接受应税劳务时支付的增值税，直接计入有关货物和劳务的成本，借记"材料采购""在途物资"等科目，贷记"银行存款"等科目。

【例10-34】某小规模纳税企业购入材料一批，取得的专用发票中注明货款30 000元，增值税5 100元，款项以银行存款支付，材料已验收入库(该企业按实际成本计价核算)。该企业的有关会计分录如下。

借：原材料   35 100
    贷：银行存款   35 100

本例中，小规模纳税企业购进货物时支付的增值税5 100元，直接计入有关货物和劳务的成本。

【例10-35】某小规模纳税企业销售产品一批，所开出的普通发票中注明的货款(含税)为41 200元，增值税征收率为3%，款项已存入银行。该企业的有关会计分录如下。

借：银行存款   41 200
    贷：主营业务收入   40 000
        应交税费——应交增值税   1 200

不含税销售额＝含税销售额÷(1＋征收率)＝41 200÷(1＋3%)＝40 000(元)，应纳增值税＝不含税销售额×征收率＝40 000×3%＝1 200(元)。

【例10-36】承【例10-35】，该小规模纳税企业月末以银行存款上交增值税1 200元。有关会计处理如下。

借：应交税费——应交增值税   1 200
    贷：银行存款   1 200

2. 应交消费税

消费税，是指在我国境内生产、委托加工和进口应税消费品的单位和个人，按其流转额交纳的一种税。其目的是通过税收,调节消费品的利润水平。实行从价定率办法计征的应纳税额的税基为销售额,如果销售额中未扣除增值税,按下列公式计算:

$$应税消费品的销售额＝含增值税的销售额÷(1＋增值税税率或征收率)$$

征收消费税的消费品包括:烟、酒及酒精、化妆品、贵重首饰及珠宝玉石、鞭炮和烟火、汽油、柴油、汽车轮胎、摩托车、小汽车等。

1) 消费税的计算

消费税有从价定率和从量定额两种征收方法。

(1) 实行从价定率征收的应税消费品:

$$应纳税额＝销售额×适用税率$$

(2) 实行从量定额征收的应税消费品:

$$应纳税额＝单位税额×销售量$$

2) 科目设置及会计处理

企业应在"应交税费"科目下设置"应交消费税"明细科目,核算应交消费税的发生、交纳情况。该科目的贷方登记应交纳的消费税,借方登记已交纳的消费税。期末贷方余额为尚未交纳的消费税,借方余额为多交纳的消费税。

(1) 销售应税消费品。企业销售应税消费品应交的消费税,应借记"营业税金及附加"科目,贷记"应交税费——应交消费税"科目。

【例 10-37】龙盛公司销售所生产的化妆品,价款 400 000 元(不含增值税),适用的消费税税率为 30%。该公司有关的会计分录如下。

借:营业税金及附加   120 000
  贷:应交税费——应交消费税   120 000

(2) 自产自销应税消费品。企业将生产的应税消费品用于在建工程等非生产机构时,按规定应交纳的消费税,借记"在建工程"等科目,贷记"应交税费——应交消费税"科目。

【例 10-38】龙盛公司在建工程领用自产柴油 25 000 元,应交纳增值税 5 100 元,应交纳消费税 3 000 元。该公司的有关会计分录如下。

借:在建工程   33 100
  贷:库存商品   25 000
    应交税费——应交增值税(销项税额)   5 100
      ——应交消费税   3 000

(3) 委托加工应税消费品。企业如有应交消费税的委托加工物资,一般应由受托方代收代交税款,受托方按照应交税款金额,借记"应收账款""银行存款"等科目,贷记"应交税费——应交消费税"科目。受托加工或翻新改制金银首饰的,按照规定由受托方交纳消费税。

委托加工物资收回后直接用于销售的,应将受托方代收代交的消费税计入委托加工物资的成本,借记"委托加工物资"等科目。贷记"应付账款""银行存款"等科目;委托加工物资收回后用于连续生产应税消费品,按规定准予抵扣的,应按已由受托方代收代交的消费税,借记"应交税费——应交消费税"科目,贷记"应付账款""银行存款"等科目。

【例10-39】龙盛公司委托W公司代为加工一批应交消费税的材料(非金银首饰)。龙盛公司的材料成本为2 000 000元，加工费为400 000元，由W公司代收代交的消费税为160 000元(不考虑增值税)的材料已经加工完成，并由龙盛公司收回验收入库，加工费尚未支付。龙盛公司采用实际成本法进行原材料的核算。

(1) 如果龙盛公司收回的委托加工物资用于继续生产应税消费品，龙盛公司的有关会计分录如下。

借：委托加工物资　　　　　　　　　　　　　　　　　　　　2 000 000
　　贷：原材料　　　　　　　　　　　　　　　　　　　　　　　2 000 000
借：委托加工物资　　　　　　　　　　　　　　　　　　　　　400 000
　　应交税费——应交消费税　　　　　　　　　　　　　　　　160 000
　　贷：应付账款　　　　　　　　　　　　　　　　　　　　　　560 000
借：原材料　　　　　　　　　　　　　　　　　　　　　　　2 400 000
　　贷：委托加工物资　　　　　　　　　　　　　　　　　　　2 400 000

(2) 如果龙盛公司收回的委托加工物资直接用于对外销售，龙盛公司的有关会计分录如下。

借：委托加工物资　　　　　　　　　　　　　　　　　　　　2 000 000
　　贷：原材料　　　　　　　　　　　　　　　　　　　　　　　2 000 000
借：委托加工物资　　　　　　　　　　　　　　　　　　　　　560 000
　　贷：应付账款　　　　　　　　　　　　　　　　　　　　　　560 000
借：库存商品　　　　　　　　　　　　　　　　　　　　　　2 560 000
　　贷：委托加工物资　　　　　　　　　　　　　　　　　　　2 560 000

(4) 进口应税消费品。企业进口应税物资在进口环节应交的消费税，计入该项物资的成本，借记"材料采购""固定资产"等科目，贷记"银行存款"科目。

【例10-40】龙盛公司从国外进口一批需要交纳消费税的商品，商品价值4 000 000元，进口环节需要交纳的消费税为800 000元(不考虑增值税)，采购的商品已经验收入库，货款尚未支付，税款已经用银行存款支付。龙盛公司的有关会计分录如下。

借：库存商品　　　　　　　　　　　　　　　　　　　　　　4 800 000
　　贷：应付账款　　　　　　　　　　　　　　　　　　　　　4 000 000
　　　　银行存款　　　　　　　　　　　　　　　　　　　　　　800 000

本例中，企业进口应税物资在进口环节应交的消费税为400 000元，应计入该项物资的成本。

3. 其他应交税费

其他应交税费，是指除上述应交税费以外的应交税费，包括应交资源税、应交城市维护建设税、应交教育费附加、应交土地增值税、应交房产税、应交土地使用税、应交车船使用税、应交矿产资源补偿费及应交个人所得税等。企业应当在"应交税费"科目下设置相应的明细科目进行核算，贷方登记应交纳的有关税费，借方登记已交纳的有关税费，期末贷方余额表示尚未交纳的有关税费。

1) 应交资源税

资源税，是对在我国境内开采矿产品或者生产盐的单位和个人征收的税。资源税按照应税产品的课税数量和规定的单位税额计算。开采或生产应税产品对外销售的，以销售数量为课税数量；开采或生产应税产品自用的，以自用数量为课税数量。

对外销售应税产品应交纳的资源税应记入"营业税金及附加"科目，借记"营业税金及附加"科目，贷记"应交税费——应交资源税"科目；自产自用应税产品应交纳的资源税应记入"生产成本""制造费用"等科目，借记"生产成本""制造费用"等科目，贷记"应交税费——应交资源税"科目。

【例10-41】龙盛公司对外销售某种资源税应税矿产品1 000吨，每吨应交资源税5元。该公司的有关会计分录如下。

借：营业税金及附加　　　　　　　　　　　　　　　　　　　　　5 000
　　贷：应交税费——应交资源税　　　　　　　　　　　　　　　　　5 000

【例10-42】龙盛公司将自产的资源税应税矿产品600吨用于企业的产品生产，每吨应交资源税5元。该公司的有关会计分录如下。

借：生产成本　　　　　　　　　　　　　　　　　　　　　　　　3 000
　　贷：应交税费——应交资源税　　　　　　　　　　　　　　　　　3 000

2) 应交城市维护建设税

城市维护建设税，是以增值税、消费税为计税依据征收的一种税。其纳税人为交纳增值税、消费税的单位和个人，税率因纳税人所在地不同从1%到7%不等。公式为：

$$应纳税额＝(应交增值税＋应交消费税)×适用税率$$

借记"营业税金及附加"等科目，贷记"应交税费——应交城市维护建设税"科目。

【例10-43】龙盛公司本期实际应上交增值税800 000元，消费税482 000元，该公司适用的城市维护建设税税率为7%。该公司的有关会计处理如下。

(1) 计算应交的城市维护建设税。

借：营业税金及附加　　　　　　　　　　　　　　　　　　　　　89 740
　　贷：应交税费——应交城市维护建设税　　　　　　　　　　　　89 740

应交的城市维护建设税＝(800 000＋482 000)×7%＝89 740(元)

(2) 用银行存款上交城市维护建设税。

借：应交税费——应交城市维护建设税　　　　　　　　　　　　　89 740
　　贷：银行存款　　　　　　　　　　　　　　　　　　　　　　　89 740

3) 应交教育费附加

教育费附加，是为了发展教育事业而向企业征收的附加费用，企业按应交流转税的一定比例计算交纳。企业应交的教育费附加，借记"营业税金及附加"等科目，贷记"应交税费——应交教育费附加"科目。

【例10-44】龙盛公司按税法规定计算，2017年度第4季度应交纳教育费附加600 000元，款项已经用银行存款支付。该公司的有关会计处理如下。

借：营业税金及附加　　　　　　　　　　　　　　　　　　　　　600 000
　　贷：应交税费——应交教育费附加　　　　　　　　　　　　　　600 000
借：应交税费——应交教育费附加　　　　　　　　　　　　　　　600 000
　　贷：银行存款　　　　　　　　　　　　　　　　　　　　　　　600 000

4) 应交土地增值税

土地增值税，是指在我国境内有偿转让土地使用权及地上建筑物和其他附着物产权的单位和个人，就其土地增值额征收的一种税。土地增值额，是指转让收入减去规定扣除项目金额后的余额。转让收入包括货币收入、实物收入和其他收入。扣除项目主要包括取得土地使用权所支付的金额、开发土地的费用、新建及配套设施的成本、旧房及建筑物的评估价格等。

企业应交的土地增值税视情况记入不同科目：企业转让的土地使用权连同地上建筑物及其附着物一并在"固定资产"等科目核算的，转让时应交的土地增值税，借记"固定资产清理"科目，贷记"应交税费——应交土地增值税"科目；土地使用权在"无形资产"科目核算的，按实际收到的金额，借记"银行存款"科目，按应交的土地增值税，贷记"应交税费——应交土地增值税"科目，同时冲销土地使用权的账面价值，贷记"无形资产"科目，按其差额，借记"营业外支出"科目或贷记"营业外收入"科目。

【例 10-45】龙盛公司对外转让一栋厂房，根据税法规定计算的应交土地增值税为 54 000 元。有关会计处理如下。

(1) 计算应交纳的土地增值税。

借：固定资产清理 54 000
　　贷：应交税费——应交土地增值税 54 000

(2) 用银行存款交纳应交土地增值税税款。

借：应交税费——应交土地增值税 54 000
　　贷：银行存款 54 000

5) 应交房产税、土地使用税、车船使用税和矿产资源补偿费

房产税，是国家对在城市、县城、建制县和工矿区征收的由产权所有人交纳的一种税。房产税依照房产原值一次减除 10%～30%后的余额计算交纳。没有房产原值作为依据的，由房产所在地税务机关参考同类房产核定；房产出租的，以房产租金收入为房产税的计税依据。

土地使用税，是国家为了合理利用城镇土地，调节土地级差收入，提高土地使用效益，加强土地管理而开征的一种税。土地使用税以纳税人实际占用的土地面积为计税依据，依照规定税额计算征收。

车船使用税，由拥有并且使用车船的单位和个人交纳。车船使用税按照适用税额计算交纳。

矿产资源补偿费，是对在我国领域和管辖海域开采矿产资源而征收的费用。矿产资源补偿费按照矿产品销售收入的一定比例计征，由采矿人交纳。

企业应交的房产税、土地使用税、车船使用税、矿产资源补偿费，记入"管理费用"科目，借记"管理费用"科目，贷记"应交税费——应交房产税(或应交土地使用税、应交车船使用税、应交矿产资源补偿费)"科目。

6) 应交个人所得税

企业按规定计算的代扣代交的职工个人所得税，借记"应付职工薪酬"科目，贷记"应交税费——应交个人所得税"科目；企业交纳个人所得税时，借记"应交税费——应交个人所得税"科目，贷记"银行存款"等科目。

【例10-46】龙盛公司结算某月应付职工工资总额400 000元,代扣职工个人所得税共计4 000元,实发工资396 000元。该公司与应交个人所得税有关的会计分录如下。

借:应付职工薪酬——工资　　　　　　　　　　　　　　　　　　4 000
　　贷:应交税费——应交个人所得税　　　　　　　　　　　　　　　4 000

10.2.6　应付利息

应付利息核算企业按照合同约定应支付的利息,包括分期付息到期还本的长期借款、企业债券等应支付的利息。企业应当设置"应付利息"科目,按照债权人设置明细科目进行明细核算,该科目期末贷方余额,反映企业按照合同约定应支付但尚未支付的利息。

企业采用合同约定的名义利率计算确定利息费用时,应按合同约定的名义利率计算确定的应付利息的金额,记入"应付利息"科目;实际支付利息时,借记"应付利息"科目,贷记"银行存款"等科目。

【例10-47】龙盛公司借入5年期到期还本每年付息的长期借款6 000 000元,合同约定年利率为4%,假定不符合资本化条件。该公司的有关会计处理如下。

(1) 每年计算确定利息费用时。

借:财务费用　　　　　　　　　　　　　　　　　　　　　　　　240 000
　　贷:应付利息　　　　　　　　　　　　　　　　　　　　　　　240 000

(2) 每年实际支付利息时。

借:应付利息　　　　　　　　　　　　　　　　　　　　　　　　240 000
　　贷:银行存款　　　　　　　　　　　　　　　　　　　　　　　240 000

10.2.7　应付股利

应付股利,是指企业根据股东大会或类似机构审议批准的利润分配方案,确定分配给投资者的现金股利或利润。企业通过"应付股利"科目,核算企业确定或宣告支付但尚未实际支付的现金股利或利润。该科目贷方登记应支付的现金股利或利润,借方登记实际支付的现金股利或利润,期末贷方余额反映企业应付未付的现金股利或利润。该科目应按照投资者设置明细科目进行明细核算。

企业根据股东大会或类似机构审议批准的利润分配方案,确认应付给投资者的现金股利或利润时,借记"利润分配——应付现金股利或利润"科目,贷记"应付股利"科目;向投资者实际支付现金股利或利润时,借记"应付股利"科目,贷记"银行存款"等科目。

【例10-48】龙盛公司2017年度实现净利润9 000 000元,经过董事会批准,决定2017年度分配现金股利6 000 000元。股利已经用银行存款支付。龙盛公司的有关会计处理如下。

借:利润分配——应付现金股利　　　　　　　　　　　　　　　6 000 000
　　贷:应付股利　　　　　　　　　　　　　　　　　　　　　6 000 000
借:应付股利　　　　　　　　　　　　　　　　　　　　　　　6 000 000
　　贷:银行存款　　　　　　　　　　　　　　　　　　　　　6 000 000

10.2.8　其他应付款

其他应付款,是指企业除应付票据、应付账款、预收账款、应付职工薪酬、应交税费、应付利息、应付股利等经营活动以外的其他各项应付、暂收的款项,如应付租入包装租金、存入保证金等。企业应通过"其他应付款"科目,核算其他应付款的增减变动及其结存情况,并按照其他应付款的项目和对方单位(或个人)设置明细科目进行明细核算。该科目贷方登记发生的各种应付、暂收款项,借方登记偿还或转销的各种应付、暂收款项;该科目期末贷方余额,反映企业应付未付的其他应付款项。

企业发生其他各种应付、暂收款项时,借记"管理费用"等科目,贷记"其他应付款"科目;支付或退回其他各种应付、暂收款项时,借记"其他应付款"科目,贷记"银行存款"等科目。

【例10-49】龙盛公司从2017年1月1日起,以经营租赁方式租入管理用办公设备一批,每月租金7 000元,按季支付。3月31日,龙盛公司以银行存款支付应付租金。龙盛公司的有关会计处理如下。

(1) 1月31日计提应付经营租入固定资产租金。

借:管理费用　　　　　　　　　　　　　　　　　　　　　　　7 000
　　贷:其他应付款　　　　　　　　　　　　　　　　　　　　　　7 000

2月底计提应付经营租入固定资产租金的会计处理同上。

(2) 3月31日支付租金。

借:其他应付款　　　　　　　　　　　　　　　　　　　　　　14 000
　　管理费用　　　　　　　　　　　　　　　　　　　　　　　　7 000
　　贷:银行存款　　　　　　　　　　　　　　　　　　　　　　21 000

10.3　非流动负债

非流动负债,是指流动负债以外的负债,主要包括长期借款及应付债券等。

10.3.1　长期借款

长期借款,是指企业从银行或其他金融机构借入的期限在一年以上(不含一年)的借款。长期借款的有关账务处理如下。

企业借入各种长期借款,按实际收到的款项,借记"银行存款"科目,贷记"长期借款——本金"科目;按其差额,借记"长期借款——利息调整"科目。

在资产负债表日,企业应按长期借款的摊余成本和实际利率计算确定的长期借款的利息费用,借记"在建工程""财务费用""制造费用"等科目;按借款本金和合同利率计算确定的应付未付利息,贷记"应付利息"科目(对于一次还本付息的长期借款,贷记"长期借款——应计利息"科目);按其差额,贷记"长期借款——利息调整"科目。

企业归还长期借款,按归还的长期借款本金,借记"长期借款——本金"科目;按转销的利息调整金额,贷记"长期借款——利息调整"科目;按实际归还的款项,贷记"银行存款"科目,按其差额,借记"在建工程""财务费用""制造费用"等科目。

【例10-50】龙盛公司为建造一幢厂房,于2015年1月1日借入期限为2年的长期专门借款3 000 000元,款项已存入银行。借款利率按市场利率确定为9%,每年付息一次,期满后一次还清本金。2015 年年初，该公司以银行存款支付工程价款共计 1 800 000 元，2016 年年初，由以银行存款支付工程费用 1 200 000 元。该厂房于 2016 年 8 月 31 日完工，达到预定可使用状态。假定不考虑闲置专门借款资金存款的利息收入或者投资收益。该公司的有关账务处理如下。

(1) 2015 年 1 月 1 日，取得借款时。

借：银行存款　　　　　　　　　　　　　　　　　　　　　　　3 000 000
　　贷：长期借款——本金　　　　　　　　　　　　　　　　　　3 000 000

(2) 2015 年年初，支付工程款。

借：在建工程——××厂房　　　　　　　　　　　　　　　　　1 800 000
　　贷：银行存款　　　　　　　　　　　　　　　　　　　　　　1 800 000

(3) 2015 年 12 月 31 日，计算 2015 年应计入工程成本的利息费用。

借款利息＝3 000 000×9%＝270 000(元)

借：在建工程——××厂房　　　　　　　　　　　　　　　　　　270 000
　　贷：应付利息　　　　　　　　　　　　　　　　　　　　　　　270 000

(4) 2015 年 12 月 31 日，支付借款利息。

借：应付利息　　　　　　　　　　　　　　　　　　　　　　　　270 000
　　贷：银行存款　　　　　　　　　　　　　　　　　　　　　　　270 000

(5) 2016 年年初，支付工程款。

借：在建工程——××厂房　　　　　　　　　　　　　　　　　1 200 000
　　贷：银行存款　　　　　　　　　　　　　　　　　　　　　　1 200 000

(6) 2016 年 8 月 31 日，工程达到预定可使用状态。

该期应计入工程成本的利息＝(3 000 000×9%÷12)×8＝180 000(元)

借：在建工程——××厂房　　　　　　　　　　　　　　　　　　180 000
　　贷：应付利息　　　　　　　　　　　　　　　　　　　　　　　180 000

同时

借：固定资产——××厂房　　　　　　　　　　　　　　　　　3 450 000
　　贷：在建工程——××厂房　　　　　　　　　　　　　　　　3 450 000

(7) 2016 年 12 月 31 日，计算 2016 年 9～12 月的利息费用。

应计入财务费用的利息＝(3 000 000×9%÷12)×4＝90 000(元)

借：财务费用　　　　　　　　　　　　　　　　　　　　　　　　 90 000
　　贷：应付利息　　　　　　　　　　　　　　　　　　　　　　　 90 000

(8) 2016 年 12 月 31 日，支付利息。

借：应付利息　　　　　　　　　　　　　　　　　　　　　　　　270 000
　　贷：银行存款　　　　　　　　　　　　　　　　　　　　　　　270 000

(9) 2017 年 1 月 1 日，到期还本。

借：长期借款——本金　　　　　　　　　　　　　　　　　　　3 000 000
　　贷：银行存款　　　　　　　　　　　　　　　　　　　　　　3 000 000

10.3.2 应付债券

1. 应付债券的核算内容及分类

应付债券核算企业发行的超过一年以上的债券，构成企业的一项长期负债。应付债券是公司取得长期融资的主要形式。和银行借款相比，债券具有金额较大、期限较长的特点。债券根据发行主体的不同，可以分为政府债券和公司债券。

债券存在两个利率：一个是债券契约中标明的利率，称为票面利率，也称名义利率、合同利率；另一个是债券发行时的市场利率，也称为实际利率，实际利率是计算债券未来现金流量现值时使用的折现率。根据票面利率和实际利率的不同，债券的发行方式包括平价发行、溢价发行与折价发行3种，具体分类方法见表10-1。

表 10-1　债券的发行方式

票面利率与实际利率的关系	债券的发行方式	发行价和面值的关系
票面利率等于实际利率	平价发行	发行价等于面值
票面利率大于实际利率	溢价发行	发行价高于面值
票面利率小于实际利率	折价发行	发行价低于面值

2. 应付债券发行时的会计核算

无论是按面值发行，还是溢价发行或折价发行，企业均应按债券面值记入"应付债券——面值"科目，实际收到的款项与面值的差额，记入"应付债券——利息调整"科目。企业发行债券时，按实际收到的款项，借记"银行存款"等科目，按债券票面价值，贷记"应付债券——面值"科目，按实际收到的款项与票面价值之间的差额，贷记或借记"应付债券——利息调整"科目。

3. 应付债券利息调整的摊销

利息调整应在债券存续期间内采用实际利率法进行摊销。

企业发行的债券通常分为分期付息、一次还本和到期一次还本付息两种。资产负债表日，对于分期付息、一次还本的债券，企业应按应付债券的摊余成本和实际利率计算确定的债券利息费用，借记"在建工程""制造费用""财务费用"等科目；按票面利率计算确定的应付未付利息，贷记"应付利息"科目，按其差额，借记或贷记"应付债券——利息调整"科目。

对于到期一次还本付息的债券，企业应于资产负债表日按摊余成本和实际利率计算确定的债券利息费用，借记"在建工程""制造费用""财务费用"等科目；按票面利率计算确定的应付未付利息，贷记"应付债券——应计利息"科目，按其差额，借记或贷记"应付债券——利息调整"科目。

4. 应付债券的偿还

采用到期一次还本付息方式的，企业应于债券到期支付债券本息时，借记"应付债券——面值""应付债券——应计利息"科目，贷记"银行存款"科目。采用分期付息、一次还本方式的,在每期支付利息时,借记"应付利息"科目,贷记"银行存款"科目;债券到期偿还本金并支付最后一期利息时,借记"应付债券——面值""在建工程""财务费用""制造费用"等科目,贷记"银行存款"科目,按其差额,借记或贷记"应付债券——利息调整"科目。

【例10-51】2013年1月1日,龙盛公司经批准发行5年期分期付息、一次还本的公司债券60 000 000元,债券利息在每年12月31日支付,票面利率为年利率6%。假定债券发行时的市场利率为5%。

龙盛公司该批债券实际发行价格为 $60\,000\,000 \times (P/S, 5\%, 5) + 60\,000\,000 \times 6\% \times (P/A, 5\%, 5) = 60\,000\,000 \times 0.7835 + 60\,000\,000 \times 6\% \times 4.3295 = 62\,596\,200(元)$。

龙盛公司根据上述资料,采用实际利率法和摊余成本计算确定的利息费用见表10-2。

表10-2 采用实际利润法和摊余成本计算确定的利息费用

日期	现金流出 (a)	实际利息费用 (b)=期初(d)×5%	已偿还的本金 (c)=(a)-(b)	摊余成本余额 (d)=期初(d)-(c)
2013年1月1日				62 596 200
2013年12月31日	3 600 000	3 129 810	470 190	62 126 010
2014年12月31日	3 600 000	3 106 300.50	493 699.50	61 632 310.50
2015年12月31日	3 600 000	3 081 615.53	518 384.47	61 113 926.03
2016年12月31日	3 600 000	3 055 696.30	544 303.70	60 569 622.33
2017年12月31日	3 600 000	3 030 377.67*	569 622.33	60 000 000
小 计	18 000 000	15 403 800	2 596 200	60 000 000
2017年12月31日	60 000 000	—	60 000 000	0
合 计	78 000 000	15 403 800	62 596 200	—

注:*尾数调整:60 000 000+3 600 000-60 569 622.33=3 030 377.67(元)。

根据表10-2的资料,龙盛公司的账务处理如下。

(1) 2013年1月1日,发行债券。

借:银行存款   62 596 200
  贷:应付债券——面值   60 000 000
     ——利息调整   2 596 200

(2) 2013年12月31日,计算利息费用。

借:财务费用(或在建工程)   3 129 810
  应付债券——利息调整   470 190
  贷:应付利息   3 600 000

(3) 2013年12月31日,支付利息。

借:应付利息   3 600 000
  贷:银行存款   3 600 000

2014年、2015年、2016年确认利息费用的会计分录与2013年相同,金额与利息费用一览表的对应金额一致。

(4) 2017 年 12 月 31 日，归还债券本金及最后一期利息费用。

借：财务费用(或在建工程)   3 030 377.67

     应付债券——面值   60 000 000

            ——利息调整   596 622.33

     贷：银行存款   63 600 000

10.3.3 长期应付款

1. 长期应付款的核算内容

长期应付款，是指企业除长期借款和应付债券以外的其他各种长期应付款项，包括应付融资租入固定资产的租赁费、以分期付款方式购买固定资产、无形资产或存货等发生的应付款项等。

2. 长期应付款的会计核算

1) 应付融资租入固定资产的租赁费

企业采用融资租赁方式租入的固定资产，应当在租赁开始日，将租赁开始日租赁资产公允价值与最低租赁付款额现值的较低者，加上初始直接费用，作为租入资产的入账价值，借记"固定资产""在建工程"等科目；按照最低租赁付款额，贷记"长期应付款"科目；按照发生的初始直接费用，贷记"银行存款"等科目；按照差额，借记"未确认融资费用"科目。企业在按照合同约定的付款日支付租金时，借记"长期应付款"科目，贷记"银行存款"等科目。

2) 以分期付款方式购买资产的应付款项

企业如果在购买固定资产、无形资产或存货过程中，延期支付的购买价款超过正常信用条件，实质上具有融资性质。企业应当按照未来分期付款的现值，借记"固定资产""无形资产""原材料"等科目；按照未来分期付款的总额，贷记"长期应付款"科目；按照差额，借记"未确认融资费用"科目。企业在按照合同约定的付款日分期支付价款时，借记"长期应付款"科目，贷记"银行存款"等科目。

10.3.4 预计负债

企业在生产经营活动中，有时会面临诉讼、债务担保、产品质量保证等具有较大不确定性的经济事项，这些具有不确定性的或有事项可能会对企业的财务状况和经营成果产生较大影响。企业应当提前考虑或有事项可能会给企业带来的风险，及时确认、计量或披露相关信息，如果符合负债的定义及确认条件，则应当予以确认。

1. 或有事项的含义及特征

或有事项，是指过去的交易或者事项形成的，其结果须由某些未来事项的发生或不发生才能决定的不确定事项。常见的或有事项包括未决诉讼或未决仲裁、债务担保、产品质量保证(含产品安全保证)、亏损合同、重组义务、承诺及环境污染整治等。或有事项具有以下特征。

1) 或有事项是由过去的交易或者事项形成的

或有事项作为一种不确定事项，是由企业过去的交易或者事项形成的。由过去的交易或者事项形成,是指或有事项的现存状况是过去交易或者事项引起的客观存在。

例如,未决诉讼是企业因过去的经济行为导致起诉其他单位或被其他单位起诉,是现存的一种状况,而不是未来将要发生的事项。又如,产品质量保证是企业对已售商品或已提供劳务的质量提供的保证,不是为尚未出售商品或尚未提供劳务的质量提供的保证。基于这一特征,未来可能发生的自然灾害、交通事故、经营亏损等事项,都不属于或有事项。

2) 或有事项的结果具有不确定性

或有事项的结果具有不确定性,是指或有事项的结果是否发生具有不确定性或者或有事项的结果预计将会发生,但发生的具体时间或金额具有不确定性。

首先,或有事项的结果是否发生具有不确定性。例如,债务的担保方在债务到期时是否承担和履行连带责任,需要根据被担保方能否按时还款决定,其结果在担保协议达成时具有不确定性。又如,有些未决诉讼,被起诉的一方是否会败诉,在案件审理过程中是难以确定的,需要根据人民法院判决情况加以确定。

其次,或有事项的结果预计将会发生,但发生的具体时间或金额具有不确定性。例如,某企业因生产过程中排污治理不力并对周围环境造成污染而被起诉,如无特殊情况,该企业很可能败诉。但是,在诉讼成立时,该企业因败诉将支出多少金额,或者何时将发生这些支出,可能是难以确定的。

3) 或有事项的结果须由未来事项决定

由未来事项决定,是指或有事项的结果只能由未来不确定事项的发生或不发生才能决定。

或有事项的结果,由未来事项发生或不发生予以确定。例如,或有事项发生时,将会对企业产生有利影响还是不利影响,或虽已知是有利影响或不利影响,但影响有多大,在或有事项发生时是难以确定的。这种不确定性的消失,只能由未来不确定事项的发生或不发生才能证实。例如,未决诉讼只能等到人民法院判决才能决定其结果。

或有事项与不确定性联系在一起,但会计处理过程中存在不确定性的事项并不都是或有事项,企业应当按照或有事项的定义和特征进行判断。例如,对固定资产计提折旧虽然也涉及对固定资产预计净残值和使用寿命进行分析和判断,带有一定的不确定性,但是,固定资产折旧是已经发生的损耗,固定资产的原值是确定的,其价值最终会转移到成本或费用中也是确定的,该事项的结果是确定的。因此,对固定资产计提折旧不属于或有事项。

2. 预计负债的含义及确认条件

与或有事项有关的义务应当在同时符合以下 3 个条件时,应当确认为一项预计负债。

1) 该义务是企业承担的现时义务

该义务是企业承担的现时义务,是指与或有事项相关的义务是在企业当前条件下已承担的义务,企业没有其他现实的选择,只能履行该现时义务。这里所指的义务包括法定义务和推定义务。

其中,法定义务,是指因合同、法规或其他司法解释等产生的义务,通常即企业在经济管理和经济协调中,依照经济法律、法规的规定必须履行的责任。例如,企业与其他企业签订购货合同产生的义务就属于法定义务。

推定义务,是指因企业的特定行为而产生的义务。企业的"特定行为",泛指企业以往的习惯做法、已公开的承诺或已公开宣布的经营政策。并且,由于以往的习惯做法,或通过这些承诺或公开的声明,企业向外界表明了它将承担特定的责任,从而使受影响的各方形成了其将履行那些责任的合理预期。例如,龙盛公司是一家化工企业,因扩大经营规模,到W国创办了一家分公司。假定W国尚未针对甲公司这类企业的生产经营可能产生的环境污染制定相关法律,因而龙盛公司的分公司对在W国生产经营可能产生的环境污染不承担法定义务。但是,龙盛公司为在W国树立良好的形象,自行向社会公告,宣称将对生产经营可能产生的环境污染进行治理,龙盛公司的分公司为此承担的义务就属于推定义务。

2) 履行该义务很可能导致经济利益流出企业

履行该义务很可能导致经济利益流出企业,是指履行与或有事项相关的现时义务时,导致经济利益流出企业的可能性超过50%,但尚未达到基本确定的程度。企业通常可以结合下列情况判断经济利益流出的可能性:①大于95%但小于100%,为"基本确定";②大于50%但小于或等于95%,为"很可能";③大于5%但小于或等于50%,为"可能";④大于0但小于或等于5%,为"极小可能"。

企业因或有事项承担了现时义务,并不说明该现时义务很可能导致经济利益流出企业。例如,2013年6月2日,龙盛公司与W公司签订协议,承诺为W公司的2年期银行借款提供全额担保。对于龙盛公司而言,由于该担保事项而承担了一项现时义务,但这项义务的履行是否很可能导致经济利益流出企业,需依据W公司的经营情况和财务状况等因素加以确定。假定2017年年末,W公司的财务状况恶化,且没有迹象表明可能发生好转。此种情况出现,表明W公司很可能违约,从而龙盛公司履行承担的现时义务将很可能导致经济利益流出企业。反之,如果W公司财务状况良好,一般可以认定W公司不会违约,从而龙盛公司履行承担的现时义务不是很可能导致经济利益流出。

3) 该义务的金额能够可靠地计量

该义务的金额能够可靠地计量,是指与或有事项相关的现时义务的金额能够合理地估计。

由于或有事项具有不确定性,因或有事项产生的现时义务的金额也具有不确定性,因此需要估计。要对或有事项确认一项预计负债,相关现时义务的金额应当能够可靠估计。只有在其金额能够可靠地估计,并同时满足其他两个条件时,企业才能加以确认。

例如,龙盛公司涉及一起诉讼案。根据以往的审判结果判断,公司很可能败诉,相关的赔偿金额也可以估算出一个区间。在这种情况下,就可以认为该公司因未决诉讼承担的现时义务的金额能够可靠地估计,从而对未决诉讼确认一项因或有事项形成的预计负债。但是如果没有以往的审判结果作为比照,而相关的法律条文没有明确解释,那么即使该公司预计可能败诉,在判决以前也很可能无法合理估计其须承担的现时义务的金额,这种情况下不应确认为预计负债。

3. 预计负债的计量

或有事项的计量,是指与或有事项相关义务的预计负债的计量,主要涉及两个方面:一是最佳估计数的确定;二是预期可获得补偿的处理。

1) 最佳估计数的确定

预计负债应当按照履行相关现时义务所需支出的最佳估计数，进行初始计量。最佳估计数的确定，应当分别两种情况处理。

(1) 所需支出存在一个连续范围，且该范围内各种结果发生的可能性相同，则最佳估计数应当按照该范围内的中间值，即上下限金额的平均数确定。

【例10-52】2017年12月1日，龙盛公司因合同违约而被W公司起诉。2017年12月31日，龙盛公司尚未接到人民法院的判决。龙盛公司预计，最终的法律判决很可能对公司不利。假定预计将要支付的赔偿金额为2 000 000~3 200 000元的某一金额，而且这个区间内每个金额的可能性都大致相同。

在这种情况下，龙盛公司应在2017年12月31日的资产负债表中确认一项预计负债，金额为(2 000 000＋3 200 000)÷2＝2 600 000(元)。有关账务处理如下。

借：营业外支出——赔偿支出　　　　　　　　　　　　　　　　　2 600 000
　　贷：预计负债——未决诉讼　　　　　　　　　　　　　　　　　2 600 000

(2) 所需支出不存在一个连续范围，或者虽然存在一个连续范围，但该范围内各种结果发生的可能性不相同。在这种情况下，最佳估计数按照如下方法确定。

第一，如果或有事项涉及单个项目，最佳估计数按照最可能发生金额确定。"涉及单个项目"，是指或有事项涉及的项目只有一个，如一项未决诉讼、一项未决仲裁或一项债务担保等。

【例10-53】2017年9月6日，龙盛公司涉及一起诉讼案。2017年12月31日，龙盛公司尚未接到人民法院的判决。在咨询了公司的法律顾问后，龙盛公司认为：胜诉的可能性为40%，败诉的可能性为60%；如果败诉，需要赔偿2 000 000元。

在这种情况下，龙盛公司在2017年12月31日资产负债表中应确认的预计负债金额，应为最可能发生的金额，即2 000 000元。有关账务处理如下。

借：营业外支出——赔偿支出　　　　　　　　　　　　　　　　　2 000 000
　　贷：预计负债——未决诉讼　　　　　　　　　　　　　　　　　2 000 000

第二，如果或有事项涉及多个项目，最佳估计数按照各种可能结果及相关概率加权计算确定。"涉及多个项目"，是指或有事项涉及的项目不止一个，如产品质量保证。在产品质量保证中，提出产品保修要求的可能有许多客户，相应地，企业对这些客户负有保修义务。

【例10-54】龙盛公司是生产并销售A产品的企业，2017年度第一季度共销售A产品50 000件，销售收入为360 000 000元。根据公司的产品质量保证条款，该产品售出后一年内，如发生正常质量问题，公司将负责免费维修。根据以前年度的维修记录，如果发生较小的质量问题，发生的维修费用为销售收入的1%；如果发生较大的质量问题，发生的维修费用为销售收入的2%。根据公司质量部门的预测，本季度销售的产品中，80%不会发生质量问题；15%可能发生较小质量问题；5%可能发生较大质量问题。

根据上述资料，2017年第一季度末，龙盛公司应确认的预计负债金额为360 000 000×(0×80%＋1%×15%＋2%×5%)＝900 000(元)。

有关账务处理如下。

借：销售费用　　　　　　　　　　　　　　　　　　　　　　　　　900 000
　　贷：预计负债——产品质量保证　　　　　　　　　　　　　　　　900 000

2) 预期可获得补偿的处理

如果企业清偿因或有事项而确认的负债，所需支出全部或部分预期由第三方或其他方补偿，则此补偿金额只有在基本确定能收到时，才能作为资产单独确认，确认的补偿金额不能超过所确认负债的账面价值。

预期可能获得补偿的情况通常有发生交通事故等情况时，企业通常可从保险公司获得合理的赔偿；在某些索赔诉讼中，企业可对索赔人或第三方另行提出赔偿要求；在债务担保业务中，企业在履行担保义务的同时，通常可向被担保企业提出追偿要求。

企业预期从第三方获得的补偿，是一种潜在资产，其最终是否会转化为企业真正的资产(即企业是否能够收到这项补偿)具有较大的不确定性，企业只有在基本确定能够收到补偿时，才能对其进行确认。根据资产和负债不能随意抵销的原则，预期可获得的补偿在基本确定能够收到时应当确认为一项资产，而不能作为预计负债金额的扣减。

补偿金额的确认涉及两个方面问题：一是确认时间，补偿只有在"基本确定"能够收到时才予以确认；二是确认金额，确认的金额是基本确定能够收到的金额，而且不能超过相关预计负债的金额。

【例 10-55】2017 年 12 月 31 日，龙盛公司因或有事项而确认了一笔金额为 600 000 元的预计负债；同时，龙盛公司因该或有事项基本确定可从甲保险公司获得 250 000 元的赔偿。

本例中，龙盛公司应分别确认一项金额为 600 000 元的预计负债和一项金额为 250 000 元的资产，而不能只确认一项金额为 350 000 元(600 000－250 000)的预计负债。同时，龙盛公司所确认的补偿金额 250 000 元不能超过所确认的负债的账面价值 600 000 元。

3) 预计负债的计量需要考虑的其他因素

(1) 风险和不确定性。企业在确定最佳估计数时，应当综合考虑与或有事项有关的风险、不确定性、货币时间价值和未来事项等因素。风险，是对交易或者事项结果的变化可能性的一种描述。风险的变动可能增加负债计量的金额。企业在不确定的情况下进行判断需要谨慎，使得收入或资产不会被高估，费用或负债不会被低估。但是，不确定性并不说明应当确认过多的预计负债和故意夸大支出或费用。

企业应当充分考虑与或有事项有关的风险和不确定性，既不能忽略风险和不确定性对或有事项计量的影响，也要避免反复对风险和不确定性进行调整，从而在低估和高估预计负债金额之间寻找平衡点。

(2) 货币时间价值。预计负债的金额，通常应当等于未来应支付的金额。但是，因货币时间价值的影响，资产负债表日后不久发生的现金流出，要比一段时间之后发生的同样金额的现金流出负有更大的义务。所以，如果预计负债的确认时点距离实际清偿有较长的时间跨度，货币时间价值的影响重大，那么在确定预计负债的确认金额时，应考虑采用现值计量，即通过对相关未来现金流出进行折现后确认最佳估计数。例如，油气井或核电站的弃置费用等，应按照未来应支付金额的现值确定。确定预计负债的金额不应考虑预期处置相关资产形成的利得。

将未来现金流出折算为现值时，需要注意以下三点：①用来计算现值的折现率，应当是反映货币时间价值的当前市场估计和相关负债特有风险的税前利率；②风险和不确定性，既可以在计量未来现金流出时作为调整因素，也可以在确定折现率时予以考虑，但不能重复反映；③随着时间的推移，即使在未来现金流出和折现率均不改变的情况下，预计负债的现值将逐渐增长，企业应当在资产负债表日对预计负债的现值进行重新计量。

(3) 未来事项。企业应当考虑可能影响履行现时义务所需金额的相关未来事项。也就是说，对于这些未来事项，如果有足够的客观证据表明它们将发生，如未来技术进步、相关法规出台等，则应当在预计负债计量中予以考虑。

预期的未来事项可能对预计负债的计量较为重要。例如，某核电企业预计在生产结束时，处理核废料的费用将因未来技术的变化而显著降低，那么，该企业因此确认的预计负债金额应当反映有关专家对技术发展，以及处理费用减少做出的合理预测。但是，这种预计需要取得确凿的证据予以支持。

4) 资产负债表日对预计负债账面价值的复核

企业应当在资产负债表日对预计负债的账面价值进行复核。有确凿证据表明该账面价值不能真实反映当前最佳估计数的，应当按照当前最佳估计数对该账面价值进行调整。例如，某化工企业对环境造成了污染，按照当时的法律规定，只需要对污染进行清理。随着国家对环境保护越来越重视，按照现在的法律规定，该企业不但需要对污染进行清理，还很可能要对居民进行赔偿。这种法律要求的变化，会对企业预计负债的计量产生影响。企业应当在资产负债表日对为此确认的预计负债金额进行复核，相关因素发生变化表明预计负债金额不再能反映真实情况时，需要按照当前情况下企业清理和赔偿支出的最佳估计数，对预计负债的账面价值进行相应的调整。

企业对已经确认的预计负债在实际支出发生时，应当仅限于最初确定该预计负债的支出。也就是说，只有与该预计负债有关的支出才能冲减预计负债，否则将会混淆不同预计负债确认事项的影响。

4. 亏损合同

亏损合同产生的义务满足预计负债的确认条件，应当确认为预计负债。其中，亏损合同，是指履行合同义务不可避免会发生的成本超过预期经济利益的合同。预计负债的计量应当反映了退出该合同的最低净成本，即履行该合同的成本与未能履行该合同而发生的补偿或处罚两者之中的较低者。企业与其他企业签订的商品销售合同、劳务合同、租赁合同等，均可能变为亏损合同。

【例 10-56】龙盛公司 2016 年 12 月 15 日与 W 公司签订不可撤销合同，约定在 2017 年 5 月 8 日以每件 400 元的价格向 W 公司提供 B 产品 1 000 件，龙盛公司签订合同时，估计 B 产品的单位成本为每件 420 元，若不能按期交货，将对龙盛公司处以总价款 20%的违约金。签订合同时 B 产品尚未开始生产，龙盛公司准备生产 B 产品时，原材料价格突然上涨，预计生产 B 产品的单位成本将超过合同单价。不考虑相关税费。

履行合同发生的损失＝1 000×(420－400)＝20 000(元)

不履行合同支付的违约金＝1 000×400×20%＝80 000(元)

本例中，龙盛公司与 W 公司签订了不可撤销合同，但是执行合同不可避免发生的费用超过了预期获得的经济利益，属于亏损合同。由于该合同变为亏损合同时不存在标的资产，龙盛公司应当按照履行合同造成的损失与违约金两者中的较低者，确认一项预计负债，即应确认预计负债 20 000 元。

```
借：营业外支出                                    20 000
    贷：预计负债——亏损合同损失                      20 000
```
待产品完工后，将已确认的预计负债冲减产品成本。
```
借：预计负债——亏损合同损失                       20 000
    贷：库存商品                                  20 000
```
需要注意的是，如果亏损合同存在标的资产，则企业应当首先对标的资产进行减值测试，并按照规定先确认减值损失。如果预计亏损超过已确认的减值损失，再将超过部分确认为预计负债。

5. 预计负债的披露

为了使财务报告使用者获得充分、详细的有关信息，对于预计负债除了在资产负债表非流动负债项目下单独确认为一项负债之外，还应当在财务报表附注中披露以下内容：①预计负债的种类、形成的原因，以及经济利益流出不确定性的说明；②各类预计负债的期初、期末余额和本期变动额；③与预计负债有关的预期补偿金额和本期已确认的预期补偿金额。

6. 或有负债

或有负债，是指过去的交易或事项形成的潜在义务，其存在须通过未来不确定事项的发生或不发生予以证实；或过去的交易或事项形成的现时义务，履行该义务不是很可能导致经济利益流出企业或该义务的金额不能可靠计量。

或有负债涉及两类义务：一类是潜在义务；另一类是现时义务。

(1) 潜在义务，是指结果取决于不确定未来事项的可能义务。也就是说，潜在义务最终是否转变为现时义务，由某些未来不确定事项的发生或不发生才能决定。

(2) 现时义务，是指企业在现行条件下已承担的义务，该现时义务的履行不是很可能导致经济利益流出企业，或者该现时义务的金额不能可靠地计量。其中，①"不是很可能导致经济利益流出企业"，是指该现时义务导致经济利益流出企业的可能性不超过 50%(含50%)。例如，龙盛公司和 W 公司签订担保合同，承诺为 W 公司的某项贷款提供担保。由于担保合同的签订，龙盛公司承担了一项现时义务，但承担现时义务不意味着经济利益很可能流出企业。如果 W 公司的财务状况良好，说明龙盛公司履行连带责任的可能性不大，那么这项担保合同不是很可能导致经济利益流出龙盛公司。该现时义务属于龙盛公司的或有负债。②"金额不能可靠地计量"，是指该现时义务导致经济利益流出企业的"金额"难以合理预计，现时义务履行的结果具有较大的不确定性。例如，甲公司涉及一桩诉讼案，根据以往的审判案例推断，甲公司很可能要败诉。但人民法院尚未判决，甲公司无法根据经验判断未来将要承担多少赔偿金额，因此该现时义务的金额不能可靠地计量，该诉讼案件即形成一项甲公司的或有负债。

或有负债无论是潜在义务还是现时义务，均不符合负债的确认条件，因而不能在报表中予以确认，但应按相关规定在财务报表附注中披露。主要披露内容包括：①或有负债的种类、形成的原因；②经济利益流出不确定性的说明；③或有事项预计产生的财务影响，以及获得补偿的可能性；无法预计的，应当说明。

同时，为了保护企业的利益，当或有负债涉及未决诉讼、未决仲裁的情况下，如果企业认为披露全部或部分信息预期会对企业造成重大不利影响，则无须披露这些信息，但应当披露该未决诉讼、未决仲裁的性质，以及没有披露其他信息的事实和原因。此外，对于导致经济利益极小可能流出企业的或有负债也不需要披露。

随着或有负债形成因素的不断变化，或有负债对应的潜在义务可能会转化为现时义务，未来经济利益流出的可能性也会增大，金额也会可靠地计量。此时或有负债就会转化为真正的负债，企业应当及时地将该或有负债确认为一项预计负债。

10.4 借款费用

10.4.1 借款费用的内容

企业在生产经营活动中，如果面临资金短缺，需要通过短期借款、商业汇票等方式筹集资金。而企业对于购建固定资产、对外投资等大的投资项目，一般情况下需要通过长期借款或发行债券的方式来筹集所需资金。这些筹集行为，企业都应当承担相应的借款费用。根据《企业会计准则第17号——借款费用》的规定，借款费用是指企业因借款而发生的利息及其他相关成本。借款费用的具体内容如下。

(1) 借款利息，包括企业向银行或其他金融机构等借入资金发生的利息、发行公司债券或企业债券发生的利息，以及为购建或者生产符合资本化条件的资产，而发生的带息债务所承担的利息等。

(2) 因借款而发生的折价或者溢价的摊销，是指发行债券等发生的折价或者溢价在资产负债表日，确认利息费用时的调整额。

(3) 因外币借款而发生的汇兑差额，是指由于汇率变动导致市场汇率与账面汇率出现差异，从而对外币借款本金及其利息的记账本位币金额所产生的影响金额。

(4) 因借款而发生的辅助费用，是指企业在借款过程中发生的诸如手续费、佣金等费用。由于这些费用是因安排借款而发生的，也属于借入资金所付出的代价，因而是借款费用的构成部分。

(5) 融资租赁费用，是指承租人根据租赁准则所确认的融资租赁所发生的融资费用。

10.4.2 借款费用的确认

1. 确认原则

借款费用的确认主要解决的是将每期发生的借款费用资本化、计入相关资产的成本，还是将有关借款费用费用化、计入当期损益的问题。借款费用确认的基本原则是：企业发生的借款费用可直接归属于符合资本化条件的资产购建或者生产的，应当予以资本化，计入相关资产成本；其他借款费用应当在发生时根据其发生额确认为费用，计入当期损益。

符合资本化条件的资产，是指需要经过相当长时间的购建或者生产活动，才能达到预定可使用状态或者可销售状态的固定资产、投资性房地产和存货等资产。建造合同成本、无形资产的开发支出等在符合条件的情况下，也可以认定为符合资本化条件的资产。其中，"相当长时间"，应当是指资产的购建或者生产所必需的时间，通常为一年以上(含一年)。

在实务中，如果由于人为或者故意等非正常因素，导致资产的购建或者生产时间相当长的，该资产不属于符合资本化条件的资产。购入即可使用的资产，或者购入后需要安装但所需安装时间较短的资产，或者需要建造或生产但建造或生产时间较短的资产，均不属于符合资本化条件的资产。

例如，龙盛公司向银行借入资金分别用于生产 M 产品和 N 产品。其中，M 产品的生产时间较短，为 1 个月；N 产品属于大型发电设备，生产周期较长，为 1 年零 3 个月。

为存货生产而借入的借款费用在符合资本化条件的情况下应当予以资本化。本例中，由于 M 产品的生产时间较短，不属于需要经过相当长时间的生产才能达到预定可销售状态的资产，因此，为 M 产品的生产而借入资金所发生的借款费用，不应计入 M 产品的生产成本，而应当计入当期财务费用。而 N 产品的生产时间比较长，属于需要经过相当长时间的生产才能达到预定可销售状态的资产，因此，为 N 产品的生产而借入资金所发生的借款费用符合资本化的条件，应计入 N 产品的成本中。

2. 借款费用应予资本化的借款范围

借款包括专门借款和一般借款。专门借款，是指为购建或者生产符合资本化条件的资产而专门借入的款项。专门借款通常应当有明确的用途，即为购建或者生产某项符合资本化条件的资产而专门借入，并通常应当具有标明该用途的借款合同。例如，龙盛公司为了建造一条生产线向某银行专门贷款 8 000 万元，某房地产开发企业为了开发某住宅小区向某银行专门贷款 4 亿元等，均属于专门借款，其使用目的明确，而且其使用受到相关合同的限制。一般借款，是指除专门借款之外的借款，相对于专门借款而言，一般借款在借入时，其用途通常没有特指用于符合资本化条件的资产的购建或者生产。

借款费用应予资本化的借款范围，既包括专门借款，也可包括一般借款。其中，对于一般借款，只有在购建或者生产某项符合资本化条件的资产占用了一般借款时，才应将与该部分一般借款相关的借款费用资本化；否则，所发生的借款费用应当计入当期损益。

10.4.3 借款费用资本化期间的确定

只有发生在资本化期间内的有关借款费用，才允许资本化，资本化期间的确定是借款费用确认和计量的重要前提。借款费用资本化期间，是指从借款费用开始资本化时点到停止资本化时点的期间，但不包括借款费用暂停资本化的期间。

1. 借款费用开始资本化的时点

借款费用允许开始资本化必须同时满足以下 3 个条件。

(1) 资产支出已经发生，是指企业为购建和生产符合资本化条件资产的支出已经发生。其中，资产支出包括支付现金、转移非现金资产或承担带息债务(如带息应付票据)所发生的支出。

(2) 借款费用已经发生，是指企业已经发生了因购建或者生产符合资本化条件的资产，而专门借入款项的借款费用，或者占用了一般借款的借款费用。

(3) 为使资产达到预定可使用或者可销售状态，所必要的购建或者生产活动已经开始的判断。

为使资产达到预定可使用或者可销售状态所必要的购建或者生产活动已经开始,是指符合资本化条件的资产的实体建造或者生产工作已经开始,如主体设备的安装、厂房的实际开工建造等。它不包括仅仅持有资产但没有发生为改变资产形态,而进行的实质上的建造或者生产活动。

【例10-57】龙盛公司专门借入款项建造某项符合资本化条件的固定资产,相关借款费用已经发生,同时固定资产的实体建造工作也已开始,但为固定资产建造所需物资等都是赊购或者客户垫付的(且所形成的负债均为不带息负债),发生的相关薪酬等费用也尚未形成现金流出。

在这种情况下,固定资产建造本身并没有占用借款资金,没有发生资产支出,该事项只满足借款费用开始资本化的第二个和第三个条件,但是没有满足第一个条件。所以,所发生的借款费用不应予以资本化。

【例10-58】龙盛公司为了建造一项符合资本化条件的固定资产,使用自有资金购置了工程物资,该固定资产已经开始动工兴建,但专门借款资金尚未到位,也没有占用一般借款资金。

在这种情况下,企业尽管满足了借款费用开始资本化的第一个和第三个条件,但是不符合借款费用开始资本化的第二个条件,因此不允许开始借款费用的资本化。

【例10-59】龙盛公司为了建造某一项符合资本化条件的厂房,已经使用银行存款购置了水泥、钢材等,发生了资产支出,相关借款也已开始计息,但是厂房因各种原因迟迟未能开工兴建。

在这种情况下,企业尽管满足了借款费用开始资本化的第一个和第二个条件,但不符合借款费用开始资本化的第三个条件,因此所发生的借款费用不允许资本化。

2. 借款费用暂停资本化的时间

符合资本化条件的资产在购建或者生产过程中,发生非正常中断且中断时间连续超过3个月的,应当暂停借款费用的资本化。中断的原因必须是非正常中断,属于正常中断的,相关借款费用仍可资本化。在实务中,企业应当遵循"实质重于形式"等原则来判断借款费用暂停资本化的时间,如果相关资产购建或者生产的中断时间较长而且满足其他规定条件的,相关借款费用应当暂停资本化。

非正常中断,通常是由于企业管理决策上的原因或者其他不可预见的原因等所导致的中断。例如,企业因与施工方发生了质量纠纷,或者工程、生产用料没有及时供应,或者资金周转发生了困难,或者施工、生产发生了安全事故,或者发生了与资产购建、生产有关的劳动纠纷等原因,导致资产购建或者生产活动发生中断,均属于非正常中断。

【例10-60】龙盛公司于2016年1月1日利用专门借款开工兴建一幢厂房,支出已经发生,因此借款费用从当日起开始资本化。工程预计于2017年5月完工。

2016年6月10日,由于工程施工发生了安全事故,导致工程中断,直到10月18日才复工。

该中断属于非正常中断,因此,上述专门借款在6月10日—10月18日所发生的借款费用不应资本化,而应作为财务费用计入当期损益。

非正常中断与正常中断显著不同。正常中断,通常仅限于购建或者生产符合资本化条件的资产,达到预定可使用或者可销售状态所必要的程序,或者事先可预见的不可抗力因素导致的中断。例如,某些工程建造到一定阶段必须暂停下来进行质量或者安全检查,检查通过后才可继续下一阶段的建造工作,这类中断是在施工前可以预见的,而且是工程建造必须经过的程序,属于正常中断。某些地区的工程在建造过程中,由于可预见的不可抗力因素(如雨季或冰冻季节等)导致施工出现停顿,也属于正常中断。

【例10-61】龙盛公司在北方某地建造某工程期间,遇上冰冷季节(通常为6个月),工程施工因此中断,待冰冻季节过后方能继续施工。

由于该地区在施工期间出现较长时间的冰冻为正常情况,由此导致的施工中断是可预见的不可抗力因素导致的中断,属于正常中断。在正常中断期间所发生的借款费用可以继续资本化,计入相关资产的成本。

3. 借款费用停止资本化的时点

购建或者生产符合资本化条件的资产,达到预定可使用或者可销售状态时,借款费用应当停止资本化。在符合资本化条件的资产,达到预定可使用或者可销售状态之后所发生的借款费用,应当在发生时根据其发生额确认为费用,计入当期损益。

资产达到预定可使用或者可销售状态,是指所购建或者生产的符合资本化条件的资产已经达到建造方、购买方或者企业自身等预先设计、计划,或者合同约定的可以使用或者可以销售的状态。企业确定借款费用停止资本化的时点需要运用职业判断,应当遵循实质重于形式原则,针对具体情况,依据经济实质判断所购建或者生产的符合资本化条件的资产,达到预定可使用或者可销售状态的时点,具体可从以下几个方面进行判断。

(1) 符合资本化条件的资产的实体建造(包括安装)或者生产活动,已经全部完成或者实质上已经完成。

(2) 所购建或者生产的符合资本化条件的资产,与设计要求、合同规定或者生产要求相符或者基本相符,即使有极个别与设计、合同或者生产要求不相符的地方,也不影响其正常使用或者销售。

(3) 继续发生在所购建或生产的符合资本化条件的资产上的支出金额,很少或者几乎不再发生。

购建或者生产符合资本化条件的资产需要试生产或者试运行的,在试生产结果表明资产能够正常生产出合格产品,或者试运行结果表明资产能够正常运转或者营业时,应当认为该资产已经达到预定可使用或者可销售状态。

【例10-62】龙盛公司借入一笔款项,于2016年3月2日采用出包方式开工兴建一幢厂房。2017年10月12日工程全部完工,达到合同要求。10月31日工程验收合格,11月18日办理工程竣工结算,11月22日完成全部资产移交手续,12月1日厂房正式投入使用。

在本例中,龙盛公司应当将2017年10月12日确定为工程达到预定可使用状态的时点,作为借款费用停止资本化的时点。后续的工程验收日、竣工结算日、资产移交日和投入使用日,均不应作为借款费用停止资本化的时点,否则会导致资产价值和利润的高估。

在符合资本化条件的资产的实际购建或者生产过程中,如果所购建或者生产的符合资本化条件的资产分别建造、分别完工,企业也应当遵循实质重于形式原则,区别不同情况,界定借款费用停止资本化的时点。

如果所购建合适生产的符合资本化条件的资产的各部分分别完工,且每部分在其他部分继续建造或者生产过程中可供使用或者可对外销售,且为使该部分资产达到预定可使用或可销售状态,所必要的购建或者生产活动实质上已经完成的,应当停止与该部分资产相关的借款费用的资本化,因为该部分资产已经达到了预定可使用或者可销售状态。

如果企业购建或者生产的资产的各部分分别完工,但必须等到整体完工后才可使用或者对外销售的,应当在该资产整体完工时停止借款费用的资本化。在这种情况下,即使各部分资产已经完工,也不能够认为该部分资产已经达到预定可使用或者可销售状态。企业只能在所购建固定资产整体完工时,才能认为资产已经达到了预定可使用或者可销售状态,借款费用方可停止资本化。

【例10-63】龙盛公司在建设某一涉及数项工程的钢铁冶炼项目时,每个单项工程都是根据各道冶炼工序涉及建造的,因此只有在每项工程都建造完毕后,整个冶炼项目才能正式运转,达到生产和设计要求。所以每一个单项工程完工后,不应认为资产已经达到了预定可使用状态,公司只有等到整个冶炼项目全部完工,达到预定可使用状态时,才停止借款费用的资本化。

10.4.4 借款费用资本化金额的确定

1. 借款利息资本化金额的确定

在借款费用资本化期间内,每一会计期间的利息(包括折价或溢价的摊销,下同)的资本化金额,应当按照下列原则确定。

(1) 为购建或者生产符合资本化条件的资产而借入专门借款的,应当以专门借款当期实际发生的利息费用,减去将尚未动用的借款资金存入银行取得的利息收入,或进行暂时性投资取得的投资收益后的金额,确定专门借款应予资本化的利息金额。

(2) 为购建或者生产符合资本化条件的资产而占用了一般借款的,企业应当根据累计资产支出超过专门借款部分的资产支出加权平均数,乘以所占用一般借款的资本化率,计算确定一般借款应予资本化的利息金额。资本化率,应当根据一般借款加权平均率计算确定。即企业占用一般借款购建或者生产符合资本化条件的资产时,一般借款的借款费用的资本化金额的确定应当与资产支出相挂钩。有关计算公式为:

一般借款利息费用资本化金额＝累计资产支出超过专门借款部分的资产支出加权平均数×所占用一般借款的资本化率

所占用一般借款的资本化率＝所占用一般借款加权平均率
＝所占用一般借款当期实际发生的利息之和÷所占用一般借款本金加权平均数

(3) 每一会计期间的利息资本化金额,不应当超过当期相关借款实际发生的利息金额。

【例10-64】龙盛公司于2017年1月1日正式动工兴建一幢厂房,工期预计为1年。工程采用出包方式,龙盛公司分别于2017年1月1日、7月1日和10月1日向施工方支付工程进度款1 500万元、4 000万元和2 500万元。厂房于2017年12月31日完工,达到预定可使用状态。

龙盛公司为建造厂房取得了两笔专门借款如下。

(1) 2017年1月1日专门借款2 000万元，借款期限为3年，年利率为8%，利息按年支付。

(2) 2017年7月1日又专门借款3 000万元，借款期限为5年，年利率为10%。借款利息按年支付(如无特别说明，本章例题中名义利率与实际利率相同)。

龙盛公司将闲置借款资金用于固定收益债券短期投资，该短期投资月收益率为0.5%，投资收益到年末为止尚未收到。

龙盛公司为建造厂房还占用了两笔一般借款如下。

(1) 向W银行借入一笔长期借款5 000万元，期限为2015年7月1日—2021年7月1日，年利率为6%，按年支付利息。

(2) 发行公司债券10 000万元，于2015年4月1日发行，期限为5年，年利率为8%，按年支付利息。

分析：本例中的厂房建造期限为一年，符合资本化条件，资本化期间为2017年1月1日—12月31日。工程支出及资金来源见表10-3。

表10-3 龙盛公司厂房建造支出资金来源表　　　　　　　单位：万元

日期	资产支出	资金来源	
		专门借款	一般借款
2017年1月1日	1 500	1 500	
2017年7月1日	4 000	3 500	500
2017年10月1日	2 500		2 500
合计	8 000	5 000	3 000

(1) 专门借款资本化利息的计算。

专门借款有500万元(2 000－1 500)资金，从1月1日—7月1日闲置6个月。

专门借款2017年应付利息＝2000×8%＋3000×10%×(1÷2)＝310(万元)

专门借款闲置期间的投资收益＝500×0.5%×6＝15(万元)

专门借款资本化利息＝310－15＝295(万元)

对于专门借款的利息，龙盛公司在2017年12月31日应编制的会计分录如下。

借：在建工程　　　　　　　　　　　　　　　　　　　　　　2 950 000
　　应收利息　　　　　　　　　　　　　　　　　　　　　　　 150 000
　　贷：应付利息　　　　　　　　　　　　　　　　　　　　　3 100 000

(2) 一般借款资本化利息的计算。

一般借款2017年应付利息＝5 000×6%＋10 000×8%＝1 100(万元)

一般借款占用部分的资产支出加权平均数＝500×(1÷2)＋2 500×(3÷12)＝875(万元)

一般借款资本化率＝(5 000×6%＋10 000×8%)÷(5 000＋10 000)×100% ≈7.33%

一般借款资本化利息＝875×7.33% ≈ 64.14(万元)

对于一般借款的利息，龙盛公司在2017年12月31日应编制的会计分录如下。

借：在建工程　　　　　　　　　　　　　　　　　　　　　　　 641 400
　　财务费用　　　　　　　　　　　　　　　　　　　　　　10 358 600
　　贷：应付利息　　　　　　　　　　　　　　　　　　　　11 000 000

第 10 章 负 债

2. 外币专门借款汇兑差额资本化金额的确定

在资本化期间内,外币专门借款本金及其利息的汇兑差额应当予以资本化,计入符合资本化条件的资产的成本。除外币专门借款之外的其他外币借款本金及其利息所产生的汇兑差额,应当作为财务费用计入当期损益。

3. 借款辅助费用资本化金额的确定

辅助费用,是企业为了安排借款而发生的必要费用,包括借款手续费(如发行债券手续费)、佣金等。如果企业不发生这些费用,就无法取得借款,因此,辅助费用是企业借入款项所付出的一种代价,是借款费用的有机组成部分。

对于企业发生的专门借款辅助费用,在所购建或者生产的符合资本化条件的资产,达到预定可使用或者可销售状态之前发生的,应当在发生时根据其发生额予以资本化;在所购建或者生产的符合资本化条件的资产,达到预定可使用或者可销售状态之后所发生的,应当在发生时根据其发生额确认为费用,计入当期损益。上述资本化或计入当期损益的辅助费用的发生额,是指根据《企业会计准则第 22 号——金融工具确认和计量》,按照实际利率法所确定的金融负债交易费用对每期利息费用的调整额。借款实际利率与合同利率差异较小的,也可以采用合同利率计算确定利息费用。一般借款发生的辅助费用,也应当按照上述原则确定其发生额。考虑到借款辅助费用与金融负债交易费用是一致的,其会计处理相同。

4. 借款费用资本化金额的限额

在资本化期间内,每一会计期间的利息资本化金额,不应当超过当期相关借款实际发生的利息金额。

本章小结

负债,是指企业过去的交易或者事项形成的、预期会导致经济利益流出企业的现时义务。在资产负债表中,负债分为流动负债和非流动负债。流动负债主要包括短期借款、交易性金融负债、应付票据、应付账款、预收账款、应付职工薪酬、应交税费、应付利息、应付股利及其他应付款等。非流动负债主要包括长期借款、应付债券、长期应付款及预计负债等。

借款费用,是指企业因借款而发生的利息及其他相关成本。具体内容包括借款利息,因借款而发生的折价或者溢价的摊销,因外币借款而发生的汇兑差额,因借款而发生的辅助费用。

本 章 习 题

1. 判断题

(1) 企业只有在对外销售消费税应税产品时,才应交纳消费税。 ( )

(2) 应付职工未按期领取的工资,应该通过"其他应付款"科目核算。 ( )

(3) 应付账款附有现金折扣的，应按照扣除现金折扣前的应付账款总额入账。因在折扣期限内付款而获得的现金折扣，应在偿付应付账款时冲减财务费用。（　）

(4) 工伤保险费和职工教育经费不属于职工薪酬的范围，不通过"应付职工薪酬"科目核算。（　）

(5) 企业按规定计算的代扣代缴的职工个人所得税，借记"应付职工薪酬"科目，贷记"其他应付款"科目。（　）

(6) 企业采用实际利率法对应付债券溢价进行摊销时，应付债券摊余成本逐期减少，应负担的利息费用也随之逐期减少。（　）

(7) 在借款费用资本化期间内，建造资产的累计支出金额未超过专门借款金额的，发生的专门借款利息扣除该期间专门借款相关有收益后的金额，应当资本化。（　）

(8) 企业清偿预计负债所需支出全部或部分预期由第三方补偿的，补偿金额在基本确定收到时，可以作为确认预计负债的抵减，也可以作为一项资产单独确认。（　）

(9) 外币专门借款及其利息所产生的汇兑差额应当予以资本化，计入固定资产的成本。（　）

(10) 资本化期间内，闲置专门借款资金取得的固定收益债券利息收入，应直接计入当期投资收益。（　）

2. 计算与业务分析题

1) 甲上市公司为增值税一般纳税人，适用的增值税税率为17%。2017 年 3 月发生与职工薪酬有关的交易或事项如下：

(1) 对行政管理部门使用的设备进行日常维修，应付企业内部维修人员工资 1.2 万元。

(2) 对以经营租赁方式租入的生产线进行改良，应付企业内部改良工程人员工资 3 万元。

(3) 为公司总部下属 25 位部门经理每人配备汽车一辆免费使用，假定每辆汽车每月计提折旧 0.08 万元。

(4) 将 50 台自产的 V 型厨房清洁器作为福利分配给本公司行政管理人员。该厨房清洁器每台生产成本为 1.2 万元，市场售价为 1.5 万元(不含增值税)。

(5) 月末，分配职工工资 150 万元，其中直接生产产品人员工资 105 万元，车间管理人员工资 15 万元，企业行政管理人员工资 20 万元，专设销售机构人员工资 10 万元。

(6) 以银行存款缴纳职工医疗保险费 5 万元。

(7) 按规定计算代扣代交职工个人所得税 0.8 万元。

(8) 以现金支付职工李某生活困难补助 0.1 万元。

(9) 从应付张经理的工资中，扣回上月代垫的应由其本人负担的医疗费 0.8 万元。

要求：编制甲上市公司 2017 年 3 月上述交易或事项的会计分录。(金额单位用万元表示)

2) 某乙企业为增值税一般纳税企业，材料按实际成本核算，适用的增值税税率为17%，2017 年 3 月发生如下经济业务。

(1) 购入一批原材料，增值税专用发票上注明的材料价款为 200 万元(不含增值税)，增值税为 34 万元。货款已付，材料已验收入库。

(2) 出售一项商标权，转让收入 5 万元已存入银行，该项商标权的账面金额为 6 万元，已累计摊销 4 万元。适用的增值税税率为 6%。

(3) 购入一台不需要安装的设备，增值税专用发票上记载的设备价款 200 万元，支付的增值税税额为 34 万元，款项已由银行支付。

(4) 销售产品一批,销售收入为 300 万元(不含税),货款尚未收到。

(5) 销售应交增值税产品给小规模纳税企业,应收取款项(价税合计)为 58.5 万元,已由银行收妥。

(6) 从小规模纳税企业购入一批材料,发票上记载的货款 175.5 万元,材料已验收入库,款项尚未支付。

(7) 出售厂房一栋,原价 1 000 万元,已提折旧 700 万元,出售所得收入 650 万元,适用的增值税税率为 11%,清理费用支出 3 万元,厂房已清理完毕,款项均已由银行收付。

要求:根据上述资料,编制有关经济业务的会计分录(为简化核算,不考虑城市维护建设税和教育费附加)。

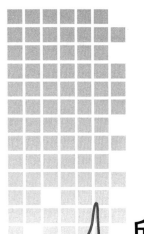

第 11 章 所有者权益

学习目标

通过本章的学习，了解所有者权益的概念、分类及特点；了解资本变动的原因及投入资本的会计处理；掌握资本公积的核算内容及会计处理；掌握留存收益的内容、盈余公积及未分配利润的会计处理。

技能要求

重点掌握实收资本、资本公积、留存收益的构成内容及会计处理方法；了解所有者权益的含义及构成。

第 11 章 所有者权益

导入案例

国美电器董事会于 2009 年 6 月通过了贝恩资本(Bain Capital LLC)的增资方案,通过增发可转债和配售新股,合计融资 30 多亿港元。这预示着,尽管司法案情未明,但昔日中国首富黄光裕仍显示出强大的控制力,未来将继续保持公司第一大股东地位。

接近交易的人士向记者介绍,国美电器控股有限公司(香港交易所代码:00493,下称国美电器)的增资方案,包括发行可转债和向老股东配售新股两部分。一是向主要的新进投资者贝恩资本发行 15 亿港元可转债,约占现有总股本的近 12%;二是向所有老股东配售近 23 亿新股,约占现有总股本 18%,配售价格为国美电器停牌前收盘价 1.12 港元的 60%(0.67 港元),包括黄光裕在内的国美电器所有老股东均有权利认购,预计融资 15.38 亿港元。假使老股东认购不足,贝恩资本承诺将认购全部剩余配售股份。

通过以上股权和债权融资,国美电器预计可募集资金 30 多亿港元,可以暂时缓解将于 2010 年 5 月到期的 46 亿元可转债所面临的提前赎回的压力。嘉诚亚洲有限公司担任了国美电器引资的财务顾问。

新股配售后,不考虑未来可转债转股因素,黄光裕夫妇仍持有国美电器 30%以上的股权,为第一控股股东。未来贝恩资本有望在董事会中获得一个非独立董事席位,这与当初几大意向投资者贝恩资本、华平基金、KKR 的预期都相距甚远。

知情者称,此前黄光裕曾通过书信表达了他不放弃公司控股权的明确态度,此后谈判局势即发生了很大的变化。

国美电器已经向香港联合交易所有限公司(以下简称联交所)递交了增资公告,正在等待联交所的审核,后者将从保护小股东利益等角度提出监管意见。审核完成后,国美电器向所有股东发布融资通函,股东将可以在 14 天之内决定是否认购配售新股,距离 6 月 30 日国美电器年度股东大会的时间已经非常紧迫。

贝恩在投资零售领域有丰富的投资经验,未来能帮助公司进一步完善治理结构;而国美电器在过去的历史中一直具有很强的增长性,目前团队也保持了团结。

资本市场最担心的,就是国美电器于 2007 年 5 月发行的一笔 46 亿元可转债。这批 2014 年到期的零息可换股债券,约定的转股价为 4.96 港元,但停牌前国美股价已跌至 1.12 港元,大大低于转股价。若未来股价持续低迷,债券持有人可以要求在 2010 年 5 月提前赎回,这无疑将给国美电器带来巨大的财务压力。

所有者权益反映的是所有者对企业净资产的要求权,是企业最重要的资金来源。该案例描述了国美电器面临的股权结构变动,如配售新股、黄光裕股权被稀释、可转换债券的债转股等问题,那么所有者权益来源如何?它导致的股权结构将怎样影响公司发展与利益分配?

11.1 所有者权益概述

11.1.1 企业组织形式简介

不同企业组织形式,对资产和负债的会计处理并无重大影响,但涉及所有者权益方面的会计处理却大不一样。不同企业组织形式的定义见表 11-1。

表 11-1 不同企业组织形式的定义

企业组织形式		定义
非公司型	独资型	全部资产归出资者一人所有,企业的经营也由出资者个人承担,因此,企业的所有权与经营权是统一的

续表

企业组织形式		定义
非公司型	合伙型	两个或两个以上的合伙人按照协议共同出资，共同承担企业经营风险，并且对企业债务承担连带责任的企业
公司型	有限责任	由一定数量的股东共同出资组成，股东仅就自己的出资额对公司的债务承担有限责任的公司
	股份有限	由一定人数出资设立，全部资本由等额股份构成，并通过发行股票筹集资本的公司企业

11.1.2 所有者权益的概念

所有者权益，又称为股东权益，是指企业资产扣除负债后由所有者享有的剩余权益。其金额的确定主要依赖于资产和负债的计量，即资产－负债＝所有者权益。

11.1.3 所有者权益的特点

所有者权益和负债都属于企业的资金来源，股东和债权人都属于企业的投资者，但是所有者权益与负债比较，其特点见表 11-2。

表 11-2　所有者权益与负债的区别

区别	所有者权益	负债
权益性质不同	享有盈余等权利	要求清偿权利
权利内容不同	参与收益分配、参与经营管理等	按期收回本金及利息
归还期限不同	一般不予归还	必须偿还
风险大小不同	风险较大	风险较小

11.1.4 所有者权益的分类

所有者权益根据其核算的内容和要求，可以分为实收资本(或股本)、其他权益工具、资本公积、其他综合收益、留存收益等。

1. 实收资本(或股本)

实收资本(或股本)，是指所有者投入企业的资本部分。在股份有限公司，构成企业注册资本的金额，称为股本；在非股份有限公司，构成企业注册资本的金额，称为实收资本。

2. 其他权益工具

企业发行的除普通股(作为实收资本或股本)以外，按照金融负债和权益工具区分原则分类(如可转换公司债权)形成的权益工具。

3. 资本公积

资本公积是指企业收到的投资者超出其在企业注册资本(或股本)中所占份额的投资，包括资本溢价和股本溢价。

4. 其他综合收益

其他综合收益是指未在当期损益中确认的各项利得和损失，包括两类：一是以后会计期间不能重分类进损益的其他综合收益项目，如重新计量设定受益计划净负债或净资产导致的变动、按照权益法核算的在被投资单位不能重分类进损益的其他综合收益变动中所享有的份额；二是以后会计期间有满足规定条件时将重分类进损益的其他综合收益项目，如可供出售金融资产公允价值的变动、可供出售外币非货币性项目的汇兑差额。

5. 留存收益

留存收益是企业历年实现的净利润留存于企业的部分，主要包括累计已计提的盈余公积和未分配利润。其中，盈余公积是企业从净利润中提取的公积金，包括法定盈余公积和任意盈余公积；未分配利润是企业留待以后年度分配的利润，如果未分配利润出现负数，即表示年末的未弥补亏损，应由以后年度的利润或盈余公积来弥补。

11.1.5 所有者权益的确认

所有者权益的确认主要依赖于其他会计要素，尤其是资产和负债的确认；所有者权益金额的确定也主要取决于资产和负债的计量。例如，企业接受投资者投入的资产，在该资产符合企业资产确认条件时，就相应地符合了所有者权益的确认条件；当该资产的价值能够可靠计量时，所有者权益的金额也就可以确定。

11.2 实 收 资 本

"实收资本"(或"股本")是核算所有者原始投资的科目，构成企业注册资本或者股本部分的金额。该账户核算企业接受投资者投入企业资本的增减变动及结存情况，股份有限公司采用"股本"科目。借方登记企业按法定程序减资时所减少的注册资本数额，贷方登记投资者向企业投入资本，以及按规定将资本公积、盈余公积转增资本的数额。贷方余额反映到期末为止所接受投资者投资的总额。"实收资本"(或"股本")科目应按照不同投资者分别设置明细分类科目，以便按投资者进行明细分类核算。企业收到所有者投入企业的资本后，应根据有关原始凭证(如投资清单、银行通知单等)，分别不同的出资方式进行会计处理。

11.2.1 接受现金资产投资

1. 股份有限公司以外的企业接受现金资产投资

企业接受现金资产投资时，按照实际收到的金额，借记"银行存款"科目；按投资合同或协议约定投资者在企业注册资本中所占的部分，贷记"实收资本"科目。股份有限公司以外的企业在创立时，投资者认缴的出资额与注册资本一致，一般不会产生资本溢价。

【例11-1】甲、乙、丙共同投资设立龙盛有限责任公司，注册资本为400 000元，甲、乙、丙持股比例分别为60%、25%和15%。按照章程规定，甲、乙、丙投入资本分别为240 000元、100 000元和60 000元。龙盛有限责任公司已如期收到各投资者一次缴足的款项。龙盛有限责任公司应编制会计分录如下：

```
借：银行存款                                          400 000
    贷：实收资本——甲                                  240 000
            ——乙                                     100 000
            ——丙                                      60 000
```

2. 股份有限公司接受现金资产投资

股份有限公司发行股票时，既可以按面值发行股票，也可以溢价发行(我国目前不准许折价发行)。股份有限公司在核定的股本总额及核定的股份总额的范围内发行股票时，应在实际收到现金资产时进行会计处理，借记"银行存款"科目；按每股面值与发行股份总额的乘积计算的金额，贷记"股本"科目；实际收到的金额与股本之间的差额，贷记"资本公积——股本溢价"科目。与其他类型的企业不同，股份有限公司在成立时可能会溢价发行股票，因而在成立之初，就可能会产生股本溢价。

【例 11-2】龙盛股份有限公司发行普通股 200 000 股，每股面值 1 元，每股发行价格 4 元。假定股票发行成功，股款 800 000 元已全部收到，不考虑发行过程中的税费等因素。根据上述资料，龙盛股份有限公司编制会计分录如下。

```
借：银行存款                                          800 000
    贷：股本                                          200 000
        资本公积——股本溢价                            600 000
```

11.2.2 接受非现金资产投资

我国《中华人民共和国公司法》(以下简称《公司法》)规定，股东可以用货币性资产出资，也可以用实物、知识产权、土地使用权等非货币财产作价出资。对作为出资的非货币财产应当评估作价，核实财产，不得高估或者低估作价，但是全体股东的货币出资金额不得低于有限责任公司注册资本的 30%。企业接受非现金资产投资时，应按投资合同或协议约定价值确定非现金资产价值(但投资合同或协议约定价值不公允的除外)和在注册资本中应享有的份额。

1. 接受投入固定资产

企业接受投资者作价投入的房屋、建筑物、机器设备等固定资产，应按投资合同或协议约定价值确定固定资产价值(但投资合同或协议约定价值不公允的除外)和在注册资本中应享有的份额。

【例 11-3】2017 年 11 月 18 日，龙盛有限责任公司于设立时收到 M 公司作为资本投入的、不需要安装的机器设备一台，合同约定该机器设备的价值为 400 000 元，增值税进项税额为 68 000 元。合同约定的固定资产价值与公允价值相符，不考虑其他因素，龙盛有限责任公司进行会计处理时，应编制会计分录如下。

```
借：固定资产                                          400 000
    应交税费——应交增值税(进项税额)                    68 000
    贷：实收资本——M 公司                              468 000
```

2. 接受投入材料物资

企业接受投资者作价投入的材料物资，应按投资合同或协议约定价值确定材料物资价值(但投资合同或协议约定价值不公允的除外)和在注册资本中应享有的份额。

【例 11-4】龙盛有限责任公司于设立时收到 M 公司作为资本投入的原材料一批,该批原材料投资合同或协议约定价值(不含可抵扣的增值税进项税额部分)为 200 000 元,增值税进项税额为 34 000 元。M 公司已开具了增值税专用发票。假设合同约定的价值与公允价值相符,该进项税额允许抵扣,不考虑其他因素,龙盛有限责任公司在进行会计处理时,应编制会计分录如下。

借:原材料　　　　　　　　　　　　　　　　　　　　　　　　200 000
　　应交税费——应交增值税(进项税额)　　　　　　　　　　　34 000
　　贷:实收资本——M 公司　　　　　　　　　　　　　　　　234 000

3. 接受投入无形资产

企业收到以无形资产方式投入的资本,应按投资合同或协议约定价值确定无形资产价值(但投资合同或协议约定价值不公允的除外)和在注册资本中应享有的份额。

【例 11-5】龙盛有限责任公司于设立时收到 C 公司作为资本投入的非专利技术一项,该非专利技术投资合同约定价值为 50 000 元,同时收到 D 公司作为资本投入的土地使用权一项,投资合同约定价值为 90 000 元。假设龙盛有限责任公司接受该非专利技术和土地使用权符合国家注册资本管理的有关规定,可按合同约定作实收资本入账,合同约定的价值与公允价值相符,不考虑其他因素。龙盛有限责任公司应编制会计分录如下。

借:无形资产——非专利技术　　　　　　　　　　　　　　　　50 000
　　　　　　——土地使用权　　　　　　　　　　　　　　　　90 000
　　贷:实收资本——C 公司　　　　　　　　　　　　　　　　50 000
　　　　　　　——D 公司　　　　　　　　　　　　　　　　　90 000

11.2.3 实收资本(或股本)的增减变动

根据我国有关法律的规定,企业资本(或股本)除了下列情况外,不得随意变动:一是符合增资条件,并经有关部门批准增资;二是企业按照法定程序报经批准减少注册资本。

1. 实收资本(或股本)的增加

一般企业增加资本主要有 3 个途径:接受投资者追加投资、资本公积转增资本和盈余公积转增资本。

资本公积和盈余公积均属于所有者权益,用其转增资本时,如果是独资企业,直接结转即可。如果是股份公司或有限责任公司,应该按照原投资者各出资比例相应增加各投资者的出资额。

【例 11-6】甲、乙、丙 3 人共同投资设立龙盛有限责任公司,原注册资本为 6 000 000元,甲、乙、丙分别出资 1 500 000 元、3 000 000 元和 1 500 000 元。为扩大经营规模,经批准,龙盛有限责任公司注册资本扩大为 8 000 000 元,甲、乙、丙按照原出资比例分别追加投资 500 000 元、1 000 000 元和 500 000 元。龙盛有限责任公司如期收到甲、乙、丙追加的现金投资。龙盛公司会计分录如下。

借:银行存款　　　　　　　　　　　　　　　　　　　　　　2 000 000
　　贷:实收资本——甲　　　　　　　　　　　　　　　　　　500 000
　　　　　　　——乙　　　　　　　　　　　　　　　　　　1 000 000
　　　　　　　——丙　　　　　　　　　　　　　　　　　　500 000

【例11-7】承【例11-6】，因扩大经营规模需要，经批准，龙盛公司按原出资比例将资本公积2 000 000元转增资本。龙盛公司会计分录如下。

借：资本公积　　　　　　　　　　　　　　　　　　　　　　　　　2 000 000
　　贷：实收资本——甲　　　　　　　　　　　　　　　　　　　　　　500 000
　　　　　　　　——乙　　　　　　　　　　　　　　　　　　　　　1 000 000
　　　　　　　　——丙　　　　　　　　　　　　　　　　　　　　　　500 000

【例11-8】承【例11-6】，因扩大经营规模需要，经批准，龙盛公司按原出资比例将盈余公积2 000 000元转增资本。龙盛公司会计分录如下。

借：盈余公积　　　　　　　　　　　　　　　　　　　　　　　　　2 000 000
　　贷：实收资本——甲　　　　　　　　　　　　　　　　　　　　　　500 000
　　　　　　　　——乙　　　　　　　　　　　　　　　　　　　　　1 000 000
　　　　　　　　——丙　　　　　　　　　　　　　　　　　　　　　　500 000

2. 实收资本(或股本)的减少

企业减少实收资本应按法定程序报经批准，股份有限公司采用收购本公司股票方式减资的，按股票面值和注销股数计算的股票面值总额冲减股本，按注销库存股的账面余额与所冲减股本的差额冲减股本溢价，股本溢价不足冲减的，再冲减盈余公积直至未分配利润。如果购回股票支付的价款低于面值总额的，所注销库存股的账面余额与所冲减股本的差额，作为增加股本溢价处理。

【例11-9】龙盛公司2017年10月31日的股本为20 000 000股，面值为1元，资本公积(股本溢价)6 000 000元，盈余公积8 000 000元。经股东大会批准，龙盛公司以现金回购本公司股票4 000 000股并注销。假定龙盛公司按每股2元回购股票，不考虑其他因素，龙盛公司的会计处理如下。

(1) 回购本公司股票时，库存股成本＝4 000 000×2＝8 000 000(元)。

借：库存股　　　　　　　　　　　　　　　　　　　　　　　　　　8 000 000
　　贷：银行存款　　　　　　　　　　　　　　　　　　　　　　　8 000 000

(2) 注销本公司股票时，应冲减的资本公积＝4 000 000×2－4 000 000×1＝4 000 000(元)。

借：股本　　　　　　　　　　　　　　　　　　　　　　　　　　　4 000 000
　　资本公积——股本溢价　　　　　　　　　　　　　　　　　　　4 000 000
　　贷：库存股　　　　　　　　　　　　　　　　　　　　　　　　8 000 000

【例11-10】承【例11-9】，假定龙盛公司按每股3元回购股票，其他条件不变。

(1) 回购本公司股票时，库存股成本＝4 000 000×3＝12 000 000(元)。

借：库存股　　　　　　　　　　　　　　　　　　　　　　　　　　12 000 000
　　贷：银行存款　　　　　　　　　　　　　　　　　　　　　　　12 000 000

(2) 注销本公司股票。

借：股本　　　　　　　　　　　　　　　　　　　　　　　　　　　4 000 000
　　资本公积——股本溢价　　　　　　　　　　　　　　　　　　　6 000 000
　　盈余公积　　　　　　　　　　　　　　　　　　　　　　　　　2 000 000
　　贷：库存股　　　　　　　　　　　　　　　　　　　　　　　　12 000 000

应冲减的资本公积＝4 000 000×3－4 000 000×1＝8 000 000(元)。由于应冲减的资本公积大于公司现有的资本公积，所有只能冲减资本公积 6 000 000 元，剩余的 2 000 000 元应冲减盈余公积。

【例 11-11】承【例 11-9】，假定龙盛公司按每股 0.8 元回购股票，其他条件不变，龙盛公司的会计处理如下。

(1) 回购本公司股票，库存股成本＝4 000 000×0.8＝3 200 000(元)。

借：库存股　　　　　　　　　　　　　　　　　　　　　　　　3 200 000
　　贷：银行存款　　　　　　　　　　　　　　　　　　　　　　3 200 000

(2) 注销本公司股票时。

借：股本　　　　　　　　　　　　　　　　　　　　　　　　　4 000 000
　　贷：库存股　　　　　　　　　　　　　　　　　　　　　　　3 200 000
　　　　资本公积——股本溢价　　　　　　　　　　　　　　　　　800 000

应增加的资本公积＝4 000 000×1－4 000 000×0.8＝800 000(元)。由于折价回购，股本与库存股成本的差额 800 000 元，应作为增加资本公积处理。

11.3　资本公积和其他综合收益

"资本公积"科目，反映企业收到投资者的超出其在企业注册资本(或股本)中所占份额的投资，以及直接计入所有者权益的利得和损失。借方登记资本公积的减少数，贷方登记资本公积的增加数，余额在贷方，反映企业资本公积的结余数。资本公积包括资本溢价(或股本溢价)，以及直接计入所有者权益的利得和损失(资本公积——其他资本公积)。

11.3.1　资本公积的核算

资本公积是企业收到投资者的超出其在企业注册资本(或股本)中所占份额的投资，以及直接计入所有者权益的利得和损失等。资本公积包括资本溢价(或股本溢价)和直接计入所有者权益的利得和损失等。

资本溢价(或股本溢价)是企业收到投资者的超出其在企业注册资本(或股本)中所占份额的投资。形成资本溢价(或股本溢价)的原因有溢价发行股票、投资者超额缴入资本等。

资本公积一般应当设置"资本(或股本)溢价""其他资本公积"明细科目核算。

1. 资本溢价(或股本溢价)的核算

1) 资本溢价

除股份有限公司外的其他类型的企业，在企业创立时，投资者认缴的出资额与注册资本一致，一般不会产生资本溢价。但在企业重组或有新的投资者加入时，为了维护原有投资者的权益，常常会出现资本溢价。这是因为企业进行正常生产经营后，其资本利润率通常要高于企业初创阶段。另外，企业经营中实现的利润一部分留在企业，形成留存收益，新投资者加入企业后，会与原投资者共同分享企业历年积累的留存收益，所以新加入的投资者往往要付出大于原投资者的出资额,才能取得与原投资者相同的出资比例。投资者多缴的部分就形成了资本溢价。

【例 11-12】龙盛有限责公司由两位投资者投资 400 000 元设立,每人各出资 200 000 元。一年后,为扩大经营规模,经批准,龙盛有限责任公司注册资本增加到 600 000 元,并引入第三位投资者加入。按照投资协议,新投资者需缴入现金 220 000 元,同时享有该公司 1/3 的股份。龙盛公司已收到该现金投资。假定不考虑其他因素,龙盛公司的会计分录如下。

借:银行存款	220 000
贷:实收资本	200 000
资本公积——资本溢价	20 000

本例中,龙盛公司收到第三位投资者的现金投资 220 000 元中,200 000 元属于第三位投资者在注册资本中所享有的份额,应记入"实收资本"科目,20 000 元属于资本溢价,应记入"资本公积——资本溢价"科目。

2) 股本溢价

股份有限公司是以发行股票的方式筹集股本的,股票可按面值发行,也可按溢价发行,我国目前不准折价发行。与其他类型的企业不同,股份有限公司在成立时可能会溢价发行股票,因而在成立之初,就可能会产生股本溢价。股本溢价的数额等于股份有限公司发行股票时,实际收到的款额超过股票面值总额的部分。

在按面值发行股票的情况下,企业发行股票取得的收入,应全部作为股本处理;在溢价发行股票的情况下,企业发行股票取得的收入,等于股票面值部分作为股本处理,超出股票面值的溢价收入应作为股本溢价处理。发行股票相关的手续费、佣金等交易费用,如果是溢价发行股票的,应从溢价中抵扣,冲减"资本公积——股本溢价";无溢价发行股票或溢价金额不足以抵扣的,应将不足抵扣的部分冲减"盈余公积",冲减全部盈余公积以后还有剩余的部分冲减"未分配利润"。

【例 11-13】龙盛股份有限公司首次公开发行了普通股 2 000 000 股,每股面值 1 元,每股发行价格为 3 元。龙盛公司以银行存款支付发行手续费、咨询费等费用共计 5 000 000 元。发行债券前该公司的"盈余公积"和"利润分配——未分配利润"科目的贷方余额分别为 600 000 元、1 000 000 元。假定发行收入已全部收到,发行费用已全部支付,不考虑其他因素,龙盛公司的会计处理如下。

(1) 收到发行收入。

借:银行存款	6 000 000
贷:股本	2 000 000
资本公积——股本溢价	4 000 000

(2) 支付发行费用。

借:资本公积——股本溢价	4 000 000
盈余公积	600 000
利润分配——未分配利润	400 000
贷:银行存款	5 000 000

2. 其他资本公积的核算

其他资本公积是指除资本溢价(或股本溢价)项目以外所形成的资本公积。

1) 以权益结算的股份支付

以权益结算的股份支付换取职工或其他方提供服务的,应按照确定的金额,记入"管理费用"等科目,同时增加资本公积(其他资本公积)。在行权日,应按实际行权的权益工具数量计算确定的金额,借记"资本公积——其他资本公积"科目,按计入实收资本或股本的金额,贷记"实收资本"或"股本"科目,并将其差额记入"资本公积——资本溢价"或"资本公积——股本溢价"。

2) 采用权益法核算的长期股权投资

长期股权投资采用权益法核算的,被投资方除净损益、其他综合收益和利润分配以外的所有者权益的其他变动,投资企业按持股比例计算应享有的份额,应当增加或减少长期股权投资的账面价值,同时增加或减少资本公积(其他资本公积)。当处置采用权益法核算的长期股权投资时,应当将原记入资本公积(其他资本公积)的相关金额转入投资收益(除不能转入损益的项目外)。

3. 资本公积转增资本的核算

按照《公司法》的规定,法定公积金(资本公积和盈余公积)转为资本时,所留存的该项公积金不得少于转增前公司注册资本的 25%。经股东大会或类似机构决议,用资本公积转增资本时,应冲减资本公积,同时按照转增前的实收资本(或股本)的结构或比例,将转增的金额记入"实收资本"(或"股本")科目下各所有者的明细分类账。

【例 11-14】龙盛公司董事会决定并报经股东大会讨论通过,将 600 000 元资本公积转成股本。龙盛公司应该进行如下会计处理。

借:资本公积　　　　　　　　　　　　　　　　　　　　　　　600 000
　　贷:股本　　　　　　　　　　　　　　　　　　　　　　　　600 000

11.3.2 其他综合收益的核算

其他综合收益,是指企业根据其他会计准则规定未在当期损益中确认的各项利得和损失。其内容包括下列两类。

1. 以后会计期间不能重分类进损益的其他综合收益项目

(1) 重新计量设定受益计划净负债或净资产导致的变动。

(2) 按照权益法核算的在被投资单位不能重分类进损益的其他综合收益变动中所享有的份额。

2. 以后会计期间在满足规定条件时将重分类进损益的其他综合收益项目

(1) 可供出售金融资产公允价值的变动。

可供出售金融资产公允价值变动形成的利得,除减值损失和外币货币性金融资产形成的汇兑差额外,借记"可供出售金融资产——公允价值变动"科目,贷记"其他综合收益"科目;若是损失,则作相反的分录。处置该金融资产时,将原计入其他综合收益累计额对应处置部分的金额转出,计入"投资收益"科目。

(2) 可供出售外币非货币性项目的汇兑差额。

对于以公允价值计量的可供出售非货币性项目，如果期末的公允价值以外币反映，则应当先将该外币按照公允价值确定当日的即期汇率折算为记账本位币金额，再与原记账本位币金额进行比较，其差额计入其他综合收益。具体来说，对于发生的汇兑收益，借记"可供出售金融资产"科目，贷记"其他综合收益"；若是汇兑损失，作相反的分录。

(3) 金融资产的重分类。

将可供出售金融资产重分类为采用成本或摊余成本计量的金融资产，重分类日该金融资产的公允价值或账面价值作为成本或摊余成本，该金融资产没有固定到期日的，与该金融资产相关、原直接计入所有者权益的利得或损失，应当仍然记入"其他综合收益"科目，在该金融资产被处置时转出，计入当期损益。

将持有至到期投资重分类为可供出售金融资产，并以公允价值进行后续计量，重分类日，该投资的账面价值与其公允价值之间的差额记入"其他综合收益"科目。在该可供出售金融资产发生减值或终止确认时将其转出，计入当期损益。

按照金融工具确认和计量的规定应当以公允价值计量，但以前公允价值不能可靠计量的可供出售金融资产，企业应当在其公允价值能够可靠计量时改按公允价值计量，将相关账面价值与公允价值之间的差额记入"其他综合收益"科目，在其发生减值或终止确认时将上述差额转出，计入当期损益。

(4) 采用权益法核算的长期股权投资。

采用权益法核算的长期股权投资，按照被投资方实现其他综合收益以及持股比例计算应享有或分担的金额，调整长期股权投资的账面价值，同时增加或减少其他综合收益，其会计处理为：借记(或贷记)"长期股权投资——其他综合收益"科目，贷记(或借记)"其他综合收益"，待该项股权投资处置时，将原计入其他综合收益的金额转入当期损益。

(5) 存货或自用房地产转换为投资性房地产。

企业将作为存货的房地产转换为采用公允价值模式计量的投资性房地产时，应当按该项房地产在转换日的公允价值，借记"投资性房地产——成本"科目，原已计提跌价准备的，借记"存货跌价准备"科目，按其账面余额，贷记"开发产品"等科目；同时，转换日的公允价值小于账面价值的，按其差额，借记"公允价值变动损益"科目，转换日的公允价值大于账面价值的，按其差额，贷记"其他综合收益"科目。

企业将自用的建筑物等转换为采用公允价值模式计量的投资性房地产时，应当按该项房地产在转换日的公允价值，借记"投资性房地产——成本"科目，原已计提跌价准备的，借记"固定资产减值准备"科目，按已计提的累计折旧等，借记"累计折旧"等科目，按其账面余额，贷记"固定资产"等科目；同时，转换日的公允价值小于账面价值的，按其差额，借记"公允价值变动损益"科目，转换日的公允价值大于账面价值的，按其差额，贷记"其他综合收益"科目。

待该项投资性房地产处置时，因转换计入其他综合收益的部分应转入当期损益。

(6) 现金流量套期工具产生的利得或损失中属于有效套期的部分。

现金流量套期工具利得或损失中属于有效套期部分，直接确认为其他综合收益，该有效套期部分的金额，按下列两项的绝对额中较低者确定：①套期工具自套期开始的累计利得或损失；②被套期项目自套期开始的预计未来现金现值的累计变动额。

套期工具利得或损失的后续处理为：①被套期项目为预期交易，且该预期交易使企业随后确认一项金额资产或一项金融负债的，原直接确认为其他综合收益的相关利得或损失，在该金融资产或金融负债影响企业损益的相同期间转出，计入当期损益。但是，企业预期原直接在其他综合收益中确认的净损失全部或部分在未来会计期间不能弥补时，应当将不能弥补的部分转出，计入当期损益。②被套期项目为预期交易，且该预期交易使企业随后确认一项非金额资产或一项非金融负债的，企业可选择将原直接在其他综合收益中确认的相关利得或损失，在该非金额资产或非金融负债影响企业损益的相同期间转出，计入当期损益。但是，企业预期原直接在其他综合收益中确认的净损失全部或部分在未来会计期间不能弥补时，应当将不能弥补的部分转出，计入当期损益。除上述两种情况外，原直接计入其他综合收益的套期工具利得或损失，应当在被套期预期交易影响损益的相同期间转出，计入当期损益。

(7) 外币财务报表折算差额。

按照外币折算的要求，企业在处置境外经营的当期，将已列入合并报表所有者权益的外币报表折算差额中与该境外经营相关部分，自其他综合收益项目转入处置当期损益。如果是部分处置境外经营，应当按处置的比例计算处置部分的外币报表折算差额，转入处置当期损益。

11.4 留存收益

留存收益，是企业历年实现的净利润留存于企业的部分。它来源于企业的生产经营活动所实现的净利润，归所有者共同享有，主要包括累计计提的盈余公积和未分配利润。

11.4.1 未分配利润

未分配利润，是指企业未作分配的利润，它在以后年度可继续进行分配，在未进行分配之前，属于所有者权益的组成部分。从数量上来看，未分配利润是期初未分配利润加上本期实现的净利润，减去提取的各种盈余公积和分配的利润后的余额。未分配利润是经过弥补亏损、提取法定盈余公积、提取任意盈余公积和向投资者分配利润等利润分配之后剩余的利润。它是企业留待以后年度进行分配的历年结存的利润。

企业应通过"利润分配"科目，核算企业利润的分配(或亏损的弥补)和历年分配(或弥补)后的未分配利润(或未弥补亏损)。该科目应分别"提取法定盈余公积""提取任意盈余公积""应付现金股利或利润""盈余公积补亏""未分配利润"等进行明细核算。

企业未分配利润通过"利润分配——未分配利润"明细科目进行核算。未分配利润核算一般是在年度终了时进行的。年度终了，企业应将全年实现的净利润或发生的净亏损，自"本年利润"科目转入"利润分配——未分配利润"科目的贷方，同时将本年利润分配的数额(利润分配其他明细科目的余额)结转到"利润分配——未分配利润"账户的借方。"利润分配——未分配利润"科目如为贷方余额，表示累积未分配的利润数额；如为借方余额，则表示累积未弥补的亏损数额。

【例 11-15】龙盛公司年初未分配利润为 0，本年实现净利润 400 000 元，本年提取法定盈余公积 40 000 元，宣告发放现金股利 160 000 元。假定不考虑其他因素，龙盛公司会计处理如下。

(1) 结转本年利润。

借：本年利润　　　　　　　　　　　　　　　　　　　　　　400 000
　　贷：利润分配——未分配利润　　　　　　　　　　　　　　　　400 000

(2) 提取法定盈余公积、宣告发放现金股利。

借：利润分配——提取法定盈余公积　　　　　　　　　　　　 40 000
　　　　　　　——应付现金股利　　　　　　　　　　　　　　160 000
　　贷：盈余公积　　　　　　　　　　　　　　　　　　　　　　 40 000
　　　　应付股利　　　　　　　　　　　　　　　　　　　　　　160 000

同时

借：利润分配——未分配利润　　　　　　　　　　　　　　　　200 000
　　贷：利润分配——提取法定盈余公积　　　　　　　　　　　　 40 000
　　　　　　　　——应付现金股利　　　　　　　　　　　　　　160 000

本例中，"利润分配——未分配利润"明细科目的余额在贷方，此贷方余额 200 000 元(本年利润 400 000 元－提取法定盈余公积 40 000 元－支付现金股利 160 000 元)，即为龙盛股份有限公司本年年末的累计未分配利润。

11.4.2 盈余公积

盈余公积，是指企业按规定从净利润中提取的企业积累资金。公司制企业的盈余公积包括法定盈余公积和任意盈余公积。"盈余公积"是核算经营积累的科目，反映企业从净利润中提取的盈余公积。借方核算用盈余公积转增资本或弥补亏损，贷方反映计提法定盈余公积和任意盈余公积。

按照《公司法》有关规定，公司制企业应当按照当年实现净利润(减弥补以前年度亏损，下同)的 10%提取法定盈余公积。法定盈余公积累计额已达注册资本的 50%时，可以不再提取。公司制企业可根据股东大会的决议提取任意盈余公积。法定盈余公积和任意盈余公积的区别在于其各自计提的依据不同，前者以国家的法律法规为依据；后者由企业的权力机构自行决定。企业提取的盈余公积经批准可用于弥补亏损、转增资本、发放现金股利或利润等。

1. 提取盈余公积

企业按规定提取盈余公积时，应通过"利润分配"和"盈余公积"科目处理。

【例 11-16】龙盛公司本年实现净利润为 1 000 000 元，年初未分配利润为 0。经股东大会批准，龙盛股份有限公司按当年净利润的 10%提取法定盈余公积。假定不考虑其他因素，龙盛公司的会计分录如下。

本年提取盈余公积金额＝1 000 000×10%＝100 000(元)

借：利润分配——提取法定盈余公积　　　　　　　　　　　　100 000
　　贷：盈余公积——法定盈余公积　　　　　　　　　　　　　　100 000

2. 盈余公积补亏

【例 11-17】经股东大会批准，龙盛公司用以前年度提取的盈余公积弥补当年亏损，当年弥补亏损的数额为 120 000 元。假定不考虑其他因素，龙盛公司的会计分录如下。

借：盈余公积 120 000
　　贷：利润分配——盈余公积补亏 120 000

3. 盈余公积转增资本

【例 11-18】因扩大经营规模需要，经股东大会批准，龙盛公司将盈余公积 80 000 元转增股本。假定不考虑其他因素，龙盛公司的会计分录如下。

借：盈余公积 80 000
　　贷：股本 80 000

4. 用盈余公积发放现金股利或利润

【例 11-19】龙盛公司 2016 年 12 月 31 日普通股股本为 3 000 000 股，每股面值 1 元，可供投资者分配的利润为 600 000 元，盈余公积 1 000 000 元。2017 年 3 月 20 日，股东大会批准了 2016 年度利润分配方案，以 2016 年 12 月 31 日为登记日，按每股 0.3 元发放现金股利。龙盛股份有限公司共需要分派 900 000 元现金股利，其中动用可供投资者分配的利润 600 000 元、盈余公积 300 000 元。假定不考虑其他因素，龙盛公司会计处理如下。

(1) 宣告分派股利。

借：利润分配——应付现金股利 600 000
　　盈余公积 300 000
　　贷：应付股利 900 000

(2) 支付股利。

借：应付股利 900 000
　　贷：银行存款 900 000

 本章小结

所有者权益在股份制企业又称为股东权益。所有者权益，在数量上等于企业全部资产减去全部负债后的余额所有者权益，这可以通过对会计恒等式的变形来表示，即资产－负债＝所有者权益。本章介绍了所有者权益的概念、核算内容、特点及确认；资本变动的原因及投入资本的会计处理；资本公积的核算内容及会计处理；留存收益的内容、盈余公积及未分配利润的会计处理。

本章习题

1. 判断题

(1) 上市公司董事会通过股票股利分配方案时，财会部门应将拟分配的股票股利确认为负债。　　　　　　　　　　　　　　　　　　　　　　　　　　　　　　　（　）

(2) 在溢价发行股票的情况下，公司发行股票的溢价收入，直接冲减当期的财务费用。
　　　　　　　　　　　　　　　　　　　　　　　　　　　　　　　　　　　（　）

(3) 企业接受的投资者以原材料投资，其增值税税额不能计入实收资本。　　（　）

(4) 企业以盈余公积向投资者分配现金股利，不会引起留存收益总额的变动。（ ）

(5) 企业计提法定盈余公积是按当年实现的净利润作为基数计提的，该基数不应考虑企业年初未分配利润。（ ）

(6) 企业当年的可供分配利润，应该等于年初的未分配利润，加上当年实现的净利润及其他转入。（ ）

(7) 年度终了，除"未分配利润"明细科目外，"利润分配"科目下的其他明细科目应当无余额。（ ）

(8) 由于所有者权益和负债都是对企业资产的要求权，因此它们的性质是一样的。（ ）

(9) 用盈余公积转增资本或弥补亏损时，会导致所有者权益总额发生变化。（ ）

(10) 按照我国法律规定，投资者设立企业必须首先投入资本。（ ）

2. 计算及业务分析题

1) 阳光股份有限公司(以下简称阳光公司)为一家从事药品生产的增值税一般纳税企业。2017年1月1日，所有者权益总额为50 000万元，其中股本30 000万元，资本公积5 000万元，盈余公积6 000万元，未分配利润9 000万元。2017年度阳光公司发生如下经济业务。

(1) 接受甲公司投入原材料一批，合同约定的价值为3 000万元(与公允价值相符)，增值税税额为510万元；同时阳光公司增加股本2 500万元，相关法律手续已办妥。

(2) 被投资企业乙公司可供出售金融资产的公允价值净值减少500万元，阳光公司采用权益法按40%持股比例确认应享有的份额。

(3) 经股东大会决议，并报有关部门核准，增发普通股3 000万股，每股面值1元，每股发行价格5元，按照发行股款的2%向证券公司支付发行费。发行款已全部收到并存入银行。假定不考虑其他因素。

(4) 因扩大经营规模需要，经股东大会批准，阳光公司将盈余公积2 800万元转增股本。

(5) 结转本年实现净利润3 000万元。

(6) 按税后利润的10%提取法定盈余公积。

(7) 向投资者宣告分配现金股利500万元。

(8) 将"利润分配——提取法定盈余公积""利润分配——应付现金股利"明细科目余额结转至未分配利润。

要求：(1) 根据上述资料，逐项编制阳光公司相关经济业务的会计分录。

(2) 计算年末所有者权益各项目的账面余额。

2) 甲上市公司2016—2017年发生与其股票有关的业务如下。

(1) 2016年1月4日，经股东大会决议，并报有关部门核准，增发普通股40 000万股，每股面值1元，每股发行价格5元，股款已全部收到并存入银行。假定不考虑相关税费。

(2) 2016年6月20日，经股东大会决议并报有关部门核准，以资本公积4 000万元转增股本。

(3) 2017年6月20日，经股东大会决议并报有关部门核准，以银行存款回购本公司股票100万股，每股回购价格为3元。

(4) 2017 年 6 月 26 日，经股东大会决议并报有关部门核准，将回购的本公司股票 100 万股注销。

要求：逐笔编制甲上市公司上述业务的会计分录。(答案中的金额单位用万元表示)

3) A 有限责任公司 2017 年发生的有关经济业务如下。

(1) 按照规定办理增资手续后，将资本公积 90 000 元转增注册资本。该公司原有注册资本 2 910 000 元，其中甲、乙、丙 3 家公司各占 1/3。

(2) 用盈余公积 50 000 元弥补以前年度亏损。

(3) 从税后利润中提取法定盈余公积 153 000 元。

(4) 接受 B 公司投资，经投资各方协议，B 公司实际出资额中 1 000 000 元作为新增注册资本，使投资各方在注册资本总额中均占 1/4。B 公司以银行存款 1 200 000 元缴付出资额。

要求：根据上述业务编制 A 公司的有关会计分录。

第12章 收入、费用和利润

学习目标

通过本章的学习,了解收入和费用的概念、特征及分类,让渡资产使用权的使用费收入的确认和计量原则;掌握各种特定方式下收入的确认与计量,提供劳务收入的确认与计量;掌握费用的确认与计量,营业成本的组成内容和核算,营业税金及附加的内容与核算,期间费用的内容及核算;掌握利润的构成及其主要内容,营业外收入、营业外支出的核算内容及账务处理,本年利润的结转及账务处理。

技能要求

掌握收入、费用的确认与计量;熟练掌握销售商品收入的确认条件及其运用,销售折扣、折让与退回的会计处理,本年利润的计算与结转,净利润的分配程序与会计处理方法。

第12章 收入、费用和利润

导入案例

大雁会计师事务所的注册会计师对宝硕集团有限公司(以下简称宝硕公司)2006年年终的财务报告进行审计,对账面的应收账款采用发函询证的方法进行询证,收到回函后发现该公司的应收账款中存在如下问题。

(1) 宝硕公司"应收账款——虎振技校"明细账的余额为100 500元,而虎振技校的账面记录为1 350 000元。原因是宝硕公司于2006年12月20日销售给虎振技校的一批货物,已开出发票,货已发出,但未确认收入,而虎振技校已经入账。宝硕公司销售价格是以成本加价30%来确定的。

(2) 宝硕公司"应收账款——青岛啤酒"明细账的余额为340 000元,而青岛啤酒账上记录为200 000元。原来青岛啤酒于2006年12月28日已付出140 000元,而这笔账款尚未到达宝硕公司。

(3) 宝硕公司"应收账款——乾青花集团"明细账的余额为293 500元,而乾青花集团账上记录为270 000元。原因是2006年1月16日有13 500元的货物发生变质,宝硕公司同意退货并已开出红字发票,但尚未入账。另外,宝硕公司将10 000元作为佣金支付给业务员。

通过本章的学习,你将了解到针对上述问题应作何调整,以及这些事项对资产负债表和利润表带来的影响。

12.1 收 入

12.1.1 收入及其分类

1. 收入的概念与特征

收入,是指企业在日常活动中形成的、会导致所有者权益增加与所有者投入资本无关的经济利益的总流入。收入具有以下特点。

(1) 收入是企业在日常活动中形成的经济利益的总流入。

日常活动,是指企业为完成其经营目标所从事的经常性活动,以及与之相关的活动。工业企业销售产品、商业企业销售商品、咨询公司提供咨询服务、软件开发企业为客户开发软件、安装公司提供安装服务、商业银行对外贷款、租赁公司出租资产等活动,均属于企业为完成其经营目标所从事的经常性活动,由此形成的经济利益的总流入构成收入。工业企业对外出售不需要的原材料、对外转让无形资产使用权、对外进行权益性投资(取得现金股利)或债权性投资(取得利息)等活动,虽不属于企业的经常性活动,但属于企业为完成其经营目标所从事的与经常性活动相关的活动,由此形成的经济利益的总流入也构成收入。

收入形成于企业日常活动的特征,使其与产生于非日常活动的利得相区分。企业所从事或发生的某些活动也能为企业带来经济利益,但不属于企业为完成其经营目标所从事的经常性活动,也不属于与经常性活动相关的活动。例如,工业企业处置固定资产、无形资产,因其他企业违约收取罚款等,这些活动形成的经济利益的总流入属于企业的利得而不是收入。利得通常不经过经营过程就能取得,或属于企业不曾期望获得的收益。

(2) 收入可能表现为资产的增加或负债的减少,或者二者兼而有之。

收入通常表现为资产的增加,如在销售商品、提供劳务时,销售收入增加的同时,银行存款或应收账款也会相应增加;有时也表现为负债的减少,如债务重组业务,在提供了商品或劳务并确认收入的同时，应付账款或应付票据得以抵偿；或者在增加资产的同时也减少负债，如预收款项的销售业务在确认收入的同时，预收账款得以抵偿，同时补收不足抵偿的账款。

(3) 收入会导致企业所有者权益的增加。

收入形成的经济利益总流入的形式多种多样，既可能表现为资产的增加，如增加银行存款、应收账款；也可能表现为负债的减少，如减少预收账款；还可能表现为两者的组合，如销售实现时，部分冲减预收账款，部分增加银行存款。收入形成的经济利益总流入能增加资产或减少负债或两者兼而有之，根据"资产－负债＝所有者权益"的会计等式，收入一定能增加企业的所有者权益。这里所说的收入能增加所有者权益，仅指收入本身的影响，而收入扣除与之相配比的费用后的净额，既可能增加所有者权益，也可能减少所有者权益。

企业为第三方或客户代收的款项，如企业代国家收取的增值税等，一方面增加企业的资产，另一方面增加企业的负债，并不增加企业的所有者权益，因此不构成本企业的收入。

(4) 收入与所有者投入资本无关。

所有者投入资本主要是为谋求享有企业资产的剩余权益，由此形成的经济利益的总流入不构成收入，而应确认为企业所有者权益的组成部分。

2. 收入的分类

(1) 收入按企业从事日常活动的性质不同，分为销售商品收入、提供劳务收入和让渡资产使用权收入。

① 销售商品收入，是指企业通过销售商品实现的收入。这里的商品包括企业为销售而生产的产品和为转售而购进的商品。企业销售的其他存货如原材料、包装物等也视同商品。

② 提供劳务收入，是指企业通过提供劳务实现的收入。例如，企业通过提供旅游、运输、咨询、代理、培训、产品安装等劳务所实现的收入。

③ 让渡资产使用权收入，是指企业通过让渡资产使用权实现的收入，包括利息收入和使用费收入。利息收入，主要是指金融企业对外贷款形成的利息收入，以及同业之间发生往来形成的利息收入等。使用费收入，主要是指企业转让无形资产(如商标权、专利权、专营权、版权)等资产的使用权形成的使用费收入。企业对外出租固定资产收取的租金、进行债权投资收取的利息、进行股权投资取得的现金股利等，也构成让渡资产使用权收入。

(2) 收入按企业经营业务的主次不同，分为主营业务收入和其他业务收入。

① 主营业务收入，是指企业为完成其经营目标所从事的经常性活动实现的收入。主营业务收入一般占企业总收入的比重较大，对企业的经济效益产生较大影响。不同行业企业的主营业务收入所包括的内容不同。例如，工业企业的主营业务收入主要包括销售商品、自制半成品、代制品、代修品，提供工业性劳务等实现的收入；商业企业的主营业务收入主要包括销售商品实现的收入；咨询公司的主营业务收入主要包括提供咨询服务实现的收入；安装公司的主营业务收入主要包括提供安装服务实现的收入。

企业实现的主营业务收入通过"主营业务收入"科目核算，并通过"主营业务成本"科目核算为取得主营业务收入发生的相关成本。

② 其他业务收入，是指企业为完成其经营目标所从事的与经常性活动相关的活动实现的收入。其他业务收入属于企业日常活动中次要交易实现的收入，一般占企业总收入的比

重较小。不同行业企业的其他业务收入所包括的内容不同。例如，工业企业的其他业务收入主要包括对外销售材料，对外出租包装物、商品或固定资产，对外转让无形资产使用权，对外进行权益性投资(取得现金股利)或债权性投资(取得利息)，提供非工业性劳务等实现的收入。

企业实现的原材料销售收入、包装物租金收入、固定资产租金收入、无形资产使用费收入等，通过"其他业务收入"科目核算，企业进行权益性投资或债权性投资取得的现金股利收入和利息收入，通过"投资收益"科目核算。通过"其他业务收入"科目核算的其他业务收入，需通过"其他业务成本"科目核算为取得其他业务收入发生的相关成本。

12.1.2 销售商品收入的确认条件与计量

销售商品取得的收入通常在销售成立时予以确认，并按实际交易金额计价入账。但是会计实务中，商品交易的方式多种多样，判断一项销售商品的收入是否可以确认入账或应于何时确认入账，需要考虑多种因素。《企业会计准则》规定，销售商品收入同时满足下列5个条件的，才能予以确认。

1. **企业已将商品所有权上的主要风险和报酬转移给购货方**

企业已将商品所有权上的主要风险和报酬转移给购货方，是指与商品所有权有关的主要风险和报酬同时转移。其中，与商品所有权有关的风险，是指商品可能发生减值或毁损等形成的损失；与商品所有权有关的报酬，是指商品价值增值或通过使用商品等形成的经济利益。企业已将商品所有权上的主要风险和报酬转移给购货方，构成确认销售商品收入的重要条件。

判断企业是否已将商品所有权上的主要风险和报酬转移给购货方，应当关注交易的实质而不是形式，并结合所有权凭证的转移或实物的交付进行判断。如果与商品所有权有关的任何损失均不需要销货方承担，与商品所有权有关的任何经济利益也不归销货方所有，就意味着商品所有权上的主要风险和报酬转移给了购货方。

通常情况下，转移商品所有权凭证并交付实物后，商品所有权上的所有风险和报酬随之转移，如大多数商品零售、预收款销售商品等。对于商品零售交易，销货方在售出商品时将商品交付给购货方，同时收到购货方支付的货款，这一交付行为发生后，购货方一般不能退货，售出商品发生的任何损失均不再需要销货方承担，售出商品带来的经济利益也不再归销货方所有，因此可以认为该售出商品所有权上的风险和报酬已转移给了购货方。

某些情况下，转移商品所有权凭证但未交付实物，商品所有权上的主要风险和报酬随之转移，企业只保留商品所有权上的次要风险和报酬。例如，在交款提货销售方式下，销售方收到购货方支付的货款并给购货方开具发票、提货单时，虽然商品尚未实际交付，但仍可以认为商品所有权上的主要风险和报酬已经转移给了购货方。有时，已交付实物但未转移商品所有权凭证，商品所有权上的主要风险和报酬未随之转移，如采用支付手续费方式委托代销商品。

还有一些特殊情况，企业已转移商品所有权凭证并交付实物，但商品所有权上的主要风险和报酬并未随之转移。在这种情况下，该项交易就不是一项已实现的销售，不能确认销售收入。企业可能在以下几种情况下，仍保留商品所有权上的主要风险和报酬。

(1) 企业销售的商品在质量、品种、规格等方面不符合合同或协议要求,又未根据正常的保证条款予以弥补,因而仍负有责任。例如,A 公司向 B 公司销售一批商品,商品已经发出,B 公司已经预付部分货款,剩余货款由 B 公司开出一张银行承兑汇票,销售发票账单已经交付乙公司。乙公司收到商品后,发现商品质量没有达到合同约定的要求,立即根据合同有关条款与 A 公司交涉,要求在价格上给予一定折让,否则要求退货。双方没有就此达成一致意见,A 公司也未采取任何补救措施。在这种情况下,尽管商品已经发出,并将发票账单交付买方,同时收到部分货款,但是由于双方在商品质量的弥补方面未达成一致意见,说明购买方尚未正式接受商品,商品可能被退回。因此,商品所有权上的主要风险和报酬仍保留在 A 公司,没有随商品所有权凭证的转移或实物的交付而转移,不能确认收入。

(2) 企业销售商品的收入是否能够取得,取决于购买方是否已将商品销售出去。如采用支付手续费方式委托代销商品,在将商品交付给受托方时,商品销售收入能否取得,完全取决于受托方能否将商品销售出去。因此,委托方在将商品交给受托方时,商品所有权上的主要风险和报酬并没有发生转移,委托方在交付商品时,不能确认收入,而要在收到受托方的代销清单时,委托方才能确认收入。

(3) 企业尚未完成售出商品的安装或检验工作,且安装或检验工作是销售合同或协议的重要组成部分。例如,A 公司向 B 公司销售一部电梯,电梯已经运抵 B 公司,发票账单已经交付,同时收到部分货款。合同约定,A 公司应负责该电梯的安装工作,在安装工作结束并经 B 公司验收合格后,B 公司应立即支付剩余货款。在此例中,电梯安装调试工作通常是电梯销售合同的重要组成部分,在安装过程中可能会发生一些不确定因素,影响电梯销售收入的实现。因此,电梯实物的交付并不表明商品所有权上的主要风险和报酬随之转移,不能确认销售收入。只有在安装完成并验收合格,表明与电梯所有权有关的风险和报酬已经转移给 B 公司,同时满足销售商品收入确认的其他条件时,A 公司才能确认收入。

(4) 销售合同或协议中规定了买方由于特定原因有权退货的条款,且企业又不能确定退货的可能性。例如,A 公司为推销一项新产品,承诺凡购买新产品的客户均有一个月的试用期,在试用期内如果对产品使用效果不满意,A 公司无条件给予退货。该种新产品已交付买方,货款已收讫。在这种情况下,A 公司虽然已将产品售出,并已收到货款。但由于是新产品,A 公司无法估计退货的可能性,表明该产品所有权上的主要风险和报酬并未随实物的交付而发生转移,不能确认收入。只有在试用期结束后,才表明与该产品所有权有关的风险和报酬已经转移给客户,在同时满足销售商品收入确认的其他条件时,A 公司才能确认收入。

2. 企业售出商品后不再对商品实施有效控制

通常情况下,企业售出商品后不再保留与商品所有权相联系的继续管理权,也不再对售出商品实施有效控制,商品所有权上的主要风险和报酬已经转移给购货方,通常应在发出商品时确认收入。如果企业在商品销售后保留了与商品所有权相联系的继续管理权,或能够继续对其实施有效控制,说明商品所有权上的主要风险和报酬没有转移,销售交易不能成立,不应确认收入。例如,在售后租回或售后回购的业务中,企业将商品售出后,通常仍然保留与所售商品所有权相联系的继续管理权,或仍然可以对所售商品实施有效控制,表明此项销售不能成立，也就不能确认收入。但如果销售方对售出的商品实施管理与所有权没有关系，且满足商品销售收入确认的其他条件，则应在发出商品时确认收入。例如，软件公司销售成套软件给客户，然后接受客户的委托对软件实施日常管理，由于这种管理与成套软件的所有权无关，软件的所有权还是客户，因此，软件公司的销售收入是可以确认的。

3. 相关的经济利益很可能流入企业

在销售商品的交易中，与交易相关的经济利益主要表现为销售商品的价款。相关的经济利益很可能流入企业，是指销售商品价款收回的可能性大于不能收回的可能性，即销售商品价款收回的可能性超过50%。企业在销售商品时，如估计销售价款不是很可能收回，即使收入确认的其他条件均已满足，也不应当确认收入。

企业在确定销售商品价款收回的可能性时，应当结合以前和买方交往的直接经验、政府有关政策、其他方面取得信息等因素进行分析。一般情况下，企业销售的商品符合合同或协议要求，且已将发票账单交付买方，买方承诺付款，则表明相关的经济利益很可能流入企业。如果企业判断销售商品收入满足确认条件而予以确认，同时确认了一笔应收债权，以后由于购货方资金周转困难无法收回该债权时，不应调整原会计处理，而应对该债权计提坏账准备、确认坏账损失。如果企业根据以前与买方交往的直接经验判断买方信誉较差，或销售时得知买方在另一项交易中发生了巨额亏损、资金周转十分困难，或在出口商品时不能肯定进口企业所在国政府是否允许将款项汇出等，就可能会出现与销售商品相关的经济利益不能流入企业的情况，不应确认收入。

4. 收入的金额能够可靠地计量

收入的金额能够可靠地计量，是指收入的金额能够合理地估计。收入金额能否合理地估计是确认收入的基本前提，如果收入的金额不能够合理估计，就无法确认收入。企业在销售商品时，商品销售价格通常已经确定，企业应当按照已收或应收的合同价款或协议价款确认商品收入的金额，但已收或应收价款不公允，则按公允的交易价格确定收入金额。但是，由于销售商品过程中某些不确定因素的影响，也有可能存在商品销售价格发生变动的情况。在这种情况下，新的商品销售价格未确定前通常不应确认销售商品收入。

5. 相关的已发生或将发生的成本能够可靠地计量

根据收入和费用配比原则，与同一项销售有关的收入和费用应在同一会计期间予以确认，即企业应在确认收入的同时或同一会计期间结转相关的成本。因此，如果成本不能可靠计量，相关的收入就不能确认。

相关的已发生或将发生的成本能够可靠地计量，是指与销售商品有关的已发生或将发生的成本能够合理地估计，如库存商品的成本、商品运输费用等。如果库存商品是本企业生产的，其生产成本能够可靠计量；如果是外购的，购买成本能够可靠计量。有时，销售商品相关的已发生或将发生的成本不能合理地估计，此时企业不能确认，若已收的价款，应将已收到的价款却认为负债。

12.1.3 销售商品收入的账务处理

销售商品收入的会计处理，主要涉及一般销售商品业务、已经发出商品但不符合收入确认条件的销售业务、销售折让、销售退回、采用预收款方式销售商品,以及采用支付手续费方式委托代销商品等情况。

1. 一般销售商品业务

在进行销售商品的会计处理时,首先要考虑销售商品收入是否符合收入确认条件。符合收入准则所规定的 5 项确认条件的,企业按已收或应收的合同或协议价款和应收取的增值税销项税额,借记"银行存款""应收票据""应收账款"等科目,按确定的收入金额,贷记"主营业务收入""其他业务收入"等科目,按应收取的增值税销项税额,贷记"应交税费——应交增值税(销项税额)科目;同时或在资产负债表日结转相关销售成本,借记"主营业务成本""其他业务成本"等科目,贷记"库存商品""原材料"等科目。如果需要交纳消费税、资源税、城市维护建设税和教育费附加等税费,在确定销售收入的同时或在资产负债表日,计算应交的相关税费的金额,借记"营业税金及附加",贷记"应交税费——应交消费税(或应交资源税、应交城市维护建设税、应交教育费附加)",企业在销售商品时发生的运杂费、保险费等,如应由销售方承担,则借记"销售费用"科目,贷记"银行存款"等科目。

【例 12-1】2017 年 4 月 5 日,龙盛公司采用托收承付结算方式销售一批商品,开出的增值税专用发票上注明售价为 500 000 元,增值税税额为 85 000 元;商品已经发出,并已向银行办妥托收手续;该批商品的成本为 400 000 元,该商品为应税消费品,应交纳的消费税为 1 500 元,龙盛公司会计分录如下。

借:应收账款　　　　　　　　　　　　　　　　　　　　　585 000
　　贷:主营业务收入　　　　　　　　　　　　　　　　　500 000
　　　　应交税费——应交增值税(销项税额)　　　　　　 85 000
借:主营业务成本　　　　　　　　　　　　　　　　　　　400 000
　　贷:库存商品　　　　　　　　　　　　　　　　　　　400 000
借:营业税金及附加　　　　　　　　　　　　　　　　　　 1 500
　　贷:应交税费——应交消费税　　　　　　　　　　　　 1 500

如果企业售出的商品不符合销售收入确认的 5 个条件中的任何一条,均不应确认收入。为了单独反映已经发出但尚未确认销售收入的商品成本,企业应增设"发出商品"科目进行单独核算,企业在发出商品时,不确认收入,按其发出商品的实际成本,借记"发出商品"科目,贷记"库存商品"科目。期末,"发出商品"科目的期末余额应并入资产负债表"存货"项目内反映。这里应注意的一个问题是,尽管发出的商品不符合收入确认条件,但如果销售该商品的纳税义务已经发生,如已经开出增值税专用发票,则应确认应交的增值税销项税额。借记"应收账款"等科目,贷记"应交税费——应交增值税(销项税额)"科目。如果纳税义务没有发生,则不需进行上述处理。

【例 12-2】2017 年 4 月 8 日,龙盛公司向华强公司以托收承传方式销售一批商品,开出的增值税专用发票上注明售价为 300 000 元,增值税税额为 51 000 元;该批商品成本为 240 000 元。该商品已发出,并已向银行办妥托收手续。此时,龙盛公司获悉华强公司资金周转发生严重困难,近期内难以收回货款。

(1) 龙盛公司在 4 月 8 日编制的会计分录如下。
借：发出商品 240 000
　　贷：库存商品 240 000
借：应收账款 51 000
　　贷：应交税费——应交增值税(销项税额) 51 000

(2) 假定 2017 年 8 月 1 日，龙盛公司得知华强公司经营情况逐渐好转，华强公司承诺近期付款，龙盛公司应在华强公司承诺付款时确认收入，会计分录如下。
借：应收账款 300 000
　　贷：主营业务收入 300 000
同时结转成本：
借：主营业务成本 240 000
　　贷：发出商品 240 000

(3) 假定龙盛公司于 2017 年 10 月 6 日收到华强公司支付的货款，应作如下会计分录。
借：银行存款 351 000
　　贷：应收账款 351 000

2. 商业折扣、现金折扣和销售折让与退回的会计处理

企业销售商品收入的金额，通常按照从购货方已收或应收的合同或协议价款确定。在确定销售商品收入的金额时，应注意区分商业折扣、现金折扣和销售折让与退回及其不同的账务处理方法。总的来讲，确定销售商品收入的金额时，不应考虑预计可能发生的现金折扣、销售折让，即应按总价确认，但应是扣除商业折扣后的净额。商业折扣、现金折扣和销售折让与退回的区别，以及相关会计处理方法如下。

1) 商业折扣

商业折扣，是指企业为促进商品销售而在商品标价上给予的价格扣除。例如，企业为鼓励客户多买商品可能规定，购买 10 件以上商品给予客户 10%的折扣，或客户每买 10 件送 1 件。此外，企业为了尽快出售一些残次、陈旧、冷背的商品，也可能降价(即打折)销售。商业折扣在销售时即已发生，并不构成最终成交价格的一部分。企业销售商品涉及商业折扣的，应当按照扣除商业折扣后的金额确定销售商品收入金额。

【例 12-3】龙盛公司以托收承传方式向华联公司销售商品一批，该商品的标价每件为 100 元，由于华联公司一次性购买该种商品 2000 件，龙盛公司根据规定的折扣条件，给予华联公司 10%的商业折扣，增值税税率为 17%。则发票价格＝2 000×100×(1－10%)＝180 000(元)，增值税销项税额＝180 000×17%＝30 600(元)。龙盛公司根据有关单据，编制的会计分录如下。

借：应收账款——华联公司 210 600
　　贷：主营业务收入 180 000
　　　　应交税费——应交增值税(销项税额) 30 600

2) 现金折扣

现金折扣，是指债权人为鼓励债务人在规定的期限内付款而向债务人提供的债务扣除。现金折扣一般用符号"折扣率/付款期限"表示。例如，"2/10，1/20，N/30"表示：销货方

允许客户最长的付款期限为30天,如果客户在10天内付款,销货方可按商品售价给予客户2%的折扣;如果客户在20天内付款,销货方可按商品售价给予客户1%的折扣;如果客户在21~30天内付款,将不能享受现金折扣。

现金折扣发生在企业销售商品之后,企业销售商品后现金折扣是否发生,以及发生多少要视买方的付款情况而定。因此,附有现金折扣条件的销售,会计处理有两种方法:一种是总价法,即在销售收入实现时,按发票金额确定应收账款及销售收入,如果购货方能在折扣期内付款,销货方按实际收到的价款,借记"银行存款"科目,将购货方取得的现金折扣金额借记"财务费用"科目,同时贷记"应收账款"科目;另外一种是净价法,即在销售收入实现时,按发票金额扣除折扣后的净额确定应收账款及销售收入的金额,如果购货方未能在折扣期内付款,销货方在收到价款时,借记"银行存款"科目,将购货方未能取得的现金折扣金额贷记"财务费用"科目,同时再贷记"应收账款"科目。而我国《企业会计准则》规定,销售商品涉及现金折扣的,应当采用总价法进行会计处理。

在计算现金折扣时,还应注意销货方是按不包含增值税的价款提供现金折扣,还是按包含增值税的价款提供现金折扣,两种情况下购买方享有的现金折扣金额不同。例如,销售价格为1 000元的商品,增值税税额为170元,购买方应享有的现金折扣为1%。如果购销双方约定计算现金折扣时不考虑增值税,则购买方应享有的现金折扣金额为10元;如果购销双方约定计算现金折扣时一并考虑增值税,则购买方享有的现金折扣金额为11.7元。

【例12-4】2017年4月10日,龙盛公司销售A商品10 000件,每件商品的标价为20元(不含增值税),A商品适用的增值税税率为17%,每件商品的成本为12元;并在销售合同中规定现金折扣条件为"2/10,1/20,N/30";A商品于4月10日发出,购货方于4月19日付款。假定计算现金折扣时不考虑增值税,则采用总价法会计处理如下。

(1) 4月10日销售实现时。

借:应收账款　　　　　　　　　　　　　　　　　　　　　　234 000
　　贷:主营业务收入　　　　　　　　　　　　　　　　　　200 000
　　　　应交税费——应交增值税(销项税额)　　　　　　　　34 000
借:主营业务成本　　　　　　　　　　　　　　　　　　　　120 000
　　贷:库存商品　　　　　　　　　　　　　　　　　　　　120 000

(2) 4月19日收到货款时。

借:银行存款　　　　　　　　　　　　　　　　　　　　　　230 000
　　财务费用　　　　　　　　　　　　　　　　　　　　　　　4 000
　　贷:应收账款　　　　　　　　　　　　　　　　　　　　234 000

以上的4 000元为不考虑增值税时的现金折扣,如果考虑增值税,则龙盛公司给予购货方的现金折扣为234 000×2%=4 680(元)。本例中,若购货方于4月29日付款,则享有的现金折扣为2 000元(200 000×1%)。龙盛公司在收到货款时的会计分录如下。

借:银行存款　　　　　　　　　　　　　　　　　　　　　　232 000
　　财务费用　　　　　　　　　　　　　　　　　　　　　　　2 000
　　贷:应收账款　　　　　　　　　　　　　　　　　　　　234 000

若购货方于2017年5月6日才付款,则应按全额付款。龙盛公司在收到货款时的会计分录如下。

借：银行存款 234 000
　　贷：应收账款 234 000

3) 销售折让

销售折让，是指企业因售出商品的质量不合格等原因而在售价上给予的减让。企业将商品销售给买方后，如买方发现商品在质量、规格等方面不符合要求，可能要求卖方在价格上给予一定的减让。

销售折让可能发生在销售收入确认之前，也可能发生在销售收入确认之后。如发生在确认销售收入确认之前，则应在确认销售收入时直接按扣除销售折让后的金额确认；如发生在销售收入确定之后，且不属于资产负债表日后事项的，则应在发生时冲减当期销售商品收入，如按规定允许扣减增值税税额的，还应冲减已确认的应交增值税销项税额。销售折让如属于资产负债表日后事项，则按照资产负债表日后事项的相关规定进行会计处理。

【例12-5】2016年4月12日，龙盛公司销售一批商品给华联公司，开出的增值税专用发票上注明的售价为100 000元，增值税税额为17 000元。该批商品的成本为70 000元。

第一种情况：假定合同约定验货付款，龙盛公司于华联公司付款时开具发票账单。4月14日，华联公司收到货物，发现商品质量不合格，要求在价格上给予5%的折让，龙盛公司同意给予折让，华联公司按折让后的金额支付货款。龙盛公司的会计处理如下。

(1) 4月12日，龙盛公司发出商品时。

借：发出商品 70 000
　　贷：库存商品 70 000

(2) 4月14日，龙盛公司确认收入，收到货款时。

实际销售价格＝100 000×(1－5%)＝95 000(元)
增值税销项税额＝95 000×17%＝16 150(元)

借：银行存款 111 150
　　贷：主营业务收入 95 000
　　　　应交税费——应交增值税(销项税额) 16 150
借：主营业务成本 70 000
　　贷：发出商品 70 000

第二种情况：假定合同约定交款提货，龙盛公司于华联公司付款后开具发票账单及提货单。5月14日，华联公司收到货物，发现商品质量不合格，要求在价格上给予5%的折让，华联公司提出的销售折让要求符合原合同的约定，龙盛公司同意并办妥了相关手续，开具了增值税专用发票(红字)。龙盛公司会计处理如下。

(1) 4月12日，龙盛公司收到货款并开具发票，交付提货单时。

借：银行存款 117 000
　　贷：主营业务收入 100 000
　　　　应交税费——应交增值税(销项税额) 17 000
借：主营业务成本 70 000
　　贷：库存商品 70 000

(2) 5月14日，发生销售折让时。

借：主营业务收入 5 000
　　应交税费——应交增值税(销项税额) 850
　　贷：银行存款 5 850

第三种情况：假定合同约定交款提货，龙盛公司于华联公司付款后开具发票账单及提货单。2017年1月15日，华联公司在验收商品时才发现产品存在质量问题，要求在价格上给予5%的折让，由于提出折让的时间是2017年1月15日，属于资产负债表日后事项，龙盛公司应按资产负债表日后事项处理相关业务，会计处理略。

4) 销售退回

销售退回，是指企业售出的商品由于质量、品种不符合要求等原因而发生的退货。企业售出商品发生的销售退回，应当分别不同情况进行会计处理。一是尚未确认销售商品收入的售出商品发生销售退回的，应当将已记入"发出商品"等科目的商品成本转回，记入"库存商品"科目；二是已确认销售商品收入的售出商品发生销售退回的，则不论是本年销售的本年退回，还是以前销售的本年退回，除属于资产负债表日后事项外，一般应在发生时冲减当期销售商品收入，同时冲减当期销售商品成本。如按规定允许扣减增值税税额的，应同时冲减已确认的应交增值税销项税额；如该项销售退回已发生现金折扣的，应同时调整相关财务费用的金额。三是发生销售退回的商品，如果是报告年度资产负债表日及以前售出的商品，在年度资产负债表日至财务报表批准报出日之间发生退回，则属于资产负债表日后事项，按资产负债表日后事项的相关规定进行会计处理。

【例12-6】龙盛公司2017年4月15日收到华强公司因质量问题而退回的商品10件，每件商品成本为250元。该批商品系龙盛公司2017年2月2日出售给华强公司，每件商品售价为320元，适用的增值税税率为17%，货款尚未收到，龙盛公司尚未确认销售商品收入。因华强公司提出的退货要求符合销售合同约定，龙盛公司同意退货，并按规定向华强公司开具了增值税专用发票(红字)。龙盛公司应在验收退货入库时作如下会计分录：

借：库存商品　　　　　　　　　　　　　　　　　　　　　　　　　2 500
　　贷：发出商品　　　　　　　　　　　　　　　　　　　　　　　　2 500

【例12-7】龙盛公司2017年4月16日销售A商品一批，增值税专用发票上注明售价为500 000元，增值税税额为85 000元；该批商品成本为450 000元。A商品于2017年4月16日发出，购货方于4月27日付款。龙盛公司对该项销售确认了销售收入。2017年9月15日，该批商品质量出现严重问题，购货方将该批商品全部退回给龙盛公司，龙盛公司同意退货，于退货当日支付了退货款，并按规定向购货方开具了增值税专用发票(红字)。龙盛公司会计处理如下。

(1) 4月16日，销售实现时。

借：应收账款　　　　　　　　　　　　　　　　　　　　　　　　　585 000
　　贷：主营业务收入　　　　　　　　　　　　　　　　　　　　　　500 000
　　　　应交税费——应交增值税(销项税额)　　　　　　　　　　　　85 000
借：主营业务成本　　　　　　　　　　　　　　　　　　　　　　　 450 000
　　贷：库存商品　　　　　　　　　　　　　　　　　　　　　　　　450 000

(2) 4月27日，收到货款时。

借：银行存款　　　　　　　　　　　　　　　　　　　　　　　　　585 000
　　贷：应收账款　　　　　　　　　　　　　　　　　　　　　　　　585 000

(3) 9月15日，销售退回时。

借：主营业务收入　　　　　　　　　　　　　　　　　　　500 000
　　应交税费——应交增值税(销项税额)　　　　　　　　　 85 000
　　　贷：银行存款　　　　　　　　　　　　　　　　　　　585 000
借：库存商品　　　　　　　　　　　　　　　　　　　　　 450 000
　　　贷：主营业务成本　　　　　　　　　　　　　　　　　450 000

【例12-8】龙盛公司在2017年4月18日向华联公司销售一批商品，开出的增值税专用发票上注明售价为1 000 000元，增值税税额为170 000元。该批商品成本为880 000元。为及早收回货款，龙盛公司和华联公司约定的现金折扣条件为"2/10，1/20，N/30"。华联公司在2017年4月27日支付货款。2017年8月5日，该批商品因质量问题被华联公司退回，龙盛公司当日支付有关退货款。假定计算现金折扣时不考虑增值税。龙盛公司会计处理如下。

(1) 2017年4月18日，销售实现时。

借：应收账款　　　　　　　　　　　　　　　　　　　　1 170 000
　　　贷：主营业务收入　　　　　　　　　　　　　　　　1 000 000
　　　　　应交税费——应交增值税(销项税额)　　　　　　 170 000
借：主营业务成本　　　　　　　　　　　　　　　　　　　 880 000
　　　贷：库存商品　　　　　　　　　　　　　　　　　　　880 000

(2) 2017年4月27日收到货款时，发生现金折扣20 000元(1 000 000×2%)，实际收款1 150 000元(1 170 000－20 000)。

借：银行存款　　　　　　　　　　　　　　　　　　　　1 150 000
　　财务费用　　　　　　　　　　　　　　　　　　　　　 20 000
　　　贷：应收账款　　　　　　　　　　　　　　　　　　1 170 000

(3) 2017年8月5日发生销售退回时。

借：主营业务收入　　　　　　　　　　　　　　　　　　 1 000 000
　　应交税费——应交增值税(销项税额)　　　　　　　　　170 000
　　　贷：银行存款　　　　　　　　　　　　　　　　　　1 150 000
　　　　　财务费用　　　　　　　　　　　　　　　　　　　20 000
借：库存商品　　　　　　　　　　　　　　　　　　　　　 880 000
　　　贷：主营业务成本　　　　　　　　　　　　　　　　　880 000

3. 采用分期预收款方式销售商品的处理

分期预收款销售，是指购货方在商品尚未收到前按照合同或协议约定分期付款。在这种销售方式下，销售方直到收到最后一笔款项才将商品交付购货方，表明商品所有权上的主要风险和报酬只有在收到最后一笔款项时，才转移给购货方。销售方通常应在发出商品时确认收入，在此之前预收的货款应记入"预收账款"科目或"应收账款"科目。

【例12-9】2017年4月20日，龙盛公司与光明公司签订协议，采用预收款方式向光明公司销售一批商品。该批商品实际成本为900 000元。协议约定，该批商品销售价格为1 000 000元，增值税税额为170 000元；光明公司应在协议签订时预付50%的货款(按销售价格计算)，剩余货款于2个月后支付。龙盛公司的会计处理如下。

(1) 4月20日，收到50%货款时。

借：银行存款　　　　　　　　　　　　　　　　　　　　　　500 000
　　贷：预收账款　　　　　　　　　　　　　　　　　　　　　500 000

(2) 2个月后收到剩余货款及增值税税款时，同时发出商品。

借：预收账款　　　　　　　　　　　　　　　　　　　　　　500 000
　　银行存款　　　　　　　　　　　　　　　　　　　　　　670 000
　　贷：主营业务收入　　　　　　　　　　　　　　　　　　1 000 000
　　　　应交税费——应交增值税(销项税额)　　　　　　　　170 000
借：主营业务成本　　　　　　　　　　　　　　　　　　　　900 000
　　贷：库存商品　　　　　　　　　　　　　　　　　　　　900 000

4. 委托代销商品的处理

委托代销，是指委托方根据协议，委托受托方代销商品的一种销售方式。委托代销方式具体又可分为两种：视同买断方式委托代销商品和支付手续费方式委托代销商品。

1) 视同买断方式委托代销商品

视同买断方式委托代销商品，是指委托方和受托方签订合同或协议，委托方按合同或协议收取代销的货款，实际售价由受托方自定，实际售价与合同或协议价之间的差额归受托方所有的销售方式。如果委托方和受托方之间的协议明确标明，受托方在取得代销商品后，无论是否能够卖出、是否获利，均与委托方无关，那么委托方和受托方之间的代销商品交易，与委托方直接销售商品给受托方没有实质区别。在符合销售商品收入确认条件时，受托方应确认相关的销售商品收入。

【例12-10】2017年4月17日，龙盛公司委托永联公司销售某批商品2 000件，协议价为100元/件，该商品成本为80元/件，增值税税率为17%。假定商品已经发出，根据代销协议，永联公司不能将没有代销出去的商品退回龙盛公司；龙盛公司将该批商品交付永联公司时发生增值税纳税义务，金额为34 000元。2017年5月，永联公司对外销售该批商品，其售价为120元/件，并收到款项存入银行，5月28日，将合同规定的价、税款支付给龙盛公司。根据上述资料，龙盛公司的账务处理如下。

(1) 4月17日，龙盛公司将该批商品交付永联公司。

借：应收账款——永联公司　　　　　　　　　　　　　　　234 000
　　贷：主营业务收入　　　　　　　　　　　　　　　　　200 000
　　　　应交税费——应交增值税(销项税额)　　　　　　　34 000
借：主营业务成本　　　　　　　　　　　　　　　　　　　160 000
　　贷：库存商品——××商品　　　　　　　　　　　　　160 000

(2) 5月28日，收到永联公司汇来货款234 000元。

借：银行存款　　　　　　　　　　　　　　　　　　　　　234 000
　　贷：应收账款——永联公司　　　　　　　　　　　　　234 000

永联公司的账务处理如下。

(1) 4月17日，收到该批商品。

借：库存商品——××商品　　　　　　　　　　　　　　　200 000
　　应交税费——应交增值税(进项税额)　　　　　　　　　34 000
　　贷：应付账款——龙盛公司　　　　　　　　　　　　　234 000

(2) 5月，对外销售该批商品。

借：银行存款	280 800
贷：主营业务收入	240 000
应交税费——应交增值税(销项税额)	40 800
借：主营业务成本	200 000
贷：库存商品——××商品	200 000

(3) 5月28日，按合同协议价将款项付给龙盛公司。

借：应付账款——龙盛公司	234 000
贷：银行存款	234 000

如果委托方和受托方之间的协议明确标明，将来受托方未售出的商品可以退回给委托方，或受托方因代销商品出现亏损时可以要求委托方补偿，那么委托方在交付商品时通常不应确认收入，受托方也不作购进商品处理。受托方将商品销售后，按实际售价确认销售收入，并向委托方开具代销清单；委托方收到代销清单时，再确认本企业的销售收入。

2) 支付手续费方式委托代销商品

支付手续费方式，是指委托方和受托方签订合同或协议，委托方根据代销商品的数量向受托方支付手续费的一种代销方式。与视同买断方式相比，支付手续费方式的主要特点是，受托方一般应按委托方规定的价格销售商品，不得自行改变售价。采用支付手续费代销方式，委托方在发出商品时，商品所有权上的主要风险和报酬并未转移给受托方，委托方在发出商品时通常不应确认销售商品收入，应将发出的商品转入"委托代销商品"科目核算，待收到受托方开出的代销清单时确认销售商品收入，同时将应支付的代销手续费记入销售费用；受托方应在代销商品销售后，按合同或协议约定的方法计算确定代销手续费，确认劳务收入，记入"主营业务收入"或"其他业务收入"。受托方可通过"受托代销商品""受托代销商品款"等科目，对受托代销商品进行核算。

【例12-11】2017年4月18日，龙盛公司委托光大公司销售商品200件，商品已经发出，每件成本为60元。合同约定光大公司应按每件100元对外销售，龙盛公司按售价的10%向光大公司支付手续费。光大公司在4月对外实际销售200件，开出的增值税专用发票上注明的销售价格为20 000元，增值税税额为3 400元，款项已经收到。龙盛公司2017年5月3日收到光大公司开具的代销清单，向光大公司开具一张相同金额的增值税专用发票。5月10日，收到光大公司扣除手续后的货款。假定：龙盛公司发出商品时纳税义务尚未发生；龙盛公司采用实际成本核算，光大公司采用进价核算代销商品。

龙盛公司(委托方)的会计处理如下。

(1) 4月18日，发出商品时。

借：发出商品	12 000
贷：库存商品	12 000

(2) 5月3日，收到代销清单时。

借：应收账款	23 400
贷：主营业务收入	20 000
应交税费——应交增值税(销项税额)	3 400
借：主营业务成本	12 000
贷：发出商品	12 000

(3) 5月10日，计算代销手续费，并收到光大公司支付的货款时。

代销手续费金额＝20 000×10%＝2 000(元)

借：销售费用	2 000
贷：应收账款	2 000
借：银行存款	21 400
贷：应收账款	21 400

光大公司(受托方)的会计处理如下。

(1) 4月18日，收到商品时。

借：受托代销商品	20 000
贷：受托代销商品款	20 000

(2) 4月对外销售时。

借：银行存款	23 400
贷：应付账款——龙盛公司	20 000
应交税费——应交增值税(销项税额)	3 400

(3) 5月3日，收到龙盛公司开具的增值税专用发票时。

借：应交税费——应交增值税(进项税额)	3 400
贷：应付账款——龙盛公司	3 400

(4) 5月10日，支付货款并计算代销手续费时。

借：应付账款	23 400
贷：银行存款	21 400
其他业务收入	2 000

同时

借：受托代销商品款	20 000
贷：受托代销商品	20 000

5. 分期收款销售方式

分期收款销售，是指商品已经交付，但货款分期收回的一种销售方式。在分期收款销售方式下，销货方将商品交付给购货方，通常表明商品所有权上的主要风险和报酬已经转移给了购货方。销货方应当于发出商品时，按照从购货方已收或应收的合同或协议价款确认收入，但已收或应收的合同或协议价款不公允的除外。

【例12-12】2017年4月20日，龙盛公司采用分期收款方式向华光公司销售一批产品，产品成本为800 000元，根据合同规定，该批产品按照正常的销售价格1 000 000元及相应的增值税税额170 000元进行结算，华光公司收到产品时首次支付20%的价税款，其余货款于每季季末等额支付，分3次付清。

(1) 4月20日，销售商品并收到华光公司首付的20%价税款。

借：银行存款	234 000
应收账款——华光公司	936 000
贷：主营业务收入	1 000 000
应交税费——应交增值税(销项税额)	170 000

借：主营业务成本 800 000
　　贷：库存商品 800 000

(2) 在以后的 3 个季度末，即 6 月 30 日、9 月 30 日、12 月 31 日分别收到华光公司的 1/3 货款，会计分录如下。

借：银行存款 312 000
　　贷：应收账款 312 000

在采用分期收款方式销售商品时，如果延期收取的货款具有融资性质，其实质是销货方向购货方提供信贷，销货方应当在交付商品时，按照应收的合同或协议价款的公允价值确定收入金额。应收的合同或协议价款与其公允价值之间的差额，应当作为未实现融资收益，在合同或协议期间内，采用实际利率法分期摊销，冲减财务费用。应收的合同或协议价款的公允价值，通常应当按照其未来现金流量的现值或商品现销价格计算确定。如果企业以合同或协议价款的现值作为公允价值，并据以确认销售收入，则计算现值的折现率即为摊销未实现融资收益的实际利率，该折现率通常为具有类似信用等级的企业发生类似工具的现时利率；如果企业以商品现销价格作为公允价格，并据以确认销售收入，摊销未实现融资收益的实际利率，应当是将合同或协议价款折算为现值恰好等于商品现销价格的折现率。

【例 12-13】2016 年 1 月 1 日，龙盛公司向华星公司售出产品一批，协议约定采用分期收款方式，合同约定的销售价格为 20 000 000 元，分 5 次于每年 12 月 31 日等额收取。该大型设备成本为 15 600 000 元。在现销方式下，该大型设备的销售价格为 16 000 000 元。假定甲公司发出商品时，其有关的增值税纳税义务已经发生，并于销售当日收到税款。假定实际利率为 7.93%。龙盛公司会计处理如下。

(1) 2016 年 1 月 1 日，确认销售商品收入并结转销售成本。

借：银行存款 3 400 000
　　长期应收款——华星公司 20 000 000
　　贷：主营业务收入 16 000 000
　　　　应交税费——应交增值税(销项税额) 3 400 000
　　　　未实现融资收益 4 000 000
借：主营业务成本 15 600 000
　　贷：库存商品 15 600 000

(2) 采用实际利率法分配未实现的融资收益。

龙盛公司采用实际利率法编制的未实现融资收益分配，见表 12-1。

表 12-1　未实现融资收益分配表(实际利率法)　　　　　　　　　单位：元

日期	收现总额 (a)	财务费用 (b)＝期初(d) ×7.93%	已收本金 (c)＝(a)－(b)	未收本金 (d)＝期初(d)－(c)
2016 年 1 月 1 日				16 000 000
2016 年 12 月 31 日	4 000 000	1 268 800	2 731 200	13 268 800

续表

日期	收现总额 (a)	财务费用 (b)=期初(d) ×7.93%	已收本金 (c)=(a)-(b)	未收本金 (d)=期初(d)-(c)
2017年12月31日	4 000 000	1 052 215.84	2 947 784.16	10 321 015.84
2018年12月31日	4 000 000	818 456.56	3 181 543.44	7 139 472.40
2019年12月31日	4 000 000	566 160.16	3 433 839.84	3 705 632.56
2020年12月31日	4 000 000	294 367.44	3 705 632.56	0
合计	20 000 000	4 000 000	16 000 000	—

(3) 2016年12月31日，收到第一笔分期应收款并分配未实现融资收益。

借：银行存款　　　　　　　　　　　　　　　　　　　　　　　　4 000 000
　　贷：长期应收款　　　　　　　　　　　　　　　　　　　　　　4 000 000
借：未实现融资收益　　　　　　　　　　　　　　　　　　　　　　1 268 800
　　贷：财务费用　　　　　　　　　　　　　　　　　　　　　　　1 268 800

(4) 2017年12月31日，收到第二笔分期应收款并分配未实现融资收益。

借：银行存款　　　　　　　　　　　　　　　　　　　　　　　　4 000 000
　　贷：长期应收款　　　　　　　　　　　　　　　　　　　　　　4 000 000
借：未实现融资收益　　　　　　　　　　　　　　　　　　　　　　1 052 215.84
　　贷：财务费用　　　　　　　　　　　　　　　　　　　　　　　1 052 215.84

(5) 2018年12月31日，收到第三笔分期应收款并分配未实现融资收益。

借：银行存款　　　　　　　　　　　　　　　　　　　　　　　　4 000 000
　　贷：长期应收款　　　　　　　　　　　　　　　　　　　　　　4 000 000
借：未实现融资收益　　　　　　　　　　　　　　　　　　　　　　818 456.56
　　贷：财务费用　　　　　　　　　　　　　　　　　　　　　　　818 456.56

(6) 2019年12月31日，收到第四笔分期应收款并分配未实现融资收益。

借：银行存款　　　　　　　　　　　　　　　　　　　　　　　　4 000 000
　　贷：长期应收款　　　　　　　　　　　　　　　　　　　　　　4 000 000
借：未实现融资收益　　　　　　　　　　　　　　　　　　　　　　566 160.16
　　贷：财务费用　　　　　　　　　　　　　　　　　　　　　　　566 160.16

(7) 2020年12月31日，收到第五笔分期应收款并分配未实现融资收益。

借：银行存款　　　　　　　　　　　　　　　　　　　　　　　　4 000 000
　　贷：长期应收款　　　　　　　　　　　　　　　　　　　　　　4 000 000
借：未实现融资收益　　　　　　　　　　　　　　　　　　　　　　294 367.44
　　贷：财务费用　　　　　　　　　　　　　　　　　　　　　　　294 367.44

6. 以旧换新销售方式

以旧换新销售，是指销售方在销售商品的同时回收与所售商品相同的旧商品。在这种销售方式下，销售的商品应当按照销售商品收入确认条件确认收入，回收的商品作为购进商品处理。

第12章 收入、费用和利润

【例12-14】2017年4月20日,龙盛公司向华美公司售出家电商品2 000台,单位售价为5 000元/台,单位成本为4 000元/台;同时收回200台同类家电商品,每台回收价500元(不考虑增值税),款项已存入银行。则龙盛公司编制的会计分录如下。

借:银行存款 11 600 000
　　库存商品 100 000
　　贷:主营业务收入 10 000 000
　　　　应交税费——应交增值税(销项税额) 1 700 000
借:主营业务成本 8 000 000
　　贷:库存商品 8 000 000

7. 附有销售退回条件的商品销售

附有销售退回条件的商品销售,是指购买方依照有关协议有权退货的销售方式。在这种销售方式下,企业根据以往经验能够合理估计退货可能性且确认与退货相关负债的,通常应在发出商品时确认收入;企业不能合理估计退货可能性的,通常应在售出商品退货期满时确认收入。

【例12-15】2017年4月21日,龙盛公司向五华公司销售5 000件产品,单位销售价格为500元,单位成本为400元,开出的增值税专用发票上注明的销售价格为2 500 000元,增值税税额为425 000元。协议约定,五华公司应于5月1日之前支付货款,在10月31日之前有权退还商品。商品已经发出,款项尚未收到。假定龙盛公司根据过去的经验,估计该批商品退货率约为20%;商品发出时纳税义务已经发生;实际发生销售退回时取得税务机关开具的红字增值税专用发票。龙盛公司的会计处理如下。

(1) 2017年4月21日发出商品时。

借:应收账款——五华公司 2 925 000
　　贷:主营业务收入 2 500 000
　　　　应交税费——应交增值税(销项税额) 425 000
借:主营业务成本 2 000 000
　　贷:库存商品 2 000 000

(2) 2017年4月30日确认估计的销售退回时。

借:主营业务收入 500 000
　　贷:主营业务成本 400 000
　　　　预计负债——预计退货 100 000

(3) 2017年5月1日前收到货款时。

借:银行存款 2 925 000
　　贷:应收账款——五华公司 2 925 000

(4) 2017年10月31日发生销售退回,取得红字增值税专用发票,实际退货量为1 000件,款项已经支付。

借:库存商品 400 000
　　应交税费——应交增值税(销项税额) 85 000
　　预计负债——预计退货 100 000
　　贷:银行存款 585 000

(5) 如果实际退货量为 800 件。

借：库存商品　　　　　　　　　　　　　　　　　320 000
　　应交税费——应交增值税(销项税额)　　　　　 68 000
　　主营业务成本　　　　　　　　　　　　　　　　80 000
　　预计负债——预计退货　　　　　　　　　　　 100 000
　　贷：银行存款　　　　　　　　　　　　　　　　468 000
　　　　主营业务收入　　　　　　　　　　　　　　100 000

(6) 如果实际退货量为 1 200 件。

借：库存商品　　　　　　　　　　　　　　　　　480 000
　　应交税费——应交增值税(销项税额)　　　　　102 000
　　主营业务收入　　　　　　　　　　　　　　　 100 000
　　预计负债——预计退货　　　　　　　　　　　 100 000
　　贷：银行存款　　　　　　　　　　　　　　　　702 000
　　　　主营业务成本　　　　　　　　　　　　　　 80 000

【例 12-16】沿用【例 12-15】，假定龙盛公司无法根据过去的经验，估计该批商品的退货率；商品发出时纳税义务已经发生；发生销售退回时取得税务机关开具的红字增值税专用发票。龙盛公司的账务处理如下。

(1) 2017 年 4 月 20 日发出商品时。

借：应收账款——五华公司　　　　　　　　　　　 425 000
　　贷：应交税费——应交增值税(销项税额)　　　　425 000
借：发出商品——五华公司　　　　　　　　　　 2 000 000
　　贷：库存商品　　　　　　　　　　　　　　 2 000 000

(2) 2017 年 5 月 1 日前收到货款时。

借：银行存款　　　　　　　　　　　　　　　　2 925 000
　　贷：预收账款——五华公司　　　　　　　　 2 500 000
　　　　应收账款——五华公司　　　　　　　　　 425 000

(3) 2017 年 10 月 31 日退货期满，如没有发生退货。

借：预收账款——五华公司　　　　　　　　　　2 500 000
　　贷：主营业务收入　　　　　　　　　　　　2 500 000
借：主营业务成本　　　　　　　　　　　　　　2 000 000
　　贷：发出商品　　　　　　　　　　　　　　2 000 000

(4) 10 月 31 日退货期满，如发生 2 000 件退货，取得红字增值税专用发票。

借：预收账款——五华公司　　　　　　　　　　2 500 000
　　应交税费——应交增值税(销项税额)　　　　 170 000
　　贷：主营业务收入　　　　　　　　　　　　1 500 000
　　　　银行存款　　　　　　　　　　　　　　1 170 000
借：主营业务成本　　　　　　　　　　　　　　1 200 000
　　库存商品　　　　　　　　　　　　　　　　　800 000
　　贷：发出商品——五华公司　　　　　　　　2 000 000

8. 售后回购的处理

售后回购，是指销售商品的同时，销售方同意日后再将同样或类似的商品购回的销售方式。在这种方式下，销售方应根据合同或协议条款，判断销售商品是否满足收入确认条件。通常情况下，以固定价格回购的售后回购交易属于融资交易，商品所有权上的主要风险和报酬没有转移，企业不应确认收入；回购价格大于原售价的差额，企业应在回购期间按期计提利息费用，计入财务费用。

【例 12-17】龙盛公司在 2017 年 4 月 30 日与乙公司签订一项销售合同，根据合同向乙公司销售一批商品，开出的增值税专用发票上注明的销售价格为 2 000 000 元，增值税税额为 340 000 元，商品并未发出，款项已经收到。该批商品成本为 1 600 000 元。4 月 30 日，签订的补充合同约定，龙盛公司应于 9 月 30 日将所售商品回购，回购价为 2 200 000 元(不含增值税税额)。龙盛公司的会计处理如下。

(1) 2017 年 4 月 30 日，签订销售合同，发生增值税纳税义务。

借：银行存款　　　　　　　　　　　　　　　　　　　　　　2 340 000
　　贷：应交税费——应交增值税(销项税额)　　　　　　　　　　340 000
　　　　其他应付款——乙公司　　　　　　　　　　　　　　　2 000 000

回购价大于原售价的差额，应在回购期间按期计提利息费用，计入当期财务费用。由于回购期间为 5 个月，货币时间价值影响不大，因此，采用直线法计提利息费用。每月计提利息费用为 40 000 元(200 000÷5)。则 5 月 31 日、6 月 30 日、7 月 31 日、8 月 31 日，分别编制如下会计分录。

借：财务费用　　　　　　　　　　　　　　　　　　　　　　　　40 000
　　贷：其他应付款——乙公司　　　　　　　　　　　　　　　　　40 000

(2) 2017 年 9 月 30 日回购商品时，收到的增值税专用发票上注明的商品价款为 2 200 000 元，增值税税额为 374 000 元，款项已经支付。

借：应交税费——应交增值税(进项税额)　　　　　　　　　　　374 000
　　财务费用——售后回购　　　　　　　　　　　　　　　　　　40 000
　　其他应付款——乙公司　　　　　　　　　　　　　　　　2 160 000
　　贷：银行存款　　　　　　　　　　　　　　　　　　　　2 574 000

9. 售后租回

售后租回，是指销售商品的同时，销售方同意在日后再将同样的商品租回的销售方式。在这种方式下，销售方应根据合同或协议条款，判断企业是否已将商品所有权上的主要风险和报酬转移给购货方，以确定是否确认销售商品收入。在大多数情况下，售后租回属于融资交易，企业不应确认销售商品收入，售价与资产账面价值之间的差额应当分别不同情况进行处理。

(1) 如果售后租回交易认定为融资租赁，售价与资产账面价值之间的差额应当予以递延，并按照该项租赁资产的折旧进度进行分摊，作为折旧费用的调整。

(2) 如果售后租回交易认定为经营租赁，应当分别情况处理。①有确凿证据表明售后租回交易是按照公允价值达成的，售价与资产账面价值的差额应当计入当期损益。②售后租回交易如果不是按照公允价值达成的,售价低于公允价值的差额,应计入当期损益;但若该损失将由低于市价的未来租赁付款额补偿时,有关损失应予以递延(递延收益),并按与确认租金费用相一致的方法在租赁期内进行分摊;如果售价大于公允价值,其大于公允价值的部分应计入递延收益,并在租赁期内分摊。

12.1.4 销售材料等存货的处理

企业在日常活动中,还可能发生对外销售不需用的原材料、随同商品对外销售单独计价的包装物等业务。企业销售原材料、包装物等存货也视同商品销售,其收入确认和计量原则比照商品销售。企业销售原材料、包装物等存货实现的收入作为其他业务收入处理,结转的相关成本作为其他业务成本处理。

企业销售原材料、包装物等存货实现的收入,以及结转的相关成本,通过"其他业务收入""其他业务成本"科目核算。

"其他业务收入"科目核算企业除主营业务活动以外的其他经营活动实现的收入,包括销售材料、出租包装物和商品、出租固定资产、出租无形资产等实现的收入。该科目贷方登记企业实现的各项其他业务收入,借方登记期末结转入"本年利润"科目的其他业务收入,结转后该科目应无余额。

"其他业务成本"科目核算企业除主营业务活动以外的其他经营活动所发生的成本,包括销售材料的成本、出租固定资产的折旧额、出租无形资产的摊销额、出租包装物的成本或摊销额。该科目借方登记企业结转或发生的其他业务成本,贷方登记期末结转入"本年利润"科目的其他业务成本,结转后该科目应无余额。

【例12-18】龙盛公司销售一批原材料,开出的增值税专用发票上注明的售价为30 000元,增值税税额为5 100元,款项已由银行收妥。该批原材料的实际成本为28 000元。龙盛公司会计处理如下。

(1) 取得原材料销售收入时。

借:银行存款　　　　　　　　　　　　　　　　　　　　　　35 100
　　贷:其他业务收入　　　　　　　　　　　　　　　　　　　30 000
　　　　应交税费——应交增值税(销项税额)　　　　　　　　　5 100

(2) 结转已销原材料的实际成本时。

借:其他业务成本　　　　　　　　　　　　　　　　　　　　28 000
　　贷:原材料　　　　　　　　　　　　　　　　　　　　　　28 000

12.1.5 提供劳务收入的确认与计量

企业提供劳务的种类很多,如旅游、运输、饮食、广告、咨询、代理、培训、产品安装等。有的劳务一次就能完成,且一般为现金交易,如饮食、理发、照相等;有的劳务需要花费一段较长的时间才能完成,如安装、旅游、培训、远洋运输等。

1. 提供劳务收入确认与计量的基本原则

企业在资产负债表日,应根据提供劳务交易的结果是否能够可靠地估计,分别采用不同的方法予以确认与计量。

1) 提供劳务交易结果能够可靠估计

在资产负债表日，企业提供的劳务交易的结果能够可靠估计，应当采用完工百分比法确认提供劳务收入。完工百分比法，是指按照提供劳务交易的完工进度确认收入和费用的方法。在这种方法下，确认的提供劳务收入金额能够提供各个会计期间，关于提供劳务交易及其业绩的有用信息。

提供劳务交易的结果能够可靠估计，是指同时满足下列条件。

(1) 收入的金额能够可靠地计量，是指提供劳务收入的总额能够合理地估计。通常情况下，企业应当按照从接受劳务方已收或应收的合同或协议价款，确定提供劳务收入总额。随着劳务的不断提供，可能会根据实际情况增加或减少已收或应收的合同或协议价款，此时，企业应及时调整提供劳务收入总额。

(2) 相关的经济利益很可能流入企业，是指提供劳务收入总额收回的可能性大于不能收回的可能性。企业在确定提供劳务收入总额能否收回时，应当结合接受劳务方的信誉、以前的经验，以及双方就结算方式和期限达成的合同或协议条款等因素综合进行判断。企业在确定提供劳务收入总额收回的可能性时，应当进行定性分析。如果确定提供劳务收入总额收回的可能性大于不能收回的可能性，即可认为提供劳务收入总额很可能流入企业。通常情况下，企业提供的劳务符合合同或协议要求，接受劳务方承诺付款，就表明提供劳务收入总额收回的可能性大于不能收回的可能性。如果企业判断提供劳务收入总额不是很可能流入企业，应当提供确凿证据。

(3) 交易的完工进度能够可靠地确定，是指交易的完工进度能够合理地估计。企业确定提供劳务交易的完工进度，可以选用下列方法。第一，已完工作的测量，这是一种比较专业的测量方法，由专业测量师对已经提供的劳务进行测量，并按一定方法计算确定提供劳务交易的完工程度。第二，已经提供的劳务占应提供劳务总量的比例，这种方法主要以劳务量为标准确定提供劳务交易的完工程度。第三，已经发生的成本占估计总成本的比例，这种方法主要以成本为标准确定提供劳务交易的完工程度。只有已提供劳务的成本才能包括在已经发生的成本中，只有已提供或将提供劳务的成本才能包括在估计总成本中。

(4) 交易中已发生和将发生的成本能够可靠地计量，是指交易中已经发生和将要发生的成本能够合理地估计。企业应当建立完善的内部成本核算制度和有效的内部财务预算及报告制度，准确地提供每期发生的成本，并对完成剩余劳务将要发生的成本作出科学、合理的估计。同时应随着劳务的不断提供或外部情况的不断变化，随时对将要发生的成本进行修订。

企业应当在资产负债表日，按照提供劳务收入总额乘以完工进度，扣除以前会计期间累计已确认提供劳务收入后的金额，确认当期提供劳务收入；同时，按照提供劳务估计总额乘以完工进度，扣除以前会计期间累计已确认劳务成本后的金额，结转当期劳务成本。用公式表示为：

本期确认的提供劳务收入＝提供劳务收入总额×本期末止劳务的完工进度
－以前会计期间累计已确认提供劳务收入

本期确认的提供劳务成本＝提供劳务估计成本总额×本期末止劳务的完工进度
－以前会计期间累计已确认提供劳务成本

企业采用完工百分比法确认提供劳务收入时,应按计算确定的提供劳务收入金额,借记"应收账款""银行存款"等科目,贷记"主营业务收入"科目。结转提供劳务成本时,借记"主营业务成本"科目,贷记"劳务成本"科目。

【例12-19】龙盛公司于2017年12月1日接受一项设备安装任务,安装期为3个月,合同总收入300 000元,至年底已预收安费220 000元,实际发生安装费用为140 000元(假定均为安装人员薪酬),估计还会发生安装费用60 000元。假定龙盛公司按实际发生的成本占估计总成本的比例确定劳务的完工进度。龙盛公司的账务处理如下。

实际发生的成本占估计总成本的比例=140 000÷(140 000+60 000)×100%=70%
2017年12月31日确认的劳务收入=300 000×70%-0=210 000(元)
2017年12月31日结转的劳务成本=(140 000+60 000)×70%-0=140 000(元)

(1) 实际发生劳务成本。

借:劳务成本——设备安装　　　　　　　　　　　　　　　　140 000
　　贷:应付职工薪酬　　　　　　　　　　　　　　　　　　　　　140 000

(2) 预收劳务款。

借:银行存款　　　　　　　　　　　　　　　　　　　　　　220 000
　　贷:预收账款——××公司　　　　　　　　　　　　　　　　　220 000

(3) 2017年12月31日确认劳务收入并结转劳务成本。

借:预收账款——××公司　　　　　　　　　　　　　　　　210 000
　　贷:主营业务收入　　　　　　　　　　　　　　　　　　　　　210 000
借:主营业务成本　　　　　　　　　　　　　　　　　　　　140 000
　　贷:劳务成本——设备安装　　　　　　　　　　　　　　　　　140 000

【例12-20】龙盛公司于2015年4月1日与乙公司签订一项咨询合同,并于当日生效。合同约定,咨询期为2年,咨询费为600 000元;乙公司分三次等额支付咨询费,第一次在项目开始时支付,第二次在项目中期支付,第三次在项目结束时支付。龙盛公司估计咨询劳务总成本为360 000元(均为咨询人员薪酬)。假定龙盛公司每月提供的劳务量均相同,可以按时间比例确定完工进度,按年度编制财务报表,不考虑其他因素。龙盛公司各年度发生的劳务成本资料见表12-2。

表12-2　劳务成本资料　　　　　　　　　　　　　　　　　　　　　单位:元

年份	2015	2016	2017	合计
发生的成本	140 000	180 000	40 000	360 000

(1) 2015年龙盛公司的账务处理如下。

① 实际发生劳务成本时。

借:劳务成本　　　　　　　　　　　　　　　　　　　　　　140 000
　　贷:应付职工薪酬　　　　　　　　　　　　　　　　　　　　　140 000

② 预收劳务款项时。

借:银行存款　　　　　　　　　　　　　　　　　　　　　　200 000
　　贷:预收账款——乙公司　　　　　　　　　　　　　　　　　　200 000

③ 确认提供劳务收入并结转劳务成本时。

提供劳务的完工进度 = $\frac{9}{24} \times 100\% = 37.5\%$

确认提供劳务收入 = 600 000×37.5%－0＝225 000(元)

确认提供劳务成本 = 360 000×37.5%－0＝135 000(元)

借：预收账款——乙公司	225 000
贷：主营业务收入	225 000
借：主营业务成本	135 000
贷：劳务成本	135 000

(2) 2016年12月31日龙盛公司的账务处理如下。

① 实际发生劳务成本时。

借：劳务成本——咨询成本	180 000
贷：应付职工薪酬	180 000

② 预收劳务款项时。

借：银行存款	200 000
贷：预收账款——乙公司	200 000

③ 确认提供劳务收入并结转劳务成本时。

提供劳务的完工进度 = $\frac{21}{24} \times 100\% = 87.5\%$

确认提供劳务收入 = 600 000×87.5%－225 000＝300 000(元)

确认提供劳务成本 = 360 000×87.5%－135 000＝180 000(元)

借：预收账款——乙公司	300 000
贷：主营业务收入	300 000
借：主营业务成本	180 000
贷：劳务成本	180 000

(3) 2017年4月1日龙盛公司的账务处理如下。

① 实际发生劳务成本时。

借：劳务成本	40 000
贷：应付职工薪酬	40 000

② 预收劳务款项时。

借：银行存款	200 000
贷：预收账款——乙公司	200 000

③ 确认提供劳务收入并结转劳务成本时。

确认提供劳务收入 = 600 000－225 000－300 000＝75 000(元)

确认提供劳务成本 = 360 000－135 000－180 000＝45 000(元)

借：预收账款——乙公司	75 000
贷：主营业务收入	75 000
借：主营业务成本	45 000
贷：劳务成本	45 000

2) 提供劳务交易结果不能可靠估计的处理

企业在资产负债表日，提供劳务交易结果不能够可靠估计的，即不能同时满足上述4个条件时，企业不能采用完工百分比法确认提供劳务收入。此时，企业应正确预计已经发生的劳务成本能够得到补偿和不能得到补偿，分别进行会计处理。

(1) 已经发生的劳务成本预计能够得到补偿的，应按已经发生的能够得到补偿的劳务成本金额确认提供劳务收入，并结转已经发生的劳务成本。在这种情况下，企业应按已经发生的能够得到补偿的劳务成本金额，借记"应收账款""预收账款"等科目，贷记"主营业务收入"科目；按已经发生的劳务成本金额，借记"主营业务成本"科目，贷记"劳务成本"科目。

(2) 已经发生的劳务成本预计全部不能得到补偿的，应将已经发生的劳务成本计入当期损益，不确认提供劳务收入。在这种情况下，企业应按已经发生的劳务成本金额，借记"主营业务成本"科目，贷记"劳务成本"科目。

【例12-21】龙盛公司于2016年12月25日接受华联公司委托，为其培训一批学员，培训期为6个月，2017年1月1日开学。协议约定，华联公司应向龙盛公司支付的培训费总额为240 000元，分三次等额支付，第一次在开学时预付，第二次在2017年3月1日支付，第三次在培训结束时支付。2017年1月1日，华联公司预付第一次培训费。至2017年2月28日，龙盛公司发生培训成本60 000元(假定均为培训人员薪酬)。2017年3月1日，龙盛公司得知华联公司经营发生困难，后两次培训费能否收回难以确定。龙盛公司的会计处理如下。

(1) 2017年1月1日收到华联公司预付的培训费时。

借：银行存款　　　　　　　　　　　　　　　　　　　　　80 000
　　贷：预收账款——华联公司　　　　　　　　　　　　　　80 000

(2) 实际发生培训支出时。

借：劳务成本　　　　　　　　　　　　　　　　　　　　　60 000
　　贷：应付职工薪酬　　　　　　　　　　　　　　　　　　60 000

(3) 2017年2月28日确认劳务收入并结转劳务成本时。

借：预收账款——乙公司　　　　　　　　　　　　　　　　60 000
　　贷：主营业务收入　　　　　　　　　　　　　　　　　　60 000
借：主营业务成本　　　　　　　　　　　　　　　　　　　60 000
　　贷：劳务成本　　　　　　　　　　　　　　　　　　　　60 000

2. 销售商品和提供劳务的分拆

企业与其他企业签订的合同或协议，有时既包括销售商品又包括提供劳务，如销售商品的同时负责运输，销售软件后继续提供技术支持，设计产品同时负责生产产品等。此时，如果销售商品部分和提供劳务部分能够区分且能够单独计量的，企业应当分别核算销售商品部分和提供劳务部分，将销售商品的部分作为销售商品处理，将提供劳务的部分作为提供劳务处理；如果销售商品部分和提供劳务部分不能够区分，或虽能区分但不能单独计量的，企业应当将销售商品部分和提供劳务部分全部作为销售商品部分进行会计处理。

【例12-22】龙盛公司与乙公司签订合同，向乙公司销售一部电梯并负责安装。龙盛公司开出的增值税专用发票上注明的价款合计为1 000 000元，其中电梯销售价格为980 000

第12章 收入、费用和利润

元,安装费为20 000元,增值税税额为170 000元。电梯的成本为800 000元;电梯安装过程中发生安装费15 000元,均为安装人员薪酬。假定电梯已经安装完成并经验收合格,款项尚未收到;安装工作是销售合同的重要组成部分。龙盛公司的账务处理如下。

(1) 电梯发出结转成本800 000元。

借:发出商品——××电梯　　　　　　　　　　　800 000
　　贷:库存商品——××电梯　　　　　　　　　　　　　800 000

(2) 实际发生安装费用15 000元。

借:劳务成本　　　　　　　　　　　　　　　　15 000
　　贷:应付职工薪酬　　　　　　　　　　　　　　　　15 000

(3) 确认销售电梯收入和提供劳务收入合计1 000 000元。

借:应收账款——乙公司　　　　　　　　　　　1 170 000
　　贷:主营业务收入——销售××电梯　　　　　　　　980 000
　　　　　　　　　　——电梯安装劳务　　　　　　　　20 000
　　　　应交税费——应交增值税(销项税额)　　　　　170 000

(4) 结转销售商品成本800 000元和安装成本15 000元。

借:主营业务成本　　　　　　　　　　　　　　800 000
　　贷:发出商品——××电梯　　　　　　　　　　　　800 000
借:主营业务成本　　　　　　　　　　　　　　15 000
　　贷:劳务成本　　　　　　　　　　　　　　　　　　15 000

3. 特殊劳务交易的处理

下列提供劳务满足收入确认条件的,应按规定确认收入。

(1) 安装费,在资产负债表日根据安装的完工进度确认收入。安装工作是商品销售附带条件的,安装费在确认商品销售实现时确认收入。

(2) 宣传媒介收费,在相关的广告或商业行为开始出现于公众面前时确认收入。广告的制作费,在资产负债表日根据制作广告的完工进度确认收入。

(3) 为特定客户开发软件收费,在资产负债表日根据开发的完工进度确认收入。

(4) 包括在商品售价内可区分的服务费,在提供服务的期间内分期确认收入。

(5) 艺术表演、招待宴会和其他特殊活动的收费,在相关活动发生时确认收入。收费涉及几项活动的,预收的款项应合理分配给每项活动,分别确认收入。

(6) 申请入会费和会员费只允许取得会籍,所有其他服务或商品都要另行收费的,在款项收回不存在重大不确定性时确认收入。申请入会费和会员费能使会员在会员期内得到各种服务或商品,或者以低于非会员的价格销售商品或提供服务的,在整个收益期内分期确认收入。

(7) 属于提供设备和其他有形资产的特许权费,在交付资产或转移资产所有权时确认收入;属于提供初始及后续服务的特许权费,在提供服务时确认收入。

(8) 长期为客户提供重复的劳务收取的劳务费,通常应在相关劳务活动发生时确认收入。

【例12-23】龙盛公司允许乙公司经营其连锁店。协议约定,龙盛公司共向乙公司收取特许权费1 200 000元,其中:提供家具、柜台等收费400 000元,这些家具、柜台成本为

313

360 000 元；提供初始服务，如帮助选址、培训人员、融资、广告等收费 600 000 元，共发生成本 400 000 元(其中，280 000 元为人员薪酬，120 000 元为以银行存款支付的广告费用)；提供后续服务收费 200 000 元，发生成本 100 000 元(均为人员薪酬)。协议签订当日，乙公司一次性付清所有款项。假定不考虑其他因素，龙盛公司的会计处理如下。

(1) 收到款项时。

借：银行存款　　　　　　　　　　　　　　　　　1 200 000
　　贷：预收账款——乙公司　　　　　　　　　　　　　　　1 200 000

(2) 确认家具、柜台的特许权费收入并结转成本时。

借：预收账款——乙公司　　　　　　　　　　　　　400 000
　　贷：主营业务收入　　　　　　　　　　　　　　　　　　400 000

借：主营业务成本　　　　　　　　　　　　　　　　360 000
　　贷：库存商品——家具、柜台　　　　　　　　　　　　　360 000

(3) 提供初始服务时。

借：劳务成本　　　　　　　　　　　　　　　　　　400 000
　　贷：应付职工薪酬　　　　　　　　　　　　　　　　　　280 000
　　　　银行存款　　　　　　　　　　　　　　　　　　　　120 000

借：预收账款——乙公司　　　　　　　　　　　　　600 000
　　贷：主营业务收入　　　　　　　　　　　　　　　　　　600 000

借：主营业务成本　　　　　　　　　　　　　　　　400 000
　　贷：劳务成本　　　　　　　　　　　　　　　　　　　　400 000

(4) 提供后续服务时。

借：劳务成本　　　　　　　　　　　　　　　　　　100 000
　　贷：应付职工薪酬　　　　　　　　　　　　　　　　　　100 000

借：预收账款——乙公司　　　　　　　　　　　　　200 000
　　贷：主营业务收入　　　　　　　　　　　　　　　　　　200 000

借：主营业务成本　　　　　　　　　　　　　　　　100 000
　　贷：劳务成本　　　　　　　　　　　　　　　　　　　　100 000

4. 让渡资产使用权收入的确认与计量

让渡资产使用权收入包括利息收入、使用费收入等。利息收入，主要是针对金融企业存、贷款形成的利息收入及同业之间发生往来形成的利息收入等。使用费收入，是指企业转让无形资产(如商标权、专利权、专营权、软件、版权)等资产的使用权形成的使用费收入。

企业对外出租资产收取的租金、进行债权投资收取的利息、进行股权投资取得的现金股利，也构成让渡资产使用权收入，应按照租赁、金融工具确认与计量、长期股权投资等准则的规定进行会计处理。

让渡资产使用权收入同时满足下列条件时，才能予以确认。

(1) 相关的经济利益很可能流入企业。这是任何交易均应遵循的一项重要原则。企业在确定让渡资产使用权收入金额能否收回时，应当根据交易双方的信用状况、支付能力等情况，以及双方就结算方式、付款期限等达成的合同或协议等因素，综合进行判断。如果企业估计让渡资产使用权收入金额收回的可能性不大，则不应确认收入。

(2) 收入的金额能够可靠地计量，是指让渡资产使用权收入的金额能够合理地估计。利息收入一般根据合同或协议规定的存、贷款利率确定；使用费用收入按照企业与资产使用者签订的合同或协议确定。当收入的金额能够可靠计量时，企业才能进行收入的确认，否则，不能确认收入。

12.2 费　用

12.2.1 费用的概念和特征

费用，是指企业在日常活动中发生的、会导致所有者权益减少的、与向所有者分配利润无关的经济利益的总流出。费用具有以下特点。

(1) 费用是企业在日常活动中发生的经济利益的总流出。所谓日常活动，是指企业为完成其经营目标所从事的经常性活动，以及与之相关的其他活动。工业企业制造并销售产品、商业企业购买并销售商品、咨询公司提供咨询服务、软件开发企业为客户开发软件、安装公司提供安装服务、租赁公司出租资产等活动中发生的经济利益的总流出构成费用。工业企业对外出售不需用的原材料结转的材料成本等，也构成费用。

费用形成于企业日常活动的特征，使其与产生于非日常活动的损失相区分。企业从事或发生的某些活动或事项也能导致经济利益流出企业，但不属于企业的日常活动。例如，企业处置固定资产、无形资产等非流动资产，因违约支付罚款，对外捐赠，因自然灾害等非常原因造成财产毁损等，这些活动或事项形成的经济利益的总流出属于企业的损失而不是费用。

(2) 费用会导致企业所有者权益的减少。费用既可能表现为资产的减少，如减少银行存款、库存商品等；也可能表现为负债的增加，如增加应付职工薪酬、应交税费(应交增值税、消费税等)等。根据"资产－负债＝所有者权益"的会计等式，费用一定会导致企业所有者权益的减少。

企业经营管理中的某些支出并不减少企业的所有者权益，也就不构成费用。例如，企业以银行存款偿还一项负债，只是一项资产和一项负债的等额减少，对所有者权益没有影响，因此，不构成企业的费用。

(3) 费用与向所有者分配利润无关。向所有者分配利润或股利属于企业利润分配的内容，不构成企业的费用。

12.2.2 费用的主要内容

企业的费用，主要包括主营业务成本、其他业务成本、营业税金及附加、销售费用、管理费用和财务费用等。

1. 主营业务成本

主营业务成本，是指企业销售商品、提供劳务等经常性活动所发生的成本。企业一般在确认销售商品、提供劳务等主营业务收入时，或在月末，将已销售商品、已提供劳务的成本结转入主营业务成本。

2. 其他业务成本

其他业务成本,是指企业除主营业务活动以外的企业经营活动所发生的成本。

3. 营业税金及附加

营业税金及附加,是指企业经营活动应负担的相关税费。

4. 销售费用

销售费用,是指企业在销售商品和材料、提供劳务过程中发生的各项费用,包括企业在销售商品过程中发生的包装费、保险费、展览费和广告费商品维修费、预计产品质量保证损失、运输费、装卸费等费用,以及企业发生的为销售本企业商品而专设的销售机构的职工薪酬、业务费、折旧费、固定资产修理费等费用。

5. 管理费用

管理费用,是指企业为组织和管理生产经营活动而发生的各种管理费用,包括企业在筹建期间发生的开办费,董事会和行政管理部门在企业的经营管理中发生的,或者应由企业统一负担的公司经费(包括行政管理部门职工薪酬、物料消耗、低值易耗品摊销、办公费和差旅费等),以及董事会费(包括董事会成员津贴、会议费和差旅费等)、聘请中介机构费、咨询费(含顾问费)、诉讼费、业务招待费、房产税、车船使用税、土地使用税、印花税、技术转让费、矿产资源补偿费、研究费用、排污费及企业行政管理部门发生的固定资产修理费等。

6. 财务费用

财务费用,是指企业为筹集生产经营所需资金等而发生的筹资费用,包括利息支出(减息收入)、汇兑损益,以及相关的手续费、企业发生或收到的现金折扣等。

12.2.3 费用的核算

有关主营业务成本、其他业务成本、营业税金及附加的核算均在本章第 1 节收入的核算中讲述,本节的费用核算主要包括销售费用、管理费用和财务费用的核算。

1. 销售费用的核算

企业应设置"销售费用"科目,核算销售费用的发生和结转情况。该科目借方登记企业所发生的各项销售费用,贷方登记期末转入"本年利润"科目的销售费用,结转后该科目应无余额。该科目应按销售费用的费用项目进行明细核算。

【例 12-24】2017 年 4 月 5 日,龙盛公司为宣传新产品发生广告费 70 000 元,均用银行存款支付。会计分录如下。

借:销售费用　　　　　　　　　　　　　　　　　　　　　70 000
　　贷:银行存款　　　　　　　　　　　　　　　　　　　　　70 000

【例 12-25】2017 年 4 月 30 日,龙盛公司销售部归集 4 月共发生费用 290 000 元,其中,销售人员薪酬 200 000 元,销售部专用办公设备折旧费 40 000 元,业务费 50 000 元(均用银行存款支付)。会计分录如下。

借：销售费用　　　　　　　　　　　　　　　　　　　　　　　　290 000
　　贷：应付职工薪酬　　　　　　　　　　　　　　　　　　　　　　200 000
　　　　累计折旧　　　　　　　　　　　　　　　　　　　　　　　　40 000
　　　　银行存款　　　　　　　　　　　　　　　　　　　　　　　　50 000

2. 管理费用的核算

企业应通过"管理费用"科目，核算管理费用的发生和结转情况。该科目借方登记企业发生的各项管理费用，贷方登记期末转入"本年利润"科目的管理费用，结转后该科目应无余额。该科目应按管理费用的费用项目进行明细核算。

【例 12-26】2017 年 4 月 15 日，龙盛公司为拓展产品销售市场发生业务招待费 60 000 元，均用银行存款支付。会计分录如下。

借：管理费用　　　　　　　　　　　　　　　　　　　　　　　　60 000
　　贷：银行存款　　　　　　　　　　　　　　　　　　　　　　　　60 000

【例 12-27】2017 年 4 月 30 日，龙盛公司行政部归集 4 月共发生费用 270 000 元，其中，行政人员薪酬 180 000 元，行政部专用办公设备折旧费 50 000 元，报销行政人员差旅费 30 000 元(假定报销人均未预借差旅费，报销时直接以现金支付)，其他办公费、水电费 10 000 元(均用银行存款支付)。会计分录如下。

借：管理费用　　　　　　　　　　　　　　　　　　　　　　　　270 000
　　贷：应付职工薪酬　　　　　　　　　　　　　　　　　　　　　　180 000
　　　　累计折旧　　　　　　　　　　　　　　　　　　　　　　　　50 000
　　　　库存现金　　　　　　　　　　　　　　　　　　　　　　　　30 000
　　　　银行存款　　　　　　　　　　　　　　　　　　　　　　　　10 000

3. 财务费用的核算

企业应通过"财务费用"科目，核算财务费用的发生和结转情况。该科目借方登记已发生的各项财务费用，贷方登记期末结转入"本年利润"科目的财务费用。结转后该科目应无余额。该科目应按财务费用的费用项目进行明细核算。

【例 12-28】2017 年 4 月 30 日，龙盛公司以银行存款 25 000 元支付办理银行承兑汇票的手续费有关手续费的会计分录如下。

借：财务费用　　　　　　　　　　　　　　　　　　　　　　　　25 000
　　贷：银行存款　　　　　　　　　　　　　　　　　　　　　　　　25 000

【例 12-29】龙盛公司于 2017 年 5 月 1 日向银行借入生产经营用短期借款 400 000 元，期限 6 个月，年利率 6%，该借款本金到期后一次归还，利息分月预提，按季支付。假定 5 月其中 120 000 元暂时作为闲置资金存入银行，并获得利息收入 500 元，假定所有利息均不符合利息资本化条件。5 月相关利息的会计处理如下。

(1) 5 月末，预提当月应计利息 400 000×6%÷12＝2 000(元)。

借：财务费用　　　　　　　　　　　　　　　　　　　　　　　　2 000
　　贷：应付利息　　　　　　　　　　　　　　　　　　　　　　　　2 000

(2) 同时，当月取得的利息收入 500 元应作为冲减财务费用处理。

借：银行存款　　　　　　　　　　　　　　　　　　　　　　　　500
　　贷：财务费用　　　　　　　　　　　　　　　　　　　　　　　　500

12.3 利　　润

12.3.1 利润及其构成

1. 利润的概念

利润，是指企业在一定会计期间的经营成果。利润包括收入减去费用后的净额、直接计入当期利润的利得和损失等。其中，直接计入当期利润的利得和损失，是指应当计入当期损益、会导致所有者权益发生增减变动的、与所有者投入资本或者向所有者分配利润无关的利得或者损失。

收入减去费用后的净额反映为企业日常活动的业绩，直接计入当期利润的利得和损失，反映的是企业非日常活动的业绩。利润的确认主要依赖于收入和费用，以及直接计入当期利润的利得和损失的确认，利润金额的计量主要取决于收入和费用，以及直接计入当期利润的利得和损失金额的计量。

2. 利润的构成

在利润表中，利润的金额主要分为营业利润、利润总额、净利润 3 个层次计算确定。利润相关计算公式如下。

1) 营业利润

营业利润，是指企业一定期间的日常活动取得的利润。其具体构成，可以用公式表示为：

营业利润＝营业收入－营业成本－营业税金及附加－销售费用－管理费用－财务费用
　　　　－资产减值损失＋公允价值变动收益(－公允价值变动损失)
　　　　＋投资收益(－投资损失)

其中，营业收入，是指企业经营业务所确认的收入总额，包括主营业务收入和其他业务收入。

营业成本，是指企业经营业务所发生的实际成本总额，包括主营业务成本和其他业务成本。

营业税金及附加，是指为取得营业收入而应负担的消费税、城市维护建设税、资源税、土地增值税和教育费附加等。

资产减值损失，是指企业计提各项资产减值准备所形成的损失。

公允价值变动收益(或损失)，是指企业交易性金融资产等公允价值变动形成的应计入当期损益的利得(或损失)。

投资收益(或损失)，是指企业以各种方式对外投资所取得的收益(或发生的损失)。

2) 利润总额

利润总额＝营业利润＋营业外收入－营业外支出

其中，营业外收入，是指企业发生的与其日常活动无直接关系的各项利得，如处置固定资产的净收益、捐赠利得等。

营业外支出，是指企业发生的与其日常活动无直接关系的各项损失，如处置固定资产净损失、捐赠支出等。

3) 净利润

$$净利润＝利润总额－所得税费用$$

其中，所得税费用，是指企业确认的应从当期利润总额中扣除的所得税费用和递延所得税费用。

12.3.2 营业外收入和营业外支出

1. 营业外收入

1) 营业外收入核算的内容

营业外收入，是指企业发生的与其日常活动无直接关系的各项利得。营业外收入并不是企业经营资金耗费所产生的，不需要企业付出代价，实际上是经济利益的净流入，不可能也不需要与有关的费用进行配比。营业外收入主要包括非流动资产处置利得、盘盈利得、罚没利得、捐赠利得、非货币性资产交换利得、债务重组利得、政府补助利得、确实无法支付应付款项等。

(1) 非流动资产处置利得包括固定资产处置利得和无形资产出售利得。固定资产处置利得，指企业出售固定资产所取得价款或报废固定资产的材料价值和变价收入等，扣除处置固定资产的账面价值、清理费用、处置相关税费后的净收益；无形资产出售利得，指企业出售无形资产所取得的价款，扣除无形资产的账面价值、出售相关税费后的净收益。

(2) 盘盈利得，主要是指对于现金等清查盘点中盘盈的现金等，报经批准后计入营业外收入的金额。

(3) 罚没利得，是指企业取得的各项罚款，在弥补由于对违反合同或协议而造成的经济损失后的罚款净收益。

(4) 捐赠利得，是指企业接受捐赠产生的利得。

(5) 非货币性资产交换利得，是指在以公允价值为计量基础的非货币性资产交换业务中，换出固定资产或无形资产的公允价值高于其账面价值的差额，扣除相关费用后的净收益。

(6) 债务重组利得，是指在企业进行债务重组时，债务人因重组债务的账面价值高于用于偿债的现金及非现金资产的公允价值、债权人放弃债权而享有股份的公允价值、重组后新的债务的入账价值的差额所形成的利得。

(7) 政府补助利得，是指企业从政府无偿取得货币性资产或非货币性资产形成的利得，具体包括企业取得的与资产相关的政府补助，在相关资产使用寿命内平均分配而计入当期损益的利得；企业取得的与收益相关的政府补助，用于补偿以后期间的相关费用或损失而确认相关费用期间计入当期损益的利得；企业取得的与收益相关的政府补助，用于补偿已发生的相关费用或损失而直接计入当期损益的利得。

(8) 确实无法支付应付款项，是指企业债权单位撤销或其他原因而无法支付，或者将应付款项转给关联方等其他企业而无法支付或无须支付，按规定程序经批准后转作营业外收入的应付款项。

2) 营业外收入的会计处理

企业应通过"营业外收入"科目，核算营业外收入的取得及结转情况。该科目贷方登记企业确认的各项营业外收入，借方登记期末结转入"本年利润"科目的营业外收入。结转后该科目应无余额。该科目应按照营业外收入的项目进行明细核算。

企业确认营业外收入，借记"固定资产清理""银行存款""待处理财产损溢""应付账款"等科目，贷记"营业外收入"科目。期末，应将"营业外收入"科目余额转入"本年利润"科目，借记"营业外收入"科目，贷记"本年利润"科目。具体会计处理参考本书各相关章节。

2. 营业外支出

1) 营业外支出核算的内容

营业外支出，是指企业发生的与其日常活动无直接关系的各项损失，主要包括非流动资产处置损失、盘亏损失、罚款支出、公益性捐赠支出、非常损失、非货币性资产交换损失、债务重组损失等。

(1) 非流动资产处置损失包括固定资产处置损失和无形资产出售损失。固定资产处置损失，指企业出售固定资产所取得价款或报废固定资产的材料价值和变价收入等，不足以抵补处置固定资产的账面价值、清理费用、处置相关税费所发生的净损失；无形资产出售损失，指企业出售无形资产所取得价款，不足以抵补出售无形资产的账面价值、出售相关税费后所发生的净损失。

(2) 盘亏损失，主要是指对于财产清查盘点中盘亏的资产，在查明原因处理时按确定的损失计入营业外支出的金额。

(3) 罚款支出，是指企业由于违反税收法规、经济合同等而支付的各种滞纳金和罚款。

(4) 公益性捐赠支出，是指企业对外进行公益性捐赠发生的支出。

(5) 非常损失，是指企业对于因客观因素(如自然灾害等)造成的损失，在扣除保险公司赔偿后应计入营业外支出的净损失。

(6) 非货币性资产交换损失，是指在以公允价值为计量基础的非货币性资产交换业务中，换出固定资产或无形资产的公允价值低于其账面价值和相关费用后的净损失。

(7) 债务重组损失，是指在企业进行债务重组时，债权人因做出让步，重组债权的账面价值高于收到用于抵债的现金及非现金资产的公允价值、放弃债权而享有股份的公允价值，以及重组后新的债权的入账价值的差额所形成的损失。

2) 营业外支出的会计处理

企业应通过"营业外支出"科目，核算营业外支出的发生及结转情况。该科目借方登记企业发生的各项营业外支出，贷方登记期末结转入"本年利润"科目的营业外支出。结转后该科目应无余额。该科目应按照营业外支出的项目进行明细核算。

企业发生营业外支出时，借记"营业外支出"科目，贷记"固定资产清理""待处理财产损溢""库存现金""银行存款"等科目。期末，应将"营业外支出"科目余额结转入"本年利润"科目，借记"本年利润"科目，贷记"营业外支出"科目。具体会计处理参考本书各相关章节。

12.3.3 所得税费用的核算

所得税，是根据企业应纳税所得额的一定比例上交的一种税金。企业在计算确定当期

所得税及递延所得税费用(或收益)的基础上,应将两者之和确认为利润表中的所得税费用(或收益)。公式为:

所得税费用(或收益)＝当期所得税＋递延所得税费用(－递延所得税收益)
递延所得税费用＝递延所得税负债增加额＋递延所得税资产减少额
递延所得税收益＝递延所得税负债减少额＋递延所得税资产增加额

1. 当期所得税的计算

应纳税所得额是在企业税前会计利润(即利润总额)的基础上调整确定的。计算公式为:

应纳税所得额＝税前会计利润＋纳税调整增加额－纳税调整减少额

纳税调整增加额主要包括税法规定允许扣除项目中,企业已计入当期费用但超过税法规定扣除标准的金额(如超过税法规定标准的工资支出、业务招待费支出),以及企业已计入当期损失但税法规定不允许扣除项目的金额(如税收滞纳金、罚款、罚金)。

纳税调整减少额主要包括按税法规定允许弥补的亏损和准予免税的项目,如前5年内的未弥补亏损和国债利息收入等。

企业当期所得税的计算公式为:

应交所得税＝应纳税所得额×所得税税率

【例12-30】龙盛公司2017年度按《企业会计准则》计算的税前会计利润为39 400 000元,所得税税率为25%。当年按税法核定的全年计税工资为4 000 000元,龙盛公司全年实发工资为4 400 000元;经查,龙盛公司当年营业外支出中有200 000元为税款滞纳罚金。假定龙盛公司全年无其他纳税调整因素。

本例中,龙盛公司有两项纳税调整因素,一是已计入当期费用但超过税法规定标准的工资支出;二是已计入当期营业外支出但按税法规定不允许扣除的税款滞纳金。这两个因素均应调整增加应纳税所得额。龙盛公司当期所得税的计算如下。

纳税调整数＝4 400 000－4 000 000＋200 000＝600 000(元)
应纳税所得额＝39 400 000＋600 000＝40 000 000(元)
当期应交所得税额＝40 000 000×25%＝10 000 000(元)

2. 所得税费用的会计处理

企业根据《企业会计准则》的规定,对当期所得税加以调整计算后,据以确认应从当期利润总额中扣除的所得税费用。

【例12-31】承【例12-30】假设龙盛公司2017年年末,递延所得税负债年初数为800 000元,年末数为1 000 000元,递延所得税资产年初数为500 000元,年末数为400 000元。龙盛公司的会计处理如下。

龙盛公司所得税费用的计算如下。

递延所得税费用＝(1 000 000－800 000)＋(500 000－400 000)＝300 000(元)
所得税费用＝当期所得税＋递延所得税费用＝10 000 000＋300 000＝10 300 000(元)

龙盛公司会计分录如下。

借：所得税费用	10 300 000
贷：应交税费——应交所得税	10 000 000
递延所得税负债	200 000
递延所得税资产	100 000

12.3.4 利润的结转与分配

1. 利润的结转

企业应设置"本年利润"科目，用于核算企业当期实现的净利润或发生的净亏损。会计期末，企业应将各损益类科目的余额转入"本年利润"科目，结平损益类科目。即将本期收入类科目贷方发生额合计转入该科目贷方登记，借记"主营业务收入""其他业务收入""营业外收入""投资收益"(净收益)、"公允价值变动损益"(净收益)等科目，贷记"本年利润"科目；将费用类科目本期借方发生额合计转入该科目借方登记，即借记"本年利润"科目，贷记"主营业务成本""其他业务成本""营业税金及附加""管理费用""销售费用""财务费用""营业外支出""所得税费用""资产减值损失""投资收益"(净损失)、"公允价值变动损益"(净损失)等科目。

期末结转利润后，"本年利润"科目如为贷方余额，反映年初至本期末累计实现的净利润；如为借方余额，反映年初至本期末累计实现的净亏损。年度终了，企业应将收入和支出相抵后结出的本年实现的净利润，转入"利润分配——未分配利润"科目，借记"本年利润"科目，贷记"利润分配——未分配利润"科目；如为净亏损，则做相反会计分录，结转后，"本年利润"科目应无年末余额。

为了简化核算，企业在中期期末也可以不进行上述利润的结转，年内各期实现的利润直接通过利润表计算。年度终了时，再将各损益类科目全年累计余额一次转入"本年利润"科目。

【例 12-32】龙盛公司 2017 年有关损益类科目的结账前本年发生额见表 12-3。(该企业采用表结法年末一次结转损益类科目，所得税税率为 25%)

表 12-3　龙盛公司 2017 年有关损益类科目结账前发生额　　　　单位：元

科目名称	结账前发生额
主营业务收入	60 000 000(贷)
其他业务收入	7 000 000(贷)
公允价值变动损益	1 500 000(贷)
投资收益	6 000 000(贷)
营业外收入	500 000(贷)
主营业务成本	40 000 000(借)
其他业务成本	4 000 000(借)
营业税金及附加	800 000(借)
销售费用	5 000 000(借)
管理费用	7 700 000(借)
财务费用	2 000 000(借)
资产减值损失	1 000 000(借)
营业外支出	2 500 000(借)

第12章 收入、费用和利润

龙盛公司2017年末结转本年利润的会计分录如下。

(1) 将各损益类科目年末余额结转入"本年利润"科目。

① 结转各项收入、利得类科目。

借：主营业务收入	60 000 000
其他业务收入	7 000 000
公允价值变动损益	1 500 000
投资收益	6 000 000
营业外收入	500 000
贷：本年利润	75 000 000

② 结转各项费用、损失类科目。

借：本年利润	63 000 000
贷：主营业务成本	40 000 000
其他业务成本	4 000 000
营业税金及附加	800 000
销售费用	5 000 000
管理费用	7 700 000
财务费用	2 000 000
资产减值损失	1 000 000
营业外支出	2 500 000

(2) 经过上述结转后，"本年利润"科目的贷方发生额合计75 000 000元，减去借方发生额合计63 000 000元即为税前会计利润12 000 000元。假设该税前会计利润无纳税调整项目，则应纳税所得额为12 000 000元，则应交所得税额＝12 000 000×25%＝3 000 000(元)。

① 确认所得税费用。

借：所得税费用	3 000 000
贷：应交税费——应交所得税	3 000 000

② 将所得税费用结转入"本年利润"科目。

借：本年利润	3 000 000
贷：所得税费用	3 000 000

(3) 将"本年利润"科目年末余额9 000 000元转入"利润分配——未分配利润"科目。

借：本年利润	9 000 000
贷：利润分配——未分配利润	9 000 000

2. 利润的分配

企业当期实现的净利润，加上年初未分配利润(或减去年初未弥补亏损)后的余额，为可供分配的利润。可供分配的利润，一般按下列顺序分配。

(1) 提取法定盈余公积，是指企业根据有关法律的规定，按照净利润的10%提取的盈余公积。法定盈余公积累计金额超过企业注册资本的50%以上时，可以不再提取。

(2) 提取任意盈余公积，是指企业按股东大会决议提取的盈余公积。

(3) 应付现金股利或利润，是指企业按照利润分配方案给股东的现金股利，也包括非股份有限公司分配给投资者的利润。

(4) 转作股本的股利,是指企业按照利润分配方案以分派股票股利的形式转作股本的股利,也包括非股份有限公司以利润转增的资本。

企业应设置"利润分配"科目,核算利润的分配(或亏损的弥补)情况,以及历年积存的未分配利润(或未弥补的亏损)。该科目应当分别设置"提取法定盈余公积""提取任意盈余公积""应付现金股利(或利润)""转作股本的股利""盈余公积补亏""未分配利润"等明细科目核算。年度终了,企业应将"利润分配"科目所属其他明细科目余额转入"未分配利润"明细科目。结转后,除"未分配利润"明细科目外,其他明细科目应无余额。

企业按有关法律规定提取的法定盈余公积,借记"利润分配——提取法定盈余公积"科目,贷记"盈余公积——法定盈余公积"科目;按股东大会或类似机构决议提取的任意盈余公积,借记"利润分配——提取任意盈余公积"科目,贷记"盈余公积——任意盈余公积"科目;按股东大会或类似机构决议分配给股东的现金股利(或利润),借记"利润分配——应付现金股利(利润)"科目,贷记"应付股利(利润)"科目;按股东大会或类似机构决议分配给股东的股票股利,在办理增资手续后,借记"利润分配——转作股本的股利"科目,贷记"股本"或"实收资本"科目,如有差额,记入"资本公积——股本溢价(或资本溢价)"科目;企业用盈余公积弥补亏损,借记"盈余公积——法定盈余公积(或任意盈余公积)"科目,贷记"利润分配——盈余公积补亏"科目。年度终了,将"利润分配"科目所属其他明细科目余额转入"未分配利润"明细科目,借记"利润分配——未分配利润"科目,贷记"利润分配——提取法定盈余公积""利润分配——提取任意盈余公积""利润分配——应付现金股利(利润)""利润分配——转作股本的股利"等科目;或者借记"利润分配——盈余公积补亏"科目,贷记"利润分配——未分配利润"科目。

【例12-33】龙盛公司2017年度实现的净利润9 000 000元,按净利润的10%提取法定盈余公积,按净利润的15%提取任意盈余公积,向股东分派现金股利3 000 000元,同时分派每股面值1元的股票股利2 000 000股。

(1) 提取盈余公积。

借:利润分配——提取法定盈余公积　　　　　　　　　　　900 000
　　　　　　——提取任意盈余公积　　　　　　　　　　1 350 000
　　贷:盈余公积——法定盈余公积　　　　　　　　　　　　900 000
　　　　　　　　——任意盈余公积　　　　　　　　　　1 350 000

(2) 分配现金股利。

借:利润分配——应付现金股利　　　　　　　　　　　　3 000 000
　　贷:应付股利　　　　　　　　　　　　　　　　　　3 000 000

(3) 分配股票股利,已办妥增资手续。

借:利润分配——转作股本的股利　　　　　　　　　　　2 000 000
　　贷:股本　　　　　　　　　　　　　　　　　　　　2 000 000

(4) 结转"利润分配"科目所属明细科目余额。

借:利润分配——未分配利润　　　　　　　　　　　　　7 250 000
　　贷:利润分配——提取法定盈余公积　　　　　　　　　900 000
　　　　　　　　——提取任意盈余公积　　　　　　　　1 350 000
　　　　　　　　——应付现金股利　　　　　　　　　　3 000 000
　　　　　　　　——转作股本的股利　　　　　　　　　2 000 000

第 12 章 收入、费用和利润

 本章小结

本章介绍了收入、费用和利润。

收入,是指企业在日常活动中形成的、会导致所有者权益增加的、与所有者投入资本无关的经济利益的总流入。本章介绍了收入的特点和分类,销售商品收入金额的确定,一般销售商品业务、已经发出商品但不符合销售收入确认条件的销售业务、商业折扣、现金折扣和销售折让、销售退回、采用预收款方式销售商品、采用支付手续费方式委托代销商品、售后回购、以旧换新、附有销售退回条件等情况下销售商品收入的账务处理,完工百分比法确认提供劳务收入的账务处理,让渡资产使用权的使用费收入的账务处理。还介绍了销售商品收入的确认条件、销售材料等存货的账务处理、劳务完成时间不同等情况下提供劳务收入的确认原则、让渡资产使用权的使用费收入的确认和计量原则。

费用,是指企业在日常活动中发生的、会导致所有者权益减少的、与向所有者分配利润无关的经济利益的总流出。本章介绍了费用的特点、费用的主要内容及其账务处理。

利润,是指企业在一定会计期间的经营成果。利润包括收入减去费用后的净额、直接计入当期利润的利得和损失等。本章介绍了利润的构成内容,营业外收入和营业外支出的内容及其账务处理,应交所得税的计算及本年利润的核算等内容。

本 章 习 题

1. 判断题

(1) 如果商品售出后,企业仍可以对售出商品实施有效控制,说明此项商品销售不成立,不应该确认销售商品收入。( )

(2) 预收款销售方式下应该在发出商品时确认销售收入。( )

(3) 企业销售商品一批,并已收到款项,即使商品的成本不能够可靠地计量,也要确认相关的收入。( )

(4) 如果合同或协议规定一次性收取使用费,且提供后续服务的,应在合同或协议规定的有效期内分期确认收入。( )

(5) 企业的收入包括主营业务收入、其他业务收入和营业外收入。( )

(6) 企业 2016 年 5 月售出的产品在 2017 年 6 月被退回时,企业应冲减 2016 年度的主营业务收入和主营业务成本。( )

(7) 企业提供劳务时,如资产负债表日能对交易的结果做出可靠估计,应按已经发生并预计能够补偿的劳务成本确认收入,并按相同金额结转成本。( )

(8) 出租固定资产的折旧和出租无形资产的折旧均应计入其他业务成本科目中。( )

(9) 企业出售固定资产发生的处置净损失属于企业的费用。( )

(10) 应当在确认销售商品收入、提供劳务收入等时,将已销售商品、已提供劳务的成本等计入当期损益。( )

2. 计算与业务分析题

1) 甲公司为增值税一般纳税企业,适用的增值税税率为 17%。2017 年 8 月 1 日,向乙公司销售某商品 1 000 件,每件标价 2 000 元,实际售价 180 万元(售价中不含增值税税额),已开出增值税专用发票,商品已交付给乙公司。为了及早收回货款,甲公司在合同中规定的现金折扣条件为:2/10,1/20,N/30。假定计算现金折扣不考虑增值税。

要求:根据以下假定,分别编制甲公司收到款项时的会计分录。(不考虑成本的结转)

(1) 乙公司在 8 月 8 日按合同规定付款,甲公司收到款项并存入银行。

(2) 乙公司在 8 月 19 日按合同规定付款,甲公司收到款项并存入银行。

(3) 乙公司在 8 月 29 日按合同规定付款,甲公司收到款项并存入银行。

2) 顺通股份有限公司(以下简称顺通公司)系工业企业,为增值税一般纳税人,适用的增值税税率为 17%,适用的所得税税率为 25%。销售单价除标明为含税价格外,均为不含增值税价格。顺通公司 2017 年 12 月发生如下业务。

(1) 12 月 5 日,向甲企业销售材料一批,价款为 350 000 元,该材料发出成本为 250 000 元。当日收取面值为 409 500 元的票据一张。

(2) 12 月 10 日,收到外单位租用本公司办公用房下一年度租金 300 000 元,款项已收存银行。

(3) 12 月 13 日,向乙企业赊销 A 产品 50 件,单价为 10 000 元,单位销售成本为 5 000 元。

(4) 12 月 18 日,丙企业要求退回本年 11 月 25 日购买的 20 件 A 产品。该产品销售单价为 10 000 元,单位销售成本为 5 000 元,其销售收入 200 000 元已确认入账,价款尚未收取。经查明退货原因系发货错误,同意丙企业退货,并办理退货手续和开具红字增值税专用发票。

(5) 12 月 21 日,乙企业来函提出 12 月 13 日购买的 A 产品质量不完全合格。经协商按销售价款的 10%给予折让,并办理相关手续和开具红字增值税专用发票。款项尚未收取。

(6) 12 月 31 日,计算本月应交纳的城市维护建设税 4 188.8 元;教育费附加 1 795.2 元。

要求:根据上述业务编制相关的会计分录。("应交税费"科目要求写出明细科目及专栏名称,答案中的金额以元为单位,本题要求逐笔编制结转销售成本的会计分录)

3) 甲公司为增值税一般纳税人,增值税税率为 17%。商品销售价格不含增值税,在确认销售收入时逐笔结转销售成本。假定不考虑其他相关税费。2017 年 9 月甲公司发生如下业务。

(1) 9 月 2 日,向乙公司销售 A 商品 1 600 件,标价总额为 800 万元(不含增值税),商品实际成本为 480 万元。为了促销,甲公司给予乙公司 15%的商业折扣并开具了增值税专用发票。甲公司已发出商品,并向银行办理了托收手续。

(2) 9 月 10 日,因部分 A 商品的规格与合同不符,乙公司退回 A 商品 800 件。当日,甲公司按规定向乙公司开具增值税专用发票(红字),销售退回允许扣减当期增值税销项税额,退回商品已验收入库。

(3) 9 月 15 日,甲公司将部分退回的 A 商品作为福利发放给本公司职工,其中生产工人 500 件,行政管理人员 40 件,专设销售机构人员 60 件,该商品每件市场价格为 0.4 万元(与计税价格一致),实际成本为 0.3 万元。

(4) 9月25日，甲公司收到丙公司来函。来函提出，2015年5月10日从甲公司所购B商品不符合合同规定的质量标准，要求甲公司在价格上给予10%的销售折让。该商品售价为600万元，增值税税额为102万元，货款已结清。经甲公司认定，同意给予折让并以银行存款退还折让款，同时开具了增值税专用发票(红字)。

除上述资料外，不考虑其他因素。

要求：(1)逐笔编制甲公司上述业务的会计分录。

(2) 计算甲公司9月主营业务收入总额。

("应交税费"科目要求写出明细科目及专栏名称；答案中的金额单位用万元表示)

第13章 财务报告

学习目标

通过本章的学习,掌握资产负债表、利润表、现金流量表及所有者权益变动表的编制原理和编制方法;理解资产负债表主要项目的填列、利润表及其附表数字来源、经营活动现金流量各项目的填列方法;了解财务报表的种类及编制的基本要求;了解各种财务报表的作用。

技能要求

掌握现金流量表的格式、内容及其编制;掌握所有者权益变动表的格式和内容;熟练掌握资产负债表的内容、结构及其编制;熟练掌握利润表的格式、内容及其编制。

第13章 财务报告

导入案例

继 2007 年爆出公司高管周苏苏违规买卖自家股票之后，中兴通讯股份有限公司(以下简称中兴通讯)(000063，SZ)近日再爆财务丑闻。根据中兴通讯 10 月 7 日发布的公告，在财政部 2007 年会计信息质量检查中，中兴通讯被查出 6 大财务问题。为此，中兴通讯被罚款 16 万元，补交税收 380 万元。但从中兴通讯的公告来看，避重就轻，没有如实披露违规事实。

中兴通讯被检查出来的 6 大问题，包括财务报表编制、营业收入核算、个税返还手续费核算、成本费用核算、国债专项资金核算和企业所得税汇算清缴等问题。

(1) 财务报表编制方面，主要存在集团内部往来未完全合并抵销，以及报表科目重分类列报的问题。

(2) 营业收入核算方面，主要存在建造合同预算总成本不能可靠确定情况下，需按成本补偿法结转收入的问题。

(3) 个税返还手续费核算方面，主要存在未按相关规定确认为营业外收入的问题。

(4) 成本费用核算方面，主要存在研发费用预提不当、预提促销费结余未作调整的问题。

(5) 国债专项资金核算方面，主要存在未及时向有关部门书面请示以明确项目建设的国家资本金账务处理问题。

(6) 企业所得税汇算清缴方面，主要存在部分应纳税所得额调整的准确性与及时性的问题。

根据财政部披露的会计信息质量检查公告，在 2007 年会计信息质量检查中，财政部共对 1 092 户企事业单位依法给予调账、补税、罚款等处理处罚，共查补税款 10.7 亿元、收缴罚款 2 152 万元。每一户企事业单位平均罚款不到 2 万元，中兴通讯被罚款 16 万元，是平均数值的 8 倍之多，说明性质严重。

从中兴通讯的公告来看，具体的违规事实表述非常模糊。可以说是避重就轻，如多计的成本费用具体金额是多少，都没有公开。负责任的公司，应该全文披露财政部出具的《行政处罚决定书》，而不是让公众去猜测。另一个值得注意的现象是，在财政部驻深圳财政监察专员办于 2008 年 4 月 22 日—7 月 11 日检查期间，中兴通讯补缴了 380 万元税款，但是并没有公告。3 个月之后，即 10 月 7 日，中兴通讯才一并公告。

北京大学法学院教授、《会计法》立法专家刘燕表示，违规行为是大是小，一是看违规性质，二是看违规金额。但可惜，中兴通讯并没有公告每一项违规行为涉及多少金额。

根据中兴通讯的公告，违规行为对利润的影响是调增 2.42%。对此，专家表示，它在 5%的可容忍范围内，没有对投资者利益造成重大损失，因此不构成虚假陈述。但是它违反了会计秩序，企业需要承担行政责任。

财务报告作为企业正式对外披露财务信息的重要方式，是外界了解企业财务状况和经营情况的基本渠道。它应该包括哪些内容，需要反映哪些信息，如何披露才能避免虚假陈述及违规操作的嫌疑呢？通过本章的学习，你将掌握阅读和编制公司财务报表的主要"武功心法。"

13.1 财务报告概述

财务报告，是企业正式对外揭示或表述财务信息的总结性书面文件。它是企业的利益相关者，特别是企业外部的信息使用者了解企业财务状况、经营成果和现金流量的主要依据，包括财务报表和其他应当在财务报告中披露相关信息的资料。

企业编制财务报表的目标，是向财务报表使用者提供与企业财务状况、经营成果和现金流量等有关的会计信息，反映企业管理层受托责任的履行情况，有助于财务报表使用者做出经济决策。财务报表使用者通常包括投资者、债权人、政府及其有关部门和社会公众等。

在我国,严格意义上的财务报告应当包括财务报表、附注、审计报告和自己披露的信息部分。其中,财务报表中的基本报表要符合财政部会计准则的规定;财务报表中的附注要符合财务部和中国证监会的规定(上市公司);审计报告,指由具有证券相关业务资格的注册会计师遵守审计准则进行审计所出具的报告;企业自己披露的信息,指应经注册会计师审阅并发表的意见。

一般意义上的财务报告由财务报表和其他财务报告组成。财务报表是对企业财务状况、经营成果和现金流量的结构性表述。其他财务报告是财务报表的辅助报告,它能以灵活多样的形式提供相关信息,这些信息包括定性的和定量的,也包括货币性的和非货币性的,还包括历史性的和预测性的。根据现行国际惯例,其他财务报告的内容主要包括管理当局分析与讨论的预测报告、物价变动影响报告和社会责任报告等。财务报表是财务报告的核心内容。

13.1.1 财务报表概述

财务报表,是会计要素确认、计量的结果和综合性描述。会计准则中对会计要素确认、计量过程中所采用的各项会计政策,被企业实际应用后将有助于企业可持续发展,反映企业管理层受托责任的履行情况。

1. 财务报表的构成

财务报表由报表本身及其附注两部分构成。一套完整的财务报表至少应当包括"四表一注",即资产负债表、利润表、现金流量表、所有者权益(或股东权益,下同)变动表及附注。

资产负债表、利润表和现金流量表,分别从不同角度反映企业的财务状况、经营成果和现金流量。资产负债表反映企业在某一特定日期所拥有的资产、需偿还的债务,以及股东(投资者)拥有的净资产情况;利润表反映企业在一定会计期间的经营成果,即利润或亏损的情况,表明企业运用所拥有的资产的获利能力;现金流量表反映企业在一定会计期间,现金和现金等价物流入和流出的情况;所有者权益变动表反映构成所有者权益的各组成部分,当期的增减变动情况。企业的净利润及其分配情况是所有者权益变动的组成部分,相关信息已经在所有者权益变动表及其附注中反映,企业不需要再单独编制利润分配表。

附注是财务报表不可或缺的组成部分,是对在资产负债表、利润表、现金流量表和所有者权益变动表等报表中列示项目的文字描述或明细资料,以及对未能在这些报表中列示项目的说明等。

2. 财务报表的分类

财务报表可以按照不同的标准进行分类。

(1) 按财务报表编报期间的不同,可以分为中期财务报表和年度财务报表。中期财务报表,是以短于一个完整会计年度的报告期间为基础编制的财务报表,包括月报、季报和半年报等。中期财务报表至少应当包括资产负债表、利润表、现金流量表和附注,其中,中期资产负债表、利润表和现金流量表应当是完整报表,其格式和内容应当与年度财务报

第13章 财务报告

表相一致。与年度财务报表相比，中期财务报表中的附注披露可适当简略。

(2) 按财务报表编报主体的不同，可以分为个别财务报表和合并财务报表。个别财务报表，是由企业在自身会计核算基础上对账簿记录进行加工而编制的财务报表，它主要用以反映企业自身的财务状况、经营成果和现金流量情况。合并财务报表，是以母公司和子公司组成的企业集团为会计主体，根据母公司和所属子公司的财务报表，由母公司编制的综合反映企业集团财务状况、经营成果及现金流量的财务报表。

13.1.2 财务报表编制的要求

编制财务报表的最终目的是，向企业报表使用者提供对作决策有用的信息。通过信息使用者的合理决策，促使有限的社会资源流入效益高的企业，实现社会资源的合理配置。因此，财务报表所提供的信息应能真实、公允地反映企业的财务状况、经营成果和现金流量。

为了保证会计信息的质量，使报表使用者能清楚地了解到企业的财务状况、经营成果和现金流量的变动情况，企业编制财务报表的总体要求是真实可靠、相关可比、全面完整、便于理解和编制及时。

根据《企业会计准则第30号——财务报表列报》中的规定，企业编制财务报表应遵循以下要求。

(1) 企业应当以持续经营为基础，根据实际发生的交易和事项，按照规定进行确认和计量，在此基础上编制财务报表。

(2) 财务报表项目的列报应当在各个会计期间保持一致，不得随意变更，以增强财务报表的可比性，如固定资产折旧方法、存货发出计价方法等必须前后各期保持一致。当情况发生变化使得会计方法变更成为合理和必要时，可以变更会计方法，但应在会计报表附注中加以说明变更的原因和变动后对相关项目的影响。

(3) 性质或功能不同的项目，应当在财务报表中单独列报，不具有重要性的项目除外。

(4) 财务报表中的资产项目和负债项目的金额，收入项目和费用项目的金额不得相互抵销，其他会计准则另有规定的除外。

(5) 当期财务报表的列报，至少应当提供所有列报项目上一可比会计期间的比较数据，以及与理解当期财务报表相关的说明，其他会计准则另有规定的除外。

(6) 企业应当在财务报表的显著位置披露下列各项：编报企业的名称；资产负债表日或财务报表涵盖的会计期间；人民币金额单位；财务报表是合并财务报表的，应当予以标明。

(7) 企业至少应当按年编制财务报表。年度财务报表涵盖的期间短于一年的，应当披露年度财务报表的涵盖期间，以及短于一年的原因。

13.2 资产负债表

13.2.1 资产负债表的概念和作用

资产负债表，是指反映企业在资产负债表日财务状况的报表。它主要反映资产、负债和所有者权益三方面的内容,是揭示企业在一定时点财务状况的静态报表。资产负债表的作用主要有以下几个方面。

(1) 反映企业某一特定日期的经济资源及其分布状况,以及企业的资本结构,为评价企业资产构成、改善经营管理和提高管理水平提供依据。

(2) 反映企业某一特定日期的负债总额及其结构,为评价和预测企业的短期和长期偿债能力提供依据。

(3) 反映企业所有者权益的情况,了解企业现有的投资者在企业资产总额中所占的份额。

(4) 根据资产负债表提供的数据,通过计算,可以评价、预测企业的财务弹性和经营绩效,为信息使用者了解企业的财务状况,为投资和信贷提供参考依据。

13.2.2 资产负债表的格式

资产负债表由表首和正表两部分组成。其中,表首部分列示报表的名称、编制单位、编制日期、报表日期和货币名称等内容;正表是资产负债表的主体,列示了企业财务状况的各个项目。目前,国际上流行的资产负债表格式主要有账户式和报告式两种,我国规定采用资产负债表的格式为账户式,即左侧列报资产方,一般按照资产的流动性大小排列,分为流动资产和非流动资产两大类,每类中再设具体项目;右侧列报负债方和所有者权益方,负债一般按清偿时间的长短排列,分为流动负债和非流动负债两大类,每类中再设具体项目,所有者权益一般按永久性的大小排列,分为实收资本、资本公积和盈余公积和未分配利润 4 个项目。账户式资产负债表的资产各项目的合计,等于负债和所有者权益各项目的合计,即资产负债表的左方和右方平衡。因此,通过账户式资产负债表,可以反映资产、负债及所有者权益之间的内在关系,即"资产=负债+所有者权益",见表 13-1。

表 13-1 资产负债表　　　　　　　　　　　　　　　会企 01 表

编制单位:龙盛公司　　　　2017 年 12 月 31 日　　　　　　　单位:元

资产	期末余额	年初余额	负债和所有者权益(或股东权益)	期末余额	年初余额
流动资产:			流动负债:		
货币资金	32 588 467	37 288 980	短期借款	10 000 000	12 000 000
以公允价值计量且其变动计入当期损益的金融资产	2 970 000	6 100 000	以公允价值计量且其变动计入当期损益的金融负债		
应收票据		3 685 800	应付票据	3 470 000	6 300 000
应收账款	32 036 355	14 040 000	应付账款	56 926 440	46 862 100
预付账款	146 000	1 082 000	预收账款	351 000	1 170 000
应收利息	595 000	400 000	应付职工薪酬	3 340 000	
应收股利	80 000	350 000	应交税费		
其他应收款	25 000	25 000	应付利息	2 160 500	750 000
存货	63 225 000	55 084 000	应付股利	6 000 000	
持有待售资产			其他应付款	764 170	350 000

续表

资产	期末余额	年初余额	负债和所有者权益(或股东权益)	期末余额	年初余额
一年内到期的非流动资产	3 500 000	2 000 000	持有待售负债		
其他流动资产			一年内到期的非流动负债	15 000 000	7 500 000
流动资产合计	135 165 822	120 055 780	其他流动负债		
非流动资产:			流动负债合计	98 012 110	74 932 100
可供出售金融资产	4 735 950	4 435 950	非流动负债:		
持有至到期投资	4 776 100	3 000 000	长期借款	5 000 000	20 000 000
长期应收款	4 950 000	4 950 000	应付债券	5 850 000	5 850 000
长期股权投资	42 069 000	42 069 000	长期应付款		
投资性房地产	13 000 000	8 200 000	专项应付款		
固定资产	49 832 830	54 229 730	预计负债	300 000	300 000
在建工程	850 000	5 200 000	递延所得税负债		
工程物资	734 620	1 064 620	其他非流动负债		
固定资产清理			非流动负债合计	11 150 000	26 150 000
生产性生物资产			负债合计	109 162 110	101 082 100
油气资产			所有者权益(或股东权益):		
无形资产	15 141 000	3 150 000	实收资本(或股本)	100 000 000	100 000 000
开发支出			资本公积	41 600 680	41 600 680
商誉			减：库存股		
长期待摊费用		500 000	其他综合收益	300 000	
递延所得税资产			盈余公积	5 556 323	1 854 300
其他非流动资产			未分配利润	14 636 209	2 318 000
非流动资产合计	136 089 500	126 799 300	所有者权益(或股东权益)合计	162 093 212	145 772 980
资产总计	271 255 322	246 855 080	负债和所有者权益(或股东权益)总计	271 255 322	246 855 080

13.2.3 资产负债表的编制方法

企业提供的资产负债表，一般为比较资产负债表，以便报表使用者通过比较不同时点资产负债表的数据，掌握企业财务状况的变动情况及发展趋势。因此，资产负债表中的各项目分为"年初余额"和"期末余额"两栏分别填列。其中"年初余额"栏内各项数字，应根据上年年末资产负债表的"期末余额"栏内所列数字填列。"期末余额"，是指某一会计期末的数字，即月末、季末、半年末或年末的数字。资产负债表各项目的"期末余额"的填列主要有以下几种方法。

第一，根据总账科目余额直接填列。如"以公允价值计量且其变动计入当期损益金融资产""短期借款""应付票据""应付职工薪酬"等项目，根据"以公允价值计量且其变动计入当期损益金融资产""短期借款""应付票据""应付职工薪酬"各总账科目的余额直接填列。

第二，根据几个总账科目的期末余额计算填列。例如，"货币资金"项目，需根据"库存现金""银行存款""其他货币资金"3个总账科目的期末余额的合计数填列。

第三，根据明细账科目余额计算填列。例如，"应付账款"项目，需要根据"应付账款"和"预付账款"两个科目所属的相关明细科目的期末贷方余额计算填列；"应收账款"项目，需要根据"应收账款"和"预收账款"两个科目所属的相关明细科目的期末借方余额计算填列。

第四，根据总账科目和明细账科目余额分析计算填列。例如，"长期借款"项目，需要根据"长期借款"总账科目余额扣除"长期借款"科目所属的明细科目中，将在一年内到期且企业不能自主地将清偿义务展期的长期借款后的金额计算填列。这些项目还有"持有至到期投资""应付债券""长期应付款""长期待摊费用"等。

第五，根据有关科目余额减去其备抵科目余额后的净额填列。例如，资产负债表中的"应收票据""应收账款""长期股权投资""在建工程"等项目，应当根据"应收票据""应收账款""长期股权投资""在建工程"等科目的期末余额，减去"坏账准备""长期股权投资减值准备""在建工程减值准备"等科目余额后的净额填列。"固定资产"项目，应当根据"固定资产"科目的期末余额，减去"累计折旧""固定资产减值准备"备抵科目余额后的净额填列；"无形资产"项目，应当根据"无形资产"科目的期末余额，减去"累计摊销""无形资产减值准备"备抵科目余额后的净额填列。

第六，综合运用上述填列方法分析填列。例如，资产负债表中的"存货"项目，需要根据"原材料""委托加工物资""周转材料""材料采购""在途物资""发出商品""材料成本差异""存货跌价准备"等总账科目期末余额的分析汇总填列。

资产负债表中资产、负债、所有者权益各项目的列报说明如下。

1. 资产类项目的填报说明

(1)"货币资金"项目，反映企业库存现金、银行结算户存款、外埠存款、银行汇票存款、银行本票存款、信用卡存款、信用证保证金存款等的合计数。本项目应根据"库存现金""银行存款""其他货币资金"科目期末余额的合计数填列。

(2)"以公允价值计量且其变动计入当期损益的金融资产"项目，反映企业持有的以公允价值计量且变动计入当期损益的为交易的目的所持有的债券投资、股票投资、基金投资、权证投资等金融资产。本项目应根据"以公允价值计量且其变动计入当期损益金额资产"科目的期末余额填列。

(3)"应收票据"项目，反映企业因销售商品、提供劳务等而收到的商业汇票，包括银行承兑汇票和商业承兑汇票。本项目应根据"应收票据"科目的期末余额，减去"坏账准备"科目中有关应收票据计提的坏账准备期末余额后的金额填列。

(4)"应收账款"项目，反映企业因销售商品、提供劳务等经营活动应收取的款项。本项目应根据"应收账款"和"预收账款"科目所属各明细科目的期末借方余额合计数，减去"坏账准备"科目中有关应收账款计提的坏账准备期末余额后的金额填列。例如,"应收账款"科目所属明细科目期末有贷方余额的,应在资产负债表"预付账款"项目内填列。

【例 13-1】龙盛公司 2017 年 12 月 31 日结账后,有关科目所属明细科目借贷方余额见表 13-2。

表 13-2 "应收账款"和"预收账款"所属明细科目借贷方余额 单位:元

科目名称	明细科目借方余额合计	明细科目贷方余额合计
应收账款	600 000	200 000
预收账款	700 000	1 300 000
对应收账款计提的坏账准备为 50 000		

龙盛公司 2017 年 12 月 31 日在资产负债表中,"应收账款"项目应填列 1 250 000 元 (600 000＋700 000－50 000)。

(5)"预付账款"项目,反映企业按照购货合同规定预付给供应单位的款项等。本项目应根据"预付账款"和"应付账款"科目所属各明细科目的期末借方余额合计数,减去"坏账准备"科目中有关预付款项计提的坏账准备期末余额后的金额填列。例如,"预付账款"科目所属各明细科目期末有贷方余额的,应在资产负债表"应付账款"项目内填列。

【例 13-2】龙盛公司 2017 年 12 月 31 日结账后,有关科目所属明细科目借贷方余额见表 13-3。

表 13-3 "预付账款"和"应付账款"所属明细科目借贷方余额 单位:元

科目名称	明细科目借方余额合计	明细科目贷方余额合计
预付账款	700 000	50 000
应付账款	300 000	2 300 000

龙盛公司 2017 年 12 月 31 日在资产负债表中,"预付账款"项目应填列为 1 000 000 元 (700 000＋300 000)。

(6)"应收利息"项目,反映企业应收取的债券投资等的利息。本项目应根据"应收利息"科目的期末余额,减去"坏账准备"科目中有关应收利息计提的坏账准备期末余额后的金额填列。

(7)"应收股利"项目,反映企业应收取的现金股利和应收取其他单位分配的利润。本项目应根据"应收股利"科目的期末余额,减去"坏账准备"科目中有关应收股利计提的坏账准备期末余额后的金额填列。

(8)"其他应收款"项目,反映企业除应收票据、应收账款、预付账款、应收股利和应收利息等经营活动以外的其他各种应收、暂付的款项。本项目应根据"其他应收款"科目的期末余额,减去"坏账准备"科目中有关其他应收款计提的坏账准备期末余额后的金额填列。

(9)"存货"项目,反映企业期末在库、在途和在加工中的各种存货的可变现净值。本项目应根据"材料采购""原材料""周转材料""库存商品""委托加工物资""委托代销商品""生产成本"等科目的期末余额合计,减去"受托代销商品""存货跌价准备"科目期末余额后的金额填列。材料采用计划成本核算,以及库存商品采用计划成本核算或售价核算的企业，还应按加或减材料成本差异、商品进销差价后的金额填列。

【例13-3】龙盛公司采用计划成本核算材料，2017年12月31日结账后有关科目余额见表13-4。

表13-4　采用计划成本核算材料结账后有关科目余额　　　　　　　　单位：元

账户名称	账户余额
材料采购	150 000(借方)
原材料	3 000 000(借方)
周转材料	200 000(借方)
库存商品	4 500 000(借方)
生产成本	600 000(借方)
委托加工物资	550 000(借方)
材料成本差异	130 000(贷方)
存货跌价准备	220 000(贷方)

龙盛公司2017年12月31日资产负债表中的"存货"项目金额为：

150 000＋3 000 000＋200 000＋4 500 000＋600 000＋550 000－130 000－220 000＝8 650 000(元)

(10)"持有待售资产"项目，反映企业划分为持有待售的非流动资产及被划分为持有待售的处置组中的资产。本项目应根据单独设置的"持有待售资产"科目的期末余额填列；或根据非流动资产科目的余额分析计算填列。

(11)"一年内到期的非流动资产"项目，反映企业将于一年内到期的非流动资产项目金额。本项目应根据有关科目的期末余额填列。

(12)"其他流动资产"项目，反映企业除货币资金、交易性金融资产、应收票据、应收账款、存货等流动资产以外的其他流动资产。本项目应根据有关科目的期末余额填列。

(13)"可供出售金融资产"项目，反映企业持有的以公允价值计量的可供出售的股票投资、债券投资等金融资产。本项目应根据"可供出售金融资产"科目的期末余额，减去"可供出售金融资产减值准备"科目期末余额后的金额填列。

(14)"持有至到期投资"项目，反映企业持有的以摊余成本计量的持有至到期投资。持有至到期投资中在一年内(含一年)到期的债券投资的部分，在资产负债表"一年内到期的非流动资产"项目填列。本项目应根据"持有至到期投资"科目的期末余额，减去"持有至到期投资减值准备"科目期末余额，再减去将于一年内(含一年)到期的债券投资的数额后的金额填列。

【例13-4】龙盛公司持有至到期投资情况见表13-5。

表13-5　龙盛公司持有至到期投资情况　　　　　　　　单位：元

购入准备持有至到期的债券起始日期	债券期限	金额
2017年1月1日	3年	1 500 000
2015年1月1日	5年	2 500 000
2014年6月1日	4年	2 000 000

假定 2017 年 12 月 31 日,"持有至到期投资减值准备"贷方余额为 500 000 元,则龙盛公司 2017 年 12 月 31 日资产负债表中"持有至到期投资"项目金额为 1 500 000＋2 500 000－500 000＝3 500 000(元)。本例中,公司应当根据"持有至到期投资"总账科目余额 6 000 000 元(1 500 000＋2 500 000＋2 000 000),减去一年内到期的"持有至到期投资"2 000 000 元,再减去"持有至到期投资减值准备"作为资产负债表中"持有至到期投资"项目的金额,即 3 500 000 元。将在一年内到期的持有至到期投资 2 000 000 元,应当填列在流动资产下"一年内到期的非流动资产"项目中。

(15)"长期应收款"项目,反映企业融资租赁产生的应收款项、采用递延方式具有融资性质的销售商品和提供劳务等产生的长期应收款项等。本项目应根据"长期应收款"科目的期末余额,减去相应的"未实现融资收益"科目和"坏账准备"科目所属相关明细科目期末余额后的金额填列。

(16)"长期股权投资"项目,反映企业持有的对子公司、联营企业和合营企业的长期股权投资。本项目应根据"长期股权投资"科目的期末余额,减去"长期股权投资减值准备"科目期末余额后的金额填列。

(17)"投资性房地产"项目,反映企业持有的投资性房地产。企业采用成本模式计量的投资性房地产的,本项目应根据"投资性房地产"科目的期末余额,减去"投资性房地产累计折旧(摊销)"和"投资性房地产减值准备"科目期末余额后的金额填列;企业采用公允价值模式计量的投资性房地产,本项目应根据"投资性房地产"科目的期末余额填列。

(18)"固定资产"项目,反映企业各种固定资产原价,减去累计折旧和固定资产减值准备后的净额填列。本项目应根据"固定资产"科目的期末余额,减去"累计折旧"和"固定资产减值准备"科目期末余额后的金额填列。

【例 13-5】龙盛公司 2017 年 12 月 31 日结账后的"固定资产"科目余额为 1 200 000 元,"累计折旧"科目余额为 100 000 元,"固定资产减值准备"科目余额为 300 000 元。

龙盛公司 2017 年 12 月 31 日资产负债表中的"固定资产"项目金额为 1 200 000－100 000－300 000＝800 000(元)。

(19)"在建工程"项目,反映企业期末各项未完工程的实际支出,包括交付安装的设备价值、未完建筑安装工程已经耗用的材料、工资和费用支出、预付出包工程的价款等的可收回金额。本项目应根据"在建工程"科目的期末余额,减去"在建工程减值准备"科目期末余额后的金额填列。

(20)"工程物资"项目,反映企业尚未使用的各项工程物资的实际成本。本项目应根据"工程物资"科目的期末余额填列。

(21)"固定资产清理"项目,反映企业因出售、毁损、报废等原因转入清理但尚未清理完毕的固定资产的净值,以及固定资产清理过程中所发生的清理费用和变价收入等各项金额的差额。本项目应根据"固定资产清理"科目的期末借方余额填列,如"固定资产清理"科目期末为贷方余额,以"－"号填列。

(22)"生产性生物资产"项目,反映企业持有的生产性生物资产。本项目应根据"生产性生物资产"科目的期末余额,减去"生产性生物资产累计折旧"和"生产性生物资产减值准备"科目期末余额后的金额填列。

(23)"油气资产"项目,反映企业持有的矿区权益和油气井及相关设施的原价,减去累计折耗和累计减值准备后的净额。本项目应根据"油气资产"科目的期末余额,减去"累计折耗"科目期末余额和相应减值准备后的金额填列。

(24)"无形资产"项目,反映企业持有的无形资产,包括专利权、非专利技术、商标权、著作权、土地使用权等。本项目应根据"无形资产"科目的期末余额,减去"累计摊销"和"无形资产减值准备"科目期末余额后的金额填列。

【例13-6】龙盛公司2017年12月31日结账后的"无形资产"科目余额为498 000元,"累计摊销"科目余额为50 000元,"无形资产减值准备"科目余额为90 000元。

龙盛公司2017年12月31日资产负债表中的"无形资产"项目金额为498 000－50 000－90 000＝358 000(元)。

(25)"开发支出"项目,反映企业开发无形资产过程中能够资本化成无形资产成本的支出部分。本项目应根据"研发支出"科目中所属的"资本化支出"明细科目期末余额填列。

(26)"商誉"项目,反映企业合并中形成的商誉的价值。本项目应根据"商誉"科目的期末余额,减去相应减值准备后的金额填列。

(27)"长期待摊费用"项目,反映企业已经发生但应由本期和以后各期负担的、分摊期限在一年以上的各项费用。长期待摊费用中在一年内(含一年)摊销的部分,在资产负债表"一年内到期的非流动资产"项目填列。本项目应根据"长期待摊费用"科目的期末余额,减去将于一年内(含一年)摊销的数额后的金额填列。

【例13-7】龙盛公司2017年12月31日"长期待摊费用"科目的期末余额为385 000元,将于一年内摊销的数额为214 000元。

龙盛公司2017年12月31日资产负债表中的"长期待摊费用"项目金额为385 000－214 000＝171 000(元),将于一年内摊销完毕的214 000元,应当填列在流动资产下"一年内到期的非流动资产"项目中。

(28)"递延所得税资产"项目,反映企业确认的可抵扣暂时性差异产生的递延所得税资产,本项目应根据"递延所得税资产"科目的期末余额填列。

(29)"其他非流动资产"项目,反映企业除长期股权投资、固定资产、在建工程、工程物资和无形资产等资产以外的其他非流动资产。本项目应根据有关科目的期末余额填列。

2. 负债类项目填报说明

(1)"短期借款"项目,反映企业向银行或其他金融机构等借入的期限在一年以下(含一年)的借款。本项目应根据"短期借款"科目的期末余额填列。

(2)"以公允价值计量且其变动计入当期损益的金融负债"项目,反映企业承担的以公允价值计量且其变动计入当期损益的为交易目的所持有的金融负债。本项目应根据"以公允价值计量且其变动计入当期损益的金融负债"科目的期末余额填列。

(3)"应付票据"项目,反映企业购买材料、商品和接受劳务供应等而开出、承兑的商业汇票,包括银行承兑汇票和商业承兑汇票。本项目应根据"应付票据"科目的期末余额填列。

(4)"应付账款"项目,反映企业购买材料、商品和接受劳务供应等经营活动应支付的款项。本项目应根据"应付账款"和"预付账款"科目所属各明细科目的期末贷方余额合计数填列;如"应付账款"科目所属明细科目期末有借方余额的,应在资产负债表"预付账款"项目内填列。

【例 13-8】承【例 13-2】,龙盛公司 2017 年 12 月 31 日在资产负债表中"应付账款"项目应填列为 2 350 000(50 000+2 300 000)元。

(5)"预收账款"项目,反映企业按照购销合同规定预付给供应单位的款项。本项目应根据"预收账款"和"应收账款"科目所属各明细科目的期末贷方余额合计数填列;如"预收账款"科目所属各明细科目期末余额有借方余额的,应在资产负债表"应收账款"项目内填列。

【例 13-9】承【例 13-1】,龙盛公司 2017 年 12 月 31 日在资产负债表中"预收账款"项目应填列为 1 500 000(200 000+1 300 000)元。

(6)"应付职工薪酬"项目,反映企业获得职工提供的服务或解除劳动关系而给予的各种形式的报酬或补偿。企业提供给职工配偶、子女、受赡养人、已故员工遗属及其他受益人等的福利,也属于职工薪酬。职工薪酬主要包括短期薪酬、离职后福利、辞退福利和其他长期职工福利。

(7)"应交税费"项目,反映企业按照税法规定计算应缴纳的各种税费,包括增值税、消费税、所得税、资源税、土地增值税、城市维护建设税、房产税、土地使用税、车船税、教育费附加、矿产资源补偿费等。企业代扣代交的个人所得税,也通过本项目列示。企业所缴纳的税金不需要预计应交数的,如印花税、耕地占用税等,不在本项目列示。本项目应根据"应交税费"科目的期末贷方余额填列;如"应交税费"科目期末为借方余额,应以"—"号填列。

(8)"应付利息"项目,反映企业按照规定应当支付的利息,包括分期付息到期还本的长期借款应支付的利息、企业发行的企业债券应支付的利息等。本项目应当根据"应付利息"科目的期末余额填列。

(9)"应付股利"项目,反映企业分配的现金股利或利润。企业分配的股票股利,不通过本项目列示。本项目应根据"应付股利"科目的期末余额填列。

(10)"其他应付款"项目,反映企业除应付票据、应付账款、预收款项、应付职工薪酬、应付股利、应付利息、应交税费等经营活动以外的其他各项应付、暂收的款项。本项目应根据"其他应付款"科目的期末余额填列。

(11)"持有待售负债"项目,反映企业被划分为持有待售的处置组中的负债。本项目应根据单独设置的"持有待售负债"科目的期末余额填列;或根据非流动负债科目的余额分析计算填列。

(12)"一年内到期的非流动负债"项目,反映企业非流动负债中将于资产负债表日后一年内到期部分金额,如将于一年内偿还的长期借款、一年内到期需偿还的债券等。本项目应根据有关科目的期末余额填列。

(13)"其他流动负债"项目,反映企业除短期借款、交易性金融负债、应付票据、应付账款、应付职工薪酬、应交税费等流动负债以外的其他流动负债。本项目应根据有关科目的期末余额填列。

(14)"长期借款"项目,反映企业向银行或其他金融机构借入的期限在一年以上(不含一年)的各项借款。本项目应根据"长期借款"科目的期末余额,减去将于一年内(含一年)

到期偿还数后的余额填列。将于一年内(含一年)到期的长期借款,应在"一年内到期的非流动负债"项目内单独反映。

【例 13-10】 龙盛公司长期借款情况见表 13-6。

表 13-6　龙盛公司长期借款情况　　　　　　　　　　　　单位:元

借款起始日期	借款期限	金额
2017 年 1 月 1 日	3 年	1 500 000
2015 年 1 月 1 日	5 年	2 500 000
2014 年 6 月 1 日	4 年	2 000 000

龙盛公司 2017 年 12 月 31 日资产负债表中"长期借款"项目金额为 1 500 000＋2 500 000＝4 000 000(元)。本例中,企业应当根据"长期借款"总账科目余额 6 000 000 元(1 500 000＋2 500 000＋2 000 000),减去一年内到期的长期借款 2 000 000 元,作为资产负债表中"长期借款"项目的金额,即 4 000 000 元。将在一年内到期的长期借款 2 000 000 元,应当填列在流动负债下"一年内到期的非流动负债"项目中。

(15)"应付债券"项目,反映企业为筹集长期资金而发行的债券本金和利息。本项目应根据"应付债券"科目的期末余额,减去将于一年内(含一年)到期偿还数后的余额填列。将于一年内(含一年)到期的应付债券,应在"一年内到期的非流动负债"项目内单独反映。

(16)"长期应付款"项目,反映企业除长期借款和应付债券以外的其他各种长期应付款项。本项目应根据"长期应付款"科目的期末余额,减去相应的"未确认融资费用"科目期末余额后的金额填列。

(17)"专项应付款"项目,反映企业取得政府作为企业所有者投入的具有专项或特定用途的款项。本项目应根据"专项应付款"科目的期末余额填列。

(18)"预计负债"项目,反映企业确认的对外提供担保、未决诉讼、产品质量保证、重组义务、亏损性合同等预计负债。本项目应根据"预计负债"科目的期末余额填列。

(19)"递延所得税负债"项目,反映企业确认的应纳税暂时性差异产生的所得税负债。本项目应根据"递延所得税负债"科目的期末余额填列。

(20)"其他非流动负债"项目,反映企业除长期借款和应付债券以外的其他非流动负债。本项目应根据有关科目的期末余额,减去将于一年内(含一年)到期偿还数后的余额填列。非流动负债各项目中将于一年内(含一年)到期的非流动负债,应在"一年内到期的非流动负债"项目内单独反映。

3. 所有者权益类项目填报说明

(1)"实收资本(或股本)"项目,反映企业各投资者实际投入的资本(或股本)总额。本项目应根据"实收资本(或股本)"科目的期末余额填列。

(2)"资本公积"项目,反映企业资本公积的期末余额。本项目应根据"资本公积"科目的期末余额填列。

(3)"库存股"项目,反映企业持有尚未转让或注销的本公司股份金额。本项目应根据"库存股"科目的期末余额填列。

(4)"其他综合收益"项目,反映企业其他综合收益的期末余额。本项目应根据"其他综合收益"科目的期末余额填列。

(5)"盈余公积"项目,反映企业盈余公积的期末余额。本项目应根据"盈余公积"科目的期末余额填列。

(6)"未分配利润"项目,反映企业尚未分配的利润。本项目在1~11月应根据"本年利润"科目和"利润分配"科目的余额计算填列。在年末,本项目应根据"利润分配"科目余额直接填列。未弥补的亏损在本项目内以"一"号填列。

13.2.4 资产负债表的编制实例

【例 13-11】龙盛公司为增值税一般纳税人,增值税税率为17%,所得税税率为25%。该公司2017年12月31日有关科目资料见表13-7。

表 13-7　2017 年 12 月 31 日科目余额表　　　　　　　单位:元

账户名称	借方余额	贷方余额
库存现金	150 000	
银行存款	32 438 467	
交易性金融资产	2 970 000	
应收账款	32 409 000	
坏账准备	−372 645	
预付账款	146 000	
应收股利	80 000	
应收利息	595 000	
其他应收款	25 000	
原材料	35 395 000	
库存商品	28 186 000	
周转材料	1 084 000	
存货跌价准备	−1 440 000	
持有至到期投资	5 976 100	
——一年内到期的债券投资	1 200 000	
可供出售金融资产	4 735 950	
长期股权投资	42 069 000	
投资性房地产	14 700 000	
投资性房地产累计折旧	−1 700 000	
固定资产	126 461 370	
累计折旧	−55 706 740	
固定资产减值准备	−20 921 800	
在建工程	850 000	
工程物资	734 620	
无形资产	15 877 000	
累计摊销	−580 000	

续表

账户名称	借方余额	贷方余额
无形资产减值准备	－156 000	
长期待摊费用	2 300 000	
——将于一年内摊销	2 300 000	
长期应收款	4 950 000	
短期借款		10 000 000
应付票据		3 470 000
应付账款		56 926 440
预收账款		351 000
应付职工薪酬		3 340 000
应付利息		2 160 500
应付股利		6 000 000
其他应付款		764 170
长期借款		20 000 000
——一年内到期的长期借款		15 000 000
应付债券		5 850 000
预计负债		300 000
股本		100 000 000
资本公积		41 600 680
其他综合收益		300 000
盈余公积		5 556 323
未分配利润		14 636 209
合计	271 255 322	271 255 322

根据上述资料，龙盛公司编制2017年12月31日的资产负债表(假设年初数报表已列出)，见表13-1。

13.3 利 润 表

13.3.1 利润表的概念和作用

利润表，是指反映企业在一定会计期间内的经营成果的报表。利润表的作用主要有以下几个方面。

(1) 为企业外部投资者，以及信贷者投资决策及贷款决策提供依据。通过提供利润表，可以反映企业在一定会计期间的收入、费用、利润(或亏损)的数额及构成情况，可以计算投资报酬率及资金利润率等相对值指标，并通过前后两个时期，以及同一时期不同行业或企业的同类指标的比较分析，了解该企业的获利水平、利润增长变化趋势，据此决定是否投资、是否追加投资，以及是否改变投资方向。

(2) 为企业内部管理者的经营决策提供依据。利润表综合地反映企业营业收入、营业成本及期间费用等，披露利润组成的各大要素，帮助企业内部管理者全面了解企业的经营成果，分析企业的获利能力及利润的增长变化，查找其根本原因，促进企业改善经营管理，提高盈利水平。

(3) 为企业内部业绩考核提供重要的依据。企业一定时期的利润总额集中地反映了各部门工作的结果，利润表既是制订各部门工作计划的参考依据，又是评价各部门计划完成情况的重要依据。可以利用利润表提供的相关数据评判各部门的工作业绩，为企业的奖罚决策提供依据。

13.3.2 利润表的格式和编制

1. 利润表的格式

利润表由表首和正表两部分组成。其中，表首部分列示报表名称、编制单位名称、编制日期和货币名称等内容；正表是利润表的主体，该部分反映了形成经营成果的各个项目和计算过程。

利润表的格式主要有两种：单步式利润表和多步式利润表。

1) 单步式利润表

单步式利润表，是将本期各项收入和各项成本、费用的合计数相抵后，一次计算求出本期最终损益的表式。这种格式比较简单，便于编制，但是缺少利润构成情况的详细资料，不利于企业不同期间利润表与行业间利润表的纵向和横向的分析比较。其格式见表 13-8。

表 13-8 利润表

编制单位：　　　　　　　　　　　　　年　月　　　　　　　　　　　　　单位：元

项目	报告期金额	本年累计金额
收入		
营业收入		
……		
收入合计		
费用		
营业成本		
……		
费用合计		
利润(或亏损)总额		

2) 多步式利润表

多步式利润表也称逐步报告式利润表，是按照企业利润的构成内容，将收入、费用按不同性质归类后，分层次、分步骤地逐步逐项计算编制而成。这种格式注重收入与费用配比的层次性，从而得出一些中间性的利润数据，与单步式利润表相比，多步式利润表能提供更为丰富的数据资料。通过它，可以使报表使用者从不同损益类别中了解企业经营成果的不同来源，有利于分析企业的生产经营状况，同时，还有利于利润表的横向和纵向比较。

我国会计准则明确规定企业应采用多步式利润表。其格式见表13-9。

表13-9 利润表

编制单位：龙盛公司　　　　　　2017年度　　　　　　　　　　单位：元

项目	本期金额	上期金额(略)
一、营业收入	100 360 000	
减：营业成本	58 300 000	
营业税金及附加	241 010	
销售费用	4 171 170	
管理费用	5 717 000	
财务费用	2 212 750	
资产减值损失	3 590 445	
加：公允价值变动损益(损失以"－"号填列)	－130 000	
投资收益(损失以"－"号填列)	1 841 100	
其中：对联营企业和合营企业的投资收益		
二、营业利润(亏损以"－"号填列)	27 838 725	
加：营业外收入	2 265 000	
其中：非流动资产处置利得		
减：营业外支出	959 000	
其中：非流动资产处置损失		
三、利润总额(亏损总额以"－"号填列)	29 144 725	
减：所得税费用	7 124 493	
四、净利润(净亏损以"－"号填列)	22 020 232	
五、其他综合收益的税后净额	300 000	
（一）以后不能重分类进损益的其他综合收益		
（二）以后将重分类进损益的其他综合收益	300 000	
权益法下在被投资单位以后将重分类进损益的其他综合收益中享有的份额	300 000	
六、综合收益总额	22 320 232	
七、每股收益		
（一）基本每股收益	略	
（二）稀释每股收益	略	

2. 利润表的编制步骤

我国企业利润表的编制主要分3个步骤完成。

第一步，以营业收入为基础，减去营业成本、营业税金及附加、销售费用、管理费用、财务费用、资产减值损失，加上公允价值变动收益(减去公允价值变动损失)和投资收益(减去投资损失)，计算出营业利润。

第二步,以营业利润为基础,加上营业外收入,减去营业外支出,计算出利润总额。

第三步,以利润总额为基础,减去所得税费用,计算出净利润(或亏损)。普通股或潜在普通股已公开交易的企业,以及正处于公开发行普通股或潜在普通股过程中的企业,还应当在利润表中列示每股收益信息。

第四步,以净利润(或亏损)为基础,计算每股收益。

第五步,以净利润(或亏损)和其他综合收益为基础,计算综合收益总额。

利润表各项目均需填列"本期金额"和"上期金额"两栏,其中"上期金额"栏内各项数字,应根据上年该期利润表的"本期金额"栏内所列数字填列。"本期金额"栏内各期数字,除"基本每股收益"和"稀释每股收益"项目外,应当按照相关科目的发生额分析计算填列;如"营业收入"项目,根据"主营业务收入""其他业务收入"科目的发生额分析计算填列;"营业成本"项目,根据"主营业务成本""其他业务成本"科目的发生额分析计算填列。

3. 利润表各项目的填报说明

(1) "营业收入"项目,反映企业经营主要业务和其他业务所确认的收入总额。本项目应根据"主营业务收入"和"其他业务收入"科目的发生额分析填列。

(2) "营业成本"项目,反映企业经营主要业务和其他业务所发生的成本总额。本项目应根据"主营业务成本"和"其他业务成本"科目的发生额分析填列。

(3) "营业税金及附加"项目,反映企业经营业务应负担的消费税、城市建设维护税、资源税、土地增值税和教育费附加等。本项目应根据"营业税金及附加"科目的发生额分析填列。

(4) "销售费用"项目,反映企业在销售商品过程中发生的包装费、广告费等费用和为销售本企业商品而专设的销售机构的职工薪酬、业务费等经营费用。本项目应根据"销售费用"科目的发生额分析填列。

(5) "管理费用"项目,反映企业为组织和管理生产经营发生的管理费用。本项目应根据"管理费用"的发生额分析填列。

(6) "财务费用"项目,反映企业筹集生产经营所需资金等而发生的筹资费用。本项目应根据"财务费用"科目的发生额分析填列。

(7) "资产减值损失"项目,反映企业各项资产发生的减值损失。本项目应根据"资产减值损失"科目的发生额分析填列。

(8) "公允价值变动收益"项目,反映企业应当计入当期损益的资产或负债公允价值变动收益。本项目应根据"公允价值变动损益"科目的发生额分析填列。如为净损失,本项目以"-"号填列。

(9) "投资收益"项目,反映企业以各种方式对外投资所取得的收益。本项目应根据"投资收益"科目的发生额分析填列。如为投资损失,本项目以"-"号填列。

(10) "营业利润"项目,反映企业实现的营业利润。如为亏损,本项目以"-"号填列。

(11)"营业外收入"项目,反映企业发生的与经营业务无直接关系的各项收入。本项目应根据"营业外收入"科目的发生额分析填列。

(12)"营业外支出"项目,反映企业发生的与经营业务无直接关系的各项支出。本项目应根据"营业外支出"科目的发生额分析填列。

(13)"利润总额"项目,反映企业实现的利润。如为亏损,本项目以"—"号填列。

(14)"所得税费用"项目,反映企业应从当期利润总额中扣除的所得税费用。本项目应根据"所得税费用"科目的发生额分析填列。

(15)"净利润"项目,反映企业实现的净利润。如为亏损,本项目以"—"号填列。

(16)"每股收益"项目,包括基本每股收益和稀释每股收益两项指标,反映普通股或潜在普通股已公开交易的企业,以及正处在公开发行普通股或潜在普通股过程中的企业的每股收益信息。

(17)"其他综合收益的税后净额"项目,反映企业根据企业会计准则规定未在损益中确认的各项利得和损失扣除所得税影响后的净额。

(18)"综合收益总额"项目,反映企业净利润与其他综合收益的合计金额。

13.3.3 利润表的编制实例

【例 13-12】龙盛公司 2017 年度损益类科目的累计发生净额见表 13-10。

表 13-10 龙盛公司 2017 年度损益类科目的累计发生净额   单位:元

科目名称	借方发生额	贷方发生额
主营业务收入		99 400 000
主营业务成本	57 900 000	
其他业务收入		960 000
其他业务成本	400 000	
营业税金及附加	241 010	
销售费用	4 171 170	
管理费用	5 717 000	
财务费用	2 212 750	
资产减值损失	3 590 445	
投资收益		1 841 100
公允价值变动损益	130 000	
营业外收入		2 265 000
营业外支出	959 000	
所得税费用	7 124 493	

假设龙盛公司发行在外的普通股为 200 000 000 股,没有优先股。根据上述资料,编制龙盛公司 2017 年度利润表,见表 13-9。

13.4 现金流量表

13.4.1 现金流量表概述

1. 现金流量表的概念及作用

现金流量表,是反映企业在一定会计期间现金和现金等价物流入和流出的报表。编制现金流量表的主要目的,是为了财务报表使用者提供企业一定会计期间内现金及现金等价物流入和流出的信息,以便于财务报表使用者了解和评价企业获取现金和现金等价物的能力,并据以预测企业未来的现金流量。现金流量表的作用主要有以下几个方面。

(1) 现金流量表可以帮助分析企业现金流入和流出的原因。现金流量表将现金流量划分为经营活动、投资活动和筹资活动三个方面的现金流量,并按照流入现金和流出现金项目分别反映。例如,企业当期从银行借入 200 万元,偿还利息 1 万元,在现金流量表的筹资活动产生的现金流量中分别反映借款 200 万元,支付利息 1 万元。因此,通过现金流量表能够反映企业现金流入与流出的原因,即现金是从哪里来的,又流到哪里去了。这些信息是资产负债表和利润表所不能提供的。

(2) 现金流量表可以提供企业收益质量方面的相关信息。利润表所列示的利润,反映了企业在一定期间的经营成果。但是,净利润是根据权责发生制原则编制出来的,它含有那些销售已经实现,但尚未收到货款的销售收入,并没有直接体现企业已实现的利润中哪些是已经收到货款,哪些是尚未收到货款,这将不利于企业对现金的充分利用——有些企业虽然有很好的净利润,但还是由于资金周转问题而破产、倒闭。现金流量表中经营活动产生的现金流量很好地揭示了那些已收到货款的销售,通过它和净利润的比较,可以判断企业收益的质量,从而提高企业现金的利用效率。

(3) 现金流量表能够说明企业偿还债务和支付股利的能力。企业一定期间获得的利润并不代表企业真正具有偿还或支付能力。在某些情况下,虽然企业利润表反映的经营业绩很可观,但企业同时又财务困难,不能偿还到期债务;还有些企业虽然利润表上反映的经营成果并不可观,但却有足够的偿债能力。通过现金流量表可以使投资者、债权人等了解企业获得现金的能力和现金偿付的能力,为筹资提供有用的信息,也使有限的资源流向了最能产生效益的地方。

(4) 现金流量表能够分析企业未来获取现金的能力。现金流量表反映了企业一定期间内现金流入与流出的整体情况,说明企业现金流入与流出的原因。现金流量表中的经营活动产生的现金流量,代表企业运用经济资源创造现金流量的能力,便于投资者分析企业一定期间内产生的净利润与经营活动产生的现金流量的差异;投资活动产生的现金流量,代表企业运用资金产生现金流量的能力;筹资活动产生的现金流量,代表企业筹资获得现金流量的能力。通过现金流量表及其他财务信息,可以分析企业未来获取或支付现金的能力。

2. 现金流量表的编制基础

现金流量表的编制基础是现金概念,其含义是广义的,它是指现金及现金等价物。现金,是指企业库存现金及可以随时用于支付的存款,包括库存现金、银行存款和其他货币资金(如外埠存款、银行汇票存款、银行本票存款等)等。不能随时用于支付的存款不属于现金。

现金等价物,是指企业持有的期限短、流动性强、易于转换为已知金额现金、价值变动风险很小的投资。期限短,一般是指从购买日起3个月内到期。现金等价物通常包括3个月内到期的债券投资等。权益性投资变现的金额通常不确定,因而不属于现金等价物。企业应当根据具体情况,确定现金等价物的范围,一经确定不得随意变更。

3. 现金流量的分类及列示

1) 现金流量及其影响因素

现金流量,是指企业现金和现金等价物的流入和流出。在现金流量表中,现金及现金等价物被视为一个整体,企业现金(含现金等价物)形式的转换不会产生现金的流入和流出。例如,企业从银行提取现金,是现金存入形式的转变,并不产生现金流量,还有企业用现金购入3个月到期的国库券,是现金与现金等价物之间的转换也不属于现金流量。因此,从企业的日常经营业务来看,只有业务的发生涉及现金各项目与非现金各项目之间发生增减变化时,才会影响现金流量。例如,销售商品,款项收到存入银行。而如果业务发生只涉及现金各项目之间的增减变化,如提取现金或销售商品款未收,则都不会影响现金流量的增减变动。

2) 现金流量的分类

现金流量表中应当按照企业发生的经济业务性质,将企业一定期间内产生的现金流量分为经营活动产生的现金流量、投资活动产生的现金流量和筹资活动产生的现金流量三类。

(1) 经营活动产生的现金流量。经营活动,是指企业除投资活动和筹资活动以外的所有交易事项。经营活动产生的现金流量主要包括销售商品或提供劳务、购买商品、接受劳务、支付工资以及交纳税款等流入和流出的现金和现金等价物。

(2) 投资活动产生的现金流量。投资活动,是指企业长期资产的构建和不包括在现金等价物范围内的投资及其处置活动。投资活动产生的现金流量主要包括构建固定资产、处置子公司及其他营业单位等流入和流出的现金和现金等价物。

(3) 筹资活动产生的现金流量。筹资活动,是指导致企业资本及负债规模或构成发生变化的活动。筹资活动产生的现金流量主要包括吸收投资、向银行借款、发行股票、分配利润、发行债券、偿还债务等流入和流出的现金和现金等价物。

对于企业日常活动之外特殊的、不经常发生的特殊项目,如自然灾害损失、保险赔款、捐赠等,应当归并到相关类别中,并单独反映。例如,对于自然灾害损失和保险赔偿,如果能够确指属于流动资产损失,应当列入经营活动产生的现金流量;属于固定资产损失,应当列入投资活动产生的现金流量。如果不能确指,则可以列入经营活动产生的现金流量。捐赠收入和支出,可以列入经营活动。如果特殊项目的现金流量金额不大,则可以列入现金流量类别下的"其他"项目,不单列项目。

13.4.2 现金流量表的结构

我国企业现金流量表采用报告式结构,分类反映经营活动产生的现金流量、投资活动产生的现金流量和筹资活动产生的现金流量,最后汇总反映企业某一期间现金及现金等价物的净增加额。

我国企业现金流量表的格式见表 13-11。

表 13-11 现金流量表

会企 03 表

编制单位：龙盛公司　　　　　　　　2017 年　　　　　　　　　　　　　单位：元

项目	本期金额	上期金额(略)
一、经营活动产生的现金流量：		
销售商品、提供劳务收到的现金	99 634 550	
收到的税费返还	2 130 000	
收到其他与经营活动有关的现金	100 000	
经营活动现金流入小计	101 864 550	
购买商品、接受劳务支付的现金	54 410 000	
支付给职工以及为职工支付的现金	6 880 000	
支付的各项税费	15 399 163	
支付其他与经营活动有关的现金	5 200 000	
经营活动现金流出小计	81 889 163	
经营活动产生的现金流量净额	19 975 387	
二、投资活动产生的现金流量：		
收回投资收到的现金	4 500 000	
取得投资收益收到的现金	390 000	
处置固定资产、无形资产和其他长期资产收回的现金净额	460 000	
处置子公司及其他营业单位收到的现金净额		
收到其他与投资活动有关的现金	900 000	
投资活动现金流入小计	6 250 000	
购建固定资产、无形资产和其他长期资产支付的现金	19 655 000	
投资支付的现金	950 000	
取得子公司及其他营业单位支付的现金净额		
支付其他与投资活动有关的现金		
投资活动现金流出小计	20 605 000	
投资活动产生的现金流量净额	－14 355 000	
三、筹资活动产生的现金流量：		
吸收投资收到的现金	200 000	
取得借款收到的现金	14 500 000	
收到其他与筹资活动有关的现金		
筹资活动现金流入小计	14 700 000	
偿还债务支付的现金	24 200 000	
分配股利、利润或偿付利息支付的现金	820 900	
支付其他与筹资活动有关的现金		
筹资活动现金流出小计	25 020 900	
筹资活动产生的现金流量净额	－10 320 900	

续表

项目	本期金额	上期金额(略)
四、汇率变动对现金及现金等价物的影响		
五、现金及现金等价物净增加额	－4 700 513	
加：期初现金及现金等价物余额	37 288 980	
六、期末现金及现金等价物余额	32 588 467	

13.4.3 现金流量表的编制

1. 现金流量表的编制方法

编制现金流量表时，列报经营活动现金流量的方法有两种：一是直接法；二是间接法。这两种方法通常也被称为编制现金流量表的方法。

所谓直接法，是指通过现金收入和现金支出的主要类别列示经营活动的现金流量。采用直接法编制经营活动的现金流量时，一般以利润表中的营业收入为起算点，调整与经营活动有关的项目增减变动，然后计算出经营活动的现金流量。采用直接法具体编制现金流量表时，可以采用工作底稿法或 T 型账户法，也可以根据有关科目记录分析填列。

所谓间接法，是指以净利润为起算点，调整不涉及现金的收入、费用、营业外收支等有关项目，剔除投资活动、筹资活动对现金流量的影响，据此计算出经营活动产生的现金流量。由于净利润是以权责发生制为核算基础确定的，且包括了与投资活动和筹资活动相关的收益和费用，将净利润调节为经营活动现金流量，实际上是将按权责发生制为核算基础确定的净利润调整为收付实现制，并剔除投资活动和筹资活动对现金流量的影响。

采用直接法编报的现金流量表，便于分析企业经营活动产生的现金流量的来源和用途，预测企业现金流量的未来前景；采用间接法编报现金流量表，便于将净利润与经营活动产生的现金流量净额进行比较，了解净利润与经营活动产生的现金流量差异的原因，从现金流量的角度分析净利润的质量。所以，我国现金流量表准则规定，企业应当采用直接法编制现金流量表，同时要求在附注中提供以净利润为基础调节到经营活动现金流量的信息。

2. 现金流量表的编制依据与思路

现金流量表，是按收付实现制反映企业报告期内的现金流动信息，而企业编制的资产负债表、利润表和所有者权益变动表及有关账户记录资料反映的会计信息，都是以权责发生制为基础记录报告的。所以，现金流量表的编制依据必然是资产负债表、利润表和所有者权益变动表及有关账户记录资料；编制现金流量表的过程就是将权责发生制下的会计资料，转换为按收付实现制表示的现金流动。

具体编制现金流量表时，根据企业规模及业务量的大小，可以选择适当的编制思路：一种编制思路是直接从企业会计记录中获得有关企业现金收入和现金支出的信息，根据现金增加的原因和支出的项目分列于相应的项目；另一种编制思路是在利润表中营业收入、营业成本等数据的基础上，通过调整有关资产负债表项目来获得。

13.4.4 现金流量表各项目的内容及填列方法

1. "经营活动产生的现金流量"各项目的填列

(1) "销售商品、提供劳务收到的现金"项目。该项目反映企业销售商品、提供劳务实际收到的现金,包括销售收入和应向购买者收取的增值税销项税额,具体包括本期销售商品、提供劳务收到的现金,以及前期销售商品、提供劳务本期收到的现金和本期预收的款项,减去本期销售本期退回的商品和前期销售本期退回的商品支付的现金。企业销售材料和代购代销业务收到的现金,也在本项目反映。

在填列该项目时,应考虑到营业收入的发生额、应收账款、应收票据的增减变动、预收账款的增减变动、核销坏账引起的应收账款的减少,以及收回以前年度核销的坏账、销售退回、应交增值税销项税额的发生额等。

"销售商品、提供劳务收到的现金"项目的填列方法,可以有根据账户记录的发生额填列和根据财务报表资料填列两种思路。

① 根据有关账户记录的发生额资料填列的计算公式为:

销售商品、提供劳务收到的现金=本期销售商品、提供劳务收到的现金+以前期间销售商品、提供劳务在本期收到的现金+以后将要销售商品、提供劳务在本期预收的现金+本期收回前期已核销的坏账-本期销售退回支付的现金

【例 13-13】龙盛公司为增值税一般纳税企业,增值税税率为17%,2017年与销售现金流量有关的业务如下:本期销售产品一批,增值税专用发票注明的售价为300 000元(不含增值税),货款未收到;销售产品一批,售价为700 000元,增值税税额119 000元,款项已通过银行收讫;公司将到期的一张面值为180 000元的无息银行承兑汇票(不含增值税),连同解讫通知和进账单交银行办理转账,款项已收妥;收到应收账款51 000元,存入银行;公司采用商业承兑汇票结算方式销售产品一批,价款250 000元,增值税税额为42 500元,收到292 500元的商业承兑汇票一张,公司已将上述承兑汇票到银行办理贴现,贴现息为20 000元。

本期销售商品、提供劳务收到的现金=819 000+180 000+51 000+272 500=1 322 500(元)。

② 根据利润表、资产负债表有关项目,以及部分账户记录资料填列的计算公式为:

销售商品、提供劳务收到的现金=营业收入+本期增值税销项税额-应收账款项目(期末余额-期初余额)-应收票据项目(期末余额-期初余额)±预收账款项目(期末余额-期初余额)-债务人以非现金资产抵偿减少的应收账款或应收票据-本期计提的坏账准备导致的应收账款项目的减少数+当期收回前期已核销的坏账-当期应收票据贴现所支付的利息

【例 13-14】龙盛公司2017年利润表上列示的营业收入为1 250 000元,2017年12月31日资产负债表有关项目资料:应收票据期末余额为66 000元,年初余额为246 000元;应收账款期末余额为598 200元,年初余额为300 000元;预收账款期末余额为0,年初余额为100 000元。其他有关情况:增值税销项税为212 500万元,采用备抵法核算坏账损失,期初坏账准备900元,期末坏账准备2 000元;将本期承兑汇票到银行办理贴现时,贴现息为20 000元。

本期销售商品、提供劳务收到的现金＝1 250 000＋212 500－(66 000－246 000)－(598 200－300 000)＋(0－100 000)－(2 000－900)－20 000＝1 223 200(元)

(2)"收到的税费返还"项目。该项目反映企业收到的返还的各种税费，如收到的增值税、所得税、消费税、关税和教育费附加返还款等。本项目可以根据"库存现金""银行存款""营业税金及附加""营业外收入"等科目的记录分析填列。其计算公式为：

收到的税费返还＝"营业外收入"("政府补助"项目中收到的税费返还款)贷方发生额＋"其他应收款"(增值税"出口退税")贷方发生额＋"营业税金及附加"(退回的消费税、教育费附加)的贷方发生额＋"所得税费用"(退回的所得税)贷方发生额

(3)"收到的其他与经营活动有关的现金"项目。该项目反映企业除上述各项目外，收到的其他与经营活动有关的现金，如罚款收入、经营租赁固定资产收到的现金、流动资产损失中由个人赔偿的现金收入、除税费返还外的其他政府补助收入等。其他与经营活动有关的现金，如果价值较大的，应单独项目反映。本项目可以根据"库存现金""银行存款""其他业务收入""营业外收入"等科目的记录分析填列。其计算公式为：

收到的其他与经营活动有关的现金＝"营业外收入"贷方发生额(罚款收入)＋"其他应收款"贷方发生额(个人赔款)＋"其他业务收入"贷方发生额(经营租赁收到的租金)＋其他与经营活动有关的现金

(4)"购买商品、接受劳务支付的现金"项目。该项目反映企业购买商品、接受劳务实际支付的现金，包括本期购买材料和商品、接受劳务支付的现金(包括增值税进项税)，本期支付的前期购入的材料和商品、接受劳务的未付款及本期预付的款项，本期发生购货退回而收到的现金，应从购买商品或接受劳务支付的款项中扣除。为购置存货而发生的借款利息资本化部分，应在"分配股利、利润或偿付利息支付的现金"项目中反映。

在填列该项目时，应考虑到营业成本的发生额、存货的增减变动、应交增值税(进项税额)的发生额、应付账款、应付票据、预付账款项目的增减变动，还要考虑购货退回收到的现金，与投资、交换非流动资产、抵偿非流动负债等有关的存货的增减数，非现金抵偿和非现金抵偿引起的应付账款、应付票据减少数及非营业成本中的非外购存货费用等。

"购买商品、接受劳务支付的现金"项目的填列方法，可以有根据账户记录的发生额填列和根据财务报表资料填列两种思路。

① 根据有关账户记录的发生额资料填列的计算公式为：

购买商品、接受劳务支付的现金＝本期购买商品、接受劳务支付的现金＋以前期间购买商品、接受劳务在本期支付的现金＋以后将要购买商品、接受劳务在本期预付的现金－购买商品本期退回收到的现金

【例13-15】龙盛公司2017年与采购有关的业务有购买原材料、收到的增值税专用发票上注明的材料价款为150 000元，增值税进项税额为25 500元，款项已通过银行转账支付；用银行汇票支付材料及运费99 800元和增值税16 966元；收到银行通知，本期支付到期商业承兑应付票据100 000元；购买原材料、收到的增值税专用发票上注明的材料价款为20 000元，增值税进项税额为3 400元，款项尚未支付；购买工程用物资160 000元，货款已通过银行转账支付；以前购买的材料因不符合要求，予以退回，收到退回的货款20 000元。

购买商品、接受劳务支付的现金＝150 000＋25 500＋99 800＋16 966＋100 000－20 000＝372 266(元)

② 根据利润表、资产负债表有关项目，以及部分账户记录资料填列的计算公式为：

购买商品、接受劳务支付的现金＝营业成本＋当期增值税进项税额＋存货项目(期末余额－期初余额)－当期列入生产成本、制造费用的应付职工薪酬－当期列入生产成本、制造费用的折旧费－应付账款项目(期末余额－期初余额)－应付票据项目(期末余额－期初余额)±预付账款项目(期末余额－期初余额)－当期非现金资产抵偿减少的应付账款和应付票据

【例 13-16】 龙盛公司 2017 年利润表上列示的营业成本为 360 000 元，2017 年 12 月 31 日资产负债表有关项目资料：存货期末余额为 165 000 元，年初余额为 80 000 元；应付票据期末余额为 0 元，年初余额为 120 000 元；应付账款期末余额为 93 000 元，年初余额为 50 000 元；预付账款期末余额为 20 000 元，年初余额为 0 元。其他有关情况：本期增值税进项税额为 80 000 元；营业成本 360 000 元(包括工资费用 165 000 元)；本年度发生火灾造成存货损失 10 000 元，已计入营业外支出；期末存货均为外购原材料。

购买商品、接受劳务支付的现金＝360 000＋(165 000－80 000)－165 000＋120 000＋80 000－(93 000－50 000)＋20 000＋10 000＝467 000(元)。

(5)"支付给职工以及为职工支付的现金"项目。该项目反映企业实际支付给职工的现金，以及为职工支付的现金，包括企业为获得职工提供的服务，本期实际给予各种形式的报酬及其他相关支出，包括本期实际支付给职工的工资、奖金、各种津贴和补贴等，以及为职工支付的养老、失业等社会保险基金，补充养老保健基金，住房公积金等各项薪酬而支付的现金。不包括支付的离退休人员的各项费用和支付给在建工程人员的工资等。支付的离退休人员的各项费用，在"支付的其他与经营活动有关的现金"项目中反映；支付的在建工程人员的工资，在"购建固定资产、无形资产和其他长期资产所支付的现金"项目中反映。本项目可以根据"应付职工薪酬""库存现金""银行存款"等科目分析填列。

【例 13-17】 龙盛公司 2017 年度应付职工薪酬有关资料见表 13-12。

表 13-12　应付职工薪酬有关资料　　　　　　　　　　　　　单位：元

	项目	年初余额	本期分配或计提数	期末余额
应付职工薪酬	生产工人工资	100 000	1 000 000	80 000
	车间管理人员工资	40 000	500 000	30 000
	行政管理人员工资	60 000	800 000	45 000
	在建工程人员工资	20 000	300 000	15 000

本期用银行存款支付退休人员工资 500 000 元。假定应付职工薪酬本期减少数均以银行存款支付，应付职工薪酬为贷方余额。假定不考虑其他事项。

支付给职工以及为职工支付的现金＝(100 000＋40 000＋60 000)＋(1 000 000＋500 000＋800 000)－(80 000＋30 000＋45 000)＝2 345 000(元)

本例中的 305 000 元(20 000＋300 000－15 000)列入"购建固定资产、无形资产和其他长期资产所支付的现金"项目，500 000 元列入"支付的其他与经营活动有关的现金"项目。

(6)"支付的各项税费"项目。该项目反映企业按规定支付的各项税费，包括本期发生并支付的税费，以及本期以前各项发生的税费和预交的税金，如支付的教育费附加、印花

税、房产税、土地增值税、车船税、增值税、所得税等，不包括本期退回的增值税、所得税。本期退回的增值税、所得税等，在"收到的税费返还"项目中反映。本项目可以根据"应交税费""库存现金""银行存款"等科目分析填列。

(7) "支付其他与经营活动有关的现金"项目。该项目反映企业除上述各项目外，支付的其他与经营活动有关的现金，如罚款支出、支付的差旅费、业务招待费、保险费、经营租赁支付的现金等。其他与经营活动有关的现金，如果金额较大的，应单独列项目反映。本项目可以根据"管理费用""销售费用""营业外支出""库存现金""银行存款"等科目分析填列。

2. "投资活动产生的现金流量"各项目的填列

(1) "收回投资收到的现金"项目。该项目反映企业出售、转让或到期收回除现金等价物以外的，交易性金融资产、持有至到期投资、可供出售金融资产、长期股权投资、投资性房地产而收到的现金，不包括债权性投资收回的利息，收回的非现金资产，以及处置子公司及其他营业单位收到的现金净额。债权性投资收回的本金，在本项目反映，债权性投资收回的利息，不在本项目反映，而在"取得投资收益所收到的现金"项目中反映。处置子公司及其他营业单位收到的现金净额单设项目反映。本项目可以根据"交易性金融资产""持有至到期投资""可供出售金融资产""长期股权投资""投资性房地产""库存现金""银行存款"等科目分析填列。

(2) "取得投资收益收到的现金"项目。该项目反映企业因股权性投资和债权性投资而分得的现金股利、现金利息，以及从子公司、联营企业或合营企业分回利润而收到的现金，股票股利不在本项目中反映。本项目可以根据"投资收益""应收股利""应收利息""库存现金""银行存款"等科目分析填列。

(3) "处置固定资产、无形资产和其他长期资产收回的现金净额"项目。该项目反映企业出售固定资产、无形资产和其他长期资产所取得的现金，减去为处置这些资产而支付的有关费用后的净额。处置固定资产、无形资产和其他长期资产所收到的现金，与处置活动支付的现金，两者在时间上比较接近，以净额更能准确反映处置活动对现金流量的影响。由于自然灾害等原因所造成的固定资产等长期资产报废、毁损而收到的保险赔偿收入，在本项目中反映，如处置固定资产、无形资产和其他长期资产所收回的现金净额为负数，则应作为投资活动产生的现金流量，在"支付的其他与投资活动有关的现金"项目中反映。本项目可以根据"固定资产清理""库存现金""银行存款"等科目分析填列。

【例 13-18】龙盛公司 2017 年 12 月 20 日，对一台管理用设备进行清理，该设备账面原价 1 200 000 元，已计提折旧 800 000 元，已计提减值准备 200 000 元，以银行存款支付清理费用 20 000 元，收到变价收入 130 000 元，该设备已清理完毕。

处置固定资产、无形资产和其他长期资产收回的现金净额 = 130 000 − 20 000 = 110 000(元)

(4) "处置子公司及其他营业单位收到的现金净额"项目。该项目反映企业处置子公司及其他营业单位所取得的现金，减去相关处置费用，以及子公司及其他营业单位持有的现金和现金等价物后的净额。本项目可根据"长期股权投资""库存现金""银行存款"等科目分析填列。

(5)"收到其他与投资活动有关的现金"项目。该项目反映企业除了上述各项目以外,所收到的其他与投资活动有关的现金流入。若其他与投资活动有关的现金流入金额较大,应单独列项目反映。本项目可根据"应收股利""应收利息""银行存款"等科目分析填列。

(6)"购建固定资产、无形资产和其他长期资产支付的现金"项目。该项目反映企业本期购建固定资产、无形资产和其他长期资产所实际支付的现金。包括购买机器设备所支付的现金及增值税款、建造工程支付的现金、支付在建工程人员的工资等现金支出,不包括为购建固定资产、无形资产和其他长期资产而发生的借款利息资本化部分,以及融资租入固定资产所支付的租赁费。为购建固定资产、无形资产和其他长期资产而发生的借款利息资本化部分,在"分配股利、利润或偿付利息支付的现金"项目中反映;融资租入固定资产所支付的租赁费,在"支付的其他与筹资活动有关的现金"项目中反映。本项目可以根据"固定资产""无形资产""在建工程""工程物资""库存现金""银行存款"等科目分析填列。

(7)"投资支付的现金"项目。该项目反映企业进行权益性投资和债权性投资所支付的现金,包括企业取得的除现金等价物以外的交易性金融资产、持有至到期投资、可供出售金融资产、长期股权投资、投资性房地产所支付的现金,以及支付的佣金、手续费等交易费用。企业购买债券的价款中含有债券利息的,以及溢价或折价购入的,均按实际支付的金额反映。

企业购买股票和债券时,实际支付的价款中包含的已宣告但尚未领取的现金股利,或已到付息期但尚未领取的债券利息,应在"支付其他与投资活动有关的现金"项目中反映;收回购买股票和债券时支付的已宣告但尚未领取的现金股利,或已到付息期但尚未领取的债券利息,应在"收到其他与投资活动有关的现金"项目中反映。本项目可根据"交易性金融资产""持有至到期投资""可供出售金融资产""长期股权投资""投资性房地产""库存现金""银行存款"等科目分析填列。

(8)"取得子公司及其他营业单位支付的现金净额"项目。该项目反映企业取得子公司及其他营业单位购买出价中以现金支付的部分,减去子公司及其他营业单位持有的现金和现金等价物后的净额。本项目可根据"长期股权投资""库存现金""银行存款"等科目分析填列。

(9)"支付其他与投资活动有关的现金"项目。该项目反映企业除上述各项以外所支付的其他与投资活动有关的现金,如果价值较大的,应单列项目反映。本项目可以根据"应收股利""应收利息""库存现金""银行存款"等科目分析填列。

3. "筹资活动产生的现金流量"各项目的填列

(1)"吸收投资收到的现金"项目。该项目反映企业以发行股票、债券等方式筹集资金实际收到的款项净额(发行收入减去支付的佣金等发行费用后的净额)。以发生股票等方式筹集资金而由企业直接支付的审计、咨询等费用,不在本项目中反映,而在"支付其他与筹资活动有关的现金"项目中反映;由金融企业直接支付的手续费、宣传费、咨询费、印刷费等费用,从发行股票、债券取得的现金收入中扣除以净额列示。本项目可以根据"实收资本(股本)""资本公积""库存现金""银行存款"等科目分析填列。

(2)"取得借款收到的现金"项目。该项目反映企业举借各种短期、长期借款而收到的现金。本项目可以根据"短期借款""长期借款""交易性金融负债""应付债券""库存现金""银行存款"等科目分析填列。

(3) "收到其他与筹资活动有关的现金"项目。该项目反映企业除上述项目外，收到的其他与筹资活动有关的现金。其他与筹资活动有关的现金，如果价值较大的，应单列项目反映。本项目可以根据有关科目的记录分析填列。

(4) "偿还债务支付的现金"项目。该项目反映企业以现金偿还债务的本金，包括归还金融企业的借款本金、偿付企业到期的债券本金等。企业偿还的借款利息、债券利息，在"分配股利、利润或偿付利息支付的现金"项目中反映，不在本项目中反映。本项目可以根据"短期借款""长期借款""交易性金融负债""应付债券""库存现金""银行存款"等科目分析填列。

(5) "分配股利、利润或偿付利息支付的现金"项目。该项目反映企业实际支付的现金股利、支付给其他投资单位的利润，或用现金支付的借款利息、债券利息。本项目可以根据"应付股利""应付利息""利润分配""财务费用""在建工程""制造费用""研发支出""库存现金""银行存款"等科目分析填列。

(6) "支付其他与筹资活动有关的现金"项目。该项目反映企业除上述各项目外，支付的其他与筹资活动有关的现金，如以发行股票、债券等方式筹集资金而由企业直接支付的审计、咨询等费用，融资租赁所支付的现金，以分期付款方式构建固定资产以后各期支付的现金等。其他与筹资活动有关的现金，如果价值较大的，应单列项目反映。本项目可以根据有关科目的记录分析填列。

4. "汇率变动对现金及现金等价物的影响"项目的填列

汇率变动对现金的影响，是指企业外币现金流量及境外子公司的现金流量折算成记账本位币时，所采用的是现金流量发生日的汇率或按照系统合理的方法确定的、与现金流量发生日即期汇率近似的汇率。而现金流量表"现金及现金等价物净增加额"项目中，外币现金净增加额是按资产负债表日的即期汇率折算，这两者的差额为汇率变动对现金的影响。

13.4.5 现金流量表附注各项目的确定

现金流量表附注，也是现金流量表的补充资料，分为三部分：第一部分是"将净利润调节为经营活动的现金流量"；第二部分是"不涉及现金收支的重大投资和筹资活动"；第三部分是"现金及现金等价物净变动情况"等项目。按现金流量表准则的规定，应当采用间接法在现金流量表附注中披露将净利润调节为经营活动现金流量的信息，因此，将净利润调节为经营活动现金流量也是本部分的重点。现金流量表附注的具体内容见表13-13。

表13-13 现金流量表附注 单位：元

1. 将净利润调节为经营活动现金流量	本期金额	上期金额
净利润	22 020 232	略
加：计提的资产减值损失准备	3 590 445	
固定资产折旧、油气资产折耗、生产性生物资产折旧	10 560 000	
无形资产摊销	580 000	

续表

长期待摊费用摊销	1 800 000	
处置固定资产、无形资产和其他长期资产的损失(收益以"－"号填列)	690 000	
固定资产报废损失(收益以"－"号填列)		
公允价值变动损失(收益以"－"号填列)	130 000	
财务费用(收益以"－"号填列)	2 121 500	
投资损失(收益以"－"号填列)	－1 841 100	
递延所得税资产的减少(增加以"－"号填列)		
递延所得税负债的增加(减少以"－"号填列)		
存货的减少(增加以"－"号填列)	－10 681 000	
经营性应收项目的减少(增加以"－"号填列)	－15 462 200	
经营性应付项目的增加(减少以"－"号填列)	10 567 510	
其他	－4 100 000	
经营活动产生的现金流量净额	19 975 387	
2. 不涉及现金收支的重大投资和筹资活动		
债务转为资本		
一年内到期的可转换公司债券		
融资租入固定资产		
3. 现金及现金等价物净变动情况		
现金的期末余额		
减：现金的期初余额		
加：现金等价物的期末余额		
减：现金等价物的期初余额		
现金及现金等价物净增加额		

1. 将净利润调节为经营活动现金流量

1) 将净利润调节为经营活动现金流量的原因及公式

"将净利润调节为经营活动现金流量"，是经营活动现金流量的又一种表达方式，即间接法。间接法与直接法一样，都是从利润表项目入手，但间接法以利润表的最后一项"净利润"为起点，调整不涉及经营活动的净利润项目，不涉及现金的净利润项目，不涉及与经营活动有关的非现金流动资产的变动、与经营活动有关的流动负债的变动等，据此计算出经营活动现金流量净额。企业的净利润主要来自于经营活动，因此"净利润"与"经营活动现金流量"有必然的联系，但是"净利润"与"经营活动现金流量"又存在着金额差异。它们之间的差异主要表现在三个方面：一是与净利润有关的交易或事项不一定涉及现金，如计提的资产减值准备等；二是与净利润有关的交易或事项不一定都与经营活动有关，如投资收益等；三是有些交易或事项与净利润没有直接关系，但却引起了经营活动的现金流量，如用现金购买存货、收到前期的货款等。因此，将净利润调节为经营活动的现金流量，需要调整四大类项目：第一类，实际没有支付现金的费用；第二类，实际没有收到现金的收益；第三类，不属于经营活动的损失和收益；第四类，经营性应收应付项目的增减变动。其计算公式可以表示为：

经营活动产生的现金流量的净额＝净利润＋实际没有支付现金的费用和损失－实际没有收到现金的收益＋不涉及经营活动的费用和损失－不涉及经营活动的收益＋与经营活动有关的、非现金流动资产的减少数＋与经营活动有关的流动负债的增加数

对公式中具体项目解释如下。

(1)"实际没有支付现金的费用和损失"包括计提的资产减值损失、计提的固定资产折旧、油气资产折耗、生产性生物资产折旧、无形资产的摊销、长期待摊费用的摊销，以及递延所得税资产的减少或递延所得税负债的增加等。

(2)"实际没有收到现金的收益"包括冲销已计提的资产减值准备、递延所得税资产的增加或递延所得税负债的减少等。

(3)"不涉及经营活动的费用和损失"包括投资损失、财务费用、非流动资产处置损失、固定资产报废损失，以及与投资性房地产、生产性生物资产有关的公允价值变动损失等。

(4)"不涉及经营活动的收益"包括投资收益、财务收益、非流动资产处置收益、固定资产报废收益，以及与投资性房地产、生产性生物资产有关的公允价值变动收益等。

(5)"与经营活动有关的、非现金流动资产"包括存货、应收账款等经营性应收项目的增减变动金额。

(6)"与经营活动有关的流动负债"包括应付账款等经营性应付项目的增减变动金额。

这里的非现金流动资产、流动负债的变动，必须是与经营活动有关的。与投资活动和筹资活动有关的非现金流动资产、流动负债等的增减变动金额，不在此作为调整数。

2) 将净利润调节为经营活动现金流量填列

(1)"计提的资产减值损失准备"项目。该项目反映企业当期实际计提的各项资产减值准备，包括坏账准备、存货跌价准备、投资性房地产减值准备、长期股权投资减值准备、持有至到期投资减值准备、固定资产减值准备、无形资产减值准备、在建工程减值准备、工程物资减值准备、商誉减值准备、生物性资产减值准备等。企业计提的各项资产减值准备，包括在利润表中，属于利润的减除项目，但没有发生现金流出。所以，在将净利润调节为经营活动现金流量时，需要加回。本项目可根据"资产减值损失"科目的记录分析填列。

(2)"固定资产折旧、油气资产折耗、生产性生物资产折旧"项目。企业计提的固定资产折旧，有的包括在管理费用中，有的包括在制造费用中。计入管理费用中的部分，作为期间费用在计算净利润时从中扣除，但没有发生现金流出；计入制造费用中已经变现的部分，已转入销售成本，在计算净利润时也已扣除，也没有产生现金流出，故这两部分都应加回，还有折旧计入制造费用中没有变现的部分，既不涉及现金收支，也不影响企业当期净利润，但含在存货中，增加了存货的金额，在调节存货时，将从中扣除，因此应将其加回。同理，企业计提的油气资产折耗、生产性生物资产折旧，也需要予以加回。本项目可根据"累计折旧""累计折耗""生产性生物资产折旧"科目的贷方发生额分析填列。

(3)"无形资产摊销"和"长期待摊费用摊销"项目。企业对使用寿命有限的无形资产计提摊销时，计入管理费用、其他业务成本或制造费用。长期待摊费用摊销时，计入管理费用、销售费用和制造费用。计入管理费用等期间费用的部分和计入制造费用中已经变现的部分，在计算净利润时已从中扣除，但没有产生现金流出；计入制造费用中没有变现的部分，在调节存货时已经从中扣除，也不涉及现金收支，因此在将净利润调节为经营活动

现金流量时，需要予以加回。本项目可根据"累计摊销""长期待摊费用"科目的贷方发生额分析填列。

(4) "处置固定资产、无形资产和其他长期资产的损失(减：收益)"项目。企业处置固定资产、无形资产和其他长期资产的损益，属于投资活动产生的损益，不属于经营活动产生的损益。所以，在将净利润调节为经营活动现金流量时，需要予以剔除。如为损失，应当加回，如为收益，应当扣除。本项目可根据"营业外收入""营业外支出"等科目所属明细科目的记录分析填列。

(5) "固定资产报废损失"项目。企业发生的固定资产报废损益，属于投资活动产生的损益，不属于经营活动产生的损益。所以，在将净利润调节为经营活动现金流量时，需要予以剔除。同样，投资性房地产发生报废、毁损而产生的损失，也需要予以剔除。如为损失，应当加回，如为收益，应当扣除。本项目可根据"营业外收入""营业外支出"等科目所属明细科目的记录分析填列。

(6) "公允价值变动损失"项目。该项目反映企业在初始确认时划分为以公允价值计量且其变动计入当期损益的交易性金融资产，或金融负债、衍生工具、套期等业务中公允价值变动形成的计入当期损益的利得或损失。企业发生的公允价值变动损益，通常与企业的投资活动或筹资活动有关，而且不影响企业当期的现金流量。为此，在将净利润调节为经营活动现金流量时，需要予以剔除。如为持有损失，应当加回，如为持有利得，应当扣除。本项目可以根据"公允价值变动损益"科目的发生额分析填列。

(7) "财务费用"项目。企业发生的财务费用中不属于经营活动的部分，应当在将净利润调节为经营活动现金流量时，需要予以剔除。如为收益，以"—"填列。本项目可以根据"财务费用"科目的本期借方发生额分析填列。

在实务中，企业的"财务费用"明细账一般是按费用项目设置的，为了编制现金流量表，企业可在此基础上，再按"经营活动""筹资活动""投资活动"分设明细分类账。每一笔财务费用发生时，即将其归入"经营活动""筹资活动"或"投资活动"中。

(8) "投资损失(减：收益)"项目。企业发生的投资收益，属于投资活动产生的损益，不属于经营活动产生的损益。所以，将净利润调节为经营活动现金流量时，需要予以剔除。如为净损失，应当加回，如为净收益，应当扣除。本项目可根据利润表中"投资收益"项目的数字填列；如为投资收益，以"—"号填列。

(9) "递延所得税资产的减少(减：增加)"项目。如果递延所得税资产减少，使计入所得税费用的金额大于当期应交的所得税金额，其差额没有发生现金流出，但在计算净利润时已经扣除，在将净利润调节为经营活动现金流量时，应当加回。如果递延所得税资产增加，使计入所得税费用的金额小于当期应交的所得税金额，二者之间的差额并没有发生现金流入，但在计算净利润时已经包括在内，在将净利润调节为经营活动现金流量时，应当扣除。本项目可以根据资产负债表中的"递延所得税资产"项目期初、期末余额分析填列。

(10) "递延所得税负债的增加(减：减少)"项目。如果递延所得税负债增加，使计入所得税费用的金额大于当期应交的所得税金额，其差额没有发生现金流出，但在计算净利润时已经扣除，在将净利润调节为经营活动现金流量时，应当加回。如果递延所得税负债减少，使计入所得税费用的金额小于当期应交的所得税金额，二者之间的差额并没有发生现金流入，但在计算净利润时已经包括在内，在将净利润调节为经营活动现金流量时，应当扣除。本项目可以根据资产负债表中的"递延所得税负债"项目期初、期末余额分析填列。

(11) "存货的减少(减:增加)"项目。期末存货比期初存货少,说明本期生产经营过程耗用的存货有一部分来自期初存货,耗用的这部分存货并没有产生现金流出,但已计入销售成本,在计算净利润时予以扣除。所以,在将净利润调节为经营活动现金流量时,应当加回。期末存货比期初存货多,说明当期购入的存货比耗用的存货多,多余的这部分也发生了现金流出,但在计算净利润时并没有扣除。所以,在将净利润调节为经营活动现金流量时,应当扣除。当然,存货的增减变化过程还涉及应付项目,这一因素在"经营性应付项目的增加(减:减少)"中考虑。本项目可根据资产负债表中"存货"项目的期初数、期末数之间的差额填列;期末数大于期初数的差额,以"一"号填列。如果存货的增减变化过程属于投资活动,如在建工程领用存货,应当将这一因素剔除。

(12) "经营性应收项目的减少(减:增加)"项目。经营性应收项目包括应收票据、应收账款、预付账款、长期应收款和其他应收款中与经营活动有关的部分,以及应收的增值税销项税额等。经营性应收项目期末余额小于期初余额,说明本期收回的现金大于利润表中所列示的营业收入。所以,在将净利润调节为经营活动现金流量时,应当加回。经营性应收项目期末余额大于期初余额,说明本期收回的现金小于利润表中所列示的营业收入,还有一部分在经营性应收项目中,但是净利润中已将所有的营业收入计算在内。所以,在将净利润调节为经营活动现金流量时,应当扣除。本项目应当根据有关经营性应收项目的期初、期末余额分析填列,如为增加,以"一"号填列。

(13) "经营性应付项目的增加(减:减少)"项目。经营性应付项目包括应付票据、应付账款、预收账款、应付职工薪酬、应交税费、应付利息、长期应付款、其他应付款中与经营活动有关的部分,以及应付的增值税进项税额等。经营性应付项目期末余额大于期初余额,说明本期购入的存货中有一部分没有支付现金,但在计算净利润时却通过销售成本予以扣除。所以,在将净利润调节为经营活动现金流量时,应当加回。经营性应收项目期末余额小于期初余额,说明本期支付的现金大于利润表中所列示的营业成本。所以,在将净利润调节为经营活动现金流量时,应当扣除。本项目应当根据有关经营性应付项目的期初、期末余额分析填列,如为减少,以"一"号填列。

2. 不涉及现金收支的重大投资和筹资活动

"不涉及现金收支的重大投资和筹资活动",反映企业一定期间内影响资产或负债不形成该期现金收支的所有投资和筹资活动的信息。这些投资和筹资活动虽然不涉及当期现金收支,但对以后各期的现金流量有重大影响。例如,企业融资租入调和,将形成的负债记入"长期应付款"科目,当期并不支付设备款及租金,但以后各期必须为此支付现金,从而在一定期间内形成了一项固定的现金支出。

现金流量表准则规定,企业应当在附注中披露不涉及当期现金收支,但影响企业财务状况或在未来可能影响企业现金流量的重大投资和筹资活动,主要包括:①债务转为资本,反映企业本期转为资本的债务金额;②一年内到期的可转换公司债券,反映企业一年内到期的可转换公司的债券本息;③融资租入固定资产,反映企业本期融资租入的固定资产。

3. 现金及现金等价物净变动情况

"现金及现金等价物净变动情况",通过现金的期末期初差额进行反映即可,用以检验以直接法编制的现金流量净额是否准确。会计准则将现金等价物定义为企业持有的期限短、流动性强、易于转换为已知金额现金、价值变动风险很小的投资。其中，期限短，指自购买日起3个月内到期。企业可据此设定现金等价物的标准，根据期末、期初余额分析填列。若企业的现金等价物年末、年初余额相差不大，可以忽略不计。

13.4.6　现金流量表及附注的平衡关系

(1) 现金流量表中用直接法填列的"经营活动产生的现金流量净额"，等于现金流量表附注中用间接法调整得出的"经营活动产生的现金流量净额"。

(2) 现金流量表中由"经营活动产生的现金流量净额""投资活动产生的现金流量净额""筹资活动产生的现金流量净额"，以及"汇率变动对现金和现金等价的影响"之和得出的"现金及现金等价物净增加额"，等于现金流量表附注中通过"库存现金""银行存款""其他货币资金"科目的期末、期初余额的差额，以及现金等价物的差额得出的"现金及现金等价物净增加额"。

以上平衡关系是检验现金流量表编制正确性的最重要的两个依据，也是基本的平衡关系。

13.4.7　现金流量表的编制实例

【例13-19】 沿用龙盛公司2017年12月31日的资产负债表(表13-1)和2017年度的利润表(表13-9)资料，龙盛公司其他相关资料如下。

1. 资产负债表中有关项目的明细资料

(1) 存货中制造费用、生产成本的组成：固定资产折旧8 506 000元，职工薪酬6 580 000元，制造费用中还含有经营租入固定资产改良支出摊销费用200 000元。

(2) 应交税费的组成：销项税额16 898 000元，进项税额9 051 340元(其中债务重组进项税额136 000元)，工程领用进项税额转出170 000元，研发工程领用进项税额转出17 000元，交纳增值税8 033 660元，交纳所得税7 124 493元，交纳教育费附加241 010元。

(3) 本期出售交易性金融资产，收到价款4 500 000元，本金3 000 000元。

(4) 库存商品中通过债务重组取得800 000元。

(5) 债务重组非货币性抵偿应收账款1 070 000元。

(6) 收到2016年宣告的股利350 000元。

(7) 其他应收款中收到职工赔款40 000元。

(8) 原材料中工程领用材料1 000 000元，研发部门领用材料100 000元。

(9) 本期购买债券950 000元，收到40 000元债券利息收入。

(10) 本期购买生产设备4 065 000元，出售固定资产、支付清理费用40 000元，收到出售价款500 000元。

(11) 本期购买土地使用权12 000 000元，支付专利申请费用120 000元。

(12) 本期购入工程物资3 170 000元，以银行存款支付2 000 000元，用商业汇票支付1 170 000元。

(13) 长期待摊费用中支付经营租入车辆租金3 600 000元。

(14) 本期向银行借入短期借款 14 500 000 元，归还短期借款本金 16 500 000 元。

(15) 本期发行债券 200 000 元，归还债券本金 200 000 元。

(16) 本期支付工资 8 350 000 元，其中工程人员工资 980 000 元，研发人员工资 490 000 元。

(17) 归还长期借款本金 7 500 000 元。

2. 本年度利润表有关项目的明细资料

(1) 其他业务收入的组成：收到投资性房地产租金收入 900 000 元，收到经营性租金收入 60 000 元。

(2) 公允价值变动损益为交易性公允价值下降 130 000 元。

(3) 投资收益的组成：收到的出售股票时价差收益 1 500 000 元，未收到的股利收益 80 000 元和债券利息 261 100 元。

(4) 营业外收入的组成：收到的增值税和教育费附加返还款 2 130 000 元，处置固定资产净收益 135 000 元。

(5) 营业税金及附加为交纳的教育费附加 241 010 元。

(6) 销售费用的组成：职工薪酬 2 310 000 元，支付的广告费 1 500 000 元，支付的展览费 100 000 元和尚未支付的开发费用 261 170 元。

(7) 管理费用的组成：职工薪酬 1 190 000 元，折旧费 2 054 000 元，费用化的研发支出 140 000 元，无形资产摊销 580 000 元，印花税摊销 100 000 元，车辆租赁费摊销 1 500 000 元，尚未支付的维修费 153 000 元。

(8) 财务费用的组成：支付的短期借款利息 500 000 元，支付的长期借款利息 209 250 元，支付债券利息 111 650 元，支付应收票据贴现息 91 250 元，计提的借款利息 1 300 600 元。

(9) 资产减值损失的组成：本期计提坏账准备 372 645 元，计提存货跌价准备 1 440 000 元，计提固定资产减值准备 1 621 800 元，计提无形资产减值准备 156 000 元。

(10) 其他业务成本为计提的投资性房地产累计折旧 400 000 元。

(11) 营业外支出的组成：出售固定资产净损失 825 000 元，债务重组损失 134 000 元。

3. 编制龙盛公司 2017 年度现金流量表

(1) 龙盛公司 2017 年度现金流量表部分项目金额，分析确定如下：

① 销售商品、提供劳务收到的现金 =(100 360 000－960 000)+16 898 000－(32 036 355－14 040 000)－(0－3 685 800)+(351 000－1 170 000)－1 070 000－372 645－91 250 = 99 634 550(元)

② 收到其他与经营活动有关的现金 = 60 000+40 000 = 100 000(元)

③ 购买商品、接受劳务支付的现金 =(58 300 000－400 000)+(63 225 000－55 084 000)+9 051 340+(6 300 000－3 470 000)－(56 926 440－46 862 100)－(1 082 000－146 000)－(800 000+136 000)－(8 506 000+6 580 000)－200 000+1 170 000+1 440 000+(1 000 000+100 000) = 54 410 000(元)

④ 支付给职工以及为职工支付的现金 = 8 350 000－980 000－490 000 = 6 880 000(元)

⑤ 支付的各项税费 = 8 033 660+7 124 493+241 010 = 15 399 163(元)

⑥ 支付的其他与经营活动有关的现金＝1 500 000＋100 000＋3 600 000
＝5 200 000(元)
⑦ 取得投资收益收到的现金＝350 000＋40 000＝390 000(元)
⑧ 处置固定资产、无形资产和其他长期资产而收到的现金净额＝500 000－40 000＝460 000(元)
⑨ 购建固定资产、无形资产和其他长期资产所支付的现金＝4 065 000＋2 000 000＋12 000 000＋120 000＋980 000＋490 000＝19 655 000(元)
⑩ 借款收到的现金＝14 500 000(元)
⑪ 偿还债务所支付的现金＝16 500 000＋200 000＋7 500 000＝24 200 000(元)
⑫ 分配股利、利润或偿付利息支付的现金＝500 000＋209 250＋111 650
＝820 900(元)

(2) 将净利润调节为经营活动现金流量各项目的计算分析如下：
① 资产减值损失＝372 645＋1 621 800＋156 000＋1 440 000＝3 590 445(元)
② 固定资产折旧＝8 506 000＋2 054 000＝10 560 000(元)
③ 无形资产摊销＝580 000(元)
④ 长期待摊费用摊销＝200 000＋100 000＋1 500 000＝1 800 000(元)
⑤ 处置固定资产、无形资产和其他长期资产的损失(减：收益)＝825 000－135 000＝69 000(元)
⑥ 财务费用＝2 212 750－91 250＝2 121 500(元)
⑦ 投资损失(减：收益)＝－1 841 100(元)
⑧ 存货的减少(减：增加)＝55 084 000－(63 225 000＋1 440 000)－1 000 000－100 000
＝－10 681 000(元)
⑨ 经营性应收项目的减少(减：增加)＝(3 685 800－0)＋[14 040 000－(32 036 355＋372 645)]＋(351 000－1 170 000)＋40 000(不引起净利润的增加，但属于经营活动现金流入)
＝15 462 200(元)
⑩ 经营性应付项目的增加(减：减少)＝(3 470 000－6 300 000)＋(56 926 440－46 862 100)＋(1 082 000－146 000)＋(3 340 000－0)－(170 000＋17 000)－1 170 000＝10 567 510(元)
⑪ 其他＝－900 000(投资性房地产租金收入)＋400 000(计提投资性房地产累计折旧)－3 600 000(支付的经营车辆租金，没有影响净利润，但影响经营活动现金流量)＝－4 100 000(元)

13.5 所有者权益变动表

13.5.1 所有者权益变动表的作用

所有者权益变动表，是反映构成所有者权益的各组成部分当期的增减变动情况的报表。通过所有者权益变动表，既可以为报表使用者提供所有者权益总量增减变动的信息，也能为其提供所有者权益增减变动的结构性信息，特别是能够让报表使用者理解所有者权益增减变动的根源。

13.5.2 所有者权益变动表的内容和结构

在所有者权益变动表上,企业至少应当单独列示反映下列信息的项目:①净利润;②直接计入所有者权益的利得和损失项目及其总额;③会计政策变更和差错更正的累积影响金额;④所有者投入资本和向所有者分配利润等;⑤提取的盈余公积;⑥实收资本或资本公积、盈余公积、未分配利润的期初和期末余额及其调节情况。

所有者权益变动表以矩阵的形式列示:一方面,列示导致所有者权益变动的交易或事项,即所有者权益变动的来源对一定时期所有者权益的变动情况进行全面反映,另一方面,按照所有者权益各组成部分(即实收资本、资本公积、盈余公积、未分配利润和库存股),列示交易或事项对所有者权益各部分的影响。

我国企业所有者权益变动表的格式见表13-14。

13.5.3 所有者权益变动表的编制

所有者权益变动表各项目均需填列"本年金额"和"上年金额"两栏。

所有者权益变动表"本年金额"栏内各项数字一般应根据"实收资本(或股本)""资本公积""盈余公积""利润分配""库存股""以前年度损益调整"科目的发生额分析填列。

所有者权益变动表"上年金额"栏内各项数字,应根据上年度所有者权益变动表"本年金额"内所列数字填列。上年度所有者权益变动表规定的各个项目的名称和内容同本年度不一致的,应对上年度所有者权益变动表各项目的名称和数字按照本年度的规定进行调整,填入所有者权益变动表的"上年金额"栏内。

表 13-14 所有者权益变动表

编制单位:龙盛公司　　　　2017 年度　　　　会企04表　　单位:元

项目	本年金额							上年金额						
	实收资本(或股本)	资本公积	减:库存股	其他综合收益	盈余公积	未分配利润	所有者权益合计	实收资本(或股本)	资本公积	减:库存股	其他综合收益	盈余公积	未分配利润	所有者权益合计
一、上年年末余额	100 000 000	41 600 680			1 854 300	2 318 000	145 772 980							
加:会计政策变更														
前期差错更正														
二、本年年初余额	100 000 000	41 600 680			1 854 300	2 318 000	145 772 980							
三、本年增减变动金额(减少以"—"号填列)														
(一)综合收益总额				300 000		22 020 232	22 320 232							
(二)所有者投入和减少资本														

续表

项目	本年金额							上年金额						
	实收资本(或股本)	资本公积	减:库存股	其他综合收益	盈余公积	未分配利润	所有者权益合计	实收资本(或股本)	资本公积	减:库存股	其他综合收益	盈余公积	未分配利润	所有者权益合计
1. 所有者投入资本														
2. 股份支付计入所有者权益的金额														
3. 其他														
(三)利润分配														
1. 提取盈余公积					3 702 023	−3 702 023	0							
2. 对所有者(或股东)的分配						−6 000 000	−6 000 000							
3. 其他														
(四)所有者权益内部结转														
1. 资本公积转增资本(股本)														
2. 盈余公积转增资本(股本)														
3. 盈余公积弥补亏损														
4. 其他														
四、本年年末余额	100 000 000	41 600 680		300 000	5 556 323	14 636 209	162 093 212							

13.6 附 注

13.6.1 附注的作用

附注,是对资产负债表、利润表、现金流量表和所有者权益变动表等报表中列示项目的文字描述或明细资料,以及对未能在这些报表中列示项目的说明等。

通过附注与资产负债表、利润表、现金流量表和所有者权益变动表列示项目的相互参照关系,以及对未能在报表中列示项目的说明,可以使报表使用者全面了解企业的财务状况、经营成果和现金流量。

13.6.2 附注披露的基本要求

(1)附注披露的信息应是定量、定性信息的结合,从而能从量和质两个角度对企业经济事项完整地进行反映,也才能满足信息使用者的决策要求。

(2)附注应当按照一定的结构进行系统合理的排列和分类,有顺序地披露信息。由于附注的内容繁多,因此更应按逻辑顺序排列,条理清晰,分类披露,具有一定的组织结构,以便于使用者理解和掌握,也更好地实现财务报表的可比性。

(3) 附注相关信息应当与资产负债表、利润表、现金流量表和所有者权益变动表等报表中列示的项目相互参照,以有助于使用者联系相关联的信息,并由此从整体上更好地理解财务报表。

13.6.3 附注的主要内容

附注是财务报表的重要组成部分。企业应当按照如下顺序披露附注的内容:①企业的基本情况;②财务报表的编制基础;③遵循企业会计准则的声明;④重要会计政策和会计估计;⑤会计政策和会计估计变更以及差错更正的说明;⑥报表重要项目的说明;⑦其他需要说明的重要事项。

本章小结

本章介绍了财务报表的概念和组成,介绍了资产负债表、利润表、现金流量表和所有者权益变动表的内容、结构和编制方法,以及附注的作用和基本内容。

财务报表是企业财务状况、经营成果和现金流量的结构性表述。一套完整的财务报表包括资产负债表、利润表、现金流量表、所有者权益(或股东权益)变动表和附注。资产负债表反映某一会计期末资产、负债和所有者权益情况。我国企业资产负债表采用账户式结构,左方为资产,右方为负债和所有者权益。在资产负债表中,资产项目按照流动资产和非流动资产分类列示,负债按照流动负债和非流动负债列示,在各类别下再按照性质分项列示。资产负债表各项目主要有按照总账科目余额、明细科目余额直接或分析填列,根据总账及相关备抵科目余额分析填列等方法。利润表反映某一会计期间实现的损益情况。我国企业利润表采用多步式进行编制。利润表中可反映营业利润、利润总额和净利润金额,利润表项目一般按其发生额填列。现金流量表反映企业在某一会计期间现金和现金等价物流入和流出的情况。我国企业现金流量表采用报告式,分为经营活动产生的现金流量、投资活动产生的现金流量和筹资活动产生的现金流量三类。企业应当采用直接法编制经营活动产生的现金流量。采用直接法编制经营活动的现金流量时,可以采用工作底稿法或T型账户法,也可以根据有关科目记录分析填列。所有者权益变动表是反映构成所有者权益的各组成部分当期的增减变动情况的报表。所有者权益变动表以矩阵的形式列示:一方面,列示导致所有者权益变动的交易或事项;另一方面,按照所有者权益各组成部分(即实收资本、资本公积、盈余公积、未分配利润和库存股)列示交易或事项对所有者权益各部分的影响。附注是对资产负债表、利润表、现金流量表和所有者权益变动表等报表中列示项目的文字描述或明细资料,以及对未能在这些报表中列示项目的说明等。

本 章 习 题

1. 判断题

(1) 财务报告附注是对在资产负债表、利润表、现金流量表和所有者权益变动表等报表中列示项目的文字描述或明细资料,以及对未能在这些报表中列示项目的说明等。
(　　)

(2) 所有者权益变动表"上年年末余额"项目,反映企业上年资产负债表中实收资本(或股本)、资本公积、库存股、盈余公积、未分配利润的年末余额。(　　)

(3) 企业以发行债券的方式筹集资金实际收到的款项,应反映在"取得借款收到的现金"项目中。   ( )
(4) 利润表中"营业税金及附加"项目包括增值税和印花税。   ( )
(5) 企业年末"长期待摊费用"科目的余额为 200 万元,其中将于 1 年内摊销完的为 50 万元,那么资产负债表中的"长期待摊费用"项目的金额为 200 万元。   ( )

2. 计算与业务分析题

1) A 公司 2017 年有关资料如下:

(1) 本年销售商品本年收到现金 3 000 万元,以前年度销售商品本年收到的现金为 600 万元,本年预收款项 300 万元,本年销售本年退回商品支付现金 240 万元,以前年度销售本年退回商品支付的现金为 180 万元。

(2) 本年购买商品支付的现金为 2 100 万元,本年支付以前年度购买商品的未付款项 240 万元和本年预付款项 210 万元,本年发生的购货退回收到的现金为 120 万元。

(3) 本年分配的生产经营人员的职工薪酬为 400 万元,"应付职工薪酬"年初余额和年末余额分别为 40 万元和 20 万元,假定应付职工薪酬本期减少数均为本年支付的现金。

(4) 本年利润表中的所得税费用为 150 万元(均为当期应交所得税产生的所得税费用),"应交税费——应交所得税"科目年初数为 12 万元,年末数为 6 万元。假定不考虑其他税费。

要求:根据上述资料,计算下列相关项目。
(1) 销售商品、提供劳务收到的现金。
(2) 购买商品、接受劳务支付的现金。
(3) 支付给职工以及为职工支付的现金。
(4) 支付的各项税费。
(答案金额单位为万元)

2) 某公司 2017 年 12 月 31 日有关资料如下:
(1) 长期借款资料见表 13-15。

表 13-15 长期借款资料   单位:万元

借款起始日期	借款期限	金额
2012 年 6 月 1 日	4 年	450
2013 年 6 月 1 日	5 年	600
2014 年 6 月 1 日	3 年	300

(2) "长期待摊费用"项目的期末余额为 50 万元,其中,将于一年内摊销的金额为 20 万元。

要求:根据上述资料,计算 2017 年 12 月 31 日资产负债表中下列项目的金额。
(1) 长期借款。
(2) 长期借款中应列入"一年内到期的非流动负债"项目的金额。
(3) 长期待摊费用。
(4) 长期待摊费用中应列入"一年内到期的非流动资产"项目的金额。

第14章 会计调整

学习目标

通过本章的学习,掌握会计调整包含的具体内容,明确会计变更的种类及构成内容;掌握重要与不重要前期差错的判断原则;掌握资产负债表日后事项的类别及区分。

技能要求

能正确判断会计调整的内容;能恰当运用追溯调整法、未来适用法和追溯重述法;能进行资产负债表日后事项中调整事项和非调整事项的具体会计核算。

第 14 章 会计调整

导入案例

昆百大(昆明百货大楼集团股份有限公司)2007 年年报关于投资性房地产采用的会计政策披露为："本公司对投资性房地产在资产负债表日采用成本模式进行后续计量,按年限平均法计提折旧,预计使用年限为 35 年,预计净残值率为 5%"。昆百大 2007 年年报显示,投资性房地产 2007 年年末金额为 156 690 798.53 元,占总资产的比重为 8.26%;2006 年年末金额为 13 585 511.82 元,占总资产的比重为 1.21%,投资性房地产占总资产的变动比率为 18.35%,2007 年整个年度新增加了将近 1.5 亿元的投资性房地产。

昆百大公司自 2008 年 6 月 1 日起对投资性房地产采用公允价值模式进行后续计量,并以资产负债表日投资性房地产的公允价值为基础调整其账面价值,公允价值与原账面价值之间的差额计入当期损益。并根据中和正信会计师事务所《价值咨询意见书》所提供的相关投资性房地产的市场价值,在 2007 年度及 2008 年 1—3 月可比报表中进行了追溯调整。

昆百大的该项会计政策变更对 2007 年度报告的损益影响为:采用公允价值计量投资性房地产后,增加了归属于母公司的净利润 34 204.54 万元、增加少数股东损益 0.38 万元。昆百大的该项会计政策变更对于 2008 年中期报告归属于母公司所有者权益及 2008 年 1—6 月归属于母公司所有者的净利润的影响:经测算,上述变更预计约增加 2008 年 1—6 月归属于母公司所有者的净利润 170 万元,对 2008 年中期报告归属于母公司所有者权益的影响比例预计约为 350%以上。

昆百大在 2007 年年报中披露的变更理由是:"采用公允价值对投资性房地产进行后续计量具备必要性。公司目前投资性房地产项目位于重点城市的核心区域,有活跃的房地产交易市场,可以取得同类或类似房地产的市场价格及其他相关信息,采用公允价值对投资性房地产进行后续计量具有可操作性。基于以上原因,公司董事会同意对公司的投资性房地产采用公允价值进行后续计量。"

昆百大公司披露的变更理由都是按照准则的通俗表述,没有说明深层的意义。按照新会计准则,在投资性房地产全部采用公允价值计量模式下,对其不计提折旧或摊销,这将对利润表产生巨大的利好。在目前房价已经偏高的情况下,这将对其后续年度的业绩产生巨大的提升作用,这也许就是企业的会计人员做出职业判断,由原来采用成本模式变更为采用公允价值计量模式的主要原因所在。

14.1 会计政策及其变更

14.1.1 会计政策的概念

会计政策,是指企业在会计确认、计量和报告中所采用的原则、基础和会计处理方法。原则,是指企业按照国家统一的会计准则制度规定的、适合于企业会计核算所采用的特定会计原则;基础,是指为了将会计原则应用于交易或者事项而采取的会计基础;会计处理方法,是指企业在会计核算中从诸多可选择的会计处理方法中所选择的、适合于本企业的具体会计处理方法。

企业会计政策的选择和运用具有如下特点。

1. 企业应在国家统一的会计准则制度规定的会计政策范围内选择适用的会计政策

会计政策是在允许的会计原则、计量基础和会计处理方法中做出指定或具体选择。由于企业经济业务的复杂性和多样化,某些经济业务在符合会计原则和计量基础的要求下,可以有多种会计处理方法,即存在不止一种可供选择的会计政策。例如,确定发出存货的实际成本时可以在先进先出法、加权平均法或者个别计价法中进行选择。

同时，我国的会计准则和会计制度属于行政规章，会计政策所包括的具体会计原则、计量基础和具体会计处理方法由会计准则或会计制度规定，具有一定的强制性。企业必须在法规所允许的范围内选择适合本企业实际情况的会计政策。即企业在发生某项经济业务时，必须从允许的会计原则、计量基础和会计处理方法中选择出适合本企业特点的会计政策。

2. 会计政策涉及会计原则、会计基础和具体会计处理方法

会计原则包括一般原则和特定原则，会计政策所指的会计原则是指某一类会计业务的核算所应遵循的特定原则，而不是笼统地指所有的会计原则。例如，借款费用是费用化还是资本化，即属于特定会计原则。可靠性、相关性、实质重于形式等属于会计信息质量要求，是为了满足会计信息质量要求而制定的原则，是统一的、不可选择的，不属于特定原则。

会计基础包括会计确认基础和会计计量基础。可供选择的会计确认基础包括权责发生制和收付实现制。会计计量基础主要包括历史成本、重置成本、可变现净值、现值和公允价值等。由于我国企业应当采用权责发生制作为会计确认基础，不具备选择性，所以会计政策所指的会计基础，主要是会计计量基础(即计量属性)。

具体会计处理方法，是指企业根据国家统一的会计准则制度允许选择的、对某一类会计业务的具体处理方法做出的具体选择。例如，《企业会计准则第1号——存货》允许企业在先进先出法、加权平均法和个别计价法之间对发出存货实际成本的确定方法做出选择，这些方法就是具体会计处理方法。

会计原则、会计基础和会计处理方法三者之间是一个具有逻辑性的、密不可分的整体，通过这个整体，会计政策才能得以应用和落实。

3. 会计政策应当保持前后各期的一致性

企业通常应在每期采用相同的会计政策。企业选用的会计政策一般情况下不能也不应当随意变更，以保持会计信息的可比性。

企业在会计核算中所采用的会计政策，通常应在报表附注中加以披露，需要披露的会计政策项目主要有以下几项。

(1) 财务报表的编制基础、计量基础和会计政策的确定依据等。

(2) 存货的计价，是指企业存货的计价方法。例如，企业发出存货成本的计量是采用先进先出法，还是采用其他计量方法。

(3) 固定资产的初始计量，是指对取得的固定资产初始成本的计量。例如，企业取得的固定资产初始成本是以购买价款，还是以购买价款的现值为基础进行计量。

(4) 无形资产的确认，是指对无形项目的支出是否确认为无形资产。例如，企业内部研究开发项目开发阶段的支出是确认为无形资产，还是在发生时计入当期损益。

(5) 投资性房地产的后续计量，是指企业在资产负债表日对投资性房地产进行后续计量所采用的会计处理。例如，企业对投资性房地产的后续计量是采用成本模式，还是公允价值模式。

(6) 长期股权投资的核算，是指长期股权投资的具体会计处理方法。例如，企业对被

第 14 章 会计调整

投资单位的长期股权投资是采用成本法,还是采用权益法核算。

(7) 非货币性资产交换的计量,是指非货币性资产交换事项中对换入资产成本的计量。例如,非货币性资产交换是以换出资产的公允价值作为确定换入资产成本的基础,还是以换出资产的账面价值作为确定换入资产成本的基础。

(8) 收入的确认,是指收入确认所采用的会计方法。

(9) 借款费用的处理,是指借款费用的处理方法,即采用资本化还是采用费用化。

(10) 外币折算,是指外币折算所采用的方法以及汇兑损益的处理。

(11) 合并政策,是指编制合并财务报表所采用的原则。例如,母公司与子公司的会计年度不一致的处理原则,合并范围的确定原则等。

14.1.2 会计政策变更及其条件

1. 会计政策变更的概念

会计政策变更,是指企业对相同的交易或者事项由原来采用的会计政策改用另一会计政策的行为。一般情况下,为保证会计信息的可比性,使财务报告使用者在比较企业一个以上期间的财务报表时,能够正确判断企业的财务状况、经营成果和现金流量的趋势,企业在不同的会计期间应采用相同的会计政策,不应也不能随意变更会计政策。否则,势必削弱会计信息的可比性,使财务报告使用者在比较企业的经营成果时发生困难。

需要注意的是,企业不能随意变更会计政策并不意味着企业的会计政策在任何情况下均不能变更。

2. 会计政策变更的条件

会计政策变更,并不意味着以前期间的会计政策是错误的,只是由于情况发生了变化,或者掌握了新的信息、积累了更多的经验,使得变更会计政策能够更好地反映企业的财务状况、经营成果和现金流量。如果以前期间会计政策的选择和运用是错误的,则属于前期差错,应按前期差错更正的会计处理方法进行处理。符合下列条件之一,企业可以变更会计政策。

1) 法律、行政法规或国家统一的会计制度等要求变更

这种情况是指,依照法律、行政法规以及国家统一的会计准则制度的规定,要求企业采用新的会计政策。在这种情况下,企业应按规定改变原会计政策,采用新的会计政策。例如,实施《企业会计准则第 6 号——无形资产》的企业,对使用寿命不确定的无形资产应按照新准则规定不予摊销。

2) 会计政策的变更能够提供更可靠、更相关的会计信息

这种情况是指,由于经济环境、客观情况的改变,使企业原来采用的会计政策所提供的会计信息,已不能恰当地反映企业的财务状况、经营成果和现金流量等情况。在这种情况下,应改变原有会计政策,按新的会计政策进行核算,以对外提供更可靠、更相关的会计信息。

需要注意的是,除法律、行政法规或者国家统一的会计准则制度等要求变更会计政策应当按照规定执行和披露外,企业因满足上述第 2 条的条件变更会计政策时,必须有充分、合理的证据表明其变更的合理性,并说明变更会计政策后,能够提供关于企业财务状况、经营成果和现金流量等更可靠、更相关会计信息的理由。对会计政策的变更,应经股东大

会或董事会等类似机构批准。如无充分、合理的证据表明会计政策变更的合理性或者未经股东大会等类似机构批准擅自变更会计政策的,或者连续、反复地自行变更会计政策的,视为滥用会计政策,按照前期差错更正的方法进行处理。

3. 不属于会计政策变更的情形

对会计政策变更的认定,直接影响到会计处理方法的选择。实务中,企业应当分清哪些属于会计政策变更,哪些不属于会计政策变更。不属于会计政策变更的有以下情况。

(1) 本期发生的交易或者事项与以前相比具有本质差别而采用新的会计政策。例如,某企业以往租入的设备均为临时需要而租入的,企业按经营租赁进行会计处理,但自本年度开始租入的设备均采用融资租赁方式,则该企业自本年度起对新租赁的设备采用融资租赁会计处理方法核算。该企业原租入的设备均为经营租赁,本年度起租赁的设备均改为融资租赁,由于经营租赁和融资租赁存在本质差别,因而改变会计政策不属于会计政策变更。

(2) 对初次发生的或不重要的交易或者事项采用新的会计政策。例如,某企业第一次签订一项建造合同,为另一企业建造三栋厂房,该企业对该项建造合同采用完工百分比法确认收入。由于该企业初次发生该项交易,采用完工百分比法确认该项交易的收入,不属于会计政策变更。

14.1.3 会计政策变更的会计处理

(1) 企业依据法律、行政法规或者国家统一的会计制度等的要求变更会计政策的,应当按照国家相关规定执行。例如,财政部 2006 年 2 月 15 日发布并于 2007 年 1 月 1 日起实施的《企业会计准则第 38 号——首次执行企业会计准则》对首次执行企业会计准则涉及职工薪酬的会计调整作了如下规定:对于首次执行日存在的解除与职工的劳动关系,满足《企业会计准则第 9 号——职工薪酬》预计负债确认条件的,应当确认因解除与职工的劳动关系给予补偿而产生的负债,并调整留存收益。

(2) 会计政策变更能够提供更可靠、更相关的会计信息的,应当采用追溯调整法处理,将会计政策变更累积影响数调整列报前期最早期初留存收益,其他相关项目的期初余额和列报前期披露的其他比较数据也应当一并调整,但确定该项会计政策变更影响数不切实可行的除外。

追溯调整法,是指对某项交易或事项变更会计政策,视同该项交易或事项初次发生时即采用变更后的会计政策,并以此对财务报表相关项目进行调整的方法。

追溯调整法的运用通常由以下几个步骤构成。

① 计算会计政策变更的累积影响数。

会计政策变更累积影响数,是指按照变更后的会计政策对以前各期追溯计算的列报前期最早期初留存收益应有金额与现有金额之间的差额。会计政策变更的累积影响数,是假设与会计政策变更相关的交易或事项在初次发生时即采用新的会计政策,而得出的列报前期最早期初留存收益应有金额与现有金额之间的差额。这里的留存收益,包括当年和以前年度的未分配利润和按照相关法律规定提取并累积的盈余公积。不需要考虑由于会计政策变更使以前期间净利润的变化而需要分派的股利。例如,由于会计政策变化,增加了以前期间的净利润 100 万元,该企业通常按净利润的 10%分派股利。在计算调整会计政策变更当期期初的留存收益时,应当按照 100 万元计算,而不是 90 万元。会计政策变更的累积影响数，是对变更会计政策所导致的对净利润的累积影响，以及由此导致的对利润分配及未分配利润的累积影响金额，不包括分配的利润或股利。

上述变更会计政策当期期初现有的留存收益金额，即上期资产负债表所反映的留存收益期末数，可以从上期资产负债表项目中获得。追溯调整后的留存收益金额，指扣除所得税后的净额，即按新的会计政策计算确定留存收益时，应当考虑由于损益变化所导致的所得税影响的情况。

会计政策变更的累积影响数，通常可以通过以下各步计算获得。

第一步，根据新的会计政策重新计算受影响的前期交易或事项。

第二步，计算两种会计政策下的差异。

第三步，计算差异的所得税影响金额。

第四步，确定前期中每一期的税后差异。

第五步，计算会计政策变更的累积影响数。

② 相关的账务处理。

③ 调整财务报表相关项目。

④ 财务报表附注说明。

采用追溯调整法时，会计政策变更的累积影响数应包括变更当期期初留存收益中。但是，如果提供可比财务报表，对于比较财务报表期间的会计政策变更，应调整该期间净利润各项目和财务报表其他相关项目，视同该政策在比较财务报表期间一直采用。对于比较财务报表可比期间以前的会计政策变更的累积影响数，应调整比较财务报表最早期间的期初留存收益，财务报表其他相关项目的数字也应一并调整。

【例14-1】龙盛公司于2010年开始建造一座海上石油开采平台，根据法律法规规定，该开采平台在使用期满后要将其拆除，需要对其造成的环境污染进行整治。2011年12月15日，该开采平台建造完成并交付使用，建造成本共120 000 000元，预计使用寿命10年，采用平均年限法计提折旧。2017年1月1日龙盛公司开始执行企业会计准则，企业会计准则对于具有弃置义务的固定资产，要求将相关弃置费用计入固定资产成本，对之前尚未计入资产成本的弃置费用，应当进行追溯调整。已知龙盛公司保存的会计资料比较齐备，可以通过会计资料追溯计算。龙盛公司预计该开采平台的弃置费用10 000 000元。假定折现率(即为实际利率)为10%。不考虑企业所得税和其他税法因素影响。该公司按净利润的10%提取法定盈余公积。

根据上述资料，龙盛公司的会计处理如下。

(1) 计算确认弃置义务后的累积影响数(见表14-1)。

2012年1月1日，该开采平台计入资产成本弃置费用的现值＝10 000 000×(P/S, 10%, 10)＝10 000 000×0.3855＝3 855 000(元)；每年应计提折旧＝3 855 000÷10＝385 500(元)

表14-1 确认弃置义务后的累积影响数   单位：元

年 份	计息金额	实际利率	利息费用①	折旧②	税前差异 −(①+②)	税后差异
2012	3 855 000	10%	385 500	385 500	−771 000	−771 000
2013	4 240 500	10%	424 050	385 500	−809 550	−809 550

续表

年份	计息金额	实际利率	利息费用 ①	折旧 ②	税前差异 −(①+②)	税后差异
2014	4 664 550	10%	466 455	385 500	−851 955	−851 955
2015	5 131 005	10%	513 100.50	385 500	−898 600.50	−898 600.50
小计	—	—	1 789 105.50	1 542 000	−3 331 105.50	−3 331 105.50
2016	5 644 105.50	10%	564 410.55	385 500	−949 910.55	−949 910.55
合计	—	—	2 353 516.05	1 927 500	−4 281 016.05	−4 281 016.05

龙盛公司确认该开采平台弃置费用后的税后净影响额为−4 281 016.05元，即为该公司确认该开采平台弃置费用后的累积影响数。

(2) 会计处理。

① 调整确认的弃置费用。

借：固定资产　　　　　　　　　　　　　　　　　　　　　3 855 000
　　贷：预计负债　　　　　　　　　　　　　　　　　　　　3 855 000

② 调整会计政策变更累积影响数。

借：利润分配——未分配利润　　　　　　　　　　　　　4 281 016.05
　　贷：累计折旧　　　　　　　　　　　　　　　　　　　1 927 500
　　　　预计负债　　　　　　　　　　　　　　　　　　　2 353 516.05

③ 调整利润分配。

借：盈余公积——法定盈余公积(4 281 016.05×10%)　　　428 101.61
　　贷：利润分配——未分配利润　　　　　　　　　　　　428 101.61

(3) 报表调整。

龙盛公司在编制2017年度的财务报表时，应调整资产负债表的年初数(见表14-2)，利润表、股东权益变动表的上年数(见表14-3、表14-4)也应作相应调整。2017年12月31日资产负债表的期末数栏、股东权益变动表的未分配利润项目上年数栏应以调整后的数字为基础编制。

表14-2　资产负债表(简表)

会企01表

编制单位：龙盛公司　　　　2017年12月31日　　　　　　　　　　单位：元

资产	年初余额		负债和股东权益	年初余额	
	调整前	调整后		调整前	调整后
……			……		
固定资产			预计负债	0	6 208 516.05
开采平台	60 000 000	61 927 500			
			盈余公积	1 700 000	1 271 898.39
			未分配利润	4 000 000	147 085.56
……			……		

在利润表中，根据账簿的记录，龙盛公司重新确认了2016年度营业成本和财务费用分别调增385 500元和564 410.55元，其结果为净利润调减949 910.55元。

表 14-3 利润表(简表)

会企 02 表
编制单位：龙盛公司　　　　　　　　　　2017 年度　　　　　　　　　　单位：元

项　目	上期金额	
	调整前	调整后
一、营业收入	18 000 000	18 000 000
减：营业成本	13 000 000	13 385 500
……		
财务费用	260 000	824 410.55
……		
二、营业利润	3 900 000	2 950 089.45
……		
四、净利润	4 060 000	3 110 089.45
……		

表 14-4 所有者权益变动表(简表)

会企 04 表
编制单位：龙盛公司　　　　　　　　　　2017 年度　　　　　　　　　　单位：元

项　目	本年金额			
……	……	盈余公积	未分配利润	……
一、上年年末余额		1 700 000	4 000 000	
加：会计政策变更		－428 101.61	－3 852 914.44	
前期差错更正				
二、本年年初余额		1 271 898.39	147 085.56	
……				

(4) 附注说明。

2017 年 1 月 1 日，龙盛公司按照企业会计准则规定，对 2011 年 12 月 15 日建造完成并交付使用的开采平台的弃置义务进行确认。此项会计政策变更采用追溯调整法，2016 年的比较报表已重新表述。2016 年运用新的方法追溯计算的会计政策变更累积影响数为 —4 281 016.05 元。会计政策变更对 2016 年度报告的损益的影响为减少净利润 949 910.55 元，调减 2016 年的期末留存收益 4 281 016.05 元，其中，调减盈余公积 428 101.61 元，调减未分配利润 3 852 914.44 元。

(3) 确定会计政策变更对列报前期影响数不切实可行的，应当从可追溯调整的最早期间期初开始应用变更后的会计政策。在当期期初确定会计政策变更对以前各期累积影响数不切实可行的，应当采用未来适用法处理。

① 不切实可行的判断。

不切实可行，是指企业在做出所有合理努力后仍然无法采用某项规定。即企业在采取所有合理的方法后，仍然不能获得采用某项规定所必需的相关信息，而导致无法采用该项规定，则该项规定在此时是不切实可行的。

对于以下特定前期，对某项会计政策变更应用追溯调整法或进行追溯重述以更正一项前期差错是不切实可行的：

a. 应用追溯调整法或追溯重述法的累积影响数不能确定。

b. 应用追溯调整法或追溯重述法要求对管理层在该期当时的意图作出假定。

c. 应用追溯调整法或追溯重述法要求对有关金额进行重新估计，并且不可能将提供有关交易发生时存在状况的证据(例如，有关金额确认、计量或披露日期存在事实的证据，以及在受变更影响的当期和未来期间确认会计估计变更的影响的证据)和该期间财务报告批准报出时能够取得的信息这两类信息与其他信息客观地加以区分。

在某些情况下，调整一个或者多个前期比较信息以获得与当期会计信息的可比性是不切实可行的。例如，企业因账簿、凭证超过法定保存期限而销毁，或因不可抗力而毁坏、遗失，如火灾、水灾等，或因人为因素，如盗窃、故意毁坏等，可能使当期期初确定会计政策变更对以前各期累积影响数无法计算，即不切实可行，此时，会计政策变更应当采用未来适用法进行处理。

② 未来适用法。

未来适用法，是指将变更后的会计政策应用于变更日及以后发生的交易或者事项，或者在会计估计变更当期和未来期间确认会计估计变更影响数的方法。

在未来适用法下，不需要计算会计政策变更产生的累积影响数，也无须重编以前年度的财务报表。对于企业会计账簿记录及财务报表上反映的金额，在变更之日仍保留原有的金额，不因会计政策变更而改变以前年度的既定结果，在现有金额的基础上再按新的会计政策进行核算。企业如果因账簿、凭证超过法定保存期限而销毁，或因不可抗力而毁坏、遗失，如火灾、水灾等，或因人为因素，如盗窃、故意毁坏等，也可能使会计政策变更的累积影响数无法计算。在这种情况下，会计政策变更可以采用未来适用法进行处理。

14.2 会计估计及其变更

14.2.1 会计估计变更的概念

1. 会计估计的概念

会计估计，是指企业对其结果不确定的交易或事项以最近可利用的信息为基础所做的判断。会计估计具有以下特点。

(1) 会计估计的存在是由于经济活动中内在的不确定因素的影响。

企业总是力求保持会计核算的准确性，但有些交易或事项本身具有不确定性，因而需要根据经验做出估计；同时，由于采用权责发生制为基础编制财务报表，也使得有必要充分估计未来交易或事项的影响。可以说，在会计核算和信息披露过程中，会计估计是不可避免的，会计估计的存在是由于经济活动中内在的不确定性因素的影响所造成的。例如，对于固定资产折旧，需要根据固定资产消耗方式、性能、技术发展等情况进行估计。

(2) 会计估计应当以最近可利用的信息或资料为基础。

由于经营活动内在的不确定性，企业在会计核算中，不得不经常进行估计。某些估计主要用于确定资产或负债的账面价值,例如,法律诉讼可能引起的赔偿等。另一些估计主要用于确定将在某一期间记录的收入或费用的金额,例如,某一期间的折旧费用、摊销费用的金额,在某一期间内采用完工百分比法核算建造合同已实现收入的金额,等等。企业在进行会计估计时,通常应根据当时的情况和经验,以最近可利用的信息或资料为基础进行。但是,随着时间的推移、环境的变化,进行会计估计的基础可能会发生变化,因此进行会计估计所依据的信息或资料不得不进行更新。由于最新的信息是最接近目标的信息,以其为基础所做的估计最接近实际,所以,进行会计估计时应以最近可利用的信息或资料为基础。

(3) 进行会计估计并不会削弱会计核算的可靠性。

进行合理的会计估计是会计核算中必不可少的部分,它不会削弱会计核算的可靠性。企业为了定期、及时地提供有用的会计信息,将延续不断的经营活动人为划分为一定的期间,并在权责发生制的基础上对企业的财务状况和经营成果进行定期确认和计量。例如,在会计分期的情况下,许多企业的交易跨越若干个会计年度,以至于需要在一定程度上做出决定:哪些支出可以在利润表中作为当期费用处理,哪些支出符合资产定义应当递延至以后各期等。由于存在会计分期和货币计量的假设,在确认和计量过程中,不得不对许多尚在延续中、其结果不确定的交易或事项予以估计入账。但是,估计是建立在具有确凿证据的前提下,而不是随意的。例如,企业估计固定资产预计使用寿命,应当考虑该项固定资产的技术性能、历史资料、同行业同类固定资产的预计使用年限、本企业经营性质等诸多因素,并掌握确凿证据后确定。企业根据当时所掌握的可靠证据做出的最佳估计,不会削弱会计核算的可靠性。

常见的需要进行估计的有以下项目。

① 存货可变现净值的确定。

② 采用公允价值模式下的投资性房地产公允价值的确定。

③ 固定资产的预计使用寿命与净残值,固定资产的折旧方法。

④ 使用寿命有限的无形资产的预计使用寿命与净残值。

⑤ 可收回金额按照资产组的公允价值减去处置费用后的净额确定的,确定公允价值减去处置费用后的净额的方法;可收回金额按照资产组预计未来现金流量的现值确定的,预计未来现金流量的确定。

⑥ 建造合同或劳务合同完工进度的确定。

⑦ 公允价值的确定。

⑧ 预计负债初始计量的最佳估计数的确定。

⑨ 承租人对未确认融资费用的分摊;出租人对未实现融资收益的分配。

2. 会计估计变更的概念及其原因

由于企业经营活动中内在不确定因素的影响,某些财务报表项目不能精确地计量,而只能加以估计。如果赖以进行估计的基础发生了变化,或者由于取得新的信息、积累更多的经验以及后来的发展变化,可能需要对会计估计进行修正。

会计估计变更,是指由于资产和负债的当前状况及预期经济利益和义务发生了变化,从而对资产或负债的账面价值或者资产的定期消耗金额进行调整。

通常情况下，企业可能由于以下原因而发生会计估计变更。

(1) 赖以进行估计的基础发生了变化。企业进行会计估计，总是要依赖于一定的基础，如果其所依赖的基础发生了变化，则会计估计也应相应做出改变。例如，企业某项无形资产的摊销年限原定为15年，以后获得了国家专利保护，该资产的受益年限已变为10年，则应相应调减摊销年限。

(2) 取得了新的信息，积累了更多的经验。企业进行会计估计是就现有资料对未来所做的判断，随着时间的推移，企业有可能取得新的信息、积累更多的经验，在这种情况下，也需要对会计估计进行修订。例如，企业原对固定资产采用年限平均法按15年计提折旧，后来根据新得到的信息——使用5年后对该固定资产所能生产的产品的产量有了比较准确的证据，企业改按工作量法计提固定资产折旧。

14.2.2 会计估计变更的会计处理

会计估计变更应采用未来适用法处理，即在会计估计变更当期及以后期间，采用新的会计估计，不改变以前期间的会计估计，也不调整以前期间的报告结果。

(1) 如果会计估计的变更仅影响变更当期，有关估计变更的影响应于当期确认。

(2) 如果会计估计的变更既影响变更当期又影响未来期间，有关估计变更的影响在当期及以后各期确认。例如，固定资产的使用寿命或预计净残值的估计发生的变更，常常影响变更当期及资产以后使用年限内各个期间的折旧费用。因此，这类会计估计的变更，应于变更当期及以后各期确认。会计估计变更的影响数应计入变更当期与前期相同的项目中。

【例14-2】龙盛公司于2013年1月1日起对某管理用设备计提折旧，原价为84 000元，预计使用寿命为8年，预计净残值为4 000元，按年限平均法计提折旧。2017年年初，由于新技术发展等原因，需要对原估计的使用寿命和净残值做出修正，修改后该设备预计尚可使用年限为2年，预计净残值为2 000元。龙盛公司适用的企业所得税税率为25%。

龙盛公司对该项会计估计变更的会计处理如下。

(1) 不调整以前各期折旧，也不计算累计影响数。

(2) 变更日以后改按新的估计计提折旧。

按原估计，每年折旧额为10 000元，已提折旧4年，共计40 000元，该项固定资产账面价值为44 000元，则第5年相关科目的期初余额如下。

借：固定资产　　　　　　　　　　　　　　　　　　　　　　84 000
　　贷：累计折旧　　　　　　　　　　　　　　　　　　　　40 000
　　　　固定资产账面价值　　　　　　　　　　　　　　　　44 000

改变预计使用年限后，从2017年起每年计提的折旧费用为21 000元[(44 000−2 000)÷2]。2017年不必对以前年度已提折旧进行调整，只需按重新预计的尚可使用年限和净残值计算确定折旧费用，有关账务处理如下。

借：管理费用　　　　　　　　　　　　　　　　　　　　　　21 000
　　贷：累计折旧　　　　　　　　　　　　　　　　　　　　21 000

(3) 财务报表附注说明。

本公司一台管理用设备成本为84 000元，原预计使用寿命为8年，预计净残值为4 000元，按年限平均法计提折旧。由于新技术发展，该设备已不能按原预计使用寿命计提折旧，

第 14 章 会 计 调 整

本公司于 2017 年年初将该设备的预计尚可使用寿命变更为 2 年，预计净残值变更为 2 000 元，以反映该设备在目前状况下的预计尚可使用寿命和净残值。此估计变更将减少本年度净利润 8 250[(21 000－10 000)×(1－25%)]元。

(3) 企业难以对某项变更区分为会计政策变更或会计估计变更的，应当将其作为会计估计变更处理。

14.3 前期差错更正

14.3.1 前期差错的概念

1. 前期差错

前期差错，是指由于没有运用或错误运用下列两种信息，而对前期财务报表造成省略或错报。

(1) 编报前期财务报表时预期能够取得并加以考虑的可靠信息。

(2) 前期财务报告批准报出时能够取得的可靠信息。

2. 前期差错通常包括的内容

(1) 计算错误。例如，企业本期应计提折旧 50 000 000 元，但由于计算出现差错，得出错误数据为 45 000 000 元。

(2) 应用会计政策错误。例如，按照《企业会计准则第 17 号——借款费用》的规定，为购建固定资产而发生的借款费用，在固定资产达到预定可使用状态前发生的，满足一定条件时应予资本化，计入所购建固定资产的成本；在固定资产达到预定可使用状态后发生的，计入当期损益。如果企业固定资产达到预定可使用状态后发生的借款费用，也计入该项固定资产成本，予以资本化，则属于采用法律、行政法规或者国家统一的会计准则制度等所不允许的会计政策。

(3) 疏忽或曲解事实以及舞弊产生的影响。例如，企业销售一批商品，商品已经发出，开出增值税专用发票，商品销售收入确认条件均已满足，但企业在期末未将已实现的销售收入入账。

14.3.2 前期差错更正的会计处理

前期差错按照重要程度分为重要的前期差错和不重要的前期差错。重要的前期差错，是指足以影响财务报表使用者对企业财务状况、经营成果和现金流量做出正确判断的前期差错。不重要的前期差错，是指不足以影响财务报表使用者对企业财务状况、经营成果和现金流量做出正确判断的前期差错。

1. 不重要的前期差错的会计处理

对于不重要的前期差错，企业不需调整财务报表相关项目的期初数，但应调整发现当期与前期相同的相关项目。属于影响损益的，应直接计入本期与上期相同的净损益项目。

2. 重要的前期差错的会计处理

对于重要的前期差错，如果能够合理确定前期差错累积影响数，则重要的前期差错的更正应采用追溯重述法。追溯重述法是指在发现前期差错时,视同该项前期差错从未发生过,从而对财务报表相关项目进行调整的方法。前期差错累积影响数是指前期差错发生后对差错期间每期净利润的影响数之和。

如果确定前期差错累积影响数不切实可行,可以从可追溯重述法的最早期间开始调整留存收益的期初余额,财务报表其他相关项目的期初余额也应当一并调整,也可以采用未来适用法。

重要的前期差错的调整结束后,还应调整发现年度财务报表的年初数和上年数。在编制比较财务报表时,对于比较财务报表期间的重要的前期差错,应调整各该期间的净损益和其他相关项目;对于比较财务报表期间以前的重要的前期差错,应调整比较财务报表最早期间的期初留存收益,财务报表其他相关项目的数字也应一并调整。

【例14-3】2017年12月31日,龙盛公司发现2016年公司漏记一项管理用固定资产的折旧费用300 000元,所得税申报表中也未扣除该项费用。假定2016年龙盛公司适用所得税税率为25%,无其他纳税调整事项。该公司按净利润的10%和5%提取法定盈余公积和任意盈余公积。

(1) 分析前期差错的影响数。

2016年少计折旧费用300 000元;多计所得税费用75 000(300 000×25%)元;多计净利润225 000元;多计应交税费75 000(300 000×25%)元;多提法定盈余公积和任意盈余公积22 500(225 000×10%)元和11 250(225 000×5%)元。

(2) 编制有关项目的调整分录。

① 补提折旧

借:以前年度损益调整　　　　　　　　　　　　　　　　　300 000
　　贷:累计折旧　　　　　　　　　　　　　　　　　　　　　　300 000

② 调整应交所得税。

借:应交税费——应交所得税　　　　　　　　　　　　　　75 000
　　贷:以前年度损益调整　　　　　　　　　　　　　　　　　　75 000

③ 将"以前年度损益调整"科目余额转入未分配利润。

借:利润分配——未分配利润　　　　　　　　　　　　　　225 000
　　贷:以前年度损益调整　　　　　　　　　　　　　　　　　　225 000

④ 因净利润减少,调减盈余公积。

借:盈余公积——法定盈余公积　　　　　　　　　　　　　22 500
　　　　　　——任意盈余公积　　　　　　　　　　　　　11 250
　　贷:利润分配——未分配利润　　　　　　　　　　　　　　33 750

(3) 财务报表调整和重述(财务报表略)。

龙盛公司在列报2017年度财务报表时,应调整2016年度财务报表的相关项目。

① 资产负债表项目的调整:调减固定资产300 000元;调减应交税费75 000元;调减盈余公积33 750元;调减未分配利润191 250元。

② 利润表项目的调整:调增管理费用300 000元,调减所得税费用75 000元,调减净利润225 000元。(需要对每股收益进行披露的企业应当同时调整基本每股收益和稀释每股收益)

③ 所有者权益变动表项目的调整：调减前期差错更正项目中盈余公积上年金额 33 750 元，未分配利润上年金额 191 250 元，所有者权益合计上年金额 225 000 元。

④ 财务报表附注说明：本年度发现 2016 年漏记固定资产折旧 300 000 元，在编制 2017 年和 2016 年比较财务报表时，已对该项差错进行了更正。更正后，调减 2016 年净利润 225 000 元，调增累计折旧 300 000 元。

14.4 资产负债表日后事项

14.4.1 资产负债表日后事项概述

1. 资产负债表日后事项的概念

资产负债表日后事项，是指资产负债表日至财务报告批准报出日之间发生的有利或不利事项。

(1) 资产负债表日。资产负债表日是指会计年度末和会计中期期末。中期是指短于一个完整的会计年度的报告期间，包括半年度、季度和月度等。按照《会计法》规定，我国会计年度采用公历年度，即 1 月 1 日至 12 月 31 日。因此，年度资产负债表日是指每年的 12 月 31 日，中期资产负债表日是指各会计中期期末。

(2) 财务报告批准报出日。财务报告批准报出日是指董事会或类似机构批准财务报告报出的日期，通常是指对财务报告的内容负有法律责任的单位或个人批准财务报告对外公布的日期。

《公司法》规定，公司制企业的董事会有权批准对外公布财务报告。因此，公司制企业的财务报告批准报出日是指董事会批准财务报告报出的日期，而不是股东大会审议批准的日期，也不是注册会计师出具审计报告的日期。对于非公司制企业，财务报告批准报出日是指经理(厂长)会议或类似机构批准财务报告报出的日期。

(3) 资产负债表日后事项包括有利事项和不利事项。资产负债表日后事项包括有利事项和不利事项，即对于资产负债表日后有利或不利事项的处理原则相同。资产负债表日后事项，如果属于调整事项，对有利和不利的调整事项均应进行处理，并调整报告年度或报告中期的财务报表；如果属于非调整事项，对有利和不利的非调整事项均应在报告年度或报告中期的附注中进行披露。

(4) 资产负债表日后事项不是在这个特定期间内发生的全部事项。资产负债表日后事项不是在这个特定期间内发生的全部事项，而是与资产负债表日存在状况有关的事项，或虽然与资产负债表日存在状况无关，但对企业财务状况具有重大影响的事项。

2. 资产负债表日后事项涵盖的期间

资产负债表日后事项涵盖的期间是自资产负债表日后至财务报告批准报出日止的一段时间。具体而言，资产负债表日后事项涵盖的期间包括以下日期。

(1) 报告年度次年的 1 月 1 日或报告期间下一期的第一天至董事会或类似机构批准财务报告对外公布的日期，即以董事会或类似权力机构批准财务报告对外公布的日期为截止日期。

(2) 董事会或类似机构批准财务报告对外公布的日期,与实际对外公布日之间发生的与资产负债表日后事项有关的事项,由此影响财务报告对外公布日期的,应以董事会或类似机构再次批准财务报告对外公布的日期为截止日期。

如果公司管理层由此修改了财务报告,注册会计师应当根据具体情况实施必要的审计程序,并针对修改后的财务报表重新出具审计报告。新的审计报告日期不应早于董事会或类似机构批准修改后的财务报告对外公布的日期。

【例 14-4】龙盛公司 2016 年的年度财务报告于 2017 年 3 月 20 日编制完成。注册会计师完成年度财务报表审计工作并签署审计报告的日期为 2017 年 4 月 15 日。董事会批准财务报告对外公布的日期为 2017 年 4 月 17 日。财务报告实际对外公布的日期为 2017 年 4 月 21 日。股东大会召开日期为 2017 年 5 月 12 日。

根据资产负债表日后事项涵盖期间的规定。龙盛公司 2016 年度财务报告资产负债表日后事项涵盖的期间为 2017 年 1 月 1 日至 4 月 17 日(财务报告批准报出日)。如果在 2017 年 4 月 17 日—21 日之间发生了重大事项,需要调整财务报表相关项目的数字或需要在财务报表附注中披露,假设经调整或说明后的财务报告再经董事会批准报出的日期为 2017 年 4 月 26 日,实际报出的日期为 2017 年 4 月 29 日,则资产负债表日后事项涵盖的期间为 2017 年 1 月 1 日至 4 月 26 日。

3. 资产负债表日后事项的内容

资产负债表日后事项包括资产负债表日后调整事项(以下简称调整事项)和资产负债表日后非调整事项(以下简称非调整事项)。

(1) 调整事项。资产负债表日后调整事项,是指对资产负债表日已经存在的情况提供了新的或进一步证据的事项。

如果资产负债表日及所属会计期间已经存在某种情况,但当时并不知道其存在或者不能知道确切结果,资产负债表日后发生的事项能够证实该情况的存在或者确切结果,则该事项属于资产负债表日后调整事项。即资产负债表日后事项对资产负债表日的情况提供了进一步的证据,证据表明的情况与原来的估计和判断不完全一致,则需要对原来的会计处理进行调整。

调整事项的特点是:①在资产负债表日已经存在,资产负债表日后得以证实的事项;②对按资产负债表日存在状况编制的财务报告产生重大影响的事项。

企业发生的资产负债表日后调整事项,通常包括下列各项:①资产负债表日后诉讼案件结案,法院判决证实了企业在资产负债表日已经存在现时义务,需要调整原先确认的与诉讼案件相关的预计负债,或确认一项新负债;②资产负债表日后取得确凿证据,表明某项资产在资产负债表日发生了减值或者需要调整该项资产原先确认的减值金额;③资产负债表日后进一步确定了资产负债表日前购入资产的成本或售出资产的收入;④资产负债表日后发现了财务报告舞弊或差错。

【例 14-5】龙盛公司因产品质量问题被客户起诉。2016 年 12 月 31 日人民法院尚未判决,考虑到客户胜诉要求龙盛公司赔偿的可能性较大,龙盛公司为此确认了 3 000 000 元的预计负债。2017 年 2 月 25 日,在龙盛公司 2016 年度财务报告对外报出之前,人民法院判决客户胜诉,要求龙盛公司支付赔偿款 6 000 000 元。

本例中，龙盛公司在2016年12月31日结账时已经知道客户胜诉的可能性较大，但不知道人民法院判决的确切结果，因此确认了3 000 000元的预计负债。2017年2月25日人民法院判决结果为龙盛公司预计负债的存在提供了进一步的证据。此时，按照2016年12月31日存在状况编制的财务报表所提供的信息已不能真实反映龙盛公司的实际情况，应据此对财务报表相关项目的数字进行调整。

值得注意的是，在确定存货可变现净值时，应当以资产负债表日取得最可靠的证据估计的售价为基础，并考虑持有存货的目的，资产负债表日至财务报告批准报出日之间存货售价发生波动的，如有确凿证据表明其对资产负债表日存货已经存在的情况提供了新的或进一步的证据，应当作为调整事项进行处理；否则，应当作为非调整事项。

(2) 非调整事项。资产负债表日后非调整事项，是指表明资产负债表日后发生的情况的事项。资产负债表日后非调整事项虽然不影响资产负债表日的存在情况，但不加以说明将会影响财务报告使用者做出正确估计和决策。

企业发生的资产负债表日后非调整事项，通常包括下列各项：①资产负债表日后发生重大诉讼、仲裁、承诺；②资产负债表日后资产价格、税收政策、外汇汇率发生重大变化；③资产负债表日后因自然灾害导致资产发生重大损失；④资产负债表日后发行股票和债券以及其他巨额举债；⑤资产负债表日后资本公积转增资本；⑥资产负债表日后发生巨额亏损；⑦资产负债表日后发生企业合并或处置子公司；⑧资产负债表日后，企业利润分配方案中拟分配的以及经审议批准宣告发放的股利或利润。

【例14-6】龙盛公司2016年度财务报告于2017年3月20日经董事会批准对外公布。2017年2月25日，龙盛公司与乙银行签订了80 000 000元的贷款合同，用于生产设备的购置，贷款期限自2017年3月1日起至2018年12月31日止。

本例中，2017年2月25日，在公司2016年度财务报告尚未批准对外公布前，龙盛公司发生了向银行贷款的事项，该事项发生在资产负债表日后事项所涵盖的期间内。该事项在2016年12月31日尚未发生，与资产负债表日存在的状况无关，不影响资产负债表日龙盛公司的财务报表数字。但是，该事项属于重要事项，会影响龙盛公司以后期间的财务状况和经营成果，因此，需要在附注中予以披露。

(3) 调整事项与非调整事项的区别。资产负债表日后发生的某一事项究竟是调整事项还是非调整事项，取决于该事项表明的情况在资产负债表日或资产负债表日以前是否已经存在。如该情况在资产负债表日或之前已经存在，则属于调整事项；反之，则属于非调整事项。

【例14-7】龙盛公司2016年11月向乙公司出售原材料30 000 000元，根据销售合同，乙公司应在收到原材料后3个月内付款。至2016年12月31日，乙公司尚未付款。假定龙盛公司在编制2016年度财务报告时有两种情况：①2016年12月31日龙盛公司根据掌握的资料判断，乙公司有可能破产清算，估计该应收账款将有30%无法收回，故按30%的比例计提坏账准备；2017年1月10日，龙盛公司收到通知，乙公司已被宣告破产清算，龙盛公司估计有70%的应收账款无法收回。② 2016年12月31日乙公司的财务状况良好，龙盛公司预计应收账款可按时收回；2017年1月10日，乙公司遭受重大雪灾，导致龙盛公司60%的应收账款无法收回。

2017年3月10日，龙盛公司的财务报告经批准对外公布。

本例中：①导致龙盛公司应收账款无法收回的事实是乙公司财务状况恶化，该事实在资产负债表日已经存在，乙公司被宣告破产清算只是证实了资产负债表日乙公司财务状况恶化的情况，因此，乙公司被宣告破产清算导致龙盛公司应收账款无法收回的事项属于调整事项。②导致龙盛公司应收账款损失的因素是雪灾，不可预计，应收账款发生损失这一事实在资产负债表日以后才发生，因此乙公司遭受雪灾导致龙盛公司应收账款发生坏账的事项属于非调整事项。

14.4.2 资产负债表日后调整事项

1. 资产负债表日后调整事项的处理原则

企业发生的资产负债表日后调整事项，应当调整资产负债表日的财务报表。对于年度财务报告而言，由于资产负债表日后事项发生在报告年度的次年，报告年度的有关账目已经结转，特别是损益类科目在结账后已无余额。因此，资产负债表日后发生的调整事项，应具体分别以下情况进行处理。

(1) 涉及损益的事项，通过"以前年度损益调整"科目核算。调整增加以前年度利润或调整减少以前年度亏损的事项，记入"以前年度损益调整"科目的贷方；调整减少以前年度利润或调整增加以前年度亏损的事项，记入"以前年度损益调整"科目的借方。

涉及损益的调整事项，如果发生在资产负债表日所属年度(即报告年度)所得税汇算清缴前的，应调整报告年度应纳税所得额、应纳所得税税额；由于以前年度损益调整增加的所得税费用，记入"以前年度损益调整"科目的借方，同时贷记"应交税费——应交所得税"等科目；由于以前年度损益调整减少的所得税费用，记入"以前年度损益调整"科目的贷方，同时借记"应交税费——应交所得税"等科目。调整完成后，将"以前年度损益调整"科目的贷方或借方余额，转入"利润分配——未分配利润"科目。

涉及损益的调整事项，发生在报告年度所得税汇算清缴后的，应调整本年度(即报告年度的次年)应纳所得税税额。

(2) 涉及利润分配调整的事项，直接在"利润分配——未分配利润"科目核算。

(3) 不涉及损益及利润分配的事项，调整相关科目。

(4) 通过上述账务处理后，还应同时调整财务报表相关项目的数字，包括以下情况。

① 资产负债表日编制的财务报表相关项目的期末数或本年发生数。

② 当期编制的财务报表相关项目的期初数或上年数。

③ 上述调整如果涉及报表附注内容的，还应当做出相应调整。

2. 资产负债表日后调整事项的具体会计处理方法

为简化处理，如无特别说明，本章所有的例子均假定如下：财务报告批准报出日是次年3月31日，所得税税率为25%，按净利润的10%提取法定盈余公积，提取法定盈余公积后不再作其他分配；调整事项按税法规定均可调整应交纳的所得税；涉及递延所得税资产的，均假定未来期间很可能取得用来抵扣暂时性差异的应纳税所得额；不考虑报表附注中有关现金流量表项目的数字。

(1) 资产负债表日后诉讼案件结案，人民法院判决证实了企业在资产负债表日已经存在现时义务，需要调整原先确认的与该诉讼案件相关的预计负债，或确认一项新负债。

这一事项是指导致诉讼的事项在资产负债表日已经发生,但尚不具备确认负债的条件而未确认,资产负债表日后至财务报告批准报出日之间获得了新的或进一步的证据(人民法院判决结果),表明符合负债的确认条件,因此应在财务报告中确认为一项新负债;或者在资产负债表日已确认某项负债,但在资产负债表至财务报告批准日之间获得新的或进一步的证据,表明需要对已经确认的金额进行调整。

【例 14-8】龙盛公司与乙公司签订一项销售合同,约定龙盛公司应在 2016 年 8 月向乙公司交付 A 产品 3 000 件。但龙盛公司未按照合同发货,并致使乙公司遭受重大经济损失。2016 年 11 月,乙公司将龙盛公司告上法庭,要求龙盛公司赔偿 9 000 000 元。2016 年 12 月 31 日人民法院尚未判决,龙盛公司对该诉讼事项确认预计负债 6 000 000 元,乙公司未确认应收赔偿款。2017 年 2 月 8 日,经人民法院判决龙盛公司应赔偿乙公司 8 000 000 元,龙盛公司、乙公司双方均服从判决。判决当日,龙盛公司向乙公司支付赔偿款 8 000 000 元。龙盛公司、乙公司两公司 2016 年所得税汇算清缴均在 2017 年 3 月 10 日完成(假定该项预计负债产生的损失不允许在预计时税前抵扣,只有在损失实际发生时,才允许税前抵扣)。

本例中,人民法院 2017 年 2 月 8 日的判决证实了龙盛公司、乙公司两公司在资产负债表日(即 2016 年 12 月 31 日)分别存在现实赔偿义务和获赔权利,因此两公司都应将"人民法院判决"这一事项作为调整事项进行处理。龙盛公司和乙公司 2016 年所得税汇算清缴均在 2017 年 3 月 10 日完成,因此,应根据法院判决结果调整报告年度应纳税所得额和应纳所得税税额。

1. 龙盛公司的账务处理

(1) 记录支付的赔偿款。

借:以前年度损益调整 2 000 000
  贷:其他应付款——乙公司 2 000 000
借:预计负债——未决诉讼 6 000 000
  贷:其他应付款——乙公司 6 000 000
借:其他应付款——乙公司 8 000 000
  贷:银行存款 8 000 000

注:资产负债表日后事项如涉及现金收支项目,均不调整报告年度资产负债表的货币资金项目和现金流量表各项目数字。本例中,虽然已经支付了赔偿款,但在调整会计报表相关数字时,只需调整上述第一笔和第二笔分录,第三笔分录作为 2017 年的会计事项处理。

(2) 调整递延所得税资产。

借:以前年度损益调整 (6 000 000×25%) 1 500 000
  贷:递延所得税资产 1 500 000

2016 年年末因确认预计负债 6 000 000 元时已确认相应的递延所得税资产,资产负债表日后事项发生后递延所得税资产不复存在,应予转回。

(3) 调整应交所得税。

借:应交税费——应交所得税(8 000 000×25%) 2 000 000
  贷:以前年度损益调整 2 000 000

(4) 将"以前年度损益调整"科目余额转入未分配利润。

借：利润分配——未分配利润　　　　　　　　　　　　　　　1 500 000
　　贷：以前年度损益调整　　　　　　　　　　　　　　　　　　　　1 500 000

(5) 因净利润减少，调减盈余公积。

借：盈余公积——法定盈余公积(1 500 000×10%)　　　　　　　150 000
　　贷：利润分配——未分配利润　　　　　　　　　　　　　　　　　　150 000

(6) 调整报告年度财务报表相关项目的数字(财务报表略)。

① 资产负债表项目的调整：调增递延所得税资产 1 500 000 元；调减应交税费——应交所得税 2 000 000 元；调增其他应付款 8 000 000 元，调减预计负债 6 000 000 元；调减盈余公积 150 000 元，调减未分配利润 1 350 000 元。

② 利润表项目的调整：调增营业外支出 2 000 000 元，调减所得税费用 500 000 元，调减净利润 1 500 000 元。

③ 所有者权益变动表项目的调整：调减净利润 1 500 000 元；提取盈余公积项目中盈余公积一栏调减 150 000 元，未分配利润调减 1 350 000 元。

(7) 调整 2017 年 2 月份资产负债表相关项目的年初数(资产负债表略)。

龙盛公司在编制 2017 年 1 月份的资产负债表时，按照调整前 2016 年 12 月 31 日的资产负债表的数字作为资产负债表的年初数，由于发生了资产负债表日后调整事项，龙盛公司除了调整 2016 年度资产负债表相关项目的数字外，还应当调整 2017 年 2 月份资产负债表相关项目的年初数，其年初数按照 2016 年 12 月 31 日调整后的数字填列。

2. 乙公司的账务处理如下。

(1) 记录收到的赔款。

借：其他应收款——龙盛公司　　　　　　　　　　　　　　　8 000 000
　　贷：以前年度损益调整　　　　　　　　　　　　　　　　　　　　8 000 000

借：银行存款　　　　　　　　　　　　　　　　　　　　　　8 000 000
　　贷：其他应收款——龙盛公司　　　　　　　　　　　　　　　　　8 000 000

注：资产负债表日后事项如涉及现金收支项目，均不调整报告年度资产负债表的货币资金项目和现金流量表各项目数字。本例中，虽然已经收到了赔偿款，但在调整会计报表相关数字时，只需调整上述第一笔分录，第二笔分录作为 2017 年的会计事项处理。

(2) 调整应交所得税。

借：以前年度损益调整 (8 000 000×25%)　　　　　　　　　　2 000 000
　　贷：应交税费——应交所得税　　　　　　　　　　　　　　　　　2 000 000

(3) 将"以前年度损益调整"科目余额转入未分配利润。

借：以前年度损益调整　　　　　　　　　　　　　　　　　　6 000 000
　　贷：利润分配——未分配利润　　　　　　　　　　　　　　　　　6 000 000

(4) 因净利润增加，补提盈余公积。

借：利润分配——未分配利润　　　　　　　　　　　　　　　600 000
　　贷：盈余公积——提取法定盈余公积(6 000 000×10%)　　　　　　600 000

第14章 会计调整

(5) 调整报告年度财务报表相关项目的数字(财务报表略)。

① 资产负债表项目的调整：调增其他应收款 8 000 000 元；调增应交税费 2 000 000 元；调增盈余公积 600 000 元，调增未分配利润 5 400 000 元。

② 利润表项目的调整：调增营业外收入 8 000 000 元，调增所得税费用 2 000 000 元，调增净利润 6 000 000 元。

③ 所有者权益变动表项目的调整：调增净利润 6 000 000 元；提取盈余公积项目中盈余公积一栏调增 600 000 元，未分配利润调增 5 400 000 元。

(6) 调整 2017 年 2 月份资产负债表相关项目的年初数(资产负债表略)。

乙公司在编制 2017 年 1 月份的资产负债表时，按照调整前 2016 年 12 月 31 日的资产负债表的数字作为资产负债表的年初数，由于发生了资产负债表日后调整事项，乙公司除了调整 2016 年度资产负债表相关项目的数字外，还应当调整 2017 年 2 月份资产负债表相关项目的年初数，其年初数按照 2016 年 12 月 31 日调整后的数字填列。

(2) 资产负债表日后取得确凿证据，表明某项资产在资产负债表日发生了减值或者需要调整该项资产原先确认的减值金额。

这一事项是指在资产负债表日，根据当时的资料判断某项资产可能发生了损失或减值，但没有最后确定是否会发生，因而按照当时的最佳估计金额反映在财务报表中；但在资产负债表日至财务报告批准报出日之间，所取得的确凿证据能证明该事实成立，即某项资产已经发生了损失或减值，则应对资产负债表日所做的估计予以修正。

【例 14-9】龙盛公司 2016 年 6 月销售给乙公司一批物资，货款作为 2 000 000 元(含增值税)。乙公司于 7 月份收到所购物资并验收入库。按合同规定，乙公司应于收到所购物资后 3 个月内付款。由于乙公司财务状况不佳，到 2016 年 12 月 31 日仍未付款。龙盛公司于 2016 年 12 月 31 日已为该项应收账款计提坏账准备 100 000 元。2016 年 12 月 31 日资产负债表上"应收账款"项目的金额为 4 000 000 元，其中 1 900 000 元为该项应收账款。龙盛公司于 2017 年 2 月 3 日(所得税汇算清缴前)收到人民法院通知，乙公司已宣告破产清算，无力偿还所欠部分货款。龙盛公司预计可收回应收账款的 60%。

本例中，龙盛公司在收到人民法院通知后，首先可判断该事项属于资产负债表日后调整事项。龙盛公司原对应收乙公司账款计提了 100 000 元的坏账准备，按照新的证据应计提的坏账准备为 800 000 元(2 000 000×40%)，差额 700 000 元应当调整 2016 年度财务报表相关项目的数字。

龙盛公司的账务处理如下。

(1) 补提坏账准备。

应补提的坏账准备＝2 000 000×40%－100 000＝700 000(元)

借：以前年度损益调整	700 000	
贷：坏账准备		700 000

(2) 调整递延所得税资产。

借：递延所得税资产	175 000	
贷：以前年度损益调整(700 000×25%)		175 000

(3) 将"以前年度损益调整"科目的余额转入未分配利润。

借：利润分配——未分配利润	525 000	
贷：以前年度损益调整		525 000

(4) 因净利润减少,调减盈余公积。

借:盈余公积——法定盈余公积　　　　　　　　　　　　　　　52 500
　　贷:利润分配——未分配利润(525 000×10%)　　　　　　　　　52 500

(5) 调整报告年度财务报表相关项目的数字(财务报表略)。

① 资产负债表项目的调整:调减应收账款 700 000 元,调增递延所得税资产 175 000 元,调减盈余公积 52 500 元,调减未分配利润 472 500 元。

② 利润表项目的调整:调增资产减值损失 700 000 元,调减所得税费用 175 000 元,调减净利润 525 000 元。

③ 所有者权益变动表项目的调整:调减净利润 525 000 元,提取盈余公积项目中盈余公积一栏调减 52 500 元,未分配利润调减 472 500 元。

(6) 调整 2017 年 2 月份资产负债表相关项目的年初数(资产负债表略)。

龙盛公司在编制 2017 年 1 月份的资产负债表时,按照调整前 2016 年 12 月 31 日的资产负债表的数字作为资产负债表的年初数,由于发生了资产负债表日后调整事项,龙盛公司除了调整 2016 年度资产负债表相关项目的数字外,还应当调整 2017 年 2 月份资产负债表相关项目的年初数,其年初数按照 2016 年 12 月 31 日调整后的数字填列。

(3) 资产负债表日后进一步确定了资产负债表日前购入资产的成本或售出资产的收入。

这类调整事项包括两方面的内容:①若资产负债表日前购入的资产已经按暂估金额等入账,资产负债表日后获得证据,可以进一步确定该资产的成本,则应该对已入账的资产成本进行调整。例如,购建固定资产已经达到预定可使用状态,但尚未办理竣工决算,企业已办理暂估入账;资产负债表日后办理决算,此时应根据竣工决算的金额调整暂估入账的固定资产成本等。②企业符合收入确认条件确认资产销售收入,但资产负债表日后获得关于资产收入的进一步证据,如发生销售退回、销售折让等,此时也应调整财务报表相关项目的金额。需要说明的是,资产负债表日后发生的销售退回,既包括报告年度或报告中期销售的商品在资产负债表日后发生的销售退回,也包括以前期间销售的商品在资产负债表日后发生的销售退回。

资产负债表所属期间或以前期间所售商品在资产负债表日后退回的,应作为资产负债表日后调整事项处理。发生于资产负债表日后至财务报告批准报出日之间的销售退回事项,实际上发生于年度所得税汇算清缴之前,其会计处理分别为:资产负债表日后事项中涉及报告年度所属期间的销售退回,应调整报告年度利润表的收入、费用等。由于纳税人所得税汇算清缴是在财务报告批准对外报出后才完成的,因此,应相应调整报告年度的应纳税所得额。

【例 14-10】龙盛公司 2016 年 10 月 25 日销售一批 A 商品给乙公司,取得收入 2 400 000 元(不含增值税),并结转成本 2 000 000 元。2016 年 12 月 31 日,该笔货款尚未收到,龙盛公司未对该应收账款计提坏账准备。2017 年 2 月 8 日,由于产品质量问题,本批货物被全部退回。龙盛公司于 2017 年 2 月 20 日完成 2016 年所得税汇算清缴。龙盛公司适用的增值税税率为 17%。

本例中,销售退回业务发生在资产负债表日后事项涵盖期间内,属于资产负债表日后调整事项。由于销售退回发生在龙盛公司报告年度所得税汇算清缴之前,因此在所得税汇算清缴时,应扣除该部分销售退回所实现的应纳税所得额。

龙盛公司的账务处理如下。

(1) 调整销售收入。

借：以前年度损益调整　　　　　　　　　　　　　　　　2 400 000
　　应交税费——应交增值税(销项税额)　　　　　　　　408 000
　　　贷：应收账款——乙公司　　　　　　　　　　　　　　　　2 808 000

(2) 调整销售成本。

借：库存商品——A商品　　　　　　　　　　　　　　　　2 000 000
　　　贷：以前年度损益调整　　　　　　　　　　　　　　　　　2 000 000

(3) 调整应缴纳的所得税。

借：应交税费——应交所得税$[(2\ 400\ 000-2\ 000\ 000) \times 25\%]$　100 000
　　　贷：以前年度损益调整　　　　　　　　　　　　　　　　　　100 000

(4) 将"以前年度损益调整"科目的余额转入未分配利润。

借：利润分配——未分配利润　　　　　　　　　　　　　　300 000
　　　贷：以前年度损益调整　　　　　　　　　　　　　　　　　　300 000

(5) 因净利润减少，调减盈余公积。

借：盈余公积——法定盈余公积$(300\ 000 \times 10\%)$　　　30 000
　　　贷：利润分配——未分配利润　　　　　　　　　　　　　　　30 000

(6) 调整报告年度相关财务报表(财务报表略)。

① 资产负债表项目的调整：调减应收账款 2 808 000 元，调增库存商品 2 000 000 元，调减应交税费 508 000 元，调减盈余公积 30 000 元，调减未分配利润 270 000 元。

② 利润表项目的调整：调减营业收入 2 400 000 元，调减营业成本 2 000 000 元，调减所得税费用 100 000 元，调减净利润 300 000 元。

③ 所有者权益变动表项目的调整：调减净利润 300 000 元，提取盈余公积项目中一栏调减 30 000 元，未分配利润调减 270 000 元。

(7) 调整 2017 年 2 月份资产负债表相关项目的年初数(资产负债表略)。

龙盛公司在编制 2017 年 1 月份的资产负债表时，按照调整前 2016 年 12 月 31 日的资产负债表的数字作为资产负债表的年初数，由于发生了资产负债表日后调整事项，龙盛公司除了调整 2016 年度资产负债表相关项目的数字外，还应当调整 2017 年 2 月份资产负债表相关项目的年初数，其年初数按照 2016 年 12 月 31 日调整后的数字填列。

(4) 资产负债表日后发现了财务报表舞弊或差错。

这一事项是指资产负债表日至财务报告批准报出日之间发生的属于资产负债表期间或以前期间存在的财务报表舞弊或差错。这种舞弊或差错应当作为资产负债表日后调整事项，调整报告年度的年度财务报告或中期财务报告相关项目的数字。

14.4.3 资产负债表日后非调整事项

1. 资产负债表日后非调整事项的处理原则

资产负债表日后发生的非调整事项，是表明资产负债表日后发生的情况的事项，与资产负债表日存在状况无关，不应当调整资产负债表日的财务报表。但有的非调整事项由于事项重大，对财务报告使用者具有重大影响，如不加以说明，将不利于财务报告使用者做出正确估计和决策。因此,应在附注中对其性质、内容及对财务状况和经营成果的影响加以披露。

2. 资产负债表日后非调整事项的具体会计处理方法

对于资产负债表日后发生的非调整事项,应当在报表附注中披露每项重要的资产负债表日后非调整事项的性质、内容,及其对财务状况和经营成果的影响。无法做出估计的,应当说明原因。

资产负债表日后非调整事项的主要有以下内容。

(1) 资产负债表日后发生重大诉讼、仲裁、承诺。

资产负债表日后发生的重大诉讼等事项,对企业影响较大,为防止误导投资者及其他财务报告使用者,应当在财务报表附注中予以披露。

(2) 资产负债表日后资产价格、税收政策、外汇汇率发生重大变化。

资产负债表日后发生的资产价格、税收政策和外汇汇率的重大变化,虽然不会影响资产负债表日财务报表相关项目的数字,但对企业资产负债表日后的财务状况和经营成果有重大影响,应当在财务报表附注中予以披露。

(3) 资产负债表日后因自然灾害导致资产发生重大损失。

自然灾害导致资产发生重大损失对企业资产负债表日后财务状况的影响较大,如果不加以披露,有可能使财务报告使用者做出错误的决策,因此应作为非调整事项在财务报表附注中进行披露。

[例 14-11] 龙盛公司 2016 年 12 月购入一批商品 10 000 000 元,至 2016 年 12 月 31 日该批商品已全部验收入库,货款通过银行支付。2017 年 1 月 12 日,龙盛公司所在地发生百年不遇的冰冻灾害,该批商品全部毁损。

本例中冰冻灾害发生于 2017 年 1 月 12 日,属于资产负债表日后才发生或存在的事项,但对公司资产负债表日后财务状况的影响较大,龙盛公司应当将此事项作为非调整事项在 2016 年度财务报表附注中进行披露。

(4) 资产负债表日后发行股票和债券以及其他巨额举债。

企业在资产负债表日后发行股票、债券以及向银行或非银行金融机构举借巨额债务都是比较重大的事项,虽然这一事项与企业资产负债表日的存在状况无关,但这一事项的披露能使财务报告使用者了解与此有关的情况及可能带来的影响,因此应当在财务报表附注中进行披露。

(5) 资产负债表日后资本公积转增资本。

资产负债表日后企业以资本公积转增资本将会改变企业的资本(或股本)结构,影响较大,应当在财务报表附注中进行披露。

(6) 资产负债表日后发生巨额亏损。

企业资产负债表日后发生巨额亏损将会对企业报告期以后的财务状况和经营成果产生重大影响,应当在财务报表附注中及时披露该事项,以便为投资者或其他财务报告使用者做出正确决策提供信息。

(7) 资产负债表日后发生企业合并或处置子企业。

企业合并或者处置子企业的行为可以影响股权结构、经营范围等,对企业未来的生产经营活动会产生重大影响,应当在财务报表附注中进行披露。

(8) 资产负债表日后,企业利润分配方案中拟分配的以及经审议批准宣告发放的股利或利润。

资产负债表日后,企业利润分配方案中拟分配的以及经审议批准宣告发放的股利或利润,不确认为资产负债表日后负债,但应当在财务报表附注中单独披露。

本章小结

会计政策变更能够提供更可靠、更相关的会计信息的,应当采用追溯调整法处理,将会计政策变更累积影响数调整列报前期最早期初留存收益,其他相关项目的期初余额和列报前期披露的其他比较数据也应当一并调整;确定会计政策变更对列报前期影响数不切实可行的,应当从可追溯调整的最早期间期初开始应用变更后的会计政策。在当期期初确定会计政策变更对以前各期累积影响数不切实可行的,应当采用未来适用法处理。

会计估计变更应采用未来适用法处理,即在会计估计变更当期及以后期间,采用新的会计估计,不改变以前期间的会计估计,也不调整以前期间的报告结果。

前期差错按照重要程度分为重要的前期差错和不重要的前期差错。对于不重要的前期差错,企业不需要调整财务报表相关项目的期初数,但应调整发现当期与前期相同的相关项目。属于影响损益的,应直接计入本期与上期相同的净损益项目;对于重要的前期差错,如果能够合理确定前期差错累积影响数,则重要的前期差错的更正应采用追溯重述法。

资产负债表日后事项包括调整事项和非调整事项。调整事项的处理:涉及损益的事项,通过"以前年度损益调整"科目核算;涉及损益的调整事项,如果发生在资产负债表日所属年度(即报告年度)所得税汇算清缴前的,应调整报告年度应纳税所得额、应纳所得税税额;发生在报告年度所得税汇算清缴后的,应调整本年度(即报告年度的次年)应纳所得税税额;涉及利润分配调整的事项,直接在"利润分配——未分配利润"科目核算;不涉及损益及利润分配的事项,调整相关科目。对于非调整事项的处理是在附注中对其性质、内容及对财务状况和经营成果的影响加以披露。

本章习题

1. 判断题

(1) 资产负债表日后期间发现了报告年度财务报表舞弊或差错,应当调整发现年度期初留存收益以及相关项目。( )

(2) 企业基于风险管理、战略投资需求,将持有至到期投资重分类为可供出售金融资产,属于会计政策变更。( )

(3) 如果会计政策变更的累积影响数能够合理确定,无论属于什么情况,均采用追溯调整法进行会计处理。( )

(4) 如果以前期间由于没有正确运用当时已掌握的相关信息而导致会计估计有误,则属于差错,按前期差错更正的规定进行会计处理。( )

(5) 初次发生的交易或事项采用新的会计政策属于会计政策变更,应采用追溯调整法进行处理。( )

(6) 短期投资重分类为交易性金融资产，其后续计量由成本与市价孰低改为公允价值，按会计估计变更并采用未来适用法进行会计处理。（ ）

(7) 资产负债表日后事项既可以是有利事项，也可以是不利事项。（ ）

(8) 根据资产负债表日后事项准则的规定，资产负债表日后事项包括所有有利和不利事项，但对资产负债表日后有利和不利事项采取不同原则进行处理。（ ）

(9) 同样是资产负债表日至财务报告批准报出日之间发生资产减损事项，既可能是调整事项，也可能是非调整事项。（ ）

(10) 龙盛公司 2016 年的年度财务报告于 2017 年 3 月 30 日编制完成，于 4 月 15 日经注册会计师审计完成，4 月 25 日经董事会批准报出，于 4 月 28 日实际对外公告，在 4 月 27 日该公司与乙公司签署了一项重大投资协议，对乙公司的投资额为 1 000 万元。该事项不属于资产负债表日后事项。（ ）

2. 计算与业务分析题

1) 龙盛公司从 2017 年 1 月 1 日起执行《企业会计准则》，从 2017 年 1 月 1 日起，所得税的核算方法由应付税款法改为资产负债表债务法。该公司适用的所得税税率将变更为 25%。2016 年年末，资产负债表中存货账面价值为 420 万元，计税基础为 460 万元；固定资产账面价值为 1 250 万元，计税基础为 1 030 万元；预计负债的账面价值为 125 万元，计税基础为 0。假定龙盛公司按 10%提取法定盈余公积。

要求：

(1) 计算该公司会计政策变更的累积影响数，确认相关的所得税影响。

(2) 编制 2017 年相关的账务处理。(答案中的金额单位用万元表示)

2) 甲股份有限公司为上市公司(以下简称龙盛公司)，系增值税一般纳税人，适用的增值税税率为 17%。龙盛公司 2016 年的财务会计报告经批准于 2017 年 4 月 30 日对外报出。报出前有关情况和业务资料如下。

(1) 龙盛公司在 2017 年 1 月进行内部审计过程中，发现以下情况。

① 2016 年 7 月龙盛公司自行研发的一项专利技术达到预定可使用状态，其中研究阶段支出 200 万元，开发阶段符合资本化条件前发生的支出 100 万元，符合资本化条件后发生的支出为 300 万元。预计该项技术使用年限为 5 年，净残值为零，采用直线法摊销，税法上摊销方法和年限与会计相同。龙盛公司将研发阶段支出计入当期管理费用，根据开发阶段支出确认无形资产 400 万元，当期摊销 40 万元。税法规定，企业费用化的研究开发支出按 150%税前扣除，资本化的研究开发支出按资本金额的 150%确定应予摊销的金额。

② 2016 年 12 月，龙盛公司向丁公司销售一批商品，销售总额为 6 500 万元。该批已售商品的成本为 4 800 万元。根据与丁公司签订的销售合同，丁公司从龙盛公司购买的商品自购买之日起 6 个月内可以无条件退货。根据以往的经验，龙盛公司估计该批商品的退货率为 10%。款项尚未收回，龙盛公司据此确认应收账款 7 605 万元、销售收入 6 500 万元、应交增值税销项税额 1 105 万元，同时结转销售成本 4800 万元，假设龙盛公司的会计处理与税法规定相同。

(2) 2017 年 1 月 1 日至 4 月 30 日，龙盛公司发生的交易或事项资料如下。

① 龙盛公司 2017 年 3 月 15 日收到 A 公司退回的产品以及退回的增值税发票联、抵扣联，并支付货款。

该业务系龙盛公司 2016 年 12 月 1 日销售给 A 公司产品一批，价款 200 万元，产品成本 160 万元，合同规定现金折扣条件为：2/10，1/20，n/30。2016 年 12 月 10 日 A 公司支付货款。计算现金折扣不考虑增值税额。

② 2017 年 3 月 7 日，龙盛公司得知债务人 F 公司 2017 年 2 月 7 日由于火灾发生重大损失，龙盛公司的应收账款 80%不能收回。

该业务系龙盛公司 2016 年 12 月销售商品一批给 F 公司，价款 300 万元，增值税率 17%，产品成本 200 万元。在 2016 年 12 月 31 日债务人 F 公司财务状况良好，没有任何财务状况恶化的信息，债权人按照当时所掌握的资料，按应收账款的 2%计提了坏账准备。

③ 龙盛公司于 2017 年 3 月 10 日收到 C 公司通知，C 公司已进行破产清算，无力偿还所欠部分货款，预计龙盛公司可收回应收账款的 40%。

该业务系龙盛公司 2016 年 3 月销售给 C 公司一批产品，价款为 400 万元，成本为 250 万元，开出增值税发票。C 公司于 3 月份收到所购物资并验收入库。按合同规定 C 公司应于收到所购物资后一个月内付款。由于 C 公司财务状况不佳，面临破产，至 2016 年 12 月 31 日仍未付款。龙盛公司为该项应收账款提取了 10%的坏账准备。

④ 2017 年 3 月 20 日龙盛公司董事会制定提请股东会批准的利润分配方案为：分配现金股利 300 万元；分配股票股利 400 万元。

(3) 其他资料如下。

① 上述产品销售价格均为公允价格(不含增值税)；销售成本在确认收入时逐笔结转。除特别说明外，所有资产均未计提减值准备。

② 龙盛公司所得税核算采用资产负债表债务法，适用所得税税率为 25%；2016 年所得税汇算清缴于 2017 年 4 月 20 日完成，在此之前发生的 2016 年度纳税调整事项，均可进行纳税调整。假定预计未来期间能够产生足够的应纳税所得额用于抵扣可抵扣暂时性差异。不考虑增值税、所得税以外的其他相关税费。

③ 龙盛公司按照当年实现净利润的 10%提取法定盈余公积。

要求：

(1) 判断资料(1)中相关交易或事项的会计处理是否正确，若不正确，说明理由并编制相应的调整分录。

(2) 判断资料(2)相关资产负债表日后事项，哪些属于调整事项，哪些属于非调整事项。

(3) 对资料(2)中判断为资产负债表日后调整事项的，编制相应的调整分录。

(逐笔编制涉及所得税的会计分录，合并编制涉及"利润分配——未分配利润""盈余公积——法定盈余公积"的会计分录，答案中的金额单位用万元表示)

参 考 文 献

[1] 刘永泽，陈立军. 中级财务会计[M]. 大连：东北财经大学出版社，2016.
[2] 冯庆梅. 中级财务会计[M]. 北京：清华大学出版社，北京交通大学出版社，2016.
[3] 财政部会计资格评价中心. 中级会计实务[M]. 北京：经济科学出版社，2017.
[4] 财政部会计资格评价中心. 初级会计实务[M]. 北京：经济科学出版社，2017.
[5] 夏云峰. 中级财务会计[M]. 上海：立信会计出版社，2016.
[6] 韩冬芳. 中级财务会计[M]. 上海：上海财经大学出版社，2016.
[7] 李延喜. 财务会计[M]. 大连：东北财经大学出版社，2016.
[8] 陈澎，王远利. 财务会计实务[M]. 北京：机械工业出版社，2016.
[9] 周晓苏. 中级财务会计学[M]. 北京：科学出版社，2016.
[10] 中华人民共和国财政部制定. 企业会计准则[M]. 北京：经济科学出版社，2014.
[11] 财政部会计司编写组. 2014 企业会计准则讲解[M]. 北京：人民出版社，2014.
[12] 陈立军，崔凤鸣. 中级财务会计习题与案例[M]. 3 版. 大连：东北财经大学出版社，2016.
[13] 张志凤. 中级会计实务——轻松过关 1：2017 年会计专业技术资格考试应试指导及全真模拟测试[M]. 北京：北京大学出版社，2016.
[14] 张志凤，闫华红. 初级会计实务——轻松过关 1：2017 年会计专业技术资格考试应试指导及全真模拟测试[M]. 北京：北京大学出版社，2016.
[15] 中华人民共和国财政部制定. 企业会计准则：应用指南 2014[M]. 北京：中国财政经济出版社，2014.